Das Blaue Kochbuch

EW Medien und Kongresse GmbH
Frankfurt | Berlin | Bonn | Essen

53. Auflage

„Das elektrische Kochen"

Das Blaue Kochbuch

53. Auflage,
aktualisierter Nachdruck 2010

HEA
Fachgemeinschaft für
effiziente Energieanwendung e. V.

Vorwort

Bewährte Grundrezepte, Klassiker und „Mal was anderes"

Mit diesem Buch halten Sie ein Exemplar des „Blauen Kochbuches" in den Händen, wie es aufgrund des blauen Einbandes liebevoll genannt wird.

1936 wurde dieses Grundkochbuch als „Das elektrische Kochen" von Elisabeth Meyer-Haagen, der Leiterin der Lehrküche der damaligen Berliner Kraft- und Licht AG – heute Vattenfall Europe AG – aus der Taufe gehoben. Damals benötigten die Käufer Unterstützung bei der Bedienung des Elektroherdes, der zunehmend Einzug in die Privatküchen hielt. Heute hilft es Anfängern bei den ersten Kochversuchen, Fortgeschrittenen und Könnern dient es als Ratgeber und Nachschlagewerk bei nicht alltäglichen Rezepten und deren Zubereitung. Nützlich für alle sind Wissenswertes über die richtige Ernährung und über Garverfahren sowie die Lebensmittelkunde genauso wie Tipps zur effizienten Nutzung von Elektrogeräten in der Küche.

Rund 3,5 Mio. Käufer hat „Das Blaue Kochbuch" bisher gefunden und ist dabei stets aktuell geblieben. Durch ständige Überarbeitung fanden und finden technische Neuerungen und geänderte Essgewohnheiten Eingang, ohne dabei auf Traditionsreiches und Bewährtes zu verzichten.

Die HEA als Herausgeber bedankt sich bei allen Autorinnen des Blauen Kochbuches und den Unternehmen, die über die Jahrzehnte mit viel Engagement mitgewirkt haben, insbesondere dem HEA-Arbeitskreis:

Katja Balk
Regina Barkleit
Ute Fröhlich
Gertraud Heinrich

HEA – Fachgemeinschaft für
effiziente Energieanwendung e.V.

Berlin, September 2010

Inhalt

Roter Faden durch das Buch

Rezepte sind wichtig, aber nicht alles! „Das Blaue Kochbuch" verdeutlicht die **Wechselbeziehung zwischen Ernährungslehre, Lebensmittel, Garverfahren und Küchentechnik**. Es vereint viele erprobte Rezepte und alle Bausteine für erfolgreiches Kochen und Backen.

Damit Sie sich in diesem vielseitigen Werk schnell zurechtfinden, stellen wir Ihnen nachfolgend die interessantesten Punkte in kurzen Stichworten vor.

Was jedermann über eine **ausgewogene, vollwertige Ernährung** wissen sollte, beschreibt die Deutsche Gesellschaft für Ernährung e.V. (DGE) in „Wissenswertes über die richtige Ernährung" ab Seite 12. Diese Grundlagen modernen Kochens finden Sie in den Rezepten umgesetzt.

Die wichtigsten **Garverfahren** und ihre besonderen Merkmale werden Ihnen ab Seite 68 vorgestellt. Anhand von Lebensmittelbeispielen und praktischen Hinweisen wird verdeutlicht, wie Sie **Lebensmittel nährstoffschonend zubereiten** können.

Sicherheit, einfache Handhabung, Zeit- und Stromersparnis, Arbeitserleichterung, schonende Lebensmittelbehandlung: Das erwarten Sie von Elektroherd, Mikrowellengerät, Dampf-Gargerät und Küchenmaschine. Der Informationsteil „Elektrogeräte für die Nahrungsbereitung" ab Seite 34 stellt die Funktionen dieser Geräte dar, so dass Sie Ihre **Elektrogeräte vielseitig und richtig einsetzen** können. Bei der Erklärung wird auf technische Details verzichtet, stattdessen wird der Nutzen für Sie, den Benutzer, in den Vordergrund gestellt. Ein Beispiel: Weil das Lebensmittel eine schonende Wärmebehandlung erfahren soll, bietet der Elektroherd eine fein dosierbare Wärmeregulierung an.

Die **Gliederung der Rezeptkapitel** folgt der Speisenfolge. Sie finden alles von Vorspeisen bis Süßspeisen, so dass Sie leicht ganze **Menüs planen** können. Darüber hinaus gibt es einen umfangreichen Backteil, ein spezielles Kapitel für die Gästebewirtung und ein Extra-Kapitel zum immer aktuellen Thema „Haltbarmachen". Damit Sie sich **schnell orientieren** können, sind größere Kapitel durch senkrecht geschriebene Unterkapitel nochmals nach Art oder Zubereitungsmethode wie „süß" und „pikant" oder „gedünstet" und „geschmort" unterteilt. Die komplette Übersicht finden Sie im Inhaltsverzeichnis ab Seite 6.

Die große **Anzahl der Rezepte** ist ein unerschöpflicher Fundus für Ihren ganz individuellen Speiseplan. Die Palette reicht vom Grundrezept bis zum kulinarischen Leckerbissen. Damit ist ein ausgewogener und **abwechslungsreicher Küchenzettel** garantiert.

Ein ausführlicher **Vorspann** beschreibt Ihnen, was speziell zu jedem Kapitel **wissens- und beachtenswert** ist. Der Vorspann ist in Rubriken gegliedert, unter denen Sie immer vergleichbare Informationen finden:

- Ein bisschen Warenkunde: Lebensmittelkunde, Einkaufstipps, Begriffserklärungen.
- Wie viel darf es sein? Angaben zur Berechnung von Speisenmengen und Portionierung. Die Angaben sind Durchschnittswerte, die abhängig von Appetit, Alter, körperlicher Tätigkeit und Speisenzusammenstellung variieren können.
- Damit es leichter geht: Elektrogeräte und Hilfsmittel, die die Arbeit erleichtern.
- Praktische Hinweise: Tipps und Tricks für die Vor- und Zubereitung.
- Verfeinern, garnieren, abrunden: Vorschläge zur Veränderung von Geschmack und Aussehen der Speisen.
- Wenn etwas übrig bleibt: Anregungen zur Weiterverarbeitung oder zum Kreieren neuer Gerichte.

Die übersichtlich aufgebauten **Rezepte** geben Ihnen viele **zusätzliche Informationen**:

- Ein Blick auf die vierteilige **Symbolleiste** zeigt Ihnen wichtige Eigenschaften des Rezeptes:
  S: Schnellgericht
  ■■: kann am Vortag vor- oder zubereitet werden
  D: das Gericht oder einzelne Komponenten können im Dampf-Gargerät bzw. bei **KD** im Kombi-Backofen mit Dampf zubereitet werden
  G: Grundrezept.
- Alle Rezepte sind für **4 Portionen** berechnet. Die **Anzahl der Portionen** ist nur vor den Zutaten angegeben, falls das Rezept ausnahmsweise eine andere Menge ergibt.
- Die Zutaten sind in der Reihenfolge ihrer Verwendung aufgeführt. **Empfohlene Zutaten** werden optisch hervorgehoben; Erläuterungen dazu oder Zutaten, die Sie stattdessen verwenden können, erscheinen in gewöhnlicher Schrift.
- Die einzelnen **Arbeitsschritte** sind genau beschrieben und durch Absätze verdeutlicht. So können Sie alle Rezepte leicht nacharbeiten.
- Jedes Rezept nennt Ihnen **Gardauer** und **Garverfahren**. Die jeweils anzuwendenden Garverfahren sowie der Einsatz der stromsparenden Nachwärme sind ebenfalls optisch hervorgehoben.
- Die Angaben zum Backofen – **Gardauer, Temperatur** und **Einschubhöhe** – beziehen sich auf die Zubereitung mit Ober- und Unterhitze und das Einsetzen der Speisen in den kalten Backofen. Bei **Einsatz der Umluft** können Sie die angegebene Temperatur um **ca. 30 °C niedriger einstellen**. Auf alle Fälle sollten Sie die Gebrauchsanweisung des Herstellers beachten.
- Unter **Veränderungen** erfahren Sie, wie Sie Rezepte durch Austausch oder Ergänzung von Zutaten immer neu abwandeln können.

- Kniffs und Tricks für die Vor- und Zubereitung verraten Ihnen die praxiserprobten **Tipps**. Sie erhalten dort außerdem Informationen über die Besonderheiten bestimmter Zutaten, Anregungen für Geschmacksvariationen, Vorschläge fürs Garnieren und Anrichten und Ähnliches.
- Besonders hilfreich sind die **Grundrezepte**. Sie vermitteln anhand eines praktischen Beispieles Grundsätzliches über die Zubereitung einer Speise, zum Beispiel Fisch dünsten oder Hefeteig bereiten. Die Zutaten sind so ausgewählt, dass Sie sie jederzeit nach Ihrem persönlichen Geschmack abwandeln können.

Alle Rezepte sind mehrfach erprobt. Da das Ergebnis aber von Beschaffenheit und Qualität der Lebensmittel, von Material und Größe des Kochgeschirrs und vom Einsatz verschiedener Geräte abhängig ist, können sich trotzdem Unterschiede ergeben. Deshalb sollten Sie immer eine **Garprobe** machen.

Die appetitanregenden **Speisenfotos** geben Ihnen Tipps zum Garnieren und Anrichten und inspirieren zum Nachkochen.

Die ausklappbare **Einstellungstabelle**, die gegenüber der Seite 552 eingeheftet ist, zeigt Ihnen für alle Kochstellen die **richtige Einstellung des Schalterknebels**. Klappen Sie die Tabelle parallel zu jedem Rezept aus. Das im Rezept genannte Garverfahren finden Sie in der Tabelle zusammen mit der Schaltereinstellung wieder. Jetzt können Sie die Wärmezufuhr genau regulieren und dadurch auf der Kochstelle schonend und energiesparend garen.

Die **Grauen Info-Seiten** zeigen Ihnen in Wort und Bild **Kapitelübergreifendes,** wie z.B. Zutaten zum Garnieren von Gebäck und Süßspeisen. Darüber hinaus erläutern und begründen sie **grundlegende Arbeitstechniken**, beispielsweise das Arbeiten mit Gelatine. Wie Sie selbst schwierig erscheinende Arbeitsvorgänge leicht nachvollziehen können, demonstrieren die **Phasenfotos.** Damit Sie diese Seiten immer wieder mal nachschlagen können, sind alle Grauen Info-Seiten auf Seite 584 alphabetisch aufgelistet.

Abgestimmt auf das jeweilige Kapitel geben Ihnen die **Strom-Spar-Tipps** interessante Anregungen, die Ihrem Geldbeutel und der Umwelt zugute kommen.

Der **Anhang** beinhaltet Wichtiges für die **tägliche Praxis.** Hier werden u.a. Kräuter und Gewürze gezeigt und ihre Anwendung vorgestellt, Löffelmaße aufgelistet und kochtechnische Begriffe, wie z.B. reduzieren, kurz erklärt. Natürlich finden Sie hier auch das ausführliche Gesamtverzeichnis aller Rezepttitel und Stichworte.

„Das Blaue Kochbuch" kommt aus der Praxis und ist für die Praxis. Ihr Urteil ist uns deshalb wichtig! Schreiben Sie uns – Meinungen, Erfahrungen, Anregungen –, damit wir Ihr „Blaues Kochbuch" noch besser machen können. Viel Spaß und gutes Gelingen!

Ihre Redaktion

Wissenswertes über die richtige Ernährung

Mit Essen, mit Ernährung verbindet jeder Mensch ganz bestimmte Vorstellungen. So bedeutet für den einen Ernährung, die Notwendigkeit den Körper mit Energie zu versorgen, damit er leistungsfähig bleibt. Der andere denkt in Verbindung mit Essen an Genuss, an Geselligkeit, gemütliche Atmosphäre. Ernährung trägt ganz entscheidend zu unserem Wohlbefinden bei; sowohl subjektive Aspekte, als auch das physische Wohlbefinden spielen eine große Rolle. Die richtig zusammengestellte Kost hält Körper und Geist gesund. Aber was heißt es, sich richtig zu ernähren? Wer könnte das kompetenter beantworten als die Deutsche Gesellschaft für Ernährung e. V., die DGE. Sie hat es im „Blauen Kochbuch" in diesem umfangreichen, wichtigen Kapitel getan.

Wir danken der DGE für die Erstellung dieses Textes.

Essen und Trinken
Genuss und Notwendigkeit

Essen oder Ernährung – gibt es einen Unterschied?

Essen und Trinken – sich ernähren –, das muss jeder Mensch. Doch haben Sie sich schon einmal gefragt, was Sie mit „Essen", was mit „Ernährung" verbinden? Einer Umfrage zufolge verknüpfen viele Bundesbürger mit „Essen" überwiegend emotionale Aspekte wie

- dass es gut schmeckt
- gesundes, bekömmliches Essen
- gemütliche Atmosphäre
- schön gedeckter Tisch, gutes Aussehen
- Deftigkeit, dass man satt wird.

Mit „Ernährung" hingegen werden Vorstellungen verbunden, die mehr die ernährungsphysiologischen Aspekte betreffen, wie

- fettarm
- vitaminreich
- abwechslungsreich
- dass man nicht zu dick wird.

Übrigens ergab die gleiche Befragung auch, dass „zu Hause toll essen" einen höheren Stellenwert einnimmt als „im Restaurant essen". Ist das nicht ein Anreiz, dieses Kochbuch zur Hand zu nehmen?

Sicherlich ist es mit einer bloßen Definition dessen, was wir mehrmals täglich tun – essen und trinken –, nicht getan, dahinter verbirgt sich mehr! Essen ist mit Genuss, mit sozialen und gesellschaftlichen Kriterien verbunden.
Es gibt kaum einen Anlass, an dem nicht gegessen und getrunken wird: Freude, gesellschaftliche Gründe, aber auch Frust, Langeweile, Stress und Trauer sind Situationen, in denen oft gegessen wird.
So schmeckt es in netter Gesellschaft einfach besser; Geschäfts- und andere Beziehungen lassen sich bei einem „guten" Essen vertiefen; ein freudiges Ereignis wie Geburtstag oder Hochzeit wird durch ein festliches Essen unterstrichen, und manch ein Mensch versucht mit dem Essen Trost zu finden.

Und wonach werden die Lebensmittel oder Gerichte ausgewählt?
Beim Essen „zu Hause" wird z.B. der gesundheitliche Aspekt am höchsten bewertet, gefolgt vom Vitamingehalt und vom Geschmack der Speisen. Eine geringere Bedeutung hat, dass das Essen etwas „Ausgefallenes" ist.
In der Kantine werden in etwa die Ansprüche wie an „zu Hause" gestellt, man ist jedoch bei Frische und Fettgehalt großzügiger.
In der Esssituation „Restaurant" hingegen ist vorrangig, dass das Essen etwas „Besonderes" ist – und gut schmecken muss es selbstverständlich auch.
Das soll nun aber nicht bedeuten, dass andere Kriterien keine Beachtung finden. Je nach Situation gewichten wir die Auswahl eines Lebensmittels bzw. einer Speise unterschiedlich, z.B. nach Geschmack, Preis, Aussehen, Gesundheitswert, Verpackung, Frische, Natürlichkeit, Fettgehalt, Vitamingehalt, Kaloriengehalt usw.

Richtiges Essverhalten

Unsere Einstellung zum Essen und Trinken ist nicht angeboren, sondern anerzogen. Der Grundstein wird in den ersten Lebensjahren gelegt. Deshalb:

- Kinder nicht zum Essen zwingen; Kinder haben nicht tagtäglich den gleichen Appetit.
- Essen nicht als Belohnung oder als Strafe einsetzen.
- Kein strenges Verbot von Süßigkeiten, sondern die Erziehung zu einem vernünftigen Umgang mit Leckereien.

Überprüfen Sie Ihr Ernährungsverhalten. Welche Einstellung haben Sie zum Essen und Trinken? Wir empfehlen Ihnen:

- Essen Sie mit Genuss, essen Sie nichts mit schlechtem Gewissen. Überbewerten Sie Essen und Trinken nicht, sehen Sie darin weder Feind noch maßgeblichen Lebensinhalt.
- Essen Sie nicht aus Ärger, Stress oder Überforderung. Sollten Sie diese Angewohnheit haben, dann erlernen Sie besser Entspannungstechniken wie Yoga oder autogenes Training.
- Essen Sie nichts, was Sie nicht essen wollen, z.B. keine Reste, die Familienmitglieder übrig lassen.
- Essen Sie bewusst langsam. Das Sättigungsgefühl braucht etwa 20 Minuten, bis es einsetzt.

Machen Sie keine extreme Schlankheits-Diät, die Ihnen beispielsweise nur 3200 kJ bzw. 800 kcal pro Tag erlaubt und große Gewichtsverluste vorspielt. Bei so viel Verzicht ist der „Rückfall" schon vorprogrammiert. Stellen Sie sich grundsätzlich auf eine vollwertige Ernährung mit reichlich Gemüse, Getreideprodukten und Obst um. Damit nehmen Sie vergleichsweise wenig Fett und entsprechend weniger Energie auf. Sie brauchen nicht auf Kuchen, Desserts usw. zu verzichten. Nichts ist verboten, wird es nicht so häufig und in kleineren Portionen verzehrt. Die vollwertige Kost hat also den Vorteil, dass sie nicht nur ausreichend lebensnotwendige Nährstoffe liefert, sondern Ihnen auch eine große Vielfalt an Auswahl und Genuss ermöglicht.

Das „Blaue Kochbuch" bietet dazu das nötige „Know-how" und viele leckere Rezepte.

Eine gute Unterstützung kann Ihnen auch die Ernährungsberatung (z.B. der Krankenkasse) bieten, dort können Ihnen in Einzel- oder Gruppenberatungen individuelle Tipps und Hilfestellungen gegeben werden.

Essstörungen

In der Gesellschaft, in den Medien, in der Werbung steht „Schlank sein" für Gesundheit, Attraktivität, Sportlichkeit, Erfolg. Insbesondere Frauen im Alter von 15 bis 35 Jahren meinen häufig, ihre Figur „modellieren" zu können. Unbefangenes Essen gibt es bei ihnen nicht. Die Angst vor der Gewichtszunahme beherrscht das Denken und Handeln. Die ständige Kontrolle der Nahrungsaufnahme bis hin zum Hungern kann zu Appetit- und Sättigungsstörungen führen. Geht die Kontrolle kurzweilig verloren, können Süßhunger, plötzlicher Heißhunger und stressbedingtes Essen auftreten. In extremen Fällen treten Essattacken auf, wobei Unmengen an Nahrung verschlungen werden. Um nun nicht an Gewicht zuzunehmen, erfolgt ein erneutes Hungern oder Erbrechen. Dieses krankhafte Verhalten, die **Ess-Brech-Sucht (Bulimia nervosa)**, hat verheerende Folgen für Körper und Seele. Aus diesem „Teufelskreis" heraushelfen, kann meist nur eine psychotherapeutische Behandlung.

Das Gleiche gilt für die **Magersucht (Anorexia nervosa)**. Betroffen sind insbesondere Mädchen in der Pubertät. Sie empfinden sich trotz lebensbedrohenden Untergewichts noch als zu dick. Auch bei Magersucht muss eine psychotherapeutische Behandlung erfolgen.

Im Gespräch

Ist „Bio" gesünder?

Bei Obst und Gemüse aus ökologischem Landbau unterbleibt die Anwendung von Mineraldüngern und chemisch-synthetischen Pflanzenschutzmitteln. In der Tierhaltung soll weitestgehend auf den Einsatz von Tierarzneimitteln sowie auf den Zukauf von konventionell erzeugten Futtermitteln verzichtet werden.

Seit 1991 existiert eine EG-Verordnung über den ökologischen Landbau und eine entsprechende Kennzeichnung der landwirtschaftlichen Erzeugnisse und Lebensmittel.

In Deutschland haben sich Organisationen des ökologischen Landbaus in dem „Bund Ökologische Lebensmittelwirtschaft" (BÖLW) zusammengeschlossen und gemeinsame Rahmenrichtlinien für die Erzeugung und Verarbeitung von landwirtschaftlichen Produkten aufgestellt, deren Einhaltung regelmäßig kontrolliert wird. Der Verbraucher erkennt diese Erzeugnisse an den Kennzeichen der Anbauverbände: Bioland, Demeter, BIOKREIS e.V., ECOVIN, ÖKOSIEGEL, Naturland, Gäa und BIOPARK.

Zusätzlich gibt es seit September 2001 das Bio-Siegel. Hierbei handelt es sich um ein staatliches, verbandsunabhängiges und markenübergreifendes Erkennungszeichen für biologisch erzeugte landwirtschaftliche Produkte und Lebensmittel. Mit dem Bio-Siegel dürfen Produkte gekennzeichnet werden, die nach den Richtlinien der EG-Öko-Verordnung produziert und kontrolliert sind.

Innerhalb des ersten Jahres nach der Einführung des Bio-Siegels wurden ca. 12 000 Bio-Lebensmittel zur Kennzeichnung angemeldet.

Bei allen Aktivitäten ist jedoch das Angebot an Produkten aus ökologischem Anbau noch sehr gering: So liegt der Anteil der landwirtschaftlichen Öko-Betriebe an der Gesamtzahl der landwirtschaftlichen Betriebe bei knapp über 3 %. Das heißt, wir sind auf Produkte des herkömmlichen (konventionellen) Anbaus angewiesen. Auch dieser bemüht sich um naturnahen Anbau, z.B. durch integrierten Pflanzenschutz. Chemische Pflanzenschutzmittel sind hierbei nicht verboten, ihre Anwendung soll aber grundsätzlich durch stärkere Beachtung biologischer, pflanzenzüchterischer, anbau- und kulturtechnischer Maßnahmen auf ein Minimum reduziert werden.

Außerdem werden wir Verbraucher durch das Lebensmittel- und Bedarfsgegenständegesetz (LMBG) mit seinen zahlreichen Verordnungen geschützt. Es regelt z.B. die Anwendung von Pflanzenschutzmitteln, Düngemitteln u.a. Stoffen sowie die Höchstmengen von Rückständen und Schadstoffen, die ein Lebensmittel beim Verkauf noch enthalten darf. Zum Glück gibt es nur wenige „schwarze Schafe", die sich nicht an diese Verordnungen halten.

Die in der Umwelt vorhandenen Schadstoffe, beispielsweise durch Autoverkehr oder Industrie, treffen sowohl herkömmlich als auch „alternativ" angebaute Produkte. Gründliches Waschen, evtl. auch Schälen, ist also in jedem Fall erforderlich.

Von Geschmack und Inhaltsstoffen her gibt es, wenn überhaupt, nur geringfügige Unterschiede, dies hauptsächlich beim Nitratgehalt. Dennoch sollten wir alle Bestrebungen, die Natur zu schützen, auch unterstützen. Wenn wir allerdings nicht bereit sind, dafür etwas mehr zu bezahlen (da die Produktion aufwändiger, der Ernteertrag u.U. geringer ist), wird sich nicht viel ändern.

Light-Produkte und kalorienarme Lebensmittel

Der Begriff „light" ist noch nicht gesetzlich verankert. Einzige Ausnahme: Käse, Milchprodukte und Streichfette. Hier ist festgelegt, wie hoch der Fettgehalt sein darf, wenn mit dem Hinweis „leicht" oder „light" geworben wird. Ansonsten gilt: Achten Sie beim Kauf solcher Produkte darauf, ob diese Lebensmittel tatsächlich weniger Kilojoule/Kilokalorien enthalten als vergleichbare ohne diesen Aufdruck. Für „Kalorienarm" oder „Kalorienreduziert" dagegen gelten gesetzliche Vorschriften. Solche Lebensmittel dürfen die vorgeschriebenen Kalorienwerte nicht überschreiten.

Wünschenswerter und möglicherweise kostengünstiger als die häufige Verwendung von diesen Produkten ist hingegen eine Umstellung des Ernährungsverhaltens. Wählen Sie öfter fettarme Milchprodukte, magere Käse-, Fleisch- und Wurstsorten (z.B. Corned beef statt Leberwurst) sowie regelmäßig und reichlich die von Natur aus „leichten" Produkte wie Obst und Gemüse. Wählen Sie fettarme Zubereitungsmethoden, z.B. Dünsten, Dämpfen, Grillen oder Garen mit der Mikrowelle.

Vitamine und Mineralstoffe verkaufen sich gut

Vitamine und Mineralstoffe sind wichtig für die Gesundheit und Leistungsfähigkeit. Das hat sich herumgesprochen. Daher werden sie immer häufiger als Präparate (Brausetabletten, Kapseln, Pillen usw.) angeboten. Auch Säften, Gebäck und sogar Bonbons werden Vitamine und Mineralstoffe zugesetzt. Haben Sie bereits zugegriffen, um damit etwas für Ihre Gesundheit zu tun?

Warum wollen Sie teures Geld ausgeben, wenn Sie die gleichen Vitamine und Mineralstoffe tagtäglich mit der Nahrung aufnehmen können? Unser Markt bietet das ganze Jahr über ein vielseitiges Angebot an Lebensmitteln, auch an frischer, roher Ware. So können Sie sich stets mit Vitaminen, Mineralstoffen und anderen wichtigen Nährstoffen versorgen. Zudem bietet die Ernährung eine Vielfalt an kulinarischen Genüssen, mit der keine Pille konkurrieren kann.

Wenn Sie sich abwechslungsreich und vollwertig ernähren, sind Sie auf keine Präparate angewiesen.

Eine Nährstoffanreicherung von Lebensmitteln oder das Einnehmen von Präparaten ist nur dann sinnvoll, wenn eine ausreichende Zufuhr an bestimmten Nährstoffen nicht gewährleistet ist. Das ist z.B. bei Jod der Fall, weil die Bundesrepublik ein Jodmangelgebiet ist. Jodmangel kann zur Kropfbildung führen. Die Verwendung von jodiertem Speisesalz, die Herstellung von Brot und anderen Lebensmitteln mit Jodsalz ist deshalb erforderlich. Die Jodierung ist so gering, dass dadurch Gesundheitsschäden nicht zu befürchten sind.

Wenn Milch, Joghurt und Käse nicht vertragen werden oder eine Milcheiweißallergie besteht, bieten calciumangereicherte Lebensmittel eine Möglichkeit, die Versorgung mit Calcium zu sichern.

Eine zusätzliche Einnahme von Vitaminen und Mineralstoffen kann auch nach ärztlicher Verordnung erforderlich sein, z.B. ein Vitamin- und Mineralstoffpräparat bei schweren Magen-Darm-Erkrankungen, bei starken körperlichen Belastungen oder im hohen Alter. So wird allen Frauen, die schwanger werden könnten, eine Supplementierung von 400 µg Folsäure, zusätzlich zur Folataufnahme mit der Nahrung, zur Prävention von Neuralrohrdefekten beim Kind, empfohlen. Auch bei Übergewichtigen kann der Einsatz von Vitamin- und Mineralstoffpräparaten notwendig werden, wenn sie über einen längeren Zeitraum eine stark energiereduzierte Diät durchführen. Dennoch sollte besonders hier der vollwertigen Ernährung Aufmerksamkeit geschenkt werden.

Fertiggerichte und Fast Food

Die Werbung verspricht für Fertiggerichte aus der Kunststoffschale, Tiefkühltruhe oder von der Imbissbude hohe Genüsse – und schnell geht es auch. Als Fast Food werden insbesondere Hamburger, Pommes frites, Bratwurst, Gyros, Pizzen u.a. verstanden, aber auch Fischbrötchen, Fertigsalate und Gemüsekuchen vom Vollwertimbiss zählen dazu. Diese Form des Essens kann zwar eine Alternative zum Selberkochen sein, wenn einmal keine Zeit und Möglichkeit dazu besteht; sie kann aber keine alltägliche Lösung sein.

Eine vollwertige Ernährung besteht aus verschiedensten Lebensmitteln, die sich in ihren Nährstoffgehalten wie ein Mosaik ergänzen. Da die Produktpalette an Fast-Food-Produkten und Fertiggerichten sehr groß ist und die Energie- und Nährstoffgehalte der Gerichte zu unterschiedlich sind, kann eine pauschale Bewertung nicht vorgenommen werden. Ausgangsbasis für eine Beurteilung „gesund oder ungesund" ist immer die gesamte Ernährungsweise, nicht eine einzelne Mahlzeit. Wichtig ist, dass im Wochendurchschnitt alle vom Körper benötigten Nährstoffe mit dem Essen aufgenommen werden!

Fertiggerichte und Fast-Food müssen nicht zwangsläufig schlecht beurteilt werden. Bei einer insgesamt ausgewogenen und vollwertigen Ernährung (siehe DGE-Ernährungskreis) ist gegen einen gelegentlichen Konsum nichts einzuwenden.

Achten Sie darauf, dass die „schnellen Gerichte" nicht zu viel Fett enthalten. Essen Sie zu den anderen Mahlzeiten Lebensmittel wie Vollkornbrot, Gemüse und Obst sowie Milchprodukte. Eine bessere Lösung ist es, wenn Sie Fertiggerichte „self made" herstellen, d.h. größere Mengen kochen und in Portionen einfrieren.

Kochen ist ein erhaltenswertes Stück Kultur, das dazu Spaß machen kann. Dieses Kochbuch ist Ihnen dabei ein guter Partner.

Probiotische Produkte und Funktionelle Lebensmittel

Beim Blick auf das Angebot an Milchprodukten fällt der Begriff „probiotisch" auf. Probiotische Lebensmittel gehören zu einer neuen Generation von Lebensmitteln, die besondere gesundheitsfördernde Eigenschaften haben sollen. Definiert werden Probiotika als mikrobielle Lebensmittelzutaten, die nach ihrem Verzehr gesundheitliche Wirkungen ausüben sollen, die das ursprüngliche Lebensmittel nicht aufwies. Als probiotische Bakterien sind vor allem Milchsäurebakterien bekannt, z.B. Lactobacillus acidophilus oder Bifidobacterium bifidum. Den probiotischen Produkten werden viele gesundheitsfördernde Wirkungen zugeschrieben. Doch nicht alle diskutierten Effekte sind wissenschaftlich gesichert. Erwiesen ist bisher der positive Effekt bei verschiedenen Durchfallerkrankungen, eine gewisse Anregung des Immunsystems und eine Verminderung krebsfördernder Stoffe im Dickdarm. Alle diese Effekte erzielen die probiotischen Keime, indem sie die Darmflora verändern. Es ist jedoch bisher nicht abschließend geklärt, ob diese gezielte Veränderung der natürlichen Darmflora wirklich als positiv anzusehen ist. Die bisher bekannten probiotischen Milchsäurebakterien sind zudem nicht in der Lage, sich dauerhaft im menschlichen Intestinaltrakt anzusiedeln. Erfolgt der Verzehr nicht täglich, so nimmt ihre Anzahl im Darm wieder ab.

Auch der Begriff „Funktionelle Lebensmittel" (functional food) taucht immer häufiger auf. Darunter versteht man ganz allgemein Lebensmittel oder Lebensmittelinhaltsstoffe, die einen Zusatznutzen haben sollen. Hierzu gehören nicht nur die probiotischen Milchprodukte, probiotischen Würste und Müslis, sondern auch Wellness- und ACE-Drinks (Getränke aus Mineralwasser, Fruchtsäften und div. Zusätzen, wie Koffein, Fettsäuren, Mineralstoffen, Ballaststoffen und/oder Vitaminen, z.B. Provitamin A, Vitamin C und E), Müsliriegel mit sekundären Pflanzenstoffen und sogar Eier, die einen erhöhten Gehalt an bestimmten Fettsäuren und Jod haben.

Selbst wenn die „neuen Lebensmittel" einige positive Eigenschaften besitzen, so ersetzen sie nicht eine ausgewogene, vollwertige Ernährung.

Der DGE-Ernährungskreis
Ihre „Checkliste" fürs Essen und Trinken

Vollwertige Ernährung – was heißt das?
Essen bietet Genuss und Freude. Für Wachstum, Fitness und Leistungsfähigkeit sind jedoch Energiegehalt, Nährstoffgehalt und Sättigungswert der Nahrung ausschlaggebend. Der Energiegehalt wird in Kilojoule oder Kilokalorien angegeben. Der Energiebedarf ist alters- und leistungsabhängig, siehe Tabelle „Richtwerte für die tägliche Energiezufuhr", Seite 20. Ob Sie zu viel oder zu wenig Joule/Kalorien aufgenommen haben, können Sie durch regelmäßiges Wiegen (einmal wöchentlich bzw. monatlich) feststellen. Zeigt Ihre Waage das richtige Gewicht, brauchen Sie sich um Joule und Kalorien keine Gedanken zu machen.

Aber Sie wissen ja, dass es nicht nur auf Joule und Kalorien ankommt. Eine ausschlaggebende Rolle spielt, was in den Lebensmitteln steckt. Der Blick in eine Nährwerttabelle zeigt Ihnen, welche Vielzahl an Nährstoffen täglich in unterschiedlichen Mengen, je nach Lebensalter, Geschlecht usw. gebraucht wird. Jedes Lebensmittel setzt sich anders zusammen, kein Lebensmittel enthält alle für uns notwendigen Nährstoffe in der richtigen Menge (mit Ausnahme der Muttermilch). Eine komplizierte Angelegenheit, die umfangreiche Berechnungen erforderlich zu machen scheint. Das muss nicht sein, wenn Sie den **DGE-Ernährungskreis** nutzen. Mit dessen Hilfe können Sie sich vielseitig, abwechslungsreich, nährstoffreich, sättigend – kurzum vollwertig – ernähren.

Richtwerte für die tägliche Energiezufuhr

Alter/Zuschläge	kJ/Tag Männer	kJ/Tag Frauen	kcal/Tag Männer	kcal/Tag Frauen
Bei körperlicher Leichtarbeit				
15 bis unter 19 Jahre	12 200	9 800	2 900	2 300
19 bis unter 25 Jahre	12 200	9 300	2 900	2 200
25 bis unter 51 Jahre	11 700	9 000	2 800	2 100
51 bis unter 65 Jahre	10 600	8 500	2 500	2 000
65 Jahre und älter	9 400	7 500	2 300	1 800
Zuschlag bei körperlicher Mehrbeanspruchung für einen 8-stündigen Arbeitstag				
Schwerarbeit, je nach Alter	+ 1 200 bis + 1 500	+ 1 000 bis + 1 300	+ 200 bis + 400	+ 300
Schwerstarbeit, je nach Alter	+ 2 400 bis + 3 000	+ 2 100 bis + 2 400	+ 500 bis + 700	+ 500 bis + 600
Zuschlag während der Schwangerschaft und Stillzeit				
Gesamte Schwangerschaft		+ 1 100		+ 255
Stillende				
– bis einschließlich 4. Monat		+ 2 700		+ 635
– weiter volles Stillen nach dem 4. Monat		+ 2 200		+ 525
– nur partielles Stillen nach dem 4. Monat		+ 1 200		+ 285

Quelle: Referenzwerte für die Nährstoffzufuhr. Deutsche Gesellschaft für Ernährung, Frankfurt/Main, 2000

Die Lebensmittel sind hier in 7 Gruppen eingeordnet. Sie ernähren sich vollwertig, d.h., Sie nehmen ausreichend Nährstoffe auf, wenn Sie täglich aus jeder Gruppe Lebensmittel verzehren. Doch auch die Menge macht's. Deshalb sind die Felder des Ernährungskreises unterschiedlich groß. Wählen Sie von den Lebensmitteln der Gruppen 7 und 1 bis 3 täglich reichlich und dies abwechslungsreich. Essen Sie ausreichend aus der Gruppe 4 und wenig von den Lebensmitteln der Gruppe 5, bevorzugen Sie Seefisch. Geizen Sie mit den Lebensmitteln der Gruppe 6.

Verteilen Sie Ihre Nahrung auf mehrere kleine Mahlzeiten (ca. 5) am Tag, so vermeiden Sie Heißhunger und bleiben vom Morgen bis zum Abend fit. Wählen Sie Lebensmittel aus allen 7 Gruppen in der richtigen Menge aus (unsere Empfehlungen beziehen sich jeweils auf Erwachsene mit leichter Tätigkeit) und achten Sie auf Frische, schonende Zubereitung und Abwechslung – so ernähren Sie sich vollwertig.

Gruppe 1: Getreide, Getreideprodukte und Kartoffeln

Diese Lebensmittelgruppe nimmt als wertvoller Kohlenhydratlieferant einen besonderen Stellenwert in der Ernährung ein. Getreide und Kartoffeln bieten die Chance, Übergewicht und ernährungsbedingten Krankheiten vorzubeugen, insbesondere wegen ihres Stärke- und Ballaststoffgehaltes bei gleichzeitig sehr geringem Fettanteil. Weiterhin liefern sie wichtige Mineralstoffe wie Magnesium, Kalium und Eisen, Vitamine und pflanzliches Eiweiß.

Stärke wird vom Körper langsamer abgebaut und sättigt deshalb besser als Zucker, der auch zu den Kohlenhydraten zählt. Außerdem sind stärkehaltige Lebensmittel weniger kariogen (Karies verursachend).

Ballaststoffe sind unverdauliche, pflanzliche Bestandteile, die das „Kalorienkonto" aber kaum belasten. Sie sind unentbehrlich für die Darmtätigkeit, beeinflussen den Cholesterinspiegel positiv und halten lange satt. Mindestens 30 g Ballaststoffe täglich sollen es sein. Mit 3 Scheiben Vollkornbrot (150 g) und 3 Esslöffeln Haferflocken (30 g) nehmen Sie bereits rund 15 g Ballaststoffe auf, den Rest liefern Kartoffeln, Gemüse und Obst.

Getreide und Getreideprodukte

Alle Getreidesorten wie Weizen, Roggen, Hafer, Gerste, Dinkel, Grünkern (unreifer, getrockneter Dinkel), Reis, Hirse und Mais sowie Buchweizen (kein Getreide, sondern ein Knöterichgewächs) lassen sich vielfältig verarbeiten – vom Frühstücksmüsli über Aufläufe, Bratlinge bis zu Salaten und natürlich Brot und Gebäck. Wechseln Sie zwischen den Getreidesorten ab, nicht nur aus Geschmacksgründen. Verglichen mit anderen Getreidesorten hat Hirse beispielsweise den höchsten Eisengehalt, Gerste, Hafer, Naturreis und Weizen dagegen haben mehr Vitamin B_1 zu bieten.

Bevorzugen Sie Vollkornprodukte, sie enthalten die Inhaltsstoffe des ganzen Kornes, auch den besonders wertvollen Keim, und haben den höchsten Gehalt an Ballaststoffen, Vitaminen und Mineralstoffen, außerdem schmecken sie schön kräftig und halten länger satt. Durch den höheren Ballaststoffanteil müssen Vollkornprodukte intensiver gekaut werden; das wiederum ist gut für die Zähne.

Wenn Sie das Mehl selbst mahlen, kaufen Sie nur gereinigtes Getreide, um einer Mutterkornvergiftung vorzubeugen.

Kartoffeln

Kartoffeln enthalten neben Stärke reichlich Kalium, Vitamin B_1 und Vitamin C sowie wertvolles Eiweiß. Kartoffeln „pur" machen nicht dick – allenfalls sind es die dazu verzehrten Soßen bzw. das Fett, mit dem Kartoffelspeisen wie Bratkartoffeln, Puffer und Co. zubereitet werden. 100 g Kartoffeln enthalten weniger Joule/Kalorien als 100 g magerstes Fleisch. Essen Sie große Kartoffel- und kleine Fleischportionen – das ist ein guter Weg. Pellkartoffeln haben den höchsten Nährstoffgehalt, doch es gibt noch viele andere empfehlenswerte Kartoffelrezepte – probieren Sie diese aus.

Tipp der DGE:

Essen Sie täglich 4–6 Scheiben Brot oder 3–5 Scheiben Brot und 50–60 g Getreideflocken, 1 Portion Kartoffeln (gegart 250 g) oder 1 Portion Reis (gegart 150–180 g) oder 1 Portion Teigwaren (gegart 200–250 g).

Gruppe 2: Gemüse und Hülsenfrüchte

Gemüse

Gesunde Ernährung – wer verbindet das nicht mit Gemüse und dessen Vielfalt? Gemüse und Salate sind mineralstoffreich und vitaminreich – vorausgesetzt, sie sind frisch. Sie enthalten je nach Sorte mehr oder weniger Ballaststoffe, Kalium und Magnesium. Außerdem können Sie davon große Mengen essen, da die meisten Gemüsesorten energiearm sind.

Die Inhaltsstoffe von Gemüse und Salaten sind längst nicht alle erforscht, z.B. die so genannten sekundären Pflanzenstoffe. Ihnen wird eine krebsvorbeugende Wirkung nachgesagt, ebenso einigen Vitaminen, beispielsweise Vitamin C, Vitamin A und E sowie β-Carotin, der Vorstufe von Vitamin A. β-Carotin ist nicht nur reichlich in Möhren enthalten, sondern auch in Broccoli,

Grünkohl, Spinat, Fenchel, Paprika, Feldsalat, Petersilie. Wie bei den Getreidesorten verhält es sich auch bei der Gemüsegruppe, also wie in allen Lebensmittelgruppen: Eine vielseitige Auswahl lohnt sich sowohl wegen der „geschmacklichen Reize", als auch wegen der unterschiedlichen „inneren Werte".

Hülsenfrüchte

Getrocknete Samen von Bohnen, Erbsen, Kichererbsen, Linsen und Sojabohnen werden als Hülsenfrüchte (Leguminosen) bezeichnet. Sie liefern dem Körper neben hochwertigem Eiweiß und Stärke auch Ballaststoffe, Vitamine und Mineralstoffe. Die Hülsenfrüchte sind reich an B-Vitaminen, Calcium, Magnesium, Eisen und Kalium. Pflanzliches Eisen kann jedoch vom Körper nur schlecht aufgenommen werden. Die Eisenresorption (-aufnahme) kann aber verbessert werden, indem Sie gleichzeitig Vitamin-C-haltige Lebensmittel, z.B. Orangensaft, Paprika oder Obstsalat verzehren.
Hülsenfrüchte lassen sich vielseitig verwenden, nicht nur zu Eintopf, wie dieses Kochbuch zeigt. Hülsenfrüchte können, mit Milch und Milcherzeugnissen oder Getreide kombiniert, eine Fleischmahlzeit ersetzen.

Tipp der DGE:
Essen Sie täglich 1 Portion Gemüse (gegart 300 g) sowie eine Portion Rohkost/Salat (100 g) oder 200 g Rohkost und 200 g Gemüse gegart. Vergessen Sie die Hülsenfrüchte nicht.

Gruppe 3: Obst

„Iss Obst und Du bleibst gesund" – so hieß es in einem Werbeslogan. Zum Gesundbleiben gehört zwar noch mehr, aber Obst bietet die gleichen Vorzüge wie das Gemüse, allerdings mit einer Einschränkung: Durch seinen natürlichen Zuckergehalt (Trauben- und Fruchtzucker) ist es energiereicher als dieses, beispielsweise entspricht 1 kg Weintrauben dem Joulegehalt eines kompletten Mittagessens. Obst ist ein guter Lieferant für Vitamine, Mineralstoffe und Ballaststoffe, deren Gehalt bei den einzelnen Sorten jedoch stark schwankt. So sind Erdbeeren und Zitrusfrüchte (Apfelsinen, Mandarinen, Grapefruit, Zitronen) reich an Vitamin C, Aprikosen und Bananen dagegen besonders kaliumreich. Trockenfrüchte haben einen hohen Ballaststoffgehalt – sie können bei Verstopfung hilfreich sein oder klein geschnitten das Müsli oder Gebäck süßen.
Auch Nüsse gehören zu den Obstsorten. Sie sind ebenfalls reich an Vitaminen und Mineralstoffen. Doch enthalten sie wesentlich mehr pflanzliches Eiweiß und Ballaststoffe und sind aufgrund ihres hohen Fettgehaltes (über 50 %) entsprechend energiereicher. Verzehren Sie daher Nüsse nur in kleinen Mengen. Sie eignen sich als Beigabe zu Müsli, Desserts, Obstsalat und Aufläufen.

Tipp der DGE:
Essen Sie täglich mindestens 2–3 Stücke oder 2–3 Portionen Obst (ca. 250 g). Jede Jahreszeit bietet eine Vielfalt an Früchten – wählen Sie abwechslungsreich aus.

Gruppe 4: Milch und Milchprodukte

Milch und Milchprodukte enthalten wichtige Stoffe, die wir zum Wachstum und zur Erhaltung des Körpers benötigen: Eiweiß, Calcium und andere Mineralstoffe, Milchzucker, die Vitamine der B-Gruppe, auch Vitamin B_{12}, sowie fettlösliche Vitamine wie Vitamin A u.a.
Calcium benötigt der Körper insbesondere zum Aufbau von Knochen und Zähnen. Die besten Calciumlieferanten sind Milch und Milchprodukte (mit Ausnahme der Butter). Sie sind nicht nur für Kinder wichtig, wir brauchen sie ein Leben lang. Nehmen wir zu wenig Calcium auf, so kann das in späteren Jahren u.a. zu Osteoporose führen, einem erhöhten Verlust an Knochenmasse.
Milch gibt es in unterschiedlichen Fettstufen; fettarme Milch (1,5 % Fett) weist einen geringeren Fett- und Cholesteringehalt, aber auch weniger fettlösliche Vitamine auf, verglichen mit Vollmilch. Der Calciumgehalt ist gleich.

Tipp der DGE:
Bereits mit ¼ Liter fettarmer Milch und 2 Scheiben Käse (60 g) oder 150 ml Milch/Joghurt und

3 Scheiben Käse (90 g) täglich können Sie einen Großteil Ihrer Calciumzufuhr sichern.

Gruppe 5: Fisch, Fleisch, Wurst und Eier

Die Lebensmittel dieser Gruppe sind neben der Milch unsere Lieferanten von tierischem Eiweiß, wichtigen Mineralstoffen und Vitaminen. Auch etwas problematische Inhaltsstoffe sind zu nennen: Fett, Cholesterin und Purine (Harnsäure). Sie können, im Übermaß genossen, zur Entstehung von Fettstoffwechselstörungen, Arterienverkalkung und Gicht beitragen.

Fisch

Fisch, insbesondere Seefisch, ist eine gute Quelle für hochwertiges Eiweiß, Vitamin D, Vitamin B_2, B_6 und vor allem für Jod. In fettreichen Seefischen wie Lachs, Hering, Makrele, Bückling und Sardinen ist der hohe Gehalt an Omega-3-Fettsäuren (das sind mehrfach ungesättigte Fettsäuren) hervorzuheben. Omega-3-Fettsäuren (z.B. Eicosapentaensäure) haben einen günstigen Einfluss auf den Blutfettspiegel. Sie verbessern die Fließeigenschaften des Blutes und beugen somit Ablagerungen in den Blutgefäßen („Arterienverkalkung") vor. Andere Fischsorten wie Schellfisch, Kabeljau, Seelachs, Zander usw. haben wiederum den Vorteil, sehr fettarm zu sein.

Tipp der DGE:
Verzehren Sie 1–2-mal in der Woche eine Seefischmahlzeit (gegart ca. 220 g), so können Sie dem weit verbreiteten Jodmangel entgegenwirken. Das gilt auch, wenn Sie regelmäßig Jodsalz verwenden.

Fleisch und Wurst

Fleisch und Wurst sind gute Lieferanten für Eisen, Vitamin A und Vitamine der B-Gruppe. Ein wesentlicher Bestandteil von Fleisch ist hochwertiges Eiweiß. Auch wenn wir Eiweiß für den Aufbau und den Erhalt des Körpers benötigen, so muss nicht jeden Tag Fleisch auf dem Teller liegen, das leben uns die Vegetarier vor. 300–600 g Fleisch und Wurst in der Woche genügen. Verteilen Sie die Menge auf 2–3 Portionen Fleisch die Woche mit je ca. 100 g und 3 Portionen Wurstwaren mit je 30 g. Durch einen geringen Verzehr von Fleisch und Wurst können Sie die Zufuhr von unerwünschten Begleitstoffen (Fett, Cholesterin und Purine) senken und gleichzeitig bleibt Ihnen genügend Spielraum für Gemüse, Obst, Getreideprodukte und Kartoffeln.
Bevorzugen Sie pflanzliche Lebensmittel wie Brot, Getreideflocken, Hülsenfrüchte und Kartoffeln, aber auch Milch und Milcherzeugnisse. Eine gute Möglichkeit, den Körper mit hochwertigem Eiweiß zu versorgen, ist es, pflanzliche Lebensmittel miteinander oder mit Milch oder Ei kombiniert zu verzehren.

Hier einige Beispiele:

Getreide + Hülsenfrüchte	z.B. Linseneintopf mit Brot
Kartoffeln + Milch	z.B. Pellkartoffeln mit Kräuterquark
Kartoffeln + Ei	z.B. Kartoffeln mit Spiegelei

Wählen Sie fettarme Fleisch- und Wurstsorten (z. B. gekochter Schinken, roher Schinken oder Geflügelwurst; Wurstsorten wie Leberwurst und Salami sind hingegen sehr fett) und achten Sie auf eine fettarme Zubereitung. Hierfür eignen sich Grillen, Dünsten oder Garen im Backofen. Beim Kurzbraten bleibt das Fett in der Pfanne. Aber: auch auf die Größe der Portion kommt es an.
Leber und Nieren haben einen niedrigen Fett- und Energiegehalt und sind reich an Vitaminen und Mineralstoffen, beispielsweise an den Vitaminen A und B_1 sowie an Eisen. Da sie aber auch reichlich Cholesterin, Purine und möglicherweise auch Cadmium und Blei enthalten, sollten sie höchstens alle 2–3 Wochen auf dem Speiseplan stehen. Frauen mit Kinderwunsch und Schwangere während des 1. Drittels ihrer Schwangerschaft sollten vorsichtshalber auf Leber ganz verzichten, da der hohe Gehalt an Vitamin A das werdende Kind schädigen könnte. Danach ist ein **gelegentlicher** Leberverzehr in „normalen Mengen" ungefährlich.

Tipp der DGE:
Essen Sie nur 2–3-mal in der Woche Fleisch (Portion gegart 80–125 g) und nur 2–3-mal Wurst (Portion max. 30 g).

Eier

Eier sind ein preiswertes Lebensmittel, vielseitig verwendbar und von großer küchentechnischer Bedeutung. Sie liefern nahezu alle Nährstoffe: biologisch hochwertiges Eiweiß, bedeutende Mengen der Vitamine A, B_1, B_2, B_{12}, D und E, weiterhin sind die Mineralstoffe Kalium, Calcium, Zink und Eisen vorhanden. Das fetthaltige Eigelb enthält sehr viel Cholesterin. Reichlicher Eierverzehr kann zu einer gesundheitsgefährdenden Erhöhung des Cholesterinspiegels beitragen.

Tipp der DGE:
Verzehren Sie nicht mehr als 2–3 Eier in der Woche. Berücksichtigen Sie dabei auch die verarbeiteten Eier in Kuchen, Teigwaren etc.

Gruppe 6: Fette und Öle

Wer viel Fett isst, kann schnell übergewichtig werden. Zum einen steckt in Fetten doppelt so viel Energie wie in Kohlenhydraten oder Eiweiß. Zum anderen wird aus überschüssigem Fett wesentlich schneller und mit wesentlich weniger Aufwand Körperfett aufgebaut als aus Kohlenhydraten und Eiweiß. Auch Fettstoffwechselstörungen (zu hoher Blutfett- und Blutcholesteringehalt) können auf das Konto einer zu hohen Fettzufuhr gehen.
Ganz ohne Fett geht es allerdings nicht. Der Körper benötigt die im Fett enthaltenen ungesättigten Fettsäuren, z.B. die Linolsäure, für jede Körperzelle und für die Aufnahme der „fettlöslichen" Vitamine A, D, E und K.
Pflanzliche Fette bestehen größtenteils aus ungesättigten Fettsäuren (mit Ausnahme von Kokosfett) und sind cholesterinfrei. Sie wirken sich positiv auf den Blutfettspiegel aus. Besonders reichlich sind sie z.B. in Rapsöl, Olivenöl, Sojaöl, Walnussöl, Leinöl, Weizen- oder Maiskeimöl und Sonnenblumenöl enthalten. In Fetten tierischer Herkunft überwiegen (mit Ausnahme von Fisch) die gesättigten Fettsäuren, die sich – im Übermaß genossen – negativ auf die Blutgefäße auswirken. Außerdem enthalten sie Cholesterin.
Soll man daraus schließen, dass es besser ist, überhaupt keine tierischen Fette zu essen? Vorrangig ist, dass wenig Fett gegessen wird. Butter ist leicht verdaulich und schmackhaft – warum nicht ein Butterbrot essen, Gemüse mit Butter oder einem Schuss Sahne zubereiten? Die notwendigen ungesättigten Fettsäuren enthält die zum Kochen verwendete Margarine oder das Pflanzenöl, egal ob raffiniert oder kaltgepresst. Hauptsache, das Maß wird nicht überschritten – was allerdings schwierig ist. Der Gesundheit zuliebe sollten höchstens 30 % der täglich konsumierten Joule/Kalorien von Fett kommen. Das entspricht bei einer Energieaufnahme von 10 080 kj/2 400 kcal ca. 80 g Fett insgesamt pro Tag, also Butter, Margarine, Öl und das in den Lebensmitteln enthaltene Fett.

Fettgehalt verschiedener Lebensmittel im Durchschnitt

100 g Lebensmittel	**Fettgehalt** in g
Mayonnaise	82
Leberwurst	32
Schokolade	30
Emmentaler (45 % Fett i. Tr.)	30
Hackfleisch (halb und halb)	18
Makrele	12
Geflügelwurst (mager)	5
Seelachsfilet	1
Roggenvollkornbrot	1
Buttermilch	< 1
Kartoffeln	0
Paprika, Blumenkohl, Tomaten	0
Äpfel, Kirschen, Mandarinen	0

Die Tabelle „Fettgehalt verschiedener Lebensmittel im Durchschnitt" zeigt ein paar Beispiele,

wie viel oder auch wie wenig Fett in einigen Lebensmitteln steckt.
Rechnen Sie einmal aus, wie viel Fett Ihr Tagesplan enthält – eine Nährwerttabelle kann Ihnen Auskunft über den Fettgehalt weiterer Lebensmittel geben.

Tipp der DGE:
Verwenden Sie täglich höchstens 40 g Streich- oder Kochfett, z. B. 2 Esslöffel Butter oder Margarine und 2 Esslöffel hochwertiges Pflanzenöl. Bevorzugen Sie fettarme Lebensmittel.

Gruppe 7: Getränke

„Ohne Wasser kein Leben", das gilt auch für uns Menschen. Wasser ist ein wichtiger Körperbestandteil, es wird u. a. als Quellmittel für den Nahrungsbrei, als Transport- und Lösungsmittel für Nährstoffe, für die Nieren- und Darmtätigkeit sowie zur Wärmeregulation benötigt. Der Körper verbraucht täglich rund 2 ½ Liter Flüssigkeit, bei Hitze oder körperlicher Anstrengung sogar noch mehr.
Etwa die Hälfte des Wasserbedarfs decken wir über unsere Lebensmittel; besonders Obst und Gemüse haben einen hohen Wassergehalt. Die andere Hälfte des Flüssigkeitsbedarfes wird über die Getränke aufgenommen.
Zum Durstlöschen eignen sich Leitungs- und Mineralwasser, ungesüßter Früchte- und Kräutertee, sie sind energiefrei. Gemüsesaft bzw. mit Mineral- oder Leitungswasser verdünnter Fruchtsaft, z.B. eine Apfelsaftschorle, liefern gleichzeitig Vitamine und Mineralstoffe.
Übrigens: Nur wenn auf dem Etikett „Fruchtsaft" steht, ist auch Fruchtsaft (100 %) enthalten. Fruchtnektare enthalten je nach Obstsorte nur 25–50 % und Fruchtsaftgetränke nur 6–30 % Fruchtsaft bzw. Fruchtanteil, ihnen werden Wasser, Zucker und Säuren zugesetzt. Achten Sie auf das Etikett!
Fruchtnektar, Fruchtsaftgetränke, Limonaden, Cola-Getränke und auch Traubensaft sind aufgrund ihres hohen Zucker- und Energiegehaltes zum Durstlöschen nicht empfehlenswert. Bohnenkaffee, grüner und schwarzer Tee zählen wie alkoholische Getränke zu den Genussmitteln. Trinken Sie diese nur in Maßen. Alkohol kann abhängig machen und Leberschäden hervorrufen, mindert die Leistung und verzögert die Reaktionsgeschwindigkeit. Manches Kilogramm Übergewicht geht auf sein Konto.

Tipp der DGE:
Trinken Sie täglich mindestens 1 ½ Liter Flüssigkeit, z.B. Wasser, Mineralwasser, ungesüßte Früchtetees, Gemüsesäfte und verdünnte Obstsäfte, in Maßen Kaffee und schwarzen Tee; Vorsicht bei alkoholischen Getränken.

Alle Gruppen des Ernährungskreises sind besprochen. Fällt Ihnen etwas auf? Richtig, Sie vermissen den Zucker, es fehlen Honig, Sirup, Schokolade und Süßigkeiten. Streng genommen – rein ernährungsphysiologisch betrachtet – sind sie überflüssig. Im Verhältnis zu ihrem Energiegehalt (Joule/Kalorien) liefern sie keine bzw. nur sehr wenige Nährstoffe. Aber Sie wissen ja: Essen und Trinken ist nicht mit Ernährung gleichzusetzen.
Wir brauchen nicht asketisch auf jedes Gramm Zucker oder Honig, den Schmelz von Schokolade oder Sahnetorte zu verzichten – es muss allerdings im Rahmen bleiben. Wer an Festtagen mit Freude und Genuss, ohne schlechtes Gewissen, geschlemmt hat, bringt auch die innere Bereitschaft mit, am nächsten Tag „kleinere Brötchen" zu backen. Darum, bewusst genießen, aber auch den Verstand walten lassen.

Ein Wort zu den Mahlzeiten

Kennen Sie auch das „Mittagstief"? Nach einem üppigen Essen überkommt Sie die Müdigkeit? Das ist völlig normal. Der Körper braucht vermehrt Blut zur Bewältigung der Verdauungsarbeit. Das geht auf Kosten der Durchblutung des Gehirns – Sie fühlen sich müde und nicht gerade leistungsfähig.

Ähnlich geht es den Personen, die morgens nicht frühstücken und bis zum Mittagessen angeblich nichts benötigen. Über Nacht sind die Energiereserven aufgebraucht. Was wäre naheliegender, als sie mit einem Frühstück aufzufüllen? Wenn Sie die Nahrung auf mehrere kleinere Mahlzeiten verteilen, können Sie Ihre Leistungsfähigkeit positiv beeinflussen, und das Mittagstief bleibt aus, siehe „Die biologische Leistungskurve". Selbstverständlich spielt auch die Zubereitung der Gerichte eine bedeutende Rolle.

Darüber brauchen wir jedoch nicht zu schreiben, das finden Sie in diesem Kochbuch: Gute, schmackhafte Rezepte, die den Anforderungen der heutigen Zeit entsprechen.

Die biologische Leistungskurve

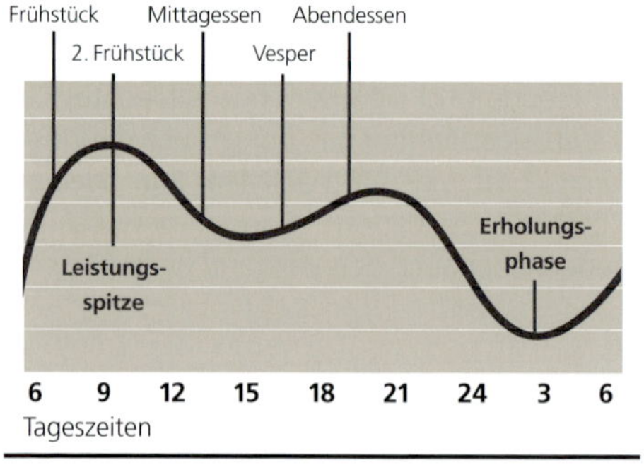

Wer's genau wissen möchte:
Ein Blick in die Ernährungsphysiologie

Energiezufuhr und Körpergewicht

Der Körper benötigt rund um die Uhr Energie (Kilojoule/Kilokalorien). Sie wird für Atmung, Herz-Kreislauf-Tätigkeit, Stoffwechsel und Aufrechterhaltung der Körpertemperatur benötigt. Die Energie, die wir bei völliger Ruhe, „beim Nichtstun", umsetzen, wird als **Grundumsatz** bezeichnet. Faktoren wie Alter, Geschlecht, Körpergröße und -gewicht, Klima u.a. beeinflussen ihn. Dazu kommt noch der **Leistungsumsatz**, die Energiemenge, die wir für die Muskelarbeit brauchen. Auch **Wachstum** und **Verdauungstätigkeit** benötigen Energie.

Gemessen wird die vom Körper benötigte und von uns mit der Nahrung aufgenommene Energie in Kilojoule (sprich Dschul). Früher wurde der Energiebedarf und -verbrauch nur in Kilokalorien (kcal) bestimmt und von Kalorien gesprochen. Seit einigen Jahren gilt offiziell das Joule. 1 kcal entspricht etwa 4,2 kJ bzw. 1 kJ entspricht ca. 0,24 kcal.

Energiebedarf

Die in der Tabelle „Richtwerte für die tägliche Energiezufuhr", Seite 20, genannten Werte sind als Richtwerte zu betrachten. Jeder Mensch hat einen individuellen Energiebedarf, der in der Realität beträchtlich von den Tabellen-Werten abweichen kann. Einen guten Anhaltspunkt, ob Sie ausreichend, zu viel oder zu wenig Energie aufgenommen haben, kann Ihnen regelmäßiges Wiegen geben (1-mal wöchentlich). Bei gleich bleibendem Gewicht entspricht Ihre Energiezufuhr Ihrem Energieverbrauch.

Das richtige Gewicht

Zur Bestimmung des Körpergewichtes gibt es verschiedene Mess- und Berechnungsmethoden. Sie dienen als Anhaltspunkt, als Richtschnur für das wünschenswerte Gewicht.

Die beste Orientierung bietet der so genannte Körpermassenindex (Body Mass Index = BMI). Er wird Ihrem „Typ“ – egal ob groß oder klein, jung oder alt – eher gerecht als andere Formeln und ermöglicht eine angemessene Aussage über Ihre Körperfettmenge bzw. Körperfülle. Allerdings, einen Haken hat auch der BMI; er unterscheidet nicht zwischen Fettmasse und Muskelmasse. Wer viele Muskelkilos auf die Waage bringt (z. B. Body-Builder, Gewichtheber, Schwerstarbeiter im Bergwerk oder Stahlbau), kann somit nach dem BMI übergewichtig sein, selbst wenn er kein Gramm Fett zuviel am Körper hat. Lassen Sie sich in einem solchen Fall nicht verwirren!

Der Body Mass Index berechnet sich wie folgt:

$$\mathbf{BMI} = \frac{\textbf{Körpergewicht in Kilogramm}}{(\textbf{Körpergröße in Metern})^2}$$

Beispiel: 75 (kg) : $(1,67\ \text{m})^2$ = 75 : 2,8 = 26,8

Zwar lässt sich der BMI nur schwer im Kopf berechnen, aber mit dem Taschenrechner geht es relativ schnell. Und wie das Rechenergebnis zu bewerten ist, zeigt Ihnen die Tabelle „Bewertung des Body Mass Index“.

Bei einem BMI von 25 bis 30 kann eine Gewichtsabnahme notwendig sein, wenn z. B. Bluthochdruck, erhöhte Blutfette, eine Zuckerkrankheit oder ein erhöhter Harnsäurespiegel vorliegt. Bei einem BMI von 30 oder darüber sollten Sie unbedingt abnehmen! Sprechen Sie auf alle Fälle gleich mit Ihrem Arzt. Klären Sie mit ihm und einer qualifizierten Ernährungsfachkraft ab, welche Maßnahmen zur Gewichtsabnahme für Sie am geeignetsten sind.

Bewertung des Body Mass Index

BMI (kg/m^2)	**Bewertung**	**Kommentar**
unter 18,5	Untergewicht	Jede weitere Gewichtsabnahme ist gefährlich.
18,5 – 24,9	Normalgewicht	Gewicht, mit dem sich lange und gesund leben lässt. Abnehmen ist nicht nötig.
25 – 29,9	leichtes bis mittleres Übergewicht	Kann bereits belasten, wenn weitere Erkrankungen vorliegen. Falls nicht, besteht kein Zwang zum Abnehmen.
30 – 39,9	schweres Übergewicht	Jede Gewichtsabnahme verspricht gesundheitliche Vorteile. Ärztlichen Rat einholen.
über 40	massiv gefährdendes Übergewicht	Hohes Risiko für schwere Gesundheitsstörungen. Unbedingt den Arzt zu Rate ziehen.

Woher kommt die Energie?

Die in unserer Nahrung vorhandenen energieliefernden Nährstoffe (Fette, Kohlenhydrate und Eiweiß) und energieliefernden Substanzen (organische Säuren, z. B. Fruchtsäuren, und Alkohol) haben unterschiedliche Energiegehalte. Vitamine, Mineralstoffe und Wasser – weitere unverzichtbare Nahrungsbestandteile – liefern keine Energie. Die Tabelle „Energiegehalt verschiedener Verbindungen“ zeigt, wie viel Energie worin enthalten ist.

Energiegehalt verschiedener Verbindungen

Energielieferant	**Energiegehalt** in kJ	in kcal
1 g Fett	37	9
1 g Eiweiß	17	4
1 g Kohlenhydrate *	17	4
1 g Ethylalkohol	29	7
1 g organische Säure	13	3
1 g mehrwertige Alkohole	10	2,4

* ausgenommen mehrwertige Alkohole

Quelle: Nährwertkennzeichnungs-Verordnung in der Fassung vom 5.5.1999

Kohlenhydrate

Kohlenhydrate liefern dem Körper Energie, die er in Kraft und Wärme umwandelt. Sie sind aber auch für die Gehirnleistung und den Fettstoffwechsel erforderlich. Eine gewisse Menge Kohlenhydrate wird als schnell verfügbares Glykogen in Leber und Muskulatur gespeichert; überschüssige Kohlenhydrate werden in Fett umgewandelt. Kohlenhydrate sollten etwa 55 – 60 % der Energiezufuhr einnehmen. Pflanzen können die Sonnenenergie speichern; aus Kohlenstoff, Wasser und Sauerstoff bilden sie Kohlenhydrate. Die einfachste Form der Kohlenhydrate sind die Einfachzucker (Monosaccharide). Aus den Einfachzuckern kann die Pflanze Zweifach- oder Mehrfachzucker (Polysaccharide) bilden, um die Energie in konzentrierterer Form zu speichern. Kohlenhydrate lassen sich daher in drei Hauptgruppen einteilen:

Einfachzucker (Monosaccharide): Hierzu gehören Traubenzucker (Glucose), Fruchtzucker (Fructose) und Galactose, sie kommen in Obst, Honig, Süßwaren, Milch und Milchprodukten vor, genauso die **Zweifachzucker (Disaccharide)**. Sie setzen sich aus zwei Molekülen Einfachzucker zusammen. Dazu zählen Rohr- und Rübenzucker (Saccharose), die aus je einem Molekül Glucose und Fructose bestehen, Malzzucker (Maltose) und Milchzucker (Lactose).

Mehrfachzucker (Polysaccharide): Sie bestehen aus vielen Molekülen Einfachzucker, weshalb man sie auch langkettige Kohlenhydrate nennt; Stärke, Ballaststoffe (außer Lignin) und Glykogen zählen dazu. Sie kommen in Kartoffeln, Getreide, Hülsenfrüchten, Obst und Gemüse vor; Glykogen in der Leber und den Muskeln.

Probleme machen uns heute die Einfach- und Zweifachzucker, also der Zucker „pur" oder „versteckt" in Erfrischungsgetränken, Süßwaren, Kuchen, Gebäck, Ketchup, Fertigsoßen u.a. Diese Lebensmittel enthalten mehr oder weniger viel Energie und Fett, aber keine bzw. wenig Vitamine, Mineralstoffe und Ballaststoffe. Eine rühmliche Ausnahme bildet das Obst.

Zucker wird schnell ins Blut aufgenommen und sättigt nur kurzfristig. Ein reichlicher Konsum von Süßwaren verdrängt nährstoffreichere Lebensmittel. Weil Gesüßtes besser schmeckt, wird mehr bzw. zusätzlich gegessen, Übergewicht droht. Zucker, Honig, klebrige Süßigkeiten, aber auch Trockenfrüchte verursachen bei mangelhafter Zahnpflege Karies.

Dagegen bieten stärkehaltige und ballaststoffreiche Lebensmittel viele Vorteile. Sie werden nur langsam verdaut, was einen anhaltenden Sättigungseffekt und eine ausgeglichene Leistungsfähigkeit bewirkt. Gleichzeitig sind sie vitamin- und mineralstoffreich. Durch stärkehaltige Lebensmittel können fettreiche Lebensmittel eingespart werden.

Ballaststoffe

Unter dem Sammelbegriff Ballaststoffe werden Bestandteile pflanzlicher Lebensmittel zusammengefasst, die von den Verdauungssäften (Enzymen) im Dünndarm nicht abgebaut werden können. Lange Zeit galten Ballaststoffe deshalb als überflüssig („Ballast") und wurden aus den Lebensmitteln entfernt. Heute wissen wir, dass sie für die Darmtätigkeit unverzichtbar sind und bestimmten Krebsarten vorbeugen können. Die DGE empfiehlt deshalb, täglich mindestens 30 g Ballaststoffe aufzunehmen.

Zu den **unlöslichen Ballaststoffen** gehören Lignin, Cellulose, Hemicellulose; sie sind vor allem in Vollkornprodukten, Kohlgemüse, Hülsenfrüchten und Kartoffeln vorhanden. Sie erfordern intensives Kauen. Das ist wichtig für die Zahnerhaltung und die Sättigung. Als gut quellende Füllstoffe sorgen die Ballaststoffe für eine regelmäßige Darmentleerung, beugen somit Verstopfung (Obstipation) vor und wirken sich positiv auf die Darmflora aus.

Die in Hafer, Früchten und Gemüse vorkommenden **löslichen Ballaststoffe**, z.B. Pektine in Obst, können sich positiv auf den Cholesterinspiegel auswirken.

Darmerkrankungen, z.B. Divertikulose (säckchenförmige Ausstülpungen der Darmwand), Hämorrhoiden und wahrscheinlich Darmkrebs treten bei regelmäßiger und reichlicher Ballaststoffzufuhr seltener auf.

Fette

Fette (Lipide) sind gewaltige Energielieferanten; sie liefern mehr als doppelt so viel kJ bzw. kcal wie Kohlenhydrate und Eiweiß.

Fette sind beim Aufbau von Zellmembranen unentbehrlich; sie sind Trägersubstanz für „fettlösliche" Vitamine und am Stoffwechselgeschehen beteiligt. Organe wie Nieren, Gehirn u.a. werden durch Fett vor Stoß und Druck geschützt, das Unterhautfettgewebe isoliert gegen Kälte. Doch auch die sensorische Bedeutung von Fett soll erwähnt werden: Fett verleiht den Speisen Geschmack.

Das mit der Nahrung aufgenommene Fett ist in Form eines Triglycerids aufgebaut. Dies bedeutet, dass jeweils drei (= Tri) Fettsäuren an Glycerin (= glycerid) gebunden sind. Es gibt gesättigte und ungesättigte Fettsäuren.

Mehrfach ungesättigte Fettsäuren sind essenziell, d.h., der Körper kann sie nicht selbst herstellen. Sie müssen mit der Nahrung aufgenommen werden.

Gesättigte Fettsäuren kommen überwiegend in tierischen Lebensmitteln wie Butter, Schmalz, Rindertalg sowie Wurstwaren und Fleisch, Käse, Kuchen und Gebäck vor, aber auch in Kokos- und Palmkernfett. Bestimmte gesättigte Fettsäuren können bei reichlichem Verzehr die Cholesterinkonzentration im Blut anheben.

Einfach und mehrfach ungesättigte Fettsäuren, z.B. Ölsäure (einfach ungesättigt), Linolsäure und Omega-3-Fettsäuren haben eine cholesterinspiegelsenkende Wirkung. Einen hohen Gehalt an Linolsäure haben einige Pflanzenöle, z.B. Distel-, Sonnenblumen-, Maiskeim-, Soja- und Leinöl, überwiegend Ölsäure ist in Olivenöl, Omega-3-Fettsäuren sind vor allem in fettem Seefisch enthalten, Lein-, Walnuss- und Rapsöl enthalten ebenfalls nennenswerte Mengen.

Wünschenswert ist eine Fettmenge, die nur 25–30 % der täglichen Energiezufuhr ausmacht.

Ein Fettbegleitstoff ist **Cholesterin**, eine lebensnotwendige Substanz, die der Körper selber herstellen kann. Er ist deshalb nicht auf das mit den tierischen Lebensmitteln aufgenommene Cholesterin angewiesen. Ein Zuviel kann bei entsprechender Veranlagung zu erhöhten Blutfettwerten führen.

Eiweiß

Eiweiß (Protein) ist Baustoff aller Körperzellen, von Muskeln, Organen, Enzymen und Blut. Da die Körperzellen ständig aufgebaut und erneuert werden, sind sie auf die regelmäßige Zufuhr von Eiweiß angewiesen. Eiweiß wird aus verschiedenen Bausteinen, den Aminosäuren, gebildet. Von der Vielzahl der unterschiedlichen Aminosäuren gibt es einige, die der Körper nicht selbst herstellen kann, sie sind essenziell und müssen mit der Nahrung aufgenommen werden.

Je mehr Körpereiweiß aus dem Nahrungseiweiß aufgebaut werden kann, desto hochwertiger ist es; man spricht dann von einer hohen **biologischen Wertigkeit**. Sie ist zwar bei tierischem Eiweiß im Allgemeinen höher als bei pflanzlichem, doch liefern tierische Lebensmittel auch unerwünschte Inhaltsstoffe wie gesättigte Fettsäuren, Purine und Cholesterin.

Mischungen von pflanzlichen und tierischen Eiweißträgern sind oftmals besser als einzelne eiweißreiche Lebensmittel. Unsere Eiweißversorgung ist gewährleistet; die empfohlene Tagesmenge von 0,8 g pro kg Körpergewicht für Erwachsene wird bei den meisten Menschen mehr als erreicht.

Wasser

Wasser ist der Hauptbestandteil unseres Körpers, sein Anteil beträgt beim Erwachsenen, je nach Alter und Geschlecht, zwischen 50 und 60 %. Wassermangel führt rasch zu schwerwiegenden Schäden wie Bluteindickung und Kreislaufversagen.

Da mit zunehmendem Alter das Durstgefühl nachlässt, ist es dann besonders wichtig, auf die Flüssigkeitszufuhr zu achten. Die notwendige Flüssigkeitszufuhr ist mit ca. 2½ Liter täglich zu veranschlagen, wobei rund 1½ Liter als Getränke aufgenommen werden.

Wasser ist u.a. unentbehrlich für die Wärmeregulation. Durch Schwitzen geben wir Wasser und Wärme ab, es muss dann mehr getrunken werden.

Vitamine im Überblick

Vitamine	Empfohlene Zufuhr/Tag für Erwachsene	Vorkommen
A	0,8 – 1,0 mg	Leber, Butter, Margarine, Lebertran
β-Carotin (Provitamin A)	2 – 4 mg Schätzwert	tiefgelbe, orangefarbene Früchte, grüne Blattgemüse, Karotten, Spinat, Broccoli, Grünkohl
D	5 µg	Fettfische (Hering, Makrele), Leber, Margarine, Eigelb; Besonderheit: Es wird bei UV-Lichteinwirkung in der Haut selbst gebildet
E	12 – 15 mg Schätzwert	Pflanzenöle, Butter, Margarine, Haferflocken, Ei, Leber, Milch, grüne Gemüse, Salate
K	60 – 80 µg Schätzwert	grüne Gemüse, Milch und Milchprodukte, Fleisch, Eier, Obst, Kartoffeln, Vollkornprodukte
B_1 (Thiamin)	1,0 – 1,3 mg	Fleisch (besonders vom Schwein), Leber, Vollkornprodukte, Hülsenfrüchte, Kartoffeln
B_2 (Riboflavin)	1,2 – 1,5 mg	Milch und Milchprodukte, Fleisch, Fisch, Eier, Vollkornprodukte
Niacin	13 – 17 mg	Fleisch, Fisch, Leber, Milch, Eier, Getreideprodukte
B_6 (Pyridoxin)	1,2 – 1,5 mg	Hühner- und Schweinefleisch, Fisch, Getreideprodukte, Kartoffeln, Gemüse (Kohl, grüne Bohnen, Linsen, Feldsalat), Bananen, Weizenkeime
Folsäure	400 µg Gesamtfolat	grüne Blattgemüse (Spinat, Kohlarten, Broccoli, Fenchel), Vollkornprodukte, Weizenkeime, Nüsse, Leber, Eier, Milch und Milchprodukte
Pantothensäure	6 mg Schätzwert	Leber, Muskelfleisch, Fisch, Milch, Vollkornprodukte, Hülsenfrüchte
Biotin	30 – 60 µg Schätzwert	Leber, Niere, Eigelb, Sojabohnen, Nüsse, Haferflocken, Blumenkohl, Champignons, Linsen
B_{12} (Cobalamin)	3 µg	kommt fast ausschließlich in tierischen Lebensmitteln vor: Leber, Fleisch, Fisch, Milch, Ei; pflanzliche Lebensmittel, die einer Gärung unterworfen sind, enthalten Spuren (Bier, Sauerkraut)
C (Ascorbinsäure)	100 mg	Obst und Gemüse (schwarze Johannisbeeren, Zitrusfrüchte, Paprikaschoten, grüne Blattgemüse), Kartoffeln

Quelle: Referenzwerte für die Nährstoffzufuhr, Deutsche Gesellschaft für Ernährung, Frankfurt/Main, 2000

Vitamine und Mineralstoffe

Vitamine und Mineralstoffe – die wichtigsten zeigen die beiden Tabellen – liefern keine Energie, erfüllen aber lebenswichtige Aufgaben.

Mineralstoffe im Überblick

Mineralstoffe	**Empfohlene Zufuhr/Tag** für Erwachsene	**Vorkommen**
Natrium und Chlorid (Kochsalz)	6 g Schätzwert	Wurst, Käse, Würzmittel, Brot, Salzgebäck
Kalium	2 g Schätzwert	Obst, Gemüse, Kartoffeln, Hülsenfrüchte, Spinat, Champignons
Calcium	1 000 mg	Milch und Milchprodukte, bestimmte Gemüsesorten, einige Mineralwässer
Phosphor	700 mg	Brot, Milch, Fleisch, Eier, Kartoffeln, sowie als Zusatzstoff in Lebensmitteln
Magnesium	300 – 400 mg	Getreideprodukte, Milch und Milchprodukte, Fleisch, Hülsenfrüchte, magnesiumhaltige Mineralwässer
Eisen	10 – 15 mg	Leber, Fleisch und Fleischwaren, Vollkornprodukte, Gemüse (Spinat, Mangold, Schwarzwurzeln, Kohl)
Jod	180 – 200 µg	Seefisch, jodiertes Speisesalz und damit hergestellte Lebensmittel (z. B. Brot, Wurst, Käse, Fertiggerichte)
Fluorid	3,1 – 3,8 mg Richtwert	bestimmte Teesorten, mit Gräten verzehrte Fische (Sprotten, Sardinen), Getreideprodukte, Fleisch, Leber
Zink	7 – 10 mg	Fleisch, Fisch, Schalentiere, Eier, Milch und Milchprodukte, Vollkornprodukte
Kupfer	1 – 1,5 mg Schätzwert	Innereien (Leber), Fisch, Schalentiere, Nüsse, Kakao, grüne Gemüse
Mangan	2 – 5 mg Schätzwert	Tee, Vollkornprodukte, Walnüsse, Sojabohnen
Selen	30 – 70 µg Schätzwert	Leber, Muskelfleisch, Hülsenfrüchte, Getreideprodukte
Chrom	30 – 100 µg Schätzwert	Fleischprodukte, Bierhefe, Käse, Vollkornprodukte
Molybdän	50 – 100 µg Schätzwert	Innereien, Milchprodukte, Getreide

Quelle: Referenzwerte für die Nährstoffzufuhr, Deutsche Gesellschaft für Ernährung, Frankfurt/Main, 2000

10

Regeln

10 Regeln für eine vollwertige Ernährung

Die „10 Regeln für eine vollwertige Ernährung“ der Deutschen Gesellschaft für Ernährung bringen das Wesentliche auf einen Nenner:

1. Vielseitig essen
Genießen Sie die Lebensmittelvielfalt. Merkmale einer ausgewogenen Ernährung sind abwechslungsreiche Auswahl, geeignete Kombination und angemessene Menge nährstoffreicher und energiearmer Lebensmittel.

2. Reichlich Getreideprodukte und Kartoffeln
Brot, Nudeln, Reis, Getreideflocken, am besten aus Vollkorn, sowie Kartoffeln enthalten kaum Fett, aber reichlich Vitamine, Mineralstoffe, Spurenelemente sowie Ballaststoffe und sekundäre Pflanzenstoffe. Verzehren Sie diese Lebensmittel mit möglichst fettarmen Zutaten.

3. Gemüse und Obst – Nimm „5“ am Tag
Genießen Sie 5 Portionen Gemüse und Obst am Tag, möglichst frisch, nur kurz gegart, oder auch eine Portion als Saft – idealerweise zu jeder Hauptmahlzeit und auch als Zwischenmahlzeit: Damit werden Sie reichlich mit Vitaminen, Mineralstoffen sowie Ballaststoffen und sekundären Pflanzenstoffen (z. B. Carotinoiden, Flavonoiden) versorgt. Das Beste, was Sie für Ihre Gesundheit tun können.

4. Täglich Milch und Milchprodukte; ein- bis zweimal in der Woche Fisch; Fleisch, Wurstwaren sowie Eier in Maßen
Diese Lebensmittel enthalten wertvolle Nährstoffe, wie z. B. Calcium in Milch, Jod, Selen und Omega-3-Fettsäuren in Seefisch. Fleisch ist wegen des hohen Beitrags an verfügbarem Eisen und an den Vitaminen B_1, B_6 und B_{12} vorteilhaft. Mengen von 300 – 600 g Fleisch und Wurst pro Woche reichen hierfür aus. Bevorzugen Sie fettarme Produkte, vor allem bei Fleischerzeugnissen und Milchprodukten.

1

Regeln

5. Wenig Fett und fettreiche Lebensmittel
Fett liefert lebensnotwendige (essenzielle) Fettsäuren und fetthaltige Lebensmittel enthalten auch fettlösliche Vitamine. Fett ist besonders energiereich, daher kann zu viel Nahrungsfett Übergewicht fördern, möglicherweise auch Krebs. Zu viele gesättigte Fettsäuren fördern langfristig die Entstehung von Herz-Kreislauf-Krankheiten. Bevorzugen Sie pflanzliche Öle und Fette (z. B. Raps- und Sojaöl und daraus hergestellte Streichfette). Achten Sie auf unsichtbares Fett, das in Fleischerzeugnissen, Milchprodukten, Gebäck und Süßwaren sowie in Fast-Food- und Fertigprodukten meist enthalten ist. Insgesamt 70 – 90 Gramm Fett pro Tag reichen aus.

6. Zucker und Salz in Maßen
Verzehren Sie Zucker und Lebensmittel, bzw. Getränke, die mit verschiedenen Zuckerarten (z. B. Glucosesirup) hergestellt wurden, nur gelegentlich. Würzen Sie kreativ mit Kräutern und Gewürzen und wenig Salz. Bevorzugen Sie jodiertes Speisesalz.

7. Reichlich Flüssigkeit
Wasser ist absolut lebensnotwendig. Trinken Sie rund 1,5 Liter Flüssigkeit jeden Tag. Bevorzugen Sie Wasser – ohne oder mit Kohlensäure – und andere kalorienarme Getränke. Alkoholische Getränke sollten nur gelegentlich und nur in kleinen Mengen konsumiert werden.

8. Schmackhaft und schonend zubereiten
Garen Sie die jeweiligen Speisen bei möglichst niedrigen Temperaturen, soweit es geht kurz, mit wenig Wasser und wenig Fett – das erhält den natürlichen Geschmack, schont die Nährstoffe und verhindert die Bildung schädlicher Verbindungen.

9. Nehmen Sie sich Zeit, genießen Sie Ihr Essen
Bewusstes Essen hilft, richtig zu essen. Auch das Auge isst mit. Lassen Sie sich Zeit beim Essen. Das macht Spaß, regt an vielseitig zuzugreifen und fördert das Sättigungsempfinden.

10. Achten Sie auf Ihr Gewicht und bleiben Sie in Bewegung
Ausgewogene Ernährung, viel körperliche Bewegung und Sport (30 bis 60 Minuten pro Tag) gehören zusammen. Mit dem richtigen Körpergewicht fühlen Sie sich wohl und fördern Ihre Gesundheit.

10

Elektrogeräte zur Nahrungs-bereitung

Elektrogeräte sind unentbehrliche Helfer bei der Vor- und Zubereitung der Lebensmittel. Ihr Einsatz spart Zeit und Arbeitskraft. Richtig genutzt helfen sie, Strom zu sparen.
Im Rahmen dieses Buches werden die beim elektrischen Kochen eingesetzten Elektrogeräte behandelt:
Elektroherd, siehe Seite 36
Mikrowellengeräte, siehe Seite 52
Dampf-Gargeräte, siehe Seite 57, und
Küchenmaschinen, siehe Seite 63.

Viele tierische und pflanzliche Lebensmittel sind in rohem Zustand für den Menschen ungenießbar. Erst durch Wärmeeinwirkung werden die Inhaltsstoffe besser ausgenutzt, die Bekömmlichkeit erhöht und der Genusswert sowie die Geschmackseigenschaften verbessert. Deshalb müssen die meisten Lebensmittel vor dem Verzehr gegart werden. Die verschiedenen Garverfahren wie Quellen, Dünsten, Schmoren, Braten, Backen, sind im Kapitel „Garverfahren", Seite 68 und „Kochtechnische Begriffe", Seite 550 ausführlich beschrieben. Sie unterscheiden sich in der Art der Wärmeübertragung, in der Höhe der Temperatur sowie in der erforderlichen Gardauer.

Für die Nahrungszubereitung ist der Elektroherd das geeignete Gerät, denn er liefert durch die fein abgestimmte Regulierungsmöglichkeit und zuverlässige Automatik der Kochstellen und des Backofens immer die richtige Wärme. Die meisten Haushalte besitzen bereits einen Elektroherd, da die Vorzüge des elektrischen Kochens geschätzt werden:

- einfache Handhabung
- kurze Ankochdauer durch hohe Leistung
- schonende Lebensmittelzubereitung durch angepasste Wärmezufuhr
- gedankliche Entlastung und Unabhängigkeit durch Automatik
- Sauberkeit und Sicherheit.

Kochstellen

Für verschiedene Garverfahren wie Quellen, Dünsten, Kochen, Braten ist die Kochstelle empfehlenswert. Sie ist in den meisten Fällen mit einer Beheizung ausgestattet, welche die erforderliche Wärme liefert, die dann über den Topfboden an das Gargut weitergeleitet wird. Eine Sonderstellung nehmen die Induktionskochstellen ein.
Damit die Lebensmittel schonend in wenig Wasser oder Fett gegart werden können, ist es wichtig, dass die Wärmeübertragung gleichmäßig und ohne Überhitzung erfolgt. Dies wird gewährleistet durch die exakte Regulierbarkeit der Kochstellen. Die Beheizung wird über ein Schaltelement an der Bedienblende oder auf der Glaskeramik in Betrieb genommen. Damit die Wärmezufuhr dem jeweiligen Garverfahren, der Kochgutmenge und Lebensmittelart optimal angepasst werden kann, sind die Drehschalter mit Merkzahlen bis 3, bis 9 oder bis 12 gekennzeichnet.

Einige Geräte mit elektronischer Steuerung werden auch über Tasten bedient. Hier werden meistens in einer Anzeige die Zahlen 1 bis 9 verwendet.

Bei **Normal- oder Blitz- Kochstellen** wird für „Ankochen/Erhitzen" zunächst die höchste Einstellung gewählt und für „Fortkochen/Weitergaren" von Hand auf eine niedrigere Einstellung zurückgeschaltet. Die Einstellung kann über eine Stufenschaltung erfolgen, bei der durch mehrere Schaltstufen der Wärmebedarf den Garverfahren und den unterschiedlichen Kochgutmengen angepasst wird. Eine noch bessere Anpassung der Wärmemenge ist mit einem stufenlos einstellbaren Drehschalter möglich.

Kochstellen werden nach Bauart und Material unterteilt in **Kochplatten** und **Kochzonen**:

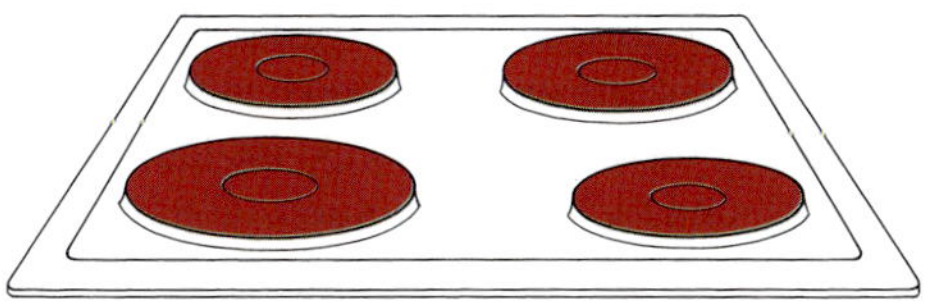

Bei **Kochplatten** wird die Hitze durch Wärmeleitung übertragen. Um Energie zu sparen, sollte daher nur Kochgeschirr mit einem möglichst ebenen Boden verwendet werden. Kochplatten bestehen aus gut wärmeleitfähigem Gusseisen (Grauguss). Die Oberfläche ist plangedreht und hat in der Mitte eine unbeheizte Vertiefung. Dadurch bleibt die Platte auch nach der Erwärmung plan und Überhitzung und Wärmestaus werden vermieden. Kochplatten sind fest in einer **Kochmulde** aus emailliertem Stahl oder Edelstahl eingebaut.

Ein Teil der Kochplatten kann mit einer erhöhten Leistung ausgestattet sein und heizt dadurch besonders schnell auf. Diese **Blitz-Kochplatten** sind durch einen roten Punkt in der Mitte gekennzeichnet. Die Bedienung erfolgt wie bei einer Normal-Kochstelle.

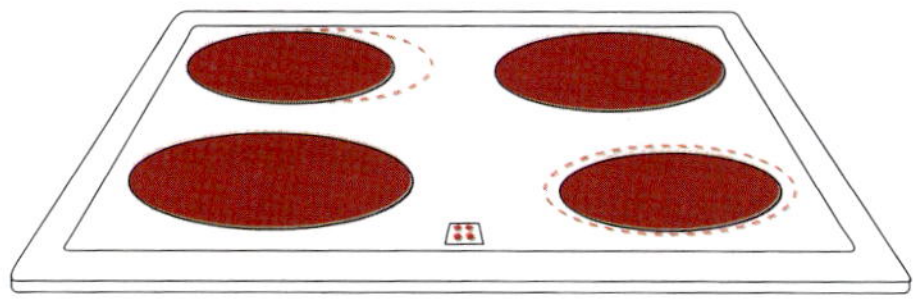

Kochzonen heißen diejenigen Stellen bei einem Glaskeramik-Kochfeld, die beheizt werden können. Sie sind durch Dekor gekennzeichnet. Die Oberfläche des **Kochfeldes** besteht aus einer ca. 4 mm dicken Glaskeramik-Kochfläche, die
- eine geringe Wärmequerleitung hat
- extrem temperaturstabil (hält abrupte Temperaturwechsel aus)
- weitgehend kratz- und bruchfest
- leicht zu reinigen ist.

Die Wärmeübertragung vom Heizkörper erfolgt in erster Linie durch **Strahlung**. Da ein Teil der Strahlung vom Glasmaterial aufgenommen wird, erfolgt die Wärmeübertragung in den Topfboden durch Wärmestrahlung und Wärmeleitung. Daher ist auch bei Kochzonen mit Strahlungsheizkörpern ein ebener Topfboden zum schnelleren und energiesparenden Kochen sehr wichtig. Die Strahlungsheizkörper erreichen einige Sekunden nach dem Einschalten ihre Glühtemperatur von ca. 1000 °C und leuchten gut sichtbar dunkelrot durch die Glaskeramikplatte. Es werden unterschiedliche Strahlungsheizkörper angeboten, die sich in den Aufheizzeiten unterscheiden.

Glaskeramik-Kochfelder sind in diversen Größen, Formen, Dekoren und mit einer unterschiedlichen Anzahl Kochzonen erhältlich.

Kochzonen gibt es als Einkreis-, Zweikreis-, Dreikreis- oder Bräter-/Mehrzweckversion. Je nach Größe und Form des Kochgeschirres kann so bei Zweikreis- oder Dreikreiszonen der passende Durchmesser gewählt werden oder bei der Bräter-/Mehrzweckzone dem runden Strahlungsheizkörper noch weitere zugeschaltet werden, so dass sich eine ovale oder rechteckige Kochzone ergibt.

Kochzonen, die mit einer **Ankochautomatik** ausgestattet sind, reduzieren selbsttätig nach

Backofen mit Umluft

Damit im Backofen nicht nur auf einer Ebene, sondern auf zwei bis vier Ebenen gleichzeitig gegart werden kann, muss die Wärme von allen Seiten, z.B. an das Gebäck, transportiert werden. Dies geschieht, indem die Luft im Backofen in ständige Bewegung gesetzt wird. Sie streicht dabei an der Beheizung vorbei, erwärmt sich dort und überträgt diese Wärme direkt an das Lebensmittel.

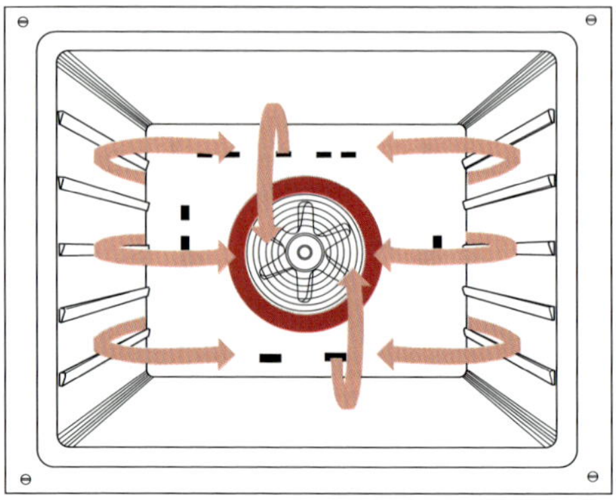

Diese erzwungene Luftbewegung wird durch einen Ventilator erzeugt, der sich an der Rückwand des Backofens hinter einem Luftleitblech befindet. Durch die in der Mitte liegenden Öffnungen wird die Luft angesaugt und durch seitliche Öffnungen wieder in den Backofen gedrückt.

Die Beheizung erfolgt je nach Hersteller entweder durch einen Ringheizkörper, der den Ventilator umgibt (siehe Abbildung), durch Ober- und Unterhitze oder eine Kombination.

Da die erzwungene Luftbewegung eine schnellere Wärmeverteilung und Wärmeübertragung bewirkt, kann in einem Backofen mit Umluft die **Temperatur um etwa 30 °C niedriger** eingestellt werden als in einem Backofen mit Ober- und Unterhitze (die Angaben des Herstellers beachten).

Grilleinrichtung

Für das Grillen – z.B. von Fleisch, Fisch, Geflügel – sowie für das Überbacken – z.B. von Toast oder Ragout fin – ist intensive Wärmestrahlung erforderlich. Dabei soll die Oberfläche des Grillgutes bräunen, ohne zu verbrennen, und das Innere garen, ohne auszutrocknen.

Die Grillbeheizung besteht aus einem oben im Backofeninnenraum angebrachten Rohrheizkörper, der teilweise oder ganz mit dem Heizkörper der Oberhitze identisch ist. Er ist überwiegend fest eingebaut, in einigen Geräten zur leichteren Reinigung abklappbar. Die Grillbeheizung wird über den Temperaturwähler bzw. über den Funktions- und Temperaturwähler des Backofens in Betrieb genommen.

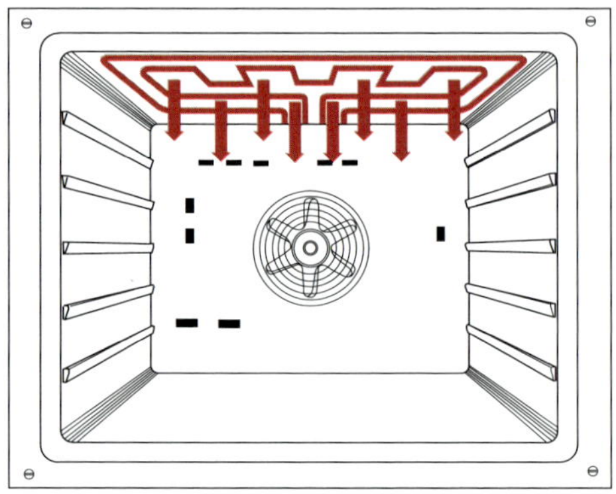

Je nach Größe des Grillgutes lässt sich bei manchen Geräten die Grillbeheizung in verschieden große Grillflächen schalten oder deren Leistung entsprechend anpassen.

Anwendungsmöglichkeiten sind z.B. Flächengrillen von flachen, portionierten Kurzbratstücken (nach 2/3 der Garzeit wird das Grillgut gewendet) oder Toast, Grillen mit Drehspieß für Geflügel und größere Braten.

Mittlerweile kann in vielen Geräten bei geschlossener Backofentür gegrillt werden. Dazu muss das Gerät mit einer temperaturgeregelten Grillbeheizung und einer angepassten Wrasenführung ausgestattet sein. Ist dies nicht der Fall, muss während des Grillens die Backofentür etwas geöffnet sein, damit keine Überhitzung entsteht und Feuchtigkeit entweichen kann.

Um dabei eine zu starke Erwärmung und Verfärbung der Bedienblende zu vermeiden, gibt es von einigen Herstellern Schalterschutzblenden, die eingesetzt werden können.

Für das Grillen an einem anderen Standort, z.B. auf der Terrasse oder beim Camping, eignet sich ein **Tischgrillgerät.** Es ist steckerfertig ausgestattet und somit räumlich unabhängig einsetzbar. In diesen Geräten erfolgt das Grillen wie im Backofen durch Wärmestrahlung. Die Wärme kann jedoch auch über zwei beheizte Kontaktflächen, zwischen die das Grillgut gelegt wird, weitergeleitet werden. Solche Tischgeräte werden als Kontaktgrillgeräte bezeichnet.

Backofen mit kombinierter Ausstattung

Sind Backöfen mit verschiedenen Beheizungsarten ausgestattet, bietet sich die Möglichkeit, je nach Rezept und Gargut-Menge die günstigste Beheizungsart aus Ober- und Unterhitze, Umluft oder Grillbeheizung auszuwählen. Daraus ergibt sich eine Vielzahl von Kombinationsmöglichkeiten.
So kann zwischen Ober- und Unterhitze, z.B. für Biskuit, oder Umluft, z.B. für Blätterteiggebäck, gewählt werden.

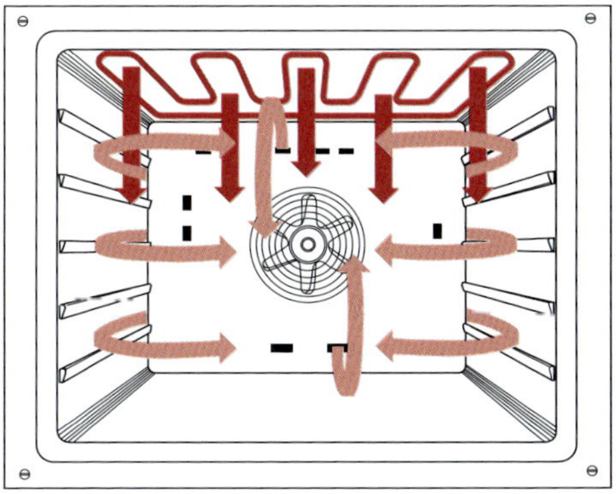

Für manche Gerichte empfiehlt sich auch der kombinierte Betrieb. Dabei wird die Umluft durch Unterhitze, z.B. bei der Herstellung von Gebäcken mit feuchten Belägen, oder durch Ober- und Unterhitze, z.B. bei der Zubereitung auf mehreren Ebenen, unterstützt.

Zum Braten und Grillen großer Fleischstücke ist die Kombination Umluft und Oberhitze oder Umluft und Grillbeheizung, das so genannte Umluftgrillen, empfehlenswert.

Beim **Umluftgrillen/Infrabraten** (siehe Abbildung) kann ein Wenden des Grillgutes entfallen. Ventilator und Grillheizkörper werden gleichzeitig oder abwechselnd betrieben. Die intensive Wärmestrahlung gelangt so gleichmäßig von allen Seiten an das Grillgut. Das Umluftgrillen erfolgt bei geschlossener Backofentür, somit ist ein temperaturgeregelter Grillheizkörper notwendig.
Bei der **Pizzastufe** wird die Unterhitze kombiniert mit dem Ventilator und – je nach Hersteller – dem Ringheizkörper. Sie ist geeignet für die schnelle Zubereitung von Speisen, die einen knusprigen Boden erhalten sollen, wie z. B. Pizza oder vorgefertigte Tiefkühlbackwaren.

Backofen mit elektronischer Regelung

Sind Backöfen mit einer elektronischen Regelung ausgestattet, kann die eingestellte Temperatur durch Takten der Heizkörper exakt gehalten werden. Im Gegensatz zur mechanischen Regelung können die wellenartigen Bewegungen (Amplituden) um die eingestellte Solltemperatur vermieden werden.
Die elektronische Temperaturregelung bietet besondere Vorteile im Bereich der niedrigen Temperaturen, so dass temperaturempfindliche Anwendungen wie z. B. Zubereiten von Joghurt oder Gehenlassen von Hefeteig sicher gelingen.
Beim **Niedertemperatur-Garen** (Niedrigtemperatur-Garen, Sanftgaren) werden Fleischstücke zunächst in der Pfanne angebraten und anschließend im Backofen bei Temperaturen zwischen 70 und 110 °C fertig gegart. Oder sie werden im vorgeheizten Backofen bei hoher Temperatur (220 bis 250 °C) 10 bis 20 Minuten angebraten und danach bei niedriger Temperatur (70 bis 110 °C) fertig gegart. Auch hierzu bieten elektronisch geregelte Backöfen die idealen Voraussetzungen.

Backofen mit integriertem Mikrowellenteil

Die Gardauer beim Backen und Braten im Backofen lässt sich verkürzen, wenn zusätzlich zur Backofenbeheizung die Mikrowelle geschaltet wird.

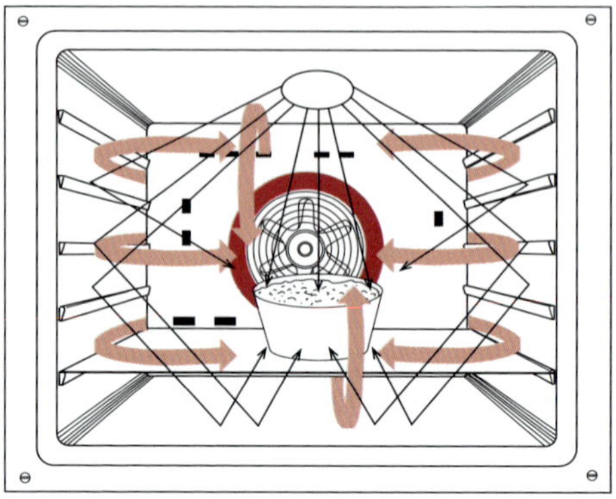

Geeignet ist diese Zubereitungsart z. B. für fette Braten, feuchtes Gebäck sowie für Aufläufe. Der Backofen ist dann neben Ober- und Unterhitze, Umluft und Grillbeheizung zusätzlich mit einem Magnetron ausgestattet.

Beheizung und Mikrowellenteil können sowohl kombiniert als auch einzeln in Betrieb genommen werden. Erläuterungen zur Mikrowellenanwendung sind im Kapitel „Mikrowellengeräte" Seite 52 beschrieben.

Backofen mit integriertem Dampfgarsystem

Das Dämpfen von Lebensmitteln ist ein schonendes Garverfahren, das vor allem bei größeren Mengen auch im Backofen durchgeführt werden kann, wenn er zusätzlich zur Backofenbeheizung mit einem integrierten Dampfgarsystem ausgestattet ist.

Der erforderliche Wasserdampf wird in einem speziellen Dampferzeuger aufgebaut. Dazu muss das Wasser entweder über eine Wasserschublade eingefüllt oder über einen fest angeschlossenen Wasserzu- und -ablauf zugeführt werden.

Beim Dampfgaren gibt es verschiedene Möglichkeiten:

Dämpfen ohne Druck für hitzeempfindliche Lebensmittel, z. B. Fisch, Spargel, Broccoli, Dampfnudeln.

Dämpfen mit Druck für hitzeunempfindliche Lebensmittel, z. B. verschiedene Gemüse, Kartoffeln, Hülsenfrüchte, Fleisch.

Beim Dämpfen mit Druck werden Temperaturen bis zu 120 ° C erreicht und somit die Speisen noch zeit- und energiesparender zubereitet.

Mit dem integrierten Dampfgarsystem können einzelne, aber auch mehrere Gerichte gleichzeitig auf verschiedenen Ebenen zubereitet werden. Bei diesem schonenden Garverfahren bleiben Geschmack, Farbe und Inhaltsstoffe optimal erhalten. Durch spezielle Programme ist das Dampfgaren ohne Aufsicht arbeitserleichternd und sicher durchführbar.

Die Backöfen sind unterschiedlich ausgestattet, so dass eine vielseitige Nutzung möglich ist. Es kann der reine Dampfbetrieb mit und ohne Druck oder Dampfbetrieb in Verbindung mit den bekannten Backofenfunktionen oder Dampfbetrieb vor oder nach Backofenfunktionen genutzt werden.

Backöfen mit integriertem Dampfgarsystem gibt es als Einbauherd und als Einbaubackofen.

Zusatzausstattungen

Bratautomatik

Das Braten größerer Fleischstücke im Backofen ist einfacher in der Handhabung und gelingt völlig ohne Überwachung, wenn der gesamte Bratvorgang automatisch abläuft. Dazu muss das Gerät mit einer speziellen Einrichtung, einer so genannten Bratautomatik, ausgestattet sein. Damit das jeweilige Fleisch entsprechend zubereitet wird, sind vorher vom Benutzer mit dem Bratautomatikwähler an der Bedienblende verschiedene Daten einzugeben, z.B. Fleischart, Gewicht, Zustand (frisch oder gefroren). Da die Bratautomatik bei den Geräten unterschiedlich ist, sollten die Einstellungen nach Herstellerangaben erfolgen. Aus den eingegebenen Daten ergibt sich dann ein bestimmtes Temperatur-Zeitprogramm, d.h., das Anbraten, Braten und Nachgaren erfolgen nacheinander bei automatischer Temperaturregelung und festgelegter Dauer.

Das Bratautomatikprogramm lässt sich bei einigen Geräten mit der Zeitschaltautomatik koppeln, so dass das Ein- und Ausschalten zu der vorgewählten Zeit selbsttätig erfolgt.

Bratthermometer

Ein Bratvorgang ist beendet, wenn in der Mitte des Bratguts eine bestimmte Temperatur erreicht ist. Um diese Kerntemperatur ohne Überwachung genau feststellen zu können, sind manche Backöfen mit einem Bratthermometer ausgestattet. Der spießförmige Temperaturfühler dieses Thermometers wird zu Beginn eines Garverfahrens in den Kern des Brat- oder Grillgutes eingesteckt und misst dort präzise die Kerntemperatur.

Wie hoch die Temperatur im Innern ansteigen soll, hängt von der zuzubereitenden Fleischart sowie vom gewünschten Garzustand ab, z.B. durchgebraten oder halb durchgebraten. Die Kerntemperatur, die bei Garende erreicht werden soll, wird vom Benutzer zu Beginn des Garverfahrens eingestellt. Sobald die gewünschte Kerntemperatur erreicht ist, schaltet die Backofenbeheizung automatisch ab. Kerntemperatur für Braten, siehe gleichnamige Tabelle Seite 253.

Zeitschaltautomatik

Vom Einschalten von Backofen und Kochstellen zu einer bestimmten Zeit sowie vom Ausschalten des Gerätes nach beendetem Garvorgang kann sich der Benutzer zeitlich unabhängig machen und gedanklich entlasten, wenn der Elektroherd diese Funktionen selbsttätig übernimmt.

Dazu ist der Elektroherd mit einer Zeitschaltautomatik ausgestattet, die nach vorgewählten Zeiten ohne Überwachung aus- bzw. ein- und ausschaltet. Für die Bedienung der Zeitschaltautomatik ist die Gebrauchsanweisung des Herstellers zu beachten.

Voraussetzung für den Einsatz einer Zeitschaltautomatik ist, dass die Wärmezufuhr selbsttätig reguliert wird. Diese Voraussetzung haben der temperaturgeregelte Backofen und die Automatik-Kochstellen, so dass die Zeitschaltautomatik in Verbindung mit diesen Einrichtungen am Elektroherd genutzt werden kann.

Kurzzeitwecker

Als zusätzliche Gedächtnisstütze kann, unabhängig von einer Zeitschaltautomatik, ein Kurzzeitwecker nützlich sein. Er wird bis zu 180 Minuten eingestellt und macht nach Ablauf der vorgewählten Dauer mit einem Signal auf das Ende, z.B. eines Backvorganges, aufmerksam.

Reinigung und Pflege

Vor der ersten Inbetriebnahme

Jeder neue Backofen ist zum Schutz vor Schäden durch Feuchtigkeit eingefettet, die Kochplattenoberflächen sind mit einem Schutzüberzug versehen. Vor der ersten Inbetriebnahme müssen diese fetthaltigen und fertigungsbedingten Rückstände verbrennen, der Schutzüberzug muss aushärten. Dies geschieht durch Aufheizen des Backofens auf höchste Temperatur über eine vom Hersteller vorgegebene Dauer sowie durch Erhitzen der Kochplatten auf höchster Einstellung etwa 3 Minuten ohne Kochgeschirr. Während dieses Vorganges ist der Aufstellungsort zu lüften, damit auftretender Geruch und Dunst entweichen können. Danach sollte der Backofen ausgewaschen und getrocknet werden. Die Kochplatten benötigen keine anschließende Reinigung.

Reinigung und Pflege der Kochstellen

Die Reinigung und Pflege richten sich nach den verwendeten Materialien und den Herstellerangaben. Emaillierte Flächen, solche aus Edelstahl und Glas, Kunststoffschalterknebel und verchromte Leisten werden mit warmem Wasser und Spülmittel gereinigt und anschließend trockengerieben. Edelstahl kann zusätzlich mit Metallputzmitteln behandelt werden. Hartnäckige Verschmutzungen auf der emaillierten Kochmulde beseitigt man mit feinen Scheuermitteln oder einem Edelstahlspiralschwamm. Die aus Gusseisen gefertigten Kochplatten müssen vor Korrosion geschützt werden. Deshalb ist es wichtig, die Verunreinigungen baldmöglichst und gründlich zu entfernen. Nach der feuchten Reinigung mit Spülwasser und evtl. verseifter Stahlwolle müssen die Kochplatten trockengerieben und anschließend dünn eingefettet werden. Zum Einfetten eignen sich nur reines, salz- und säurefreies Fett, z.B. Maschinenöl oder Vaseline, sowie die handelsüblichen Pflegemittel für Kochplatten.

Die Glaskeramik des Kochfeldes wird ebenfalls mit Wasser und Spülmittel gesäubert. Übergekochtes oder verschüttete Zutaten können leicht mit einem Glasschaber entfernt werden. Hartnäckige Flecken und metallische Verfärbungen lassen sich mit flüssigem Spezial- oder Edelstahlputzmittel beseitigen. Zum Abschluss jeder Reinigung sollte die Glaskeramik mit klarem Wasser nachgewischt und eventuell ein Pflegemittel aufgetragen werden.

Reinigung des Backofens

Eine Verunreinigung des Backofens beim Backen und Braten lässt sich vermindern durch geänderte Brat- und Backgewohnheiten:

- Wahl der richtigen Heizart und Temperatur (Herstellerangaben beachten)
- Backen von feuchten Kuchen in der Fettpfanne
- Braten im geschlossenen Gefäß.

Den Backofenboden darf man nicht mit Alufolie auslegen, da sonst durch den Wärmestau ungleichmäßige Backergebnisse und Emailleschäden entstehen können.
Hartnäckige Verschmutzungen im Backofeninnenraum beseitigt man mit feinen Scheuermitteln oder einem Edelstahlspiralschwamm. Bei Verwendung von speziellen Backofenreinigungsmitteln ist die Herstellerangabe zu beachten. Backofeninnenraum und Backbleche lassen sich leichter reinigen, wenn sie aus einer Spezialemaille mit einer besonders glatten Oberfläche bestehen. Die Verunreinigungen, z.B. Bratensaft und Kuchenbeläge, haften dann nicht so stark an.

Die Backofenreinigung kann durch eingebaute Reinigungshilfen ohne Verwendung chemischer Reinigungsmittel erleichtert werden. Dabei können die Backöfen mit zwei unterschiedlichen Systemen ausgestattet sein.

Katalytische Reinigungshilfe: Damit die Reinigung des Backofens während des Bratens und Grillens erfolgen kann, müssen die Innenwände aus einer Spezialemail oder -keramik mit poröser Oberfläche bestehen. In die Emaillierung ist ein so genannter Katalysator eingelagert, ein Stoff, der einen chemischen Vorgang auslöst, sich selbst aber dabei nicht verändert. Bei Temperaturen ab 200 °C und in Verbindung mit Luftsauerstoff erfolgt eine chemische Umwandlung der Fettverunreinigungen. Durch diese katalytische Reinigungshilfe werden die beim Braten und Grillen an der Spezialemail anhaftenden Fettspritzer sofort beseitigt. Einige Hersteller bieten zusätzlich spezielle Reinigungsprogramme für diese Oberflächen an. Bei großflächigen Verunreinigungen, z.B. durch Zucker und Säuren beim Backen von Obstkuchen, ist die Reinigungswirkung stark eingeschränkt.
Da nach längerer Gebrauchsdauer Verschmutzungen den Katalysator überlagern, müssen die Innenwände je nach Bedarf von Zeit zu Zeit ausgetauscht werden. Um die Reinigungswirkung zu erhalten, dürfen die spezialemaillierten Oberflächen nicht mit scheuernden Reinigungsmitteln, festen Bürsten, verseifter Stahlwolle und Backofenspray behandelt werden.

Pyrolytische Selbstreinigung: Eine vollständige Entfernung aller Rückstände im Backofen ist erst bei sehr hohen Temperaturen möglich. Diese Zersetzung von Stoffen durch Hitze wird als Pyrolyse bezeichnet. In einem gesonderten, automatisch ablaufenden Reinigungsprogramm, der pyrolytischen Selbstreinigung, werden alle vorhandenen Verunreinigungen bei Temperaturen bis 500 °C zersetzt und verascht. Ein Reinigungsgang dauert bis zu 3 Stunden. Die veraschten Rückstände lassen sich nach Ablauf des Programms leicht entfernen.

Kochgeschirr für den Elektroherd

Die Zubereitung der Lebensmittel ist ohne Kochgeschirr undenkbar. Bei der Kochstelle wird die benötigte Wärme direkt von der Kochstelle an den Topf- und Pfannenboden weitergeleitet und von dort auf das Lebensmittel übertragen. Im Backofen wird die Wärme durch die Luft auf das Brat- und Backgeschirr und an das Lebensmittel übertragen. Je genauer und verlustfreier diese Wärmeübertragung erfolgt, desto schonender und energiesparender ist die Zubereitung.

Das Marktangebot an Kochgeschirr ist vielfältig. Oft erfolgt die Auswahl nach optischen Gesichtspunkten. Viel wichtiger dagegen sind Material, Form und Ausführung des Kochgeschirrs, da diese Faktoren die optimale Ausnutzung der zugeführten Wärme beeinflussen. Bei der Anschaffung ist zu beachten, für welchen Einsatzbereich, d.h. ob auf der Kochstelle oder im Backofen, und für welche Zubereitungsart das Kochgeschirr benötigt wird.

Auf den Topfboden kommt es an

Damit die Wärme von der Kochstelle schnell und verlustfrei übertragen werden kann, muss der Topfboden trocken sein und über die gesamte Fläche Kontakt mit der Kochstelle haben. Die meisten Stoffe, auch Metalle, dehnen sich bei Erwärmung aus. Deshalb ist ein guter Topf- und Pfannenboden im kalten Zustand leicht nach innen gewölbt. Bei Erwärmung dehnt er sich zur Kochstelle hin aus und hat so im heißen Zustand einen optimalen Kontakt zur Kochstelle.

Sind Topf- und Pfannenboden im kalten Zustand völlig plan, dehnen sie sich bei Erwärmung auch aus, dann aber fast ausschließlich nach außen, und das Kochgeschirr wird zum „Tänzer". Das bedeutet: längere Gardauer, höherer Stromverbrauch.

Sind Topf- und Pfannenboden im kalten Zustand zu stark nach innen gewölbt, reicht bei Erwärmung die Ausdehnung nicht aus, damit der Boden plan aufliegt. Es entsteht ein Luftpolster zwischen Kochgeschirr und Kochstelle und das bedeutet: längere Ankochdauer und höherer Stromverbrauch.

Damit sich der Topfboden auch bei längerer Beanspruchung nicht verzieht, sollte er eine Mindestdicke haben. Sie liegt bei Kochgeschirr aus emailliertem Stahl bei 2 bis 3 mm und bei solchem aus Edelstahl bei 4 bis 6 mm. Dickere Böden gewährleisten ferner eine gleichmäßigere Temperaturverteilung, da sie die Wärme gut speichern und, z.B. bei Zugabe von kaltem Gargut, ausgleichen.

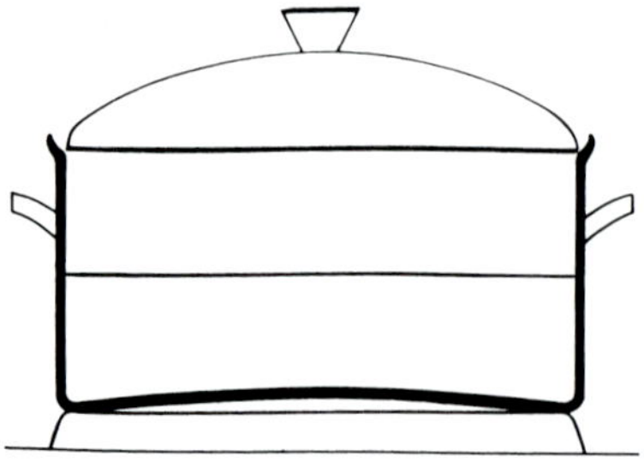

Das richtige Kochgeschirr hat einen gut schließenden Deckel und – in kaltem Zustand – einen leicht nach innen gewölbten Topfboden.

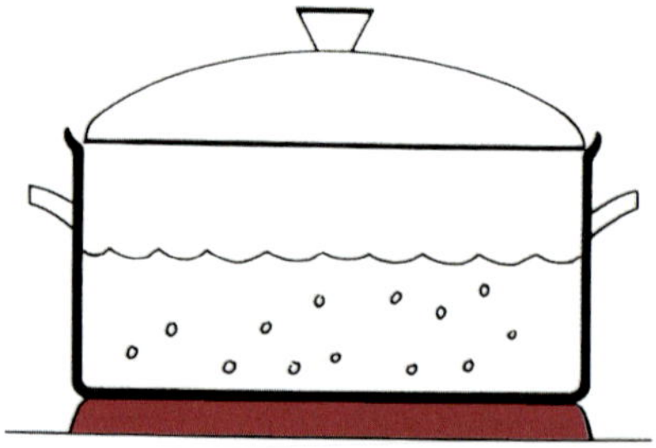

Das richtige Kochgeschirr passt im Durchmesser zur Kochstelle und liegt – im heißen Zustand – plan auf.

Der Durchmesser muss passen

Durchmesser von Kochgeschirr und Kochstelle müssen übereinstimmen: Ist der Topf zu klein, geht unnötig Wärme verloren; ist der Topf wesentlich größer, muss mit längerer Ankochdauer gerechnet werden.

Wenn das Kochgeschirr auf keine Kochstelle genau passt, sollte es im Verhältnis zur Kochstelle lieber etwas größer als zu klein gewählt werden.

Durch günstiges Abstimmen von Kochgeschirr und Kochstelle verkürzt sich die Ankochdauer, und der Stromverbrauch verringert sich. Daher empfiehlt es sich, vor dem Kauf des Kochgeschirrs den Durchmesser der Kochstelle zu messen und ihn beim Kauf mit dem Durchmesser des Kochgeschirrs zu vergleichen.

Der gut schließende Deckel

Damit nur wenig Dampf beim Garen entweichen kann und Strom gespart wird, sollte der Deckel gut auf dem Kochgeschirr aufliegen. Steckdeckel schließen im Allgemeinen dicht ab. Beim Spülen im Geschirrspüler kann allerdings Wasser im Deckelrand verbleiben.

Innen liegende Deckel können bei starkem Kochen leicht klappern, da sich Kondenswasser im Topfrand sammelt. Dies erinnert daran, dass die Energiezufuhr verringert werden muss.

Aufliegende Deckel werden auch als „Schwebedeckel" bezeichnet, weil sie beim Garen auf dem sich bildenden Dampfpolster schweben. Bei geeigneter Deckelform sammelt sich das Kondenswasser tropfenförmig an der Deckelinnenseite und dringt nicht nach außen. Aufliegende Deckel sollten stabil und nicht zu leicht sein, damit sie sich nicht verformen und auch auf Dauer gut schließen.

Glasdeckel ermöglichen ein Beobachten des Garvorgangs.

Die richtigen Griffe

Griffe an Topf und Pfanne sollten wärmebeständig, aber kaum wärmeleitend sowie spülmaschinenfest sein und auch nach langjähriger Benutzung noch fest am Kochgeschirr sitzen. Diese Anforderungen werden von Edelstahlgriffen erfüllt, vorausgesetzt, ihre Anordnung und Form ist so optimiert, dass sie nicht heiß werden. Diese werden dann als Kaltgriffe bezeichnet.

Bei Geschirr, das für den Backofen bestimmt ist, müssen die Kunststoffgriffe schwarz und bis 300 °C hitzebeständig sein. Farbige Kunststoffgriffe sind nicht hitzebeständig. Griffe aus Holz sind nicht „backofenfest" und nicht spülmaschinengeeignet.

Ein guter Topf sollte beim Gebrauch gut in der Hand liegen, deshalb ist je nach Topfgröße auf ausreichend große Griffe zu achten.

Um eine Verbrennungsgefahr zu vermeiden, sollten die Griffe mit genügend Abstand am Topf angebracht sein; dies erleichtert auch die Reinigung.

Damit die Töpfe zur Aufbewahrung gut gestapelt werden können, sollten die Griffe in der Höhe nicht über den Topfrand hinausragen.

Der gut geformte Schüttrand

Damit Flüssigkeit ohne Herunterlaufen an der Außenseite ausgegossen werden kann, sollte der Topfrand etwas nach außen gewölbt sein und eine so genannte „Abrisskante" haben. Bei Emaillegeschirr muss der Topfrand vor Schlag und Stoß geschützt sein. Der fugenlos verchromte Schüttrand verhindert auch bei starker Beanspruchung eine Rost- und Bakterienbildung.

Die Vielfalt geeigneter Materialien

Die wichtigsten Eigenschaften verschiedener Topf- und Pfannenmaterialien sind in der gleichnamigen Tabelle auf Seite 50 aufgeführt. Nachfolgend einige Anmerkungen zu den Materialien.

Edelstahl: Die übliche Zusammensetzung für Töpfe und Pfannen besteht aus 72 % Eisen, 18 % Chrom und 10 % Nickel, im Handel als „Edelstahl 18/10" bezeichnet. Durch diesen Zusatz von Chrom und Nickel ist Edelstahlgeschirr rostfrei und korrosionsbeständig.

Da Edelstahl ein schlechter Wärmeleiter ist, werden solche Töpfe und Pfannen mit einem Zwischenboden aus gut leitendem Material wie Kupfer oder Aluminium hergestellt. Diese Mehrschichtböden – auch Sandwichböden genannt – sorgen für eine gleichmäßige Wärmeverteilung und eine gute Formstabilität.

Emaillierter Stahl: Geschirr aus diesem Material besteht aus Stahl, der nach einer Grundemaillierung innen und außen mit einem farbigen Dekoremaille versehen wird. Emaille ist ein Schmelzglas, das bei Temperaturen ab 800 °C mit dem Stahl eine feste Verbindung eingeht. Einige Töpfe und Pfannen aus emailliertem Stahl werden außen statt mit einem Dekoremaille mit einer metallhaltigen Glaskeramikoberfläche „Silargan" versehen.

Emailgeschirr hat eine glatte und porenfreie Oberfläche, die den Stahl vor Korrosion und chemischen Einflüssen schützt. Diese Oberfläche sorgt für gute Reinigungseigenschaften des Topfes. Der Topfboden ist durch einen dünnen Emailüberzug, der die Wärmeübertragung nicht beeinflusst, rostgeschützt.

Aluminiumguss: Mittels Gussverfahren wird Aluminium zu Kochgeschirren in vielfältige Formen gebracht. Es kann besonders dicke Böden und Wände erhalten, ohne dadurch unhandlich schwer zu werden.

Geschirr aus Aluminiumguss sorgt für eine sehr gleichmäßige Wärmeverteilung, ist formstabil und schlagfest. Um die Gebrauchseigenschaften zu erhöhen und die Pflege zu erleichtern, wird dieses Kochgeschirr innen mit einer Antihaftversiegelung versehen.

Gusseisen: Infolge des dickwandigen Materials wird die aufgenommene Wärme in diesem Kochgeschirr gut gespeichert und gleichmäßig abgegeben. Deshalb ist es besonders zum Braten und Schmoren geeignet.

Da Gusseisen schnell rosten kann, wird das Kochgeschirr mit einer Schutzschicht überzogen. Zum Teil sind Pfannen und Töpfe außen und innen emailliert, wodurch die Reinigung erleichtert wird.

Glas und Glaskeramik: Kochgeschirr aus hochtemperaturbeständigem und temperaturwechselbeständigem Glas kann als Zubereitungs- und Serviergeschirr direkt vom Elektroherd auf den Tisch gestellt werden. Hierbei sind die Angaben des Herstellers zu beachten.

Glas ist jedoch ein schlechter Wärmeleiter, so dass sich bei der Benutzung auf der Kochstelle eine längere Ankochdauer und somit ein höherer Stromverbrauch als bei Metallgeschirr ergeben. Für den Einsatz im Backofen ist Glasgeschirr hervorragend geeignet.

Keramik und Porzellan: Geschirr aus diesem Material, das als Kochgeschirr verwendet werden kann, ist durch bestimmte Zusätze hitzebeständig gemacht worden. Keramik- und Porzellangeschirr sollte auf der Kochstelle nur eingesetzt werden, wenn der Hersteller dies empfiehlt. Ist das Geschirr nicht speziell ausgestattet, kann es platzen.

Diese Keramik- und Porzellangeschirre eignen sich besonders für den Einsatz im Backofen und können danach als Serviergeschirr verwendet werden. Dabei sind die Angaben des Herstellers zu beachten.

Schnellkochtopf und Schnellbratpfanne

Bei der Zubereitung von Lebensmitteln mit langer Gardauer lassen sich Zeit und Strom einsparen, wenn Schnellkochtopf und Schnellbratpfanne zum Einsatz kommen. Das schnelle Garen wird durch den erhöhten Dampfdruck erzielt, der beim Erhitzen im luftdicht verschlossenen Topf automatisch entsteht. Unter diesem Überdruck erhöht sich gleichzeitig der Siedepunkt über 100 °C, d.h., mit steigender Temperatur sinkt die Gardauer. Sie verkürzt sich im Schnellkochtopf bis auf ein Drittel; dadurch wird Strom gespart.

Das wichtigste an Schnellkochtopf und -bratpfanne ist das Sicherheitsventil am Deckel: Sollte beim Garen der zulässige Überdruck überschritten werden, öffnet sich das Ventil automatisch und lässt den zu hohen Dampfdruck entweichen. Schnellkochgeschirr ist aus emailliertem Stahl oder Edelstahl gefertigt und mit einem extra starken Boden ausgestattet. Der Deckel verschließt das Geschirr für den Garvorgang luftdicht.

Schnellkochgeschirr ist nach Angaben des Herstellers einzusetzen.

Ausstattungsempfehlung

Für die Zubereitung der vielfältigen Speisen mit den verschiedenen Garverfahren empfiehlt sich eine ausreichende Ausstattung an Kochtöpfen und Pfannen. Dies gilt nicht nur für den mittleren und großen Haushalt, auch der 1- oder 2-Personen-Haushalt benötigt eine gewisse Grundausstattung.

Die Anzahl und die Größe bzw. der Inhalt des Kochgeschirrs richten sich danach, wie umfangreich die Speisenbereitung gestaltet wird und wie groß die Menge der zu garenden Speisen ist. Die Ausstattung ist somit nicht unbedingt abhängig von der Haushaltsgröße.

Für die Zubereitung von Gemüse, Nudeln, Klößen, Brühe und Eintöpfen ist ein großes Topfvolumen notwendig. Deshalb sollte hierfür ein breiter, hoher Kochtopf angeschafft werden. Für die Zubereitung von Suppen, Kartoffeln und Reis genügt ein Topf mit kleinerem Volumen. Empfehlenswert ist außerdem ein flacher, breiter Bratentopf sowie ein höherer, breiter Schmortopf (Bräter); je nach Lebensmittel, z.B. Gans oder Haxe, kann zwischen runden, ovalen oder rechteckigen Formen gewählt werden. Eine flache Bratpfanne wird zum Braten und Backen gebraucht, eine höhere ist besonders zum Schmoren geeignet. Für die Soßenbereitung ist ein Stieltopf praktisch, da er beim Rühren bequem am Stiel festgehalten werden kann. Für das Erhitzen von leicht überschäumender Milch empfiehlt sich ein kleiner, hoher Milchtopf. Mit einer Auflaufform, einem Schnellkochtopf und einer Schnellbratpfanne kann die Ausstattung ergänzt werden.

Wenn Sie mehr Informationen zu diesem Thema oder andere individuelle Antworten zur Energieanwendung haben möchten, steht Ihnen Ihr Energiedienstleistungsunternehmen gerne zur Verfügung.

Eigenschaften verschiedener Topf- und Pfannenmaterialien

Material	Kochgeschirr	Thermische Eigenschaft	Handlichkeit	Haltbarkeit
Edelstahl	Töpfe Schnellkoch-töpfe Pfannen Schnellbrat-pfannen Bräter	nur guter Wärmeleiter mit Sandwich-boden	mittelschwer	stoßfest kratzfest temperaturwechselbeständig
Emaillierter Stahl	Töpfe Schnellkoch-töpfe Pfannen Schnellbrat-pfannen Bräter	gute Wärmever-teilung ab ca. 5 mm Bodendicke	mittelschwer	empfindlich gegen Stoß kratzfest temperaturwechselbeständig
Aluminiumguss	Töpfe Pfannen Bräter	gute Wärmever-teilung	leicht	stoßfest empfindlich gegen Kratzer temperaturwechselbeständig
Gusseisen	Töpfe Pfannen Bräter	gute Wärme-verteilung	sehr schwer	kratzfest temperaturwechselbeständig
Kupfer	Töpfe Pfannen	sehr guter Wärmeleiter	leicht	stoßfest kratzfest temperaturwechselbeständig
Ton	Römertopf (Bräter)	schlechter Wärmeleiter	mittelschwer	nicht stoßfest kratzfest nicht temperaturwechselbeständig
Glas- und Glas-keramik (hitzebeständig)	Töpfe Auflaufformen Bräter	schlechter Wärmeleiter	mittelschwer	nicht stoßfest kratzfest hitzebeständig teils nicht temperaturwechselbeständig
Keramik Porzellan (hitzebeständig)	Auflaufformen Bräter	schlechter Wärmeleiter	mittelschwer	nicht stoßfest kratzfest hitzebeständig teils nicht temperaturwechselbeständig

Korrosionsfestigkeit	Reinigung	Anmerkung
rostfrei korrosionsfest	einfach	
korrosionsfest, solange Email unbeschädigt	einfach	innen dunkel emailliertes Geschirr hat gute Bräunungseigenschaften
korrosionsfest	einfach, wenn Oberfläche mit Antihaftversiegelung versehen	
rostfrei und korrosionsfest, wenn Schutzschicht vorhanden und nicht beschädigt	einfach, wenn Oberfläche emailliert; bei nicht emaillierter Oberfläche nur mit heißem Wasser reinigen	infolge großer Wärmespeicherung gute Bräunungseigenschaften
rostfrei	außen aufwändig; innen einfach, wenn Oberfläche aus Edelstahl	
	aufwändig, da Oberfläche porös	nur für Backofen geeignet; vorher wässern, da sonst Bruchgefahr
	einfach	nicht für die Kochstelle empfehlenswert für Backofen sehr gut geeignet auch als Serviergeschirr verwendbar
	einfach	nicht für die Kochstelle geeignet für Backofen sehr gut geeignet auch als Serviergeschirr verwendbar

Das Mikrowellengerät ist im Haushalt eine sinnvolle Ergänzung zum Elektroherd und Gefriergerät.
Seine Vorzüge sind auf die Art der Wärmeerzeugung im Lebensmittel zurückzuführen. Mit wenig Strom, geringem Arbeits- und Zeitaufwand können kleine und mittlere Lebensmittelmengen erwärmt, erhitzt, aufgetaut und gegart werden.

- Dadurch ist eine schnelle Erwärmung der gegarten Speisen zu unterschiedlichen Essenszeiten möglich; Warmhalten entfällt.
- Die Auftaudauer von gefrorenen Lebensmitteln verkürzt sich.
- Farbe, Geruch, Konsistenz und Eigengeschmack der Lebensmittel bleiben weitgehend erhalten.
- Lebensmittel können ohne Zugabe von Fett und Wasser gegart werden.
- Es entsteht nur ein geringer Geschirranfall, weil die Speisen im Serviergeschirr zubereitet werden können.
- Der Garraum lässt sich leicht reinigen, weil die Speisereste nicht festbrennen.

Durch das Mikrowellen-Kombinationsgerät haben sich die Nutzungsmöglichkeiten um das Backen, Braten und Grillen erweitert. Es entstehen abwechslungsreiche, appetitliche und gesunde Speisen.

Wirkung von Mikrowellen

Beim Elektroherd wird die durch eine Beheizung erzeugte Wärme durch Wärmeübertragung von außen an das Lebensmittel herangeführt. Mikrowellen dagegen dringen in das Lebensmittel ein und erzeugen die Wärme im Inneren.

Mikrowellen sind elektromagnetische Wellen, die wir aus dem täglichen Umfeld, z.B. sichtbares Licht der Sonne oder Wärmestrahlung beim Strahlungsgrill, kennen. Aber sie finden auch Verwendung in der Nachrichtentechnik zur Übertragung von Bild und Ton und in der Medizin. Mikrowellen haben drei **spezifische Eigenschaften**, die im Haushalt bei der Nahrungszubereitung von Bedeutung sind:

Mikrowellen werden von Lebensmitteln **absorbiert**, d.h. aufgenommen.

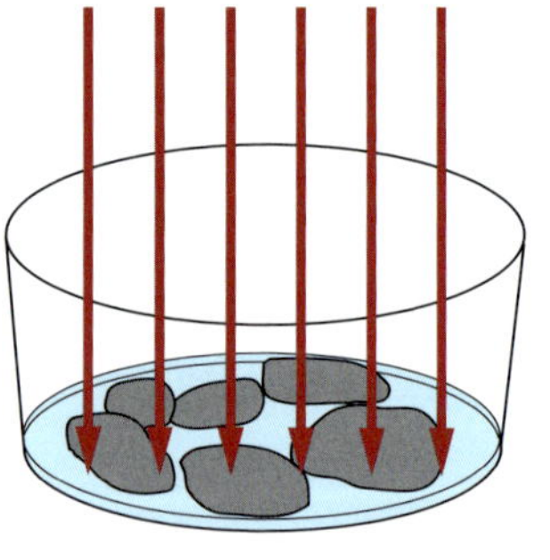

Dabei reagieren die Moleküle der Lebensmittel mit kleinen raschen Bewegungen und wandeln die Mikrowellenenergie durch Reibung in Wärme um. Diese Wärme wird genutzt, um Lebensmittel aufzutauen, zu erwärmen oder zu garen. Die Mikrowellenenergie schwächt sich beim Eindringen in das Lebensmittel ab.
Die Eindringtiefe der Mikrowellen ist abhängig vom Lebensmittel und beträgt ca. bis zu 3 cm.

Die tiefer liegenden Schichten des Lebensmittels werden durch Wärmeleitung erhitzt. Damit die Speisen sich gleichmäßig erwärmen, ist es ratsam, kleine flache Portionen in das Gerät zu setzen. Die Dauer, die für die Zubereitung der Speisen gewählt wird, ist abhängig von der Menge, der Struktur, der Ausgangstemperatur und der Zusammensetzung der Lebensmittel, z.B. verteilt sich die Wärme in Wasser, Eiweiß, Kohlenhydraten und Fett unterschiedlich schnell. Von Flüssigkeiten werden die Mikrowellen sehr gut aufgenommen. Deshalb erwärmen sich Lebensmittel mit hohem Wassergehalt besonders schnell.

Mikrowellen **durchdringen** Porzellan, Glas, Steingut, Keramik, Pappe oder Kunststoff fast verlustlos.

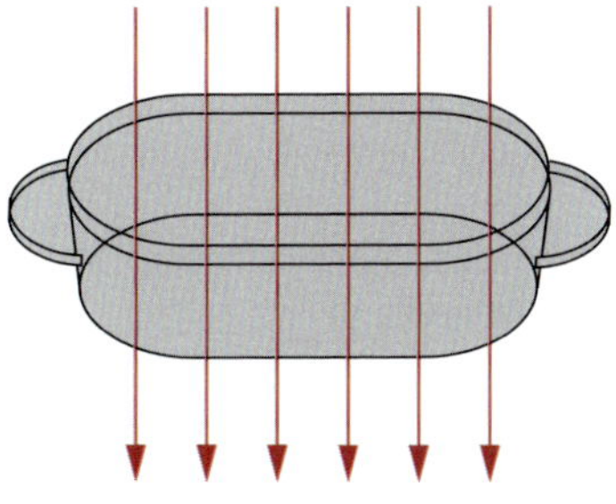

Geschirr aus diesen Materialien ist deshalb für das Mikrowellengerät sehr geeignet. Die Mikrowellen erreichen die darin befindlichen Speisen und erwärmen sie. Allerdings ist darauf zu achten, dass das Geschirr hitzebeständig ist, weil die heißen Speisen das Geschirr erwärmen.
Mit einem einfachen **Geschirr-Test** kann festgestellt werden, ob das Material mikrowellengeeignet ist. Das leere Geschirr wird in das Gerät gestellt und 20 bis 30 Sekunden bei voller Leistung den Mikrowellen ausgesetzt. Ist es danach noch kalt oder handwarm, kann es im Mikrowellengerät verwendet werden. Geschirr das sich erhitzt, weil es einen Teil der Mikrowellen absorbiert, ist nur bedingt geeignet. Es kommt zu einer Verlängerung der Gardauer.

Mikrowellen werden von Metallen **reflektiert**, d.h. zurückgeworfen.

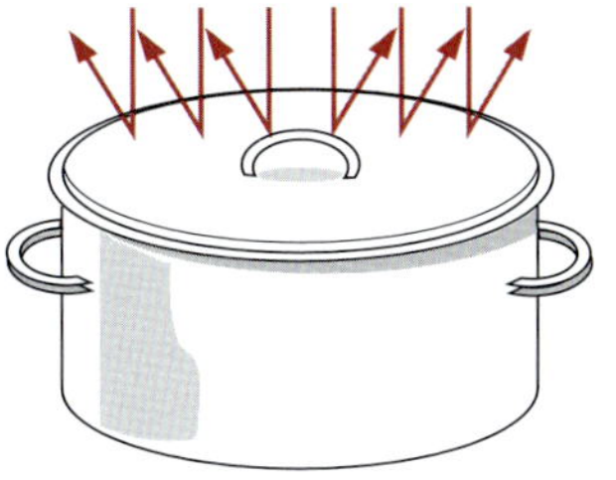

Darum können Lebensmittel, die sich in geschlossenen Metallgefäßen oder in Aluminiumfolie befinden, von den Mikrowellen nicht erreicht werden und bleiben kalt. Das bedeutet für die Praxis, dass Geschirr aus Metallen für das Mikrowellengerät nicht geeignet ist.
Auch Geschirr aus Porzellan mit Metalldekor, z.B. Gold-, Silber- oder Platinrand, ist nicht geeignet. Metalldekore können elektrische Überschläge verursachen. Dabei entstehen Funken, die das Dekor beschädigen.
Nicht nur das Material, auch die **Größe und Form** des Geschirrs beeinflussen das Ergebnis bei der Speisenzubereitung. Die gleichmäßigste Mikrowellen- und Wärmeverteilung wird in einem runden Gefäß erreicht.
In rechteckig oder quadratisch geformtem Geschirr treten die Mikrowellen in den Ecken konzentrierter auf, so dass es dort zu stärkerer Erwärmung der Speisen kommt. Die Speisen sollten in solchen Gefäßen während der Zubereitung ein- bis zweimal umgerührt werden. Dadurch wird die Wärme in der Speise gleichmäßiger verteilt.
Eine große Oberfläche ermöglicht ebenfalls ein gleichmäßiges Eindringen der Mikrowellen in das Lebensmittel, so dass große, flache Gefäße zu bevorzugen sind.
Grundsätzlich sollte das Geschirr nur bis zu 2/3 des Fassungsvermögens mit Speisen oder Lebensmitteln gefüllt sein, damit sie, falls erforderlich, umgerührt werden können und nicht überkochen.
Außerdem sollten alle Gerichte abgedeckt in das Mikrowellengerät gestellt werden, um einen Feuchtigkeitsverlust zu vermeiden. Dafur eignen sich Deckel, Teller, Abdeckhauben und Klarsichtfolie, die mikrowellengeeignet sind.

Mikrowellenleistung und Einschaltdauer

Entscheidend für ein gutes Ergebnis bei verschiedenen Anwendungen ist die richtige Wahl der Mikrowellenleistung und der Einschaltdauer.
Ebenso wie die Leistung der Elektrokochstelle den verschiedenen Garverfahren angepasst wird, erfolgt die Einstellung der Mikrowellenleistung für die verschiedenen Anwendungen und Gargutmengen durch fest vorgegebene **Leistungsstufen**. Die Anzahl der Leistungsstufen ist je nach Gerät unterschiedlich, so dass für schonendes Auftauen empfindlicher Lebensmittel die geringste, für Erwärmen eines Tellergerichtes oder Garen von Lebensmitteln eine höhere Leistung gewählt wird.
Eine noch bessere Anpassung der Mikrowellenleistung an das Lebensmittel ermöglichen Geräte mit **stufenloser Leistungswahl**. Damit kann die entsprechende Leistung vor allem bei kleinen Mengen oder beim Auftauen empfindlicher Lebensmittel genauer angepasst werden.
Die Wahl der Einschaltdauer erfolgt über einen **Zeitschalter**. Nach Ablauf der gewählten Einschaltdauer ertönt meist ein akustisches Signal. Das Gerät schaltet automatisch ab.
Eine gleichmäßige Wärmeverteilung im Lebensmittel lässt sich erreichen, wenn die Mikrowellenleistung nicht zu hoch gewählt wird. So können sich die Temperaturunterschiede innerhalb der Lebensmittel nach und nach ausgleichen. Auch nach dem Abschalten der Mikrowellenleistung findet noch ein Temperaturausgleich statt. Deshalb die Speisen oder Lebensmittel noch einige Minuten stehen lassen, bevor sie serviert werden. Man nennt dies die **Ausgleichs-** oder **Stehdauer**. Umrühren bzw. Wenden der Lebensmittel während und nach dem Erwärmen, Auftauen oder Garen beschleunigt den Temperaturausgleich.
Um mehrere unterschiedliche Zeiten und Leistungen für die Zubereitung eines Gerichtes in einem Arbeitsgang einstellen zu können, sind einige Geräte mit **Elektronik** und **Digitalanzeige** ausgestattet. Bei diesen Geräten können verschiedene Zeit-/Leistungskombinationen vorprogrammiert werden, die automatisch hintereinander ablaufen. Ohne Überwachung ist es möglich, mehrere Vorgänge, wie z.B. das Auftauen und anschließend das Garen von Tiefkühlgemüse, mit der entsprechenden Dauer und Leistung durchzuführen. Die Zeit-/Leistungskombination, die für die jeweilige Zubereitung erforderlich ist, wird vom Benutzer vor dem Einschalten des Gerätes über Tasten eingegeben.
Damit diese Werte gespeichert werden können, haben manche Geräte eine **Speichertaste**. Das Speichern der Programme ist zu empfehlen, wenn in dem Gerät häufig die gleichen Speisen zubereitet werden. Die gespeicherten Programme können bei Bedarf über die Speichertaste abgerufen werden.

Zusatzausstattungen

Um dem Benutzer die Wahl und die Einstellung von Mikrowellenleistung und Einschaltdauer für das Erwärmen, Auftauen oder Garen abzunehmen, gibt es Mikrowellengeräte mit Automatikprogrammen.
Bei der **feuchtigkeitsabhängigen Automatik** wird die Feuchte gemessen, die während der Wärmebehandlung der Lebensmittel aus dem geschlossenen Gefäß entweicht. Die Dauer der jeweiligen Programme ist durch Erfahrungswerte ermittelt und vom Gerätehersteller festgelegt. Nach Beendigung des Programms schaltet sich das Gerät ab.
Die **temperaturabhängige Automatik** erfasst die Lufttemperaturen, die sich während der Zubereitung der Speisen verändern. Die gemessenen Werte werden von der Elektronik des Gerätes erfasst und die Programmabläufe bis zum Abschalten des Gerätes entsprechend gesteuert.
Bei der **Gewichtsautomatik** erfassen entweder die Geräte das Gewicht der Lebensmittel automatisch oder es muss vom Benutzer eingegeben werden. Zusätzlich muss die Lebensmittelart und die gewünschte Anwendung, z.B. Auftauen oder Garen, gewählt werden. Aus diesen Angaben ermittelt die Gewichtsautomatik die jeweils erforderliche Dauer und die Mi-

krowellenleistung, und das entsprechende Programm läuft automatisch ab. Diese Programme sind für bestimmte, vom Gerätehersteller ausgesuchte Lebensmittel festgelegt.
Um Lebensmittel oder Speisen ohne Überwachung exakt auf eine bestimmte Temperatur zu bringen, sind manche Geräte mit einem **Speisenthermometer** ausgestattet. Der spießförmige Temperaturfühler des Thermometers wird zu Beginn der Zubereitung in das Lebensmittel gegeben und misst dort präzise die Temperatur. So ist es möglich, dass z.B. Babykost oder Flüssigkeiten nicht überhitzt werden und beim Garen von Fleisch die gewünschte Kerntemperatur erreicht wird. Die Temperatur, die erreicht werden soll, wird vom Benutzer am Gerät eingestellt. Sobald die gewünschte Temperatur im Lebensmittel gemessen wird, schaltet das Gerät entweder auf Warmhalten um oder schaltet sich aus.

Mikrowellen-Kombinationsgeräte

Damit die Mikrowellengeräte noch vielseitiger eingesetzt werden können, sind manche Geräte mit zusätzlichen Beheizungen ausgestattet, z.B. Ober- und Unterhitze, Umluft, Grill und Umluftgrillen.
Jede dieser Beheizungen kann einzeln oder kombiniert mit Mikrowellen für Garverfahren in Betrieb genommen werden.
Werden die Mikrowellen mit einer Beheizung kombiniert in Betrieb genommen, können Gerichte, z.B. Aufläufe, Gratins oder Fleisch, die gewünschte Bräunung bekommen. Dies setzt voraus, dass die Speisen nicht abgedeckt werden. Außerdem ergibt sich eine kürzere Gardauer und ein geringerer Energiebedarf bei Gerichten, die eine lange Zubereitungszeit erfordern, z.B. große Braten oder Aufläufe.
Bei der Übertragung von konventionellen Rezepten für den Backofen auf den Mikrowellen-Kombinationsbetrieb ist darauf zu achten, dass innerhalb der gewählten Gardauer auch die gewünschte Bräunung erreicht werden kann. Deshalb sollte die Temperatur um 20–30 °C höher als im Rezept angegeben eingestellt werden.
Bei Zuschaltung einer mittleren Mikrowellenleistung reduziert sich die Gardauer gegenüber konventioneller Zubereitung um bis zu 40 %.
Es ist in jedem Fall darauf zu achten, dass das verwendete Geschirr für den Kombinationsbetrieb geeignet ist. Bei einigen Kombinationsgeräten können mit zugeschalteter Mikrowelle, laut Hersteller, auch Metallformen verwendet werden.
Die Kombinationsgeräte können in kleinen Haushalten oder Ferienwohnungen den Backofen ersetzen.

Praktische Hinweise

Gemüse garen

Wasserhaltige, faserarme Gemüsesorten, z.B. Spinat, Gurken oder Paprika, ohne Flüssigkeit im geschlossenen Gefäß garen.
Faserhaltige Gemüsesorten, z.B. Bohnen, Kohlrabi, Möhren oder Sellerie, mit wenig Flüssigkeit im geschlossenen Gefäß garen.
Gemüse mit festen Schalen, z.B. Paprikaschoten oder Auberginen, vor dem Garen einstechen, damit die Schale durch Dampfbildung während des Garens nicht aufplatzt.
Gefrorenes Gemüse zunächst mit reduzierter Leistung antauen und dann bei hoher Leistung ohne Flüssigkeitszugabe garen.

Fisch garen

Fisch im eigenen Saft oder mit wenig Flüssigkeit im geschlossenen Gefäß garen.
Fisch, der im Ganzen gegart wird, erfordert eine etwas längere Gardauer als die gleiche Menge portioniert.

Fleisch garen

Fleisch, das viel Saft zieht, auf einen Spezialrost oder auf eine umgedrehte Untertasse ins Bratgeschirr legen. Der Saft läuft ab, das Fleischstück gart nicht im eigenen Saft.
Bei ungleichmäßig geformten Fleischstücken wie Geflügel oder Haxen dünnere Teile mit Alufolie abdecken. Kurz vor Ende der Gardauer die Folie abnehmen.
Fleischstücke mit Knochen garen weniger gleichmäßig; deshalb die Ausgleichsdauer entsprechend berücksichtigen.
Braten vor dem Anschneiden 5 bis 10 Minuten ruhen lassen, dann läuft der Fleischsaft beim Anschneiden nicht so leicht aus.

Fleisch auftauen

Fleisch oder Geflügel auf einen Spezialrost oder eine umgedrehte Untertasse in ein Gefäß legen. Der austretende Fleischsaft kann ablaufen und erwärmt das Lebensmittel nicht.

Butter streichfähig machen

250 g Butter in einem offenen Gefäß 1–2 Minuten bei 150–180 Watt streichfähig machen.

Honig verflüssigen

500 g kristallisierten Honig im Glas ohne Deckel 4–6 Minuten bei 300–360 Watt verflüssigen. Zwischendurch umrühren.

Croûtons

2 Toastscheiben – nach Belieben mit Kräuterbutter bestreichen – in Würfel schneiden, zwischen Haushaltspapier legen und 1 bis 1 ½ Minuten bei 600 Watt rösten.

Kokosraspel und Mandelstifte rösten

Zutaten flach verteilt auf einen Teller geben. Während der Röstdauer ein- bis zweimal wenden bzw. umrühren.

75 g Kokosraspel	1–1 ½	Minuten bei 600 Watt
25 g Mandelstifte	5–6	Minuten bei 600 Watt

Karamell herstellen

50 g Zucker und 1 EL Wasser in einem hitzebeständigen Gefäß vermischen, 3 bis 4 Minuten bei 600 Watt erhitzen. Zwischendurch den Bräunungsgrad überprüfen.

Mandeln häuten

50 g Mandeln mit Wasser bedeckt in einem tiefen Teller 2 Minuten bei 600 Watt aufkochen, etwa 2 bis 3 Minuten stehen lassen. Haut von den Mandeln abziehen.

Gelatine auflösen

6 Blatt Gelatine oder 1 Päckchen Gelatinepulver nach Vorschrift vorbereiten und im Gefäß auflösen, siehe auch „Gelatine", Seite 348.

Blattgelatine	½–1 Minute bei 150–180 Watt
Gelatinepulver	1 Minute bei 150–180 Watt

Butter, Kuchenglasur, Schokolade schmelzen

Lebensmittel in einem offenen Gefäß bei 300–360 Watt schmelzen, zwischendurch umrühren.

100 g Kuchenglasur	2–3 Minuten
100 g Butter	3–4 Minuten
100 g Schokolade in Stücken	5–6 Minuten

Dampf-Gargeräte sind nicht nur in der Spitzengastronomie, sondern auch in der Gemeinschaftsverpflegung sowie in der Diätküche Voraussetzung dafür, dass alle – Feinschmecker, Gast, Patient – von optimaler Lebensmittelqualität und schneller und komfortabler Zubereitung profitieren.

Seit Mitte der 80er Jahre haben vergleichbare Dampf-Gargeräte Einzug in die privaten Haushalte gehalten. Im Zuge der Wellness-Ära und aufgrund vieler Lebensmittel-Skandale legen immer mehr Menschen Wert auf eine bewusst genussvolle, gesunde Ernährung. Sie bevorzugen hochwertige Grundprodukte und möchten damit Gerichte zubereiten, die bekömmlich, nahrhaft und besonders schmackhaft sind. Qualität am und im Lebensmittel, eine schnelle, bequeme Zubereitung durch kurze Garzeiten, Benutzerfreundlichkeit und Pflegeleichtigkeit der Dampf-Gargeräte machen diese zu einer modernen, zeitgemäßen Bereicherung der Küchenausstattung.
Vorreiter dieser Entwicklung für den Haushalt waren Dampf-Druckgargeräte, dazu haben sich mittlerweile eine Reihe von Dampf-Gargeräten gesellt, die ausschließlich drucklos arbeiten.

Unterschiedliche Gerätetechnik

Aufgrund der technischen Ausstattung der Dampf-Gargeräte wird unterschieden zwischen Geräten für das **drucklose Dampfgaren** und Geräten, die zusätzlich das **Druckgaren** anbieten.
Um Dampf bilden zu können, muss dem Gerät Wasser zugeführt werden. Dies kann durch einen Festanschluss für Wasserzulauf und Wasserablauf (wie bei der Geschirrspülmaschine) geschehen. Ansonsten sind die Geräte mit einer Wasserschublade ausgestattet, in die von Hand Frischwasser eingefüllt wird.
Bei einigen Geräten tropft das Abwasser in eine Kondensat-Auffangschale, die nach dem Garen entleert wird.

Zwei Arten der Dampf-Herstellung unterscheiden die Dampf-Gargeräte.
Wird der **Dampf direkt im Garraum** produziert, verdampft Wasser auf einer beheizten Fläche im Garraumboden oder über einen Umluft-Heizkörper plus Ventilator an der Gerätewand. Der Dampf füllt den Garraum und eine Dampftemperatur von ca. 97 bzw. 100 °C wird zum Dampfgaren genutzt.
Wird der **Dampf außerhalb des Garraumes** in einem separaten Dampferzeuger produziert, gelangt der Dampf durch eigenen Auftrieb in den Garraum. Bei diesem Vorgang drückt der einströmende Dampf die Luft aus dem Garraum. Die Dampftemperatur wird thermostatisch geregelt. Dabei stehen Temperaturen von 30 bis 100 °C zum Dampfgaren zur Verfügung. Diese Dampftechnik wird sowohl bei einigen Dampf-Drucklosgargeräten als auch beim Dampf-Druckgargerät eingesetzt.
Der Garraum des Dampf-Druckgargerätes wird beim Schließen der Tür hermetisch verriegelt, so dass der Dampf eine Temperatur von maximal 120 °C erreichen kann. Das Entriegeln geschieht automatisch am Ende der Garzeit oder durch das Betätigen einer Stopptaste. Die Türen der Dampf-Drucklosgargeräte lassen sich jederzeit öffnen.

Abhängigkeit von Dampftemperatur und Dampfdruck

Die Dampf-Gargeräte unterscheiden sich im Wesentlichen durch die unterschiedliche Technik bei der Dampf-Produktion sowie durch die Temperatur des Wasserdampfes, der zum Garen der Lebensmittel eingesetzt wird.
Drucklos Garen bedeutet: Garen in Wasserdampf bei Temperaturen bis max. 100 °C.
Druckgaren bedeutet: Garen in Wasserdampf bei Temperaturen von 101 bis 120 °C.

Dampftemperaturen über 100 °C können nur in einem hermetisch verriegelten Garraum erzeugt und genutzt werden (siehe Schnellkochtopf). Da sich der Dampf in diesem Fall ausdehnt und nicht entweichen kann, wird Druck aufgebaut. In Dampf-Druckgargeräten wird mit einer Temperatur von max. 120 °C gegart, das bedeutet 1 bar Dampfdruck über dem normalen Luftdruck oder 2 bar absoluter Dampfdruck. Nur die höheren Temperaturen verkürzen die Garzeit.

Wirkung des Dampfgarens auf die Lebensmittel-Qualität

Durch Dämpfen in gelochten Garbehältern laugen wasserlösliche Vitamine und Mineralstoffe nicht aus, der Eigengeschmack bleibt erhalten. Auf Salzen und starkes Würzen kann weitgehend verzichtet werden. Gemüsesaft wird mit einem untergeschobenen, ungelochten Behälter aufgefangen und weiter verwendet, z. B. für Soßen.

Befindet sich im Garraum ausschließlich Dampf, können Lebensmittel-Inhaltsstoffe nicht oxidieren. Somit bleibt die Eigenfarbe von dampfgegartem Obst und Gemüse weitgehend erhalten. Daneben werden sauerstoffempfindliche Vitamine geschont. Aufgrund der schonenden Wärmeübertragung behalten dampfgegarte Speisen ihre Konsistenz.

Eine Besonderheit bieten die **Dampf-Druckgargeräte**: Durch den festen Wasseranschluss ist es möglich, am Ende eines jeden Garvorganges die Garraumtemperatur mittels kalten Wassers auf eine Serviertemperatur von ca. 85 °C zu reduzieren und diese zu halten. So kann jedes Lebensmittel auf den „Punkt genau" gegart oder bei Bedarf einige Zeit im Gerät warm gehalten werden ohne weiterzugaren.

Garzeiten in Abhängigkeit von der Gartechnik

Die Garzeiten sind geräteabhängig und nach Herstellerangaben anzuwenden.

Druckloses Garen bei Temperaturen **bis max. 100 °C** erfordert Garzeiten, die in etwa dem herkömmlichen Garen im Topf auf der Kochstelle entsprechen. Je nach Garraumgröße, Geschirr, Stückgröße des Gargutes sowie Temperatur und Feuchtigkeitsgehalt des Dampfes können sie aber stark variieren, z. B. Kartoffeln zwischen 20 und 40 Minuten, grüne Bohnen zwischen 8 und 35 Minuten (Garzeit plus Aufheizzeit).

Es gilt: 100 % Wasserdampf beim Garen bedeutet gleiche Garzeit wie beim Kochen im Topf, ein Dampf-Luftgemisch verlängert den Garprozess. Beim **Druckgaren mit 120 °C** Dampftemperatur reduzieren sich die Garzeiten um ca. 50 %, z. B. Kartoffeln 10 bis 12 Minuten, grüne Bohnen 3 bis 5 Minuten (Garzeit plus Aufheizzeit).

Garraumtemperaturen in Abhängigkeit vom Garraumüberdruck

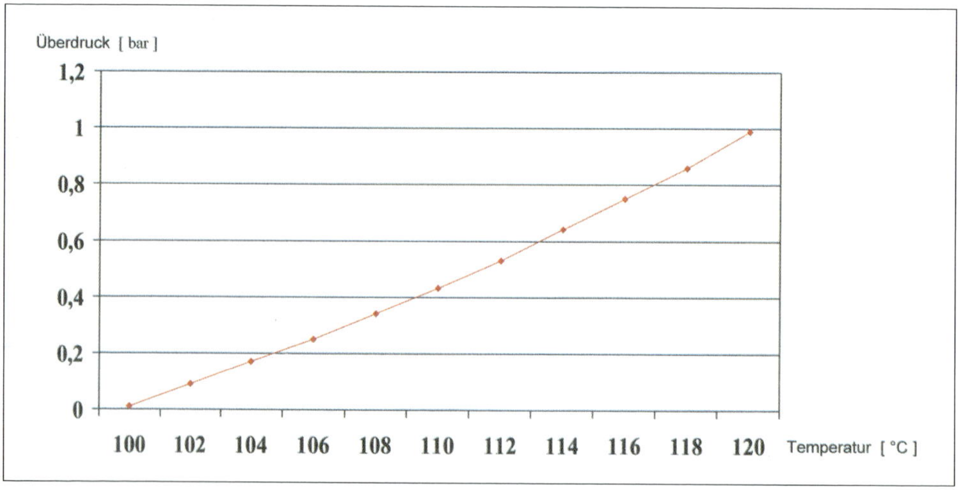

Einsatzmöglichkeiten und Kochgeschirr

In Dampf-Gargeräten kann nahezu alles zubereitet werden, was an Lebensmitteln in der Küche mit Wasser oder Wasserdampf zubereitet wird.
Da die Geräte mit gelochten und ungelochten Garbehältern ausgestattet sind, können diese für die unterschiedlichen Gararten eingesetzt werden.
Ungelochte Garbehälter eignen sich zum Kochen, z. B. von Suppen und Eintöpfen, zum Dünsten, Garziehen, Quellen und zum Auffangen von Gemüse- oder Obstsaft.
Gelochte Garbehälter werden verwendet zum Dämpfen, Auftauen, Erhitzen, d. h. zum Regenerieren, sowie z. B. als Vaporisator für Babyfläschchen. Außerdem bei der Vorratshaltung, beim Einkochen, beim Blanchieren von Lebensmitteln für das Einfrieren und beim Entsaften.
Ist das Dampf-Gargerät in einen Backofen integriert und mit Ober- und Unterhitze, Umluft oder mit einem Grill ausgestattet, kann es zusätzlich zum Braten, Backen, Grillen, mit und ohne Dampf, genutzt werden.
Die Garbehälter aus Edelstahl variieren nach Garraumgröße in der Fläche und Tiefe. Als Sonderzubehör werden weitere gelochte und ungelochte Garbehälter in unterschiedlichen Größen angeboten, z. B. ein gelochter 7,8-l-Garbehälter, der ideal ist zum Blanchieren von großen Mengen an Gemüse zum Einfrieren, oder ein ungelochter 6-l-Garbehälter für Suppen und Eintöpfe. Je nach Portionsgröße und Zubereitungsart kann somit der passende Garbehälter genutzt werden.
Die Edelstahl-Garbehälter werden im Fachhandel unter der Bezeichnung **Gastronorm-Behälter** (GN) geführt. Geschirr aus Glas, Keramik, Porzellan, Kunststoff, Metall kann verwendet werden, wenn es temperatur- und heißdampfbeständig ist. Dieses Geschirr muss auf einen Rost oder flachen Zwischenboden gestellt werden.

Zum Serienzubehör der Kombinations-Dampfgargeräte gehören zusätzlich Backblech und Fettpfanne für das Braten und Backen. Einige dieser Geräte sind mit einem Bratenthermometer ausgestattet.

Bedienung und Handhabung

Solo-Dampf-Gargeräte
Die Bedienung der Dampf-Gargeräte ist einfach. Die Lebensmittel werden in gelochten oder ungelochten Garbehältern in die entsprechende Einschubleiste des Dampf-Gargerätes geschoben. Das Gerät wird programmiert und gestartet, der Garprozess läuft automatisch ab. Durch eine **Abschaltautomatik** wird der Garvorgang beendet.
Entscheidend für ein optimales Garergebnis ist die Bestimmung der richtigen Temperatur und Betriebsart sowie der dem Lebensmittel entsprechenden Garzeit.
Bei Dampf-Drucklosgargeräten mit variabler Dampftemperatur von 30 bis 100 °C bieten sich neben Temperaturstufen für Gemüse, Fisch und Fleisch spezielle Betriebsarten für das **Niedertemperatur-Garen**, **Regenerieren**, **Erhitzen** und **Auftauen** an. Auch hier finden sich veränderbare Vorschlagstemperaturen. Die Bedienung geschieht über Drucktasten oder Drehschalter.
Ein beheiztes Wasserbecken in der Arbeitsplatte stellt eine besondere Variante eines Dampf-Drucklosgargerätes dar. Das von Hand eingefüllte Wasser wird erhitzt und es bildet sich dadurch Dampf. Lebensmittel werden in einem gelochten oder ungelochten Garbehälter in den Dampf gehängt und mit einem Glasdeckel abgedeckt. Neben einer Dampfstufe können Wassertemperaturen von 45 bis 95 °C gewählt werden. Über einen Kurzzeitwecker ist die Garzeit zu bestimmen.
Mit festem Anschluss für Wasserzulauf und Wasserablauf ist das **Dampf-Druckgargerät** ausgestattet. Über entsprechende Symbole sind die Betriebsprogramme Druckgaren 120 °C, Drucklos-Garen 100 °C, Regenerieren 95 °C und Auftauen bei 60 °C abrufbar. Das Temperatur-Spektrum von 50 bis 120 °C ist stufenlos wählbar. Sind die Lebensmittel eingeschoben, wird der Garraum hermetisch verrie-

gelt und die Garzeit dem Lebensmittel entsprechend gewählt.
Für frische und gefrorene Lebensmittel kann die gleiche Garzeit gewählt werden. Die Garzeit ist unabhängig von der Lebensmittelmenge, da das Gerät die Aufheizzeit automatisch vorschaltet, erst dann wird der Garprozess gestartet. Nach Ablauf der Garzeit schaltet das Dampf-Druckgargerät ab und es folgt eine Temperatur-Rückkühlung auf Servier- und Warmhaltetemperatur von 85 °C.

Kombinations-Dampf-Gargeräte
Um das Dampfgar-Prinzip im Haushalt noch vielseitiger einsetzbar zu machen, wurde es in den Backofen integriert oder durch zusätzliche Beheizungsarten wie Ober- und Unterhitze, Umluft und Grill erweitert.
Von Vorteil ist, dass nur Platz für ein Gerät benötigt wird. Im Backofen steht ein größerer Raum für das Dampfgaren zur Verfügung. Die Beheizungsarten Dampfgaren, Umluft, Ober- und Unterhitze und Grill sind separat oder kombiniert einsetzbar. Allerdings muss als Einschränkung gesehen werden, dass nur ein Garraum für die gleichzeitige Zubereitung von Speisen mit verschiedenen Garverfahren genutzt werden kann. So ist z. B. Dämpfen und gleichzeitiges Backen nicht möglich.

Das Dampfgaren kann unabhängig von den zusätzlichen Backofenfunktionen genutzt werden. Die Kombination von Dampfgaren und trockener Beheizungsart wie Umluft, Ober- und Unterhitze und Grill wird für unterschiedlichste Anwendungen eingesetzt. Sind Umluft und Dampf gemeinsam aktiv, wird dies z. B. als **Intervalldampf** bezeichnet und zum Braten und Backen eingesetzt. Andere Hersteller nennen dieses Prinzip **Profibacken** oder **Kombidämpfen**. Auch eine zusätzliche Beschwadung kann beim Braten oder Backen eingesetzt werden. Einige Geräte verfügen über ein **Speisenthermometer**, das beim Braten eine genaue Temperaturmessung im Fleisch möglich macht.

Menükochen
Die meisten Dampf-Gargeräte sind zum Menükochen geeignet. Lebensmittel mit unterschiedlichen Garzeiten können gleichzeitig für ein Menü gegart werden. Wie beim Arbeiten auf der Kochstelle wird das Lebensmittel mit der längsten Garzeit, z. B. Kartoffeln mit 20 Minuten, zuerst eingeschoben und 14 Minuten gegart. Danach werden Gemüse und Fisch nachgeschoben, z. B. Broccoli und Lachstranchen für sechs Minuten. Alles ist gleichzeitig fertig und kann serviert werden. Das Menü reicht für vier bis sechs Personen. Dampf-Gargeräte sind für Einpersonenhaushalte genauso zu empfehlen wie für Familien.

Weitere Ausstattungsmerkmale
Einige Geräte verfügen über eine Kindersicherung, eine Programmier-Möglichkeit, Anzeigen für Uhrzeit und Restgarzeit, den Wasservorrat und die Aufforderung zum Entleeren der Kondensatschale.
Auch ein Zubehör-Einsatz für die 60 cm breiten Backöfen eines Herstellers kann zum Dampfgaren genutzt werden. Eine emaillierte Auffangpfanne mit Glasdeckel wird mit Wasser befüllt und mit der Backofen-Unterhitze aufgeheizt, so dass das Wasser verdampft. In gelochten Garbehältern können Lebensmittel im Dampf gegart werden. Der Backofen muss immer vorgeheizt sein, die Bedienung erfolgt über den Backofen.

Reinigung

Zur Reinigung und zum Entfernen von Kalkrückständen im Garraum sind haushaltsübliche Reiniger oder Essig zu empfehlen. Da der Garraum immer durch Dampf beim Garen oder separat für die Reinigung befeuchtet wird, setzen oder brennen Speiserückstände nicht fest und lassen sich häufig mit klarem Wasser auswischen. Zum Teil lassen sich die seitlichen Einschubleisten zur Reinigung aus dem Gerät entfernen.
Bei Geräten mit einer außerhalb des Garraums befindlichen Dampferzeugung wird ein spezielles oder handelsübliches Entkalkungsmittel empfohlen.

Alle Dampf-Drucklosgargeräte ohne festen Wasseranschluss sind mit einer ungelochten Auffangschale ausgestattet, die unter die Garbehälter geschoben wird, um abtropfendes Kondensat aufzufangen. Diese Auffangschale kann nach der Benutzung des Gerätes bequem entleert und gereinigt werden.

Praktische Hinweise

Gemüse garen

Um vitamin- und mineralstoffreiches Gemüse schonend zu garen, werden gelochte Garbehälter empfohlen. Ein darunter geschobener, ungelochter Garbehälter fängt abtropfendes Kondensat und Gemüsesaft zur Weiterverarbeitung auf, z. B. für Spargel oder Schwarzwurzeln in holländischer Soße. Auf das Salzen und Würzen kann ganz oder teilweise verzichtet werden. Kräuter runden den Geschmack ab.

Um die Konsistenz des Gemüses zu erhalten, orientiert man sich am besten an den vom Hersteller empfohlenen Garzeiten.

Die Schnittgröße beeinflusst die Garzeit. In kleinen Haushalten können kleine Mengen unterschiedlicher Gemüse mit gleicher Garzeit in einem Garbehälter zubereitet werden, z. B. Karottenscheiben, grüne Bohnen und Blumenkohlröschen.

Sollen große Mengen dicht fallendes Gemüse, wie z. B. Erbsen oder Spargel, gegart werden, sind mehrere flache Garbehälter zu empfehlen. So kann der Dampf gleichmäßig zwischen dem Lebensmittel zirkulieren.

Langes Warmhalten zerstört wichtige Inhaltsstoffe. Ist abzusehen, dass erst viel später serviert werden kann, sollten die Lebensmittel aus dem Dampf-Gargerät entnommen, kühl gestellt und bei Bedarf kurz und schonend regeneriert werden.

Fisch und Schalentiere garen

Fisch enthält reichlich hochwertiges Eiweiß und wertvolle Omega-3-Fettsäuren. Um diese zu erhalten, darf die Gartemperatur max. 100 °C betragen, dann bleibt das Fischfleisch saftig und zart, z. B. für Forellen 90 °C, Zanderfilet 85 °C, Lachs 100 °C, Muscheln 90 °C. Frischer und gefrorener Fisch hat bei einigen Geräten die gleiche Garzeit. Gegart wird in einem gelochten Garbehälter oder, wenn Fisch im eigenen Saft, in Wein oder auf Gemüse gebettet zubereitet wird, in einem ungelochten Behälter. Die Garzeiten sind geräteabhängig. Damit sich eiweißhaltige Speisen gut aus dem Garbehälter lösen lassen, empfiehlt es sich, die Behälter einzufetten

Fleisch dämpfen, kochen, braten

Ist Fleisch die Grundlage für eine kräftige Brühe oder einen Eintopf, wird es in einen gelochten Garbehälter gelegt, ein großer ungelochter Behälter, evtl. mit Suppengemüse, Reis, Kartoffeln oder Suppennudeln, darunter geschoben und alles zusammen gegart. Der konzentrierte Fleischsaft ist die Basis für eine kräftige Suppe und wird nach Bedarf verlängert. Das Fleisch kann z. B. als Einlage für die Suppe oder zu Frikassee weiterverarbeitet werden.

Soll Fleisch mit Gemüse und Gewürzen gekocht werden, wird ein großer ungelochter Behälter benutzt.

Steht in einem Kombinations-Dampfgargerät eine Bratstufe mit Dampf zur Verfügung, kann Fleisch offen auf dem Rost über einer Fettpfanne kross und saftig gebraten werden. Die Umluft oder der Grill sorgt für die Bräunung, der Dampf verhindert das Austreten von Fleischsaft.

Kartoffeln garen

Das Dampfgaren lässt den feinen Eigengeschmack der unterschiedlichen Kartoffelsorten voll zur Geltung kommen. Beispielsweise schmecken so genannte geschälte Salzkartoffeln auch ohne Salz.

Pellkartoffeln werden bei 100 °C gegart, damit die Schale nicht platzt.

Alle Kartoffeln garen gleichmäßig, wenn auf eine einheitliche Größe geachtet wird.

Kartoffelbrei zubereiten: Gewürfelte Kartoffeln in einen gelochten Garbehälter geben, Milch in den untergeschobenen, ungelochten Behälter füllen und zusammen garen. Abtropfendes Kartoffelwasser und erhitzte Milch zu den durchgepressten Kartoffeln geben und abschmecken.

Obst und Gemüse abziehen
Tomaten, Pfirsiche oder Mandeln im gelochten Garbehälter kurz bei 100 °C dämpfen, kalt abschrecken, Schale abziehen.

Eier
Eier im gelochten Garbehälter weich, mittel oder hart bei 100 °C garen. Die Garzeit ist geräteabhängig. Professionelle Qualität erzielt die Zubereitung von Eierstich im gefetteten, ungelochten Garbehälter.

Hülsenfrüchte und Getreide
Hülsenfrüchte und Getreide eignen sich besonders für das Dampf-Druckgaren. Die Garzeit verkürzt sich um 50 %.

Regenerieren, Wiedererwärmen
Ohne Qualitätsverlust lassen sich fertig gegarte Speisen in gelochten Garbehältern schnell regenerieren. Wird Serviergeschirr genutzt, ist dieses abzudecken.
Besonders zu empfehlen: gegarte Spaghetti oder Reis in gefetteten Förmchen oder Tassen portionsgerecht regenerieren und auf den Servierteller stürzen.

Schokoladenglasur und Gelatine
Nach Vorschrift zubereiten und abgedeckt bei 90 °C schmelzen.

Soufflés
Soufflés in gefetteten Förmchen oder Tassen mit Alufolie abgedeckt bei 90 °C im Dampf-Gargerät garen.

Aufläufe
Nach dem Dampfgaren kurz unter dem vorgeheizten Grill überbräunen.

Hefeteig
Hefeteig bei 40 °C im abgedeckten Gefäß im Dampf-Gargerät gehen lassen.

Auftauen
Lebensmittel aus der Gefrierverpackung nehmen und in einem flachen Gefäß bei 50 oder 60 °C auftauen. Ausnahmen bilden Brot und Gebäck, diese sollten in der Verpackung oder in einem abgedeckten Behälter bei 100 °C aufgetaut werden. Nach dem Auftauen folgt eine Ausgleichszeit. Tiefgekühlte Produkte, die anschließend gegart werden sollen, können sofort mit der Gartemperatur aufgetaut und gegart werden.

Blanchieren
Blanchieren von Obst und Gemüse dient der Vorbereitung zum Haltbarmachen. Es beugt Farb- und Geschmacksveränderungen sowie Vitaminverlusten vor. Lebensmittel in gelochten Behältern bei 100 oder 120 °C blanchieren und kurz in Eiswasser abschrecken.

Obst entsaften
Obst zum Entsaften in gelochte Garbehälter geben und den Obstsaft in einem ungelochten Behälter auffangen. Die Zeit ist vom Härtegrad des Obstes abhängig, die Temperatur kann 100 oder 120 °C betragen.

Einkochen
Zum Einkochen von kleinen Mengen eignet sich das Dampf-Gargerät. Je nach Lebensmittel variieren die Temperaturen und die Garzeit, z. B. Bohnen bei 100 °C 2 Stunden garen oder Kirschen bei 80 °C 55 Minuten. Herstellerangaben beachten.

Menükochen
Keine Geschmacksübertragung durch Dampf: Fisch, Kartoffeln und Gemüse können gleichzeitig gegart werden. Beim Garen mit mehreren gelochten Garbehältern sollten stark schmeckende oder stark färbende Lebensmittel, wie z. B. Rote Beete, unten eingeschoben werden, damit abtropfender Saft weder Farbe noch Geschmack übertragen kann. Die Verwendung eines Zwischenbodens ist alternativ möglich.

Die tägliche Nahrungsbereitung ist durch ein verändertes Ernährungsbewusstsein und durch den Wunsch nach Abwechslung im Speiseplan vielseitig und anspruchsvoll sowie kraft- und zeitaufwändig. Zahlreiche Elektrokleingeräte erleichtern die erforderliche Vor- und Zubereitung. Sie liefern dabei gute Ergebnisse und gehören so zu den „unentbehrlichen Helfern" im Haushalt.
Küchenmaschinen nehmen hierbei einen besonderen Stellenwert ein. Sie lassen sich für viele Tätigkeiten einsetzen, wie z.B. zum Rühren, Kneten, Schlagen, Mixen, Schnitzeln, Raspeln, Reiben, Schneiden, Passieren, Pürieren, Mahlen.
Je nach Einsatzart und der zu verarbeitenden Menge bieten sich Hand- oder Standküchenmaschinen an.

Handküchenmaschinen

Für die Verarbeitung kleiner Mengen sowie für leichte Arbeiten ist eine Handküchenmaschine geeignet. Da sie ein geringes Gewicht hat, kann sie während des Einsatzes von Hand geführt werden. Somit ist eine Handküchenmaschine mobil, d.h. nicht an ein bestimmtes Gefäß oder einen festen Arbeitsplatz gebunden. Sie ist leicht zu handhaben und sofort einsatzbereit. Zu den Handküchenmaschinen zählen das Handrührgerät und der Stabmixer.

Handrührgerät

Rühren, Schlagen und Kneten sind die häufigsten Arbeiten, die mit einem Handrührgerät durchgeführt werden, daher gehören Rühr- und Knetwerkzeuge zur Grundausstattung.

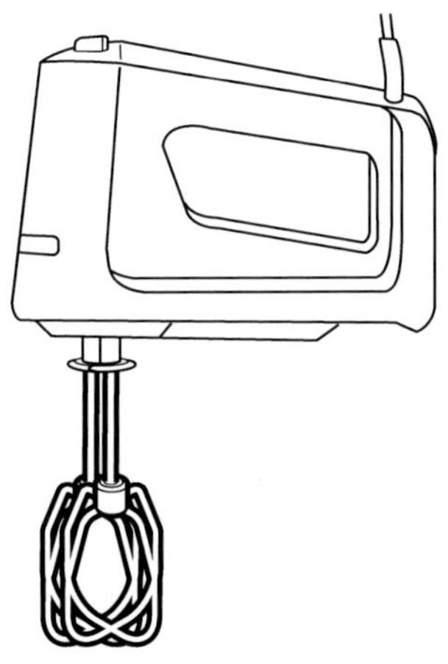

Steif geschlagene Sahne oder Eischnee sowie leichte Teige, z.B. Rühr- oder Biskuitteig, Süßspeisen oder Kartoffelbrei sind schnell mit den **Rührwerkzeugen** hergestellt.
Dagegen erfordern schwere Teige wie Hefe-, Mürbe-, Strudel-, Brand-, Nudel-, Spätzle- und Kloßteig oder die Hackfleischmasse und die Pastetenfüllung die stabilen **Knetwerkzeuge**.
Gute Ergebnisse werden mit dem Handrührgerät bei einer Teigmenge bis 500 g Mehl plus Zutaten erzielt.

Suppen, Soßen, Tomaten oder Konfitüren lassen sich mühelos mit dem **Passierstab** passieren, d.h. durch ein Sieb streichen. Eine kaltgerührte Soße, eine Mayonnaise oder ein Milchshake sind im Nu mit dem **Schnellmixstab** gezaubert, die Früchte für eine Konfitüre in kürzester Zeit zerkleinert. Für den Rohkostsalat oder den Eintopf werden Gemüse oder Kartoffeln ohne großen Kraftaufwand gleichmäßig mit dem **Schnitzelwerk** geraspelt bzw. geschnitten.
Zum schnellen Zerkleinern geringer Mengen, z.B. von Kräutern oder Zwiebeln, eignet sich der **Universalzerkleinerer**.

Da für die einzelnen Einsatzbereiche wie Rühren, Schnitzeln oder Mixen verschiedene Drehgeschwindigkeiten erforderlich sind, haben Handküchenmaschinen meist zwei unterschiedliche Antriebsstellen zur Aufnahme von Werkzeugen und Zusatzgeräten.
Die genannten Zubehörteile sind leicht und schnell einsetzbar, da sie nur gesteckt oder geschraubt werden. Ein Universalmotor treibt die Werkzeuge an, wobei die verschiedenen Drehzahlen entweder über einen Stufenschalter oder einen stufenlosen Drehzahlwähler eingestellt werden.
Nach der Benutzung lassen sich die Werkzeuge leicht reinigen, und für ihre Aufbewahrung ist nur wenig Platz erforderlich.

Stabmixer
Das Pürieren von Suppen und Soßen, das Zerkleinern von Früchten für Konfitüren oder Mixmilch und Gemüse für Babynahrung, das Herstellen von Cocktails sowie das Zerhacken von Petersilie, Zwiebeln und Nüssen kann mit einem separaten Stabmixer geschehen.

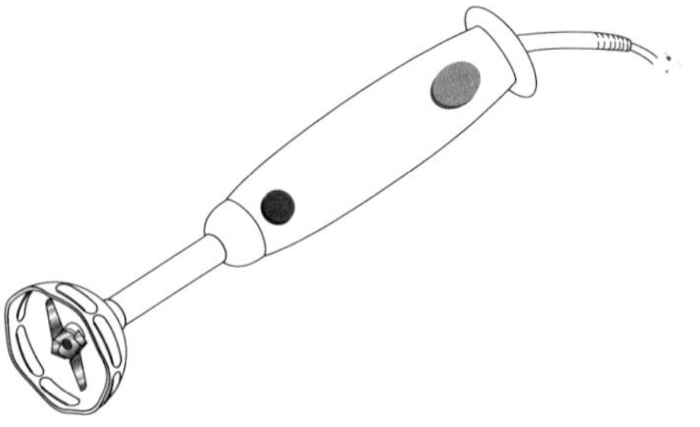

Dazu wird ein mehrflügeliges Messerkreuz von einem Motor mit hoher Drehgeschwindigkeit angetrieben.
Bei manchen Stabmixern kann die Arbeitsgeschwindigkeit verändert und somit angepasst werden. Der Stab mit dem Messerkreuz kann fest mit dem Gerät verbunden oder zur leichteren Reinigung auch abnehmbar sein.

Mahlwerke und Mahlergebnisse

Material	Bauart	Mahlgut	Mahlergebnis
Stahl	Kegel- und Scheibenmahlwerk	alle Getreide (z.T. auch Mais), Ölsaaten, Gewürze, Hülsenfrüchte	grießartig fein
Keramik	Scheiben- und Kegelmahlwerk	alle Getreide (außer Mais), Ölsaaten, Gewürze, Hülsenfrüchte	grießartig fein
Stein	Scheiben-, selten Kegelmahlwerk	alle Getreide (außer Mais), Hülsenfrüchte	flockig, weich, volumenreich

Standküchenmaschinen

Größere Lebensmittelmengen, die vor allem bei intensiver Vorratswirtschaft, häufiger Gästebewirtung oder im größeren Haushalt anfallen, werden spielend mit einer leistungsstarken Standküchenmaschine verarbeitet.
Standküchenmaschinen stehen während ihres Einsatzes auf der Arbeitsfläche. Durch ihr Eigengewicht ist eine gute Standfestigkeit gegeben. Sie arbeiten während des Betriebes selbsttätig, d.h., sie müssen nicht von Hand geführt, wohl aber beaufsichtigt werden.

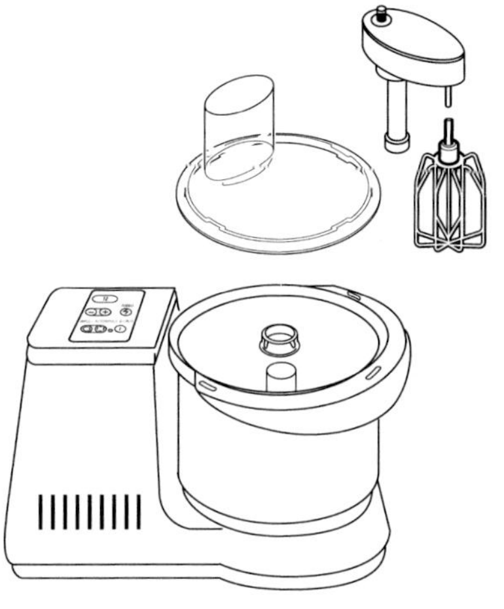

Je nach Anwendungsschwerpunkt – Teigzubereitung oder Zerkleinerung – werden Küchenmaschinen mit unterschiedlicher Grundausstattung angeboten. Für das Rühren, Kneten oder Schlagen von Teigen, Süßspeisen oder Füllungen sind die Rühr- und Knetwerkzeuge besonders wichtig. Steht das Zerkleinern, Pürieren und Mixen von Lebensmitteln im Vordergrund, sind Küchenmaschinen mit einem Universalmesser unentbehrlich.
Rühr- und Biskuitteig oder geschlagene Sahne werden wie bei dem Handrührgerät mit den **Rührwerkzeugen** hergestellt.
Damit beim Schlagen von Sahne und Eiweiß möglichst viel Luft untergeschlagen werden kann, ist es ratsam, einen speziellen **Schlagbesen** einzusetzen.
Den schweren Brotteig als auch die Hackfleischmasse kneten mühelos die stabilen **Knetwerkzeuge**. Wie die Rührwerkzeuge arbeiten sie bei niedriger Drehgeschwindigkeit.
Je nach Fassungsvermögen der Rührschüssel verarbeitet eine Standküchenmaschine Teigmengen von 250 – 2 500 g Mehl plus Zutaten. Auch Kleinstmengen, wie z. B. ein Eiweiß, lassen sich problemlos in den meisten Rührschüsseln schlagen.
Das schnelle Pürieren von Gemüsesuppen, Mischen von Flüssigkeiten, Herstellen von Mayonnaisen und Soßen wird durch den **Mixer** mit seiner hohen Drehgeschwindigkeit erleichtert.
Nüsse und Mandeln werden mit dem Universalmesser bei hoher Drehgeschwindigkeit genauso mühelos zerhackt wie Kräuter und Zwiebeln. Sogar bei kleinen Mengen ist das Ergebnis gut. Eine Fruchtsoße aus frischen oder gefrorenen Früchten oder eine pikante Quarkmayonnaise mit Kräutern ist mit diesem schnell rotierenden Messer ebenso zügig zubereitet wie ein Rührteig.
Gemüse, Kartoffeln und Obst für den Rohkostsalat, den Eintopf und die Kartoffelpuffer, den Käse für den Auflauf oder die Pizza zerkleinert das **Schnitzelwerk** mit verschiedenen Einsätzen zum Reiben, Schneiden und Raspeln schnell und gleichmäßig.
Juliennegeschnittenes Gemüse, gleichmäßig geformte Pommes frites und geriebene Schokolade sind leicht herzustellen mit Spezialschneidscheiben.
Frisches Tatar lässt sich unmittelbar vor dem Verzehr mit den unterschiedlich gelochten Scheiben des **Fleischwolfes** herstellen. Der Spritzgebäck-, Nudel-, Reib- sowie Fruchtpressenvorsatz rundet die vielseitigen Einsatzmöglichkeiten des Fleischwolfes ab.
Orangen und Zitronen werden problemlos mit einer **Zitruspresse** ausgepresst, während sich für die Herstellung frischer Säfte aus Gemüse, Kräutern und Obst eine **Saftzentrifuge** eignet.
Auch das Mahlen und Schroten verschiedener Getreidesorten für Müsli oder selbstgebackenes Brot ist mit der Standküchenmaschine möglich.
Getreidemühlen mit Stein-, Keramik- oder Stahlmahlwerk sind fast für jede Standküchenmaschine erhältlich. Je nach Einsatzwunsch stehen Mahlwerke aus unterschiedlichen Materialien und mit verschiedenen Mahlsystemen zur Verfügung, siehe auch Tabelle „Mahlwerke und Mahlergebnisse", Seite 64.

Ein **Eisbereiter** zur Bereitung von Speiseeis nach eigenen Rezepten vervollständigt das vielseitige Angebot an möglichem Zubehör einer Standküchenmaschine.

Für die verschiedenen Anwendungen, wie Rühren, Kneten, Mixen oder Entsaften, mit den dafür erforderlichen unterschiedlichen Drehgeschwindigkeiten sind Standküchenmaschinen meist mit zwei oder mehreren Antriebsstellen zur Aufnahme der Werkzeuge und Zubehörteile ausgestattet. Ein leistungsstarker Motor treibt die Werkzeuge an, wobei die verschiedenen Drehzahlen entsprechend den Anwendungen vom Benutzer gewählt werden können.

Ähnlich wie bei der Handküchenmaschine lassen sich alle Zubehörteile leicht reinigen, häufig sind sogar die Rührschüsseln, Knet- und Rührwerkzeuge oder Mixaufsätze spülmaschinengeeignet.

Damit die Standküchenmaschine stets einsatzbereit ist, benötigt sie in der Küche einen gut zugänglichen Standort und Raum für die Unterbringung der Zubehörteile.

Einsatzmöglichkeiten der Werkzeuge und Zusatzgeräte von Küchenmaschinen

Werkzeuge/ Zusatzgeräte	Tätigkeit	Verarbeitung/Herstellung
Rührschüssel mit Rühr- und Knetwerkzeugen, Schlagbesen	schlagen, rühren, kneten	Eiweiß, Sahne, Süßspeisen, Teig
Mixer	mixen, hacken, pürieren	Nüsse, Mandeln, hartes Brot, Obst, Gemüse, Mayonnaise, Getränke
Universalmesser	hacken, pürieren, mixen, zerkleinern, rühren	Nüsse, Mandeln, Obst, Gemüse, Kräuter, Mayonnaise, Teig
Universalzerkleinerer	hacken, zerkleinern	Nüsse, Mandeln, Kräuter, Zwiebeln
Schnellmixstab	hacken, pürieren, zerkleinern	Obst, Gemüse, Suppen
Passierstab	passieren	Suppen, Soßen, Früchte
Schnitzelwerk	raspeln, schneiden, reiben	Kartoffeln, Gemüse, Obst, Mandeln, Nüsse, Schokolade, Käse
Zitruspresse	auspressen	Zitrusfrüchte
Saftzentrifuge	entsaften	Obst, Gemüse, Kräuter
Fleischwolf	zerkleinern	Fleisch, Fisch, Gemüse, Obst, Brot
Fruchtpressenvorsatz	durchpressen, entsaften	Beerenobst
Wurststopfer-/ Krokettenvorsatz	Därme füllen Kroketten formen	Fleisch Kartoffeln
Spritzgebäck-/ Nudelvorsatz	Teig formen	Spritzgebäck Nudeln
Reibvorsatz	reiben	Nüsse, Mandeln, trockene Brötchen, Käse
Getreidemühle	mahlen	Getreide, Ölsaaten
Eisbereiter	Eis herstellen	Milcheis, Fruchteis, Softeis

Sicherer Umgang mit Elektrogeräten

Sicherheitszeichen beachten
Nur Geräte nutzen, die ein Sicherheitszeichen tragen, z. B. VDE- oder VDE-GS-Zeichen. Diese Geräte sind von einer anerkannten Prüfstelle auf Sicherheit geprüft. Die Sicherheitszeichen sind auf dem Typschild des Gerätes zu finden.

Gebrauchsanweisung lesen
Um Bedienungsfehler zu vermeiden, vor der Benutzung eines neuen Gerätes sorgfältig und genau die Gebrauchsanweisung lesen. Nur wenn die Gebrauchshinweise des Herstellers beachtet werden, arbeitet ein Gerät auf Dauer sicher.

Stromkreis unterbrechen
Geräte nur zusammensetzen oder reinigen, wenn sie ausgeschaltet und ggf. abgekühlt sind und der Stromkreis unterbrochen ist, indem der Stecker aus der Steckdose gezogen oder die Sicherung ausgeschaltet ist. Nur so lassen sich Verletzungen durch ein zufälliges Starten des Gerätes während des Reinigens oder Zusammensetzens vermeiden.

Stecker direkt anfassen
Um Beschädigungen an Anschlussleitungen, Steckern und Steckdosen zu vermeiden, Stecker immer direkt anfassen, um ihn aus der Steckdose zu ziehen. Niemals den Stecker durch Ziehen an der Anschlussleitung von der Steckdose trennen, sonst könnte sich die Geräteanschlussleitung von den Kontakten des Steckers lösen oder auch die Steckdose aus der Wand rutschen.

Anschlussleitungen schützen
Anschlussleitungen niemals über heiße Flächen, wie Kochstellen oder Heizkörper, führen. Die isolierende Ummantelung der Leitungen könnte zu warm werden und anschmoren. Deshalb sollten z. B. Rechtshänder die Anschlussleitung der Handküchenmaschine, wenn diese am Herd eingesetzt wird, rechts vom Herd in eine Steckdose führen.

Kabelsalat vermeiden
Verknoten von Anschlussleitungen oder „Kabelsalat" vermeiden, um das Entstehen von Bruchstellen in Leitungen oder Stolperfallen, und damit eine erhöhte Unfallgefahr, zu verhindern.

Keine beschädigten Geräte einsetzen
Niemals Geräte mit beschädigten Geräteteilen, Steckern oder Anschlussleitungen verwenden, da Unfallgefahr besteht, sondern diese vom Fachmann reparieren lassen oder durch neue ersetzen.

Garverfahren

Die meisten Lebensmittel müssen gegart werden, damit der menschliche Organismus sie verwerten kann.
Auch ihr Geschmack wird durch die Wärmebehandlung verändert, und es entwickeln sich dabei mitunter appetitanregende Geruchsstoffe.
Jedoch nicht nur die Wärme alleine, sondern auch die wärmeübertragenden Medien haben Einfluss auf die Lebensmittel.
Deshalb ist es wichtig, die vielfältigen Garverfahren individuell auf die Lebensmittel und ihre Verwendung abzustimmen.

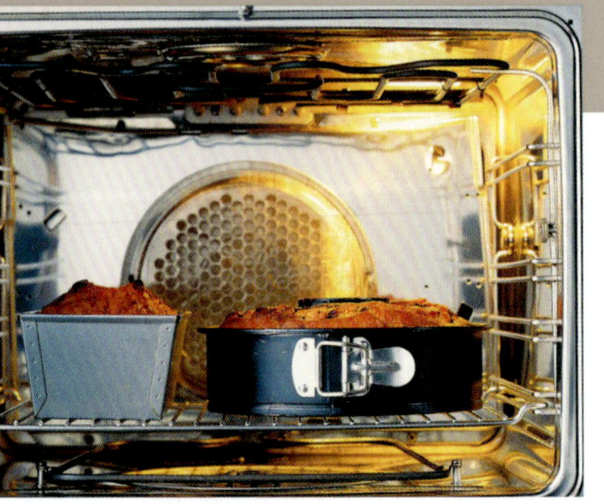

Backen

Backen ist ein Garen und Bräunen von Teigen.
Das Backen erfolgt
- im Backofen in trockener, heißer Luft bei Temperaturen von 140 °C bis 300 °C,
- bei Bedarf mit einer Dampfbeschwadung z. B. für Brot, unbelegten Hefeteig,
- auf der Kochstelle in der Pfanne in heißem Fett bei Temperaturen von 180 °C,
- auf der Kochstelle im Fettbad bei Temperaturen von 160 °C bis 200 °C,
- in der Fritteuse im Fettbad bei Temperaturen von 160 °C bis 200 °C.

Wärmeübertragendes Medium:
Im Backofen heiße Luft; auf der Kochstelle und in der Fritteuse Fett

Geeignete Lebensmittel:
Im Backofen Backwaren, Aufläufe, Pasteten; auf der Kochstelle Eierspeisen, Mehlspeisen; auf der Kochstelle und in der Fritteuse Fettgebäck, siehe „Frittieren", Seite 74.

Merkmale:
Während des Backens im Backofen werden die Teige so verändert, dass sie ihre typische Form, Krumenstruktur und Kruste erhalten.

Beachte:
- Geeignete Backformen oder Auflaufformen mit dem Rost in den Backofen einsetzen oder Backblech und Fettpfanne verwenden.
- Den Backofen nur in Ausnahmefällen vorheizen, z. B. beim Backen von Brot und Kleingebäck.
- Mit einer Dampfbeschwadung kann Brot besser aufgehen und bekommt eine glänzende Kruste.
- Die richtige Einschubhöhe wählen; sie ist abhängig vom Backofensystem und von der Art und Anzahl der Gebäcke.
- Den Backofen möglichst vollständig ausnutzen; dazu die Empfehlungen im Kapitel „Gästebewirtung leicht gemacht", Seite 478 beachten.
- Die Backofentemperatur nach Teigart und Gebäckhöhe einstellen; dazu die Angaben in den Rezepten beachten.
- Den Backofen während des Backvorganges geschlossen halten, damit der Teig nicht zusammenfällt und keine Energie verloren geht.

Braten

Braten ist ein Bräunen und Garen im eigenen Fett oder mit wenig heißem Fett.
Das Braten erfolgt
- auf der Kochstelle im offenen Gefäß bei einer Temperatur von etwa 180 °C,
- im Backofen im offenen oder geschlossenen Gefäß bei einer Temperatur von 160 °C bis 300 °C,
- im Kombinations-Backofen mit zusätzlich Dampf

Wärmeübertragendes Medium:
Fett; im Backofen zusätzlich heiße Luft oder Dampf

Geeignete Lebensmittel:
Fleisch, Fisch, Kartoffeln

Merkmale:
Beim Braten auf der Kochstelle wird die Wärme direkt von der Kochstelle an den Pfannenboden weitergeleitet und auf das Bratgut übertragen. Beim Braten im Backofen erfolgt die Wärmeübertragung durch die heiße Luft. Die geringe Fettmenge am Geschirrboden unterstützt den Bratvorgang und verhindert, dass das Bratgut anklebt.
Gebratene Lebensmittel sind gleichmäßig gebräunt und erhalten durch die Krustenbildung einen kräftigen, würzigen Geschmack. Beim Braten bilden sich Röststoffe, die bei großen Bratenstücken die Grundlage zur Herstellung von reichlich brauner Soße sind.

Anbraten ist ein kurzes Bräunen zu Beginn des Garvorganges bei höheren Temperaturen.

Beachte:
- Kleinere Fleischstücke, z.B. Steak, Fischfilet, Kartoffelgerichte, auf der Kochstelle braten; dazu eine Pfanne oder Bratgeschirr mit guten Bräunungseigenschaften verwenden.
- Größere Bratenstücke, ab 1 kg Gewicht, im Backofen zubereiten; dazu ein flaches, breites Bratgeschirr mit guten Bräunungseigenschaften verwenden, z.B. Bräter oder Kasserolle aus Gusseisen oder Stahlemail. Ebenfalls geeignet sind der Rost und die Fettpfanne.
- Zum Braten nur wenig Fett verwenden; es muss eiweiß- und wasserfrei sein, einen hohen Rauchpunkt haben, also hitzebeständig sein. Geeignet sind Pflanzenöl, gehärtete Pflanzenfette oder Butterschmalz.
- Beim Kurzbraten die Pfanne nicht abdecken, damit der aufsteigende Wasserdampf entweichen kann.
- Damit der Backofen nicht zu stark verunreinigt, den Braten zunächst im geschlossenen Bratgeschirr braten und zuletzt ohne Abdeckung bei hoher Temperatur bräunen.
- Die Verluste an Fleischsaft werden reduziert, wenn beim Braten die heiße Luft mit Dampf angereichert ist. Das Fleisch bleibt saftig und zart.
- Beim Niedertemperatur-Garen bzw. Niedrigtemperatur-Garen das Bratgut auf der Kochstelle anbraten und bei niedriger Temperatur (70 bis 110 °C) im vorgeheizten Backofen fertig garen. Oder im vorgeheizten Backofen bei hoher Temperatur (220 bis 250 °C) 10 bis 20 Minuten anbraten, danach bei niedriger Temperatur (70 bis 110 °C) fertig garen.

Dämpfen

Dämpfen ist ein Garen in strömendem Wasserdampf.

Das Dämpfen erfolgt
- im Dampf-Gargerät ohne Dampfdruck bei Temperaturen von 75 °C bis 100 °C,
- im Dampf-Gargerät mit Dampfdruck bei Temperaturen von 101 °C bis 120 °C,
- im Backofen mit integriertem Dampfgarsystem bei Temperaturen von 75 °C bis 100 °C,
- im geschlossenen Kochgeschirr, in gelochten Behältern, auf der Kochstelle bei Temperaturen von 80 °C bis 100 °C.

Wärmeübertragendes Medium:
Wasserdampf

Geeignete Lebensmittel:
Gemüse, Kartoffeln, Fisch, Hefeklöße, Fleisch, Obst

Merkmale:
Dämpfen ist ein schonendes Garverfahren, bei dem Nährstoffe, Vitamine und Mineralstoffe sowie Eigengeschmack, Form und Farbe weitgehend erhalten bleiben. Es ist eine fettlose Zubereitungsmethode, die ohne Bräunung erfolgt, so dass sie auch für Schon- und Diätkost geeignet ist.

Beachte:
- Zum Dämpfen im Dampf-Gargerät gelochte und ungelochte Garbehälter nach Herstellerangaben verwenden.
- Beim Dämpfen auf der Kochstelle soll das Gargut nicht mit dem siedenden Wasser in Berührung kommen; deshalb einen Siebeinsatz oder Metallkorb verwenden, der über dem Wasser hängt, das zur Dampferzeugung benötigt wird. Somit ist das Gargut von allen Seiten vom aufsteigenden Wasserdampf umgeben.
- Da der Eigengeschmack der Lebensmittel während des Dämpfens weitgehend erhalten bleibt, Gewürze sparsam verwenden.
- Das Kochgeschirr während des Dämpfens geschlossen halten, denn so kann der Dampf, der bei der Erwärmung entsteht, am Topfdeckel kondensieren und auf das Gargut zurücktropfen. Ein gut schließender Deckel verhindert Dampf- und Energieverluste.
- Die Wärmemenge so anpassen, dass immer genügend Wasser verdampft; dazu die Einstellungsempfehlung, Seite 552 a beachten.

Dünsten

Dünsten ist ein Garen im eigenen Saft, eventuell unter Zugabe von wenig Flüssigkeit und wenig Fett.
Dünsten erfolgt im geschlossenen Kochgeschirr auf der Kochstelle bei einer Temperatur von 80 °C bis 100 °C. Es kann auch im Backofen, Dampf-Gargerät oder Mikrowellengerät durchgeführt werden.

Wärmeübertragendes Medium:

Flüssigkeit, Wasserdampf, Fett

Geeignete Lebensmittel:

Wasserhaltige Lebensmittel, z.B. Gemüse, Obst, Fisch

Merkmale:

Dünsten ist ein wasserarmes, schonendes Garverfahren, bei dem Nährstoffe, Vitamine und Mineralstoffe sowie Eigengeschmack und Farbe weitgehend erhalten bleiben. Es ist eine fettarme Zubereitungsmethode, die ohne Bräunung der Lebensmittel erfolgt, so dass sie auch für Schon- und Diätkost geeignet ist.

Andünsten ist ein kurzes Dünsten zu Beginn des Garvorganges bei höheren Temperaturen.

Beachte:

- Mit wenig Flüssigkeit dünsten; nur der untere Teil des Garguts darf in der Flüssigkeit liegen, während der obere Teil im Dampf gart; für besonders wasserhaltige Lebensmittel wie Tomaten, Zucchini oder Rhabarber kein Wasser verwenden.
- Zum Dünsten im Dampf-Gargerät ungelochte Garbehälter verwenden.
- Etwas Fett zugeben, es verbessert den Geschmack und erschließt die fettlöslichen Vitamine.
- Da der Eigengeschmack der Lebensmittel während des Dünstens weitgehend erhalten bleibt, Gewürze sparsam verwenden.
- Einen flachen, breiten Kochtopf wählen, damit alle Zutaten gleichmäßig gegart werden.
- Das Kochgeschirr während des Dünstens geschlossen halten, denn so kann der Dampf, der bei der Erwärmung entsteht, am Topfdeckel kondensieren und auf das Gargut zurücktropfen. Ein gut schließender Deckel verhindert Dampf- und Energieverluste.
- Die Wärmemenge so anpassen, dass immer die gleiche Menge Wasser verdampft und kondensiert; dazu die Einstellungsempfehlung, Seite 552 a beachten.
- Dünstflüssigkeit weiterverwenden, z.B. für Soßenbereitung.

Frittieren

Frittieren ist ein Garen und Bräunen in viel heißem Fett.
Frittieren erfolgt im Fettbad im offenen Kochgeschirr auf der Kochstelle oder in einer meist geschlossenen Fritteuse bei einer Temperatur von 160 °C bis 200 °C.

Wärmeübertragendes Medium:
Fett

Geeignete Lebensmittel:
Kleine Fleisch- und Fischstücke, Gemüse, Kartoffeln, Teigwaren, Obst, panierte Lebensmittel

Merkmale:
Frittieren ist ein schnelles Garverfahren, bei dem sich rund um das Lebensmittel eine schmackhafte Kruste bildet. Das Frittiergut hat einen hohen Fettgehalt, ist somit energiereich und schwerer verdaulich.

Beachte:
- Zum Frittieren nur eiweiß- und wasserfreies Fett verwenden; es hat einen hohen Rauchpunkt und ist somit hitzebeständig; geeignet sind spezielle Frittierfette, gehärtetes Pflanzenfett, Pflanzenöl.
- Nur mit einwandfreiem Fett frittieren, denn es beeinflusst Qualität und Geschmack der Lebensmittel.
- Zum Frittieren breite, hohe Gefäße einsetzen, damit die gesamte Fettmenge gleichmäßig erwärmt wird, die Fetttemperatur konstant bleibt und das Fett nicht überschäumt.
- Die richtige Temperatur wählen und überwachen, denn ist das Frittierfett nicht heiß genug, nehmen die Lebensmittel zu viel Fett auf; ist das Frittierfett dagegen zu heiß, verkrustet die Oberfläche zu schnell, und das Innere bleibt roh. Eine temperaturgeregelte Fritteuse mit Temperaturanzeige erleichtert das Überwachen. Für die Anpassung der Wärmemenge auf der Kochstelle die Einstellungsempfehlung, Seite 552 a beachten und die richtige Temperatur durch Eintauchen eines Holzlöffelstiels prüfen. Sie ist erreicht, wenn sich dabei sofort ein Bläschenkranz um den Stiel bildet. Damit das Fettbad zwischendurch nicht zu stark abkühlt, nur wenig Frittiergut gleichzeitig frittieren.
- Einen Frittierkorb in den Kochtopf und in die Fritteuse einhängen. Er erleichtert das Herausnehmen des Frittiergutes.
- Frittierfett nicht zu häufig wiederverwenden; nach jedem Frittiervorgang filtern, um es von Rückständen zu reinigen. Frittierfett bis zur nächsten Verwendung kühl aufbewahren.

Garziehen

Garziehen ist ein langsames Garen in viel Flüssigkeit.
Garziehen erfolgt im offenen oder geschlossenen Kochgeschirr oder im Dampf-Gargerät bei Temperaturen unter dem Siedepunkt zwischen 75 °C bis 95 °C.

Wärmeübertragendes Medium:

Flüssigkeit, Dampf

Geeignete Lebensmittel:

Empfindliche Lebensmittel, die beim Garen in sprudelnder Flüssigkeit ihre Form verlieren würden, z.B. Klöße, Knödel, Brühwürstchen, Suppeneinlagen, oder Lebensmittel, die ausgelaugt werden sollen, z.B. Suppenfleisch.

Merkmale:

Das Garziehen beginnt erst nach dem Ankochen der Flüssigkeit, wenn die Lebensmittel eingelegt werden. Während des Garziehens sinkt die Temperatur auf etwa 80 °C ab, so dass das Garen langsam und bei geringer Strömungsbewegung der Flüssigkeit abläuft. Deshalb bleiben bei diesem Garverfahren Struktur und Konsistenz formempfindlicher Lebensmittel gut erhalten. Dennoch ist bei der hohen Flüssigkeitsmenge nicht auszuschließen, dass wasserlösliche Inhaltsstoffe ausgelaugt werden.

Beachte:

- Damit die Lebensmittel schwimmen können und von allen Seiten von Flüssigkeit umgeben sind, ein breites, hohes Kochgeschirr wählen.
- Die Wärmemenge so anpassen, dass die Flüssigkeit beim Garziehen nicht kocht; dazu die Einstellungsempfehlung, Seite 552 a beachten.
- Klöße mit spaltbreit geöffnetem Topfdeckel und Fleischbrühe im geschlossenen Kochgeschirr garziehen.

Grillen

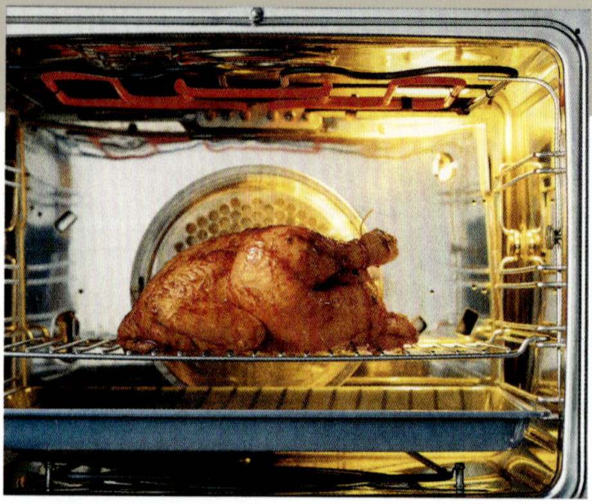

Grillen ist ein Bräunen und Garen durch intensive Wärmestrahlung oder Wärmeleitung ohne oder mit wenig Fett.

Das Grillen erfolgt

- im Backofen oder Tischgrill durch Wärmestrahlung bei einer Temperatur von etwa 300 °C. Dabei wird die Wärmestrahlung vom Lebensmittel absorbiert,
- im Kontaktgrill durch Wärmeleitung.

Umluftgrillen ist ein Bräunen und Garen durch kombinierte Wärmestrahlung und Wärmeströmung.

Das Umluftgrillen erfolgt im geschlossenen Backofen bei einer Temperatur von 160 °C bis 250 °C.

Wärmeübertragendes Medium:

Im Strahlungs- und Kontaktgrill kein Medium; beim Umluftgrillen heiße, strömende Luft

Geeignete Lebensmittel:

Fleisch, Fisch, Geflügel, Obst, Gemüse, Spezialgebäck

Merkmale:

Grillen ist ein schonendes Garverfahren, bei dem Nähr-, Geschmacks- und Aromastoffe weitgehend erhalten bleiben. Gegrillte Lebensmittel sind bekömmlich, da sie ohne oder mit wenig Fett und ohne Soße zubereitet werden. Beim Grillen entsteht an der Oberfläche eine intensive Bräunung, aber keine Kruste, so dass Gegrilltes leicht verdaulich und für Schonkost geeignet ist.

Beachte:

- Um ein Austrocknen der Oberfläche zu vermeiden und den Geschmack zu verbessern, das Grillgut leicht mit hitzebeständigem Öl einpinseln.
- Grillrost ebenfalls leicht einölen, damit das Lebensmittel nicht anklebt.
- Flachgrilladen erst nach dem Grillen salzen, sonst könnten Wasser und lösliche Nährstoffe austreten. Größeres Grillgut ca. 10 Minuten vor Ende der Grilldauer mit Salzwasser bestreichen.
- Zum Vorheizen Herstellerangaben beachten.
- Grillgut im richtigen Abstand zur Grillbeheizung einschieben; ist der Abstand zu gering, kann die Oberfläche verbrennen; ist der Abstand zu groß, trocknet das Lebensmittel aus.
- Gegrilltes sofort heiß servieren und nicht warm halten, sonst wird es zäh.

Kochen

Kochen ist ein Garen in viel siedender Flüssigkeit.
Kochen erfolgt im geschlossenen Kochgeschirr auf der Kochstelle bei einer Temperatur von 100 °C. Es kann auch im Backofen, Dampf-Gargerät oder im Mikrowellengerät durchgeführt werden.

Wärmeübertragendes Medium:

Siedende Flüssigkeit, z. B. Wasser, Brühe, Milch

Geeignete Lebensmittel:

Wasserarme Lebensmittel wie Hülsenfrüchte, stärkehaltige Lebensmittel wie Teigwaren, sowie Fleisch und Knochen, Suppen und Soßen.

Merkmale:

Gekochte Lebensmittel sind meist leicht verdaulich und für Schon- und Diätkost geeignet. Bei jedem Kochprozess in viel Flüssigkeit und mit längerer Gardauer werden die Lebensmittel ausgelaugt, die Inhaltsstoffe gehen in die Kochflüssigkeit über.

Der Kochvorgang ist in zwei Phasen unterteilt:
Ankochen ist ein Erhitzen der Flüssigkeit bis zum Erreichen des Siedepunktes. Je kürzer die Ankochdauer ist, umso mehr Inhaltsstoffe bleiben im Lebensmittel erhalten. Das Ankochen erfolgt somit bei hoher Temperatur. Dazu die Einstellungsempfehlung, Seite 552 a beachten. Der Siedepunkt ist erreicht, wenn die Dampffahne zwischen Deckel und Kochtopfrand sichtbar ist. Zu diesem Zeitpunkt muss die Wärmezufuhr der Kochstelle entsprechend der Gargutmenge verringert werden.

Fortkochen ist ein Weitergaren der Lebensmittel bis zum Ende des Garvorganges bei niedriger Temperatur.

Aufkochen ist ein erneutes Ankochen.

Beachte:

- Um ein Überkochen zu vermeiden, hohes Kochgeschirr wählen und nur bis zu ⅔ mit Flüssigkeit füllen.
- Nur so viel Flüssigkeit verwenden, dass das Gargut von allen Seiten bedeckt ist.
- Den Kochvorgang mit kalter oder kochender Flüssigkeit beginnen:
  - Sollen die Lebensmittel nicht so stark ausgelaugt und später mitverzehrt werden, sind sie in die kochende Flüssigkeit zu geben, z. B. Rindfleisch für Tafelspitz und Fleischsalat, Gemüse.
  - Sollen mehr Inhaltsstoffe in die Kochflüssigkeit übergehen, so ist das Ansetzen in kaltem Wasser und ein langsames Erwärmen der Kochflüssigkeit empfehlenswert, z. B. Herstellen von Brühe aus Suppenfleisch, Knochen, Gemüse, Suppengrün.
- Unterschiedliche Wärmemenge für das Ankochen und Fortkochen wählen; dazu die Einstellungsempfehlungen, Seite 552 a beachten.
- Das Kochgeschirr während des Kochvorganges geschlossen halten, denn so wird der Siedepunkt der Flüssigkeit gehalten, und es entsteht kein Flüssigkeits-, Aroma- und Energieverlust.

Quellen

Quellen ist ein Garen in reichlich Flüssigkeit unter Wasseraufnahme und Volumenzunahme des Gargutes.
Quellen erfolgt im geschlossenen Kochgeschirr auf der Kochstelle oder im Dampf-Gargerät bei einer Temperatur unterhalb des Siedepunktes von Wasser zwischen 70 °C bis 95 °C.

Wärmeübertragendes Medium:

Flüssigkeit, z.B. Wasser, Brühe, Dampf, Milch

Geeignete Lebensmittel:

Stärkehaltige, pflanzliche Lebensmittel, z.B. Reis, Grieß, Sago, Hirse, Teigwaren

Merkmale:

Stärkehaltige, pflanzliche Lebensmittel werden erst durch den Quellvorgang bekömmlich. Das gleichzeitige Einwirken von Wasser und Wärme führt zu einer Verkleisterung der Stärke und verbessert somit die Verdaulichkeit. Wird das Wasser so bemessen, dass es während des Quellens vom Lebensmittel, z.B. vom Reis, weitgehend aufgenommen oder später mitverzehrt wird, ergeben sich keine Nährstoffverluste.

Beachte:

- Damit die Zutaten nicht zu dicht übereinander liegen, einen breiten Kochtopf wählen; für Nudeln hohes Kochgeschirr wählen, damit sie nicht überquellen.
- Wassermenge den Lebensmitteln entsprechend berechnen:
  Beim Quellen von Reis genügt die doppelte Menge Wasser im Verhältnis zum Lebensmittel, Nudeln benötigen die vierfache.
- Das Kochgeschirr während des Quellens geschlossen halten, damit sich die zum Quellen erforderliche Flüssigkeit nicht verringert.
- Die Wärmemenge so anpassen, dass die Temperatur der Flüssigkeit unterhalb des Siedepunktes bleibt; dazu die Einstellungsempfehlung, Seite 552 a beachten.
- Im Dampf-Gargerät ungelochte Garbehälter verwenden. Flüssigkeitsmenge nach Herstellerangaben berechnen.

Schmoren

Schmoren ist ein kombiniertes Garverfahren von kurzem Bräunen oder Anbraten in wenig heißem Fett und langsamem Weitergaren, dem eigentlichen Schmoren, in wenig heißer Flüssigkeit.

Das Anbraten erfolgt im offenen Kochgeschirr auf der Kochstelle bei einer Temperatur von 180 °C und das Weitergaren in demselben, aber geschlossenen Kochgeschirr auf der Kochstelle zwischen 80 °C bis 100 °C. Es kann auch im Backofen mit und ohne Dampf durchgeführt werden.

Wärmeübertragendes Medium:
Fett, Flüssigkeit, Dampf

Geeignete Lebensmittel:
Fleisch, z.B. für Gulasch, Rouladen, Sauerbraten und Gemüse

Merkmale:
Das eigentliche Schmoren beginnt erst nach dem Bräunen, wenn der Bratenfond mit etwas heißem Wasser abgelöscht wird und das Gargut unter Dampfeinwirkung für eine längere Dauer weitergart.

Geschmorte Gerichte haben eine braune Oberfläche und gelten als besonders herzhaft. Beim Bräunen bilden sich Röststoffe, die die Grundlage zur Herstellung von reichlich brauner, aromatischer Soße sind.

Beachte:
- Ein flaches, breites Kochgeschirr mit guten Bräunungseigenschaften wählen, z.B. Bräter, Kasserolle oder Schmortopf aus Gusseisen oder Stahlemaille.
- Zum Bräunen nur hitzebeständiges Fett oder Öl verwenden; beim Ablöschen nur wenig Wasser angießen, damit das Gargut nicht kocht.
- Das Kochgeschirr während des Schmorens geschlossen halten, damit der Dampf nicht entweicht.
- Das Bräunen geschieht bei hoher Temperatur, das Schmoren bei mittlerer Temperatur; dazu die Einstellungsempfehlung, Seite 552 a beachten.

Vorspeisen

Vorspeisen, warm oder kalt, werden immer vor dem Hauptgang gereicht. In Geschmack, Zusammensetzung und Farbe soll die Vorspeise vom Hauptgericht abweichen. Eine kalte Vorspeise wird vor und eine warme nach der Suppe serviert. Vorspeisen sind auch als Abendimbiss oder Zwischenmahlzeit beliebt. Viele Speisen, wie z.B. Cocktails, Salate oder Ragouts, eignen sich auch für ein kaltes und warmes Büfett oder für einen Brunch.

Ein bisschen Warenkunde

Warme Vorspeisen

Ragout fin ist ein feines Ragout aus klein gewürfelten Zutaten, z.B. Kalbfleisch, Hühnerbrust, Bries oder Lachs, das mit einer pikanten Soße gebunden wird. Es wird in Förmchen, Muscheln oder in einer Blätterteigpastete überbacken und warm serviert.

Toast besteht aus etwa 1 cm dicker Scheibe Kasten-Weißbrot, die unmittelbar vor der Verwendung trocken geröstet wird. Er wird mit Butter bestrichen und mit beliebigen Zutaten belegt überbacken.

Toastbrot wird im Handel in verschiedenen Sorten angeboten, auch als Dreikorn-, Mehrkorn- oder Vollkorntoast.

Kalte Vorspeisen

Ein **Cocktail** besteht z.B. aus gegartem Fleisch, Fisch, Hummer- oder Krebsfleisch und Früchten. Die Zutaten werden mit einer pikanten Soße auf Mayonnaisebasis vermischt und in Gläsern angerichtet. Er wird gekühlt serviert.

Bei **Aspikspeisen** wird gegartes Fleisch, Geflügel, Fisch oder Gemüse in einer Form mit Gelee gebunden. Das Gelee wird aus Brühe und Gelatine hergestellt.

Kalte Vorspeisen sind auch hübsch **angerichtete verschiedenartige Lebensmittel**, z.B.:

- Melone, gut gekühlt, in Spalten geschnitten und mit dünnen Schinkenscheiben belegt,
- hauchdünne Salamischeiben, dünne Schinkenscheiben mit Mixed Pickles garniert,
- Rest von gekochtem oder gebratenem Fisch auf einem Salatblatt angerichtet und mit Quarkremoulade oder grüner Sauce bezogen,
- gekochter Schinken, Lachsschinken mit Spargelstangen gefüllt und mit Mayonnaise garniert,
- geräucherte Lachsscheiben mit Spargelstangen oder Sahnemeerrettich gefüllt,
- Tomaten- und Mozzarellascheiben, Basilikumblätter, mit frisch gemahlenem Pfeffer bestreut und mit Olivenöl beträufelt.

Wie viel darf es sein?

Art der Vorspeise	Vorspeise bei einem dreigängigen Menü pro Portion	Vorspeise oder Zwischengericht bei einem vielgängigen Menü pro Portion	Abendimbiss oder Zwischenmahlzeit pro Portion
Ragout fin	125 – 150 g	100 g	200 – 250 g
Toastschnitte	½ – 1 Scheibe	½ Scheibe	1 – 2 Scheiben
Cocktail	125 g	50 – 100 g	200 g
Aspikspeise	100 g	50 g	200 – 250 g

Damit es leichter geht

Die **Schneid-, Raspel-** und **Reibscheiben** der Hand- und Standküchenmaschine für das Zerkleinern von Gemüse und Obst verwenden.
Den **Grill** im Backofen oder den **Backofen mit Umluft** zum Überbacken und Gratinieren größerer Mengen einsetzen.
Wenn eine **hitzebeständige Folie** unter die Förmchen, Muscheln oder Toastscheiben gelegt wird, entfällt die Reinigung von Backblech oder Rost.
Das **Dampf-Gargerät** zum schonenden Garen von Gemüse, Meeresfrüchten, Fleisch und Reis einsetzen.
Tomaten, Pfirsiche, Aprikosen, Mandeln zum Abziehen im Dampf-Gargerät 1 Minute bei 100 °C dämpfen, dann kalt abschrecken.

Praktische Hinweise

Toast
- Der fertige Toast soll knusprig, hell gebräunt und innen noch weich sein.
- Besonders schmackhaft sind Toasts, bei denen die Weißbrotscheiben auf beiden Seiten dünn mit Butter bestrichen und dann geröstet werden.

Cocktail
- Zur Geschmacksintensivierung die Zutaten für einen Cocktail vor dem Servieren mindestens 1 Stunde abgedeckt im Kühlschrank durchziehen lassen und vor dem Anrichten nochmals vermischen und abschmecken.

Aspikspeise
- Damit die Aspikspeise gestürzt werden kann, die Form oder das Portionsschälchen vor dem Einfüllen mit kaltem Wasser ausspülen.
- Beim Auskleiden der Form mit Aspik muss ein so genannter Spiegel gegossen werden, d.h. so viel Aspikbrühe in die Form geben, dass der Boden bedeckt ist. Diese Schicht im Kühlschrank (oder im Eiswasser) erstarren lassen. Den „Spiegel" mit der Dekoration garnieren. Damit die Dekoration beim Auffüllen der weiteren Flüssigkeit nicht hochsteigt, einige Esslöffel Aspikbrühe darübergießen und die Form zum Erstarren wieder kalt stellen. Anschließend mit der Füllung und der restlichen Aspikbrühe auffüllen und bis zum Festwerden und Servieren nochmals kalt stellen.
- Zum Stürzen die Form kurz in heißes Wasser tauchen und sofort auf die vorbereitete Platte oder den Teller stürzen. Es empfiehlt sich, die Servierplatte vor dem Stürzen mit kaltem Wasser abzuspülen. Dann kann die Aspikspeise leichter in den Mittelpunkt der Platte bewegt werden.

Verfeinern, garnieren, abrunden

Warme Vorspeisen
- Portionsweise mit marinierten Salatblättern, Gurken, Tomaten, Kräutern, z.B. Kresse, Dill, Petersilie oder Schnittlauch, Zitronen- oder Orangenscheiben, Mandarinen, Kirschen, Oliven, Cornichons, Paprikaschoten oder Mixed Pickles aus dem Glas garnieren und sofort servieren.
- Zitronensaft und pikante Soßen zum Würzen dazureichen.
- Warmes Blätterteiggebäck, Stangenweißbrot oder frisch geröstetes Toastbrot mit Butter dazureichen.

Kalte Vorspeisen
- Mit den Zutaten, die in den Speisen enthalten sind, Salatblättern und Kräutern garnieren.
- Warmes Blätterteiggebäck, Stangenweißbrot, frisch geröstetes Toastbrot oder Fladenbrot dazureichen.

Ragout fin

■ ■ D

250 g	**Kalbfleisch**
1	**kleine Kalbszunge**
250 g	**Kalbsbries**
½ l	**Wasser**
	Salz
1	**Suppengrün**
1	**Gewürzdosis**
65 g	**Champignons**
	oder andere Pilze
10 g	**Fett**
	Zitronensaft
Soße:	
30 g	**Fett**
30 g	**Mehl**
¼ l	**Brühe**
1	**Eigelb**
1 EL	**süße Sahne** oder saure Sahne
	Salz
1 Prise	**Zucker**
2–3 EL	**Weißwein**
	Zitronensaft
Belag:	
	geriebener Käse · Butter

Fleisch und Zunge waschen. Kalbsbries wässern, abgießen, mit kochendem Wasser überbrühen, in kaltem Wasser abschrecken. Haut und Adern entfernen. Wasser, Salz, Suppengrün und Gewürzdosis **ankochen**. Fleisch, Zunge und Kalbsbries einlegen. Kalbsbries 10 Minuten, Zunge und Fleisch 1–1¼ Stunde **fortkochen**. Herausnehmen.
Haut von der Zunge abziehen, Zunge, Fleisch, Kalbsbries in Würfel schneiden. Champignons putzen, halbieren oder vierteln.
Fett **erhitzen**, Champignons darin **andünsten** und einige Tropfen Zitronensaft zugeben.
Für die Soße Fett **erhitzen**, Mehl zugeben und unter ständigem Rühren hellgelb **andünsten**. Mit Brühe unter Rühren ablöschen, **aufkochen** und 5 Minuten in der **Nachwärme** quellen lassen. Die Soße muss dick sein.
Eigelb mit Sahne verquirlen, in die nicht mehr kochende Soße rühren. Fleisch und Pilze zugeben. Mit Salz, Zucker, Wein und Zitronensaft abschmecken.
Etwa 8 Förmchen einfetten. Masse einfüllen, mit Käse bestreuen, Butterflöckchen darauf verteilen. Im vorgeheizten Backofen überbacken, bis sich eine Kruste gebildet hat.

einsetzen:	Auf dem Rost, obere Einschubleiste	
überbacken:	200–220 °C	8–10 Minuten
	0	3– 5 Minuten

Veränderung:
Fischragout fin: 500 g Fischfilet säubern, säuern und salzen. 1 Zwiebel schälen, in Scheiben schneiden und mit 2 EL Wasser zu dem Fisch geben, 5 Minuten andünsten und 5 Minuten in der Nachwärme fertig garen. Fisch heraus nehmen und in kleine Stücke teilen. Mit 1 EL Kapern in die Soße geben.

Lebercrostini

■ ■

250 g	**Geflügelleber**
100 g	**durchwachsener Speck**
50 g	**Parmaschinken**
2 Blatt	**Salbei**
	oder getrockneter Salbei
2 EL	**Öl** zum Braten
1 EL	**Orangensaft**
3 EL	**Balsamicoessig**
30 g	**Butter**
	Salz · Pfeffer
12	**Stangenweißbrot-Scheiben**
	Salbeiblätter nach Belieben

Leber, Speck, Schinken und Salbei in feine Würfel schneiden, mischen. Öl **erhitzen**, Masse **anbraten**, Orangensaft und Essig zugeben und 5 Minuten offen **garziehen**. Pürieren, abkühlen lassen, mit Butter verrühren und mit Salz und Pfeffer würzen.
Brotscheiben in einer Pfanne ohne Fett **rösten**, mit Lebercreme bestreichen, nach Belieben mit Salbeiblättern garnieren und sofort servieren.

Veränderung:
Tomatencrostini: 2 zerdrückte Knoblauchzehen in 2 EL Olivenöl andünsten. 1 Dose Toma-

ten (etwa 480 g Einwaage) abtropfen lassen, Tomaten in Würfel schneiden, zugeben und 3–5 Minuten schmoren. Mit Salz, Pfeffer und Tabasco würzen. Zerkleinerten Schnittlauch unterheben.
Räucherlachs-Crostini: 250 g Räucherlachs in feine Würfel schneiden, mit 1 EL Zwiebelwürfel, ½ TL Senf, ½ TL Kapern, 1 EL Olivenöl und 1 TL Zitronensaft mischen, zerkleinerten Dill unterheben, mit Salz und Pfeffer würzen.

Überbackenes Pilzragout

S

250 g	**Champignons** oder andere Pilze
100 g	**roher Schinken**
20 g	**Fett**
	Salz · Zitronensaft
2	**Eier**
6 EL	**Milch**
15 g	**geriebener Käse**
	Salz · Paprika · Hefewürze oder 1 Prise Muskat
	Butter

Champignons putzen, Champignons und Schinken in Würfel schneiden. Fett **erhitzen**, Champignons darin **andünsten**, Schinken zugeben und mit Salz und Zitronensaft abschmecken.
Förmchen einfetten und Masse einfüllen.
Eier mit Milch, Käse, Salz und Gewürzen verquirlen und über die Pilzmasse gießen. Butterflöckchen darauf verteilen. Im vorgeheizten Backofen goldgelb überbacken.

einsetzen:	Auf dem Rost, obere Einschubleiste	
überbacken:	200–220 °C	8–10 Minuten
	0	3– 5 Minuten

Überbackene Krabben

S

200 g	**Krabbenfleisch**
	Saft einer Zitrone
100 g	**Champignons**
30 g	**Fett**
20 g	**Mehl**
⅛ l	**Brühe**
1	**Eigelb**
2 EL	**süße Sahne**
1 TL	**Zitronensaft**
	Salz · Zucker
30 g	**geriebener Käse**

Krabben mit Zitronensaft beträufeln. Gefrorene Krabben antauen lassen. Champignons putzen, blättrig schneiden.
Fett **erhitzen**, Champignons darin **andünsten**. Mehl überstäuben, hellgelb **andünsten**, mit Brühe unter Rühren ablöschen, **aufkochen** und 5 Minuten in der **Nachwärme** quellen lassen. Krabben zufügen.
Eigelb mit Sahne und etwas Soße verquirlen und in die nicht mehr kochende Soße rühren. Mit Zitronensaft, Salz und Zucker abschmecken.
Förmchen einfetten, Masse einfüllen und mit Käse bestreuen. Im vorgeheizten Backofen goldgelb überbacken.

einsetzen:	Auf dem Rost, obere Einschubleiste	
überbacken:	200–220 °C	8–10 Minuten
	0	3– 5 Minuten

D

Zubereitung empfohlen im
Dampf-Gargerät
Das Gericht wird besonders nährstoffschonend zubereitet.

Überbackene Avocados

Überbackene Avocados

2	**Avocados**
	Zitronensaft
1	**Tomate**
1	**kleine Zwiebel**
½	**rote Paprikaschote**
1 Stg	**Staudensellerie**
100 g	**Kochschinken**
1 TL	**Zucker**
	Salz
1–2 EL	**Balsamicoessig**
1 TL	**Chilisoße**
	oder einige Spritzer Tabasco
50 g	**geriebener Emmentaler**

Avocados der Länge nach halbieren, Kerne entfernen, Fruchtfleisch bis auf einen 1 cm breiten Rand herauslösen und ebenso wie die Avocadohälften sofort säuern.
Tomate überbrühen, abschrecken, abziehen, vierteln und entkernen. Zwiebel schälen. Bei der Paprika Kerne entfernen, Paprika mit Staudensellerie waschen.
Paprika, Staudensellerie, Avocadofleisch, Tomate, Zwiebel und Kochschinken in kleine Würfel schneiden, mischen. Mit Zucker, Salz, Essig und Chilisoße würzen und in die Avocadohälften füllen.
Auflaufform einfetten, Avocadohälften einsetzen, mit Käse bestreuen und backen.

einsetzen:	Auf dem Rost, mittlere Einschubleiste	
überbacken:	220 °C	15 Minuten
	0	5 Minuten

Spargeltoast

S D

4	**Toastbrotscheiben**
250 g	**gekochter Spargel**
100 g	**roher Schinken**
50 g	**Butter**
1	**Eigelb**
2 – 3 EL	**Milch**
	Petersilie
	geriebener Käse · Paniermehl
	Butter

Toastscheiben einseitig rösten. Die ungebräunte Seite mit abgetropften Spargelstücken belegen.
Schinken in Würfel schneiden. Butter, Eigelb und Milch verrühren. Schinken und zerkleinerte Petersilie zugeben.
Die Masse über den Spargel verteilen. Mit Käse und Paniermehl bestreuen, Butterflöckchen darauf verteilen. Im vorgeheizten Backofen goldgelb überbacken.

einsetzen:	Auf dem Backblech, obere Einschubleiste	
überbacken:	200 – 220 °C	8 – 10 Minuten
	0	3 – 5 Minuten

Toast auf verschiedene Art

S

4 Toastbrotscheiben rösten. Jeweils eine Seite mit Butter bestreichen und die Toasts nach Belieben belegen:

Tomaten-Zwiebel-Toast: Tomatenscheiben, Salz, Zwiebelwürfel, Paprikapulver, 4 Scheiben Käse.

Toast Gutsherrenart: Tomatenscheiben oder Tomatenmark, gewürztes Tatarfleisch, Speckstreifen, Preiselbeerkompott, 4 Scheiben Käse.

Toast Hawaii: 4 Scheiben gekochten Schinken, 4 Scheiben Ananas, 4 Scheiben Käse.

Käse-Toast mit Schinken: 4 Scheiben gekochten Schinken, Senf zum Bestreichen, 4 Scheiben Käse, Paprikapulver.

Husumer Toast: Rührei aus 2 Eiern und etwa 75 g Krabben.

Camembert-Toast: 4 Birnenhälften in Scheiben, 150 g Camembertscheiben, 1–2 EL Preiselbeerkompott.

Pizza-Toast: 4 Tomaten, 100 g Salami oder Kochschinken und 120 g Mozzarella in Würfel schneiden, mit Salz, Pfeffer und Oregano würzen.

Feinschmecker-Toast: Eine dicke helle Grundsoße mit Ei legieren, zerkleinerte Kräuter, Salz, Paprika, Pilz-, Schinken-, Fleischwürfel oder Krabben unterheben. Auf 4 Toastbrotscheiben verteilen, geriebenen Käse überstreuen.

Belegte Toasts auf dem Backblech oder dem Rost unter dem Grill oder im vorgeheizten Backofen goldgelb überbacken.

einsetzen:	Auf dem Backblech oder Rost, mittlere Einschubleiste	
überbacken:	200 – 220 °C	8 – 10 Minuten
	0	3 – 5 Minuten

Tipp:

Leeres Backblech vorheizen, belegte Toastbrotscheiben darauflegen und überbacken. Damit entfällt das vorhergehende Rösten.

D — Zubereitung empfohlen im **Dampf-Gargerät**
Das Gericht wird besonders nährstoffschonend zubereitet.

Gebratener Spargel

S D

1 kg	**Spargel**
¼ l	**Wasser**
	Salz · Zucker
	Mehl
2	**Eier**
	Paniermehl
	Fett zum Braten

Spargel waschen, vom Kopf nach unten schälen.
Wasser mit Salz und Zucker **ankochen**, Spargel zugeben, **ankochen**, 7–10 Minuten **fortkochen** und 5 Minuten in der **Nachwärme** fertig garen. Spargel herausnehmen, abtropfen lassen.
Nacheinander in Mehl, verquirltem Ei und Paniermehl wenden.
Fett **erhitzen**, Spargel einlegen und rundherum goldgelb **braten**.
Beilage: Kräuter- oder Remouladensoße und Stangenweißbrot.

Tipp:
- Statt Spargel Lauch oder Fenchel verwenden.

Gefüllte Pilze

S

250 g	**große Pilze**
	Champignons oder Egerlinge
	Zitronensaft · Öl
1	**Zwiebel**
1	**Knoblauchzehe**
	Petersilie
100 g	**Camembert**
1 EL	**Butter**
1–2 EL	**saure Sahne**
	Salz · Pfeffer

Pilze putzen und Stiele herausdrehen. Pilzköpfe mit Zitronensaft und Öl beträufeln.
Für die Füllung Zwiebel und Knoblauch schälen, Zwiebel, Knoblauch, Pilzstiele und Petersilie zerkleinern, Käse mit einer Gabel zerdrücken. Zwiebel, Knoblauch, Petersilie und Käse vermischen, weiche Butter, Sahne, Salz und Pfeffer untermengen und abschmecken, Pilzköpfe damit füllen.
Auf dem Backblech unter dem Grill, mittlere Einschubleiste, 10–12 Minuten grillen.
Beilage: Gegrilltes oder kurz gebratenes Fleisch oder Fisch und Reis.

Gefüllte Pilze und Lebercrostini (Rezept Seite 84)

Gefüllte Tomaten

S

2	**Brötchen**
⅛ l	**Milch**
1	**kleine Zwiebel**
40 g	**Fett**
	Salz · Paprika
	geriebener Käse · Petersilie
	Schnittlauch
8	**große Tomaten**
	Salz

Brötchen sehr klein schneiden und mit Milch übergießen, Zwiebel schälen und in feine Würfel schneiden.

Fett **erhitzen**, Zwiebel darin glasig **andünsten**. Aufgeweichte Brötchen mit der Milch zugeben und unter Rühren **dünsten**. Salz, Paprika, Käse und zerkleinerte Kräuter unterrühren.

Tomaten waschen, abtrocknen, Deckel abschneiden, Tomaten aushöhlen und mit Salz ausstreuen. Etwas von dem ausgehöhlten Tomatenmark in die Füllung rühren. Füllung in die Tomaten drücken, Deckel aufsetzen. Tomaten auf eine Servierplatte setzen und im vorgeheizten Backofen überbacken.

einsetzen:	Auf dem Rost, mittlere Einschubleiste	
überbacken:	200 – 220 °C	20 – 25 Minuten
	0	5 – 10 Minuten

Tipp:

Statt der Brötchenmasse andere Füllungen verwenden:

- 100 g gegarten Reis und angedünstete Pilze oder Zwiebelwürfel mit 1 EL zerkleinerten Kräutern, 2 – 3 EL geriebenem Käse, Salz und Pfeffer mischen.
- Klein geschnittenen Chesterkäse in die Tomaten drücken, Paprika überstreuen. Der Käse zergeht beim Überbacken.

Selleriescheiben in Erdnusspanade

S

2	**kleine Sellerie** à 400 g
	Zitronensaft
2	**Eier**
	Salz · Pfeffer
125 g	**Erdnusskerne**
3 EL	**Weizenvollkornmehl**
	Butter zum Backen
Soße:	
2 EL	**Weizenvollkornmehl**
¼ l	**Milch**
1 TL	**Instant-Hefebrühe**
	oder Gemüsebrühe
1	**Lorbeerblatt**
100 g	**geriebener Käse**
	Zitronensaft · Salz · Pfeffer
	Butter oder Margarine

Sellerie schälen, waschen, in 1 cm dicke Scheiben schneiden und mit Zitronensaft beträufeln. Eier mit Salz und Pfeffer verquirlen, Erdnüsse mahlen. Selleriescheiben nacheinander in Mehl, Ei und Erdnüssen wenden und Panade fest andrücken. Butter **erhitzen**, Selleriescheiben darin von beiden Seiten hellbraun **backen**, bis sie weich sind.

Für die Soße Mehl in eine trockene Pfanne geben und hellgelb **andünsten**.

Milch nach und nach unter ständigem Rühren zugießen, Hefebrühe und Lorbeerblatt zugeben, **ankochen** und 5 Minuten in der **Nachwärme** fertig garen. Das Lorbeerblatt herausnehmen.

Käse unterrühren, mit Zitronensaft, Salz und Pfeffer abschmecken und mit Butter verfeinern. Die Soße zu den Selleriescheiben reichen.

Gemüse-Sülze mit Schnittlauchsoße

■ ■ D

150 g	**Erbsen,** gefroren
200 g	**Spargel**
200 g	**Möhren**
150 g	**Broccoliröschen**
100 ml	**Wasser**
	Salz
½ l	**kräftige Fleischbrühe**
4–5 EL	**Weißwein** oder Weinessig
	Pfeffer
8 Blatt	**weiße Gelatine**
Soße:	
200 g	**saure Sahne**
1	**Knoblauchzehe** nach Belieben
	Zitronensaft
	Salz · Pfeffer
1 Bd	**Schnittlauch**

Erbsen nach Herstellerangabe garen. Spargel waschen, vom Kopf nach unten schälen und in Stücke schneiden. Möhren waschen, schälen und in Scheiben schneiden. Broccoliröschen waschen. Wasser mit Salz **ankochen**, Spargel, Möhren und Broccoli darin nacheinander 8–12 Minuten bissfest **dünsten**, abtropfen lassen. Fleischbrühe herzhaft mit Weißwein und Pfeffer würzen und **erhitzen**. Gelatine nach Herstellerangabe vorbereiten und unter schnellem Rühren in der heißen Brühe auflösen.
Eine Schüssel oder Kastenform mit kaltem Wasser ausspülen, einen Spiegel gießen (siehe Seite 83).
Wenn der Spiegel erstarrt ist, Spargelstücke einfüllen, mit Brühe bedecken, kalt stellen. Mit den anderen Gemüsesorten genauso verfahren, mit der restlichen Brühe auffüllen und Sülze 3–4 Stunden im Kühlschrank erstarren lassen.
Schüssel kurz in heißes Wasser tauchen und Sülze stürzen.
Für die Soße saure Sahne mit zerdrückter Knoblauchzehe, Zitronensaft, Salz und Pfeffer verrühren, zerkleinerten Schnittlauch zugeben, abschmecken.

Tipp:
Je nach Jahreszeit und Geschmack Gemüsesorten variieren. Zusätzlich können Scheiben von hart gekochten Eiern, in Würfel geschnittene Scheiben von gekochtem Schinken oder gekochtem Fleisch mit eingeschichtet werden.

Krabben-Cocktail

S

200 g	**Krabbenfleisch**
	Zitronensaft · Salz · Paprika
1	**Orange** oder 100 g Ananas
Soße:	
⅛ l	**saure Sahne**
	oder süße Sahne
1–2 EL	**Tomatenketchup**
1 TL	**Tomatenmark**
	Weinbrand
Garnieren:	
	Salatblätter · Paprika

Krabben mit Zitronensaft, Salz und Paprika marinieren und 1 Stunde stehen lassen.
Orange schälen, weiße Haut entfernen und Orange in kleine Würfel schneiden. Mit marinierten Krabben mischen.
Für die Soße Sahne, Tomatenketchup und Tomatenmark verrühren, mit etwas Weinbrand abschmecken. In 4–6 Cocktailgläser Salatblätter legen. Mischung darauf verteilen, Soße darübergießen und kaltstellen. Paprika überstäuben.

Veränderung:
Thunfisch-Cocktail: Thunfisch statt Krabben verwenden und mit Madeira statt mit Weinbrand abschmecken.
Büsumer Krabben-Cocktail: 100 g gekochten Schinken und 100 g Senfgurken in feine Würfel schneiden, mit 250 g Krabbenfleisch mischen. Soße: 60 g Mayonnaise, 60 g saure Sahne, Zitronensaft, Salz und Pfeffer.

Tipp:
Anstelle der Früchte feine Erbsen und kleine Spargelstückchen oder in Scheiben geschnittene Champignons verwenden.

Vitello Tonnato

■ ■ D

1	**Suppengrün**
½ l	**Instant-Hühnerbrühe**
2	**Lorbeerblätter**
6	**Pfefferkörner**
2	**Knoblauchzehen**
500 g	**Kalbskeule**
⅛ l	**Weißwein**
1 Bd	**Petersilie**
Soße:	
1 Dose	**Thunfisch in Olivenöl** Abtropfgewicht etwa 125 g
⅛ l	**süße Sahne**
⅛ l	**Olivenöl**
4	**Anchovisfilets**
4 EL	**Kalbfleischbrühe**
	Zitronensaft
	Salz · Pfeffer
1 EL	**Kapern**
Garnieren:	
	Zitronen
	Petersilie · schwarze Oliven
	Tomaten
	hart gekochte Eier

Suppengrün putzen, waschen, zerkleinern, mit Brühe und den Gewürzen **ankochen**.
Fleisch waschen, in die kochende Brühe geben und 70 Minuten **fortkochen**.
Weißwein und zerkleinerte Petersilie hinzufügen und das Fleisch in der Brühe erkalten lassen, anschließend in dünne Scheiben schneiden.
Für die Soße Thunfisch, Sahne, Öl, Anchovisfilets und Brühe pürieren. Mit Zitronensaft, Salz, Pfeffer und Kapern abschmecken.
Fleisch und Soße portionsweise anrichten und mit Zitronenachtel, Petersilie, Oliven, Tomaten und Eischeiben garnieren.

Tipp:
- Brühe zu einer Suppe verwenden.
- Statt Kalbfleisch Putenbrust verwenden.

Carpaccio

200 g	**gut abgehangenes Rinderfilet**
	Olivenöl
150 g	**kleine Steinpilz-Champignons**
Soße:	
1	**kleine Zwiebel**
3 EL	**Balsamicoessig**
2 EL	**Zitronensaft**
1 TL	**Senf**
	Salz · Pfeffer
8 EL	**Olivenöl**
Garnieren:	
50 g	**Parmesan** am Stück

Rinderfilet in Frischhaltefolie wickeln und für ca. 2 Stunden ins Tiefkühlfach legen.
Vier große Teller mit Olivenöl bestreichen. Filet in hauchdünne Scheiben schneiden, flach nebeneinander auf den Tellern anrichten.
Champignons putzen, waschen, in dünne Scheiben schneiden, darüber verteilen.
Zwiebel schälen, in sehr kleine Würfel schneiden, mit Essig, Zitronensaft, Senf, Salz, Pfeffer und Olivenöl verrühren, über die Fleischscheiben träufeln. Mit einem Sparschäler Späne vom Parmesan abhobeln, über das Carpaccio streuen.

Veränderung:

Gemüse-Carpaccio: 2 kleine, feste Zucchini in dünne Scheiben schneiden, mit Champignonscheiben auf Tellern anrichten. Zerkleinerte Kräuter in die Soße geben. 2 EL Pinienkerne ohne Fett in einer Pfanne anrösten, über das Gemüse-Carpaccio streuen.
Lachs-Carpaccio: 200 g frischen Lachs in Frischhaltefolie wickeln und für ca. 2 Stunden ins Tiefkühlfach legen, in hauchdünne Scheiben schneiden. Statt Parmesan zerkleinerten Dill über das Lachs-Carpaccio streuen.

D Zubereitung empfohlen im **Dampf-Gargerät**
Das Gericht wird besonders nährstoffschonend zubereitet.

Suppen und Eintöpfe

Suppen und Eintöpfe verdanken ihre Beliebtheit den zahlreichen Variationsmöglichkeiten durch vielfältige Zutaten und Zubereitungsarten.
Suppen und Eintöpfe sind bei der Erstellung des Speiseplanes unterschiedlich einzusetzen.
Eine klare Suppe kann eine appetitanregende Vorspeise für jedes Essen sein, sowohl für den täglichen Mittagstisch oder das Menü.
Gebundene Suppen oder Eintöpfe können sehr nahrhaft sein und sind deshalb häufig ein vollständiges Gericht.
Eine Suppe kann auch Auftakt zum Brunch sein, durchwärmt im Winter und erfrischt als Kaltschale im Sommer.
Suppen werden meist in Suppentassen, Eintöpfe in einer Suppenterrine und Suppentellern serviert.

Ein bisschen Warenkunde

Suppen sind meist warme oder kalte, flüssige, dickflüssige oder breiige Gerichte, die immer mit einem Löffel gegessen werden. Eintöpfe dagegen sind von fester Konsistenz und werden meist mit der Gabel gegessen.

Klare Suppen werden aus Fleisch-, Geflügel-, Knochen-, Gemüse- oder Fischbrühe bereitet und mit einer Suppeneinlage serviert. Sie gehören zu den „leichten" Suppen.

Gebundene Suppen entstehen meist auf der Grundlage einer hellen oder dunklen Mehlschwitze, auch Einbrenne oder Buttermehl genannt. Sie werden aus Fleisch-, Knochen-, Gemüse- oder Fischbrühe oder aus Wasser und Milch bereitet.
Durch die Zugabe verschiedener Zutaten wie Gemüse, Fleisch, Fisch, Kartoffeln können sie verändert werden.
Gemüsesuppen werden heute bevorzugt kalorien- und fettarm zubereitet. Statt der Mehlschwitze wird zur Bindung das Gemüse püriert. Mit Haferflocken, Reis oder Grieß gebundene Suppen sind trotz der dickeren Konsistenz leicht verdaulich und werden daher in der Kinder- und Krankenkost bevorzugt.

Durch die Zugabe von Sahne, Eigelb, Crème fraîche und Milch bekommen die Suppen eine fein cremige Beschaffenheit, werden geschmacklich aufgewertet und sind gehaltvoller. Die so angereicherten Suppen werden ebenfalls gerne Kranken und alten Menschen gereicht.

Sättigende Suppen sind „kompakte" Suppen und werden deshalb meist als Hauptgericht serviert. Sie enthalten reichlich sättigende Einlagen und gleichen dem Eintopf. Von der Konsistenz sind sie flüssiger als ein Eintopf.

Eintöpfe zeichnen sich dadurch aus, dass mehrere Zutaten, die geschmacklich zueinander passen, in einem Topf gegart werden. Sie können mit und ohne Fleisch, mit Wurst oder Fisch hergestellt werden. Hauptzutaten sind in der Regel verschiedene Gemüse, Kartoffeln oder Reis, Teigwaren oder Hülsenfrüchte. Eintöpfe bekommen durch die verschiedenen Zutaten und Gewürze einen kräftigen Geschmack und sind sättigend.

Süße Suppen werden aus Milch, Wasser, Obstsaft, Früchten, Wein oder Bier hergestellt. Als Bindemittel eignen sich Grieß, Haferflocken, Hafer-, Weizen- oder Roggenmehl oder Speisestärke. In der warmen Jahreszeit sind sie eine angenehme Erfrischung, besonders wenn sie gekühlt serviert werden.

Wie viel darf es sein?

Art der Suppe serviert als	Menge pro Portion in ml
Vorspeise	
Klare Suppe	200–250
– bei vielgängigem Menü	100–125
Gebundene Suppe	200–250
– bei vielgängigem Menü	100–125
Hauptgericht	
Sättigende Suppe	500
Eintopf	500
Nachspeise	
Süße Suppe	200–250

Damit es leichter geht

Die **Schneid-** und **Raspelscheiben** der elektrischen Hand- oder Standküchenmaschine für das Zerkleinern von Gemüse und Kartoffeln verwenden.

Mixer, Schnellmixstab und **Stabmixer** eignen sich gut zum Pürieren auch heißer Zutaten. Dabei den Mixbecher nur knapp zur Hälfte füllen, da sich der Inhalt durch die hohe Umdrehung beim Mixen ausdehnt.

Einen **hohen Kochtopf** mit einem Fassungsvermögen von 4 bis 5 Liter zur Zubereitung von Brühe verwenden, da die Flüssigkeit beim Erreichen des Siedepunktes, aufgrund des hohen Eiweißgehaltes (Fleisch und Knochen), hochsteigen kann. Das Gleiche gilt auch für das Kochen von Milchsuppen.

Im **Dampf-Gargerät** große, ungelochte Garbehälter mit 6 Liter Fassungsvermögen verwenden.

Praktische Hinweise

Klare Suppen

- Fleisch, Knochen oder Fisch mit kaltem Wasser unter Zusatz von Salz aufsetzen, damit die Brühe klarer im Aussehen und kräftiger im Geschmack wird, da die geschmacksgebenden Aromastoffe stärker auslaugen.
  Wird Brühe und ein saftiges Stück Fleisch gewünscht, das Fleisch in kochendes Wasser geben. Der Fleischsaft kann nicht austreten, da das Eiweiß an der Oberfläche sofort gerinnt.
- Brühe erhält eine kräftige Farbe, wenn eine fein geriebene Möhre und einige in Fett gedünstete Zwiebelringe mitgekocht werden.
- Gemüse, das als Einlage für die Suppe dienen soll, wegen der kurzen Gardauer erst 20 Minuten vor Beendigung der Gardauer in die Brühe geben.
- Beim Kochen von Fleisch entsteht durch die Eiweißgerinnung Schaum. Die Schaumbildung wird reduziert, wenn die Brühe nur schwach siedet.
  Um eine klare Brühe zu erhalten, den durch das Kochen entstehenden Schaum von Zeit zu Zeit abschöpfen.
- Zum Klären einer trüb gewordenen Brühe 1 bis 2 Eiweiß verschlagen und in die Brühe geben. Die Brühe aufkochen und 10 Minuten stehen lassen, bis die Schaumdecke bricht. Das geronnene Eiweiß umschließt die trübenden Bestandteile, die mit einem Schaumlöffel abgenommen werden. Die Brühe zum Klären durch ein feines Sieb gießen.
- Brühe aus Knochen vor der Weiterverwendung durch ein feines Sieb oder Tuch gießen, um evtl. Knochensplitter aufzufangen.
- Zum Entfetten einer Brühe auf die Brühe Küchenpapier oder eine Papierserviette legen und abnehmen, wenn sie sich vollgesaugt haben. Oder die Brühe im Kühlschrank erkalten lassen. Das Fett setzt sich an der Oberfläche ab und wird nach einigen Stunden abgeschöpft.
- Soll im Dampf-Gargerät Fleisch für eine kräftige Brühe oder als Suppeneinlage zubereitet werden, dieses in einen gelochten Garbehälter legen und über einen ungelochten

Garbehälter einschieben. Der konzentrierte Fleischsaft tropft in den ungelochten Garbehälter mit Suppengemüse, Reis, Kartoffeln usw. Alles wird zusammen gegart und die Suppe kann nach Bedarf verlängert und abgeschmeckt werden.

Eintöpfe und sättigende Suppen

- Das zerkleinerte oder in Würfel geschnittene Fleisch zuerst in den Kochtopf geben, da es meist die längste Gardauer hat. Durch Anbraten wird ein intensiverer Geschmack erreicht. Um den Kochvorgang bei angebratenem Fleisch nicht zu unterbrechen, mit heißer Flüssigkeit ablöschen.
- Kartoffeln verfärben sich durch den Luftsauerstoff nicht, wenn sie beim Eintopf in die Mitte des Topfes eingeschichtet und vom restlichen Gemüse abgedeckt oder im Dampf-Gargerät zubereitet werden.
- Zutaten gleichmäßig zerkleinern, dann haben sie eine gleiche Gardauer.
- Bei Verwendung von Hülsenfrüchten und Nährmitteln ist mehr Flüssigkeit erforderlich, da sie zum Quellen gebraucht wird. Das Eiweiß von Hülsenfrüchten ist teilweise wasserlöslich, deshalb das Einweichwasser mitverwenden.
- Bei Verwendung von Nudeln und Reis das Fleisch vorgaren, weil es eine längere Gardauer hat.
- Anstelle von frischem Gemüse kann auch gefrorenes Gemüse verwendet werden.
- Konservengemüse ist auch geeignet. Die Gemüsebrühe mitverwenden. Gemüse erst kurz vor Ende der Gardauer zugeben und erhitzen, da es bereits gar ist.
- Fleischklößchen oder Würstchen haben eine kurze Gardauer, deshalb diese oben auf die Zutaten legen.

Süße Suppen

- Zum Binden von Frucht- und Weinsuppen ist am besten Speisestärke geeignet. Die Suppen bleiben dadurch klar. „Binden" siehe Seite 130.

Verfeinern, garnieren, abrunden

- Verschiedene Gemüsesorten, Suppengrün und Kräuter geben pikanten Suppen einen natürlichen Geschmack. Brühwürfel oder gekörnte Brühe unterstützen die Geschmacksgebung, so dass die Salzzugabe verringert werden kann.
- Durch Zugabe einer Messerspitze Safran erhält Brühe eine schöne Farbe.
- Suppen durch Legieren mit Eigelb, siehe Seite 142, verfeinern.
- Süße Suppen mit Zitronensaft, Rum, Kirschwasser, Himbeergeist, lieblichem oder trockenem Wein abschmecken.
- Als Beilage zu pikanten Suppen geröstetes Weißbrot, Fladenbrot oder Stangenbrot servieren. Zur Vervollständigung von vegetarischen Suppen Vollkornbrot reichen.

Wenn etwas übrig bleibt

- Brühe kann auch als schmackhafte Erfrischung eisgekühlt und gut entfettet serviert werden.
- Brühe in die Eiswürfelform füllen, einfrieren und später portionsweise zur Herstellung von Soßen und Suppen verwenden.

Suppeneinlagen

Suppeneinlagen, wie z.B. Eierstich, Flädle, Klößchen, vervollständigen pikante und süße Suppen; die Suppen werden dadurch sättigender und abwechslungsreicher. Die Einlagen sollen so klein sein, dass sie sich mit dem Löffel essen lassen. Oft unterstreichen sie das Typische der Suppe und wirken als Garnitur.

Ein bisschen Warenkunde

Eierstich besteht aus einer verquirlten, gewürzten Masse aus Eiern und Milch, die in einem kleinen Gefäß oder in einer Tasse im Wasserbad stockt und nach dem Abkühlen in Streifen oder Würfel geschnitten wird. Geeignet für klare Brühen.

Flädle sind dünne Pfannkuchen bzw. Crêpes, die beidseitig in einer Pfanne goldgelb gebacken und dann in dünne Streifen geschnitten werden. Geeignet für klare Brühen.

Klößchen sind kleine zu Kugeln geformte Suppeneinlagen, z.B. aus Fleisch, Leber, Mark oder Mehl, die in Salzwasser, Brühe oder Suppe gegart werden. Sie werden nach der Hauptzutat benannt.

Geröstete Brotwürfel (Croûtons) sind in der Pfanne mit Fett geröstete Weißbrotwürfel.

Cornflakes, Makronen, Hefeflocken, Backerbsen etc. sind industriell hergestellte Produkte und werden anstelle von selbst bereiteten Einlagen oder zusätzlich verwendet.

Reis, Nudeln oder **klein geschnittenes Gemüse** können auch als Suppeneinlage verwendet werden.

Julienne-Gemüse sind in streichholzfeine Streifen geschnittene Möhren, Sellerie und Lauch, die in etwas Fett bissfest angedünstet werden. Geeignet als Einlage für klare Brühen.

Wie viel darf es sein?

Suppeneinlage	Menge auf 1 Liter Suppe in g
Eierstich	200–250
Flädle	200–250
Klößchen	200–250
Reis	50
Teigwaren	50
Geröstete Brotwürfel	50

Damit es leichter geht

Im **Mixer**, mit dem **Schnellmixstab** oder dem **Stabmixer** das Fleisch pürieren.
Mit den **Knetwerkzeugen** der Handküchenmaschine feste Teige verarbeiten.
Mit den **Rührwerkzeugen** der Handküchenmaschine flüssige Zutaten verquirlen, schaumig rühren oder steif schlagen.
Mit **zwei nassen Teelöffeln** Klöße abstechen.
Mit **nassen Händen** runde Klößchen formen.
Im **Dampf-Gargerät** oder im **Mikrowellengerät** kann Eierstich zeit- und energiesparend ohne Wasserbad zubereitet werden.

Praktische Hinweise

- Klößchen, Reis und Teigwaren als Einlage für klare Suppen gesondert in Salzwasser oder Brühe garen, da die Suppe sonst trüb wird.
- Damit sie nicht zu viel Flüssigkeit aufnehmen, gebackene Suppeneinlagen, z.B. Flädle, erst beim Servieren in die Suppe geben; geröstete Brotwürfel gesondert dazureichen.

Wenn etwas übrig bleibt

- Klößchen roh oder gegart einfrieren. Gefroren in der heißen Suppe garen oder nur auftauen.

Gemüsebrühe

1	**kleine Zwiebel**
50 g	**Sellerie**
50 g	**Lauch**
1	**Petersilienwurzel**
150 g	**Gemüse der Jahreszeit**
100 g	**Möhren**
75 g	**Tomaten**
2	**getrocknete Pilze** oder einige frische
40 g	**Fett**
	Salz
4	**Pfefferkörner**
1½ l	**Wasser**
	Petersilie · Schnittlauch

Zwiebel schälen und in Viertel schneiden. Gemüse putzen, waschen, fein schneiden oder grob raspeln.
Fett **erhitzen**, Gemüse darin **andünsten**, Salz und Pfefferkörner überstreuen. Wasser zugießen, **ankochen**, 45 Minuten **fortkochen** und 10 Minuten in der **Nachwärme** fertig garen.
Brühe durch ein Sieb gießen und abschmecken. Mit zerkleinerten Kräutern bestreuen.
Suppeneinlagen: Reis, Nudeln, Julienne-Gemüse, Eierstich, Flädle, Spätzle, Klößchen aller Art, Rezepte ab Seite 121.

Tipp:

- Für die Brühe nicht zu viel süßliches Gemüse wie Möhren und Blumenkohl nehmen, da die Brühe sonst nicht kräftig genug schmeckt.
- Diese vegetarische Brühe bietet einen Ersatz für Fleischbrühe und kann auch zum Auffüllen von Suppen und Soßen verwendet werden.

D Zubereitung empfohlen im **Dampf-Gargerät** Das Gericht wird besonders nährstoffschonend zubereitet.

Rinderbrühe

500 g	**Rindfleisch**
250 g	**Rindsknochen**
1	**Markknochen**
	Salz
4	**Pfefferkörner**
1	**Lorbeerblatt**
1½ l	**Wasser**
1	**Suppengrün**
1	**Tomate** oder Tomatenmark
	Petersilie · Schnittlauch

Fleisch und Knochen waschen. Mit leicht gesalzenem Wasser und Gewürzen **ankochen**, 2 Stunden **fortkochen** und 10 Minuten in der **Nachwärme** fertig garen.
Suppengrün putzen, waschen, zerkleinern, Tomate waschen. Nach einer Stunde Gardauer in die Suppe geben. Fleisch und Knochen aus der Brühe nehmen, Brühe durch ein Sieb gießen. Fleisch in Würfel schneiden, in die Brühe geben. Brühe **erhitzen**, mit Salz abschmecken.
Mit zerkleinerten Kräutern bestreuen.
Suppeneinlagen: Reis, Nudeln, Julienne-Gemüse, Eierstich, Eierflöckchen, Klößchen aller Art, Flädle, Rezepte ab Seite 121.

Veränderung:

Knochenbrühe: Statt 500 g Fleisch und 250 g Rindsknochen 750 g Suppenknochen und 2 Markknochen verwenden.

Tipp:

- Damit die Brühe nicht trübe wird, den Schaum, der sich nach dem Ankochen auf der Brühe abgesetzt hat, abnehmen. Kein kaltes Wasser nachgießen. Reis und Nudeln gesondert in Salzwasser garen.
- Brühe ohne Fleischeinlage auch zum Auffüllen von Suppen und Soßen verwenden.
- Brühe beim Aufwärmen nicht zum Kochen kommen lassen, da sie sonst an Geschmack verliert.
- Soll die Brühe als klare Bouillon gereicht werden: erkalten lassen, das erstarrte Fett abnehmen. Brühe durch ein Sieb gießen, erneut erhitzen und mit zerkleinerten Kräutern bestreuen.

So bleibt Fleisch- oder Knochenbrühe klar: Schaum, der sich nach dem Ankochen abgesetzt hat, mit dem Schaumlöffel abnehmen.

Hühnerbrühe

■■	D	G

1	**Suppenhuhn**
	Salz
4	**Pfefferkörner**
1	**Lorbeerblatt**
1½ l	**Wasser**
1	**Petersilienwurzel**
1	**Möhre** oder 1 Suppengrün
	Petersilie · Schnittlauch

Suppenhuhn und Innereien waschen. Mit Salz, Gewürzen und Wasser **ankochen**, Huhn 1½–2 Stunden **fortkochen** und 10 Minuten in der **Nachwärme** fertig garen.

Petersilienwurzel und Möhre putzen, waschen und nach der halben Gardauer zufügen. Huhn herausnehmen, Brühe durch ein Sieb gießen und wieder in den Kochtopf geben.

Huhn enthäuten, zerlegen, Knochen herauslösen, Fleisch klein schneiden und in die Brühe geben. Brühe **erhitzen** und abschmecken.

Mit zerkleinerten Kräutern bestreuen.

Suppeneinlagen: Reis, Nudeln, Julienne-Gemüse, Eierstich, Eierflöckchen, Klößchen aller Art, Rezepte ab S. 121

Veränderung:

Taubenbrühe: Statt Suppenhuhn 2 Tauben verwenden.

Tipp:

- Die Brühe kann ohne Fleischeinlage auch zum Auffüllen von Suppen und Soßen verwendet werden.
- Das Fleisch kann auch zu Hühnerfrikassee verwendet werden.
- Soll die Brühe als Bouillon in Tassen gereicht werden: erkalten lassen und das erstarrte Fett abnehmen. Brühe durch ein Sieb gießen, erhitzen und mit zerkleinerten Kräutern bestreuen.

Helle Grundsuppe mit Mehlschwitze

S G

40 g	**Fett**
40 g	**Mehl**
1 l	**Flüssigkeit**
	Brühe, Wasser oder Milch
	Salz · Gewürze

Fett **erhitzen**, Mehl zugeben und unter ständigem Rühren hellgelb **andünsten.**
Nach und nach mit Flüssigkeit unter Rühren ablöschen. Damit keine Klümpchen entstehen, nur wenig Flüssigkeit zugießen und so lange rühren, bis die Masse glatt ist; erst dann weitere Flüssigkeit zugeben.
Die Suppe **aufkochen** und 5 Minuten in der **Nachwärme** quellen lassen.
Mit Salz und Gewürzen abschmecken.

Tipp:

- Grundsuppe mit Fett-Mehl-Kloß bereiten: 40 g Fett und 40 g Mehl mit einer Gabel vermengen und zu einem Kloß formen. Flüssigkeit, Salz, Gewürze und Kloß ankochen, auf 0 schalten und verrühren, bis die Suppe glatt ist.
- Fett-Mehl-Klöße auf Vorrat bereiten: je 200 g Fett und Mehl mit den Knethaken einer elektrischen Stand- oder Handküchenmaschine vermengen, 5 Klöße daraus formen und im Kühlschrank oder Gefriergerät aufbewahren.
- Zwiebelwürfel zugeben: Diese vor dem Mehl in heißem Fett glasig andünsten.
- Mit Zitronensaft oder Wein abschmecken.
- Mit Eigelb legieren.
- Mit süßer oder saurer Sahne oder Crème fraîche verfeinern.
- Zerkleinerte Kräuter zugeben.

Dunkle Grundsuppe mit Mehlschwitze

S G

50 g	**Fett**
50 g	**Mehl**
1 l	**Flüssigkeit**
	Brühe oder Wasser
	Salz · Gewürze

Fett **erhitzen** und leicht **bräunen**. Mehl zugeben und unter ständigem Rühren kräftig **bräunen**.
Nach und nach mit Flüssigkeit unter Rühren ablöschen. Damit keine Klümpchen entstehen, nur wenig Flüssigkeit zugießen und so lange rühren, bis die Masse glatt ist; erst dann weitere Flüssigkeit zugeben.
Die Suppe **aufkochen** und 5 Minuten in der **Nachwärme** quellen lassen.
Mit Salz und Gewürzen abschmecken.

Tipp:

- Nachdem das Mehl gebräunt ist, Zwiebelwürfel zugeben und andünsten.
- Mit Rotwein oder Madeira abschmecken.
- Mit saurer Sahne oder Crème fraîche verfeinern.
- Zerkleinerte Kräuter zugeben.

Strom-Spar-Tipp
Kochgeschirr passend zur Kochstellengröße wählen

Mehlschwitze

1. Für die Mehlschwitze Fett erhitzen ...

2. Mehl unter ständigem Rühren andünsten ...

3. ... ablöschen, dazu die Flüssigkeit nach und nach unter ständigem Rühren mit dem Schneebesen zugießen, aufkochen und 5 Minuten in der Nachwärme quellen lassen.

Für Ungeübte ist das Ablöschen mit kalter Flüssigkeit empfehlenswert, da sonst leicht Klümpchen entstehen.

Das Ablöschen mit heißer Flüssigkeit wird erleichtert, indem der Kochtopf von der Kochstelle genommen und die heiße Flüssigkeit auf einmal zugegeben wird.

Helle Grundsuppe ohne Mehlschwitze

S G

¾ l	**Flüssigkeit** Brühe, Wasser oder Milch
40 g	**Speisestärke** oder 50 g Grieß
¼ l	**Milch**
	Salz · Gewürze
30 g	**Fett**

Flüssigkeit **ankochen**, Speisestärke mit Milch verquirlen, einrühren und ½ Minute in der **Nachwärme** fertig garen. Oder Flüssigkeit und Milch **ankochen**, Grieß einstreuen und 10 Minuten in der **Nachwärme** quellen lassen.
Mit Salz und Gewürzen abschmecken, Fett unterrühren.

Tipp:

- Da diese Suppe leicht bekömmlich ist, eignet sie sich für Diätkost.
- Zwiebel- oder Gemüsewürfel in heißem Fett andünsten, mit der Flüssigkeit auffüllen und Suppe binden.
- Mit Eigelb legieren.
- Mit süßer oder saurer Sahne oder Crème fraîche verfeinern.
- Zerkleinerte Kräuter zugeben.

Strom-Spar-Tipp
Automatik-Kochstelle benutzen oder rechtzeitig auf „Fortkochen/Weitergaren" umschalten

Pilzsuppe

S

300 g	**Pilze**
1	**kleine Zwiebel**
40 g	**Fett**
40 g	**Mehl**
1 l	**Flüssigkeit** Wasser oder Brühe
	Salz · Pfeffer
3 – 4 EL	**süße Sahne** oder saure Sahne
	Petersilie

Pilze putzen, waschen und feinblättrig schneiden. Zwiebel schälen und in Würfel schneiden. Fett **erhitzen**, Zwiebel darin **andünsten**. Pilze zugeben und 5 Minuten **andünsten**. Mehl zugeben und unter ständigem Rühren **andünsten**. Mit Flüssigkeit unter Rühren ablöschen, **aufkochen** und 5 – 10 Minuten in der **Nachwärme** fertig garen.
Mit Salz und Pfeffer abschmecken, Sahne unterrühren.
Mit zerkleinerter Petersilie bestreuen.

Kräuterschaumsuppe

S

1	**mittelgroße Kartoffel** etwa 125 g
1	**kleine Zwiebel**
20 g	**Fett** zum Braten
800 ml	**Gemüsebrühe**
100 ml	**süße Sahne**
6 – 8 EL	**Kräuter** Petersilie, Kresse, Dill, Schnittlauch, Borretsch, Sauerampfer, Zitronenmelisse
	Salz · Pfeffer
1–2 EL	**Zitronensaft**

Kartoffel schälen, waschen und fein reiben. Zwiebel schälen und in Würfel schneiden.
Fett **erhitzen**, Zwiebel **andünsten**, geriebene Kartoffel zugeben und **andünsten**.

Gemüsebrühe angießen, **ankochen** und 5–8 Minuten **fortkochen**.
Sahne zufügen und in der **Nachwärme** erwärmen. Zerkleinerte Kräuter zufügen.
Suppe mit dem Stabmixer pürieren und schaumig aufschlagen. Mit Salz, Pfeffer und Zitronensaft würzen.

Veränderung:
Bärlauchsuppe: Statt gemischter Kräuter 1 Bund Bärlauch verwenden.

Tipp:
- Mit Kräutern garnieren.

Selleriecremesuppe

D

375 g	**Sellerie**
1 l	**Wasser**
40 g	**Fett**
40 g	**Mehl**
⅛ l	**süße Sahne** oder Milch
1 Prise	**Zucker**
	Selleriesalz

Sellerie schälen, waschen, in Scheiben schneiden, sofort ins Wasser legen, damit er sich nicht verfärbt.
Mit diesem Wasser **ankochen**, 20–30 Minuten **fortkochen** und 10 Minuten in der **Nachwärme** fertig garen.
Sellerie pürieren oder mit Brühe passieren. Fett **erhitzen**, Mehl zugeben und unter ständigem Rühren hellgelb **andünsten**. Mit Selleriebrühe unter Rühren ablöschen, **aufkochen** und 5 Minuten in der **Nachwärme** quellen lassen.
Sahne zugießen, mit Zucker und Salz abschmecken.

Veränderung:
Sellerie-Lauch-Suppe: Fett erhitzen, 250 g Sellerie in Scheiben, 250 g Lauch in kleine Stücke und eine kleine Zwiebel in Würfel schneiden und darin andünsten. Mehl überstäuben, andünsten, mit Wasser ablöschen, 10 Minuten fortkochen und 5 Minuten in der Nachwärme fertig garen. Suppe pürieren oder passieren. 3–4 EL Milch unterrühren. Mit Salz abschmecken. Mit 1 EL geriebenem Käse und zerkleinerter Petersilie bestreuen.

Spargelsuppe

D

250 g	**Spargel**
½ **l**	**Wasser**
	Salz
40 g	**Fett**
40 g	**Mehl**
1 l	**Flüssigkeit**
	Spargelbrühe und Wasser
1	**Eigelb**
3 EL	**Milch** oder süße Sahne
1 Prise	**Muskat**
1 Prise	**Zucker**
	Zitronensaft · Saft

Spargel waschen, von oben nach unten schälen, in 2–3 cm lange Stücke schneiden.
Spargel mit Wasser und Salz **ankochen**, 8–10 Minuten **fortkochen** und 5–7 Minuten in der **Nachwärme** fertig garen. Spargelbrühe abgießen und auffangen.
Für die Suppe Fett **erhitzen**, Mehl zugeben und unter ständigem Rühren hellgelb **andünsten**. Mit Flüssigkeit unter Rühren ablöschen, **aufkochen** und 5 Minuten in der **Nachwärme** quellen lassen.
Eigelb mit Milch verrühren und in die nicht mehr kochende Suppe rühren. Mit Muskat, Zucker, Zitronensaft und Salz abschmecken.
Spargel in die Suppe geben und 5–10 Minuten in der **Nachwärme** erwärmen.

Veränderung:
Schwarzwurzelsuppe: Statt Spargel kann die gleiche Menge Schwarzwurzeln verwendet werden. Schwarzwurzeln in Wasser bürsten, schaben, waschen und in schwaches Essigwasser legen, damit sie sich nicht verfärben.
Blumenkohlsuppe: Statt Spargel 250 g Blumenkohl putzen, in Röschen zerteilen und waschen.

Broccolisuppe: Statt Spargel 250 g Broccoli in Röschen zerteilen, Stiele schälen und in kleine Würfel schneiden. Mit Wasser und Salz ankochen, 3 Minuten fortkochen und 3–5 Minuten in der Nachwärme fertig garen.

Pariser Käsecremesuppe

S

1	**Zwiebel**
40 g	**Fett**
40 g	**Mehl**
1 l	**Flüssigkeit**
	Wasser oder Brühe
250 g	**Schmelzkäse**
	Weißwein · Salz · Zucker
	Schnittlauch

Zwiebel schälen und in Würfel schneiden. Fett **erhitzen**, Zwiebel darin glasig **andünsten**. Mehl zugeben und unter ständigem Rühren hellgelb **andünsten**. Mit Flüssigkeit unter Rühren ablöschen, **aufkochen**, Schmelzkäse unterrühren und 10 Minuten in der **Nachwärme** fertig garen.
Mit Wein, Salz und Zucker abschmecken. Mit zerkleinertem Schnittlauch bestreuen.

Tomatensuppe

S

750 g	**Tomaten**
1	**Zwiebel**
30 g	**Fett**
⅛ l	**Wasser**
¾ l	**Flüssigkeit**
	Wasser oder Brühe
40 g	**Mehl** oder Grieß
1 Prise	**Zucker**
	Paprika · Salz · Pfeffer
	Basilikum oder Schnittlauch oder Petersilie oder Thymian

Tomaten waschen und in Viertel schneiden. Zwiebel schälen und in Würfel schneiden. Fett **erhitzen**, Zwiebel darin **andünsten**, Tomaten zugeben, mit Wasser unter Rühren ablöschen, **aufkochen** und 10 Minuten in der **Nachwärme** fertig garen.
Tomaten passieren, mit der Tomatenbrühe wieder in den Kochtopf geben, mit Flüssigkeit auffüllen und **aufkochen**.
Mehl mit etwas Wasser verquirlen, einrühren oder Grieß einstreuen und 10 Minuten in der **Nachwärme** quellen lassen. Mit Zucker, Paprika und Salz abschmecken.
Mit Basilikumblättern garnieren.
Suppeneinlagen: Geröstete Semmelbröckchen; Käse-, Schinken- oder Fleischklößchen; Rezepte ab Seite 121.

Tipp:

- Anstelle von Tomaten 3–4 EL Tomatenmark oder 1 Dose geschälte Tomaten, Füllmenge ca. 850 g, verwenden.
- Mit süßer oder saurer Sahne, Crème fraîche oder geriebenem Käse verfeinern.
- Für eine nicht passierte Tomatensuppe die Tomaten häuten, in Würfel schneiden und mit den Zwiebeln andünsten.

Wildsuppe

■ ■ D

1 kg	**Wildknochen und -fleisch**
40 g	**Speck**
1	**Suppengrün**
	Salz
3	**Gewürzkörner**
1	**Lorbeerblatt**
1½ l	**Wasser**
50 g	**Fett**
50 g	**Mehl**
1½ l	**Wildbrühe**
	Rotwein · Salz · Pfeffer

Wildknochen und -fleisch waschen. Speck in Würfel schneiden, **auslassen**, Knochen und Fleisch darin **anbraten**. Suppengrün putzen, waschen, zerkleinern, zu Knochen und Fleisch geben. Salz und Gewürze überstreuen, Wasser zugießen. Suppe **aufkochen** und 2 Stunden **fortkochen**.

Fleisch und Knochen herausnehmen, Fleisch von den Knochen lösen, Fleisch kleinschneiden und warmhalten. Brühe durch ein Sieb gießen. Fett **erhitzen**, Mehl zugeben und unter ständigem Rühren kräftig **bräunen**. Mit Brühe unter Rühren ablöschen und **aufkochen**. Fleisch einlegen und 10 Minuten in der **Nachwärme** erwärmen.
Mit Wein, Salz und Pfeffer abschmecken.

Ochsenschwanzsuppe

■ ■ D

750 g	**Ochsenschwanz**
30 g	**Schinken**
1	**kleine Zwiebel**
1	**Suppengrün**
20 g	**Fett**
1 TL	**Mehl**
1½ l	**heißes Wasser**
	Salz
1	**Lorbeerblatt**
3	**Pfefferkörner**
4	**Gewürzkörner**
50 g	**Fett**
50 g	**Mehl**
1½ l	**Ochsenschwanzbrühe**
	Rotwein oder Sherry oder Madeira
	Salz
1 Prise	**Zucker**

Ochsenschwanz waschen und abtrocknen. Schinken in Würfel schneiden. Zwiebel schälen und in Viertel schneiden. Suppengrün putzen, waschen und zerkleinern.
Fett **erhitzen**, Fleisch und Schinken darin **anbraten**. Mehl überstäuben, mit heißem Wasser unter Rühren ablöschen und **aufkochen**.
Zwiebel, Suppengrün, Salz und Gewürze zufügen und 1½–2 Stunden **fortkochen**, bis das Fleisch weich ist.
Ochsenschwanz herausnehmen, Fleisch von den Knochen lösen, in Streifen schneiden und warmhalten. Brühe durch ein Sieb gießen, wenn nötig entfetten.
Fett **erhitzen**, Mehl zugeben und unter ständigem Rühren kräftig **bräunen**. Mit Brühe unter Rühren ablöschen und **aufkochen**. Fleisch einlegen und 10 Minuten in der **Nachwärme** erwärmen.
Mit Wein, Salz und Zucker abschmecken.

Haferschleim

S

50 g	**Haferflocken**
1 l	**Wasser**
1 Prise	**Salz**

Haferflocken mit Wasser und Salz **ankochen**, 10–15 Minuten **fortkochen** und 10 Minuten in der **Nachwärme** quellen lassen.
Passieren und abschmecken.

Tipp:
- Bei Verwendung von Schmelzflocken die Herstellerangabe beachten.
- Um den Haferschleim schmackhafter zu machen: Etwas Butter unterrühren, mit einem Eigelb legieren oder Gemüse- oder Fruchtsaft zugeben.

Grünkernmehlsuppe

S D

40 g	**Fett**
40 g	**Grünkernmehl**
1 l	**Flüssigkeit**
	Wasser oder Brühe
	Salz
1	**Eigelb**
2–3 EL	**Milch** oder saure Sahne
1 TL	**Butter**

Fett **erhitzen**, Grünkernmehl zugeben und unter ständigem Rühren **andünsten**. Mit Flüssigkeit unter Rühren ablöschen, **aufkochen** und 5–10 Minuten in der **Nachwärme** quellen lassen. Mit Salz abschmecken.
Eigelb mit Milch verrühren und in die nicht mehr kochende Suppe rühren. Mit Butter verfeinern.

Möhren-Orangencremesuppe mit Ingwer

S D

500 g	**Möhren**
1	**Zwiebel**
1 Stück	**Ingwerwurzel,** walnussgroß
40 g	**Fett** zum Braten
1	**getrocknete Chilischote**
800 ml	**Gemüsebrühe**
100 ml	**Orangensaft**
50 g	**Crème fraîche**
	Salz · weißer Pfeffer
	Zucker nach Geschmack
1 Bd	**Dill** oder Koriander

Möhren schälen, waschen und in grobe Würfel schneiden. Zwiebel und Ingwer schälen und in feine Würfel schneiden.

Fett **erhitzen**, Möhren, Zwiebel und Ingwer **andünsten**. Zerstoßene Chilischote zufügen. Mit Brühe ablöschen, **aufkochen**, 10 Minuten **fortkochen** und 10 Minuten in der **Nachwärme** fertig garen.

Suppe pürieren, Orangensaft und Crème fraîche einrühren, mit Salz, Pfeffer und Zucker würzen. Mit zerkleinertem Dill bestreuen.

Gazpacho

■ ■

1	**Salatgurke**
1	**rote Paprikaschote**
1	**grüne Paprikaschote**
250 g	**Fleischtomaten**
100 g	**Zwiebeln**
2	**Knoblauchzehen**
2	**Toastbrotscheiben**
¾ l	**Gemüsebrühe**
4 EL	**Olivenöl**
1 EL	**Zitronensaft**
1 TL	**Paprika edelsüß**
	Salz · Pfeffer

Suppeneinlage:

2 EL	**Olivenöl**
2	**Toastbrotscheiben**
50 g	**rote Paprikaschote**
50 g	**grüne Paprikaschote**
2	**Tomaten**
50 g	**Salatgurke**
1	**Zwiebel**
1	**hart gekochtes Ei**

Gurke schälen. Paprikaschoten halbieren, Kerne entfernen, Paprika und Tomaten waschen. Zwiebeln und Knoblauchzehen schälen, Toastbrot entrinden. Zutaten in Stücke schneiden und pürieren.

Gemüsebrühe, Olivenöl, Zitronensaft und Gewürze zufügen und abschmecken.

Suppe im Kühlschrank durchkühlen lassen.

Für die Suppeneinlage Olivenöl **erhitzen**, Toastbrot in Würfel schneiden und **rösten**.

Bei der Paprika Kerne entfernen, mit Tomaten waschen, Gurke schälen, Zwiebel schälen. Alles mit Ei in sehr kleine Würfel schneiden und mit Brotwürfeln über die Suppe streuen oder in Schälchen getrennt dazu servieren.

D

Zubereitung empfohlen im
Dampf-Gargerät
Das Gericht wird besonders nährstoffschonend zubereitet.

Gemüsesupse

D

750 g	**Gemüse** Möhren, Kohlrabi, Blumenkohl, Erbsen, Lauch
2	**Tomaten**
50 g	**Fett**
100 g	**Grieß** oder Reis oder Nudeln
2 l	**heißes Wasser** oder Brühe
	Salz
	Petersilie · Schnittlauch · Dill

Gemüse putzen, waschen, zerkleinern. Tomaten überbrühen, abschrecken, abziehen und in Viertel schneiden.
Fett **erhitzen**, Gemüse und Tomaten darin **andünsten**. Grieß zugeben. Mit heißem Wasser auffüllen, Salz zugeben, **ankochen**, 15–25 Minuten **fortkochen** und 10 Minuten in der **Nachwärme** fertiggaren.
Suppe abschmecken und mit zerkleinerten Kräutern bestreuen.

Linsensuppe

■ ■ D

250 g	**Linsen**
1½ l	**Wasser**
1	**Suppengrün**
500 g	**geräucherte Rippchen** oder Eisbein
	Salz
200 g	**geschälte Kartoffeln**
	Pfeffer · Petersilie

Linsen am Abend vor der Zubereitung im Wasser einweichen.
Suppengrün putzen, waschen und zerkleinern. Fleisch waschen.
Linsen im Einweichwasser mit Suppengrün, Fleisch und Salz **ankochen**, 20–30 Minuten **fortkochen**.
Kartoffeln in Stücke schneiden, zugeben. 10–15 Minuten **fortkochen** und 10 Minuten in der **Nachwärme** fertig garen.
Mit Gewürzen abschmecken. Fleisch im Ganzen reichen oder klein geschnitten als Einlage in die Suppe geben.

Veränderung:
Weiße Bohnensuppe: Statt Linsen können auch weiße Bohnen verwendet werden. Die Fortkochdauer beträgt 90 Minuten.

Tipp:
- Soll die Suppe sämig werden, einen Teil der Kartoffeln zerdrücken.
- Mit geräucherten Mettwürsten zubereiten.
- Spätzle dazureichen.

Petersburger Tomatensuppe

■ ■

300 g	**Champignons**
2	**Zwiebeln**
1–2	**Knoblauchzehen**
100 g	**durchwachsener Speck** in Streifen
60 g	**Fett**
1 EL	**Tomatenmark**
½ l	**Tomatensaft**
⅛ l	**Brühe**
⅛ l	**Weißwein**
1 TL	**Paprika**
1 TL	**Zucker**
½ TL	**Salz**
1 Msp	**Thymian**
1 Msp	**Rosmarin · Pfeffer**
500 g	**Tomaten**
2	**Eigelb**
¼ l	**saure Sahne**
	Wodka

Pilze putzen, waschen, feinblättrig schneiden. Zwiebeln schälen und in Würfel schneiden. Knoblauch schälen und zerdrücken. Speck **auslassen**, Fett zugeben und Zwiebeln darin **andünsten**. Pilze, Knoblauch und Tomatenmark zugeben und 5 Minuten **andünsten**. Mit den Flüssigkeiten auffüllen, Gewürze zugeben, **ankochen** und 10 Minuten **fortkochen**. Tomaten überbrühen, abschrecken, abziehen, ent-

kernen, in Würfel schneiden, in die Suppe geben und in der **Nachwärme** fertig garen. Eigelb und Sahne verrühren und in die nicht mehr kochende Suppe rühren.
Mit Wodka abschmecken.

Borschtsch

■ ■ D

1	**Suppengrün**
500 g	**Rindfleisch**
	Salz
5	**Pfefferkörner**
1½ l	**Flüssigkeit**
	Wasser oder Brühe
1	**Zwiebel**
250 g	**Möhren**
250 g	**Rote Rüben**
250 g	**Kartoffeln**
375 g	**Weißkohl**
250 g	**Tomaten**
30 g	**Fett**
	Salz · Pfeffer · Essig
200 g	**saure Sahne**
	Petersilie

Suppengrün putzen, waschen und zerkleinern. Fleisch waschen.
Beides mit Salz, Pfeffer und Flüssigkeit **ankochen**, etwa 90 Minuten **fortkochen** und 10 Minuten in der **Nachwärme** fertig garen. Fleisch herausnehmen, Brühe durch ein Sieb gießen.
Zwiebel schälen und in Würfel schneiden. Möhren, Rote Rüben und Kartoffeln schälen, waschen und in feine Streifen schneiden. Weißkohl waschen, Strunk entfernen und fein schneiden. Tomaten überbrühen, abschrecken, abziehen und kleinschneiden.
Fett **erhitzen**, Gemüse darin **andünsten**. Brühe zugießen und 30 Minuten **fortkochen**. Fleisch klein schneiden, dazugeben und mit Salz, Pfeffer und Essig abschmecken.
Mit Sahne verfeinern und mit zerkleinerter Petersilie bestreuen.

Ungarische Gulaschsuppe

■ ■

250 g	**Rindfleisch**
250 g	**Zwiebeln**
2–3	**Tomaten**
1–2	**Knoblauchzehen**
75 g	**Schmalz** oder Speck
2 EL	**Tomatenmark**
1 EL	**Paprika**
1 TL	**Kümmel**
1 TL	**Majoran**
	Salz · Pfeffer
1½ l	**Flüssigkeit**
	Brühe oder Wasser
2–3	**geschälte Kartoffeln**
	Rotwein

Fleisch waschen, abtrocknen und in Würfel schneiden. Zwiebeln schälen und in Würfel schneiden. Tomaten überbrühen, abschrecken, abziehen und in Scheiben schneiden. Knoblauch schälen und zerdrücken.
Schmalz **erhitzen**, Fleisch darin **bräunen**. Zwiebeln zugeben und **andünsten**. Tomaten, Knoblauch, Tomatenmark, Gewürze und Salz und Pfeffer zufügen. Flüssigkeit zugießen, **aufkochen** und 1¼ Stunden **fortkochen**.
Kartoffeln fein schneiden, in die Suppe geben, 15 Minuten **fortkochen** und 10 Minuten in der **Nachwärme** fertig garen.
Mit Rotwein abschmecken.

D Zubereitung empfohlen im **Dampf-Gargerät** Das Gericht wird besonders nährstoffschonend zubereitet.

Würzkombinationen

Suppengrün und Bouquet garni

Suppengrün besteht aus gleich großen Stücken Lauch, Sellerie, Möhren und Petersilienwurzel. Es wird fertig zusammengestellt als Bund im Handel angeboten.
1 Bund (200–250 g) reicht z.B. für 1–2 l Brühe.

Bouquet garni besteht aus 1 Suppengrün, 1 Thymianzweig, 1 Knoblauchzehe, 1 Lorbeerblatt.
Das Gemüse wird mit den Gewürzen zusammengelegt und mit Bindegarn verschnürt im Bund verkauft.
Es wird verwendet für Suppen und Soßenfonds.

Gewürzzwiebel

1 geschälte Zwiebel an einer Stelle quer etwa 2 cm tief einschneiden. 1 Lorbeerblatt in die Ritze klemmen. 3 Nelken mit dem Stielende in die Zwiebel bohren.
Eine gute Würzkombination für Marinaden, Soßen und Suppen.

Gewürzdosis

1 kleines Lorbeerblatt, 3 Pfefferkörner, 4 Gewürzkörner (Pimentkörner).
Eine ideale Würzkombination für Suppen, Soßen, Fisch- und Fleischgerichte.

Bouillabaisse

D

750 g	**festfleischige Fische** Seeaal, Kabeljau, Steinbutt, Heilbutt, Seezunge
750 g	**weichfleischige Fische** Schellfisch, Weißfisch, Merlan
500 g	**Miesmuscheln**
3–4	**Zwiebeln**
500 g	**Tomaten**
3	**Knoblauchzehen**
½ TL	**Thymian**
½ TL	**Fenchel**
2	**Lorbeerblätter**
4 EL	**Öl**
	Wasser
	Salz · Pfeffer
1 Msp	**Safran**

Fisch säubern, häuten, entgräten und in große Stücke schneiden. Muscheln waschen und die anhängenden Fasern entfernen.
Zwiebeln schälen und in Scheiben schneiden. Tomaten überbrühen, abschrecken, abziehen und in Viertel schneiden.
Zwiebeln, Tomaten, zerkleinerten Knoblauch, Gewürze, Öl, festfleischige Fische und Muscheln in den Kochtopf geben. Mit Wasser auffüllen, bis die Zutaten bedeckt sind, **ankochen** und 5 Minuten **fortkochen**.
Weichfleischige Fische zugeben, **aufkochen**, 5 Minuten **fortkochen** und 5 Minuten in der **Nachwärme** fertig garen. Suppe mit Salz und Gewürzen abschmecken und sofort servieren. Dazu geröstete und mit halbierten Knoblauchzehen eingeriebene Weißbrotscheiben reichen.

Grünkohleintopf

■■ D

1¼ kg	**Grünkohl**
375 g	**Kartoffeln**
1–2	**Zwiebeln**
30 g	**Schweineschmalz**
375 g	**geräucherte Kochwurst**
	Nelken · Salz
50 g	**Haferflocken**
½ l	**Flüssigkeit** Gemüsebrühe oder Wasser
1 Msp	**Zimt oder Piment**
1 TL	**Zucker**
1 TL	**Senf**

Grünkohl abstreifen, mehrmals waschen. In zwei Portionen tropfnass im Kochtopf **erhitzen**, aber nicht kochen lassen. Kohl grob oder fein zerkleinern.
Kartoffeln schälen, waschen und in Würfel schneiden. Zwiebeln schälen und in Würfel schneiden.
Schmalz auf den Kochtopfboden geben und abwechselnd Kartoffeln, Kochwurst und Kohl einschichten. Zwiebeln, Nelken, Salz und Haferflocken zugeben, Flüssigkeit angießen, **ankochen**, 60–70 Minuten **fortkochen** und 5–10 Minuten in der **Nachwärme** fertig garen. Mit Zimt, Zucker und Senf abschmecken.

Tipp:

- Bei Verwendung von gefrorenem Grünkohl entfällt die Vorbereitung, und die Gardauer verringert sich.
- Kochwurst mit einem Hölzchen mehrmals einstechen, damit das Fett ausläuft.
- Statt Wurst Kasseler Rippchen verwenden.
- Statt Schweineschmalz Gänseschmalz verwenden.

Strom-Spar-Tipp
Bei Gerichten mit langer Gardauer Schnellkochtopf oder Dampf-Druckgargerät einsetzen

Pichelsteiner

D

500 g	**Schweinefleisch** oder Lammfleisch
250 g	**Möhren**
250 g	**Sellerie**
500 g	**Kartoffeln**
1	**Petersilienwurzel**
250 g	**Lauch**
250 g	**grüne Bohnen**
	Salz · Pfeffer
¼ l	**Flüssigkeit** Wasser oder Brühe
	Petersilie
	Basilikum nach Belieben

Fleisch waschen und in Würfel schneiden. Möhren, Sellerie, Kartoffeln und Petersilienwurzel schälen, waschen und in Stücke schneiden. Lauch putzen, waschen und in Ringe schneiden. Bohnen abfädeln, waschen und in Stücke brechen.
Fleisch auf dem Kochtopfboden verteilen. Gemüse und Kartoffeln zugeben, Salz und Pfeffer überstreuen, Flüssigkeit angießen, **ankochen**, 35–45 Minuten **fortkochen** und 5–10 Minuten in der **Nachwärme** fertig garen. Abschmecken und mit zerkleinerten Kräutern bestreuen.

Laucheintopf

S D

4	**Mettwürstchen** oder Rauchenden
1 kg	**Lauch**
500 g	**Kartoffeln**
	Salz · Pfeffer
¼ l	**Brühe**

Mettwürstchen waschen, in Scheiben schneiden und auf dem Kochtopfboden verteilen.
Lauch putzen, waschen und in Ringe schneiden. Kartoffeln schälen, waschen, in Scheiben schneiden, beides auf die Mettwürstchen geben.
Salz und Pfeffer überstreuen, Brühe angießen, **ankochen**, 10 Minuten **fortkochen**, 5–10 Minuten in der **Nachwärme** fertig garen und abschmecken.

Veränderung:
Holländischer Eintopf: Statt Lauch 500 g Möhren und 500 g Zwiebeln in Scheiben verwenden. Die Fortkochdauer verlängert sich um 10 Minuten. Mit 1 Bd zerkleinerter Petersilie bestreuen.

Nudeleintopf

250 g	**Zwiebeln**
30 g	**Fett**
375 g	**Hackfleisch** halb und halb
1 Dose	**Tomatenmark** etwa 70 g
	Salz · Paprika
1 l	**Flüssigkeit** Wasser oder Brühe
250 g	**Nudeln**
	Petersilie · Schnittlauch

Zwiebeln schälen, in feine Würfel schneiden. Fett **erhitzen**, Hackfleisch darin **anbraten**, Zwiebeln zufügen und darin **andünsten**. Tomatenmark zufügen, Salz und Paprika überstreuen, Flüssigkeit angießen. Nudeln einstreuen, **ankochen** und 15–20 Minuten in der **Nachwärme** fertig garen.
Abschmecken und mit zerkleinerten Kräutern bestreuen.

Tipp:
- Statt Hackfleisch 250 g durchwachsenen Speck oder 300 g Fleischwurst verwenden.
- 1 Paprikaschote, 1 Zucchini und 250 g Champignons zerkleinern und mit den Zwiebeln andünsten.

Zwiebelsuppe

■ ■

500 g	**Zwiebeln**
30 g	**Fett**
1 l	**Fleischbrühe**
	Salz · Zucker · Pfeffer
	Paprika · Weißwein
4–6	**Weißbrotscheiben**
100 g	**geriebener Käse**

Zwiebeln schälen und in feine, gleichmäßige Scheiben schneiden.
Fett **erhitzen**, Zwiebeln darin **andünsten**. Mit Brühe ablöschen, **aufkochen**, 10 Minuten **fortkochen** und 10 Minuten in der **Nachwärme** fertig garen. Mit Salz, Zucker, Pfeffer und Paprika abschmecken. Mit Weißwein verfeinern.
Zwiebelsuppe entweder in eine Auflaufform, einen Steinguttopf oder Suppentassen füllen. Weißbrotscheiben dick mit Käse bestreuen und auf die Suppe legen. Sofort unter dem Grill etwa 3 Minuten oder im vorgeheizten Backofen bei 250 °C etwa 10 Minuten überbacken.

Lamm-Gemüse-Topf

D

500 g	**Lammfleisch**
625 g	**Weißkohl**
125 g	**Lauch**
125 g	**Sellerie**
500–750 g	**Kartoffeln**
250 g	**Tomaten**
	oder 1 EL Tomatenmark
1	**Zwiebel**
1	**Lorbeerblatt**
	Salz · Pfeffer
¼–⅜ l	**Flüssigkeit**
	Wasser oder Brühe
	Petersilie

Fleisch waschen und in Würfel schneiden.
Weißkohl und Lauch putzen und waschen. Sellerie und Kartoffeln schälen und waschen. Tomaten überbrühen, abschrecken, abziehen. Zwiebel schälen, Zwiebel, Gemüse und Kartoffeln klein schneiden.
Die Hälfte des Fleisches auf dem Kochtopfboden verteilen, abwechselnd Gemüse, Kartoffeln, Zwiebel, Lorbeerblatt und restliches Fleisch darüber verteilen.
Salz und Pfeffer überstreuen und Flüssigkeit angießen, **ankochen**, 40–50 Minuten **fortkochen** und 5–10 Minuten in der **Nachwärme** fertig garen.
Abschmecken und mit zerkleinerter Petersilie bestreuen.

Veränderung:
Irish Stew: 1 kg Weißkohl statt Sellerie, Lauch und Tomaten verwenden und ½–1 TL Kümmel zufügen.
Lammfleisch mit grünen Bohnen: Statt Weißkohl, Lauch und Sellerie 750 g grüne Bohnen verwenden.

Linsen-Chili

■ ■ D

30 g	**Fett**
500 g	**Hackfleisch**
500 g	**Zwiebeln**
3 EL	**Tomatenmark**
1 Dose	**Tomaten**
	Abtropfgewicht etwa 425 g
200 g	**Linsen**
2 EL	**Chilisoße**
	Pfeffer · Chilipulver
¼ l	**Flüssigkeit**
	Wasser oder Brühe
	Salz · Rotwein

Fett **erhitzen**, Fleisch darin **anbraten**. Zwiebeln schälen, in feine Würfel schneiden, zugeben und darin **andünsten**.
Tomatenmark, Tomaten, Linsen, Chilisoße, Pfeffer und Chilipulver dazugeben, Flüssigkeit angießen, **ankochen**, 25 Minuten **fortkochen** und 5–10 Minuten in der **Nachwärme** fertig garen.
Linsen-Chili mit Salz und Rotwein abschmecken.

Scharfer Bohnentopf

■ ■ D

500 g	**Kidneybohnen**
1½ l	**Wasser**
500 g	**Rinderbrust**
7 EL	**Öl**
200 g	**Zwiebeln**
2	**Knoblauchzehen**
150 g	**Möhren**
2	**Chilischoten**
500 g	**grüne Bohnen**
1 TL	**Salz**
2 TL	**Paprika,** edelsüß
½ TL	**Thymian**
¼ l	**Gemüsebrühe**

Bohnen am Vorabend im Wasser einweichen. Mit dem Einweichwasser **ankochen**, 50 Minuten **fortkochen** und 5–10 Minuten in der **Nachwärme** fertig garen.
Fleisch in Würfel schneiden, Öl **erhitzen**, Fleisch darin **anbraten**.
Zwiebeln schälen und in Würfel schneiden. Knoblauchzehe schälen und durchpressen, Möhren schälen, waschen und in Würfel schneiden. Chilischoten hacken, Bohnen abfädeln, waschen und in Stücke brechen, alles zum Fleisch geben und **andünsten**.
Mit Salz, Paprika und Thymian bestreuen, Brühe angießen, **ankochen**, 40 Minuten **fortkochen**, Kidneybohnen dazugeben und 5–10 Minuten in der **Nachwärme** fertig garen.

Wirsingeintopf mit Fleischklößchen

D

1	**Brötchen**
1	**Zwiebel**
375 g	**Hackfleisch** halb und halb
1	**Ei**
	Salz · Paprika
1 kg	**Wirsing**
500–750 g	**Kartoffeln**
	Salz
¼–⅜ l	**Wasser**
30 g	**Butter** oder Margarine
	Salz · Pfeffer

Brötchen in Wasser einweichen und ausdrücken. Zwiebel schälen und in feine Würfel schneiden.
Beides zum Hackfleisch geben und mit Ei, Salz und Paprika zu einem glatten Teig verarbeiten. Gleichmäßig große Klößchen formen.
Wirsing putzen, waschen und klein schneiden. Kartoffeln schälen, waschen und in Würfel schneiden.
Gemüse und Kartoffeln in den Kochtopf geben, Salz überstreuen, Wasser angießen, Butter in Flöckchen darauf verteilen, Fleischklößchen obenauflegen, **ankochen**, 25–30 Minuten **fortkochen** und 5–10 Minuten in der **Nachwärme** fertig garen.
Mit Salz und Pfeffer abschmecken.

D Zubereitung empfohlen im
Dampf-Gargerät
Das Gericht wird besonders nährstoffschonend zubereitet.

Kartoffelsuppe

■ ■ D

1	**Suppengrün**
1	**Zwiebel**
50 g	**Speck** oder Öl oder Schweineschmalz
1¼ kg	**geschälte Kartoffeln**
	Salz
1	**Gewürzdosis**
1½ l	**Flüssigkeit** Wasser oder Brühe
	Petersilie · Schnittlauch

Suppengrün putzen, waschen, zerkleinern. Zwiebel schälen, Zwiebel und Speck in Würfel, Kartoffeln in Stücke schneiden.
Speck **auslassen**, Zwiebel darin **andünsten**. Suppengrün, Kartoffeln, Salz, Gewürzdosis und Flüssigkeit zugeben, **ankochen**, 20 Minuten **fortkochen** und 10 Minuten in der **Nachwärme** fertig garen. Kartoffeln zerstampfen oder pürieren, mit der Flüssigkeit wieder in den Kochtopf geben, **aufkochen** und abschmecken.
Mit reichlich zerkleinerten Kräutern bestreuen.
Suppeneinlagen: Brüh- oder Kochwurst; Weißbrotwürfel, in Butter geröstet; Reste von Schinken und ausgelassenem Speck.

Erbsensuppe

■ ■ D

500 g	**ungeschälte Erbsen**
2 l	**Wasser** oder Brühe
1	**Suppengrün**
500 g	**Schweinefleisch** Rippchen, Bauch oder Eisbein
	Salz
250 g	**geschälte Kartoffeln**
	Basilikum · Majoran

Erbsen am Abend vor der Zubereitung im Wasser einweichen.
Suppengrün putzen, waschen, zerkleinern. Fleisch waschen. Erbsen im Einweichwasser mit Suppengrün, Fleisch und Salz **ankochen**, 50–60 Minuten **fortkochen**.
Kartoffeln in Stücke schneiden, zugeben, 10–15 Minuten **fortkochen** und 10 Minuten in der **Nachwärme** fertig garen.
Mit Gewürzen abschmecken. Fleisch im Ganzen reichen oder klein geschnitten als Einlage in die Suppe geben.

Tipp:
- Geschälte Erbsen verwenden, dann entfällt das Einweichen.
- Suppe passieren, dazu Fleischeinlage vorher herausnehmen und nach dem Passieren wieder in die Suppe geben.
- Mit geräucherten Mettwürsten zubereiten.
- Mit gerösteten Brotwürfeln anrichten.

Labskaus

■ ■ D

1	**große Zwiebel**
400 g	**Corned beef**
1 kg	**Kartoffeln**
50 g	**Fett**
¼ l	**Wasser**
	Salz
6	**Gewürzkörner**
1	**Lorbeerblatt**
2	**Gewürzgurken**
	Zucker · Essig · Senf
2	**Matjesfilets**
	Rote-Rüben-Salat
4	**Spiegeleier**

Zwiebel schälen und in feine Würfel, Corned beef in große Würfel schneiden.
Kartoffeln schälen, waschen und in Würfel schneiden.
Fett **erhitzen**, Zwiebel und Corned beef darin **bräunen**. Wasser, Kartoffeln, Salz und Gewürze zugeben, **ankochen**, 15 Minuten **fortkochen** und 5–10 Minuten in der **Nachwärme** fertig garen. Alles zerstampfen.
Gurken in Würfel schneiden und unterheben. Mit Zucker, Essig und Senf abschmecken und bergartig anrichten.

Matjesfilets in Streifen schneiden und darüberlegen. Labskaus mit Rote Rüben-Salat, Rezept Seite 157, und Spiegeleiern reichen.

Tipp:

Fett erhitzen, Corned beef und Zwiebeln darin anbräunen. ⅛ l Wasser mit Gewürzen dazugeben und 10 Minuten fortkochen. Dann anstatt Kartoffeln 1 Paket Kartoffelpüreepulver – 4 Portionen – nach Vorschrift bereiten und daruntermischen.

Französischer Fischertopf

D

250 g	**Lauch**
250 g	**Zwiebeln**
30 g	**Fett** zum Braten
250 g	**Möhren**
500 g	**Kartoffeln**
	Salz · Pfeffer
	Zwiebelsalz
	Knoblauchpulver
¾ l	**Brühe**
1 kg	**Fischfilet**

Lauch putzen, waschen, Zwiebeln schälen, alles in Scheiben schneiden.
Fett **erhitzen**, Lauch und Zwiebeln darin **andünsten**.
Möhren und Kartoffeln schälen, waschen, in Scheiben schneiden und hinzufügen. Salz, Pfeffer, Zwiebelsalz und Knoblauchpulver überstreuen, Brühe angießen, **ankochen** und 10 Minuten **fortkochen**.
Fisch waschen und in Würfel schneiden. Zu den übrigen Zutaten geben, **aufkochen**, 10 Minuten in der **Nachwärme** fertig garen und abschmecken.

Pikanter Hähncheneintopf

D

500 g	**Hähnchenbrustfilet**
30 g	**Fett** zum Braten
1	**rote Paprikaschote**
1	**grüne Paprikaschote**
500 g	**Kartoffeln**
2	**Äpfel**
2 TL	**Salz**
1 TL	**Curry**
	Zucker · Pfeffer
⅛ l	**Brühe**
¼ l	**Weißwein**
1 Dose	**weiße Bohnen in Tomatensoße** Füllmenge ca. 800 g
2 Bd	**Schnittlauch**

Fleisch waschen, abtrocknen und in Streifen schneiden.
Fett **erhitzen**, Fleisch darin **anbraten**. Paprikaschoten halbieren, Kerne entfernen, Paprika waschen, in Streifen schneiden. Kartoffeln schälen, waschen, in Scheiben schneiden. Äpfel waschen, schälen, Kerngehäuse entfernen und in Scheiben schneiden. Paprikaschoten, Kartoffeln und Äpfel zum Fleisch geben. Salz, Curry, Zucker und Pfeffer zufügen und Brühe und Weißwein angießen. **Ankochen**, 15 Minuten **fortkochen**, die weißen Bohnen dazugeben und 5–10 Minuten in der **Nachwärme** fertig garen.
Abschmecken und mit zerkleinertem Schnittlauch bestreuen.

D Zubereitung empfohlen im **Dampf-Gargerät**
Das Gericht wird besonders nährstoffschonend zubereitet.

Grünkerneintopf

D

75 g	**Grünkern**
¾ l	**Gemüsebrühe**
1 Bund	**Frühlingszwiebeln**
2	**Kohlrabi**
50 g	**Zuckererbsenschoten**
20 g	**Butter**
1	**Möhre**
3 EL	**saure Sahne**
	Meersalz · Pfeffer · Muskat · Petersilie

Grünkern mittelfein mahlen, mit Gemüsebrühe **ankochen** und 10 Minuten **fortkochen**.
Frühlingszwiebeln putzen, waschen und in Ringe schneiden. Kohlrabi schälen, waschen und in Stifte schneiden. Zuckererbsenschoten abziehen und waschen.
Butter **erhitzen**, Zwiebeln und Kohlrabi darin **andünsten**.
Erbsen, Zwiebeln und Kohlrabi in die Brühe geben und 10 Minuten **fortkochen**.
Möhre schälen, waschen, fein raspeln und mit Sahne in die Suppe geben. Mit Salz, Pfeffer und Muskat abschmecken und mit zerkleinerter Petersilie bestreuen.

Reisfleisch

D

100 g	**durchwachsener Speck**
375 g	**Schweinefleisch**
250 g	**Zwiebeln**
2	**Knoblauchzehen**
250 g	**Möhren**
1	**rote Paprikaschote**
1	**grüne Paprikaschote**
250 g	**Tomaten**
250 g	**Langkornreis**
2 EL	**Tomatenmark**
1 EL	**Paprika** edelsüß
	Salz · Pfeffer
500 ml	**Brühe**
1 Bd	**Petersilie**

Speck in kleine Würfel schneiden, **auslassen**. Fleisch waschen, abtrocknen, in Würfel schneiden, zugeben und von allen Seiten **anbraten**. Zwiebeln schälen, in Scheiben schneiden, Knoblauchzehen schälen, in sehr feine Würfel schneiden, zugeben und **anbraten**.
Möhren schälen, in Scheiben schneiden. Paprikaschoten halbieren, Kerne entfernen, Paprika waschen und in Streifen schneiden. Tomaten überbrühen, abschrecken, abziehen, vierteln. Gemüse auf das Fleisch geben, Reis, Tomatenmark und Gewürze zugeben, mit Brühe auffüllen und **ankochen**. 10–15 Minuten **fortkochen** und 5–10 Minuten in der **Nachwärme** fertig garen.
Abschmecken und mit zerkleinerter Petersilie bestreuen.

Sauerkrautsuppe

D

50 g	**durchwachsener Speck**
250 g	**Hackfleisch**
1	**Zwiebel**
500 g	**Sauerkraut**
250 g	**Kartoffeln**
1	**Apfel**
1 ½ l	**Brühe**
1 EL	**Tomatenmark**
1 EL	**Paprika** edelsüß
1 TL	**Kümmel**
1 TL	**Majoran**
	Salz · Pfeffer
1 Bd	**Schnittlauch**

Speck in Würfel schneiden, **auslassen**, Hackfleisch zugeben und unter Rühren **anbraten**. Zwiebel schälen, in Würfel schneiden, mit Sauerkraut zufügen und **braten**.
Kartoffeln und Apfel waschen, schälen. Apfel halbieren, Kerngehäuse entfernen. Apfel und Kartoffeln in kleine Würfel schneiden, zufügen. Brühe angießen. Mit Tomatenmark, Paprika, Kümmel, Majoran, Salz und Pfeffer würzen. **Ankochen**, 15 Minuten **fortkochen** und 5–10 Minuten in der **Nachwärme** fertig garen.
Abschmecken und mit zerkleinertem Schnittlauch bestreuen.

Holundersuppe

S D

150 g	**abgestreifte Holunderbeeren**
½ l	**Wasser**
250 g	**geschälte Äpfel** oder entsteinte Pflaumen
½ l	**Wasser**
	Zitronenschale unbehandelt
1 Prise	**Salz**
20 g	**Speisestärke**
	Zucker · Zitronensaft

Holunderbeeren waschen, mit Wasser **ankochen**, 5 Minuten in der **Nachwärme** fertig garen und pürieren oder passieren. Äpfel in feine Scheiben schneiden oder Pflaumen halbieren. Mit Wasser, Zitronenschale und Salz **ankochen** und 10 Minuten **fortkochen**, Zitronenschale herausnehmen.
Speisestärke mit etwas Wasser verquirlen, einrühren und ½ Minute in der **Nachwärme** fertig garen.
Mit dem Holunderbrei vermischen, mit Zucker und Zitronensaft abschmecken.
Die Suppe schmeckt warm und kalt.
Suppeneinlagen: Suppenmakronen Seite 449, Schnee- oder Grießklößchen Seite 122/123.

Beerenfrüchte-Suppe

S D

500 g	**Heidelbeeren** oder Preisel- oder Stachelbeeren
1 l	**Wasser**
	Zitronenschale unbehandelt oder ½ Zimtstange
	Zucker nach Geschmack
1 Prise	**Salz**
30 g	**Speisestärke** oder 40 g Grieß oder Sago

Heidel- oder Preiselbeeren verlesen, von Stachelbeeren Stiel und Blüte entfernen, waschen. Mit Wasser, Zitronenschale, Zucker und Salz **ankochen** und 10–15 Minuten **fortkochen**. Zitronenschale herausnehmen.
Speisestärke mit etwas Wasser verquirlen, einrühren, ½ Minute in der **Nachwärme** fertig garen und abschmecken.
Die Suppe schmeckt warm oder kalt.
Suppeneinlagen: Suppenmakronen Seite 449, Schnee- oder Grießklößchen, Seite 122/123.

Tipp:

- Grieß und Sago in die kochende Suppe streuen. Grieß 10 Minuten in der Nachwärme quellen lassen. Sago 15–20 Minuten auf niedriger Einstellung quellen lassen.
- Obst nicht mitkochen, sondern roh pürieren und in die mit Speisestärke gebundene Flüssigkeit rühren; nicht mehr aufkochen.

Veränderung:

Obstsuppe: Statt Heidelbeeren 500 g Kirschen, Äpfel oder Pflaumen verwenden.

Weinsuppe mit Schneeklößchen

S

½ l	**Weißwein** oder Apfelwein
½ l	**Wasser**
	abgeriebene Zitronenschale
	Zucker nach Geschmack
1 Prise	**Salz**
30 g	**Speisestärke**
	Zitronensaft
Schneeklößchen:	
1–2	**Eiweiß**
1–2 EL	**Zucker**

Wein, Wasser, Zitronenschale, Zucker und Salz **ankochen**.
Speisestärke mit etwas Wasser verquirlen, einrühren und ½ Minute in der **Nachwärme** fertig garen. Mit Zitronensaft abschmecken.
Für die Schneeklößchen Eiweiß steif schlagen, Zucker einrieseln lassen. Mit einem Teelöffel Klößchen abstechen und auf die heiße Suppe geben. Im geschlossenen Kochtopf 5–10 Minuten in der **Nachwärme** fertig garen.
Die Suppe schmeckt warm und kalt.

Himbeer-Kefir-Kaltschale

S

600 g	**Himbeeren**
500 ml	**Kefir**
400 g	**Joghurt**
75 g	**Puderzucker**
	Zitronenschale unbehandelt
1–2 EL	**Zitronensaft**
	Minzeblätter

Himbeeren pürieren und durch ein Sieb streichen, bis auf einige Früchte, die zum Garnieren zurückgelegt werden.
Kefir mit Joghurt verrühren, pürierte Himbeeren zugeben. Suppe mit Puderzucker, abgeriebener Zitronenschale und Zitronensaft abschmecken und kalt stellen.
Zum Servieren mit beiseite gelegten Himbeeren und Minzeblättern garnieren.

Tipp:
Statt frischer Früchte tiefgekühlte Früchte verwenden.

Haferflockensuppe

S

50 g	**Haferflocken**
1 l	**Milch**
1 Prise	**Salz**
	Zucker
	abgeriebene Zitronenschale

Haferflocken mit Milch und Salz **ankochen**. Ab und zu umrühren, kurz vor dem Kochen ausschalten und 3–5 Minuten in der **Nachwärme** quellen lassen. Dabei anfangs den Deckel etwas zur Seite schieben, da die Suppe leicht hochsteigt. Mit Zucker und Zitronenschale abschmecken.
Mit Fruchtsaft oder Kompott servieren.

D Zubereitung empfohlen im **Dampf-Gargerät** Das Gericht wird besonders nährstoffschonend zubereitet.

Vanillesuppe

S

½	**Vanilleschote** oder 1 Vanillinzucker
1 l	**Milch**
	Zucker nach Geschmack
1 Prise	**Salz**
25 g	**Speisestärke**
1–2	**Eigelb**

Vanilleschote längs halbieren und Mark herausschaben.
Milch – etwas zum Anrühren der Speisestärke zurücklassen –, Vanillemark, Zucker und Salz **ankochen**.
Speisestärke und Eigelb mit Milch verquirlen, einrühren, ½ Minute in der **Nachwärme** fertig garen und abschmecken.
Die Suppe schmeckt warm und kalt.
Suppeneinlagen: Schneeklößchen Seite 123, Suppenmakronen Seite 449, Röstflocken oder Schokoladenstreusel.

Veränderung:
Schokoladensuppe: Statt Vanille 30 g Kakao, 50 g Zucker, 1 Prise Salz und Milch verrühren.

Aprikosenkaltschale

D

750 g	**Aprikosen**
	Zitronensaft
	Zitronenschale unbehandelt
100 g	**Zucker**
125 ml	**heller Traubensaft** oder Weißwein oder Apfelsaft
375 ml	**Wasser**
30 g	**Speisestärke**

Aprikosen überbrühen, abschrecken, abziehen und entsteinen. Fruchtfleisch pürieren, mit Zitronensaft, einem Stück Zitronenschale, Zucker, Traubensaft und Wasser **ankochen**, 5–7 Minuten **fortkochen**. Zitronenschale herausnehmen. Speisestärke mit etwas Wasser verquirlen, einrühren, 1 Minute in der **Nachwärme** fertig garen. Die Suppe abschmecken und kühl stellen.

Eierflöckchen

S

1	**Ei**
2 EL	**Wasser**
	Salz
1 Prise	**Muskat**
30 g	**Mehl**

Ei mit Wasser, Salz, Muskat verquirlen und mit dem Mehl zu einem glatten Teig verrühren. Unter leichtem Rühren langsam in die schwach siedende Brühe einlaufen lassen.

Tipp:

- Die Menge reicht für 1¼ l Brühe.
- 1–2 Eier mit Salz und einer Messerspitze Speisestärke verquirlen und in dicken Tropfen in die schwach siedende Brühe geben.

Eierstich

S D

2	**Eier**
⅛ l	**Milch**
1 Prise	**Muskat**
	Salz

Zwei Tassen einfetten.
Zutaten verquirlen und einfüllen.
Im Wasserbad **ankochen** und 20–30 Minuten **stocken** lassen, bis die Masse fest ist.
Eimasse stürzen, in kleine Würfel schneiden und in die fertige Suppe geben.

Tipp:

- Zerkleinerte Kräuter oder in feine Würfel geschnittenen gekochten Schinken zugeben.

Suppeneinlagen für Brühsuppen: Käseklößchen (Rezept Seite 122), Leberreis (Rezept Seite 123) und Eierstich

Schwemmklößchen

S ■■

¼ l	**Milch**
	Salz
25 g	**Butter** oder Margarine
125 g	**Mehl**
2	**Eier**
1 Prise	**Muskat**

Milch, Salz und Butter **ankochen** und auf 0 schalten. Mehl auf einmal hineinschütten und so lange rühren, bis sich der Teig kloßartig zusammenballt und vom Topfboden löst.
Kochtopf von der Kochstelle nehmen, in die heiße Masse nacheinander Eier und Muskat rühren und abschmecken.
Mit einem in kaltes Wasser getauchten Teelöffel von der Masse kleine Klöße abstechen, eventuell mit einem zweiten Teelöffel nachformen. In die schwach siedende Suppe geben und 10 Minuten in der **Nachwärme** fertig garen.

Grießnockerl

S ■■

60 g	**Butter** oder Margarine
1	**Ei**
	Salz
65 g	**Grieß**

Zutaten verkneten, etwa 1 Stunde ruhen lassen und abschmecken.
Mit einem Teelöffel kleine Nockerl abstechen, in die schwach siedende Suppe geben und 10–15 Minuten in der **Nachwärme** garen.

Tipp:
Zerkleinerten Schnittlauch und Petersilie oder 1 Prise Muskat zufügen.

Grießklößchen

⅛ l	**Flüssigkeit**
	Wasser und Milch
1 EL	**Butter** oder Margarine
	Salz
1 TL	**Zucker**
65 g	**grober Grieß**
1	**Ei**
	Petersilie

Flüssigkeit, Butter, Salz und Zucker **ankochen** und auf 0 schalten. Grieß einstreuen und so lange rühren, bis sich die Masse kloßartig zusammenballt und vom Topfboden löst. Kochtopf von der Kochstelle nehmen. Masse etwas abkühlen lassen. Ei und zerkleinerte Petersilie untermengen und abschmecken.
Mit einem in kaltes Wasser getauchten Teelöffel kleine Klöße abstechen, eventuell mit einem zweiten Teelöffel nachformen. In die schwach siedende Suppe geben und 10 Minuten in der **Nachwärme** fertig garen.

Tipp:
Für Obstsuppen die Klößchen ohne Kräuter bereiten und in Salzwasser kochen, da sie sich sonst verfärben.

Käseklößchen

S ■■

60 g	**Butter** oder Margarine
100 g	**geriebener Käse**
1	**Ei**
60 g	**Mehl**
	Salz · Petersilie

Butter sahnig rühren, mit den übrigen Zutaten und zerkleinerter Petersilie zu einem glatten Teig verarbeiten und abschmecken.
Kleine Klöße formen, in die schwach siedende Suppe geben und 10 Minuten in der **Nachwärme** garen.
Käseklößchen eignen sich für Brüh-, Gemüse-, Tomaten- oder Fischsuppe.

Fleischklößchen

½	**Brötchen**
150 g	**Hackfleisch** halb und halb
1	**Zwiebel**
1 TL	**Fett**
1	**Ei**
	Salz · Pfeffer · Paprika
1 Prise	**Muskat**
1 Msp	**abgeriebene Zitronenschale**

Brötchen in Wasser einweichen, ausdrücken und mit Hackfleisch vermengen. Zwiebel schälen und in Würfel schneiden. Fett **erhitzen**, Zwiebel darin **andünsten**. Mit der Hackfleischmasse und den übrigen Zutaten vermengen und abschmecken. Kleine Klöße formen, in die schwach siedende Suppe geben und 5–6 Minuten in der **Nachwärme** garen.

Tipp:

- Diese Klößchen eignen sich auch als Einlage in Frikassee oder Ragout.
- Wenn es mal schnell gehen soll: Aus einer ungebrühten Bratwurst kleine Klöße herausdrücken und in der Suppe ziehen lassen.

Strom-Spar-Tipp
Kochgeschirr passend zur Kochstellengröße wählen

Leberreis

100 g	**Leber**
1	**kleine Zwiebel**
2 EL	**Fett**
	Salz · Majoran
3 EL	**Paniermehl**
1	**Ei**

Leber waschen, abtrocknen, enthäuten und pürieren.
Zwiebel schälen und in Würfel schneiden. Fett **erhitzen**, Zwiebel darin **andünsten**. Mit der Leber und den übrigen Zutaten vermengen und abschmecken. Die Masse durch ein Sieb mit großen Lochöffnungen in die schwach siedende Suppe drücken und 3–4 Minuten in der **Nachwärme** garen.
Die Einlage hat die Form von Reiskörnern und erhält dadurch ihren Namen.

Veränderung:

Leberklößchen: Masse mit 5 EL Paniermehl und 1 Eigelb bereiten.
Mit dem Teelöffel kleine Klößchen abstechen oder Bällchen formen. Wenn nötig, noch etwas Paniermehl zugeben. In die schwach siedende Suppe geben und 5–6 Minuten in der Nachwärme garen.

Schneeklößchen

2	**Eiweiß**
2 EL	**Zucker**
	einige Tropfen Zitronensaft
	Vanillinzucker oder Zimt oder Schokoladenraspel

Eiweiß steif schlagen. Zucker einrieseln lassen und Zitronensaft untermengen. Mit einem Teelöffel kleine Klöße abstechen und auf die nicht mehr kochende Suppe legen. Bei geschlossenem Topf 4–5 Minuten in der **Nachwärme** garen.
Mit Vanillinzucker bestreuen.

Soßen

Soßen werden stets in Verbindung mit anderen Speisen gereicht. Sie sollen den Geschmack eines Gerichtes ergänzen und betonen, aber nicht überdecken. Pikante Soßen dienen als Beigabe zu Fleisch, Geflügel, Fisch und Gemüse. Kalt gerührte Soßen, die pikant oder süß abgeschmeckt sein können, werden zu Fisch, Wild und Wildgeflügel gereicht. Auf der Basis von Milch, Quark oder Joghurt können sie das Eiweißdefizit, z.B. bei einem vitamin- und mineralstoffreichen Gemüsesalat, ausgleichen. Sie tragen so zur Vollwertigkeit der Gesamtmahlzeit bei. Soßen mit Käse, Fleisch, Fisch, Gemüse, Kräutern oder Eiern ergänzen und werten, bei geschickter Zusammenstellung, das Hauptgericht auf. Abgeschlagene Soßen können warm oder kalt serviert werden. Pikant abgeschmeckt werden sie zu gegrilltem Fleisch, gebratenen Fleischstücken, gegartem Fisch oder Gemüse serviert; süß dagegen zu Aufläufen, Pudding und warmen süßen Eierspeisen gereicht. Auch ein Dessert wird gern mit einer passenden Soße serviert. Süße Soßen werden warm zu Eis oder warm bzw. kalt zu Früchten, Flammeri, Auflauf, Pudding oder zu Klößen und warmen süßen Eierspeisen gereicht.

Ein bisschen Warenkunde

Pikante Soßen entstehen häufig auf der Grundlage einer hellen oder dunklen Mehlschwitze, auch Einbrenne oder Buttermehl genannt, oder dem Bratenfond. Sie werden mit Fleisch-, Fisch-, Knochen- oder Gemüsebrühe bzw. einem hellen oder dunklen Soßenfond bereitet. Ein Fond ist die konzentrierte Flüssigkeit, die beim Kochen, Dünsten, Schmoren oder Braten von Fleisch, Geflügel, Wild, Fisch oder Gemüse gewonnen wird. Bratenfond entsteht direkt bei der Zubereitung der Speise, Soßenfond kann extra zubereitet werden; siehe Rezepte Seite 129.
Pikante Soßen können durch die verschiedenen Zutaten wie Fleisch, Fisch, Gemüse, Kräuter und Gewürze verändert werden. Sie werden nach der Hauptzutat benannt.

Kalt gerührte Soßen haben als Basis meistens Mayonnaise. Durch Beigabe von saurer Sahne, leicht geschlagener süßer Sahne, Joghurt, Quark oder Milch werden sie in ihrer Beschaffenheit lockerer und bekömmlicher.

Abgeschlagene Soßen werden aus Brühe, Wein oder Milch hergestellt und haben eine lockere Beschaffenheit. Die Bindung erfolgt in erster Linie durch Eigelb und evtl. zusätzlich mit wenig Speisestärke. Die Zusammensetzung der Zutaten erfordert ein mildes Garen bei ständigem Abschlagen, siehe Seite 341.

Süße Soßen können aus verschiedenen Flüssigkeiten, z.B. Milch, Fruchtsaft oder Wein, zubereitet werden. Sie werden meistens mit Speisestärke gebunden.

Damit es leichter geht

Mixer, Schnellmixstab oder **Stabmixer** zur Herstellung von Mayonnaise und zum Pürieren von Soßen verwenden.
Auf der **Kochstelle** lassen sich mühelos abgeschlagene Soßen ohne Wasserbad zubereiten.
Rührwerkzeuge der Handküchenmaschine erleichtern das Abschlagen.
Im **Mikrowellengerät** zubereitete abgeschlagene Soßen brauchen nur ein- bis zweimal während der Gardauer umgerührt zu werden.
Schneid- oder **Raspelscheiben** der elektrischen Hand- und Standküchenmaschine oder der **Mixer** erleichtern das Zerkleinern von Gemüse.

Praktische Hinweise

Pikante Soßen

– Bratenfond herstellen:
  Nach dem Braten im Backofen: Den Bratenfond, d. h. den Bratensatz, der sich in der Fettpfanne oder dem Bräter gebildet hat, und alle Röststoffe mit etwas heißem Wasser und einer Bürste sorgfältig lösen. Fond aus der Fettpfanne in einen Kochtopf füllen oder den Bräter auf die Kochstelle setzen.
  Beim Schmoren: Fleisch und Gemüse wie Sellerie, Möhren, Zwiebeln, Tomaten sowie andere Beigaben, wie Brotrinden, in heißem Fett anbraten und mit heißer Flüssigkeit ablöschen, ergibt beim Schmoren eine kräftige Soße. Ein mehrmaliges Reduzieren, d. h. Einkochen der Flüssigkeit während des Schmorens, fördert die Bildung von Röststoffen.
  Nach dem Braten in der Pfanne: Die Röststoffe mit heißer Fleischbrühe oder Wasser ablöschen.

– Den Bratenfond bei Bedarf durch ein Sieb gießen und mitgegartes Gemüse passieren, mit Wasser, Brühe oder zusätzlichem Soßenfond, s. S. 129, auffüllen und aufkochen. Die Flüssigkeitsmenge nach der gewünschten Soßenmenge bemessen. Soße binden, siehe Seite 130. Der Wasserdampf muss nach dem Binden zwischen Topf und Deckel entweichen können, da die Soße sonst wieder dünn wird. Dazu Schneebesen oder Bratenwender zwischen Topf und Deckel klemmen.
– Sind bei der Herstellung der Soße Klümpchen entstanden, die Soße passieren, d.h. durch ein feines Sieb streichen oder mit dem Schnellmixstab pürieren.
– Nach der Zugabe von Eigelb, Sahne, Kräutern, Wein die Soße nicht mehr kochen lassen, da Aromaverluste eintreten, Kräuter grau werden und das Eigelb gerinnt.

Kalt gerührte Soßen

– Für die Zubereitung von Mayonnaise müssen alle Zutaten Zimmertemperatur haben, weil sie sonst gerinnt.
– Mayonnaise aus 1 Ei wird am schnellsten im Mixer oder mit dem Schnellmixstab hergestellt. Die Menge sollte nicht erhöht werden, weil durch die Form des Mixers und des Schnellmixstabes nur ¼ l Öl emulgiert werden kann. Größere Mengen von 2–4 Eiern werden mit den Rührwerkzeugen der Handküchenmaschine oder Standküchenmaschine gerührt.
– Werden Kräuter zugegeben, diese in 3–4 cm lange Stücke schneiden und zum Schluss kurz vor dem Ausschalten in den Mixer geben. Die Kräuter nicht zu lange im Mixer zerkleinern, weil sonst die Soße grün wird.

Abgeschlagene Soßen

– Soßen nicht in einem Aluminiumtopf abschlagen, da sie darin grau werden und sich ihr Geschmack nachteilig verändern kann.
– Das Abschlagen, siehe Seite 341, erfolgt direkt auf der Kochstelle (ohne Wasserbad).

Süße Soßen

– Für Soßen, die mit Speisestärke gebunden werden, siehe „Binden", Seite 130.

Verfeinern, garnieren, abrunden

– Süße oder saure Sahne, Crème fraîche, ein beliebiger Wein, Sherry, Cognac oder Butter runden den Geschmack ab.
– Alle pikanten Soßen werden mit einer Prise Zucker und alle süßen Soßen mit einer Prise Salz zur Abrundung abgeschmeckt.
– Mit Eigelb legieren, siehe Seite 142.

Wenn etwas übrig bleibt

– Mayonnaisensoßen mit Gemüse-, Reis- oder Nudelresten für einen Salat verwenden.
– Soßenreste sind zum Einfrieren geeignet. Die Lagerdauer ist allerdings kurz, denn die Bindefähigkeit der verwendeten Mehltypen ist unterschiedlich und kann nach drei Monaten nachlassen.

Wie viel darf es sein?

Art der Soße	zur Vorspeise pro Portion in ml	zum Hauptgericht pro Portion in ml	zur Nachspeise pro Portion in ml
Pikante Soße	—	100–125	—
Kalt gerührte Soße	50–100	50–100	—
Abgeschlagene Soße	50–100	100–125	50–125
Süße Soße	—	100–125	100–125

Helle Grundsoße ohne Mehlschwitze

S G

⅜ l	**Flüssigkeit**
	Brühe, Wasser oder Milch
20 g	**Speisestärke**
⅛ l	**Milch**
25 g	**Fett**
	Salz · Gewürze

Flüssigkeit **ankochen**, Speisestärke mit Milch verquirlen, einrühren und ½ Minute in der **Nachwärme** fertig garen.
Fett unterrühren, mit Salz und Gewürzen abschmecken.

Tipp:

- Da diese Soße leicht bekömmlich ist, eignet sie sich für Diätkost.
- Zwiebelwürfel zugeben: Diese in heißem Fett andünsten, mit Flüssigkeit auffüllen, binden.
- Mit Eigelb legieren.
- Mit süßer oder saurer Sahne oder Crème fraîche verfeinern.
- Zerkleinerte Kräuter zugeben.

Helle Grundsoße mit Mehlschwitze

S G

40 g	**Fett**
40 g	**Mehl**
½ l	**Flüssigkeit**
	Wasser, Brühe oder Milch
	Salz · Gewürze

Fett **erhitzen**, Mehl zugeben und unter ständigem Rühren hellgelb **andünsten**.
Nach und nach mit Flüssigkeit unter Rühren ablöschen. Damit keine Klümpchen entstehen, nur wenig Flüssigkeit zugießen und so lange rühren, bis die Masse glatt ist; erst dann weitere Flüssigkeit zugeben.
Die Soße **aufkochen** und 5 Minuten in der **Nachwärme** quellen lassen.
Mit Salz und Gewürzen abschmecken.

Tipp:

- Zwiebelwürfel vor dem Mehl in heißem Fett glasig andünsten.
- Mit Fett-Mehl-Kloß bereiten, siehe Rezept „Helle Grundsuppe"; Seite 102.
- Mit Zitronensaft oder Wein abschmecken.
- Mit Eigelb legieren.
- Mit süßer oder saurer Sahne oder Crème fraîche verfeinern.
- Zerkleinerte Kräuter zugeben.

Dunkle Grundsoße mit Mehlschwitze

S G

50 g	**Fett**
50 g	**Mehl**
½ l	**Flüssigkeit**
	Brühe oder Wasser
	Salz · Gewürze

Fett **erhitzen** und leicht **bräunen**. Mehl zugeben, unter ständigem Rühren kräftig **bräunen**.
Nach und nach mit Flüssigkeit unter Rühren ablöschen. Damit keine Klümpchen entstehen, nur wenig Flüssigkeit zugießen und so lange rühren, bis die Masse glatt ist; erst dann weitere Flüssigkeit zugeben.
Die Soße **aufkochen** und 5 Minuten in der **Nachwärme** quellen lassen.
Mit Salz und Gewürzen abschmecken.

Tipp:

- Für eine dunkle Grundsoße muss, gegenüber der hellen, die Mehlmenge auf 50 g erhöht werden. Durch das Bräunen wird die Stärke zu Dextrinen abgebaut. Dextrine schmecken süßlich und haben eine geringere Bindefähigkeit als Stärke.
- Zwiebelwürfel zugeben, nachdem das Mehl gebräunt ist.
- Mit Essig und Zucker, mit Senf, Madeira oder Sherry abschmecken.
- Mit süßer oder saurer Sahne oder Crème fraîche verfeinern.
- Zerkleinerte Kräuter oder Gurkenwürfel zugeben.

Heller Soßenfond

■ ■ G

1,5 kg	**Geflügelklein** oder grob zerhackte Knochen von Kalb, Rind, Knorpelfleisch oder Sehnenabschnitte
1	**Zwiebel**
1	**Tomate**
1	**Suppengrün**
1¼ l	**Wasser**
¼ l	**Weißwein**
1	**Lorbeerblatt**
5	**Pfefferkörner**
	Salz

Fleisch, Knochen u. Ä. waschen, abtrocknen, in einen geschlossenen Topf geben und **dünsten**. Zwiebel schälen, Tomate waschen und beides in Viertel schneiden. Suppengrün putzen, waschen, zerkleinern. Alles zum Fleisch geben, mit Flüssigkeit auffüllen, Gewürze zufügen, 2½–3 Stunden **fortkochen**. Den Soßenfond anschließend durch ein Sieb geben, nochmals auf der Kochstelle auf ½ l reduzieren (einkochen lassen). Zum Entfetten abkühlen.

Tipp:

- Der Soßenfond eignet sich für Kurzgebratenes oder auch zur Soßenverlängerung.

Dunkler Soßenfond

■ ■ G

1,5 kg	**Enten-, Gänse- oder Geflügelklein** oder grob zerhackte Knochen von Kalb, Rind und Knorpelfleisch oder Sehnenabschnitte
4 EL	**Öl**
1	**Zwiebel**
1	**Tomate**
1	**Suppengrün**
1 EL	**Tomatenmark**
1¼ l	**Wasser**
¼ l	**trockener Rotwein**
1	**Lorbeerblatt**
2	**Nelken**
5	**Pfefferkörner**
1 TL	**Thymian oder Rosmarin**
	Salz
	Beifuß nach Belieben für Geflügelsoße

Fleisch, Knochen u. Ä. waschen, abtrocknen. Fett **erhitzen**, Knochen und Fleisch darin von allen Seiten **anbraten**.
Zwiebel schälen, Tomate waschen, beides in Viertel schneiden. Suppengrün putzen, waschen, zerkleinern. Alles zum Fleisch geben und **bräunen**, Tomatenmark zufügen, Flüssigkeit auffüllen, Gewürze zufügen, 2½–3 Stunden **fortkochen**. Den Soßenfond durch ein Sieb geben, nochmals auf der Kochstelle auf ½ l reduzieren (einkochen lassen). Zum Entfetten abkühlen.

Tipp:

- Fettes Fleisch ohne Fett von allen Seiten anbraten.
- Bei einer größeren Menge Knochen und Fleisch ist es günstiger, in zwei Portionen anzubraten, da es dann schneller bräunt.
- Der Soßenfond eignet sich für Kurzgebratenes oder auch zur Soßenverlängerung.

Strom-Spar-Tipp

Nur Kochgeschirr mit ebenem Boden und gut schließendem Deckel verwenden

Binden

Flüssigkeiten, die eine sämige, dickflüssige bis cremige Konsistenz erhalten sollen, müssen durch Zugabe eines Bindemittels angedickt werden. Hierfür gibt es mehrere Möglichkeiten:
Suppen und Soßen, die auf der Basis einer **Mehlschwitze**, siehe Seite 103, hergestellt werden, erhalten dadurch eine gebundene Konsistenz.
Bratenfond von magerem Fleisch, z.B. von Rind, Kalb, Wild, oder Soßenfond hell oder dunkel werden mit **Mehl** angedickt. Dazu das Mehl mit 3 EL kaltem Wasser oder Sahne anrühren, in die kochende Flüssigkeit einrühren und 5 Minuten in der Nachwärme quellen lassen.
Süße Suppen, Süßspeisen und süße Soßen werden mit **Speisestärke** gebunden.
Speisestärke wird auch zum Andicken eines Bratenfonds von fettem Fleisch, z.B. von Gans oder Ente, verwendet, um ein Absetzen des Fettes zu vermeiden. Dazu die Speisestärke mit 3 EL kalter Flüssigkeit oder Sahne anrühren, in die kochende Flüssigkeit einrühren und nur ½ Minute in der Nachwärme quellen lassen. Bei längerem Garen verliert die Speisestärke ihre Bindefähigkeit, und die Speise wird wieder flüssig.
Fond von fettem Schweinefleisch oder Wildschwein kann mit einer Mischung aus **Mehl und Speisestärke** gebunden werden. Hierbei verhindert auch schon die geringe Menge Speisestärke ein Absetzen des Fettes. Dazu die Mischung aus Mehl und Speisestärke mit 3 EL kalter Flüssigkeit anrühren, in die kochende Flüssigkeit einrühren und 5 Minuten in der Nachwärme quellen lassen.
Manche Suppen und

Art und Menge der Bindemittel für verschiedene Speisen

Speisenart/Flüssigkeitsmenge		Mehl	Speisestärke	Mehl und Speisestärke	Butter
Grundsoße		Mehlschwitze aus			
hell und dunkel	½ l	40–50 g	20 g	—	—
dunkle Soße pikant mit Bratenfond von:					
– Rind, Kalb	½ l	40 g	—	—	40–50 g
– Schwein, fett	½ l	—	—	20 g + 15 g	—
– Gans, Ente	½ l	—	20–25 g	—	—
Soßenfond					
hell und dunkel	½ l	40 g	—	—	—
helle Soße		Mehlschwitze aus			
– pikant	½ l	40 g	—	—	—
– süß	½ l	—	25 g	—	—
Grundsuppe		Mehlschwitze aus			
hell und dunkel	1 l	40–50 g	40 g	—	—
Flammeri	½ l	—	40 g	—	—
div. andere Süßspeisen		Rezeptangaben beachten			

Süßspeisen können auch mit **gröberen Bindemitteln,** wie Grieß, Sago und Ähnlichem, angedickt werden. Dazu diese Bindemittel in die kochende Flüssigkeit einstreuen und die Quelldauer nach Rezeptangabe einhalten; z. B. für Grieß 10–20 Minuten, für Sago 20–30 Minuten.

Diese bisher beschriebenen hauptsächlich angewandten Bindemöglichkeiten werden in der feinen Küche durch andere ersetzt:
Dort werden helle pikante Soßen, z. B. zu Huhn, Fisch, Gemüse, sowie süße Soßen mit frischem **Eigelb** gebunden. Dazu Eigelb mit 2 EL kalter Flüssigkeit verquirlen und mit dem Schneebesen in die kochende Flüssigkeit schlagen. Anschließend darf die Speise nicht mehr aufkochen, damit das Eigelb nicht gerinnt.
Soßen, die ohne Bindemittel zubereitet und mit **Sahne** verfeinert werden, erhalten eine sämige Konsistenz, indem der Soßenfond mit der Sahne durch Kochen reduziert wird.
Die **Mehlbutter** ist ebenfalls eine Methode des neuen Kochstils, um Soßen zu binden. Dazu die streichfähige Butter mit Mehl verkneten und in die Soße rühren. Die Soße bis zum Sämigwerden aufkochen.

Um eine edle Soße zu binden, **gefrorene Butterwürfel** in den Soßenfond mit einem Schnellmixstab einschäumen, bis die Soße sämig ist. Sie darf nicht mehr kochen.
Ganz ohne Bindemittel, nur durch Zugabe von **püriertem, gegartem Gemüse** können Suppen und Soßen eine sämige Konsistenz erhalten. Dazu Gemüse mitgaren, anschließend pürieren und der Speise wieder beimischen. Diese Methode ist für die Diätküche besonders empfehlenswert.

Speisenart/Flüssigkeitsmenge		Grieß, Sago	Eigelb	Sahne	Mehlbutter	Gemüse gegart und püriert
Grundsoße						
hell und dunkel	½ l	–	–	–	–	–
dunkle Soße pikant mit Bratenfond von:						
– Rind, Kalb	½ l	–	–	–	–	250 g
– Schwein, fett	½ l	–	–	–	–	250 g
– Gans, Ente	½ l	–	–	–	–	–
Soßenfond						
hell und dunkel	½ l	–	–	–	15 g Mehl + 80 g Butter	–
helle Soße						
– pikant	½ l	–	4–6	¼ l	–	400 g
– süß	½ l	–	4–6	–	–	–
Grundsuppe						
hell und dunkel	1 l	40–60 g	–	–	–	800 g
Flammeri	½ l	40–50 g	–	–	–	–
div. andere Süßspeisen		Rezeptangaben beachten				

Holländische Soße mit Mehlschwitze

S

40 g	**Fett**
40 g	**Mehl**
½ l	**Flüssigkeit**
	Brühe, Gemüsewasser oder Milch
1	**Eigelb**
	Salz · Zucker · Zitronensaft
1 Prise	**Muskat**
1 EL	**Butter** oder Sahne

Fett **erhitzen**, Mehl zugeben und unter ständigem Rühren hellgelb **andünsten**. Mit Flüssigkeit unter Rühren ablöschen, **aufkochen** und 5 Minuten in der **Nachwärme** quellen lassen. Eigelb mit 1–2 EL Soße verquirlen und in die nicht mehr kochende Soße rühren. Mit Salz, Zucker, Zitronensaft und Muskat abschmecken und mit Butter verfeinern.
Zu Spargel, Blumenkohl oder Schwarzwurzeln reichen.

Käsesoße

S

40 g	**Fett**
40 g	**Mehl**
¼ l	**Wasser**
¼ l	**Milch** oder Dickmilch
50–75 g	**geriebener Käse**
	oder Würfel von Schmelzkäse
	Salz · Paprika oder Muskat

Fett **erhitzen**, Mehl zugeben und unter ständigem Rühren hellgelb **andünsten**. Mit Wasser und Milch unter Rühren ablöschen, **aufkochen**. 5 Minuten in der **Nachwärme** quellen lassen. Käse unterrühren, mit Salz und Paprika abschmecken.
Zum Überbacken von Gemüse verwenden oder zu Fisch- oder Eiergerichten reichen.

Béchamelsoße

S

1	**Zwiebel**
50 g	**Schinken**
40 g	**Fett**
40 g	**Mehl**
¼ l	**Wasser** oder Brühe
¼ l	**Milch** oder Sahne
	Salz

Zwiebel schälen. Zwiebel und Schinken in Würfel schneiden.
Fett **erhitzen**, Zwiebel und Schinken darin **andünsten**. Mehl zugeben und unter ständigem Rühren hellgelb **andünsten**. Mit Wasser und Milch unter Rühren ablöschen, **aufkochen** und 5 Minuten in der **Nachwärme** quellen lassen. Mit Salz abschmecken.
Zum Überbacken von Gemüse verwenden oder zu Fleisch, Fisch oder Pellkartoffeln reichen.

Tipp:
- Mit Zitronensaft und Paprika abschmecken.
- Mit geriebenem Käse oder Crème fraîche verfeinern.
- 30 g zerkleinerte Champignons zugeben.
- Mit Eigelb legieren.
- 50 g gekochtes, feingewiegtes Hühner- oder Kalbfleisch und 3 frisch geriebene Mandeln zugeben.

Kapernsoße

S

40 g	**Fett**
40 g	**Mehl**
½ l	**Flüssigkeit**
	Wasser, Brühe und saure Sahne
1	**Eigelb**
1 EL	**Kapern**
	Salz · Zitronensaft · Zucker

Fett **erhitzen**, Mehl zugeben und unter ständigem Rühren hellgelb **andünsten**. Mit Flüssigkeit unter Rühren ablöschen, **aufkochen** und 5 Minuten in der **Nachwärme** quellen lassen.

Eigelb mit etwas Soße verquirlen, in die nicht mehr kochende Soße rühren. Kapern zugeben. Mit Salz, Zitronensaft und Zucker abschmecken.
Zu Königsberger Klopsen, Fisch- oder Eiergerichten reichen.

Tomatensoße

S

375 g	**Tomaten**
	oder 2 EL Tomatenmark
1	**Zwiebel**
40 g	**Fett**
40 g	**Mehl**
½ l	**Flüssigkeit**
	Brühe oder Wasser
1 Prise	**Zucker**
	Salz · Paprika

Tomaten waschen, Zwiebel schälen, beides in Viertel schneiden, **andünsten** und 10–15 Minuten in der **Nachwärme** fertig garen. Passieren.
Fett **erhitzen**, Mehl zugeben, unter ständigem Rühren hellgelb **andünsten**. Mit Flüssigkeit unter Rühren ablöschen, Tomaten-Zwiebelbrei zugeben, **aufkochen** und 5 Minuten in der **Nachwärme** fertig garen.
Mit Zucker, Salz und Paprika abschmecken.
Zu Teigwaren, Reis-, Fisch-, Hackfleisch- oder Eiergerichten oder salzigen Puddingen reichen.

Tipp:

- Bei Verwendung von Tomatenmark dieses entweder mit dem Mehl zugeben und mitdünsten oder mit etwas Soße verquirlt unterrühren.
- Zerkleinerten Schinken zugeben oder mit 2 EL süßer oder saurer Sahne oder Crème fraîche verfeinern.

Strom-Spar-Tipp

Nachwärme ausnutzen

Kräutersoße

S

40 g	**Fett**
40 g	**Mehl**
⅜ l	**Wasser**
⅛ l	**Dickmilch**
	oder saure Sahne
	Salz
1 TL	**Schnittlauch**
1 TL	**Basilikum**
1 Blatt	**Salbei**
	Petersilie · Dill · Kerbel

Fett **erhitzen**, Mehl zugeben und unter ständigem Rühren hellgelb **andünsten**. Mit Wasser und Milch unter Rühren ablöschen, **aufkochen** und 5 Minuten in der **Nachwärme** quellen lassen. Mit Salz abschmecken, zerkleinerte Kräuter zugeben.
Zu Fleisch- und Eiergerichten, gekochtem Fisch oder salzigen Puddingen reichen.

Tipp:

- Kräuter erst nach dem Kochen zugeben, da sie sonst an Aroma und Aussehen verlieren.

Zwiebelsoße

S

150 g	**Zwiebeln**
40 g	**Fett**
40 g	**Mehl**
½ l	**Wasser**
	Salz · Paprika · Essig · Zucker
	süße Sahne

Zwiebeln schälen, in Ringe schneiden.
Fett **erhitzen**, Zwiebeln darin glasig **andünsten** und herausnehmen. Mehl zugeben und unter ständigem Rühren hellgelb **andünsten**. Mit Wasser unter Rühren ablöschen, **aufkochen**, Zwiebeln zugeben und 10 Minuten in der **Nachwärme** fertig garen.
Mit Salz, Paprika, Essig und Zucker abschmecken und mit Sahne verfeinern.
Zu Frikadellen oder gekochtem Rindfleisch.

Holländische Soße
(Seite 132 oder 140)
Barbecue-Soße
(Seite 136)
Soße zu Pasta asciutta
(Rezept Seite 208)

Meerrettichsoße

S

40 g	**Fett**
40 g	**Mehl**
¼ l	**Wasser**
¼ l	**Milch**
2–3 EL	**geriebener Meerrettich**
	Salz · Zitronensaft
1 Prise	**Zucker**

Fett **erhitzen**, Mehl zugeben und unter ständigem Rühren hellgelb **andünsten**.
Mit Wasser und Milch unter ständigem Rühren ablöschen, **aufkochen** und 5 Minuten in der **Nachwärme** fertig garen.
Mit Meerrettich, Salz, Zitronensaft und Zucker abschmecken.

Zu gekochtem Rindfleisch, Zungenragout, gedünstetem Fisch, salzigen Puddingen oder Eiergerichten reichen.

Tipp:

- Meerrettichstange abschaben, in Essigwasser waschen, schnell reiben oder im Mixer mit etwas Milch zerkleinern, sofort Essig oder Zitronensaft dazugeben, damit er sich nicht verfärbt.
- Bei Verwendung von geriebenem Meerrettich aus dem Glas mindestens 4 EL nehmen.

Indische Currysoße

S

1	**kleine Zwiebel**
40 g	**Fett**
1½ TL	**Curry**
40 g	**Mehl**
½ l	**Wasser**
1	**rote Paprikaschote**
1	**grüne Paprikaschote**
	Salz
3–4 EL	**süße Sahne** oder saure Sahne

Zwiebel schälen und in feine Würfel schneiden. Fett **erhitzen**, Zwiebel darin glasig **andünsten**. Curry hinzufügen und andünsten. Mehl zugeben und unter ständigem Rühren hellgelb **andünsten**. Mit Wasser unter Rühren ablöschen und **aufkochen**.
Paprika halbieren, Kerne entfernen, Paprika waschen und in Streifen schneiden. In die kochende Soße geben. 10 Minuten **fortkochen** und 10 Minuten in der **Nachwärme** fertig garen.
Mit Salz abschmecken und Sahne unterrühren.
Zu Fisch- und Reisgerichten, gekochten Eiern oder gegrillten Bananen reichen.

Pilzsoße

S

100 g	**Pilze** Champignons, Pfifferlinge, Steinpilze
1	**Zwiebel**
40 g	**Fett**
40 g	**Mehl**
⅜ l	**Brühe**
3 EL	**süße Sahne**
3 EL	**Weißwein**
	Weinbrand · Salz · Zucker

Pilze putzen und blättrig schneiden. Zwiebel schälen und in Würfel schneiden.
Fett **erhitzen**, Zwiebel darin glasig **andünsten**, Pilze zugeben und 5 Minuten **dünsten**. Mehl zugeben und unter ständigem Rühren hellgelb **andünsten**. Mit Brühe unter Rühren ablöschen, **aufkochen** und 10 Minuten in der **Nachwärme** fertig garen.
Mit Sahne und Wein verfeinern, mit Weinbrand, Salz und Zucker abschmecken.
Zu Kurzgebratenem, Fisch- oder Reisgerichten reichen.

Tipp:
40 g getrocknete Pilze statt 100 g frischer Pilze verwenden.

Senfsoße

S

1	**Zwiebel**
50 g	**Fett**
50 g	**Mehl**
½ l	**Wasser**
2 EL	**Senf**
	Salz · Zucker · Paprika · Zitronensaft oder Essig

Zwiebel schälen und fein reiben.
Fett **erhitzen** und leicht **bräunen**. Mehl zugeben und unter ständigem Rühren kräftig **bräunen**. Zwiebel zufügen und **andünsten**. Mit Wasser unter Rühren ablöschen, **aufkochen** und 5 Minuten in der **Nachwärme** fertig garen.
Senf mit etwas Soße verrühren und einrühren. Mit Salz, Zucker, Paprika und Zitronensaft abschmecken.
Zu Fisch, Eiergerichten, gekochtem Rindfleisch oder Frikadellen reichen.

Barbecue-Soße

■ ■

10 Portionen

500 g	**Zwiebeln**
500 g	**Tomaten**
⅛ l	**Öl**
1 Fl	**Tomatenketchup** etwa 350 g
4 EL	**Wasser**
2 EL	**Essig**
1 EL	**Kapern**
1 TL	**abgeriebene Zitronenschale**
1½ TL	**Pfeffer**
¼ TL	**Cayennepfeffer**
1 TL	**Senf**
2 TL	**Zucker**
2 TL	**Worcestersoße**
	Tabasco

Zwiebeln schälen und in Würfel schneiden. Tomaten überbrühen, abschrecken, abziehen und in Viertel schneiden.
Mit den übrigen Zutaten **ankochen**, etwa 2 Stunden **fortkochen** und 10 Minuten in der **Nachwärme** fertig garen. Verrühren und abschmecken.
Zu gegrilltem und kurz gebratenem Fleisch reichen.

Tipp:

- Die Soße eignet sich sehr gut zum Einfrieren.

Burgundersoße

S

1	**Zwiebel**
50 g	**Fett**
50 g	**Mehl**
¾ l	**Fleischbrühe**
	oder Schinkenbrühe
	Salz · Pfeffer · Zucker
⅛ l	**Burgunder**

Zwiebel schälen und in feine Würfel schneiden. Fett **erhitzen** und leicht **bräunen**. Mehl zugeben und unter ständigem Rühren kräftig **bräunen**. Zwiebel zugeben und **andünsten**. Mit Brühe unter Rühren ablöschen, **aufkochen** und 5 Minuten in der **Nachwärme** fertig garen.
Passieren, wieder in den Kochtopf geben, **aufkochen** und mit Salz, Pfeffer, Zucker und Burgunder abschmecken.
Zu Zungenragout und gekochtem Schinken reichen.

Veränderung:

Madeirasoße: Statt Burgunder ⅛ l Madeira verwenden und 1 TL Johannisbeergelee zugeben.

Tipp:

- Bei Verwendung von Zwiebelpulver oder -würze entfällt das Passieren.

Strom-Spar-Tipp

Bei Gerichten mit langer Gardauer Schnellkochtopf oder Dampf-Druckgargerät einsetzen

Mayonnaise

S

1	**Ei** oder 1 Eigelb
½ TL	**Salz**
1 TL	**Senf**
1 TL	**Zucker**
	Zitronensaft oder Essig
¼–⅜ l	**Öl**

Maschinelle Zubereitung: Ei, Salz, Senf, Zucker und Zitronensaft mit den Rührwerkzeugen einer Handküchenmaschine oder im Mixer einer Standküchenmaschine auf höchster Einstellung vermischen. Öl tropfenweise zugeben oder langsam durch die Deckelöffnung auf das laufende Messer zugießen. In Sekundenschnelle ist die Mayonnaise steif.
Manuelle Zubereitung: Eigelb mit Salz und Senf zu einer dicklichen Masse verrühren. Wenig Öl tropfenweise unterrühren, bis die Masse steif ist. Restliches Öl abwechselnd mit Zitronensaft nach und nach zugeben, mit Zucker abschmecken.
Zu Fischgerichten oder gegrilltem Fleisch reichen.

Tipp:

- Voraussetzung für das Gelingen der Mayonnaise ist neben dem kräftigen Unterrühren des Öls auch die gleiche Temperatur aller Zutaten. Daher alle Zutaten wenigstens 2 Stunden in einem Raum von etwa 20 °C stehen lassen.
- Sollte die Mayonnaise durch zu schnelle Ölzugabe oder zu kaltes Öl geronnen sein, kann mit der Zubereitung erneut begonnen werden, indem die geronnene Masse tropfenweise unter ein frisches Eigelb gerührt wird.
- Die Masse ergibt mit ¼ l Öl etwa 200 g Mayonnaise, die sich spritzen lässt. Sie dient zum Füllen und Garnieren.
- Mit 4 EL Joghurt, Sahne, Milch oder etwas Brühe vermischen, z. B. für Salate, Eiergerichte.
- Mit 250 g glattgerührtem Quark mischen, dadurch wird die Mayonnaise bekömmlicher.
- Zerkleinerte Kräuter, Tomatenmark, Tomatenketchup, Worcestersoße oder geriebenen Meerrettich zugeben.

Remouladensoße

S

200 g	**Mayonnaise** Grundrezept oder Fertigmayonnaise
½	**geriebene Zwiebel**
	Milch nach Bedarf
1	**Gewürzgurke**
1	**hartgekochtes Ei**
1 EL	**Kapern**
1 EL	**Kräuter** Petersilie · Schnittlauch · Dill Estragon · Zitronenmelisse
	Salz · Pfeffer · Senf

Mayonnaise bereiten, siehe Seite 137.
Zwiebel zugeben, nach Bedarf mit Milch verdünnen. Gurke und Ei in Würfel schneiden, mit Kapern und zerkleinerten Kräutern unter die Mayonnaise mengen. Mit Salz, Pfeffer und Senf abschmecken.
Zu kaltem Braten, gebratenem Fisch oder hartgekochten Eiern reichen.

Curry-Mandarinen-Soße

S

200 g	**Mayonnaise** Grundrezept oder Fertigmayonnaise
1 Dose	**Mandarinen** Abtropfgewicht etwa 155 g
25 g	**gehackte Mandeln**
½ TL	**Curry**
1–2 EL	**süße Sahne**
	Salz · Zitronensaft · Zucker

Mayonnaise bereiten, siehe Seite 137.
Mandarinen, Mandeln, Curry und Sahne zugeben. Mit Salz, Zitronensaft und Zucker abschmecken.
Zu gegrilltem oder gebratenem Fleisch, Schaschlik oder Fondue reichen.

Quarkremoulade

S

1	**hart gekochtes Ei**
1	**rohes Ei**
2–3 EL	**Milch**
250 g	**Quark**
1 EL	**Essig**
1 TL	**Senf**
	Salz · Pfeffer
6 EL	**Öl**
1–2 EL	**Kräuter** Petersilie · Schnittlauch · Dill

Zutaten im Mixer einer Hand- oder Standküchenmaschine kurz pürieren.
Öl durch die Deckelöffnung auf das laufende Messer zugießen.
Zerkleinerte Kräuter zugeben und abschmecken.
Zu gekochtem Rindfleisch, Sülze, Fisch, Mischsalaten oder Pellkartoffeln reichen.

Grüne Soße

S

¼ l	**saure Sahne**
1–2 EL	**Öl**
1 EL	**Essig** oder Zitronensaft
	Salz
1 Prise	**Zucker**
1 Prise	**Pfeffer** oder Basilikum
6–8 EL	**Kräuter** Petersilie · Schnittlauch · Dill Kerbel · Kresse · Sauerampfer Borretsch · Zitronenmelisse Pimpinelle · Estragon

Alle Zutaten, außer Kräuter, schaumig schlagen und kalt stellen.
Zerkleinerte Kräuter kurz vor dem Servieren untermischen. 5 Minuten ziehen lassen, abschmecken.
Zu kaltem Braten, Fisch, Frikadellen und hart gekochten Eiern reichen.

Tipp:
- Von den zuletzt genannten 4 Kräutern nur eine geringe Menge verwenden.
- Joghurt anstelle von Sahne verwenden.

Guacamole

1	**kleine Zwiebel**
2	**rote Chilischoten**
2	**reife Avocados**
	Limettensaft
1 Bd	**Koriander** oder glatte Petersilie
1	**Knoblauchzehe**
	Salz · schwarzer Pfeffer

Zwiebel schälen und in feine Würfel schneiden.
Chilischoten halbieren, Kerne entfernen und Chili in sehr feine Würfel schneiden.
Avocados halbieren, Kerne entfernen und Fruchtfleisch mit einem Löffel aus der Schale heben. Fruchtfleisch grob zerkleinern.
Avocado-Fruchtfleisch mit Limettensaft im Mixer pürieren.

Zwiebel, Chili, gehackten Koriander und zerdrückte Knoblauchzehe unterheben.
Mit Salz und Pfeffer abschmecken.

Apfel-Meerrettich

S

1	**säuerlicher Apfel**
4–5 EL	**geriebener Meerrettich**
1 Prise	**Zucker**
	Salz · Pfeffer · Selleriesalz
	Zitronensaft
1 EL	**Quark** nach Belieben

Apfel waschen, schälen, Kerngehäuse entfernen, Apfel reiben und sofort mit Meerrettich vermischen.
Mit Zucker, Salz, Pfeffer, Selleriesalz und Zitronensaft abschmecken. Nach Belieben glatt gerührten Quark unterrühren.

Sahnemeerrettich

S

4–6 EL	**geriebener Meerrettich**
	Zitronensaft · Salz
4 EL	**süße Sahne**

Meerrettich sofort mit Zitronensaft und Salz vermengen.
Sahne steif schlagen und zugeben. Abschmecken und kalt stellen.
Zu Fisch, gekochtem Rindfleisch oder Schinken und zu Grillgerichten reichen.

Tipp:
Sahnemeerrettich kann gefroren und angetaut verwendet werden.

Teufelssoße

S

3 EL	**Öl**
4 EL	**Tomatenketchup**
1	**Zwiebel**
100 g	**Paprikaschoten** aus dem Glas
	Petersilie · Schnittlauch
	Salz · Cayennepfeffer
	Zucker · Zitronensaft
	Worcestersoße

Öl mit Tomatenketchup verrühren.
Zwiebel schälen, Zwiebel und Paprika in Würfel schneiden. Beides mit zerkleinerten Kräutern zugeben.
Mit Salz, Pfeffer, Zucker, Zitronensaft und Worcestersoße abschmecken.
Zu gegrilltem oder gebratenem Fleisch, Fisch, Schaschlik, Fondue oder Bratwurst reichen.

Cumberlandsoße

S

3 EL	**Johannisbeergelee**
1–2 TL	**Senf**
	Salz
1 Prise	**Paprika**
3–4 EL	**Rotwein**
	Saft von
	1 Orange und ½ Zitrone
	Schale von
	½ Orange und ½ Zitrone

Gelee und Senf glatt rühren.
Salz, Paprika, Wein, Saft und fein geschnittene oder abgeriebene Fruchtschale zufügen, abschmecken.
Zu Wild- oder Lammbraten und Fleischpasteten reichen.

Sauce Béarnaise

⅛ l	**Wasser**
4 EL	**Kräuteressig**
1	**Zwiebelscheibe**
2	**Gewürzkörner**
1	**Pfefferkorn**
1	**Lorbeerblatt**
⅛ l	**milder Weißwein**
4	**Eigelb**
1 TL	**Speisestärke**
1 Prise	**Salz**
1 Prise	**Zucker**
60 g	**Butter**
1 TL	**Senf** nach Belieben
	Petersilie
	Salz · Zucker

Wasser, Essig, Zwiebel und Gewürze **ankochen** und erkalten lassen. Durch ein Sieb gießen, Flüssigkeit wieder in den Kochtopf geben.
Mit Wein, Eigelb, Speisestärke, Salz, Zucker und Butter kalt verrühren. **Abschlagen**, bis die Masse hochsteigt und dicklich wird.
Kochtopf von der Kochstelle nehmen. Senf und zerkleinerte Petersilie zufügen. Mit Salz und Zucker abschmecken.
Warm oder kalt zu gegrilltem Fleisch oder Fisch reichen.

Tipp:
Die Soße beim Abschlagen nicht überhitzen, da sie sonst gerinnt.

Feine Holländische Soße

S

4	**Eigelb**
2 EL	**Wasser**
2 EL	**Wein**
	abgeriebene Zitronenschale
	Salz
1 Prise	**Zucker**
1 Prise	**weißer Pfeffer**
100–150 g	**Butter**
	Zitronensaft

Eigelb, Wasser, Wein, Zitronenschale, Salz, Zucker und Pfeffer im Kochtopf kalt verrühren. **Abschlagen**, bis die Soße dicklich wird.
Weiche Butter in Flöckchen zufügen und weiter schlagen, bis sich die Butter aufgelöst hat. Mit Zitronensaft abschmecken.
Zu gekochtem Fleisch oder Fisch, zu Reisgerichten und Gemüse, z. B. Spargel, Schwarzwurzeln oder Blumenkohl, reichen.

Tipp:
2 – 3 EL süße Sahne – eventuell steif geschlagen – kurz vor dem Anrichten unterziehen.

Mousselinesoße

S

40 g	**Butter**
2	**Eigelb**
1 EL	**Wasser**
1 Prise	**Salz**
1 Prise	**Pfeffer**
1–2 TL	**Zitronensaft**
⅛ l	**süße Sahne**

Butter, Eigelb und Wasser im Kochtopf kalt verrühren. **Abschlagen**, bis die Soße dicklich wird. Mit Salz, Pfeffer und Zitronensaft abschmecken und kalt stellen.
Vor dem Anrichten Sahne steif schlagen und unterziehen.
Zu gekochtem Fisch und Gemüse reichen.

Maltasoße

S

⅜ l	**Fleischbrühe**
2	**Eigelb**
2 EL	**Speisestärke**
	Salz · Zucker
	abgeriebene Orangenschale
¼ l	**Orangensaft**
1 EL	**Zitronensaft**
75–100 g	**Butter**

Brühe, Eigelb, Speisestärke, Salz, Zucker und Orangenschale im Kochtopf kalt verrühren. **Abschlagen**, bis die Soße dicklich wird.
Obstsaft zufügen, weiche Butter in Flöckchen unterrühren, abschmecken und erkalten lassen.
Zu Wildfleisch, kaltem Braten, Fleischpasteten, Fisch, Spargel oder Chicorée reichen.

Senfsoße

S

¼ l	**Wasser** oder Brühe
⅛ l	**Weißwein**
2	**Eigelb**
2 EL	**Speisestärke**
	Salz
1 Prise	**Zucker**
1–2 EL	**Senf**
50 g	**Butter**

Zutaten im Kochtopf kalt verrühren. **Abschlagen**, bis die Soße dicklich wird, abschmecken.
Warm oder kalt zu gekochtem Fisch, Fleisch, hart gekochten oder verlorenen Eiern reichen.

Strom-Spar-Tipp
Kochgeschirr passend zur Kochstellengröße wählen

Weinschaumsoße

S

2	**Eigelb**
100 g	**Zucker**
¼ l	**Weißwein** oder Apfelwein
	abgeriebene Zitronenschale
2 EL	**Zitronensaft**
1 EL	**Speisestärke**

Zutaten in einem hohen Kochtopf kalt verrühren. **Abschlagen**, bis die Soße hochsteigt und dicklich wird.
Warm oder kalt zu Mehlspeisen, süßen Puddingen oder süßen Aufläufen reichen.

Tipp:
- Anstelle von Wein eignet sich auch Apfelsüßmost. Dann 3–4 EL Zitronensaft und nur 80 g Zucker nehmen.

Legieren

Legieren ist ein Verfeinern von gegarten Speisen, z.B. Suppen, Soßen, Pürees und Süßspeisen. Durch Zugabe von Eigelb, verrührt mit Sahne oder anderen Flüssigkeiten, wird eine Geschmacksabrundung erzielt.

Zum Legieren von 1 l Suppe 1 Eigelb und 100 ml Sahne verrühren, für ½ l Soße oder 1 kg Püree 1 Eigelb und 2 EL Sahne mischen.
Das Eigelbgemisch mit einem Teil der heißen Speise verrühren und anschließend in die nicht mehr kochende Masse geben.

Bei Suppen oder Soßen, die mit Mehl gebunden werden, darf die Legierung nicht mehr kochen, da das Eigelb sonst gerinnt.

Bei Speisen, die mit Speisestärke gebunden werden, z.B. Süßspeisen, können die Vorgänge Binden und Legieren zusammen durchgeführt werden.
Dazu die angerührte Speisestärke mit Eigelb verquirlen, in die kochende Flüssigkeit einrühren und aufkochen.
Der hohe Stärkeanteil verhindert das Gerinnen des Eigelbs.

Aprikosensoße

100 g	**getrocknete Aprikosen**
½ l	**Wasser**
	Zucker
1 Prise	**Salz**
1 EL	**Speisestärke**
	Zucker · Zitronensaft

Aprikosen einen Tag vor der Zubereitung in Wasser mit etwas Zucker einweichen. Am nächsten Tag im Einweichwasser mit Salz **ankochen**, pürieren oder passieren, mit der Flüssigkeit wieder in den Kochtopf geben und **aufkochen**.
Speisestärke mit etwas Wasser verquirlen, einrühren und ½ Minute in der **Nachwärme** fertig garen.
Mit Zucker und Zitronensaft abschmecken.
Zu Hefe- oder süßen Grießklößen, Flammeris, süßen Aufläufen oder Puddingen reichen.

Karamellsoße

S

100 g	**Zucker**
⅛ l	**kochendes Wasser**
½ l	**Milch**
1–2 EL	**Speisestärke**
1	**Eigelb**
1	**Vanillinzucker**
1 Prise	**Salz**

Zucker im offenen Kochtopf **bräunen**. Kochtopf von der Kochstelle nehmen und Zucker mit kochendem Wasser ablöschen.
Milch – etwas zum Anrühren der Speisestärke zurücklassen – zufügen und **ankochen**.
Speisestärke mit Eigelb, Vanillinzucker, Salz und Milch verquirlen, einrühren, ½ Minute in der **Nachwärme** fertig garen und abschmecken.
Zu Flammeris oder Cremespeisen reichen.

Tipp:
- Den Zucker am besten in einem dunklen Geschirr karamellisieren, da er darin schneller bräunt. Er darf nicht zu dunkel werden, da er sonst bitter schmeckt, aber auch nicht zu hell bleiben, da die Soße sonst keinen kräftigen Geschmack bekommt.

Vanillesoße

S

½	**Vanilleschote**
½ l	**Milch**
30 g	**Zucker**
1 Prise	**Salz**
1–2 EL	**Speisestärke**
1	**Eigelb**

Vanilleschote längs halbieren und Mark herausschaben.
Milch – etwas zum Anrühren der Speisestärke zurücklassen – mit Vanillemark, Zucker und Salz **ankochen**. Speisestärke mit Eigelb und Milch verquirlen, einrühren, ½ Minute in der **Nachwärme** fertig garen und abschmecken.
Zu Flammeris, Cremespeisen, Kompott oder süßen Aufläufen reichen.

Veränderung:
Mandelsoße: Milch zusätzlich mit 50 g fein geriebenen Mandeln ankochen.
Schokoladensoße: Statt der Vanilleschote 1 Vanillinzucker, 25–50 g geriebene Schokolade und 1 TL Kakao mit der Milch ankochen. Ohne Eigelb mit Speisestärke binden. Warm oder kalt zu Flammeris, Cremespeisen oder gekochten Birnen reichen.
Kakaosoße: 20 g Kakao und 1 Vanillinzucker statt der Vanilleschote mit der Milch ankochen. Ohne Eigelb mit Speisestärke binden. Kalt zu Flammeris, Cremespeisen oder süßen Aufläufen reichen.

Tipp:
- Eischnee in die heiße Soße geben.
- Mit ¼ l steif geschlagener süßer Sahne verfeinern.

Salate

Salate können auf vielfältigste Weise aus rohen und gegarten Zutaten zusammengestellt werden. Die Zutaten werden entweder einzeln, fächerförmig garniert oder gemischt angerichtet. Sie werden häufig mit einer Soße vermengt, oder die Soße wird zu dem Salat serviert.
Salate sind vielseitig im Geschmack und Aussehen und bringen dadurch viel Abwechslung in den täglichen Speiseplan. Durch ihren hohen Anteil an Vitaminen und Mineralstoffen tragen sie zu einer ausgewogenen Ernährung bei, welche unentbehrlich für das Wohlbefinden und die Gesundheit ist.
Die unverdaulichen Ballaststoffe der pflanzlichen Lebensmittel führen trotz des geringen Kaloriengehalts zu einem Sättigungsgefühl und regen außerdem die Darmtätigkeit an.
Frische Kräuter verbessern den Geschmack und erhöhen den Vitamingehalt vieler Salate.
Je nach Zusammensetzung der Zutaten können Salate serviert werden als Vorspeise, Zwischenmahlzeit, vitaminreiche Ergänzung zum Brunch und Buffet, Beilage zu kalten oder warmen Speisen und als sättigendes Hauptgericht.

Ein bisschen Warenkunde

Zu jeder Jahreszeit können frische Salate und Rohkost zubereitet werden, weil es während des ganzen Jahres ein umfangreiches Angebot frischer in- und ausländischer Gemüse gibt. Heimische Gemüse sollten möglichst während der Haupterntezeit verwendet werden, weil sie dann frisch und preiswert angeboten werden, siehe „Gemüsekalender" Seite 172.

Blattsalate werden aus rohem Blattgemüse, z. B. Eichblatt-, Endivien-, Frisée-, Feld- und Eisbergsalat hergestellt. Die vorbereiteten Salatblätter werden zerkleinert und mit Marinade, Salatsoße oder einem Dip serviert.

Rohkost wird ausschließlich aus rohem Gemüse, z. B. Möhren, Gurken, Kohl, und evtl. Obst, z. B. Ananas, Orangen, Äpfel, zubereitet. Die vorbereiteten Zutaten werden zerkleinert und mit einer Marinade oder Salatsoße oder einem Dip serviert.

Salate von gegartem Gemüse werden aus gegartem Gemüse, z. B. Bohnen, Blumenkohl oder Spargel, sowohl aus einer einzelnen Sorte als auch in Kombination mit anderen hergestellt. Sie werden mit Marinade, Salatsoße oder einem Dip serviert.

Mischsalate können aus Kartoffeln, Nudeln, Reis, Käse, Eiern, Wurst, Fleisch, Gemüse, Obst oder Fisch hergestellt werden. Die Zutaten werden sowohl roh als auch gegart miteinander kombiniert. Die vorbereiteten evtl. zerkleinerten Zutaten werden mit einer Marinade oder Salatsoße serviert.

Wie viel darf es sein?

Art des Salates (verzehrfertig)	**Vorspeise** pro Portion in g	**Beilage** pro Portion in g	**Hauptgericht** pro Portion in g
Blattsalat	50 – 70	60 – 90	—
Rohkost	100	100 – 150	300 – 500
Salat von gegartem Gemüse	100 – 150	150 – 200	200 – 300
Mischsalat	100 – 150	150 – 200	200 – 300

Damit es leichter geht

Mit dem **Sparschäler** kann der Abfall beim Putzen von Gemüse gering gehalten werden. Die **Schneid-** und **Raspelscheiben** der elektrischen Hand- und Standküchenmaschine erleichtern das Zerkleinern von Gemüse, z.B. dicke oder dünne Scheiben, lange und schmale Stifte schneiden oder grob und fein raspeln.

Im **Drahtkorb** oder **Sieb** den gewaschenen Blatt- oder Schnittsalat abtropfen lassen oder in einer **Salatschleuder** trockenschleudern, damit er möglichst trocken in die Salatsoße gegeben werden kann.

In einer **großen Schüssel** lässt sich der Salat leichter mischen.

Das **Dampf-Gargerät** zum schonenden Garen von Gemüse, Reis, Meeresfrüchten, Fleisch usw. einsetzen.

Praktische Hinweise

- Zuerst die Salatsoße zubereiten, dann die Salatzutaten zerkleinern und sofort mit der Salatsoße vermengen, damit keine Verfärbungen auftreten.
- Beim Zerkleinern von Gemüse für Rohkost beachten, dass feste Gemüsesorten fein, weiche grob geraspelt und alle Kohlsorten fein geschnitten werden.
- Den gewaschenen Blattsalat trocken in die Salatsoße geben, damit er die Soße besser aufnehmen kann und die Soße nicht verdünnt wird.
- Rohkost und Blattsalate erst kurz vor dem Verzehr zubereiten. Nicht stehen lassen, weil sonst die sauerstoffempfindlichen Vitamine zerstört werden und Blattsalate zusammenfallen.
- Nährstoffschonende Garverfahren wählen, z.B. Dünsten und Dämpfen, wenn Gemüse für Salate gegart werden soll, siehe „Garverfahren" Seite 68 ff.
- Gemüse nicht zu weich garen, damit es beim Vermengen mit der Salatsoße nicht zerfällt.
- Gegartes Gemüse noch warm mit der Marinade mischen, damit das Gemüse den Geschmack besser annimmt.

Verfeinern, garnieren, abrunden

- Blattsalate, ergänzt durch eine Scheibe Schinken, gebratenes Fleisch oder geröstete Weißbrotwürfel, eignen sich sehr gut als Vorspeise oder Zwischenmahlzeit.
- Helle Salate auf Salatblättern anrichten, mit frischen Kräutern bestreuen und portionsweise auf flachen Salatschalen servieren.
- Zum Garnieren eignen sich alle Zutaten des jeweiligen Salates.
- Je nach Salat können auch Tomaten, Eier und Zitronen – in Scheiben, Achtel oder Würfel geschnitten – zur Dekoration verwendet werden.

Marinaden, Salatsoßen und Dips

Marinaden, Salatsoßen oder Dips verbessern nicht nur den Geschmack der Salate, sie sorgen auch dafür, dass die Vitamine und Nährstoffe für den menschlichen Organismus besser verwertbar werden. So können z.B. fettlösliche Vitamine durch die Zugabe von Pflanzenöl oder Sahne vom Körper besser aufgenommen werden. Die Verwendung frischer Kräuter wertet den Vitamingehalt auf und rundet den Geschmack ab.

Ein bisschen Warenkunde

Jede Salatsoße besteht aus einer Emulsion von Säure – z.B. Essig oder Zitronensaft – und Fett – z.B. Öl oder Sahne. Zur Geschmacksverbesserung dieser Emulsion können Kräuter und Gewürze dazugegeben werden.

Essig

Essig prägt wesentlich den Geschmack von Marinaden, Salatsoßen und Dips. Er wird durch Gärung alkoholischer Flüssigkeiten, z.B. Wein, Frucht- oder Branntwein, gewonnen. Bakterien setzen Alkohol in Essigsäure um. Der Säuregehalt von Essig beträgt mindestens 5 %, höchstens 15 %. Essig ist eine gesunde Speisewürze, die den gesamten Stoffwechsel günstig beeinflusst und die Verdauungssäfte anregt. Je nach Sorte ist er reich an Mineralstoffen und Spurenelementen.

Für Marinaden, Salatsoßen und Dips eignen sich besonders Essigsorten mit einem feinen Aroma und wenig Säure:

Weinessig kann weiß, rot oder rosé sein. Um die Farbe und das Aroma zu verändern, werden dem Essig häufig Kräuter, Pfefferkörner oder Früchte beigegeben.

Aceto Balsamico ist ein italienischer Spitzenessig, der aufgrund seiner aufwändigen Herstellung sehr teuer ist. Durch mindestens sechsjährige Lagerung in alten Weinfässern hat er an Schärfe verloren und ein volles würziges Aroma entwickelt. Er muss sehr sparsam verwendet werden, weil sein Aroma sehr intensiv ist.

Himbeeressig ist Weinessig, dessen Aroma durch die Zugabe von Geschmacksstoffen verändert worden ist. Der süßlich schmeckende Essig passt gut zu Gemüse, Wild- und Geflügelsalaten.

Obstessig wird hauptsächlich aus Apfelwein oder -most hergestellt. Er hat einen milden fruchtigen Geschmack und wird für mild schmeckende Salate verwendet.

Sherryessig wird aus Sherrywein hergestellt und gehört zu den Spitzenprodukten. Er passt gut zu Geflügel- und Blattsalaten. Er soll sparsam verwendet werden.

Öl

Öl ist ein wichtiger Bestandteil der Salatsoße. Es kann hinsichtlich Qualität, Farbe, Geschmack und Aroma sehr unterschiedlich sein, weil es aus Samen und Früchten verschiedener Pflanzen durch Pressung auf kaltem oder warmem Wege oder Extraktion, d. h. chemische Behandlung, gewonnen wird.

Die kaltgepressten Öle haben gegenüber den Ölen, die durch Erwärmung oder chemische Behandlung gewonnen werden, einen höheren Preis, weil die Ausbeute wesentlich geringer ist. Für kaltgepresste Öle werden nur erntefrische Ölsaaten verwendet. Dadurch gewinnt man ein Öl, das in Farbe und Aroma dem Ausgangsprodukt entspricht.

Kaltgepresste Öle, die aus erntefrischen Ölsaaten gewonnen werden, sind für die Zubereitung von Salaten besonders zu empfehlen, weil sie reich an Inhaltsstoffen sind, die nur über die Nahrung aufgenommen werden können, wie z.B. die mehrfach ungesättigten Fettsäuren. Neben diesen enthalten die Öle Vitamin E, Phosphor, Lecithin und einfach ungesättigte Fettsäuren.

Licht und Temperatur fördern die Zersetzung des Öls, so dass es ranzig wird. Darum Öl immer dunkel und kühl aufbewahren.

Öl, das durch Extraktion gewonnen wird, ist geschmacksneutral, gut lagerfähig und hoch erhitzbar, weil es weitgehend von den natürlichen Begleitstoffen, z.B. Schleimstoffe, Farbpigmente, und freien Fettsäuren befreit ist.

Für die Salatküche sind besonders kaltgepresste Öle zu empfehlen:

Walnussöl ist reich an wertvollen Inhaltsstoffen. Ein aromatisches Öl, das mit einem neutralen Öl, z. B. Sonnenblumenöl, verdünnt werden kann. Es schmeckt besonders gut zu Spargel- und Blattsalaten.

Kürbiskernöl ist eine Spezialität aus der Steiermark. Es wird aus Kernen einer ganz bestimmten Kürbisart gewonnen. Der nussartige Geschmack gibt Rohkostsalaten einen besonderen Pfiff.

Sonnenblumenöl wird aus Sonnenblumenkernen gewonnen und ist sehr hochwertig, weil es reich an ungesättigten Fettsäuren ist. Es hat einen milden nussartigen Geschmack und ist vielseitig verwendbar.

Olivenöl ist leicht würzig im Geschmack und von grüner Farbe. Das qualitativ hochwertigste ist das „extra vergine", das bei der ersten Pressung gewonnen wird. Olivenöl soll nicht unter 6 °C aufbewahrt werden, weil es dann flockt.

Frische **Kräuter** bringen Geschmack, Farbe und Frische in die Salatsoßen. Kräuter wirken appetitanregend, regen die Magensäfte zur besseren Verdauung an und sorgen mit für die Deckung des Vitaminbedarfs des menschlichen Körpers. Die in den Blättern der Kräuter enthaltenen Aromastoffe geben der Soße den Geschmack. Die meisten Kräuter gibt es das ganze Jahr über. Anstelle von frischen Kräutern können auch getrocknete oder tiefgefrorene verwendet werden. Die Würzkraft und der Vitamingehalt von tiefgefrorenen Kräutern sind höher als von getrockneten. Siehe auch „Kräuter und Gewürze" Seite 554.

Zum Anrichten der Salate können unterschiedliche Soßen zubereitet werden. Welche Salatsoße, Marinade oder Dip gewählt wird, ist abhängig vom persönlichen Geschmack und vom Salat, der zubereitet werden soll. Die Salatsoße soll den typischen Geschmack des Salates zur Geltung bringen. Zum Würzen der Salatsoße eignen sich außer Zucker und Salz z.B. frisch gemahlener Pfeffer, Hefeextrakt oder -flocken, Zwiebeln, Knoblauch, Meerrettich, Senf, Tomatenmark, Wein oder gerösteter Sesam.

Marinade ist eine klare Mischung aus Essig, Gewürzen, Öl und Kräutern, die zum Anrichten von Blattsalaten besonders geeignet ist.

Salatsoße, Dressing ist die Bezeichnung für verschiedene Soßen, die mit Essig, Öl, Mayonnaise, Sahne oder Joghurt hergestellt werden. Klassische Dressings sind z.B. American Dressing, French Dressing und Italian Dressing. Die Dressings unterscheiden sich durch die Zutaten. American Dressing wird mit Sahne, French Dressing mit Essig und Öl und Italian Dressing wird mit Gorgonzola hergestellt.

Dip ist eine kalte, dickflüssige und cremige Soße. Er wird zu Fleisch und festeren Gemüsesorten, z.B. Staudensellerie, Möhren, Artischocken und Chicorée, gereicht.

Damit es leichter geht

Mit dem **Universalzerkleinerer** können Kräuter schnell zerkleinert werden.

Mit den **Rührwerkzeugen** der Hand- oder Standküchenmaschine die Zutaten für die Soße verrühren.

Praktische Hinweise

- Kräuter sehr fein zerkleinern, damit die Aromastoffe besser von der Soße aufgenommen werden.
- Nur geschmacksneutrale Öle, z. B. Sonnenblumenöl, mit geschmacksintensiven Essigsorten, z. B. Himbeeressig, oder geschmacksneutrale Essigsorten, z. B. Weißweinessig, mit geschmacksintensiven Ölen, wie z. B. Walnussöl oder Kürbiskernöl, mischen.
- Zuerst Essig, Salz und die Gewürze verrühren, damit die Gewürze ihr Aroma entfalten und das Salz sich auflösen kann. Zuletzt das Öl unterrühren.
- Die Salatschüssel mit einer halben Knoblauchzehe ausreiben, wenn der Knoblauchgeschmack nicht so intensiv sein soll.
- Eine Marinade lässt sich gut im Schüttelbecher oder einem Glas mit Schraubdeckel mischen.

Frisch vom Markt: Kopfsalat, Eichblattsalat, Chicorée, Eisbergsalat, Radicchio, Feldsalat, Lollo rosso und Friséesalat

Blattsalat

S G

1 – 2	**Kopfsalat** oder Lollo rosso oder Eichblatt- oder Friséesalat oder 200 g Schnittsalat **Marinade** Rezept Seite 163 oder Salatsoße beliebiger Art

Vom Salat äußere Blätter entfernen, übrige Blätter vom Strunk lösen, Schnittsalat verlesen. Salat waschen, abtropfen lassen. Große Blätter etwas zerkleinern.
Marinade erst unmittelbar vor dem Anrichten mit dem Salat vermengen.

Feldsalat

S

250 g	**Feldsalat** **Marinade** oder Speck-Essig-Marinade Rezepte Seite 163 **Schnittlauch · Petersilie**

Feldsalat verlesen, die schlechten Blätter und Wurzeln entfernen. Salat waschen, abtropfen lassen.
Mit Marinade vermengen und abschmecken. Mit zerkleinerten Kräutern bestreuen.

Tipp:
- Geröstete Weißbrotwürfel über den angerichteten Salat streuen.

Endiviensalat

S

1 Kopf	**Endivie** **Marinade** oder Salatsoße mit Sahne Rezepte Seite 163/164 **Senf** nach Belieben

Vom Endiviensalat die äußeren Blätter entfernen. Endivie waschen, abtropfen lassen und in sehr feine Streifen schneiden.
Kurz vor dem Anrichten mit Marinade vermengen. Nach Belieben mit einer Messerspitze Senf abschmecken.

Veränderung:
Endiviensalat mit Obst: Entweder 1 Apfel und 1 Orange oder 1 Dose Mandarinen und 1 Banane klein geschnitten mit dem Salat mischen. Nach Belieben 1 Esslöffel gehackte Nüsse oder Leinsamen zufügen.

Chinakohlsalat mit Mandarinen

S

500 g	**Chinakohl**
125 g	**Mandarinen** **Salatsoße mit Sahne** Rezept Seite 164

Vom Chinakohl schlechte Stellen und Strunk entfernen, Chinakohl waschen und in Streifen schneiden. Mandarinen schälen und zerteilen. Zutaten mit der Salatsoße vermengen.

Chicorée-Obst-Salat

S

2	**Chicorée**
1–2	**Äpfel**
2	**Orangen**
	Zitronensaft
	Salatsoße mit Sahne Rezept Seite 164
	geriebene Nüsse

Chicorée putzen, den bitteren Kern am Staudenende kegelförmig herausschneiden. Chicorée waschen, abtropfen lassen. Äpfel waschen, Äpfel und Orangen schälen, Obst und Chicorée klein schneiden, mit Zitronensaft beträufeln.
Mit Salatsoße vermengen und abschmecken, Nüsse überstreuen.

Tipp:
Statt Nüsse geröstete Sonnenblumenkerne verwenden.

Bunter Salat mit Sprossen

S

300 g	**gemischte Blattsalate** Endivien-, Bataviasalat und Gartenkresse
4 EL	**Alfalfasprossen**
4 EL	**Rettichsprossen**
1 Bd	**Radieschen**
	Salatsoße mit saurer Sahne Rezept Seite 165
50 g	**gehackte Cashewkerne**

Blattsalate waschen, gut abtropfen lassen und in mundgerechte Stücke zupfen.
Sprossen waschen, gut abtropfen lassen.
Radieschen waschen und in feine Scheiben schneiden.
Vorbereitete Zutaten mit Salatsoße vermengen. Cashewkerne überstreuen.

Eichblattsalat mit Geflügelleber

S

1	**Eichblattsalat**
400 g	**Geflügelleber**
	Salz · Pfeffer
50 g	**Fett**
	Marinade Rezept Seite 163
	Knoblauch nach Belieben
	Petersilie

Vom Salat äußere Blätter entfernen, übrige Blätter vom Strunk lösen, Salat waschen, abtropfen lassen.
Leber waschen, trockentupfen, Häute und Sehnen entfernen und an den dicksten Stellen etwas einschneiden. Fett **erhitzen.** Leberstücke im heißen Fett von allen Seiten ca. 3 Minuten **braten** und mit Salz und Pfeffer würzen. Marinade nach Belieben mit Knoblauch abschmecken. Salat in etwa 4 cm große Stücke reißen, mit der Marinade vermengen, anrichten, die gebratene Leber darüber verteilen. Den Salat mit zerkleinerter Petersilie bestreuen.

Tipp:
Statt Eichblattsalat kann auch Endivien- oder Feldsalat verwendet werden.

Rucolasalat

S

300 g	**Rucola**
300 g	**Kirschtomaten**
	Vinaigrette Rezept Seite 164
100 g	**Parmesan** am Stück

Rucola verlesen, waschen und gut abtropfen lassen. Tomaten waschen und halbieren.
Mit Vinaigrette vermengen.
Parmesan mit einem Sparschäler in Späne hobeln und überstreuen.

Möhren-Rohkost mit Sonnenblumenkernen

S

1	**Zitrone** unbehandelt
150 g	**Crème fraîche**
1 Prise	**gemahlener Koriander**
1 Prise	**gemahlener Fenchel**
	Kräutersalz
1 EL	**Öl**
1 EL	**Sonnenblumenkerne**
500 g	**Möhren**
1	**Apfel**
	Petersilie

Zitrone heiß waschen, Zitronenschale abreiben, Zitrone auspressen.
Crème fraîche mit Zitronensaft und -schale, Gewürzen, Salz und Öl verrühren und abschmecken.
Sonnenblumenkerne trocken **rösten** und abkühlen lassen.
Möhren schälen und waschen, Apfel waschen. Möhren und Apfel raspeln, mit Sonnenblumenkernen in die Salatsoße geben und mit zerkleinerter Petersilie bestreuen.

Rote Rüben mit Äpfeln und Meerrettich

S

200 g	**Rote Rüben**
200 g	**Äpfel**
	Zitronenmarinade
	Rezept Seite 163
	geriebener Meerrettich

Rote Rüben schälen und waschen. Äpfel waschen, vierteln und Kerngehäuse entfernen. Rote Rüben und Äpfel fein raspeln.
Zitronenmarinade mit Meerrettich abschmecken und alles sofort miteinander vermengen.

Tipp:
- Geschälte Äpfel grob raspeln.

Sellerie-Apfel-Salat

S

200 g	**Sellerie**
200 g	**Äpfel**
1	**Zwiebel**
	Zitronenmarinade
	Rezept Seite 163
	Walnüsse

Sellerie und Äpfel waschen, schälen, von den Äpfeln das Kerngehäuse entfernen. Sellerie fein, Äpfel grob raspeln. Zwiebel schälen und reiben. Zutaten sofort mit der Marinade vermengen und abschmecken.
Mit halbierten Walnüssen garnieren.

Tipp:
- 100 g Sellerie und 100 g Möhren fein, 200 g geschälte Äpfel grob raspeln.

Sommersalat

100 g	**Möhren**
1 – 2	**Kohlrabi**
½	**Salatgurke**
½	**saure Gurke**
2 – 3	**Tomaten**
1 Bd	**Radieschen**
1	**Zwiebel**
	Salatsoße mit Sahne
	Rezept Seite 164
	Gurken · Tomaten

Möhren und Kohlrabi schälen, waschen und fein raspeln. Salatgurke waschen und grob raspeln. Saure Gurke in Scheiben schneiden. Tomaten und Radieschen waschen und in Scheiben schneiden.
Zwiebel schälen und in Würfel schneiden. Zwiebel und Salatsoße zugeben, alles vermengen. Mit Gurken- und Tomatenscheiben garnieren.

Zerkleinern von Lebensmitteln mit dem Schnitzelwerk

Mit der **Schneidscheibe** entstehen – abhängig von der Art des Schnittgutes – grobe und feine Scheiben, Ringe oder Halbkreise, z. B. aus Radieschen, Gurken, Zucchini, Möhren, Rote Beten, Kohl, Zwiebeln, Bleichsellerie.

Mit der **Raspelscheibe** können Gemüse wie Möhren, Rettiche, Rotkohl und Zucchini, aber auch Äpfel, Käse, Nüsse und Schokolade grob oder fein geraspelt werden.

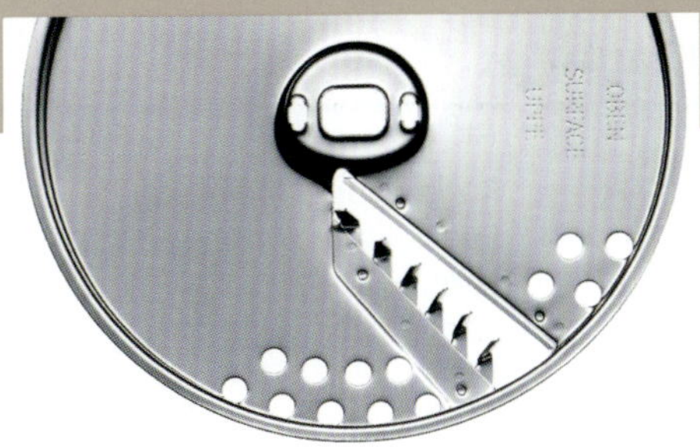

Mit der **Pommes frites-Scheibe** lassen sich nicht nur Kartoffeln, sondern auch feste Gemüse, wie z. B. Kohlrabi, in Stifte schneiden.

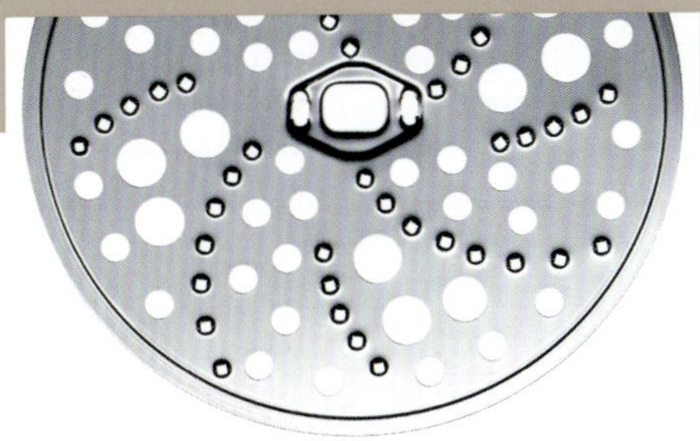

Mit der **Reibscheibe** können z. B. Kartoffeln, Käse, Nüsse und Kokosnüsse fein zerkleinert werden.

Sauerkrautsalat mit Äpfeln und Speck

S

375 g	**Sauerkraut**
2	**Äpfel**
1	**Zwiebel**
40 g	**Speck**
	Salz · Pfeffer · Zucker

Sauerkraut auseinander zupfen und klein schneiden. Äpfel waschen, schälen, vierteln, Kerngehäuse entfernen und Äpfel in Blättchen schneiden. Zwiebel schälen, Zwiebel und Speck in Würfel schneiden.
Speck **auslassen**, Zwiebel darin **andünsten**, zu Sauerkraut und Äpfeln geben. Vermengen und mit Gewürzen abschmecken.

Veränderung:
Sauerkrautsalat mit Ananas: 3 Scheiben Ananas in Streifen schneiden und statt Äpfel, Zwiebel und Speck zu dem vorbereiteten Kraut geben. Nach Belieben mit etwas Honig und Ananassaft vermengen.

Paprika-Tomaten-Salat

S

250 g	**grüne Paprikaschoten**
375 g	**Tomaten**
1	**Zwiebel**
	Marinade oder Zitronenmarinade Rezepte Seite 163
	Schnittlauch · Basilikum Petersilie

Paprika halbieren, Kerne entfernen, Paprika waschen, in Streifen schneiden. Tomaten überbrühen, abschrecken, abziehen und in Scheiben schneiden. Zwiebel schälen und in Würfel schneiden.
Mit Marinade vermischen und abschmecken. Mit zerkleinerten Kräutern bestreuen.

Krautsalat

■■

500 g	**Rotkohl** oder Weißkohl
	Speck-Essig-Marinade Rezept Seite 163
	Senf

Kohl putzen, waschen, fein schneiden und mit dem Fleischklopfer in einer Schüssel stampfen, damit er mürbe wird.
Marinade mit etwas Senf abschmecken, mit dem Kohl vermengen und längere Zeit durchziehen lassen.

Tipp:
- 300 g Rotkohl und 200 g Äpfel – fein oder grob geraspelt – mischen.

Gurkensalat

1	**Gurke**
	Marinade oder Zitronenmarinade Rezepte Seite 163

Gurke waschen und Spitzen abschneiden. Fein schneiden oder hobeln. Mit Marinade vermengen und abschmecken.

Veränderung:
Kopfsalat mit Gurke: 1 Kopf vorbereiteter Salat und eine fein geschnittene Gurke mit Salatsoße mit Sahne oder Joghurt, Rezepte S. 164, mischen. Borretsch, Dill und Petersilie zerkleinern und überstreuen.

Tipp:
- Marinade mit 1 TL Senf abschmecken, das macht den Salat bekömmlicher.
- Gurkensalat darf nicht lange stehen, sonst verlieren die Gurken zuviel Flüssigkeit.

Bohnensalat

■ ■ D

750 g	**grüne Bohnen** oder Wachsbohnen
	Salz
¼ l	**Wasser**
	Bohnenkraut
	Marinade oder Speck-Essig-Marinade Rezepte Seite 163
	Petersilie · Dill oder eine Kräutermischung

Bohnen abfädeln, waschen und in Stücke schneiden.
Salz überstreuen, Wasser angießen, Bohnenkraut zugeben, **ankochen**, 8–10 Minuten **dünsten** und 5–10 Minuten in der **Nachwärme** fertig garen. Abgießen, Bohnen abtropfen lassen.
Marinade über das noch warme Gemüse geben und durchziehen lassen, zerkleinerte Kräuter zufügen und abschmecken.

Rote Rüben-Salat

■ ■ D

750 g	**Rote Rüben**
	Salz
¼ l	**Wasser**
	Kümmel nach Belieben
	Marinade Rezept Seite 163

Rote Rüben waschen, dünn schälen, in feine Scheiben schneiden oder grob raspeln.
Salz überstreuen, Wasser angießen, **ankochen**, nach Belieben Kümmel zufügen, 10–12 Minuten **dünsten** und 5–10 Minuten in der **Nachwärme** fertig garen. Abgießen, Rote Rüben abtropfen lassen.
Mit Marinade vermengen und abschmecken.

Tipp:

Der Marinade rohen geriebenen Meerrettich und reichlich Zwiebelwürfel zufügen.

Weißkohlsalat

■ ■ D

750 g	**Weißkohl**
	Salz
¼ l	**Wasser**
	Kümmel nach Belieben
	Marinade oder Speck-Essig-Marinade Rezepte Seite 163

Vom Weißkohl die äußeren welken Blätter entfernen. Weißkohl waschen, in 4 Teile schneiden und fein hobeln.
Salz überstreuen, Wasser angießen, nach Belieben Kümmel zufügen, **ankochen** und 5 – 10 Minuten in der **Nachwärme** fertig garen. Abgießen, Kohl abtropfen lassen.
Mit Marinade vermengen und abschmecken.

Veränderung:

Bunter Weißkohlsalat: 1 Apfel, 100 g Mohrrüben und 100 g Sellerie fein raspeln und unter 500 g gegarten Weißkohl mischen.

D Zubereitung empfohlen im **Dampf-Gargerät**
Das Gericht wird besonders nährstoffschonend zubereitet.

Blumenkohlsalat

■■ D

1	**Blumenkohl**
	Salz
⅛ l	**Wasser**
	Marinade
	oder Salatsoße mit Sahne
	Rezepte Seite 163/164
	Petersilie

Blumenkohl putzen, waschen, in kleine Röschen teilen, Strunk in Würfel schneiden.

Salz überstreuen, Wasser angießen, **ankochen**, 8–10 Minuten **dünsten** und 5–10 Minuten in der **Nachwärme** fertig garen. Abgießen, Blumenkohl abtropfen und abkühlen lassen.

Marinade über das Gemüse geben, durchziehen lassen und abschmecken.

Den erkalteten Salat mit zerkleinerter Petersilie bestreuen.

Veränderung:

Broccolisalat: Anstelle von Blumenkohl mit Broccoli zubereiten.

Kleines Salatbüffet: links oben Sommersalat (Seite 153), rechts oben Matjes-Bohnen-Salat nach dänischer Art (Seite 161) und unten Chicorée-Obst-Salat (Seite 152), im Hintergrund Salatsoße mit Quark (Seite 164)

Spargelsalat

■ ■ D

750 g	**Spargel**
	Salz
¼ l	**Wasser**
	Kräutermarinade
	oder Salatsoße mit Sahne
	Rezepte Seite 163/164

Spargel waschen, vom Kopf nach unten dünn schälen, in 3–4 cm lange Stücke schneiden. Salz überstreuen und Wasser angießen, **ankochen**, 8–10 Minuten **dünsten** und 5–10 Minuten in der **Nachwärme** fertig garen. Abgießen, Spargel abtropfen, abkühlen lassen. Mit Marinade vermengen und abschmecken.

Veränderung:

Schwarzwurzelsalat: Schwarzwurzeln garen, siehe Rezept Seite 184, und wie Spargelsalat zubereiten.

Selleriesalat

■ ■ D

1 kg	**Sellerie**
	Salz
¼ l	**Wasser**
	Marinade
	oder Salatsoße mit Sahne
	Rezepte Seite 163/164
	Schnittlauch

Sellerie schälen, waschen, in Scheiben oder Streifen schneiden.
Salz überstreuen, Wasser angießen, **ankochen**, 10–12 Minuten **dünsten** und 5–10 Minuten in der **Nachwärme** fertig garen. Abgießen, Sellerie abtropfen und abkühlen lassen. Mit Marinade vermengen und abschmecken. Mit zerkleinertem Schnittlauch bestreuen.

Tipp:

Sellerie verträgt reichlich Zwiebeln, aber nur wenig Salz.

Fenchelsalat

■ ■ D

500 g	**Fenchel**
	Salz
¼ l	**Wasser**
	Marinade
	oder Salatsoße mit Sahne
	Rezepte Seite 163/164
	Fenchelkraut · Petersilie

Fenchel putzen, holzige Teile entfernen, das feine Kraut abschneiden und fein zerkleinern. Knollen waschen und in dünne Scheiben schneiden.
Salz überstreuen, Wasser angießen, **ankochen**, 8–10 Minuten **dünsten** und 5–10 Minuten in der **Nachwärme** fertig garen. Abgießen, Fenchel abtropfen und abkühlen lassen.
Mit Marinade vermengen und abschmecken. Mit Fenchelkraut und zerkleinerter Petersilie bestreuen.

D Zubereitung empfohlen im **Dampf-Gargerät**
Das Gericht wird besonders nährstoffschonend zubereitet.

Kartoffelsalat

■ ■ D

1½ kg	**Pellkartoffeln**
Marinade:	
¼ l	**heiße Brühe**
3–4 EL	**Weinessig** oder Kräuteressig
	Senf nach Belieben
	Zucker nach Belieben
	Salz · Pfeffer · Paprika
4–6 EL	**Öl**
	Zwiebelwürfel
	zerkleinerte Kräuter
	Petersilie · Schnittlauch · Dill
1	**hartgekochtes Ei**
	Tomate · Gurke · Radieschen

Kartoffeln pellen und in Scheiben schneiden. Die Zutaten für die Marinade verrühren, mit den Kartoffelscheiben mischen und abschmecken.

Vor dem Anrichten mit zerkleinerten Kräutern bestreuen. Mit zerkleinertem Ei und Tomaten-, Gurken- oder Radieschenscheiben garnieren.

Veränderung:

Kartoffelsalat mit Speck: 150 g Schinkenspeck in Würfel schneiden, auslassen und statt Öl zuletzt über die Kartoffeln geben.

Kartoffelsalat mit Mayonnaise: Warme Kartoffelscheiben mit ⅛ l heißer Marinade übergießen und mit Mayonnaise vermengen.

Kartoffelsalat mit Gurken: Feine Scheiben oder Würfel von 2 – 3 Gewürzgurken untermischen.

Tipp:

Kartoffelsalat ist bekömmlicher, wenn er noch warm gereicht wird.

D — Zubereitung empfohlen im **Dampf-Gargerät**. Das Gericht wird besonders nährstoffschonend zubereitet.

Würziger Nudelsalat

■ ■ D

¾ l	**Wasser**
	Salz
1 TL	**Öl**
200 g	**kleine Nudeln**
375 g	**Tomaten**
1–2	**Paprikaschoten**
2–3	**Gewürzgurken**
125 g	**Mayonnaise**
	Rezept Seite 137
1 TL	**Senf**
	Sahne · Essig · Salz · Zucker
1 EL	**Zwiebelwürfel**
	Knoblauch nach Belieben
	Petersilie · Schnittlauch

Wasser, Salz und Öl **ankochen**, Nudeln hineingeben und 8–10 Minuten in der **Nachwärme** quellen lassen. Abgießen, Nudeln abtropfen und abkühlen lassen.

Tomaten überbrühen, abschrecken, abziehen und in Scheiben schneiden. Paprika halbieren, Kerne entfernen, Paprika waschen und in Streifen schneiden. Gurken in Würfel schneiden.

Mayonnaise mit Senf, Sahne, Essig, Salz, Zucker und Zwiebel verrühren, nach Belieben Knoblauch zufügen.

Mit Nudeln, Tomaten, Paprika und Gurken vermengen. Durchziehen lassen und abschmecken.

Mit zerkleinerten Kräutern bestreuen.

Veränderung:

Dänischer Nudelsalat: 125 g Nudeln und 500 g Erbsen garen. 200–250 g Schinken oder Fleischwurst in Würfel schneiden. Mit 125 g Mayonnaise und zerkleinerter Petersilie mischen.

Heringssalat

■■ D

3–4	**Salzheringe**
375 g	**Pellkartoffeln**
2–3	**Äpfel**
1	**große Zwiebel**
250 g	**eingelegte Rote Rüben**
1–2	**saure Gurken**
100 g	**Mayonnaise** Rezept Seite 137
1–2 EL	**Wasser**
1–2 EL	**Essig**
	Salz · Senf · Zucker
	Petersilie

Salzheringe wässern, abziehen und ausnehmen. Kartoffeln pellen, Äpfel waschen, schälen, vierteln und Kerngehäuse entfernen. Zwiebel schälen. Alle Salatzutaten in kleine, gleichmäßige Würfel schneiden.
Mayonnaise mit Wasser und Essig verrühren, über die Salatzutaten geben, vermengen und mit Salz, Senf und Zucker abschmecken.
Salat mindestens 1 Stunde durchziehen lassen. Mit zerkleinerter Petersilie bestreuen.

Tipp:

- Vorsicht mit der Zugabe von Salz!

Fisch-Obst-Salat

■■ D

2	**Äpfel**
1	**Gewürzgurke**
2	**Orangen**
500 g	**Fischfilet,** gedünstet
150–200 g	**Mayonnaise** Rezept Seite 137

Äpfel schälen, halbieren, Kerngehäuse entfernen. Apfel und Gewürzgurke in Würfel schneiden, Orangen filetieren, Fisch zerpflücken.
Alle Zutaten mit der Mayonnaise vermengen und abschmecken.

Matjes-Bohnen-Salat nach dänischer Art

■■ D

500 g	**grüne Bohnen**
	Salz
¼ l	**Wasser**
4	**kleine Pellkartoffeln**
1–2	**Zwiebeln**
4	**Matjesfilets**
	Pfeffer
100 g	**Mayonnaise** oder Quarkremoulade Rezepte Seite 137/138

Bohnen abfädeln, waschen und in Stücke brechen. Salz überstreuen, Wasser angießen, **ankochen**, 10–15 Minuten **dünsten** und 5–10 Minuten in der **Nachwärme** fertig garen. Abgießen und Bohnen abtropfen lassen. Kartoffeln pellen, Zwiebeln schälen. Kartoffeln, Zwiebeln und Matjesfilets in Streifen oder Würfel schneiden.
Alle Zutaten mit Pfeffer und Mayonnaise mischen, Salat kalt stellen und abschmecken.

Käse-Wurst-Salat

■■

1–2	**Äpfel**
1	**Zwiebel**
125 g	**Fleischwurst** oder Mortadella
125 g	**Käse**
1–2	**Gewürzgurken**
	Marinade oder Salatsoße mit Sahne Rezepte Seite 163/164
	Petersilie

Äpfel und Zwiebel schälen. Alle Salatzutaten in Würfel schneiden. Mit der Marinade vermengen. Durchziehen lassen und abschmecken.
Mit zerkleinerter Petersilie bestreuen.

Tipp:

- Geeignete Käsesorten: Edamer, Gouda, Chester oder Emmentaler.

Reis-Gurken-Salat

■ ■ D

1	**Zwiebel**
1 EL	**Öl**
250 g	**Reis**
½ l	**heißes Wasser**
	Salz
1	**Salatgurke**
1	**Gewürzgurke**
1 EL	**Kapern**
Soße:	
	Essig · Salz · Zucker · Öl
	Schnittlauch
	Petersilie · Dill

Zwiebel schälen und in Würfel schneiden. Öl **erhitzen**, Zwiebel und Reis darin unter Rühren **andünsten**. Wasser angießen, Salz zufügen, 15–20 Minuten **quellen** und anschließend abkühlen lassen.
Salat- und Gewürzgurke in Scheiben schneiden, mit Reis und Kapern mischen.
Salatsoße bereiten, mit zerkleinerten Kräutern vermengen, abschmecken und mit den Salatzutaten vermischen.

Partysalat

■ ■

2	**Äpfel**
1	**grüne Paprikaschote**
1	**Orange**
2	**Tomaten**
200 g	**Ananas**
3	**Gewürzgurken**
3	**Senfgurken**
	Marinade
	Rezept Seite 163

Äpfel und Paprika waschen, Äpfel in Viertel schneiden und Kerngehäuse entfernen. Paprika halbieren und entkernen. Orange schälen und filetieren. Tomaten waschen. Alle Zutaten in schmale Streifen oder Würfel schneiden und mit der Marinade vermengen.

Spanischer Reissalat

■ ■ D

125 g	**Langkornreis**
	Salz
¼ l	**Wasser**
1	**grüne Paprikaschote**
250 g	**Tomaten**
250 g	**gegartes Hühnerfleisch**
125 g	**Krabben**
1 Dose	**Thunfisch**
	Abtropfgewicht 150 g
2	**Zwiebeln**
60 g	**schwarze Oliven**
4	**Sardellenfilets**
	Paprika
	Weinmarinade
	mit Rotwein
	Rezept Seite 163

Wasser und Salz **ankochen**, Reis zugeben, umrühren, 15–20 Minuten **quellen** lassen.
Paprika und Tomaten waschen. Paprika halbieren, entkernen und in feine Streifen schneiden. Tomaten in Achtel schneiden und die Stielansätze entfernen. Hühnerfleisch in kleine Würfel schneiden.
Krabben waschen, Krabben und Thunfisch abtropfen lassen. Zwiebeln schälen, in feine Würfel schneiden. Oliven entsteinen.
Sardellenfilets waschen, trockentupfen, zerkleinern, zu der Marinade geben und mit Paprika abschmecken.
Den abgekühlten Reis mit den übrigen Zutaten und der Marinade vermengen.

D Zubereitung empfohlen im **Dampf-Gargerät**
Das Gericht wird besonders nährstoffschonend zubereitet.

Marinade

S	■■	G

2–3 EL	**Essig**
2–3 EL	**Wasser**
½ TL	**Senf**
	Pfeffer · Salz · Zucker
4–6 EL	**Öl**
	nach Belieben:
	Zwiebelwürfel · Knoblauch

Essig, Wasser und Gewürze miteinander verrühren und abschmecken. Erst nach dem Abschmecken Öl unter Rühren zufügen. Nach Belieben Zwiebelwürfel und Knoblauch untermischen.

Veränderung:

Kräutermarinade: 2 EL zerkleinerte Kräuter (Petersilie, Dill, Schnittlauch) zugeben.

Zitronenmarinade: Zitronensaft statt Essig verwenden.

Speck-Essig-Marinade: 150 g Speck statt Öl verwenden, in Würfel schneiden, auslassen und nach dem Abschmecken zu der Marinade geben.

Weinmarinade: Weiß- oder Rotwein statt Wasser verwenden.

Tipp:

Balsamico-Essig ist aus geschmacklichen Gründen zu empfehlen.

Kichererbsen-Dip Bombay,
Orangendip und Griechischer Dip,
Rezepte Seite 165

Vinaigrette

S	
5 EL	**Weinessig**
	Salz · Pfeffer · Zucker
	Muskat · Rosmarin
⅛ l	**Öl**
1	**Zwiebel**
1	**hart gekochtes Ei**
1	**Knoblauchzehe**
	zerkleinerte Kräuter
	Petersilie · Dill · Schnittlauch

Weinessig und Gewürze verrühren, Öl unter Rühren zufügen.
Zwiebel schälen, Ei pellen, Zwiebel und Ei in Würfel schneiden. Knoblauchzehe zerdrücken. Zwiebel, Ei und Knoblauch mit den Kräutern in die Vinaigrette geben und abschmecken.

Salatsoße mit Meerrettich

S	
2–3 EL	**Essig**
3 EL	**süße Sahne**
	Salz · Zucker
1 TL	**scharfer Senf**
1 TL	**geriebener Meerrettich**
2–3 EL	**Öl**
	zerkleinerter Schnittlauch
	nach Belieben

Essig, Sahne, Salz, Zucker, Senf und Meerrettich verrühren, abschmecken. Öl unter Rühren zufügen. Schnittlauch zugeben.

Salatsoße mit Sahne

S	
3 EL	**Essig** oder Zitronensaft
1 TL	**Senf**
	Zucker · Salz · Pfeffer
⅛ l	**süße Sahne**
4 EL	**Joghurt**

Essig, Senf, Zucker, Salz und Pfeffer verrühren. Sahne halbsteif schlagen, mit Joghurt zu den übrigen Zutaten geben und abschmecken.

Tipp:
- Je nach Verwendung zerkleinerte Kräuter zufügen.

Salatsoße mit Quark

S	
100 g	**Quark**
	Salz · Zucker · Pfeffer
2 EL	**Zitronensaft**
	etwas Milch
	zerkleinerte Kräuter
	Petersilie · Dill · Schnittlauch
2 EL	**Öl**

Quark, Salz, Zucker, Zitronensaft, Milch und Kräuter verrühren und abschmecken. Öl unter Rühren zufügen.

Salatsoße mit Joghurt

S	
150 g	**Joghurt**
2 EL	**Zitronensaft**
2 EL	**Mayonnaise**
	Salz · Zucker · Pfeffer
	zerkleinerte Kräuter
	Dill · Petersilie

Zitronensaft, Joghurt und Mayonnaise verrühren und mit den Gewürzen abschmecken. Kräuter zufügen.

Tipp:
- Die Salatsoße kann mit Crème fraîche verfeinert werden.

Salatsoße mit saurer Sahne

3 EL	**Weißweinessig**
	Salz · Pfeffer · Zucker
6 EL	**Distelöl**
100 ml	**saure Sahne**
½ Bd	**zerkleinerte Kräuter**
	Petersilie · Dill · Zitronenmelisse

Essig und Gewürze verrühren.
Öl und saure Sahne unterrühren.
Kräuter zufügen.

Cocktailsoße

S

½ l	**süße Sahne**
4 EL	**Tomatenketchup**
1 EL	**Cognac**
	Salz · Pfeffer · Paprika

Sahne halbsteif schlagen und mit Tomatenketchup verrühren.
Mit Cognac und Gewürzen abschmecken.

Tipp:

Zu Salaten, Fleisch oder Krebstieren reichen.

Griechischer Dip

S

250 g	**Quark**
250 g	**Joghurt**
4 EL	**Olivenöl**
2 EL	**Essig**
	Salz · Pfeffer
2	**Knoblauchzehen**
2 Bd	**Dill**

Quark, Joghurt, Öl, Essig, Salz und Pfeffer verrühren. Knoblauchzehen zerdrücken, Dill zerkleinern und beides in den Dip geben.

Veränderung:

Zaziki: 400 g Gurken schälen. Entweder grob raspeln oder in sehr kleine Würfel schneiden. Mit dem Dip vermengen und kalt stellen.

Kichererbsen-Dip Bombay

125 g	**Lauch**
2 EL	**Sesamöl**
1 Dose	**Kichererbsen**
	Abtropfgewicht 400 g
150 g	**Joghurt**
1 EL	**Curry**
2 TL	**Mango Chutney**
2 TL	**Sojasoße**
½ TL	**rote Currypaste**
	Salz · Pfeffer · Zucker

Lauch putzen, waschen, in Ringe schneiden. Öl **erhitzen**, Lauch darin **andünsten**, 5 Minuten in der **Nachwärme** fertig garen, abkühlen lassen.
Kichererbsen, Joghurt, Curry, Mango Chutney, Sojasoße und Currypaste im Mixer fein pürieren und zum Lauch geben.
Mit Salz, Pfeffer und Zucker verrühren und abschmecken.

Tipp:

Den Dip zu kalten Braten reichen oder als Brotaufstrich verwenden.

Orangendip

S

1	**Orange**
125 g	**Mayonnaise**
2 EL	**süße Sahne**
	abgeriebene Orangenschale
1 TL	**mittelscharfer Senf**
	Salz · Pfeffer · Zucker

Orange halbieren und auspressen. Mayonnaise mit Sahne verrühren, Orangensaft, Orangenschale und Senf unterrühren.
Mit den Gewürzen abschmecken.

Tipp:

Zu einer Rohkostplatte reichen.

Gemüse

Das ganzjährig umfangreiche Angebot in- und ausländischer Gemüsesorten macht es leicht, zu jeder Jahreszeit Gerichte mit Gemüse herzustellen. Im täglichen Speiseplan können sie verwendet werden als Vorspeise, Hauptgericht, kalorienarmer Snack, Diätmahlzeit, Zwischenmahlzeit und warme oder kalte Beilage.

Für den Aufbau des Körpers und für die Erhaltung der Gesundheit ist Gemüse von großer Bedeutung. Die Inhaltsstoffe tragen wesentlich zur Deckung des Vitamin- und Mineralstoffbedarfs bei. Der Gehalt an Ballaststoffen gibt dem Gemüse den Sättigungswert und wirkt gleichzeitig anregend auf die gesamte Darmtätigkeit. Nach den Empfehlungen der Deutschen Gesellschaft für Ernährung (DGE) soll eine ausgewogene, vollwertige Ernährung reich an Ballaststoffen sein. Daher wird empfohlen, täglich ca. 200 g frisches Gemüse als Beilage zu den Hauptmahlzeiten zu verzehren. Dadurch wird erreicht, dass der Verzehr von Fleisch und Fett reduziert werden kann. Der Energiegehalt des Gemüses ist, im Vergleich zu anderen Lebensmitteln, sehr gering. Viele natürliche Aromastoffe geben dem Gemüse den besonderen Geschmack.

Gemüsekalender

Gemüseart	Monat 1	2	3	4	5	6	7	8	9	10	11	12
Blattgemüse												
Batavia	•	•	•	•	●▒	●▒	●▒	●▒	●▒	•▒	•	•
Eichblattsalat				•	●▒	●▒	●▒	●▒	●▒	●▒	•▒	•
Eisbergsalat	•	•	•	•	●▒	●▒	●▒	●▒	●▒	●▒	•	•
Endiviensalat	•	•	•	•			•▒	•▒	●▒	●▒	●▒	•
Feldsalat	•▒	•▒	•▒					●	●▒	●▒	●▒	●▒
Kopfsalat	•	•	●	●	●▒	●▒	●▒	●▒	●▒	●▒	•	•
Lollo Rosso	•	•	•	•	●▒	●▒	●▒	●▒	●▒	●▒	•	•
Mangold						•▒	●▒	●▒				
Spinat	•	•	●	●▒	●▒	•▒	•▒	•▒	●▒	●▒	•	•
Frucht-/Samengemüse												
Auberginen	•	•	•	•	●	●	●	●	•	•	•	•
Bohnen, dicke					•▒	●▒	●▒					
Bohnen, grün			•	•	•	•▒	●▒	●▒	●▒	•	•	•
Erbsen, grün				•	•	●▒	●▒	●▒	•			
Paprika	•	•	•	•	•	●	●	●	●	●	●	•
Salatgurken	●	●	●	●	●	●	●	●	●	●	●	●
Tomaten	•	•	•	●	●	●	●▒	●▒	●▒	●▒	●	•
Zucchini	•	•	•	•	•▒	●▒	●▒	●▒	●▒	●▒	●	•
Kohlgemüse												
Blumenkohl	•	•	●	●	•	•▒	●▒	●▒	●▒	●▒	•▒	•
Broccoli		•	•	•	•	●▒	●▒	●▒	•▒	•▒	•▒	•
Chinakohl	●	●	●	•	•	•			●▒	●▒	●▒	●
Grünkohl	●▒	●▒	•	•						•	●▒	●▒
Rosenkohl	●▒	●▒	•	•					●▒	●▒	●▒	●▒
Rotkohl	●	●	●	•	•	•	●▒	●▒	●▒	●▒	●▒	●
Weißkohl	●	●	●	●	•▒	•▒	•	•	●▒	●▒	●▒	●
Wirsing	●	●	●	●	●▒	•▒	•	•	●▒	●▒	●▒	●
Stengel-/ Sprossengemüse												
Bleichsellerie	●	●	●	●	●	●	●▒	●▒	●▒	●▒	●	●
Chicorée	●	●	●	●	•				•	●	●	●
Fenchel	•	•	•	•	•	•	•	•▒	•▒	•▒	•▒	•
Kohlrabi		•	•	•	•	●▒	●▒	●▒	●▒	●▒	•	
Spargel		•	•	●	●▒	●▒	•					
Wurzelgemüse												
Möhren	●	●	●	●	●	●▒	●▒	●▒	●▒	●▒	●▒	●
Rettich	•	•	•	•	●	●	●▒	●▒	●▒	●▒	•	•
Rote Rüben	●	●	•	•					●▒	●▒	●▒	●
Schwarzwurzeln	•	•	•	•					•▒	•▒	•▒	●▒
Sellerie	●	●	●	•	•			•	●▒	●▒	●▒	●
Steckrüben	•	•								●▒	●▒	•
Zwiebelgemüse												
Lauch	●▒	●▒	●	•	•	•▒	•▒	●▒	●▒	●▒	●▒	●
Zwiebeln	●	●	●	●	●▒	●▒	●▒	●▒	●▒	●▒	●	●

Diese Übersicht zeigt, in welchen Monaten (1 bis 12) des Jahres Gemüse in reichhaltigen Mengen (●) oder in geringen Mengen (•) angeboten wird und wann Gemüse aus einheimischem Anbau (▒) zu haben ist.

Spinat

D

1 kg	**Spinat**
1	**Zwiebel**
40 g	**Butter** oder Margarine
	Salz
	Muskat · Pfeffer

Spinat verlesen, waschen, tropfnass **erhitzen** und zusammenfallen lassen. Bei Bedarf zerkleinern oder pürieren.
Zwiebel schälen und in Würfel schneiden. Butter **erhitzen**, Zwiebel darin **andünsten**. Spinat zufügen, 5 Minuten **dünsten** und 5–10 Minuten in der **Nachwärme** fertig garen.
Mit den Gewürzen abschmecken.

Tipp:

- Anstelle von Muskat kann auch Knoblauch zum Würzen verwendet werden.
- Durch Zugabe von Milch oder Sahne werden fettlösliche Vitamine besser aufgenommen und der Geschmack milder.

Mangold

S D

1 kg	**Mangold**
1	**Zwiebel**
40 g	**Butter** oder Margarine
	Salz
	Muskat · Pfeffer

Mangoldblätter waschen, tropfnass **erhitzen** und zusammenfallen lassen. Zerkleinern oder pürieren.
Zwiebel schälen und in Würfel schneiden. Butter **erhitzen**, Zwiebel darin **andünsten**. Mangold zugeben, 5 Minuten **dünsten** und 5–10 Minuten in der **Nachwärme** fertig garen.
Mit den Gewürzen abschmecken.

Tipp:

- Durch Zugabe von Milch oder Sahne werden fettlösliche Vitamine besser aufgenommen und der Geschmack milder.

Dicke Bohnen

D

2½ kg	**Bohnen mit Hülsen** = 750 g Reingewicht
40 g	**Butter** oder Margarine
	Salz · Bohnenkraut
⅛ – ¼ l	**Wasser**
	Petersilie

Bohnen enthülsen und waschen.
Butter **erhitzen**, Bohnen darin **andünsten**. Salz überstreuen, Bohnenkraut zugeben, Wasser angießen, **ankochen**, 15–20 Minuten **dünsten** und 5–10 Minuten in der **Nachwärme** fertig garen. Bohnenkraut herausnehmen, Bohnen abschmecken.
Mit zerkleinerter Petersilie bestreuen.

Veränderung:

Dicke Bohnen in Specksoße: Bohnen mit ¼ l Wasser und Salz ankochen und 20–25 Minuten dünsten. 60 g Magerspeck auslassen, 50 g Mehl darin bräunen. 1 kleine geschnittene Zwiebel darin andünsten. Mit ½ l Flüssigkeit – Bohnenbrühe und Wasser – ablöschen, aufkochen und fertig garen. Bohnen in die Soße geben und erwärmen. Nach Belieben mit Salz, Pfeffer, Zucker und Essig abschmecken.

Tipp:

- 150 g durchwachsenen Speck in feine Würfel schneiden, auslassen und über die gegarten Bohnen geben.

D Zubereitung empfohlen im **Dampf-Gargerät**
Das Gericht wird besonders nährstoffschonend zubereitet.

Grüne Bohnen

D

1 kg	**grüne Bohnen**
1	**Zwiebel**
40 g	**Butter** oder Margarine
	Salz
2–4	**Stängel Bohnenkraut**
⅛ l	**Wasser**
	Pfeffer
	Petersilie oder Majoran

Bohnen abfädeln, waschen und in Stücke schneiden, Zwiebel schälen und in Würfel schneiden.
Butter **erhitzen**, Zwiebel darin **andünsten**, Bohnen und Bohnenkraut dazugeben, Salz zugeben. Wasser angießen, **ankochen**, 15–20 Minuten **dünsten** und evtl. 5 Minuten in der **Nachwärme** fertig garen.
Bohnenkraut herausnehmen, Bohnen abschmecken und mit zerkleinerter Petersilie bestreuen.

Veränderung:

Bohnen im Speckmantel: Bohnen im Ganzen garen, abtropfen lassen, mit Speckscheiben umwickeln und anbraten.

Bohnen-Tomaten-Gemüse: 250 g Tomaten überbrühen, abschrecken, abziehen, in Viertel schneiden und 10 Minuten mit den Bohnen dünsten.

Strom-Spar-Tipp
Gemüse und Kartoffeln mit wenig Wasser garen oder im Dampf-Gargerät zubereiten

Grüne Erbsen

D

1½ kg	**Erbsen mit Hülsen** = Reingewicht 500 g
40 g	**Butter** oder Margarine
	Salz
⅛ l	**Wasser**
	Zucker nach Bedarf
	Petersilie

Erbsen enthülsen und waschen.
Butter **erhitzen**, Erbsen darin **andünsten**.
Salz zugeben, Wasser angießen, 5 Minuten **dünsten** und evtl. 5 Minuten in der **Nachwärme** fertig garen. Nach Belieben mit Zucker abschmecken.
Mit zerkleinerter Petersilie bestreuen.

Gurken

S

1½ kg	**Schmorgurken**
2	**Zwiebeln**
65 g	**durchwachsener Speck** oder 2 EL Öl
	Salz · Pfeffer · Paprika
	saure Sahne oder Crème fraîche
	Dill · Petersilie

Gurken waschen, schälen, längs halbieren, mit einem Löffel Kerne auskratzen, in 5–6 cm lange und 3 cm breite Stücke schneiden. Zwiebeln schälen. Zwiebeln und Speck in Würfel schneiden.
Speck **auslassen**, Zwiebeln und Gurken darin **andünsten**. Gewürze und Sahne zufügen und 8–10 Minuten **dünsten**. Abschmecken und mit zerkleinerten Kräutern bestreuen.

Veränderung:

Gurken-Tomaten-Gemüse: 500 g Tomaten überbrühen, abschrecken, abziehen und in Viertel schneiden. Gurken zusammen mit Tomaten wie Gurkengemüse garen. Nach Belieben ohne Sahne zubereiten.

Gemüse vorbereiten

Rosenkohlstrunk kreuzweise einschneiden

Broccolistrunk kürzen und große Blätter entfernen

Chicoréekern kegelförmig herausschneiden

Spargel vom Kopf nach unten schälen

Lauch ab 2 cm vom Wurzelende aus spalten

Tomaten abwällen und abziehen

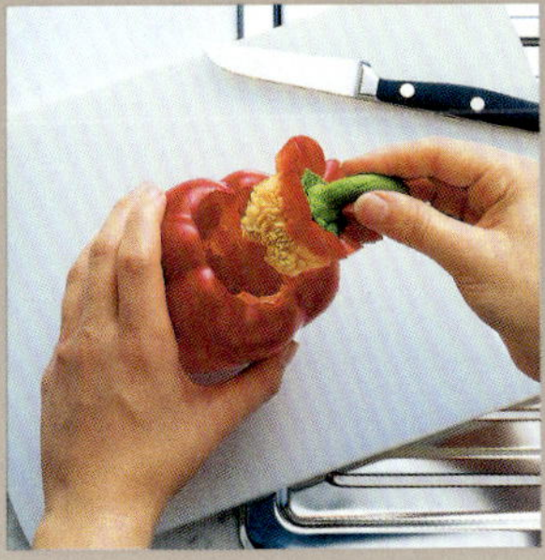

Paprikaschote entkernen

Mangoldblätter von dicken Stielen abtrennen

Zucchini

S D

750 g	**Zucchini**
1	**Zwiebel**
2–3 EL	**Öl**
1	**Knoblauchzehe**
	Salz · Majoran
	Wasser nach Bedarf
	Petersilie

Zucchini waschen, Stiel und Spitze entfernen und in ½ cm dicke Scheiben schneiden. Zwiebel schälen und in Würfel schneiden.

Öl **erhitzen**, zerdrückte Knoblauchzehe, Zwiebel und Zucchini darin **andünsten**. Salz und Majoran zugeben, Wasser angießen, 5–8 Minuten **dünsten** und evtl. 5 Minuten in der **Nachwärme** fertig garen.

Abschmecken und mit zerkleinerter Petersilie bestreuen.

Paprika-Tomaten-Gemüse

D

500 g	**Paprikaschoten**
500 g	**Tomaten**
1	**große Zwiebel**
65 g	**durchwachsener Speck** oder 2 EL Öl
1	**Knoblauchzehe**
	Salz · Pfeffer · Paprika
1	**Zweig Rosmarin**
1	**Zweig Basilikum**
	Petersilie

Paprika halbieren, Kerne entfernen, Paprika waschen und in Streifen schneiden. Tomaten überbrühen, abschrecken, abziehen und in Viertel schneiden. Zwiebel schälen. Zwiebel und Speck in Würfel schneiden.

Speck **auslassen**, Zwiebel und Paprika zusammen mit der zerdrückten Knoblauchzehe **andünsten**. Tomaten, Gewürze und Kräuter zugeben, 8–10 Minuten **dünsten** und evtl. 5 Minuten in der **Nachwärme** fertig garen.

Abschmecken und mit zerkleinerter Petersilie bestreuen.

Auberginen mit Tomaten

D

750 g	**Auberginen**
500 g	**Tomaten**
1	**Zwiebel**
1	**Knoblauchzehe**
3 EL	**Öl**
	Salz · Pfeffer · Paprika
	Basilikum

Auberginen waschen, Stiel entfernen, Tomaten überbrühen, abschrecken, abziehen. Auberginen und Tomaten in Scheiben schneiden. Zwiebel schälen und in Würfel schneiden.

Öl **erhitzen**, Auberginen, Zwiebel und zerdrückte Knoblauchzehe darin **andünsten**. Tomaten und Salz zugeben, 8 Minuten **dünsten** und evtl. 5 Minuten in der **Nachwärme** fertig garen, abschmecken. Mit zerkleinertem Basilikum bestreuen.

Veränderung:

Gebratene Auberginen: Große Früchte nehmen und in dicke Scheiben schneiden. Öl in einer Pfanne erhitzen, Scheiben einlegen, Salz überstreuen und leicht braten. Scheiben wenden, Zwiebelwürfel, eventuell auch Tomatenscheiben zugeben und fertig garen.

Strom-Spar-Tipp

Kochgeschirr passend zur Kochstellengröße wählen

Ratatouille

Ratatouille

D

4	**Zwiebeln**
250 g	**grüne Paprikaschoten**
375 g	**Auberginen**
250 g	**Zucchini**
500 g	**Tomaten**
3 EL	**Öl**
1	**Knoblauchzehe**
1 Bund	**Petersilie**
1 TL	**Kräuter der Provence**
	Salz · Pfeffer
	Wasser nach Bedarf
	Petersilie

Zwiebeln schälen und in Würfel schneiden. Paprika halbieren, Kerne entfernen, Paprika waschen und in Streifen schneiden. Auberginen und Zucchini waschen und in Scheiben schneiden. Tomaten überbrühen, abschrecken, abziehen und in Viertel schneiden.

Öl **erhitzen**, zerdrückte Knoblauchzehe und Gemüse darin **andünsten**. Grob zerkleinerte Kräuter zugeben, mit Salz und Pfeffer würzen, evtl. Wasser angießen, 15–20 Minuten **dünsten** und evtl. 5–10 Minuten in der **Nachwärme** fertig garen.

Abschmecken und mit zerkleinerter Petersilie bestreuen.

D Zubereitung empfohlen im **Dampf-Gargerät**
Das Gericht wird besonders nährstoffschonend zubereitet.

Blumenkohl

D

1	**Blumenkohl**
	Salz
¼ l	**Wasser**
	Muskat
40 g	**Butter** oder Margarine
2 EL	**Paniermehl**

Von dem Blumenkohl die Blätter und den harten Strunk entfernen. In Salzwasser waschen. Salz zugeben, Wasser angießen, **ankochen**, 15–20 Minuten **dünsten** und evtl. 5–10 Minuten in der **Nachwärme** fertig garen. Blumenkohl abtropfen lassen, Muskat darüberstreuen. Butter **erhitzen**, Paniermehl darin **rösten** und über den Blumenkohl geben.

Veränderung:

Blumenkohl in Holländischer Soße: Blumenkohl abtropfen lassen und mit heißer Soße, Rezept Seite 132 oder 140, übergießen.

Tipp:

- Den Deckel beim Garen nicht abheben, um ein Braunwerden des Blumenkohls durch den Zutritt von Luft zu vermeiden.
- Teilt man den Kohl in einzelne Röschen, verkürzt sich die Gesamtgardauer.

Broccoli

D

1 kg	**Broccoli**
	Salz
⅛–¼ l	**Wasser**
40 g	**Butter** oder Margarine
40 g	**Mandelblätter**

Broccoli putzen, in Röschen teilen und waschen.
Salz zugeben, Wasser angießen, **ankochen**, 5 Minuten **dünsten**; evtl. 5 Minuten in der **Nachwärme** fertig garen. Broccoli abtropfen lassen. Butter **erhitzen**, Mandeln darin **rösten** und über den Broccoli geben.

Veränderung:

Broccoli in Holländischer Soße: Broccoli abtropfen lassen und mit heißer Soße, Rezept Seite 132 oder 140, übergießen.

Chinakohl

D

¾–1 kg	**Chinakohl**
40 g	**Butter** oder Margarine
	Salz
2 EL	**geriebener Käse**

Vom Chinakohl schlechte Stellen, bei älterem Kohl auch Strunk entfernen, waschen. Den Kohl senkrecht in 3–4 Teile schneiden und diese in etwa 3 cm lange Stücke.
Butter **erhitzen**, Kohl darin **andünsten**, Salz zugeben, 8–10 Minuten **dünsten** und evtl. 5–10 Minuten in der **Nachwärme** fertig garen. Abschmecken und mit Käse bestreuen.

Veränderung:

Chinakohl in Käsesoße: Chinakohl abtropfen lassen und mit heißer Soße, Rezept Seite 132, übergießen.
Chinakohl in Béchamelsoße: Chinakohl abtropfen lassen und mit heißer Soße, Rezept Seite 132, übergießen.

Tipp:

- Zugabe von Zwiebel: Fett erhitzen, 3 EL Zwiebelwürfel und Chinakohl darin dünsten, nach Belieben einige Möhren zugeben.

D — Zubereitung empfohlen im **Dampf-Gargerät**. Das Gericht wird besonders nährstoffschonend zubereitet.

Grünkohl

■ ■ D

1½ kg	**Grünkohl**
3–4	**Zwiebeln**
150–200 g	**durchwachsener Speck**
	Salz
¼ l	**Wasser**
	Pfeffer

Grünkohl abstreifen, mehrmals waschen, tropfnass **erhitzen** und zusammenfallen lassen. Flüssigkeit abgießen, Grünkohl zerkleinern.
Zwiebeln schälen, Speck und Zwiebeln in Würfel schneiden. Speck **auslassen**, Zwiebeln darin **andünsten**.
Grünkohl dazugeben, Salz zugeben. Wasser angießen, **ankochen**, 50–60 Minuten **dünsten** und 5–10 Minuten in der **Nachwärme** fertig garen. Mit den Gewürzen abschmecken.

Rosenkohl

D

1 kg	**Rosenkohl**
1	**Zwiebel**
40 g	**Butter** oder Margarine
	Salz
⅛–¼ l	**Wasser**
	Muskat · Pfeffer

Rosenkohl waschen, putzen, Strunk kreuzweise einschneiden, waschen. Zwiebel schälen, in Würfel schneiden.
Butter **erhitzen**, Zwiebel darin **andünsten**. Rosenkohl dazugeben, Salz zugeben, Wasser angießen, **ankochen**, 10–15 Minuten **dünsten** und evtl. 5 Minuten in der **Nachwärme** fertig garen. Mit den Gewürzen abschmecken.

Rotkohl

■ ■ D

1 kg	**Rotkohl**
3–4	**Äpfel**
1	**Zwiebel**
3	**Nelken**
40 g	**Schmalz**
	Salz · Zucker
⅛–¼ l	**Wasser**
1 Prise	**Zimt**
	Essig

Rotkohl waschen, Strunk entfernen, Kohl hobeln oder fein schneiden. Äpfel waschen, schälen, Kerngehäuse entfernen und Äpfel in Scheiben schneiden. Zwiebel schälen und mit Nelken spicken.
Äpfel und Zwiebel mit Schmalz, Salz und Zucker in den Kochtopf zwischen den Rotkohl schichten. Wasser angießen, **ankochen**, 35–45 Minuten **dünsten** und evtl. 5–10 Minuten in der **Nachwärme** fertig garen.
Mit Zimt und Essig abschmecken.

Sauerkraut

■ ■ D

750 g	**Sauerkraut**
3–4	**Äpfel**
1	**Zwiebel**
40 g	**Schmalz** oder 2–4 EL Öl
	Salz · Wacholderbeeren
	Zucker
⅛–¼ l	**Wasser**
1	**Kartoffel** nach Belieben

Äpfel waschen, schälen, Kerngehäuse entfernen und Äpfel klein schneiden. Zwiebel schälen und in Würfel schneiden.
Schmalz **erhitzen**, Zwiebel darin **andünsten**. Kraut, Äpfel, Salz, Wacholderbeeren, Zucker und Wasser zugeben, **ankochen**, 15–25 Minuten **dünsten** und evtl. 5–10 Minuten in der **Nachwärme** fertig garen.
Nach Belieben mit geriebener Kartoffel binden.

Veränderung:

Ananaskraut: Sauerkraut ohne Äpfel, aber mit ⅛ l Ananassaft dünsten. Nach dem Garen 180 g Ananasstücke untermischen.

Tipp:

- Rohes Sauerkraut ist sehr gesund. Man kann ¼ der Menge roh zurücklassen, zerkleinern und vor dem Anrichten unter das gegarte Kraut geben.
- Sauerkraut nicht waschen, da sonst Inhaltsstoffe verloren gehen.

Weinkraut

D

1 kg	**Weißkohl** oder Wirsingkohl
3–4	**Äpfel**
40 g	**Schmalz**
	Salz
⅛–¼ l	**Wasser**
	Weißwein · Zucker · Pfeffer

Weißkohl waschen, Strunk entfernen und Kohl fein schneiden. Äpfel waschen, schälen, Kerngehäuse entfernen und Äpfel in Scheiben schneiden.
Schmalz **erhitzen**, Weißkohl und Äpfel darin **andünsten**. Salz überstreuen, Wasser angießen, **ankochen**, 25–35 Minuten **dünsten** und evtl. 5–10 Minuten in der **Nachwärme** fertig garen.
Mit Wein, Pfeffer und Zucker abschmecken.

Tipp:

- Nach dem Garen 250 g halbierte, entkernte Weintrauben hinzufügen.

D Zubereitung empfohlen im **Dampf-Gargerät**
Das Gericht wird besonders nährstoffschonend zubereitet.

Wirsingkohl

D

1 kg	**Wirsingkohl**
1	**Zwiebel**
40 g	**Butter** oder Margarine
	Salz
⅛–¼ l	**Wasser**
	süße Sahne
	Muskat · Pfeffer

Wirsingkohl putzen, Strunk entfernen, Kohl waschen und fein schneiden. Zwiebel schälen und in Würfel schneiden. Butter **erhitzen**, Zwiebel und Wirsingkohl darin **andünsten**, Salz zugeben, Wasser angießen, ankochen, 15–20 Minuten **dünsten** und evtl. 5–10 Minuten in der **Nachwärme** fertig garen.
Sahne unterrühren, mit den Gewürzen abschmecken.

Bleichsellerie

D

1 kg	**Bleichsellerie**
40 g	**Butter** oder Margarine
	Salz
⅛ l	**Wasser**
1–2 EL	**Crème fraîche**
	Pfeffer · Zitronensaft

Bleichsellerie putzen, waschen und in Stücke schneiden.
Butter **erhitzen**, Sellerie darin **andünsten**, Salz zugeben, Wasser angießen, **ankochen** 10–15 Minuten **dünsten** und evtl. 5 Minuten in der **Nachwärme** fertig garen.
Crème fraîche unterrühren und mit Pfeffer und Zitronensaft abschmecken.

Veränderung:

Bleichsellerie in Béchamelsoße: Bleichsellerie abtropfen lassen und mit heißer Soße, Rezept Seite 132, übergießen.

Fenchel

D

750 g	**Fenchel**
	Salz
⅛ – ¼ l	**Wasser**
	Pfeffer · Muskat
	Butter · geriebener Käse
	Fenchelkraut

Fenchelkraut abzupfen und waschen. Fenchelknollen putzen, holzige Teile entfernen, waschen. Kleine Knollen im Ganzen verwenden, größere halbieren oder in Scheiben schneiden. Salz zugeben, Wasser angießen, **ankochen**, Fenchel ganz 15 – 20 Minuten und in Scheiben 8 – 10 Minuten **fortkochen** und evtl. 5 – 10 Minuten in der **Nachwärme** fertig garen. Fenchel abtropfen lassen. Mit Pfeffer und Muskat bestreuen.
Butter **erhitzen**, mit Käse und zerkleinertem Fenchelkraut über das Gemüse geben.

Veränderung:
Fenchel in Béchamelsoße: Fenchel abtropfen lassen und mit heißer Soße, Rezept Seite 132, übergießen.

Tipp:
- 3 EL Crème fraîche zum Gemüse geben und abschmecken.

Kohlrabi

S D

1 kg	**Kohlrabi**
40 g	**Butter** oder Margarine
	Salz
⅛ – ¼ l	**Wasser**
	Muskat
	Petersilie

Kohlrabi schälen, waschen und in Stifte oder feine Scheiben schneiden. Die zarten Blätter waschen und zerkleinern.
Butter **erhitzen**, Kohlrabi **andünsten**, Salz zugeben. Wasser angießen, **ankochen**, 5 – 8 Minuten **dünsten** und evtl. 5 Minuten in der **Nachwärme** fertig garen. Kohlrabiblätter dazugeben, abschmecken und mit zerkleinerter Petersilie bestreuen.

Veränderung:
Kohlrabi in Holländischer Soße: Kohlrabi abtropfen lassen und mit heißer Soße, Rezept Seite 132, übergießen.

Spargel

D

2 kg	**Stangenspargel**
	Salz · Zucker
¾ – 1 l	**Wasser**
100 – 125 g	**Butter**

Spargel waschen, vom Kopf nach unten schälen und auf gleiche Länge schneiden.
Wasser mit Salz und Zucker **ankochen**, Spargel zugeben, **ankochen**, 10 – 15 Minuten **fortkochen** und evtl. 5 Minuten in der **Nachwärme** fertig garen. Spargel herausnehmen, abtropfen lassen.
Butter **erhitzen** und zum Spargel servieren.

Veränderung:
Spargel mit Feiner Holländischer Soße: Spargel abtropfen lassen und mit der Soße, Rezept Seite 140, servieren.

Tipp:
- Spargelenden und -schalen zur Herstellung einer Suppe, Rezept Seite 105, verwenden.
- Größere Mengen Spargel in der Fettpfanne im Backofen garen. Fettpfanne mit Alufolie abdecken, damit kein Dampf entweicht. Bei 180 – 200 °C, mittlere Einschubleiste, ca. 40 – 50 Minuten dünsten.
- Grüner Spargel hat eine kürzere Garzeit von 8 – 10 Minuten, ist vitaminreich und muss kaum geschält werden.

Strom-Spar-Tipp
Nur Kochgeschirr mit ebenem Boden und gut schließendem Deckel verwenden

Schnittformen bei Obst, Gemüse und Kartoffeln

Gemüse, Obst und Kartoffeln werden in der Regel für die Zubereitung von Speisen oder zur Herstellung von Salaten in mundgerechte Stücke zerkleinert. Schnell und einfach lässt sich festes Gut mit dem Schnitzelwerk einer Küchenmaschine grob oder fein raspeln oder in hauchdünne oder breite Scheiben schneiden.

Da bekanntlich auch das Auge mit isst, lohnt es sich, für festliche Anlässe besondere Schnittformen zu wählen. Leider kann hierfür nicht die Küchenmaschine eingesetzt werden, so dass die Herstellung zeitaufwändig ist.

Obst- und Gemüsereste, die beim Zerkleinern anfallen, können für Suppen oder Eintopfgerichte verwendet werden. Je feiner das Gemüse zerkleinert wird, desto kürzer ist die Gardauer.

Wellschnitt
Mit dem Buntmesser Scheiben oder Stifte schneiden. Die geriffelte Klinge hinterlässt dabei Rillen.

Rauten
Scheiben in gleich große Würfel oder Rauten schneiden.

Kugeln
Mit dem Kugelausstecher in verschiedene Größen bringen.

Tourniertes Gemüse
Wurzeln und Knollen mit dem Tourniermesser oder dem Sparschäler in gleichmäßige Spindelform schneiden. Dabei das Gemüse ständig drehen.

Julienne
Gemüse erst in streichholzdicke Scheiben und dann in Streifen schneiden.

Scheiben
Mit dem Hobel oder dem Messer das Schnittgut je nach gewünschter Optik längs oder quer in hauchdünne Scheiben schneiden.

Möhren

D

1 kg	**Möhren**
40 g	**Butter** oder Margarine
	Salz
⅛ l	**Wasser**
	Zucker
	Petersilie

Möhren schälen, waschen, in Würfel oder Stifte schneiden.
Butter **erhitzen** und Möhren darin **andünsten**, Salz zugeben, Wasser angießen, **ankochen**, 10–15 Minuten **dünsten** und evtl. 5 Minuten in der **Nachwärme** fertig garen.
Mit Zucker abschmecken.
Mit zerkleinerter Petersilie bestreuen.

Veränderung:

Möhren mit Erbsen: 1 kg Erbsen enthülsen und mit 500 g Möhren garen. Bei Verwendung gefrorener Erbsen die Möhren etwa 10 Minuten dünsten, die Erbsen zugeben, ankochen, 10 Minuten dünsten und evtl. 5 Minuten in der Nachwärme fertig garen.
Möhren mit Lauch: 2 Stangen Lauch waschen, putzen, in Ringe schneiden. Butter erhitzen und Gemüse darin andünsten. Salz zugeben, Wasser angießen, ankochen, 10 Minuten dünsten und evtl. 5 Minuten in der Nachwärme fertig garen. Keine Petersilie verwenden.

Steckrüben

D

1 kg	**Steckrüben**
50 g	**Schmalz**
	oder durchwachsener Speck
	Salz
⅛ – ¼ l	**Wasser** oder Brühe
	Kümmel oder Majoran

Steckrüben schälen, waschen und in Stifte schneiden.
Schmalz **erhitzen** und Steckrüben darin **andünsten**. Salz zugeben, Wasser angießen, **ankochen**, 20–25 Minuten **dünsten** und 5–10 Minuten in der **Nachwärme** fertig garen.
Mit Kümmel abschmecken.

Veränderung:

Steckrüben in Holländischer Soße: Steckrüben abtropfen lassen und mit heißer Soße, Rezept Seite 132, übergießen.

Schwarzwurzeln

D

750 g	**Schwarzwurzeln**
40 g	**Butter** oder Margarine
	Salz
⅛ – ¼ l	**Wasser**
	süße Sahne
	Salz · Pfeffer · Muskat

Schwarzwurzeln in Wasser bürsten, schaben und in schwaches Essigwasser legen, damit sie sich nicht verfärben. In 2–3 cm lange Stücke schneiden, dicke Stangen längs halbieren.
Butter zugeben, Salz zugeben, Wasser angießen, **ankochen**, 10–15 Minuten **dünsten** und evtl. 5–10 Minuten in der **Nachwärme** fertig garen.
Sahne unterrühren und mit den Gewürzen abschmecken.

Tipp:

¼ l Wasser ankochen, gründlich gewaschene Schwarzwurzeln zugeben und garen. Dann erst die Haut abschälen und in Stücke schneiden. Butter erhitzen, Schwarzwurzeln zugeben, Sahne zugießen und abschmecken.

D Zubereitung empfohlen im **Dampf-Gargerät**
Das Gericht wird besonders nährstoffschonend zubereitet.

Pilze

S

1 kg	**Pilze**
2	**Zwiebeln**
40 g	**Butter** oder Margarine oder 40 g Speck
	Salz · Pfeffer
3 EL	**Crème fraîche**
	Petersilie

Pilze putzen, große Pilze etwas zerkleinern. Zwiebeln schälen und in Würfel schneiden.
Butter **erhitzen**, Zwiebeln darin **andünsten**. Pilze zufügen und 5–10 Minuten **dünsten**. Salz und Pfeffer zugeben, Crème fraîche zugeben und 5 Minuten in der **Nachwärme** fertig garen. Abschmecken und mit zerkleinerter Petersilie bestreuen.

Tipp:

Haben die Pilze zuviel Saft gezogen, die Flüssigkeit aufkochen und mit angerührtem Mehl binden.

Lauch

S D

1¼ kg	**Lauch**
40 g	**Butter** oder Margarine
	Salz · Muskat · Pfeffer

Lauch putzen, waschen und in 3–4 cm lange Stücke schneiden.
Butter **erhitzen**, Lauch darin **andünsten**, 10 Minuten **dünsten** und evtl. 5 Minuten in der **Nachwärme** fertig garen. Mit Gewürzen abschmecken.

Veränderung:

Überbackene Lauchstangen: Gegarte Lauchstangen in je 1 Scheibe gekochten Schinken rollen und wie überbackene Zucchini in Käsesoße, Rezept Seite 191, zubereiten.

Zwiebeln in Sahne

1 kg	**Zwiebeln**
50 g	**Butter** oder durchwachsener Speck
	Salz · Pfeffer
150 g	**Crème fraîche**
	Petersilie

Kleine gleichmäßige Zwiebeln wählen, schälen.
Butter **erhitzen**, Zwiebeln unter Wenden darin **andünsten**. Salz zugeben, Sahne zugeben, 10 Minuten **dünsten** und 5 Minuten in der **Nachwärme** fertig garen.
Mit zerkleinerter Petersilie bestreuen.

Veränderung:

Rote Rüben in Sahne: 1 kg Rote Rüben waschen, schälen und in 3–4 cm große Stücke schneiden. Rote Rüben in ausgelassenem Speck andünsten und 10–15 Minuten in der Nachwärme fertig garen.

Tipp:

Rote Zwiebeln verwenden, mit gemahlenem Kümmel und 2 EL Zitronensaft abschmecken.

Kohlrouladen mit Fleischfüllung

■ ■ D

1,5 – 2 kg	**Weißkohl** oder Wirsing
2 – 3 l	**Wasser**
Füllung:	
1	**Brötchen**
1	**Zwiebel**
500 g	**Gehacktes** halb und halb
1	**Ei**
	Salz · Paprika · Pfeffer
50 g	**Fett**
⅛ l	**Wasser**
	Mehl
	saure Sahne
	oder Crème fraîche

Kohl putzen und den Strunk trichterförmig herausschneiden. Kohl in Wasser **ankochen**, etwa 10 Minuten **fortkochen**, damit sich die Blätter besser lösen lassen. Kohl herausnehmen, Blätter lösen, die dicken Rippen flach abschneiden. Den restlichen Kohl zerkleinern und zur Füllung verwenden.

Für die Füllung Brötchen in Wasser einweichen und ausdrücken. Zwiebel schälen, in Würfel schneiden. Beides mit Hackfleisch, Kohl, Ei, und Gewürzen vermengen, abschmecken und auf die Blätter verteilen. Diese fest aufrollen, so dass das Fleisch gut eingehüllt ist, mit Rouladennadeln oder Holzstäbchen zusammenstecken. Rouladen abtrocknen.

Fett **erhitzen**, Kohlrouladen darin von allen Seiten **bräunen**, Wasser zufügen und Rouladen 35 – 40 Minuten **schmoren**. Herausnehmen und warmhalten.

Soßenfond mit Wasser auffüllen, **aufkochen**, mit angerührtem Mehl binden, Sahne zufügen und abschmecken.

Tipp:

Einen großen Kohlkopf aussuchen, um möglichst große Blätter zum Einwickeln zu erhalten.

Kohlrouladen mit Fleischfüllung

- Zwiebel für die Füllung andünsten.
- Größere Mengen Kohlrouladen mit Speckscheiben belegen und in der Fettpfanne im Backofen auf der mittleren Einschubleiste 50–60 Minuten bei 190–210 °C, 10 Minuten bei 0 bräunen und schmoren. Nach Bedarf etwas heißes Wasser zugießen. Anschließend die Soße auf der Kochstelle bereiten.

Gefüllte Schmorgurken

■ ■ D

4	**Gemüsegurken**
Füllung:	
1	**Brötchen**
1	**Zwiebel**
375 g	**Hackfleisch** halb und halb
1	**Ei**
	Salz · Paprika · Pfeffer
1	**Zwiebel**
30 g	**Fett**
2–3	**Tomaten**
	Wasser nach Bedarf
	Mehl
	Crème fraîche
	Salz · Pfeffer · Paprika
	Dill

Gurken schälen, Enden entfernen, längs halbieren und die Gurkenkerne mit einem Löffel herauskratzen.
Für die Füllung Brötchen in Wasser einweichen, ausdrücken. Zwiebel schälen und in Würfel schneiden. Beides mit Hackfleisch, Ei, Gewürzen vermengen und abschmecken.
Gurken mit der Hackfleischmasse füllen und die Hälften zusammenbinden. Größere Gurken in Portionsgröße schneiden.
Zwiebel schälen und in Würfel schneiden. Fett **erhitzen**, Gurken und Zwiebel darin **bräunen**. Tomaten überbrühen, abschrecken, abziehen, halbieren und zu den Gurken geben. Nach Bedarf etwas Wasser zufügen und Gurken 30–35 Minuten **schmoren**. Herausnehmen und warmhalten.
Soßenfond **aufkochen**, mit angerührtem Mehl binden, Crème fraîche zufügen, mit den Gewürzen abschmecken und mit zerkleinertem Dill bestreuen.

Tipp:
- Zwiebel für die Füllung andünsten.
- Eine größere Menge in mehreren Portionen bräunen und im Backofen schmoren. Sobald die Gurken leicht gebräunt sind, mit dem Bratenfond und den Tomaten in die Fettpfanne geben und auf der mittleren Einschubleiste 40–50 Minuten bei 190–210 °C schmoren, 10 Minuten auf 0. Anschließend die Soße auf der Kochstelle bereiten.

Schmorkohl auf bayrische Art

D

1 kg	**Weißkohl**
1	**Zwiebel**
40 g	**Schmalz** oder Speck
	Salz · Zucker
⅛–¼ l	**Wasser**
	Essig
1	**Kartoffel** nach Belieben

Weißkohl waschen, Strunk entfernen und Kohl fein schneiden. Zwiebel schälen und in Würfel schneiden.
Schmalz **erhitzen**, Zwiebel darin **andünsten**. Kohl zugeben und darin **bräunen**. Salz und Zucker überstreuen, Wasser angießen, **ankochen**, 25–30 Minuten **schmoren** und evtl. 10 Minuten in der **Nachwärme** fertig garen. Mit Essig abschmecken, nach Belieben mit geriebener Kartoffel binden.

Veränderung:
Weißkohl mit Kümmel: Den Kohl mit einem Teelöffel Kümmel zubereiten.

D — Zubereitung empfohlen im **Dampf-Gargerät**
Das Gericht wird besonders nährstoffschonend zubereitet.

Schwarzwurzeln in Holländischer Soße

■ ■ D

750 g	**Schwarzwurzeln**
	Salz
¼ l	**Wasser**
Soße:	
40 g	**Fett**
40 g	**Mehl**
½ l	**Flüssigkeit**
	Schwarzwurzelbrühe und Milch
	Salz · Muskat · Zitronensaft
1	**Eigelb**
1 EL	**Wasser**

Schwarzwurzeln in Wasser bürsten, schaben und in schwaches Essigwasser legen, damit sie sich nicht verfärben. In 3–4 cm lange Stücke schneiden.
Salz zugeben, Wasser angießen, **ankochen**, 10–15 Minuten **dünsten** und 5–10 Minuten in der **Nachwärme** fertig garen.
Schwarzwurzelbrühe abgießen und auffangen.
Für die Soße Fett **erhitzen**, Mehl zugeben und unter ständigem Rühren **andünsten**. Mit Flüssigkeit unter Rühren ablöschen, **aufkochen**. Mit Salz, Muskat und Zitronensaft abschmecken.
Schwarzwurzeln in die kochende Soße geben und sie 5–10 Minuten in der **Nachwärme** erwärmen.
Eigelb mit Wasser und etwas heißer Soße verquirlen und in die nicht mehr kochende Soße rühren.

Veränderung:
Spargel in Holländischer Soße: Spargel waschen, vom Kopf nach unten dünn schälen und in 3–4 cm lange Stücke schneiden. Wie Stangenspargel, Rezept Seite 181, garen, abtropfen lassen. In der heißen Soße anrichten.

Chicorée in Käsesoße

■ ■ D

750 g	**Chicorée**
	Salz
¼ l	**Wasser**
Soße:	
40 g	**Fett**
40 g	**Mehl**
½ l	**Flüssigkeit**
	Chicoréebrühe und Milch
50 – 75 g	**geriebener Käse**
	Salz · Pfeffer · Muskat
	oder Paprika

Chicorée putzen, eventuell den bitteren Kern am Staudenende kegelförmig herausschneiden, Chicorée waschen.
Salz zugeben, Wasser angießen, **ankochen**, 8–10 Minuten **dünsten** und evtl. 5 Minuten in der **Nachwärme** fertig garen. Chicoréebrühe abgießen und auffangen.
Für die Soße Fett **erhitzen**, Mehl zugeben und unter ständigem Rühren **andünsten**. Mit Flüssigkeit unter Rühren ablöschen, **aufkochen**. Käse unterrühren, mit den Gewürzen abschmecken.
Chicorée in die kochende Soße geben und 5 Minuten in der **Nachwärme** erwärmen.

Veränderung:
Kohlrabi in Käsesoße: Statt Chicorée 3–4 geschälte und in Streifen geschnittene Kohlrabi garen. Für die Soße Mehl andünsten und mit ¼ l Kohlrabibrühe, ⅛ l süße Sahne und ⅛ l Milch ablöschen. Aufkochen und mit Salz, Pfeffer, Muskat abschmecken. Kohlrabi zugeben und erwärmen. Mit zerkleinerter Petersilie bestreuen.

D Zubereitung empfohlen im **Dampf-Gargerät**
Das Gericht wird besonders nährstoffschonend zubereitet.

Gefüllte Paprikaschoten

Gefüllte Paprikaschoten in Tomatensoße

■■ D

4–6	**grüne Paprikaschoten**
Füllung:	
1	**Zwiebel**
1 EL	**Öl**
1	**Brötchen**
500 g	**Hackfleisch** halb und halb
	Salz · Pfeffer · Paprika
1	**Ei**
	Petersilie
Soße:	
1	**Zwiebel**
40 g	**durchwachsener Speck**
500 g	**Tomaten**
	oder 2–3 EL Tomatenmark
	Mehl
	Salz · Pfeffer · Zucker
	Crème fraîche oder süße Sahne

Von den Paprikaschoten einen Deckel abschneiden, Kerne auskratzen, Paprika waschen. Für die Füllung Brötchen in Wasser einweichen und ausdrücken. Zwiebel schälen, in Würfel schneiden und in Öl **andünsten**, mit Hackfleisch, Brötchen, Ei, Gewürzen und zerkleinerter Petersilie vermengen und abschmecken.
Für die Soße Zwiebel schälen, Zwiebel und Speck in Würfel schneiden, **andünsten**. Tomaten überbrühen, abschrecken, abziehen, kleinschneiden. Zwiebel und Speck dazugeben, **ankochen** und 10–15 Minuten **fortkochen**. Pürieren, mit heißem Wasser bis zu ½ l auffüllen. Schoten mit Hackfleischmasse füllen, in die Tomatensoße geben, **ankochen** und 30–40 Minuten **dünsten**, herausnehmen und warmhalten.
Soße **aufkochen** und mit angerührtem Mehl binden, mit den Gewürzen abschmecken und Crème fraîche unterrühren.

Tipp:

Eine größere Menge Paprikaschoten in einen Bräter setzen, abdecken und im Backofen auf dem Rost, untere Einschubleiste, 40–50 Minuten bei 190–210 °C dünsten. Anschließend die Soße auf der Kochstelle bereiten.

Überbackener Blumenkohl in Béchamelsoße

■■ D

1	**Blumenkohl**
¼–½ l	**Wasser**
	Salz
Soße:	
1	**Zwiebel**
150 g	**Schinken**
40 g	**Fett**
40 g	**Mehl**
¼ l	**Blumenkohlbrühe**
¼ l	**Milch**
	Salz
50 g	**geriebener Käse**
Belag:	
	Paniermehl · geriebener Käse
	Butter

Vom Blumenkohl die grünen Blätter und den Strunk entfernen, Blumenkohl in Salz- oder Essigwasser waschen.
Wasser und Salz **ankochen**, Blumenkohl hineinlegen, 5–8 Minuten **fortkochen** und 5–8 Minuten in der **Nachwärme** fertig garen. Blumenkohlbrühe abgießen und auffangen.
Für die Soße Zwiebel schälen. Zwiebel und Schinken in Würfel schneiden. Fett **erhitzen**, Zwiebel **andünsten**, Mehl zugeben und unter Rühren **andünsten**. Mit Blumenkohlbrühe und Milch unter Rühren ablöschen, **aufkochen**. Schinken zugeben und mit Salz und Käse abschmecken.
Auflaufform einfetten, Blumenkohl hineingeben, Soße darüberfüllen, Paniermehl und Käse überstreuen, Butterflöckchen darauf verteilen und überbacken.

einsetzen:	Auf dem Rost, mittlere Einschubleiste	
überbacken:	225–250 °C	20–25 Minuten
	0	5–10 Minuten

Tipp:

Gegarter Lauch, Weißkohl, Wirsing, China- oder Rosenkohl statt Blumenkohl verwenden.

Überbackene Zwiebeln mit Sahne

■■

¾–1 kg	**Zwiebeln**
30 g	**Fett**
⅛ l	**süße Sahne** oder Milch
2	**Eier**
	Salz · Paprika
	Paniermehl · geriebener Käse
	Butter

Zwiebeln schälen, größere durchschneiden.
Fett **erhitzen**, Zwiebeln darin **bräunen**, etwas Sahne zugießen und 10–15 Minuten **dünsten**.
Auflaufform einfetten, Zwiebeln hineingeben. Die restliche Sahne mit Eiern, Salz und Paprika verquirlen, darübergießen.
Paniermehl und Käse überstreuen, Butterflöckchen darauf verteilen und überbacken.

einsetzen:	Auf dem Rost, mittlere Einschubleiste	
überbacken:	225–250 °C	20–25 Minuten
	0	5–10 Minuten

Strom-Spar-Tipp

Backofentür nicht unnötig öffnen

Überbackene Zucchini in Käsesoße

■ ■ D

¾–1 kg	**Zucchini**
	Salz
⅛ l	**Wasser**
Soße:	
40 g	**Fett**
40 g	**Mehl**
¼ l	**Flüssigkeit**
	Zucchinibrühe und Wasser
⅛ l	**saure Sahne**
	oder Crème fraîche
50 g	**geriebener Käse**
1 Prise	**Zucker**
	Salz · Paprika · Zitronensaft
1–2	**Eigelb**
1–2 EL	**Wasser**
1–2	**Eiweiß**
Belag:	
	Paniermehl · geriebener Käse
	Butter

Zucchini waschen und in ½ cm dicke Scheiben schneiden. Salz zugeben, Wasser angießen, **ankochen** und 5–10 Minuten in der **Nachwärme** fertig garen. Zucchinibrühe abgießen und auffangen.

Für die Soße Fett **erhitzen**, Mehl zugeben und unter ständigem Rühren **andünsten**. Mit Flüssigkeit und Sahne unter Rühren ablöschen, **aufkochen**. Käse unterrühren.

Mit Zucker, Salz, Paprika und Zitronensaft abschmecken.

Eigelb mit Wasser und etwas heißer Soße verquirlen und in die nicht mehr kochende Soße rühren.

Eiweiß steif schlagen und locker unterheben. Auflaufform einfetten, Zucchini hineingeben, Soße darüberfüllen, Paniermehl und Käse überstreuen, Butterflöckchen darauf verteilen und überbacken.

einsetzen:	Auf dem Rost, mittlere Einschubleiste	
überbacken:	225–250 °C	20–25 Minuten
	0	5–10 Minuten

Tipp:

Chicorée, Blumenkohl, Spargel, Lauch, Schwarzwurzeln, Fenchel oder Auberginen statt Zucchini verwenden.

Tomaten mit pikanter Linsenfüllung

■ ■ D

2	**Zwiebeln**
1 EL	**Öl**
100 g	**Linsen**
⅜ l	**Wasser**
1 EL	**Instant-Gemüsebrühe**
2	**Eier**
	Salz · Pfeffer
4	**Fleischtomaten**
150 g	**saure Sahne**
50 g	**geriebener Parmesan**

Zwiebeln schälen und in feine Würfel schneiden. Öl **erhitzen**, Zwiebeln darin **andünsten**. Linsen zugeben, kurz **andünsten**. Mit Wasser ablöschen, **aufkochen**, 20 Minuten **fortkochen** und 5 Minuten in der **Nachwärme** fertig garen. Instantbrühe und die Eier unterrühren. Mit Salz und Pfeffer abschmecken.

Tomaten waschen, abtrocknen, Deckel abschneiden, Tomaten aushöhlen. Füllung in die Tomaten drücken, Deckel aufsetzen. Tomaten in eine gefettete Auflaufform stellen.

Saure Sahne und Parmesan verrühren und über die Tomaten geben.

einsetzen:	Auf dem Rost, mittlere Einschubleiste	
überbacken:	225 °C	15 Minuten
	0	5 Minuten

D Zubereitung empfohlen im **Dampf-Gargerät**
Das Gericht wird besonders nährstoffschonend zubereitet.

Kartoffeln

Kartoffeln gehören zu den universell zu verwendenden Lebensmitteln. Seitdem Friedrich der Große die aus Südamerika stammende Pflanze bei uns einführte, hat sich die Kartoffel zu einem wertvollen, meist preiswerten Grundnahrungsmittel entwickelt. Kartoffeln stehen das ganze Jahr über zur Verfügung. Ungeschält oder geschält bilden sie als Pell- oder Salzkartoffeln beim Menü die Beilage. In Scheiben oder Stifte geschnitten werden sie zu Bratkartoffeln oder Pommes frites verarbeitet. Zerkleinert und mit entsprechenden Zutaten versehen, verwandeln sie sich z.B. in Rösti, Kartoffelbrei oder -klöße. Selbst für Salate bilden sie eine gute Grundlage. Aus Kartoffeln lassen sich nicht nur zahlreiche Beilagen, sondern auch vollständige Gerichte herstellen. Sogar zu Nachspeisen, z.B. Marillenknödel, lassen sie sich verarbeiten. Kartoffeln sind nährstoffreich und leicht verdaulich und deshalb besonders in der Krankenkost unentbehrlich.

Ein bisschen Warenkunde

Als Kartoffeln bezeichnet man die unterirdisch wachsenden Knollen der einjährigen Kartoffelpflanze. Kartoffeln sind aufgrund ihres hohen Stärkegehaltes wertvolle Kohlenhydratträger. Die rohe Kartoffelstärke ist für den menschlichen Körper nahezu unverdaulich, deshalb müssen Kartoffeln zur besseren Verwertbarkeit der Kohlenhydrate gegart werden. Zudem enthalten die Kartoffeln hochwertiges Eiweiß, aber leider nur in geringen Mengen. In Kombination mit Milch und Milcherzeugnissen oder mit Ei ist ein Kartoffelgericht eine gute Alternative zu Fleisch.
Der hohe Vitamin-C-Gehalt der Kartoffeln macht sie vor allem im Winter zu einem wertvollen Vitamin-C-Spender. Der Ruf der Kartoffel als „Dickmacher" ist nicht gerechtfertigt, denn der Energiegehalt der Kartoffel ist gering. Durch ihren hohen Kaliumanteil haben Kartoffeln eine entwässernde Wirkung, und der hohe Ballaststoffanteil macht sie zum idealen Lebensmittel für die vollwertige Ernährung. Kartoffeln sättigen gut. Sie enthalten kein Fett.

Beim Kauf abgepackter Kartoffeln müssen die vorgeschriebenen Kennzeichnungen der Handelsklassenverordnung beachtet werden. Sie geben Auskunft über Sorte, Handelsklasse und Kochtyp. Es werden etwa 100 verschiedene Kartoffelsorten auf dem Markt angeboten.
Kartoffeln müssen bestimmte Qualitätsmerkmale aufweisen. Sie müssen sortenrein, gesund, unbeschädigt und sauber sein. Sie dürfen weder Krankheiten noch einen fremden Geruch oder Geschmack aufweisen. Anhaftendes Erdreich, lose Keime sowie Frost und Hitzeschäden sind nicht zulässig.

Bei den gesetzlichen **Handelsklassen** unterscheidet man in: Klasse Extra, Klasse I, Klasse Drillinge.
Kartoffeln der **Klasse „Extra"** müssen besonders sauber und schalenfest sein. Sie sollten eine helle bis mittlere Schalenfarbe aufweisen. Es handelt sich um die Klasse „Extra", wenn weniger als 5 % diesen Ansprüchen nicht genügen. Die übrigen Kartoffeln werden in die **Klasse „I"** einsortiert. Ganz kleine Kartoffeln aus den beiden Handelsklassen „Extra" und Klasse „I" werden als **„Drillinge"** bezeichnet. Sie haben einen Durchmesser von 24–40 mm.

Bei Speisekartoffeln unterscheidet man nach den **Kocheigenschaften** in drei Kochtypen: fest kochende Kartoffeln, vorwiegend fest kochende Kartoffeln, mehlig kochende Kartoffeln.
Die Kocheigenschaft ist abhängig vom Stärkegehalt der Kartoffel. Je mehr Stärke vorhanden ist, desto lockerer ist die Kartoffel.
Fest kochende Kartoffeln weisen ein festes Fleisch auf, das beim Kochen seine feste Struktur behält. Die Schnittfläche ist glatt. Diese Kartoffeln eignen sich für Speisen, bei denen dünne, feste Kartoffelscheiben erwünscht sind, z.B. für Salate oder Bratkartoffeln. Fest kochende Kartoffeln werden auch als Salatware bezeichnet. Abgepackte fest kochende Kartoffeln tragen auf der Verpackung einen breiten grünen Farbstreifen.
Vorwiegend fest kochende Kartoffeln zeichnen sich durch eine mittlere Festigkeit, die sie beim Kochen entwickeln, aus. Sie sind ideal als Beilage für Gerichte mit Soße oder Dip. Als abgepackte Ware tragen vorwiegend fest kochende Kartoffeln auf der Verpackung einen roten Streifen.

Mehlig kochende Kartoffeln enthalten einen größeren Anteil ausgereifter Stärke. Sie eignen sich besonders zum Zerstampfen, Pürieren und Zerkleinern für Püree, Eintöpfe, Klöße, Knödel, Reibekuchen und Kroketten. Verpackte Ware ist mit einem blauen Streifen gekennzeichnet.

Kartoffeln lassen sich gut lagern. Dafür ist ein frostfreier, dunkler Raum mit einer Temperatur von ca. 6 °C erforderlich. Sie sollten luftig in einer Lattenkiste aufbewahrt werden. Sind keine geeigneten Lagermöglichkeiten vorhanden, ist es empfehlenswert, nur kleine Mengen auf Vorrat zu kaufen, da z. B. bei zu hohen Temperaturen die Kartoffel an Wassergehalt verliert, schrumpft und auskeimt. Werden Kartoffeln zu hell gelagert, entstehen grüne Stellen, die das giftige Solanin enthalten. In Folienbeuteln gekaufte Kartoffeln müssen ausgepackt werden, da sie sonst leicht schwitzen und schneller verderben.

Wie viel darf es sein?

Kartoffeln serviert als	**Menge** (Rohware) pro Portion in g
Salzkartoffeln	200 – 250
Pellkartoffeln	200 – 250
Kartoffelsalat	350
Pommes frites	250

Damit es leichter geht

Den **Sparschäler** für das Schälen der Kartoffeln verwenden, um möglichst wenig Abfall zu bekommen.
Die **Rührwerkzeuge** der Handküchenmaschine zum Pürieren der Kartoffeln, z. B. für Brei oder Klöße, einsetzen.
Die **Pommes frites-Scheibe** (Stiftelscheibe) für das Schneiden der Kartoffeln zu Pommes frites nutzen; sie werden gleichmäßig, und es geht schnell.
Eine **Fritteuse** für das Garen von Pommes frites, Kartoffelbällchen oder Kroketten einsetzen, da sie die Temperaturüberwachung erleichtert.
Im **Dampf-Gargerät** können Kartoffeln nährstoffschonend in gelochten Behältern gegart werden.

Praktische Hinweise

- Kartoffeln vor der Verwendung waschen, um nicht nur Schmutz, sondern auch Rückstände vom Einstäuben zu entfernen.
- Kartoffeln möglichst in der Schale als Pellkartoffeln oder gebackene Kartoffeln garen. Die wertvollen Mineralstoffe liegen direkt unter der Schale und bleiben somit erhalten.
- Grüne Stellen großzügig abschneiden, um das giftige Solanin zu entfernen.
- Damit alle Kartoffeln zur gleichen Zeit gar sind, für Pellkartoffeln möglichst gleich große Kartoffeln auswählen. Geschälte Kartoffeln in gleich große Stücke schneiden.
- Kartoffeln erst unmittelbar vor der Zubereitung dünn schälen und ggf. zerkleinern, damit sie sich nicht verfärben.
- Verzögert sich die Zubereitung der geschälten Kartoffeln, sollten diese mit einem feuchten Tuch abgedeckt werden, um sie vor Einwirkung von Luftsauerstoff zu schützen.
- Kartoffeln auf der ausgeschalteten Kochstelle im offenen Topf abdämpfen, damit die Feuchtigkeit in den Randschichten verdampft und die Kartoffeln trocken serviert werden können.
- Vergeht bis zum Servieren noch etwas Zeit, ein Küchentuch zwischen Topf und Topfdeckel legen, damit das sich bildende Kondenswasser nicht auf die Kartoffeln tropft.

Verfeinern, garnieren, abrunden

- Kartoffeln mit zerkleinerter Petersilie bestreuen.
- Kartoffeln in etwas geschmolzener Butter schwenken.

Wenn etwas übrig bleibt

- Reste gegarter Kartoffeln lassen sich weiterverwenden, z. B. zu Aufläufen, Bratkartoffeln, Salaten, Suppen.

Salzkartoffeln

S D G

1 kg	**Kartoffeln**
	Salz
⅛ – ¼ l	**Wasser**

Kartoffeln kurz vor der Zubereitung dünn schälen, waschen und in gleich große Stücke schneiden.
Salz zugeben, Wasser 1–2 cm hoch angießen, **ankochen**, bis ein Dampffähnchen sichtbar wird, 10–15 Minuten **fortkochen** und 5–10 Minuten in der **Nachwärme** fertig garen. Kartoffelwasser abgießen, Kartoffeln im offenen Kochtopf abdämpfen.

Tipp:

- Den Deckel des Kochtopfs zwischendurch nicht abheben, da sonst der Garvorgang unterbrochen wird.
- Müssen die Kartoffeln noch einige Zeit warm gehalten werden, zwischen Topf und Deckel ein trockenes Tuch oder Küchenpapier klemmen. Es nimmt den Dampf auf, und die Kartoffeln behalten das appetitliche Aussehen.

Pellkartoffeln

S D G

1 kg	**Kartoffeln**
⅛ – ¼ l	**Wasser**

Gleichmäßig große Kartoffeln waschen und bürsten.
Wasser 1–2 cm hoch angießen, **ankochen**, bis ein Dampffähnchen sichtbar wird, 15–20 Minuten **fortkochen** und 5–10 Minuten in der **Nachwärme** fertig garen. Kartoffelwasser abgießen.

Veränderung:

Petersilienkartoffeln: 50 g Butter schmelzen. Flüssige Butter, Salz und 1 Bund feingehackte Petersilie zu den gepellten Kartoffeln geben und alles zusammen schwenken.

Sesamkartoffeln: 50 g Butter erhitzen, 100 g Sesam darin leicht rösten und die gepellten Kartoffeln mit etwas Salz darin schwenken.

Tipp:

- Sehr große Pellkartoffeln benötigen eine längere Garzeit bis zu 30 Minuten.

Kartoffelbrei

S D

1 kg	**Kartoffeln**
⅛ – ¼ l	**Wasser**
¼ l	**Milch**
30 g	**Butter**
1 TL	**Salz**
1 Prise	**Muskat**

Kartoffeln schälen, waschen und zerkleinern. Wasser angießen, **ankochen**, bis ein Dampffähnchen sichtbar wird. 10–15 Minuten **fortkochen** und 5–10 Minuten in der **Nachwärme** fertig garen. Kartoffelwasser abgießen und aufbewahren. Kartoffeln zerstampfen, durchpressen oder pürieren. Milch **ankochen**, nach und nach mit Kartoffelwasser unter Rühren an die Kartoffeln gießen. Butter und Salz zugeben, den Kartoffelbrei schaumig rühren und abschmecken.

Veränderung:

Kartoffelrand: Statt Milch 2 Eier und 50 g geriebenen Käse unter die Kartoffelmasse mengen. Glatte Ringform einfetten, Teig fest eindrücken, auf dem Rost, untere Einschubleiste, bei 225 °C, 20–25 Minuten goldbraun backen. Nach dem Backen: Masse am Rand mit dem Messer lockern, auf eine vorgewärmte Platte stürzen und mit Ragout aus Fisch, Fleisch, Geflügel, feinem Gemüse oder Pilzen füllen.

Tipp:

- Je nach Beschaffenheit der Kartoffeln wird mehr oder weniger Milch benötigt.
- Speckwürfel auslassen, Zwiebelwürfel oder -ringe darin andünsten, bräunen und über den Kartoffelbrei geben.

Kartoffelpuffer

S

2 kg	**Kartoffeln**
1	**große Zwiebel**
	Salz
2	**Eier**
	Paniermehl nach Bedarf
	Fett zum Backen

Kartoffeln schälen, waschen; Zwiebel schälen. Kartoffeln und Zwiebel reiben oder pürieren. Mit Salz, Eiern und Paniermehl vermengen.
Fett ausreichend **erhitzen**. Aus 2 bis 3 Esslöffeln Teig gleichmäßig große Kartoffelpuffer in das heiße Fett geben und von beiden Seiten goldbraun **backen**.

Tipp:

- Zum Reiben eine Küchenmaschine mit Reibscheibe verwenden.
- Kartoffeln fein raspeln, nur Zwiebel reiben. Dadurch schmecken die Puffer herzhafter.
- Je weniger der Teig gebunden ist, desto lockerer werden die Kartoffelpuffer. Deshalb Paniermehl sparsam zugeben.
- Für die Kartoffelpuffer muss das Fett beim Hineingeben des Teiges besonders heiß sein, da sie sich sonst nicht gut vom Pfannenboden lösen.
- 2 bis 3 EL saure Sahne unterrühren.
- 1 fein gehackte Knoblauchzehe, je 1 Bund gehackte Petersilie und Schnittlauch untermischen.

Kümmelkartoffeln

1 kg	**Kartoffeln**
	Butter oder Öl
	Salz · Kümmel

Junge, gleichmäßig große Kartoffeln waschen, bürsten, längs halbieren.
Schnittflächen mit etwas Butter bestreichen, mit Salz und Kümmel bestreuen. Backblech oder Fettpfanne einfetten, Kartoffeln mit der Schnittfläche nach oben aufsetzen und backen.
Nach dem Backen: Durch Hineinstechen mit einem Hölzchen oder Messer prüfen, ob die Kartoffeln gar sind. Sie können mit der Schale gegessen werden.

einsetzen:	Mittlere Einschubleiste	
backen:	180 – 200 °C	25 – 30 Minuten
	0	5 – 10 Minuten

Tipp:

- Eine kleine Menge Kümmelkartoffeln in der Deckelpfanne auf der Automatik-Kochstelle bereiten. Den Boden der Pfanne mit Öl bestreichen, Kümmel überstreuen und die durchgeschnittenen Kartoffeln mit der Schnittfläche nach unten einsetzen, Deckel auflegen und 30 – 35 Minuten dünsten.

Kümmelkartoffeln schmecken besonders gut zu angemachtem Quark oder Heringssalat

D Zubereitung empfohlen im
Dampf-Gargerät
Das Gericht wird besonders nährstoffschonend zubereitet.

Béchamelkartoffeln

D

1 kg	**Pellkartoffeln**
1	**große Zwiebel**
30 g	**roher Schinken**
40 g	**Fett**
40 g	**Mehl**
½ l	**Brühe**
¼ l	**Milch** oder süße oder saure Sahne
	Salz · Pfeffer
	Essig nach Belieben
1 Prise	**Zucker** nach Belieben

Kartoffeln pellen und warmhalten.
Zwiebel schälen. Zwiebel und Schinken in Würfel schneiden.
Fett **erhitzen**, Schinken und Zwiebel darin **andünsten**, Mehl zugeben, unter ständigem Rühren **andünsten**. Mit Brühe und Milch unter Rühren ablöschen und **aufkochen**. Salz und Pfeffer zugeben und 2–3 Minuten in der **Nachwärme** fertig garen.
Kartoffeln noch warm in Scheiben oder Würfel schneiden, in die heiße Soße geben, 5–10 Minuten in der **Nachwärme** erwärmen. Nach Belieben mit Essig und Zucker abschmecken.

Kartoffelgratin

1 kg	**Kartoffeln,** mehlig kochend
1	**Knoblauchzehe**
100 g	**geriebener Käse**
¼ l	**Milch**
⅛ l	**süße Sahne**
	Salz · Pfeffer · Muskat
50 g	**geriebener Käse**
100 g	**Butter**

Kartoffeln schälen, waschen und in dünne Scheiben schneiden.
Knoblauchzehe schälen, halbieren und eine flache, große Gratinform damit ausreiben und einfetten.
Kartoffeln und Käse schichtweise hineingeben.
Milch und Sahne mischen, Gewürze zufügen, **erhitzen** und über die Kartoffeln gießen.
Käse und Butterflöckchen darauf verteilen und backen.

einsetzen:	Auf dem Rost, mittlere Einschubleiste	
backen:	225 °C	35–40 Minuten
	0	5–10 Minuten

Veränderung:
Kartoffelgratin ungarisch: 600 g Kartoffeln, 200 g rote und 200 g grüne Paprikastreifen, 150 g Käse. Kartoffeln, Paprika und Käse schichtweise in die Gratinform geben.

Kartoffelbällchen

D

1 kg	**Pellkartoffeln,** mehlig kochend
30 g	**Butter**
2	**Eigelb**
30 g	**Mehl**
1 Prise	**Muskat**
20 g	**geriebener Käse**
	Salz
2	**Eiweiß**
	Paniermehl oder Mandeln
	Fett zum Braten oder Fritieren

Kartoffeln pellen, abkühlen lassen und reiben. Mit Butter, Eigelb, Mehl, Muskat, Käse und Salz vermengen und abschmecken. Aus dem Teig kleine gleichmäßige Bällchen formen und in verquirltem Eiweiß, danach in Paniermehl wenden.
Fett **erhitzen**, Kartoffelbällchen darin von allen Seiten **bräunen** oder **frittieren**.

Veränderung:
Kartoffelkroketten: Für Kroketten den Teig zu 5–6 cm langen und 1–2 cm dicken Stangen formen, ebenso panieren und in Fett goldbraun backen.

Pommes frites

1 kg	**Kartoffeln**
	Fett zum Frittieren
	Salz

Kartoffeln schälen, waschen und in 1 cm dicke Scheiben schneiden, dann in 4–5 cm lange Stäbchen. Zum Abtrocknen bis zum Gebrauch in ein Tuch einschlagen.

Fett **erhitzen**.

Nicht mehr als 250 g Kartoffeln auf einmal im Einsatz in das Fett tauchen. Die Stäbchen 2–3 Minuten **frittieren**, bis die Spitzen hellgelb sind. Frittierkorb herausheben, Kartoffeln zum Abtropfen auf ein Sieb oder Küchenkrepp schütten. Fett erneut **erhitzen** und die nächste Portion Kartoffeln einlegen und **frittieren**.

Kurz vor dem Essen die Stäbchen in heißem Fett 4–6 Minuten **frittieren**, bis sie braun sind. Herausnehmen, abtropfen lassen und leicht salzen.

Tipp:

- Pommes frites müssen außen knusprig, innen aber weich sein.
- Gefrorene Pommes frites sind bereits frittiert und brauchen nur noch nach Vorschrift gebräunt zu werden.
- Eine dünne Orangenschale in das Fettbad geben. Die Pommes frites erhalten dadurch einen besonders delikaten Geschmack.

Bratkartoffeln

S ■ ■ D

1 kg	**Pellkartoffeln**
1	**Zwiebel**
100 g	**durchwachsener Speck**
50 g	**Schmalz** oder Margarine
	Salz

Kartoffeln pellen, erkalten lassen und in Scheiben schneiden. Zwiebel schälen. Zwiebel und Speck in Würfel schneiden.

Fett **erhitzen**, Speck darin **auslassen**, Zwiebeln darin **andünsten**. Kartoffeln zugeben und von allen Seiten goldbraun **braten**.

Kartoffeln mit Salz abschmecken.

Tipp:

- Größere Mengen lassen sich gut im Backofen zubereiten. Die Kartoffelscheiben in die gefettete Fettpfanne geben. Speckwürfel und Fett darüber verteilen und braten. Zwiebelwürfel erst nach 30 Minuten zufügen. Kartoffelscheiben einmal wenden. Untere Einschubleiste 225–250 °C, 35 Minuten, 10 Minuten 0. Auf dem Rost darüber größere Mengen Bratwurst braten, Rezept Seite 273.

Folienkartoffeln mit Roquefortcreme

D

1 kg	**große Kartoffeln**
Füllung:	
3–4 EL	**Mayonnaise**
	Rezept S. 137
40 g	**Roquefort**
1 EL	**geriebener Meerrettich**

Kartoffeln gründlich waschen und bürsten, in Alufolie wickeln und backen.

Für die Füllung Mayonnaise, zerdrückten Roquefort und Meerrettich mischen.

Folie der gegarten Kartoffeln öffnen, Kartoffeln einritzen und einen Spalt breit öffnen. Roquefortcreme in die Einschnitte verteilen.

Zu gegrilltem Fleisch servieren.

einsetzen:	Auf dem Rost, mittlere Einschubleiste	
backen:	250 °C	50 Minuten
	0	10 Minuten

D Zubereitung empfohlen im **Dampf-Gargerät**. Das Gericht wird besonders nährstoffschonend zubereitet.

Teigwaren, Getreide und Reis

Teigwaren, Getreide und Reis gewinnen im Rahmen einer vollwertigen Ernährung durch den hohen Ballaststoffanteil zunehmend an Bedeutung. Sie lassen sich vielseitig zubereiten als Beilagen, Hauptgerichte, Suppeneinlagen, Zwischenmahlzeiten, Vorspeisen oder Nachspeisen.
Alle Getreidekörner, pikant abgeschmeckt, können als Beilage statt Nudeln, Reis oder Kartoffeln dienen.
Als süße Variation harmonieren sie gut mit Kompott oder einer süßen Soße.
Gekochte Getreidekörner, je nach Geschmack mit klein gewürfelten Zwiebeln, Gemüse und entsprechenden Gewürzen gemischt, lassen sich zu Bratlingen verarbeiten.
Reis sorgt auf dem Speiseplan für Abwechslung, ist vielseitig verwendbar und leicht verdaulich. Er wird auch deshalb gerne in der Krankenkost eingesetzt.

Ein bisschen Warenkunde

Teigwaren

Teigwaren sind geformte, gepresste und meist anschließend getrocknete Erzeugnisse aus Weizengrieß. Am häufigsten verwendet wird der Hartweizengrieß aus Durumweizen. Zur Qualitätsverbesserung werden Eier zugegeben. Teigwaren sind landläufig auch als Nudeln und Spätzle bekannt. Teigwaren zählen zu den Grundnahrungsmitteln. Sie weisen einen hohen Gehalt an Kohlenhydraten und pflanzlichem Eiweiß auf und sind leicht verdaulich. Sie können entweder selbst hergestellt werden, Rezepte Seite 206 und 208, oder sind industriell gefertigt im Handel erhältlich.

Selbst hergestellte Nudeln bestehen aus einem fettfreien gekneteten Teig, der weder durch Treibmittel gelockert noch gebacken wird. Der Nudelteig wird zu einer dünnen Fläche ausgerollt und zu Nudeln geformt. Wenn sie nicht gleich verzehrt werden, müssen sie getrocknet werden.

Industriell hergestellte Teigwaren, die im Handel erhältlich sind, werden unterteilt in:
Eierteigwaren: Sie enthalten auf einem kg Mehl oder Grieß mindestens 2¼ Eier.
Eifreie Teigwaren: Sie enthalten keine oder nur sehr geringe Mengen Eier.
Teigwaren besonderer Art: Dazu zählen eifreie Teigwaren und Eierteigwaren mit Zusätzen wie Milch, Gemüse, Kräuter oder Sojaeiweiß, Vollkornteigwaren oder Teigwaren nach einem besonderen Herstellungsverfahren, z.B. Instantteigwaren oder frische Teigwaren, die nicht getrocknet sind und sofort verzehrt werden müssen.
Glasnudeln: Es sind sehr feine Nudeln, die aus Mungobohnenmehl und Wasser hergestellt werden. Vor der Verwendung müssen Glasnudeln eingeweicht werden. Sie bekommen dadurch ein glasiges Aussehen. Glasnudeln sind geschmacksneutral, nehmen aber gut Gewürze und Aromen auf.
Reisnudeln: Sie werden aus Reismehl und Wasser hergestellt und ebenso wie Glasnudeln vor der Zubereitung eingeweicht.
Spätzle zählen ebenfalls zu den Teigwaren. Sie sind industriell hergestellt im Handel erhältlich oder können selbst gefertigt werden. Der Spätzleteig ist ein dickflüssiger Teig, der nicht ausgerollt wird. Die Spätzle werden mittels spezieller Gerätschaften direkt ins Kochwasser geformt.

Gute Teigwaren haben ein bernsteinfarbenes Aussehen, sind nicht grau oder weiß und haben weder Flecken noch Stippen. Die Oberfläche ist glatt und ohne Risse. Frischteigwaren zeichnen sich durch eine intensive goldgelbe Farbe aus und sind durchscheinend.
Die Form der Nudeln bestimmt ihren bevorzugten Verwendungszweck:
Band-, Krausbandnudeln, Spätzle oder Hörnle verwendet man als Beilagen für Gerichte mit Fleisch und Gemüse.
Gedrehte, gebogene, kurzförmige Teigwaren mit großer Oberfläche sind aufgrund ihrer soßenaufnehmenden Eigenschaft für Gerichte mit reichlich Soße besonders geeignet.
Faden, Muscheln, Schleifchen, Buchstaben, Sternchen oder Graupen bieten sich für Suppen und Eintöpfe in Verbindung mit Geflügel, Fleisch und Gemüse an.
Spaghetti, Makkaroni, Cannelloni, Lasagne, Tortellini oder Ravioli eignen sich vorwiegend für bestimmte Gerichte wie Aufläufe oder italienische Spezialitäten.

Getreide und Reis

Als Körnerfrüchte, auch Cerealien genannt, werden die Körner bzw. die Samenfrüchte der zu den Gräsern gehörenden Getreidepflanzen bezeichnet. Zu den wichtigsten Getreidearten zählen Weizen, Roggen, Gerste, Hafer, Dinkel, Grünkern, Reis, Mais, Hirse und Buchweizen. Die Körnerfrüchte waren und sind zunehmend von großer Bedeutung für die Ernährung des Menschen, da sie wichtige Nährstoffe, Vitamine, Mineralstoffe und Ballaststoffe enthalten. Durch den Trend zur vollwertigen naturbelassenen Nahrung sind vor allem alte Getreidearten wie Hirse, Dinkel und Grünkern wieder beliebt.

Getreide wird im Ganzen, grob oder fein geschrotet, zu Flocken gequetscht oder fein bis mittelfein gemahlen, angeboten. Es kann zu abwechslungsreichen Gerichten oder zu Backwaren verarbeitet werden. Angekeimte Getreidekörner, beliebt zur Anreicherung von Rohkostsalaten, sind durch den Keimprozess leichter verdaulich. Der Keimvorgang wirkt sich wie eine Art Vorverdauung aus.

Einen besonderen Platz bei der Verwendung von Getreide nimmt das Müsli ein. Je nach persönlichem Geschmack wird es aus verschiedenen Getreidekörnern (gemahlen oder geschrotet) und Getreideflocken zusammengestellt und mit Milch, Joghurt, Sahne, Obst und Trockenfrüchten angereichert. Daraus ergibt sich eine vollwertige Mahlzeit, die häufig als Frühstück oder Zwischenmahlzeit eingenommen wird.

Weizen zählt zu den meistverwendeten Getreidearten. Aus dem Mehlkörper wird das Weizenmehl Typ 405 hergestellt. Man unterscheidet den kleberreichen **Hartweizen**, der besonders zur Herstellung von Teigwaren und Grieß verwendet wird, und den stärkereichen **Weichweizen**, der besser zur Herstellung von Backwaren geeignet ist. Vollkornmehl oder ganze Weizenkörner finden Verwendung bei allen pikanten und süßen Teigen, Teigwaren, Brot, Müsli, Eintöpfen oder pikanten Salaten.

Couscous sind Kügelchen aus Hartweizengrieß mit Mehl ummantelt. Eignet sich als Beilage oder als Einlage in Eintöpfen.

Roggen weist bei den Getreiden die dunkelste Farbe auf und wird überwiegend zur Brotherstellung eingesetzt.

Hirse, ein kleinkörniges, wertvolles Getreide, das viele Mineralstoffe, z.B. Magnesium, Eisen, Fluor, Kieselsäure usw. enthält, ist vielseitig einsetzbar für pikante und süße Gerichte.

Buchweizen gehört zu den Knöterichgewächsen, kann aber wie Getreide verwendet werden. Buchweizen hat eine dreieckige Kornform. Buchweizenmehl ist vielseitig für Gebäck und Pfannkuchen zu verwenden. Als gegartes Korn lässt Buchweizen Aufläufe und Salat zu Delikatessen werden.

Gerste zählt neben Weizen zu den ältesten Getreidearten. Bei der Keimung bildet Gerste Malz. Deshalb wird sie überwiegend zum Bierbrauen verwendet. Aus Gerste werden **Graupen** und **Rollgerste** gewonnen. Die Gerstenkörner werden dafür geschält und durch anschließendes Schleifen und Polieren abgerundet.

Hafer ist ein Spelzengetreide, das vor der Verwendung entspelzt werden muss. Hafer enthält wertvolle Vitamine, Mineralstoffe, hochwertiges Eiweiß und einen hohen Anteil hochwertiger Fettsäuren. Hafer ist gut bekömmlich und hat daher auch in der Diätetik eine besondere Bedeutung.

Dinkel ist eine uralte Kulturform des Weizens und wird heute nur noch vereinzelt angebaut.

Grünkern sind die halbreifen Körner des Dinkels. Er ist reich an Vitaminen und Mineralstoffen. Beim Trocknen (auch Darren genannt) erhält Grünkern seinen typisch pikanten Geschmack und eignet sich daher vorwiegend für pikante Gerichte.

Die Mahlprodukte der Getreidearten werden nach der Vermahlung je nach Feinheitsgrad unterschiedlich bezeichnet, siehe Kapitel „Backen", Seite 362 ff.

Reis ist leicht verträglich, vitamin- und mineralstoffreich und kalorienarm. Man unterscheidet bei den Grundsorten:

Langkornreis, auch als Patnareis oder Tafelreis bezeichnet, hat 6–8 mm lange, schlanke Körner. Im Rohzustand sieht er leicht glasig aus. Er ist kleberreich, hart und behält beim Garen seine Form. Nach dem Garen hat er eine lockere, körnige Beschaffenheit und eignet sich als Beilage für pikante Reisgerichte.

Basmati-Reis (Duft-Reis) ist ein sehr aromatischer Langkornreis, der aus Indien und Pakistan stammt.

Rundkornreis, auch als Milchreis im Handel erhältlich, ist 4–6 mm lang und hat rundliche Körner. Er ist kleberarm, wird beim Kochen breiig und eignet sich daher besonders für Aufläufe, Breie, Obstreis und Flammeris.

Risotto-Reis entspricht gegart nicht unseren Vorstellungen von lockerem, körnigem Reis, sondern er wird beim Kochen klebrig, breiig, ähnlich Milchreis. Im Handel erhältlich sind verschiedene Sorten, z. B. Arborio.

Reissorten unterscheidet man außerdem nach dem Grad der Bearbeitung:

Braun- oder **Naturreis** ist ein bräunlicher, enthülster Reis mit Silberhäutchen und Keim. Er ist vitaminreich, benötigt eine längere Gardauer, bleibt körnig und quillt wenig auf. Er sollte immer frisch gekauft werden, da er wegen seines Fettgehaltes in der Silberhaut und des Keimes bei längerer Lagerung ranzig wird.

Weißreis ist geschälter, polierter Reis ohne Silberhäutchen und Keimling. Er ist dadurch fast vitaminfrei, eiweißarm und ballaststoffarm.

Parboiled-Reis weist, bedingt durch seine technische Bearbeitung, einen höheren Gehalt an Vitaminen der B-Gruppe auf als geschälter Reis. Die Körner werden in der Strohhülse unter Druck mit Dampf bearbeitet. Die Vitamine gelangen ins Korninnere und bleiben auch beim Schleifen des Reises erhalten. Parboiled-Reis ist leicht gelblich. Er wird aber beim Garen weiß. Seine Beschaffenheit nach dem Garen ist körnig, auch wenn er wieder aufgewärmt wird.

Kochbeutelreis ist in verbrauchsgerechter Menge im Kunststoffbeutel verpackter Lang- oder Rundkornreis.

Wilder Reis besteht aus sehr dünnen länglichen Körnern, die in braunschwarze Spelzen gehüllt sind. Es ist der Samen eines Wassergrases. Wildreis hat einen hohen Eiweißgehalt, ist im Geschmack nussig und hat eine längere Gardauer (40–50 Minuten).

Damit es leichter geht

Mit den **Knetwerkzeugen** der Hand- oder Standküchenmaschine den Nudel- oder Spätzleteig herstellen.

Den **Nudelvorsatz** für den Fleischwolf der Standküchenmaschine oder die **Nudelmaschine** zum Formen des selbst hergestellten Nudelteiges verwenden.

Spatzenpresse oder **Spatzenhobel** erleichtern das Formen von Spätzle.

Einen **hohen Topf** zum Kochen von Teigwaren verwenden, damit das Kochwasser nicht überschäumt.

Ein **Sieb** oder ein **Durchschlag** erleichtern das Abgießen und Abtropfenlassen von Teigwaren.

Das **Dampf-Gargerät** eignet sich besonders zum Garen von Reis bei 100 °C, die Garzeit bei Getreide kann mit Dampfdruck, bei 120 °C, um 50 % reduziert werden.

Wie viel darf es sein?

Art der Rohware	Suppeneinlage pro Portion in g	Beilage pro Portion in g	Hauptgericht pro Portion in g
Teigwaren	10–15	60–80	100–125
Getreide	10–15	65–70	60–80
Reis	10–15	60–70	60–80

Praktische Hinweise

- Da Teigwaren ein hohes Quellvermögen haben, für das Garen die vierfache Wassermenge verwenden.
- Teigwaren immer in kochendes Wasser geben, damit die Randschichten verkleistern und die Form erhalten bleibt.
- Dem Kochwasser für Teigwaren etwas Öl zufügen. Dadurch wird das aufschäumende Eiweiß gebunden und ein Überschäumen verhindert. Die Teigwaren kleben außerdem nicht aneinander.
- Teigwaren „al dente", d. h. bissfest garen. Zu weich gekochte Teigwaren kleben aneinander.
- Sollen lange Spaghetti gegart werden, diese gebündelt an einem Ende festhalten und das andere in das kochende Wasser halten. Das eingetauchte Ende wird schnell weich, so dass der restliche Teil nachrutschen kann.
- Werden Teigwaren weiterverarbeitet, z. B. für Aufläufe oder Salate, verkürzt sich die Gardauer um 1–2 Minuten.
- Teigwaren, die zu Salat verarbeitet werden, nach dem Kochen mit kaltem Wasser übergießen, damit sie beim Abkühlen nicht nachgaren und zu weich werden.
- Vor der Verarbeitung von Getreidekörnern müssen die natürlichen Verunreinigungen, wie z. B. Mutterkorn (ein hochgiftiger Pilzbefall), sorgfältig beseitigt werden.
- Nie angeschimmelte Getreidekörner verwenden.
- Selbstgeschrotetes Getreide zum Quellen für Müsli in den Kühlschrank stellen, um die Bakterienvermehrung zu mindern.
- Langkornreis mit der doppelten Flüssigkeitsmenge (1 Tasse Reis – 2 Tassen Flüssigkeit) ausquellen lassen. Die gesamte Flüssigkeit wird vom Reis aufgenommen, und alle Nährstoffe bleiben erhalten.
- Gardauer der unterschiedlichen Reissorten beachten, ungeschälter Reis benötigt 35–40 Minuten, geschälter Reis 12–15 Minuten.

Verfeinern, garnieren, abrunden

- Zum Ausquellen von Getreide und Reis eignen sich Brühe, Wasser mit Kräutern und Gewürzen, Tomaten- oder Möhrensaft, Kakao oder Milch.
- Alle Gerichte, die mit Getreide zubereitet werden, müssen kräftig gewürzt werden, da das Getreide sehr viel Würzkraft aufnimmt.
- Teigwaren lassen sich mit unterschiedlichen Soßen servieren, siehe Kapitel „Soßen", Seite 124 ff.
- Reis als Reisrand anrichten: Dazu Reis fest in eine mit Wasser ausgespülte glatte Ringform drücken und unmittelbar vor dem Servieren stürzen. Mit einem Ragout oder Frikassee füllen und mit Tomatenachteln und Petersilie garnieren.
- Gegarter Reis oder andere Getreidekörner zum Anrichten in eine gefettete Suppenkelle oder Tasse füllen, andrücken und auf eine vorgewärmte Platte oder bei Tellergerichten auf einen vorgewärmten Teller stürzen.

Wenn etwas übrig bleibt

- Reste von Nudeln (Makkaroni, Spaghetti) evtl. klein schneiden, in Butter oder Margarine knusprig braten, evtl. mit verschlagenem Ei übergießen und stocken lassen.
- Reste von Nudeln mit Fleisch oder Wurstresten, rohem oder gegartem Gemüse und Mayonnaise zu einem Salat verarbeiten.
- Kleine Mengen Reis als Suppeneinlage verwenden.
- Größere Mengen gegarten Reis zum Aufwärmen in eine gefettete, feuerfeste Form einfüllen. Abgedeckt im Backofen bei 150 °C erwärmen.
- Im Dampf-Gargerät lassen sich fertig gegarte Nudeln oder Reis in gefetteten Tassen oder Förmchen portionsgerecht regenerieren und dann auf Servierteller stürzen.

Nudelteig

G

500 g	Mehl
4	Eier
4–6 EL	Wasser
1 TL	Salz

Zutaten in die Rührschüssel einer elektrischen Hand- oder Standküchenmaschine geben und mit den Knetwerkzeugen zunächst auf niedriger, dann auf höherer Einstellung zu einem glatten, geschmeidigen Teig verarbeiten. Teig zu einer Kugel formen und abgedeckt 30 Minuten ruhen lassen. Teig portionsweise dünn ausrollen und Nudeln formen.

Veränderung:

Rote Nudeln: 6 TL Tomatenmark unter den Teig mischen.

Grüne Nudeln: 8 EL pürierten, jungen Spinat unter den Teig mischen. Damit der Teig nicht zu feucht wird, evtl. etwas mehr Mehl verwenden.

Tipp:

- Für die Herstellung von Bandnudeln Teig in 6 Teile schneiden. Einen davon sofort auf der Arbeitsfläche dünn ausrollen, die anderen bis zur Weiterverarbeitung abgedeckt lassen, damit sie nicht zu trocken werden. Den ausgerollten Nudelteig zum Antrocknen auf ein sauberes Tuch legen und mit den anderen Teigteilen ebenso verfahren. Bevor die Teigplatten ganz trocken sind, einmal teilen, übereinander legen, aufrollen und für Suppen in schmale, als Beilage für andere Gerichte in breitere Streifen schneiden.
- Mit den Vorsatzscheiben für den Fleischwolf oder der Nudelmaschine lassen sich leicht Nudeln verschiedener Art formen.
- Geformte Nudeln sofort verwenden oder auseinandergebreitet bei Zimmertemperatur trocknen lassen.

Gekochte Nudeln

S G

1 l	**Wasser**
1 TL	**Salz**
1 TL	**Öl**
250 g	**Nudeln** beliebiger Art

Wasser, Salz und Öl **ankochen**. Nudeln im Ganzen oder gebrochen einlegen, gleich umrühren, damit sie nicht zusammenkleben oder am Boden haften bleiben. Je nach Sorte und Geschmack 8–16 Minuten in der **Nachwärme** quellen lassen.
Nudeln abgießen und abtropfen lassen.
Als Beilage zu Fleisch oder mit einer beliebigen Soße reichen.

Tipp:

- Um die Nudeln geschmacklich noch kräftiger zu machen, in das Kochwasser 1 Zwiebel und 1 Lorbeerblatt geben.
- Nudeln in heißem Fett schwenken oder mit Butterflöckchen belegen.
- Mit goldbraun geröstetem Paniermehl, geriebenem Käse, Hefeflocken oder mit zerkleinerten Kräutern bestreuen.
- Mit gebräunten Speck- und Zwiebelwürfeln anrichten.
- Als sättigenden Nachtisch mit Zimtzucker, gebräunter Butter und Kompott servieren.

Nudeln in unterschiedlichen Formen: Tagliatelle (schmale Bandnudeln), Rigatoni (linierte Röhren), Penne (schräge Röhrennudeln), Conchigliette (Muscheln), Spaghetti, Fusilli (korkenzieherähnlich oder in Spindelform), Farfalle (Schmetterlinge), Tripolini (kleine Schleifchen), Fettuccine (breite Bandnudeln)

Maultaschen

D

Nudelteig:	
250 g	**Mehl**
2	**Eier**
2–3 EL	**Wasser**
½ TL	**Salz**
Füllung:	
4	**Brötchen**
1	**Zwiebel**
30 g	**Fett**
250 g	**roher Spinat** oder 125 g gefrorener Spinat
175 g	**Fleisch** Bratwurstmasse oder Hackfleisch oder 100 g geräucherte Wurst und 75 g Fleischreste
	Petersilie
3	**Eier**
	Salz · Pfeffer · Muskat
1	**Eiweiß**
1–2 l	**Brühe**
	Petersilie · Schnittlauch

Aus den Zutaten einen Nudelteig bereiten, siehe Seite 206.
Für die Füllung Brötchen in Wasser einweichen und ausdrücken.
Zwiebel schälen und in Würfel schneiden. Fett **erhitzen**, Zwiebel darin **andünsten**. Spinat verlesen, waschen, hacken oder zusammen mit dem Fleisch pürieren. Brötchen, Zwiebel, zerkleinerte Petersilie, Eier, Salz, Pfeffer und Muskat zugegeben und mit den Knetwerkzeugen einer elektrischen Handküchenmaschine vermengen.
Nudelteig dünn in zwei gleichmäßige Platten ausrollen. Auf die eine in gleichmäßigen Abständen kleine Häufchen der Fleisch-Spinat-Füllung setzen, zwischen denen so viel Platz bleiben muss, dass der Rand ringsherum mit Eiweiß bestrichen werden kann. Die zweite Platte darüber legen, andrücken und den Teig mit dem Rädchen um die Füllung herum ausrädeln, so dass sich die Füllung in der Mitte der Maultaschen befindet.
Brühe **ankochen**, Maultaschen einlegen,

12–15 Minuten schwach **fortkochen**, bis die Maultaschen hochsteigen.
Maultaschen mit Brühe in eine Suppenschüssel geben und mit zerkleinerten Kräutern bestreuen.

Veränderung:
Geschmälzte Maultaschen: Butter erhitzen, Paniermehl darin rösten und über die abgetropften Maultaschen geben.
Geröstete Maultaschen: Maultaschen in Streifen schneiden. Fett erhitzen. Maultaschen von allen Seiten darin rösten. Eier mit Salz verquirlen, darüber gießen und in der Nachwärme stocken lassen.

Spätzle

G

300 g	**Mehl**
4	**Eier**
1 TL	**Salz**
2–3 EL	**Mineralwasser**
2 l	**Wasser**
	Salz
1 TL	**Öl**

Für den Teig Mehl, Eier, Salz und Mineralwasser mit den Knetwerkzeugen einer Handküchenmaschine zu einem dickflüssigen glatten Teig verarbeiten und so lange schlagen, bis er Blasen wirft. Teig 1–2 Stunden ruhen lassen.
Wasser, Salz und Öl **ankochen**. Vom Spätzleteig nach und nach einen Teil auf das angefeuchtete „Spatzenbrett" geben und mit einem langen Messer feine Streifen in das kochende Salzwasser schaben. **Aufkochen**, bis die Spätzle hochsteigen.

Spätzle mit einem Schaumlöffel herausnehmen, in einem Sieb unter kaltem Wasser kurz abspülen, abtropfen lassen und warmhalten. Den restlichen Teig ebenso verarbeiten.

Veränderung:
Vollkornspätzle: 300 g Weizenvollkornmehl und etwa ⅛ l Mineralwasser verwenden.
Geschmälzte Spätzle: Butter erhitzen, Paniermehl darin rösten und über die Spätzle geben.
Käsespätzle: Spätzle abtropfen lassen, sofort in eine angewärmte, eingefettete Schüssel schichtweise mit geriebenem Käse einfüllen. Butter erhitzen, Zwiebelringe darin rösten und darübergeben.
Leberspätzle: Für den Teig 250 g vorbereitete Leber pürieren. Mit 250 g Mehl, 20 g Grieß, 2 Eiern, Salz, Pfeffer, Muskat und etwas Wasser zu einem festen glatten Teig verarbeiten. 2 EL angedünstete Zwiebelwürfel und 2 EL zerkleinerte Petersilie untermengen.

Pasta asciutta

1–2	**Zwiebeln**
30 g	**Magerspeck**
1	**Knoblauchzehe**
3 EL	**Olivenöl**
150 g	**Hackfleisch** halb und halb
1	**Möhre**
125 g	**Sellerie**
	Rosmarin oder Lorbeerblatt
100 g	**Tomatenmark**
	Salz · Paprika
⅛ l	**Wasser**
⅛ l	**Rotwein** oder Fleischbrühe
2 l	**Wasser**
	Salz
1 TL	**Öl**
400 g	**Nudeln**
	Spaghetti oder Bandnudeln
	geriebener Käse

Zwiebeln schälen, Zwiebeln und Speck in Würfel schneiden. Knoblauch schälen und zerkleinern.

Öl **erhitzen**, Zwiebeln und Knoblauch darin **andünsten**. Speck und Hackfleisch zugeben und **anbraten**.
Möhre und Sellerie schälen, waschen, zerkleinern und mit Rosmarin und Tomatenmark zu dem Hackfleisch geben. Salz und Paprika überstreuen, Wasser und Wein angießen, **ankochen**, 15–20 Minuten **fortkochen**, 5–10 Minuten in der **Nachwärme** fertig garen, abschmecken.
Wasser, Salz und Öl **ankochen**, Nudeln im Ganzen oder gebrochen einlegen und gleich umrühren, damit sie nicht aneinander kleben. Je nach Sorte und Geschmack 8–16 Minuten in der **Nachwärme** quellen lassen und abgießen. Nudeln mit Soße übergießen und Käse überstreuen oder Soße getrennt dazu reichen.

Nudeln mit Fetakäse

S

1 l	**Wasser**
	Salz
1 TL	**Öl**
250 g	**Nudeln** Farfalle oder Tagliatelle
150 g	**getrocknete Tomaten in Öl**
4 EL	**Olivenöl**
2	**Knoblauchzehen**
½ Bd	**Basilikum**
	Salz · Pfeffer
250 g	**Fetakäse**

Wasser, Salz und Öl **ankochen**, Nudeln im Ganzen oder gebrochen einlegen und gleich umrühren, damit sie nicht aneinander kleben. Je nach Sorte und Geschmack 8–15 Minuten in der **Nachwärme** quellen lassen, abgießen und warmhalten.
Tomaten in Streifen schneiden. Öl **erhitzen**, Tomatenstreifen und zerdrückte Knoblauchzehen **andünsten**.
Zerkleinerte Basilikumblätter zufügen, mit Salz und Pfeffer abschmecken.
Fetakäse in Würfel schneiden. Mit Nudeln zur Sauce geben.

Lasagne

Füllung:	
3	**Zwiebeln**
50 g	**durchwachsener Speck**
375 g	**Hackfleisch** halb und halb
1 Dose	**Tomaten** geschält Abtropfgewicht ca. 500 g
30 g	**Tomatenmark** kleine Dose
	Salz · Pfeffer · Thymian
	Basilikum · Oregano
⅛ l	**Weißwein** oder Fleischbrühe
Soße:	
20 g	**Fett** zum Braten
125 g	**Champignons**
2 EL	**Mehl**
⅛ l	**süße Sahne**
	Petersilie
250 g	**Nudelteigplatten**
100 g	**geriebener Käse** Gouda

Zwiebeln schälen. Zwiebeln und Speck in Würfel schneiden. Speck **auslassen** und Zwiebeln darin **dünsten**. Hackfleisch zugeben und **anbraten**. Tomaten und Tomatenmark zu dem Hackfleisch geben. Gewürze zufügen, mit Wein abschmecken und ca. 5 Minuten in der **Nachwärme** garziehen lassen. Für die Soße Champignons putzen und in Scheiben schneiden. Fett **erhitzen**, Champignons darin **andünsten** und mit Mehl bestäuben. Sahne zufügen und **aufkochen** lassen. Petersilie zerkleinern und zugeben.
Die Nudelteigplatten mit der Hackfleischfüllung schichtweise in eine flache, große, gefettete Auflaufform füllen.
Auf die letzte Teigplatte die Soße verteilen, mit Käse überstreuen und backen.

einsetzen:	Auf dem Rost, untere Einschubleiste	
backen:	200 °C	30–35 Minuten
	0	5–10 Minuten

Tortellini in Käsesahnesauce

S

2 l	**Wasser**
	Salz
1 EL	**Öl**
500 g	**Tortellini**
Soße:	
1	**Zwiebel**
1	**Knoblauchzehe**
1 EL	**Öl**
½ l	**süße Sahne**
	Salz · Pfeffer · Muskat
50 g	**geriebener Parmesankäse**

Wasser, Salz und Öl **ankochen**. Tortellini in das kochende Wasser geben, 10–20 Minuten je nach Sorte **fortkochen**, abgießen, kalt abspülen und abtropfen lassen.

Für die Soße Zwiebel und Knoblauchzehe schälen und in feine Würfel schneiden.

Öl **erhitzen**, Zwiebel und Knoblauch darin **andünsten**. Sahne zugießen, Gewürze zufügen und **aufkochen**. Tortellini in die Soße geben und **erwärmen**. Käse zugeben, unterrühren und **schmelzen** lassen.

Tipp:

- 125 g gekochten Schinken in Würfel schneiden und zufügen.
- 250 g in Scheiben geschnittene Champignons zufügen.
- 2–3 EL Kräuter zufügen.
- Statt geriebenem Parmesankäse 1 Ecke Kräuterschmelzkäse (60 g) verwenden.

Tortellini in Käsesahnesauce

Reis

S		D	G

250 g	Langkornreis
½ l	Wasser
	Salz

Reis, Wasser und Salz **ankochen** und 20–25 Minuten **quellen** lassen.

Veränderung:

Naturreis: Statt Reis Naturreis verwenden; 20–30 Minuten quellen lassen und 5–10 Minuten in der Nachwärme fertig garen.

Butterreis: 50 g Butter untermengen.

Curryreis: 1 EL Butter erhitzen, 1 TL Curry darin verrühren, gegarten Reis zugeben und vermengen.

Risi-Bisi: 1 EL Fett erhitzen, 500 g feine Erbsen darin dünsten, gegarten Reis und zerkleinerte Petersilie zugeben und vermengen.

Champignonreis: 100 g Champignons blättrig schneiden. 1 EL Fett erhitzen, Champignons darin dünsten. Gegarten Reis zugeben und vermengen. Mit Zitronensaft und zerkleinerter Petersilie würzen.

Paprikareis: 200 g Paprikaschoten in Streifen schneiden. 1 EL Fett erhitzen, Paprika darin dünsten. Gegarten Reis zugeben und vermengen oder Paprikamark unter den gegarten Reis rühren.

Brühreis: ½ l Brühe mit einer Gewürzzwiebel, 1 EL Fett und Salz ankochen. Die Zwiebel herausnehmen, Reis in die Brühe geben und 20–25 Minuten quellen lassen.

Tipp:

Reis während des Quellens nicht umrühren. Erst zum Schluss mit einer Gabel auflockern und vorgesehene Zutaten unterziehen.

D Zubereitung empfohlen im
Dampf-Gargerät
Das Gericht wird besonders nährstoffschonend zubereitet.

Risotto

S			

1	Zwiebel
1 EL	Öl
350 g	Risotto-Reis
½ TL	Salz
400 ml	Weißwein
500 ml	Brühe
10 g	Butter
50 g	geriebener Parmesan

Zwiebel schälen und in Würfel schneiden. Öl **erhitzen**, Zwiebel darin **andünsten**. Reis zugeben und unter Rühren glasig **andünsten**. Salz überstreuen, Flüssigkeit angießen, **ankochen** und 40–45 Minuten **quellen** lassen.
Vor dem Servieren Butter und Parmesan unterrühren.

Veränderung:

Gemüserisotto: Risotto mit 500 g fein zerkleinertem Gemüse, z.B. Möhren, Erbsen, Mais, bereiten und mit Petersilie überstreuen.

Geflügelrisotto: Fett erhitzen, 250 g gegartes, geschnittenes Hühnerfleisch, auch Herz und Magen, und Zwiebelwürfel darin dünsten. 1 EL Tomatenmark und 3 EL Brühe zugeben. Risotto damit vermengen.

Schinkenrisotto: 150 g gekochter Schinken oder 100 g roher Schinken und 100 g Ananas in Würfel schneiden und unter den Risotto mischen.

Risotto mit Leber: Fett erhitzen, 200–250 g Leberstückchen und Zwiebelwürfel darin dünsten. Mit zerkleinerter Petersilie zu dem Risotto geben.

Weitere Veränderungsvorschläge siehe „Reis".

Apfelreis

■ ■ D

750 g	**Äpfel**
1 l	**Wasser**
2 EL	**Sultaninen**
	Zitronenschale · Salz
250 g	**Reis**
60 g	**Zucker**

Äpfel waschen, schälen, Kerngehäuse entfernen. Äpfel zerkleinern.
Mit Wasser, Sultaninen, Zitronenschale und Salz **ankochen**. Reis und Zucker zugeben und 25–30 Minuten **quellen** lassen. Zitronenschale herausnehmen, Reis abschmecken.

Veränderung:
Apfelhirse: Anstelle von Reis Hirse verwenden.
Aprikosenreis: Anstelle der Äpfel 500 g Aprikosen waschen, halbieren und entsteinen.

Tipp:
- Geeignet sind mürbe Apfelsorten, die leicht zerkochen, z.B. Klarapfel oder Boskop.
- Alle Zutaten kalt aufsetzen, dann wird der Reis musiger.
- Apfelreis mit gebräunter Butter übergießen oder mit gebratenen Zwiebelringen reichen.

Milchreis

■ ■ D G

1 l	**Milch**
20 g	**Zucker**
	abgeriebene Zitronenschale oder Vanillinzucker
	Salz
250 g	**Rundkornreis**
	Butter · Zucker · Zimt

Milch, Zucker, Zitronenschale, Salz und Reis **ankochen**, 20 Minuten **quellen** lassen und etwa 15 Minuten in der **Nachwärme** fertig garen. Etwas Butter **bräunen**, über den Reisbrei geben und mit Zimt und Zucker bestreuen.

Veränderung:
Kaiserreis: ½ Rezept Milchreis zubereiten, Reisbrei kaltstellen. ¼ l Sahne steifschlagen und die Hälfte der Sahne locker unterheben. Reis und 500 g abgetropfte Sauerkirschen abwechselnd in eine Glasschüssel füllen. Mit restlicher Sahne und Kirschen garnieren.
Anstelle von Kirschen eignen sich auch Aprikosen, Mandarinen oder vorbereitete, gezuckerte Beerenfrüchte.

Tipp:
- Für die Zubereitung von Milchreis einen hohen Kochtopf wählen, damit die kochende Milch etwas hochsteigen kann.
- Wenn der Milchreis weniger breiig werden soll, erst die Milch mit den Gewürzen ankochen, dann den Reis hineingeben.
- Apfelmus, Aprikosen- oder anderes Kompott dazu reichen.

Würzige Reisküchlein

■ ■

1	**Zwiebel**
20 g	**Butter** oder Margarine
250 g	**Naturreis**
½ l	**Gemüsebrühe**
1	**Lorbeerblatt**
2	**Eier**
100 g	**geriebener Sellerie**
100 g	**geriebene Haselnüsse**
	Petersilie · Schnittlauch
	Salz · Pfeffer · Curry
1 TL	**Majoran**
1	**Knoblauchzehe**
120 g	**geriebener Käse**
	Fett zum Backen

Zwiebel schälen und in Würfel schneiden. Butter **erhitzen**, Zwiebel darin **andünsten**. Reis zugeben und unter ständigem Rühren glasig **andünsten**.
Gemüsebrühe angießen, Lorbeerblatt zugeben, 20–25 Minuten **fortkochen** und 15 Minuten in der **Nachwärme** quellen lassen. Lorbeerblatt herausnehmen, Reis abkühlen lassen.

Eier mit Sellerie, Nüssen, zerkleinerten Kräutern, Salz, Pfeffer und Gewürzen verquirlen. Knoblauch schälen, zerdrücken und zugeben. Käse unterrühren. Zu dem Reis geben und vermengen. Aus dem Teig flache Küchlein formen. Fett **erhitzen**, Reisküchlein darin von beiden Seiten goldgelb **backen**.

Polenta

½ l	**Wasser**
	Salz
200 g	**Maisgrieß**
	nach Belieben:
	Paprika · Muskat · Rosmarin
	Knoblauch
	Fett zum Backen

Wasser und Salz **ankochen**, Maisgrieß und Gewürze unter Rühren zugeben, 5 Minuten unter Rühren **fortkochen** und 5 Minuten in der **Nachwärme** quellen lassen.
Kastenform ausspülen und Brei hineindrücken. Nach dem Erkalten stürzen und in gleichmäßig dicke Scheiben schneiden. Fett in der Pfanne **erhitzen**, Scheiben von beiden Seiten darin hellbraun **backen**.
Statt Nudeln oder Kartoffeln zu Fleisch- und Gemüsegerichten servieren.

Reis- oder Kartoffelrand formen: Reis oder Kartoffelbrei fest in eine mit Wasser ausgespülte glatte Ringform drücken. Erst unmittelbar vor dem Servieren stürzen und füllen.

Grünkerntaler

D

20 g	**Butter** oder Margarine
250 g	**Grünkernschrot**
200 ml	**süße Sahne**
¼ l	**Brühe**
100 g	**geriebener Käse** Emmentaler
1	**Ei**
25 g	**gehackte Walnusskerne**
	frisch gemahlener Pfeffer
	Salz
	Fett zum Backen

Butter **erhitzen** und Grünkernschrot **andünsten**.
Sahne und Brühe zugießen und 20 Minuten **quellen** lassen.
Die Masse abkühlen lassen. Käse, Ei und die Nüsse unterrühren, mit Salz und Pfeffer würzen. Aus dem Teig Plätzchen formen.
Fett **erhitzen** und Grünkerntaler von jeder Seite 3 Minuten **braten**. In Verbindung mit Blattspinat ergibt sich ein vollständiges Gericht.

Graupen nach Risottoart

S D

1	**Zwiebel**
2 EL	**Öl** oder 20 g Margarine
250 g	**Graupen**
	Curry nach Belieben
	Kräutersalz · Salz
¾ l	**Wasser** oder Brühe
	nach Belieben:
	Butter · geriebener Käse

Zwiebel schälen und in Würfel schneiden. Fett **erhitzen**, Zwiebel darin **andünsten**. Graupen zugeben und unter Rühren **andünsten**. Nach Belieben Curry zugeben. Kräutersalz und Salz zugeben, Wasser angießen, 15 Minuten **quellen** lassen und 15 Minuten in der **Nachwärme** fertig garen.
Butterflöckchen darauf verteilen und mit Käse bestreuen.

Zucchini mit Grünkernfüllung

■ ■ D

125 g	**Grünkern**
¼ l	**Wasser**
¼ l	**Gemüsebrühe**
1	**Zwiebel**
	Petersilie · Schnittlauch · Dill
100 g	**Magerquark**
50 g	**geriebene Haselnüsse**
1	**Eigelb**
	Salz · Pfeffer
2	**mittelgroße Zucchini** oder Schmorgurken
5 – 6 EL	**Wasser**
50 g	**geriebener Käse**

Grünkern am Abend vor der Zubereitung in Wasser einweichen.
Gemüsebrühe zugießen, **ankochen**, 35 Minuten **fortkochen** und 15 Minuten in der **Nachwärme** quellen lassen. Abkühlen lassen.
Zwiebel schälen und in Würfel schneiden, mit zerkleinerten Kräutern, Quark, Nüssen und Eigelb zu dem Grünkern geben. Mit Salz und Pfeffer abschmecken.
Zucchini waschen, längs halbieren, Kerne entfernen und Zucchini mit Grünkernmischung füllen.
Auflaufform einfetten, Zucchini hineingeben, Wasser zugeben und im Backofen garen.
Käse über die Zucchini streuen und überbacken.

einsetzen:	Auf dem Rost, mittlere Einschubleiste	
garen:	200 – 225 °C	30 – 35 Minuten
überbacken:	200 – 225 °C	5 – 10 Minuten
	0	5 Minuten

D Zubereitung empfohlen im **Dampf-Gargerät**
Das Gericht wird besonders nährstoffschonend zubereitet.

Roggenauflauf mit Tomaten

■ ■ D

200 g	**Roggenkörner**
1½ l	**Wasser**
150 g	**Schmand**
100 g	**Tomatenmark**
1 – 2 TL	**Balsamicoessig**
	Salz · Pfeffer · Kräuter der Provence
3	**Zwiebeln**
200 g	**Emmentaler**
1 Dose	**geschälte Tomaten** Abtropfgewicht etwa 480 g

Roggenkörner und Wasser **ankochen** und 80 – 90 Minuten **fortkochen**. Roggenkörner abgießen und abtropfen lassen.
Schmand, Tomatenmark, Essig und Gewürze verquirlen.
Zwiebeln schälen und in feine Würfel schneiden.
Emmentaler raspeln.
Geschälte Tomaten abtropfen lassen und etwas zerkleinern.
Alle Zutaten vermengen, in eine Auflaufform streichen und backen.

einsetzen:	Auf dem Rost, untere Einschubleiste	
backen:	200 °C	25 – 30 Minuten
	0	5 – 10 Minuten

Gemüsesuppe mit Gerste

S D

100 g	**geschrotete Gerste**
1 l	**Gemüsebrühe**
2 Stg	**Lauch**
200 g	**Rosenkohl**
2	**Möhren**
150 g	**saure Sahne**
	Majoran · Petersilie Liebstöckel

Gerste mit Gemüsebrühe verrühren und 45 Minuten quellen lassen.

Lauch putzen, mit Rosenkohl waschen. Rosenkohl halbieren. Möhren schälen, waschen und mit Lauch in Scheiben schneiden.
Gemüse zur Gerste geben, **ankochen** und 10–12 Minuten **fortkochen**.
Mit saurer Sahne verfeinern und mit Kräutern abschmecken.

Linsen-Ananas-Curry

■ ■ D

200 g	**Weizenkörner**
1 l	**Wasser**
250 g	**Zwiebeln**
30 g	**Ingwerwurzel**
1	**Knoblauchzehe**
30 g	**Fett**
200 g	**Linsen**
2 EL	**Curry**
¾ l	**Wasser**
100 g	**Mandelblätter**
750 g	**frische Ananas**
2 EL	**Sojasoße**
	Curry · Salz

Weizen abspülen und am Abend vor der Zubereitung in 1 l Wasser einweichen, am nächsten Morgen abgießen.
Zwiebeln und Ingwer putzen, in feine Würfel schneiden oder durch die Knoblauchpresse pressen. Knoblauchzehe schälen und durchpressen.
Fett **erhitzen** und Zwiebelwürfel darin **andünsten**. Linsen, Curry, Ingwer, Knoblauch und Weizenkörner hinzufügen, Wasser angießen, **ankochen**, 50 Minuten **fortkochen** und 5–10 Minuten in der **Nachwärme** fertig garen. Mandelblätter in der trockenen Pfanne kurz **rösten**. Ananas schälen, in Würfel schneiden, zugeben, 5 Minuten **dünsten** und beides zu den Linsen geben.
Mit Sojasoße, Curry und Salz abschmecken.

Gemüse-Weizen-Topf mit Kräutersoße

■ ■ D

150 g	**Weizenkörner**
¼ l	**Gemüsebrühe**
3	**Frühlingszwiebeln**
2 Stg	**Porree**
1	**Knoblauchzehe**
250 g	**Möhren**
1	**Kohlrabi**
½	**Sellerieknolle**
50 g	**Butter**
	Kräutersalz · Pfeffer
	Petersilie
Soße:	
2 Bund	**Kräuter**
	Schnittlauch, Dill, Zitronenmelisse, Pimpinelle
150 g	**saure Sahne**
100 g	**Crème fraîche**
	Kräutersalz · Pfeffer
	Zitronensaft

Weizen abspülen und über Nacht in kaltem Wasser einweichen.
Wasser abgießen, Weizen und Gemüsebrühe **ankochen** und 50–60 Minuten **fortkochen**.
Zwiebeln und Porree putzen, waschen und in Ringe schneiden. Knoblauchzehe schälen und durch die Presse drücken. Möhren, Kohlrabi und Sellerie schälen, waschen und in Würfel schneiden.
Butter **erhitzen**, Gemüse darin **andünsten**, zu den Weizenkörnern geben und 10–15 Minuten **dünsten**. Mit Salz und Pfeffer abschmecken und mit zerkleinerter Petersilie bestreuen.
Für die Soße Kräuter waschen und klein schneiden. Sahne mit Crème fraîche verrühren, Kräuter zugeben und mit Salz, Pfeffer und Zitronensaft abschmecken. Soße getrennt zum Gemüse-Weizen-Topf reichen.

Klöße und Knödel

Klöße, auch Knödel genannt, sind vor allem im süddeutschen und österreichischen Raum beliebt. Je nach Zusammensetzung der Zutaten können Klöße als Beilage zu Fleisch- und Gemüsegerichten, als süßes Hauptgericht oder als Nachspeise serviert werden. Pikante Klöße passen sehr gut zu einem Fleischgericht mit einer Soße, z.B. Sauerbraten oder Schweinebraten. Süße Klöße werden mit flüssiger Butter, Kompott, Obst oder einer süßen Soße angerichtet.

Ein bisschen Warenkunde

Klöße und Knödel können aus verschiedenen Zutaten, z.B. aus Semmeln, Kartoffeln, Fleisch, Grieß und Hefeteig, hergestellt werden. Der Kloß wird häufig nach der Hauptzutat benannt. Die meisten Klöße werden zum Garziehen in kochendes Wasser gelegt. Sie sollen nicht kochen, weil sie sonst die Form verlieren und zerfallen.

Semmelkloßteig besteht vor allem aus Brötchen oder Brot. Für die Herstellung des Teiges sollte kein frisches, sondern altes Brot verwendet werden, weil es die Feuchtigkeit besser bindet als frisches.

Kartoffelkloßteig kann sowohl aus gekochten oder aus rohen Kartoffeln als auch aus beidem bestehen. Für die Herstellung des Teiges mehlig kochende Sorten, z.B. Quarta, Aula, Hanne und Irmgard, verwenden, weil sie die Feuchtigkeit im Teig besser binden als fest kochende.

Grieß- und Quarkkloßteig wird überwiegend für süße Haupt- und Nachspeisen verwendet. Die Grießklöße gelingen besonders gut, wenn Hartweizengrieß verwendet wird. Er ist in der Körnung nicht so fein wie Weichweizengrieß. Für die Herstellung der Quarkklöße Magerquark verwenden, damit der Kloßteig sich besser verarbeiten lässt.

Hefekloßteig besteht aus Hefeteig und kann je nach Zutaten zu süßen oder pikanten Klößen verarbeitet werden.

Wie viel darf es sein?

Klöße serviert als	**Menge** pro Portion in g
Beilage	
Hefeklöße	180 – 200
Semmelklöße	180 – 200
Kartoffelklöße	180 – 200
Hauptgericht	
Hefeklöße	200 – 250
Grießklöße	200 – 250
Quarkklöße	200 – 250
Nachspeise	
Hefeklöße	100
Grießklöße	100
Quarkklöße	100

Damit es leichter geht

Mit dem **Schnitzelwerk** der Hand- oder Standküchenmaschine die Zutaten, z.B. gekochte Kartoffeln, zerkleinern.
Mit der **Saftzentrifuge** rohe Kartoffeln zerkleinern und entwässern.
Das **Knetwerkzeug** der Hand- oder Standküchenmaschine zum schnellen und gleichmäßigen Vermengen des festen Kloßteiges verwenden.
Das **Rührwerkzeug** zur Herstellung von weichen Teigen verwenden.
Im **Dampf-Gargerät** werden Klöße in gelochten Garbehältern gegart.

Praktische Hinweise

- Für den Kloßteig aus gekochten Kartoffeln mehlig kochende Kartoffeln am Vortag garen, weil die ausgekühlten Kartoffeln den Teig besser binden.
- Bevor aus dem Teig Klöße geformt werden, einen Probekloß garen, um festzustellen, ob der Teig für die Zubereitung die richtige Beschaffenheit hat. Ist der Teig zu weich, etwas Grieß oder Mehl hinzufügen.
- Weichen Kloßteig mit Löffeln, die zuvor ins Kochwasser getaucht werden, abstechen.
- Festen Kloßteig auf einer bemehlten Arbeitsfläche zu einer Rolle formen, in gleich große Stücke schneiden und mit bemehlten Händen zu Klößen formen.
- Kloßteig wird lockerer, wenn ein Teil der angegebenen Flüssigkeit durch kohlensäurehaltiges Mineralwasser ersetzt wird.
- Nur so viele Klöße in das Wasser geben, wie nebeneinander schwimmen können.
- Die Klöße im Topf mit spaltbreit geöffnetem Deckel bei milder Hitze garziehen, aber nicht kochen lassen.
- Nicht alle Klöße sind gar, wenn sie an die Oberfläche des Kochwassers steigen. Daher einen Kloß herausnehmen und zur Probe aufreißen. Die Klöße sind gar, wenn sie innen trocken und locker sind.
- Nach dem Garen die Klöße sofort servieren, weil sie durch das Warmhalten an Form und Geschmack verlieren.

Wenn etwas übrig bleibt

- Kalte Klöße in Scheiben schneiden und im heißen Fett von beiden Seiten goldbraun braten. Süße Klöße mit Zimt und Zucker oder Kompott servieren.
- Im Mikrowellengerät tiefgefrorene gegarte oder erkaltete Klöße ohne Zugabe von Fett oder Flüssigkeit zeit- und stromsparend auftauen und erwärmen.
- Gegarte pikante Klöße in kochendem Wasser erwärmen.

Klöße – hier Semmelklöße Südtiroler Art, Rezept Seite 220 – beim Herausnehmen auf dem Schaumlöffel gut abtropfen lassen.

Semmelknödel Südtiroler Art

D

500 g	**Semmeln** oder Weißbrot
250 g	**Magerspeck und geräucherte Kochwurst**
½ l	**Milch**
3	**Eier**
	Salz · Pfeffer oder Paprika
	geriebene Zwiebel
	oder 2 Knoblauchzehen
2 EL	**Petersilie und Schnittlauch**
3 EL	**Öl**
3 EL	**Mehl**
2 l	**Wasser**
	Salz

Semmeln, Speck und Wurst klein schneiden und in eine große Schüssel geben. Milch mit Eiern, Salz, Pfeffer und Zwiebel verquirlen, zufügen, Masse durchmengen und ½ Stunde ziehen lassen.

Zerkleinerte Kräuter und Öl unterarbeiten, zuletzt das Mehl zugeben. Teig kräftig durchkneten und mindestens 3 Stunden ruhen lassen; die Semmeln müssen ganz aufgeweicht sein. Mit angefeuchteten Händen 15–16 Klöße formen. Wasser mit Salz **ankochen**, Klöße einlegen, Topfdeckel spaltbreit öffnen und Klöße 15–20 Minuten **garziehen** lassen, bis sie hochsteigen.

Thüringer Kartoffelklöße

D

2½ kg	**Kartoffeln**
¾ l	**Milch**
	Salz
1–2	**Semmeln**
40 g	**Fett**
2 l	**Wasser**
	Salz

Eine große Schüssel etwa zur Hälfte mit kaltem Wasser füllen und ein Leinentuch hineinlegen, das über den Schüsselrand hinaushängt. Kartoffeln schälen, waschen und direkt ins Wasser reiben. Das Tuch an den Rändern zusammenfassen, herausnehmen und die Kartoffelmasse darin fest auspressen. Das Wasser beiseite stellen, damit sich die Kartoffelstärke absetzt.

Die beim Reiben erhaltenen Kartoffelreste mit wenig Wasser **ankochen** und etwa 20 Minuten **fortkochen**, bis sie breiig sind. Milch **ankochen**, dazugießen, glatt rühren und Salz zufügen.

Mit dem Kartoffelbrei die rohen, ausgepressten Kartoffeln überbrühen. Vorsichtig das Wasser von der abgesetzten Stärke abgießen und etwa ein Drittel der Stärke dem Teig zusetzen. Masse kräftig durcharbeiten und etwa 10 große Klöße formen. Zum Formen der Klöße die Hände immer wieder in kaltes Wasser tauchen.

Semmeln in Würfel schneiden. Fett **erhitzen**, Semmeln darin hellgelb **rösten** und in die Mitte der Klöße geben.

Wasser mit Salz **ankochen**, Klöße einlegen, Topfdeckel spaltbreit öffnen und Klöße 15–25 Minuten **garziehen** lassen, bis sie hochsteigen.

Kartoffelklöße von gekochten Kartoffeln

D

1 kg	**Pellkartoffeln**
1–2	**Eier**
	Salz
1 Prise	**Muskat**
50 g	**Weizenmehl**
50 g	**Speisestärke**
	oder nur 100 g Speisestärke
1	**Semmel**
30 g	**Fett**
	Mehl
2 l	**Wasser**
	Salz

Pellkartoffeln pellen und heiß durchpressen oder die am Vortag gekochten kalten Kartoffeln reiben.

Mit Ei, Salz, Muskat, Mehl und Speisestärke vermengen und abschmecken. Eine Rolle formen,

in 12–14 Teile schneiden und Klöße formen. Semmel in Würfel schneiden. Fett **erhitzen**, Semmel darin hellgelb **rösten** und in die Mitte der Klöße geben. Diese mit bemehlten Händen runden und in ein wenig Mehl wälzen.
Wasser und Salz **ankochen**, Klöße einlegen, Topfdeckel spaltbreit öffnen, Klöße 10–15 Minuten **garziehen** lassen, bis sie hochsteigen.

Veränderung:

Kartoffel-Käse-Klöße: Nur 750 g gekochte Kartoffeln und 75 g Mehl nehmen. Die übrigen Zutaten und zusätzlich 125 g geriebenen Käse untermengen.
Kartoffelklöße mit Meerrettich: Durch Untermengen von 125 g geriebenem Meerrettich erhalten die Klöße einen kräftigen Geschmack.
Kartoffelklöße mit Speck und Zwiebeln: Je 100 g gebräunte Speck- und Zwiebelwürfel unter die Kloßmasse kneten. Dazu schmeckt Backobst.

Kartoffelklöße von rohen und gekochten Kartoffeln

D

1,5 kg	**rohe Kartoffeln**
750 g	**Pellkartoffeln**
¼ l	**Milch**
1-2 TL	**Salz**
2 l	**Wasser**
	Salz

Rohe Kartoffeln schälen, waschen, mit der Saftzentrifuge zerkleinern und dabei gleichzeitig entwässern. Kartoffeltrester in eine große Schüssel geben und auflockern. Kartoffelsaft beiseite stellen, damit sich die Kartoffelstärke absetzt. Pellkartoffeln pellen.
Kartoffelsaft vorsichtig von der abgesetzten Stärke abgießen und die Stärke zum Kartoffeltrester geben.
Milch **ankochen**, dazugießen und glatt rühren. Die heißen Pellkartoffeln auf die Kartoffelmasse pressen.
Salz zugeben und Teig kräftig durcharbeiten. Abschmecken und mit nassen Händen 8-10 gleichmäßig große Klöße formen.
Wasser mit Salz **ankochen**, Klöße einlegen, Topfdeckel spaltbreit öffnen und Klöße 15–25 Minuten **garziehen** lassen.

Tipp:

- Die rohen Kartoffeln statt mit der Saftzentrifuge mit der Reibscheibe des Schnitzelwerkes der Küchenmaschine zerkleinern.
Zum Entwässern Kartoffelmasse mit Hilfe eines Tuches gut auspressen.

Leberknödel

D

400 g	**Semmeln**
⅛ l	**Milch**
500 g	**Schweineleber** oder Rinderleber
3–5	**Knoblauchzehen**
2 EL	**Öl**
2	**Eier**
2 TL	**Salz**
1 EL	**Majoran**
	Pfeffer oder Paprika
1 Msp	**abgeriebene Zitronenschale**
	Petersilie
2 l	**Wasser**
	Salz

Semmeln klein schneiden, mit der Hälfte der Milch übergießen.
Leber waschen, abtrocknen, enthäuten und pürieren. Mit zerkleinertem Knoblauch zu den Semmeln geben. Masse mit Öl, Eiern, Salz, Majoran, Pfeffer, Zitronenschale und zerkleinerter Petersilie zu einem Teig verarbeiten. Nach Bedarf die restliche Milch zusetzen und die Masse 2–3 Stunden stehen lassen.
Mit angefeuchteten Händen 16 Knödel formen.
Wasser mit Salz **ankochen**, Knödel einlegen, Topfdeckel spaltbreit öffnen und Klöße 15 Minuten **garziehen** lassen, bis sie hochsteigen.
Beilage: Kartoffelbrei und Sauerkraut

Hefeklöße im Backofen

D

Hefeteig:	
500 g	**Mehl**
40 g	**Hefe**
¼ l	**Milch**
1 EL	**Zucker**
	abgeriebene Zitronenschale
	Salz
1	**Ei**
50 g	**Butter** oder Margarine
Bestreuen:	
	Butter · Paniermehl

Aus den Zutaten einen Hefeteig bereiten, siehe Seite 386.

Eine Rolle formen und in 12–14 Teile schneiden. Diese zu glatten Bällchen formen. Den Rost des Backofens mit einem Mulltuch bespannen, mit Mehl bestäuben, die Klöße darauflegen und an warmer Stelle gehen lassen. Fettpfanne auf die untere Einschubleiste einsetzen, auf 200 °C vorheizen.

Rost mit den Klößen darüber setzen, 1 l kochendes Wasser in die Fettpfanne gießen, Backofentür sofort schließen und Hefeklöße backen.

Nach dem Backen: Butter **erhitzen**. Paniermehl darin **bräunen** und über die Hefeklöße geben.

backen:	175 °C	15–20 Minuten
	0	6– 8 Minuten

Veränderung:

Hefeklöße auf der Kochstelle: Die geformten Klöße an einem warmen Ort gehen lassen. Auf den Boden einer Deckelpfanne mit Einsatzrost gut ¼ l Wasser gießen, es darf nicht an den Einsatzrost reichen. Rost mit Mulltuch oder mehrfach durchstochenem Butterbrotpapier bedecken. 5–6 Klöße darauf legen und Pfanne mit Deckel verschließen. Ankochen, 10–15 Minuten fortkochen und 5 Minuten in der Nachwärme fertig garen.

Klöße herausnehmen und mit zwei Gabeln auseinander reißen, damit der Dampf entweicht. Butter erhitzen, Paniermehl darin bräunen und über die Klöße geben.

Tipp:

Den Teig ohne Zucker und Zitronenschale bereiten und die Klöße in einem breiten Topf über Gemüse garen. Es eignen sich Sauer- und Weinkraut dazu.

Österreichische Topfenknödel

D

750 g	**Quark**
3	**Eier**
1 Prise	**Salz**
	abgeriebene Zitronenschale
200 g	**Mehl**
12	**kleine Aprikosen** oder 6 große oder 12 Zwetschen
2 l	**Wasser**
	Salz
50 g	**Butter**
	Paniermehl
	Zucker

Quark in einem Tuch im Sieb abtropfen lassen und auspressen. Mit Eiern, Salz, Zitronenschale und Mehl zu einem Teig verarbeiten und in 12 Stücke teilen.

Obst waschen, entsteinen, nur die großen Früchte einmal durchschneiden.
Ein Stück Teig auf die Handfläche legen, darauf in die Mitte ein Stück Obst. Den Teig mit nasser Hand um das Obst drücken und zum Kloß formen.
Wasser mit Salz **ankochen**, Klöße einlegen, Topfdeckel spaltbreit öffnen und Klöße 10–15 Minuten **garziehen** lassen, bis sie hochsteigen.
Butter **erhitzen**, Paniermehl darin **bräunen** und über die Klöße geben.
Klöße auf dem Teller mit zwei Gabeln auseinander reißen und mit Zucker bestreuen.

Grießklöße

D

1 l	**Milch**
40 g	**Butter** oder Margarine
	Salz
je 1 Prise	**Pfeffer · Muskat**
	geriebene Zwiebel
375 g	**Grieß**
3	**Eier**
1–2 EL	**Petersilie und Schnittlauch**
1–2 EL	**geriebener Käse**
2 l	**Wasser**
	Salz

Milch, Butter, Salz, Pfeffer, Muskat und Zwiebel **ankochen**, Grieß einstreuen, Kochstelle ausschalten und so lange rühren, bis sich der Teig kloßartig zusammenballt uund vom Kochtopfboden löst.
In die heiße Masse 1 Ei rühren, die anderen Eier nacheinander unter den abgekühlten Teig geben. Zerkleinerte Kräuter und Käse zugeben. Die Masse gut durcharbeiten und mit angefeuchteten Händen 15–16 Klöße formen.
Wasser mit Salz **ankochen**, Klöße einlegen, Topfdeckel spaltbreit öffnen und Klöße 10–15 Minuten **garziehen** lassen, bis sie hochsteigen.

Veränderung:
Süße Grießklöße: Anstelle von Pfeffer, Muskat, Zwiebel, Kräutern und Käse 30 g Zucker und abgeriebene Zitronenschale zugeben. Paniermehl in Butter bräunen und über die Klöße geben.

Apfelklöße

D

Teig:	
30 g	**Butter** oder Margarine
25 g	**Zucker**
3	**Eier**
	Salz
1 Msp	**Zimt**
⅛ l	**Milch**
400 g	**Mehl**
1 Msp	**Backpulver**
500 g	**Äpfel**
2 l	**Wasser**
	Salz
30 g	**Butter**
	Zucker · Zimt

Zutaten für den Teig verrühren.
Äpfel waschen, schälen, Kerngehäuse entfernen, Äpfel fein schneiden oder raspeln. Unter den Teig heben.
Wasser und Salz **ankochen**. Mit einem Teelöffel Klöße vom Teig abstechen, in das kochende Wasser legen, Topfdeckel spaltbreit öffnen und Klöße 10 Minuten **garziehen** lassen, bis sie hochsteigen.
Butter **bräunen**, auf die Klöße gießen, Zucker und Zimt überstreuen.

Tipp:
Apfelklöße mit Vanillesoße, Rezept S. 143, übergießen.

D Zubereitung empfohlen im **Dampf-Gargerät**
Das Gericht wird besonders nährstoffschonend zubereitet.

Fisch

Fisch ist im Hinblick auf eine gesunde Ernährung eine ideale Bereicherung für den Speisezettel. War es früher üblich, nur am Freitag Fisch zu essen, so findet man heute Fischgerichte an allen Wochentagen auf dem Speiseplan. Immer häufiger werden auch an besonderen Fest- tagen Fischgerichte serviert. Neben der Verwendung als Hauptgericht eignet sich Fisch hervor- ragend als Vorspeise, kleiner Imbiss oder als Salat.

Durch seine lockere Struktur ist Fisch besonders leicht ver- daulich und gut für die Schonkost geeignet.

Der geringe Sätti- gungswert kann durch eine Kombination mit Rohkost, Gemüse, Kartoffeln oder Voll- kornreis ausgeglichen werden.

Fisch sollte, da er einer der wichtigsten Jod- lieferanten ist, zwei- mal pro Woche ver- zehrt werden, um einer ernährungs- abhängigen Schild- drüsenerkrankung vorzubeugen.

Ein bisschen Warenkunde

Fischfleisch ist wasserreich und bindegewebsarm. Es hat einen hohen Anteil an biologisch hochwertigem Eiweiß und enthält wenig Fett. Eine Portion Fisch von etwa 200 g deckt z.B. den täglichen Bedarf eines Menschen an tierischem Eiweiß. Der Fettanteil vieler Fischarten liegt zwischen 2 % und 3 %. Die Zusammensetzung des Fettes ist durch den hohen Gehalt an mehrfach ungesättigten Fettsäuren günstiger als bei Schlachttieren (Omegafettsäuren, Fischöl).

Fisch unterscheidet man einmal nach seinem Energiegehalt in

- Fettfische: Aal, Lachs, Hering, Sardelle, Thunfisch, Makrele usw.
- Magerfische: Hecht, Kabeljau, Seelachs, Rotbarsch, Forelle usw.

Am häufigsten wird das vielseitige Fischangebot allerdings nach dem Lebensraum der Fische unterteilt.

Süßwasserfische kommen aus Binnenseen und heimischen Flüssen oder werden in künstlich angelegten Gewässern gezüchtet. Sie haben oft zartes, grätenfreies Fleisch. Zu den Süßwasserfischen zählen Aal, Barsch, Forelle, Hecht, Karpfen, Lachs, Zander, Felchen (Renke), Schleie, Wels usw.

Forelle zählt durch ihr fettarmes, weißes, festes und zartes Fleisch zu den Delikatessen. Forellen kommen meist als Portionsfische von ca. 150–300 g auf den Markt.

Aal hat sehr fettes Fleisch und wird zu 80 % geräuchert angeboten. Frischer Aal, als Grüner Aal bezeichnet, ist von Juli bis Januar am besten zu bekommen.

Hecht ist am wohlschmeckendsten mit einem Gewicht von 2 kg. Er kann aber auch 20 kg wiegen. Das Fleisch ist fettarm, fest und weiß. Es enthält aber leider viele Gräten.

Barsch ist ein Edelfisch mit festem, weißem, feinem Fleisch. Er wird bis 40 cm lang. Am besten schmeckt der fettarme Fisch von Juli bis September. Der Barsch ist nicht mit dem Rotbarsch verwandt.

Karpfen gehört zu den traditionellen Weihnachts- und Silvesteressen. Er ist das ganze Jahr erhältlich. Je nach Aufzucht ist das Fleisch fettarm bis mittelfett. Man unterscheidet drei Sorten. Der Spiegelkarpfen hat große Schuppen, der Schuppenkarpfen kleine Schuppen, und der Lederkarpfen ist ohne Schuppen.

Lachs ist ein edler Fisch mit einer rosa bis lachsrosa Fleischfarbe. Er ist im Norden zu Hause. Der wohlschmeckendste kommt aus den eisigen Flüssen der nordischen Länder.

Zander hat weißes, sehr zartes Fleisch und ist grätenarm. Frischen Zander gibt es von Juni bis Februar.

See- oder **Salzwasserfische** wachsen im Salzwasser auf und haben eine kräftige, ausgeprägte Fleischstruktur. Zu ihnen zählen Heilbutt, Hering, Kabeljau oder Dorsch, Makrele, Rotbarsch, Schellfisch, Scholle, Seelachs oder Köhler, Seezunge, Steinbutt und Thunfisch.

Kabeljau ist für Deutschland der meistgefangene Salzwasserfisch. Die Fangzeit ist von Mitte Januar bis Mitte Mai. Solange der Fisch noch nicht gelaicht hat, nennt man ihn Dorsch. Kabeljau wird meistens mit einem Gewicht von 7–15 kg gefangen und als Frischfisch angeboten. Er hat besonders weiches, mildes und fettarmes Fleisch. Getrocknet wird er als Stockfisch und gesalzen und getrocknet als Klippfisch angeboten.

Rot- oder **Goldbarsch** zeichnet sich durch festes, fettarmes Fleisch aus. Es ist weiß bis zartrosa und schmeckt am besten von Oktober bis März.

Schellfisch ähnelt dem Kabeljau und wird überwiegend als Filet angeboten.

Seelachs gehört zu den Schellfischen. Er hat mit dem echten Lachs nichts gemeinsam. Frischer Seelachs ist meistens als Filet im Handel erhältlich, ähnelt dem Kabeljau, ist aber in der Farbe leicht grau.

Makrele ist mit dem Thunfisch verwandt. Sie hat grätenarmes, fettreiches Fleisch.

Hering ist das ganze Jahr im Handel erhältlich. Er hat einen hohen Fettgehalt. Er wird im Handel frisch als Grüner Hering, mariniert als Brathering, Bismarckhering oder Rollmops, gesalzen als Salzhering, geräuchert als Bückling angeboten. Für Matjesheringe werden junge Heringe vor der Geschlechtsreife verwendet.

Grundsätzlich nur frischen Fisch verwenden. Frische Fische haben klare, glänzende Augen, dunkelrote Kiemen und glatte, fest anliegende Schuppen. Der Geruch sollte frisch sein und das Fleisch fest und kernig. Fisch kann aufgrund seines hohen Wassergehaltes und seiner lockeren Struktur schnell verderben.

Schalentiere nennt man Weichtiere mit kalkhaltigem Gehäuse, wie Schnecken und Muscheln. Muscheln haben ein zartes, eiweißreiches Fleisch, das schnell verderben kann. Sie werden deshalb nur in kühleren Jahreszeiten angeboten. Muscheln nur mit fest geschlossenen Schalen kaufen. Geöffnete Muscheln können bereits verdorben sein.

Krebstiere, auch Krustentiere genannt, haben ein chitinhaltiges Außenskelett, das durch Kalkablagerungen verstärkt sein kann. Man unterscheidet langschwänzige Krebstiere wie Flusskrebse, Hummer, Langusten, und kurzschwänzige Krebstiere wie Tiefseegarnelen, Kaisergranat, Riesengarnelen und Nordseekrabben.

Wie viel darf es sein?

Fisch und Muscheln verwendet als	**Menge** (Rohware) pro Portion in g
Fisch im Ganzen	250–275
Fischfilet	150–200
Muscheln mit Schalen	500
Muschelfleisch	250

Damit es leichter geht

Einen **„Fischschupper"** für das Schuppen von Hecht, Zander oder Barsch verwenden.

Mit einer **Geflügel-** oder **Küchenschere** Bauch- und Rückenflossen kürzen.

Ein **scharfes, spitzes Messer** für das Abziehen, Filetieren und Zerteilen von Fisch nutzen.

Einen länglichen **Fischtopf**, eine **Fisch-Kasserolle** oder eine **große Pfanne** mit Deckel zum Garen größerer Fische einsetzen.

Mit einem **Schaumlöffel** oder **Fischheber** Fisch oder Fischfilet aus dem Sud heben.

Ein **Dämpf-** oder **Siebeinsatz** erleichtert das Herausnehmen nach dem Garen.

Im **Dampf-Gargerät** kann Fisch nährstoffschonend in gelochten Behältern oder in Sud, Wein oder auf Gemüse in ungelochten Behältern gegart werden.

Praktische Hinweise

- Nach Belieben die Bauch-, Brust- und Rückenflossen kürzen oder abschneiden.
- Ganze Fische evtl. schuppen: Mit dem Fischschupper oder einem Messer die Schuppen vom Schwanz zum Kopf hin entfernen, ohne die Haut zu verletzen. Schuppen abspülen.
- Fisch zum Ausnehmen auf die Seite oder den Rücken legen und den Bauch mit der Messerspitze vom Schwanz her vorsichtig aufschneiden. Nicht zu tief einschneiden, damit die Eingeweide nicht verletzt werden.
- Die Eingeweide herausnehmen und am Schlund abschneiden.
- Fisch gründlich auswaschen.
- Fisch nach dem **3-S-Verfahren** vorbereiten. Ausnahme: Fisch, der „blau" zubereitet werden soll.

  Säubern: Fisch kurz unter kaltem, fließendem Wasser waschen und trockentupfen.

  Säuern: Fisch mit Zitronensaft oder Essig beträufeln und ca. 10 Minuten durchziehen lassen. Durch die Säure erreicht man eine Gerinnung der Eiweißrandschichten. Die lockere Fischfleischstruktur wird dadurch gefestigt. Darüber hinaus bindet die Säure den Fischgeruch.

Salzen: Erst kurz vor der Zubereitung den Fisch salzen. Dadurch kann das Salz dem Fisch keine Feuchtigkeit entziehen, und die Nährstoffe bleiben erhalten.

- Fisch „blau" oder „gebläut" vorbereiten: Nur mit nassen Händen anfassen und vorsichtig säubern, damit die Schleimhaut nicht beschädigt oder entfernt wird. Ausnehmen und nur innen salzen, da sonst die Blaufärbung beeinträchtigt wird.
- Größere Fische in Schwimmstellung auf einer Servierplatte im Backofen garen. Damit sie den nötigen Halt bekommen, eine kleine Tasse umgestülpt auf die Platte stellen und Fisch mit der geöffneten Bauchseite daraufsetzen, siehe Bild Seite 239.
- Fische, die im Ganzen serviert werden sollen und wegen ihrer Länge nicht in den Topf passen, rund binden. Dafür den Schwanz des Fisches in das Maul stecken und dieses zudrücken oder Küchengarn durch beide Kiemen und Schwanz ziehen, Fisch rund formen und Faden verknoten.
- Vor dem Rundbinden größere Fische an der Rückengräte ca. 2 cm tief einschneiden. Der Fisch gart gleichmäßiger und platzt beim Garen nicht auf.
- Bei ganzen Fischen die Augenhöhlen durch ein Stück Zwiebel mit Gewürznelke ausfüllen.
- Einige Fische, wie Aal oder Seezunge, werden vor der Zubereitung abgezogen.
  Aal mit Salz einreiben, damit er nicht so glitschig ist. Die Haut unterhalb des Kopfes ringsum einschneiden und 1 cm vom Fischfleisch lösen, mit einem Tuch anfassen und zum Schwanzende hin abziehen.
  Seezungenhaut am Schwanz vorsichtig mit einem scharfen Messer lösen oder das Schwanzende in kochendes Wasser halten und lösen. Haut mit einem feuchten Tuch fassen und abziehen.
- Garprobe machen: Ganze Fische sind gar, wenn die Augen trüb gefärbt bzw. weiß sind und etwas hervortreten, die Rückenflosse sich leicht herausziehen lässt, die Hauptgräte sich leicht vom Fischfleisch löst und das Fischfleisch sich schuppenförmig teilt.

Garprobe machen

- Bei Bedarf Fischsud für die Soßenbereitung durch ein Sieb gießen, um mitgegarte Gewürzkörner u.Ä. zu entfernen.

Verfeinern, garnieren, abrunden

- Fischfilet mit Zitronenscheiben und Petersilie oder Dill garnieren.
- Gebratene Scholle mit ausgelassenen Speckwürfeln bestreuen, mit Zitronenspalten und Petersilie garnieren.
- Fischgerichte mit gehackten frischen Kräutern bestreuen.
- Matjesfilets mit Zwiebelringen garnieren.
- Fischgerichte mit Sahne oder Weißwein abschmecken.
- Verschiedene Fischgerichte werden durch eine Soße abgerundet, Soßenbereitung siehe Kapitel „Soßen" Seite 124.
- Soßen von Fischgerichten mit Kräutern, Meerrettich, Senf oder Curry abschmecken.

Wenn etwas übrig bleibt

- Fischreste zu Salat verarbeiten und auf einem Salatblatt anrichten.
- Reste von gegartem Fisch können zu Fischfrikadellen verarbeitet werden.
- Krabben mit einer Vinaigrette oder Mayonnaise versehen als Brotbelag oder gemischt mit Rührei zum Frühstück reichen.

Gedünsteter Fisch

D G

1 kg	**Fisch** oder 800 g Fischfilet, z. B. Kabeljau, Schellfisch oder Steinbutt
	Zitronensaft oder Essig
2	**Tomaten**
2	**Zwiebeln**
	Salz

Fisch säubern und säuern. Tomaten überbrühen, abschrecken, abziehen und in Scheiben schneiden. Zwiebeln schälen und in Ringe schneiden.
Fisch mit Salz bestreuen, auf eine Porzellanplatte oder in eine gefettete Auflaufform geben und mit Tomaten- und Zwiebelscheiben belegen. Im Backofen dünsten.
Als Beilage Salz- oder Petersilienkartoffeln und Kopfsalat reichen.

einsetzen:	Auf dem Rost, untere Einschubleiste	
dünsten:	180 – 200 °C	25 – 30 Minuten
	0	5 – 10 Minuten

Tipp:
Für größere Fische 5 – 10 Minuten längere Gardauer rechnen.

Gedünstete Makrelen auf pikante Art

D

4	**frische Makrelen** oder Heringe
30 g	**Butter**
1 Prise	**Muskat**
	Salz · geriebene Zwiebel
	Paprika · Basilikum
	Schnittlauch · Petersilie
	Zitronensaft
4	**Tomaten**

Fische ausnehmen und waschen. Butter verrühren, mit Muskat, Salz, Zwiebel, Paprika, zerkleinerten Kräutern und etwas Zitronensaft vermengen.
Kräuterbutter in die Fische streichen, Fische auf eine Porzellan- oder feuerfeste Glasplatte legen, mit Zitronensaft beträufeln.
Tomaten waschen, in Scheiben schneiden, zwischen die Fische legen und im Backofen dünsten.

einsetzen:	Auf dem Rost, untere Einschubleiste	
dünsten:	180 – 200 °C	20 – 30 Minuten
	0	5 – 10 Minuten

Schellfisch mit Senfschaumsoße

D

800 g	**Schellfisch**
	Zitronensaft oder Essig
	Salz · Pfeffer
1	**Zwiebel**
1/8 l	**Brühe** oder Weißwein
Soße:	
1/8 l	**süße Sahne**
1	**kleine Zwiebel**
2 TL	**scharfer Senf**
2 TL	**milder Senf**
1/4 TL	**geriebener Meerrettich**
	Salz

Schellfisch säubern, in Portionsstücke teilen, säuern und mit Salz bestreuen, 10 Minuten stehen lassen. Mit Pfeffer würzen.
Zwiebel schälen und in feine Würfel schneiden.
Fisch, Zwiebel und Brühe im geschlossenen Topf 10 Minuten **dünsten** und 5 Minuten in der **Nachwärme** fertig garen.
Für die Soße die Sahne leicht schaumig schlagen, Zwiebel in feine Würfel schneiden, mit Senf, Meerrettich und Salz verrühren und abschmecken. Die Soße getrennt zum Fisch servieren.
Als Beilage Petersilienkartoffeln und Salat reichen.

D Zubereitung empfohlen im
Dampf-Gargerät
Das Gericht wird besonders nährstoffschonend zubereitet.

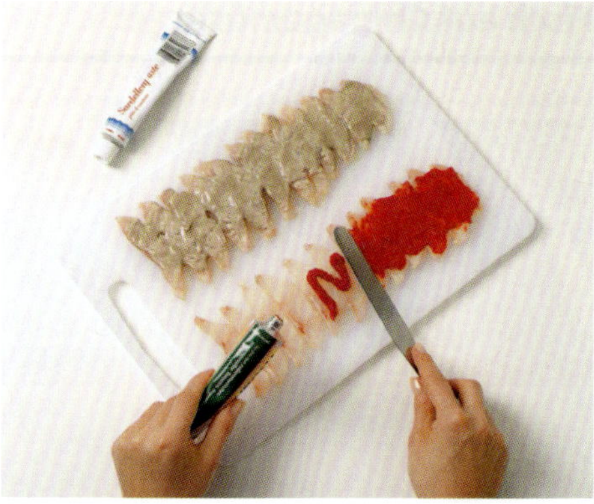

Champignonfilet: Die Fischfiletstreifen zuerst mit Sardellenpaste und Tomatenmark bestreichen ...

... dann die gedünstete Zwiebel-Champignon-Masse darauf verteilen und ...

... die Fischstreifen schuppenförmig in die gefettete Auflaufform einlegen.

Champignonfilet

750 g	**Fischfilet**
	Zitronensaft · Salz
	Sardellenpaste · Tomatenmark
1	**Zwiebel**
30 g	**Speck**
250 g	**Champignons**
50 g	**Butter**
	oder Margarine
100 g	**geriebener Käse**
	Paniermehl
	saure Sahne
	oder Crème fraîche

Fisch säubern, in Streifen schneiden, säuern, salzen und abwechselnd mit Sardellenpaste und Tomatenmark bestreichen.
Zwiebel schälen. Zwiebel und Speck in Würfel schneiden. Champignons putzen und blättrig schneiden.
Speck **auslassen**, Zwiebel und Champignons darin **andünsten**. Masse auf den Fischstreifen verteilen.
Auflaufform einfetten und Fischstreifen schuppenförmig hineinlegen.
Butterflöckchen darauf verteilen, Käse und Paniermehl überstreuen und im Backofen dünsten. 10 Minuten vor Ende der Gardauer Sahne über den Fisch gießen.

einsetzen:	Auf dem Rost, mittlere Einschubleiste	
dünsten:	180 – 200 °C	25 – 30 Minuten
	0	10 – 15 Minuten

Fischfilet Feinschmeckerart

D

800 g	**Fischfilet** z.B. Seelachs, Rotbarsch, Kabeljau
	Zitronensaft oder Essig
	Salz
1 EL	**zerkleinerte Petersilie**
1	**Zwiebel**
15 g	**Fett**
30 g	**Fett**
30 g	**Mehl**
¼ l	**Weißwein**
100 g	**Krabben**
1 Dose	**Champignons in Scheiben** Abtropfgewicht etwa 250 g
	Salz · Pfeffer
	süße Sahne

Fischfilet säubern, säuern, mit Salz und Petersilie bestreuen und aufrollen. Zwiebel schälen und in Würfel schneiden. Fett **erhitzen**, Zwiebel darin **andünsten**.
Filetröllchen aufrecht in den Topf zu den Zwiebeln setzen.
Fett und Mehl zu einem Kloß formen und zum Fisch geben, Weißwein zufügen und im geschlossenen Gefäß 20 Minuten **dünsten**.
Krabben und Champignons zugeben und 10 Minuten in der **Nachwärme** erwärmen.
Mit Salz und Pfeffer abschmecken, Sahne unterrühren.
Als Beilage Salzkartoffeln und einen Rohkostsalat reichen.

Strom-Spar-Tipp

Backofentür nicht unnötig öffnen

Fisch auf Chinagemüse

50 g	**getrocknete Morcheln**
1 kg	**Kabeljau** Schwanzstück
	Zitronensaft
1	**kleiner Chinakohl**
1 – 2 Stg	**Lauch**
200 g	**Champignons**
	Salz
1 Dose	**Bambussprossen** Abtropfgewicht etwa 300 g
	Salz · Sojasoße
	Chinagewürz · Pfeffer · Curry
3 EL	**Öl**

Morcheln ½ Stunde in Wasser einweichen. Fisch säubern und säuern.
Chinakohl, Lauch und Champignons putzen, waschen, in Scheiben oder Streifen schneiden. Fisch mit Salz bestreuen und in die Fettpfanne geben. Gemüse mit Morcheln, Bambussprossen, Salz, Gewürzen und Öl vermengen, alles um den Fisch verteilen und im Backofen dünsten. Gemüse nach 30 Minuten wenden.

einsetzen:	Mittlere Einschubleiste	
dünsten:	180 – 200 °C	40 – 50 Minuten
	0	5 – 10 Minuten

Gebratenes Fischfilet

S G

4	**Fischfilets** je etwa 200 g Rotbarsch, Kabeljau oder Seelachs
	Zitronensaft oder Essig
	Salz · Pfeffer
	Mehl
1	**Ei**
	Paniermehl
	Fett zum Braten

Fischfilet säubern, säuern, mit Salz und Pfeffer bestreuen.
Nacheinander in Mehl, verquirltem Ei und Paniermehl wenden.
Fett **erhitzen**, panierte Fischfilets einlegen, 5 Minuten von jeder Seite **braten**.
Als Beilage eignen sich Kartoffelsalat oder Salzkartoffeln und ein Blatt- oder Rohkostsalat.

Heilbutt auf amerikanische Art

S

4	**Heilbuttkoteletts** je etwa 250 g
	Zitronensaft · Salz
100 g	**Speck**
200 g	**Krabben**
1 Dose	**Maiskörner** Abtropfgewicht etwa 285 g
2 EL	**Sojasoße**
	Salz · Pfeffer

Fisch säubern, säuern und mit Salz bestreuen.
Speck in Würfel schneiden, **auslassen**. Koteletts einlegen, 5–6 Minuten **braten**, wenden, 5–6 Minuten in der **Nachwärme** fertig braten, herausnehmen und warmhalten.
Krabben und Maiskörner im Bratfett **erhitzen**, mit Sojasoße, Salz und Pfeffer abschmecken. Heilbuttkoteletts damit anrichten.

Heilbutt auf amerikanische Art

Fischfrikadellen

S

375 g	**Fischfilet**
1	**kleine Zwiebel**
2	**Brötchen**
1	**Ei**
1 EL	**geriebener Käse**
	Salz · Paprika
	Paniermehl
	Fett zum Braten

Fischfilet säubern. Zwiebel schälen. Brötchen in Wasser einweichen und ausdrücken.
Alles pürieren oder durch den Fleischwolf geben. Mit Ei, Käse, Salz und Paprika vermengen und abschmecken.
Flache Frikadellen formen und in Paniermehl wenden.
Fett **erhitzen**, Frikadellen einlegen, etwa 5 Minuten **braten**, wenden und 5 Minuten in der **Nachwärme** fertig braten.

Tipp:

Anstelle von geriebenem Käse zerkleinerte Kräuter verwenden.

Fisch im Ganzen

1¼ – 2 kg	**Seefisch**
	Kabeljau, Schellfisch oder Rotbarsch
	Zitronensaft · Salz · Senf
	Speckstreifen
25 g	**geriebener Käse**
15 g	**Butter** oder Margarine
1	**Zwiebel**
1	**Tomate** oder einige Pilze
	saure Sahne
	oder Crème fraîche
	Mehl
	Zitronenscheiben · Petersilie

Fisch säubern, säuern, salzen und mit Senf bestreichen. Fisch in Schwimmstellung in die Fettpfanne oder auf eine Porzellan- oder feuerfeste Glasplatte setzen.
Mit Speckstreifen belegen, Käse überstreuen und mit flüssiger Butter übergießen.
Zwiebel schälen und in Ringe schneiden, Tomate waschen und in Scheiben schneiden, zugeben und im Backofen braten. 10 Minuten vor Ende der Gardauer einen Teil der Sahne übergießen.
Nach dem Braten: Fisch warmhalten. Soßenfond in den Kochtopf passieren, eventuell mit Wasser auffüllen, **aufkochen**, mit angerührtem Mehl binden, Rest der Sahne zugeben und abschmecken.
Fisch mit Zitronenscheiben und Petersilie garnieren. Soße getrennt dazu reichen.
Als Beilage Salz- oder Petersilienkartoffeln und Kopfsalat reichen.

einsetzen:	In der Fettpfanne oder auf dem Rost, mittlere Einschubleiste	
braten:	180 – 200 °C	35 – 40 Minuten
	0	10 – 15 Minuten

Grüne Heringe auf dem Rost

8 – 12	**grüne Heringe**
	Essig oder Zitronensaft
	Salz
	Fett

Heringe säubern, säuern und salzen.
Rost mit Alufolie belegen, Heringe darauflegen, mit Fett bestreichen und im Backofen braten.
Als Beilage Kartoffelsalat oder Kartoffeln in Soße reichen.

einsetzen:	Auf dem Rost, obere Einschubleiste	
braten:	200 °C	20 – 25 Minuten
	0	5 – 10 Minuten

Veränderung:

Eingelegte Heringe: Für die Marinade ⅜ l Wasser, ⅜ l Essig, 1 Gewürzdosis, 2 Zwiebeln in Scheiben, ½ TL Zucker und 1 TL Senfkörner aufkochen, völlig erkaltet über die gebratenen Heringe gießen, so dass diese ganz bedeckt sind. Kühl stellen. Marinierdauer: 2–3 Tage.

Panieren

Paniert werden kann Kurzgebratenes, z. B. Fischfilet, Schnitzel, Kotelett oder Leber, aber auch Gemüse- und Obstscheiben.

Gewürzte Lebensmittel in Mehl wenden, so dass sie völlig bedeckt sind.

Anschließend durch verquirltes Ei ziehen; überschüssiges Ei abtropfen lassen.

Stücke in Semmelbrösel wenden, bis sie gleichmäßig paniert sind.

Rotbarschfilet auf badische Art

800 g	**Rotbarschfilet**
	Zitronensaft oder Essig
	Salz
3	**Tomaten**
	Salz · Pfeffer
2	**Zwiebeln**
150 g	**roher Schinken**
1	**Apfel**
1	**Gewürzgurke**
2 EL	**Kapern**
40 g	**Butter** oder Margarine
2 EL	**Weißwein**
100 g	**geriebener Käse**
	Schweizer Emmentaler
1 Bund	**Petersilie**

Fischfilet säubern, säuern und salzen. Tomaten waschen, in Scheiben schneiden, in eine gefettete Auflaufform geben und mit Salz und Pfeffer würzen. Fischfilet auf die Tomaten legen. Zwiebeln schälen, Zwiebeln, Schinken, Apfel und Gewürzgurke in Würfel schneiden, mit den Kapern mischen und auf den Fisch geben. Butterflöckchen darauf verteilen. Wein darüber träufeln, mit Käse bestreuen und backen.
Mit gehackter Petersilie bestreuen.

einsetzen:	Auf dem Rost, mittlere Einschubleiste	
backen:	180 – 200 °C	35 – 40 Minuten
	0	5 – 10 Minuten

Miesmuscheln

	D	G

2 kg	**Miesmuscheln**
Sud:	
1	**Suppengrün**
2	**Zwiebeln**
½ **l**	**Wasser**
½ **l**	**Weißwein** oder Gemüsebrühe
	Salz · Pfeffer

Muscheln etwa ½ Stunde in kaltes Wasser legen, damit sie Sand absondern. Muscheln gründlich waschen – offene wegwerfen! – und die anhängenden Fasern entfernen.
Suppengrün putzen, waschen und zerkleinern. Zwiebeln schälen und in Würfel schneiden.
Für den Sud alle Zutaten **ankochen** und 15 Minuten **fortkochen**. Muscheln portionsweise hineingeben, **ankochen** und **fortkochen**, bis sie sich öffnen.
Muscheln heiß in Brühe servieren. Dazu Vollkornbrot, Stangenweißbrot oder Roggentoast reichen.

Veränderung:
Muschelragout: Gegarte Muscheln aus dem Sud herausschöpfen, aufbrechen und das Muschelfleisch auslösen. Eine Soße bereiten: 2 EL Zwiebelwürfel in 40 g Butter andünsten, 50 g Mehl zugeben, andünsten und mit ½ l Muschelsud ablöschen. Aufkochen, mit Salz, Kapern, Zitronensaft und saurer Sahne abschmecken. Das Muschelfleisch darin 10–15 Minuten in der Nachwärme erwärmen.
Miesmuscheln in Rot: Suppengrün und Zwiebeln in 30 g Butter andünsten, 1 zerdrückte Knoblauchzehe dazugeben. Mit Wein und 1 Flasche Tomatenketchup ablöschen und mit Salz und Pfeffer kräftig abschmecken. Muscheln portionsweise darin garen.

Miesmuscheln

Scampi indisch

S

1	**Zwiebel**
40 g	**Fett**
40 g	**Mehl**
½ l	**Fischfond**
	Salz · Curry
500 g	**Scampi**
	Dill

Zwiebel schälen und in feine Würfel schneiden. Fett **erhitzen** und Zwiebelwürfel darin **andünsten**. Mehl überstäuben und mit Fischfond ablöschen. Salz und Curry zufügen. Scampi in der Soße **erhitzen**. Mit Dill bestreuen.
Als Beilage eignet sich Blattsalat.

Tipp:

- Im Reisrand anrichten, siehe Bild Seite 213.

Scampi-Spieße

S

16	**Scampi** ohne Schale
1	**Zucchini**
1	**rote Paprikaschote**
	Salz
	Öl
	Zitronensaft

Scampi mit in Scheiben geschnittener Zucchini und in Stücke geschnittener Paprikaschote abwechselnd auf 4 Holzspieße stecken, salzen, mit Öl beträufeln und 5–8 Minuten in der Pfanne **braten**. Nach dem Braten mit Zitronensaft beträufeln und mit Weißbrot servieren.

Veränderung:

Scampi-Spieße chinesisch: Scampi mit roter Paprikaschote, Ananasstücken und Cocktailkirschen abwechselnd auf Holzspieße stecken.

Krabbengratin mit Käsekräuterkruste

2	**Tomaten**
2	**Knoblauchzehen**
1 EL	**Öl**
600 g	**Krabben**
	Salz · Pfeffer
2 EL	**Basilikum** gehackt
300 g	**Zucchini**
	Salz
150 g	**Kräuterfrischkäse**
5 EL	**Weißwein**
2 EL	**Paniermehl**

Tomaten überbrühen, häuten, entkernen und in Würfel schneiden. Knoblauchzehen schälen und fein hacken.
Den Boden einer flachen Auflaufform mit Öl bestreichen. Krabben waschen, mit Salz und Pfeffer würzen und in die Auflaufform geben. Basilikum, Knoblauch und Tomatenwürfel darüber verteilen. Zucchini in dünne Scheiben schneiden, schuppenförmig in die Auflaufform legen und leicht salzen.
Kräuterfrischkäse mit Wein und Paniermehl verrühren, auf die Zucchini streichen und backen.
Beilage: Kartoffeln oder Baguette und Salat.

einsetzen:	Auf den Rost, mittlere Einschubleiste	
backen:	200 °C	20 Minuten
	0	10 Minuten

D Zubereitung empfohlen im **Dampf-Gargerät**
Das Gericht wird besonders nährstoffschonend zubereitet.

Fleisch, Wild, Geflügel

Neben dem klassischen „Braten" bieten Fleisch, Wild und Geflügel zahlreiche Variationsmöglichkeiten, z. B. Gulasch, Ragout, Geschnetzeltes, Steaks, Schnitzel oder Klopse. Die kreative Fleischküche umfasst den internationalen Reigen von Schmortöpfen aus den Provinzen Italiens bis hin zu asiatischen Gerichten aus dem Wok. Fleisch, Wild oder Geflügel finden darüber hinaus auch Verwendung bei Vorspeisen, Snacks, Salaten oder dem kleinen Imbiss. In Verbindung mit Gemüse und Obst ergeben sich dabei oft interessante Kombinationen.

Damit eine ausgewogene ballaststoffreiche Ernährung gewährleistet ist, reicht es aus, wenn Fleischgerichte zwei- bis dreimal pro Woche auf dem Speiseplan stehen. Die Fleischmengen sollten zugunsten von Gemüse, Kartoffeln, Teigwaren oder Körnerfrüchten reduziert werden, da im Fleisch trotz des hohen Eiweißanteils und einer Vielzahl von Mineralstoffen und Vitaminen immer Fett, Cholesterin und Purine (Harnsäure) enthalten sind, die bei zu häufiger Aufnahme ernährungsbedingte Störungen hervorrufen können.

Ein bisschen Warenkunde

Unter Fleisch versteht man nach dem Fleischbeschaugesetz das Muskelgewebe von erlegten oder geschlachteten warmblütigen Tieren, frisch oder zubereitet, das für den menschlichen Verzehr geeignet ist.
Schlachttiere (Rinder, Schweine, Schafe, Ziegen und Pferde), Wild und Geflügel unterliegen einer amtlichen Untersuchung (Fleischbeschaugesetz). Dies geschieht zum Schutz des Verbrauchers vor gesundheitlichen Schäden, die durch Trichinen oder Finnen hervorgerufen werden können. Nach neuen Vorschriften werden zudem Stichprobenuntersuchungen auf Rückstände von Antibiotika und Hormonen durchgeführt.

Fleisch hat einen hohen Anteil an biologisch hochwertigem Eiweiß, ähnlich wie Milch, Fisch und Eier. Das Fleischeiweiß wird vom menschlichen Körper fast vollständig verwertet. Ernährungsphysiologisch wichtig ist auch der Gehalt an B-Vitaminen, und das im Fleisch enthaltene Eisen wird durch den menschlichen Körper sogar besser ausgenutzt als das pflanzliche Eisen.
Fleisch wird im Ganzen, geschnitten oder gehackt, frisch, gepökelt, geräuchert, mariniert oder gebeizt angeboten.
Alter, Rasse, Geschlecht, Fütterung, Haltung und Mastmethode der Tiere beeinflussen die Fleischqualität. Beurteilt wird die Qualität nach Farbe, Aussehen, Geruch und Beschaffenheit. Fleisch ist nur genießbar, wenn es gut abgehangen ist. Durch das Abhängen wird es mürbe, besser verdaulich und bekommt sein typisches Aroma. Während dieses Reifungsprozesses bildet sich Milchsäure, die dem Bindegewebe eine lockere Struktur gibt. Gut gereiftes Fleisch ist besonders zart.
Durch das Einlegen in eine Marinade, auch Beize genannt, kann Fleisch geschmacklich verändert werden, und es wird noch mürber. Rezepte „Marinade/Beize" Seite 263.

Schlachttiere

Schwein: Schweinefleisch stammt von Mastschweinen, die im Alter von 7–8 Monaten mit einem Gewicht von ca. 100 kg geschlachtet werden.
Schweinefleisch ist rosafarben bis hellrot, feinfaserig und deutlich sichtbar marmoriert, d. h. mit Fettäderchen im Muskelfleisch durchzogen. Sehr helles Fleisch ist qualitativ minderwertig. Es wird als PSE-Fleisch bezeichnet (P = pale/blass, S = soft/weich, E = exudative/wässerig). PSE-Fleisch entsteht durch eine beschleunigte Fleischreifung nach dem Schlachten überzüchteter Schweine. Der Fleischsaft kann bei der schnellen Reifung nicht durch das Eiweiß gebunden werden. Das Fleisch ist dadurch nicht gesundheitsschädlich, hat aber einen geringeren Genusswert. Das Fleischstück schrumpft beim Garen zusammen, wird grau, zäh und schmeckt fad.

Rind: Als Rindfleisch bezeichnet man das Fleisch von Jungbullen, Färsen, Ochsen und Kühen.
Jungbullen: junge männliche Tiere
Färsen: junge weibliche Tiere, die noch nicht gekalbt haben
Kühe: weibliche ältere Tiere
Ochsen: kastrierte, männliche Tiere
Bullen: männliche ältere Tiere
Rindfleisch ist matt und dunkelrot, grobfaserig und mit gelblichen Fettadern durchzogen. Es weist eine gewisse Festigkeit und beim Anschnitt eine glänzende Schnittfläche auf. Wenn man Rindfleisch mit dem Finger eindrückt, muss es schnell wieder eine glatte Fläche bilden.

Rindfleischetikettierung: In allen Mitgliedsstaaten der EU sind Rindfleischproduzenten und -vermarkter gesetzlich verpflichtet, die Herkunft ihrer Produkte bis hin zum Herstellerbetrieb auszuweisen.
Die Angaben auf der Identitäts- bzw. Referenznummer gewährleisten eine Rückverfolgung des Fleisches vom Stall bis zur Ladentheke.
Außerdem muss auf dem Etikett der verpackten Ware, bzw. an deutlich sichtbarer Stelle neben der Ware in der Fleischtheke, zu erkennen sein, in welchem Land das Rind geboren, gemästet, geschlachtet und zerlegt wurde.
Die Vorschrift der Rindfleischetikettierung gilt sowohl für frisches als auch für gekühltes und gefrorenes Fleisch, einschließlich Hackfleisch, nicht aber für verarbeitete Fleischwaren.

Kalb: Unter Kalbfleisch versteht man das Fleisch von jungen Kälbern mit einem Gewicht bis 150 kg. Die Tiere sind zum Zeitpunkt des Schlachtens ca. 5–6 Monate alt.
Kalbfleisch ist blassrot, feinfaserig, wasserreich und fettarm. Fleisch von etwas kräftigerer Färbung ist zu bevorzugen. Helles Kalbfleisch bedeutet, die Tiere bekommen extrem eisenarmes Futter und können sich wenig bewegen.

Lamm: Lammfleisch stammt von Tieren, die höchstens 12 Monate alt sind. Nach der gesetzlichen Handelsklassenverordnung für Schaffleisch entfällt die Unterteilung in Milch- und Mastlämmer. Die Qualität des Lammfleisches wird durch das Alter und den Verfettungsgrad des Tieres bestimmt. Die Rasse hat dabei kaum Bedeutung.
Lammfleisch ist besonders zart, würzig und feinfaserig. Eine gute Qualität erkennt man an einer hell- bis ziegelroten Farbe und fast weißem Fett.

Wild

Unter Wild sind die jagdbaren heimischen Tiere wie Reh, Hirsch, Wildschwein, Hase, Wildkaninchen zu verstehen. Das Fleisch wird als Wildbret bezeichnet. Es hat in der Ernährung die gleiche Bedeutung wie das Fleisch von Schlachttieren. Da Wildbret jedoch einen höheren Eiweißanteil und weniger Fett hat, ist es leichter verdaulich. Das Fleisch hat eine dunkel- bis leuchtend rote Farbe, ist sehr saftig und durch das feinfaserige Gewebe sehr zart. Eine Ausnahme bildet das Wildkaninchen. Es hat helles, zartes Fleisch mit einem leicht süßlichen Geschmack.

Geflügel, Wildgeflügel

Geflügel ist eine Sammelbezeichnung für geschlachtetes Hausgeflügel, wie Hühner, Enten, Gänse, Puten, Haustauben. Geflügelfleisch ist meistens hell und eiweißreich, mageres Geflügelfleisch von Hähnchen, Pute und Haustaube außerdem leicht verdaulich.
Zum Wildgeflügel zählen Fasan, Rebhuhn, Wildente, Perlhuhn, Wachtel, Taube. Das Fleisch von Wildgeflügel ist kalorienarm und aromatisch im Geschmack. Aufgrund der großen Nachfrage reicht das natürliche Angebot aus Wald und Flur nicht mehr aus. Deshalb züchtet man viele Arten in Freigehegen.
Zum Schutz des Verbrauchers sowie der Vereinfachung im Handel legt die Handelsklassenverordnung die Vermarktungsnormen für frisches und gefrorenes Geflügel fest. Die EU-Vermarktungsnormen für Geflügelfleisch lassen nur noch die Handelsklassen A und B zu. Die Handelsklasse A bedeutet, die Ware muss völlig einwandfrei sein, darf keinerlei Verletzungen oder Verfärbungen und keinen Gefrierbrand aufweisen. Die Handelsklasse B lässt nur sehr geringe Abweichungen davon zu. Im Handel wird praktisch nur Ware der Handelsklasse A angeboten. Ganzes Geflügel, das diesen Anforderungen nicht entspricht, wird zerlegt und nur die Geflügelteile, die der Handelsklasse A entsprechen, werden angeboten.

Hähnchen sind 5 – 6 Wochen alte männliche und weibliche Tiere mit einem Gewicht von 800 – 1200 g.
Hähnchen werden im Ganzen oder in Teilstücken, z.B. Schenkel, Flügel, Brustfilet, angeboten. Sie eignen sich zu vielerlei Gerichten wie Grillhähnchen, Schnitzel, Geschnetzeltes, Wokgerichte, Fondue und Salat.

Stubenküken sind jung geschlachtete Hähnchen mit einem Gewicht von 400 – 500 g und nicht älter als 28 Tage.

Poularden (Junghühner, Fleischhähnchen) sind 7 – 8 Wochen alte Hähnchen, die schwerer als 1200 g sind.

Suppenhuhn: Als solches werden ca. 2 Jahre alte Legehennen bezeichnet. Sie haben einen höheren Fettanteil als Hähnchen, sind 1,5 – 2 kg schwer und nur zum Kochen geeignet.
Aus ihrem festen Fleisch, mit dem ausgeprägten Eigengeschmack, werden Gerichte wie Hühnerbrühe, Eintopf, Frikassee, Ragout oder Geflügelsalat zubereitet.

Ente: Masttiere, die vor der ersten Federreife mit ca. 8 Wochen geschlachtet werden, tragen die Bezeichnung „Frühmastente" oder „Junge Ente". Sie wiegen ca. 1700 g. Als „Ente" sind die Tiere im Handel, deren Alter mehr als 1 Jahr und deren Gewicht ca. 2500 g beträgt. Enten gehören zwar zu den fettreichen Geflügelarten, je nach Rasse ist ihr Fettanteil jedoch unterschiedlich hoch. So hat z.B. die „Pekingente" einen hohen Fettanteil, während die unter der Bezeichnung „Barberie" oder „Flugente" angebotenen Tiere magereres Fleisch haben.
Enten gibt es im Ganzen oder in Teilstücken, z.B. Keule oder Brust. Außer als Braten wird ihr Fleisch auch für Wokgerichte und zum Eintopf verwendet.

Gans: Man unterscheidet „Frühmastgans", „Junge Gans" und „Gans". Die „Frühmastgans" wird vor der ersten Federreife im Alter von 10 – 12 Wochen geschlachtet und hat ein Gewicht von ca. 2 – 3,4 kg. Ihr Fleischanteil ist gegenüber dem Knochenanteil gering.

Die „Junge Gans" ist etwa 9 Monate alt, hat ein Gewicht von 3 – 5 kg und ist sehr fleischreich. Tiere, die älter als 1 Jahr sind, werden selten im Handel angeboten. Sie tragen die Bezeichnung „Gans" und wiegen meist über 5 kg.
Gänse werden im Ganzen und in Teilstücken, z.B. Keule, Brust, Gänseklein, angeboten und in erster Linie gebraten serviert. Gänsefleisch ist aber auch für Suppen und Eintöpfe verwendbar.

Pute (Truthahn): Es sind überwiegend junge Tiere, nicht älter als 1 Jahr, im Handel. Putenfleisch ist mager und eiweißreich. Man unterscheidet nach der Mastzeit in „Kurzmast" und „Langmast". Die Kurzmast dauert 9–13 Wochen. Die Tiere, die zu diesem Zeitpunkt geschlachtet werden, nennt man auch „Babyputer". Ihr Gewicht beträgt 2–6 kg, ihr Fleisch ist besonders zart. Nach der Langmast, die 22–24 Wochen dauert, wiegen die Tiere bis zu 12 kg. Sie haben festes, rötliches, aromatisch schmeckendes Fleisch.
Puten gibt es im Ganzen oder in Teilstücken, z.B. Keulen, Brust, Filet, zu kaufen. Außer als Braten wird Putenfleisch als Schnitzel, Gulasch, Geschnetzeltes oder Fondue serviert.

Fasan: Der im Handel angebotene Fasan stammt meist aus dem Freigehege. Er wiegt 700–1000 g und hat mageres Fleisch.
Nur ganze Tiere sind im Handel erhältlich, die sich zum Braten, Schmoren und Kochen eignen.

Rebhuhn: Das Rebhuhn wird häufig im Freigehege gezüchtet. Es wiegt nur 250–300 g und wird überwiegend als gebratenes Wildgeflügel zubereitet. Sein Fleisch hat einen feinen Wildgeschmack.

Taube: Die Taube darf beim Schlachten max. 10 Wochen alt sein. Ihr Gewicht beträgt 250–500 g, ihr Fleisch ist weiß und zart.
Sie wird im Ganzen verkauft und schmeckt gebraten und geschmort. Auch Taubenbrühe wird gerne zubereitet. Da die Taube fleischarm ist, wird sie häufig gefüllt serviert.

Hackfleisch

Hackfleisch ist mit einem Fleischwolf zerkleinertes Schweine-, Rind-, Kalb- oder Lammfleisch. Es darf nur sehnenarmes oder grob entsehntes Muskelfleisch verwendet werden. Zusätze jeder Art sind verboten.
Hackfleisch hat durch die Zerkleinerung des Fleisches eine sehr große Oberfläche und ist daher schnell verderblich.
Der Umgang mit Hackfleisch ist im Lebensmittelrecht eigens durch eine Hackfleischverordnung festgelegt. Hackfleisch darf nur am Tage der Herstellung innerhalb von 3–4 Stunden verkauft und muss noch am gleichen Tag zubereitet werden. Die Verordnung legt auch den Höchstfettgehalt fest.
Vermehrt wird in den Kühltheken der Supermärkte speziell verpacktes Hackfleisch angeboten, das mehrere Tage haltbar ist. Zu erkennen ist die Verpackung an der tiefen Kunststoffschale mit einer straffen Abdeckfolie, die an den Außenrändern miteinander verschweißt sind.
Diese Produkte werden zentral in Betrieben mit EU-Zulassung unter besonderen hygienischen Bedingungen hergestellt und abgepackt. Auf dem Etikett steht u.a. „Unter Schutzatmosphäre abgepackt", das Verbrauchsdatum und der Hinweis, eine konstante Lagertemperatur von max. 2 °C einzuhalten.
Da die meisten Haushaltskühlschränke diese niedrige Temperatur nicht erreichen, sollte auch das so genannte „EU-Hackfleisch" am gleichen Tag verbraucht werden.

Tatar, auch als Schabefleisch oder Beefsteakhack bezeichnet, wird aus sehnen- und fettgewebsarmem Rindfleisch hergestellt. Ein Höchstfettanteil von 6–7 % ist zulässig.

Rinderhack entsteht aus grob entsehntem Rindfleisch (Bug, Brust oder Schulter) und darf einen Fettanteil bis 20 % aufweisen.

Schweinehack, auch Mett genannt, ist zerkleinertes grob entfettetes Schweinefleisch mit einem Höchstfettanteil von 35 %.

Gemischtes Hack, im Handel auch als Hackfleisch halb und halb erhältlich, wird aus grob entfettetem Schweinefleisch und grob entsehntem Rindfleisch hergestellt. Der Fettanteil darf 30 % nicht überschreiten.

Kalbhackfleisch wird meistens von Fleisch aus der Keule hergestellt. Es hat wenig Eigengeschmack, lässt sich gut mit Rinder- oder Schweinehack kombinieren.

Lammhackfleisch hat einen sehr intensiven Geschmack, der durch Mischen mit Schweinehack gemindert wird. Das magere Lammhackfleisch wird dadurch saftiger.

Innereien

Als Innereien werden alle Organe von Schlachttieren bezeichnet. Zu den am häufigsten zum Verzehr angebotenen Innereien gehören Leber, Herz, Zunge und Niere.
Innereien zeichnen sich durch einen hohen Gehalt an Vitaminen und Mineralstoffen aus. Vor allem ist das Eisen aus der Leber besonders gut verwertbar. Da Innereien aber auch Cholesterin und Purine enthalten und in Leber und Nieren auch Schwermetalle vorhanden sein können, sollte ein Verzehr auf 1–2-mal pro Monat beschränkt werden.

Leber: Besonders zart und mild ist Kalbsleber. Sie ist hellbraun und hat ein feines Aroma. Rinderleber ist rotbraun und kräftig im Geschmack, der manchmal auch bitter sein kann. Schweineleber hat einen intensiven herzhaften Geschmack, eine dunkelbraune Farbe, und ihre Beschaffenheit ist leicht porös.

Nieren von jungen Tieren sind sehr zart und schmackhaft. Rindernieren bestehen aus mehreren zusammenhängenden Nierenlappen. Sie haben eine rötlichbraune Farbe. Kalbsnieren gelten als Delikatesse. Sie haben die gleiche Form wie Rindernieren. Ihre Farbe ist hellrot. Schweinenieren haben eine bohnenähnliche glatte Form und eine blassrote Farbe.

Herz: Herzmuskelfleisch ist besonders fett- und kalorienarm. Es lässt sich gut kochen, schmoren oder braten. Kalbs- und Lammherzen sind besonders zart. Beim Kauf muss darauf geachtet werden, dass die Herzkammer von Blutresten befreit und harte Blutgefäße und das äußere Fett entfernt worden sind.

Zungen von Schwein, Kalb und Rind werden frisch für Ragout oder gepökelt und geräuchert als Aufschnitt angeboten. Vor jeder Art der Zubereitung muss die Zunge gekocht und gehäutet werden.

Bratfette

Neben der lebenswichtigen Bedeutung für die Ernährung haben Fette eine wichtige Funktion bei der täglichen Zubereitung von Lebensmitteln. Fette werden nach ihrer Herkunft in tierische und pflanzliche Fette unterschieden.

Herkunft der Bratfette

Tierische Herkunft		
Milchfett	Gewebefett	
Butter	Speck	
	Talg	
	Schmalz	
	Tran	
Pflanzliche Herkunft		
Samen	Früchte	Keime
Sojaöl	Olivenöl	Weizenkeimöl
Sonnen-blumenöl	Palmöl	Maiskeimöl
	Palmkernfett	
Rapsöl	Kokosöl	
Leinsaatöl	Kokosfett	

Nahrungsfette setzen sich zusammen aus den Bausteinen Glycerin und Fettsäuren. Entscheidend für die Eigenschaften der Fette ist der Aufbau und der Anteil der jeweiligen Fettsäuren. Man unterscheidet gesättigte, ungesättigte und mehrfach ungesättigte Fettsäuren.
Zu den gesättigten Fettsäuren gehören z. B. Palmin- und Stearinsäure, die in Schmalz und Kokosfett enthalten sind. Einfach ungesättigte Fettsäuren, wie die Ölsäure, sind in Olivenöl,

Rapsöl und Butter zu finden. Die mehrfach ungesättigten Fettsäuren können vom menschlichen Körper nicht selbst gebildet werden. Man nennt sie deshalb auch essentielle Fettsäuren. Zu den bedeutendsten essentiellen Fettsäuren gehört die Linolsäure. Sie ist in Sonnenblumenkern-, Maiskeim-, Weizenkeim-, Soja- und Distelöl enthalten. Die Linolsäure wird bei hohen Temperaturen zerstört.
Rauchpunkt nennt man die Temperatur, bei der ein Fett oder Öl beim Erhitzen in der Luft Rauchbildung zeigt. Das bedeutet, es tritt eine Fettzersetzung ein. Bei der Fettzersetzung entstehen gesundheitsschädliche, stechend riechende Dämpfe. Sich zersetzendes Öl schäumt stark und hat eine dunkle Farbe.
Je nach Fettart liegt der Rauchpunkt unterschiedlich hoch, deshalb lassen sich Fette unterschiedlich stark erhitzen.
Für das Braten und Frittieren sind hitzestabile Fette, die einen hohen Rauchpunkt aufweisen, zu verwenden. Sie sollten außerdem kein oder nur wenig Wasser enthalten. Siehe Tabelle „Eigenschaften und Verwendung von Bratfetten".
Fett zum Frittieren darf nur zwei- bis viermal gebraucht werden, da sich auch durch mehrfaches Erhitzen das Fett zersetzt.

Butterschmalz, auch geklärte Butter genannt, wird durch Ausschmelzen aus Butter gewonnen. Butterschmalz ist fast wasser- und eiweißfrei und spritzt beim Braten kaum. Es bräunt kaum und ist daher zum Braten und Backen geeignet. Butterschmalz lässt sich bis auf 180 °C erhitzen.

Schweineschmalz ist ein weißes Fett aus geschmolzenem Speck oder Bauchfett.

Pflanzenöle kommen als Speiseöle sortenrein oder gemischt in den Handel.

Pflanzenfett, meist in Platten angeboten, besteht in der Regel aus Palmkern- oder Kokosfett. Wird diesem Fett Pflanzenöl beigemischt, entsteht ein geschmeidiges „Soft-Fett".

Nur bedingt zum Braten geeignet:
Butter ist wasser- und eiweißhaltig. Beim Erhitzen schäumt Butter. Bedingt durch den Eiweißanteil wird sie schnell braun. Butter eignet sich deshalb nur zum Garen von Speisen mit kurzer Gardauer bei niedrigen Temperaturen, z.B. Omelette, Spiegelei, Rührei. Bei längerer Gardauer verbrennt das Eiweiß durch das stärkere Erhitzen.

Margarine wird vorwiegend aus pflanzlichen Ölen und Fetten hergestellt. Ähnlich wie Butter ist auch sie eine Fett-in-Wasser-Emulsion.

Eigenschaften und Verwendung der Bratfette

Fettart	Zusammensetzung	Hitzebeständigkeit in °C	Verwendungsmöglichkeit
Butter Margarine	wasserhaltiges Fett, geringe Eiweißspuren	150	kurzes Braten bei niedrigen Temperaturen
Pflanzenöl	100 % reines Fett	190	braten, grillen, schmoren, frittieren
Schmalz Pflanzenfett	100 % reines Fett	200	kurz braten, braten, schmoren, frittieren

Besondere Gerichte

Je nach Zubereitungsart werden verschiedene Gerichte aus Fleisch, Wild oder Geflügel bezeichnet als:

Frikassee wird aus gekochtem hellem Fleisch wie Huhn, Pute, Kalb und Lamm bereitet und in einer hellen Soße serviert. Das Gericht ist in Süddeutschland als „eingemachtes Fleisch" bekannt.

Ragout wird vorwiegend aus gekochtem, gebratenem oder geschmortem dunklen Fleisch wie Rind und Wild bereitet und in einer dunklen Soße serviert.
Ausnahme: Ragout fin, das meist als Pastetenfüllung verwendet wird, wird aus hellem Fleisch bereitet und in einer hellen Soße serviert.

Haschee wird aus beliebigem Fleisch oder Innereien wie Lunge, Hirn oder Kalbsbries bereitet. Nach dem Kochen wird das Fleisch haschiert, d.h. fein zerkleinert oder durch einen Fleischwolf gegeben, und in einer beliebigen Soße serviert.

Gulasch, ein Fleischgericht aus Ungarn, besteht aus geschmorten walnussgroßen Rindfleischstücken und einer dunklen Soße. Hauptzutaten der Soße sind Tomatenmark, Paprika, Zwiebeln und Gewürze. Für Gulasch kann auch Fleisch anderer Tiere verwendet werden.

Geschnetzeltes ist in feine Scheibchen oder Streifen geschnittenes Bratfleisch. Es wird besonders in Süddeutschland und in der Schweiz unter diesem Namen angeboten. Geschnetzeltes stammt meistens vom Kalb; aber das zarte Bratfleisch von Rind und Schwein, wie Filet, Roastbeef, Steakfleisch aus der Keule, sowie Putenbrust eignen sich auch. Geschnetzeltes wird kurz gebraten und in einer Soße serviert.

Schaschlik waren ursprünglich am Spieß gebratene Hammelfleischstückchen. Heute bezeichnet man auf einen Holzspieß wechselweise mit Speck, Zwiebeln und Paprikastreifen aufgereihtes Magerfleisch als Schaschlik.
Schaschlik wird gebraten oder gegrillt.

Wie viel darf es sein?

Fleisch/Wild/Geflügel verwendet als	Menge (Rohware) pro Portion in g
Braten ohne Knochen	125 – 150
Braten mit Knochen	150 – 250
Kurz Gebratenes	125 – 200
Fleisch/Wild in Soße	100 – 150
Hackfleisch	100 – 150
Hähnchen im Ganzen	300 – 400

Damit es leichter geht

Ein scharfes **Fleischmesser**, das gut in der Hand liegt, zum Schneiden von Schnitzeln, zum Einschneiden von Taschen in Fleischstücke oder zum Aufschneiden von Braten verwenden.
Ein **Hackbeil** für das Durchtrennen von Knochengelenken bei Keulen oder beim Kotelettstück einsetzen.
Mit einer stabilen **Fleischgabel** große Bratenstücke während des Aufschneidens festhalten, aber nicht einstechen, da sonst der Fleischsaft ausläuft.
Das **Elektromesser** zum Aufschneiden – vor allem von gefüllten Braten, die sehr dünn geschnitten werden müssen – nutzen.
Mit dem **elektrischen Allesschneider** Braten ohne Knochen in gleichmäßige Scheiben schneiden.
Eine stabile **Geflügelschere** für das Zerteilen von Geflügel nutzen.
Im **Backofen** Braten ab 1 kg zubereiten, dadurch ist während des Garens keine Überwachung erforderlich.
Im **geschlossenen Gefäß** den Braten im Backofen zubereiten. Der Backofen bleibt so sauber.
Als **Bratgeschirr** die Fettpfanne oder Gefäße aus dunkel emailliertem Stahl, Gusseisen, Glas, Glaskeramik oder Ton verwenden, siehe Tabelle „Eigenschaften verschiedener Topf- und Pfannenmaterialien" Seite 50.
Unter dem **Flächengrill** Koteletts, Steaks, Geflügelteile garen, ohne zusätzliches Fett zu verwenden.
Beim **Umluftgrillen** gelingen Braten, Haxen und Geflügel, ohne gewendet zu werden. Dabei, falls vorhanden, den Fettfilter einsetzen, um den Heizkörper an der Backofenrückwand vor Fettspritzern zu schützen.
Fleisch- oder **Bratenthermometer** für das Garen großer Braten im Backofen nutzen, sie gelingen dann immer. Das Thermometer zeigt die gewünschte Kerntemperatur an, siehe Tabelle „Kerntemperatur für Braten".
Kombinations-Backöfen mit Dampf bieten spezielle **Dampf-Bratsysteme** an. Das Fleisch bleibt besonders saftig und zart.

Kerntemperatur für Braten

Art des Bratens	Kerntemperatur bei Garende in °C	Bemerkungen	
Rinderfilet und Roastbeef	45 – 55	mit rotem Kern (rare)	Die geringere Kerntemperatur wird vorwiegend für festes, saftiges Fleisch gewählt. Die höhere Kerntemperatur wird für mürbes, trockenes Fleisch gewählt und für Braten, die bis zum Inneren gegart werden sollen.
	55 – 65	innen rosa (medium)	
	65 – 75	durchgebraten (well done)	
Rinderbraten und Schweinebraten	80 – 90		
Schweinelende und Kasseler	70 – 80		
Hackbraten	80 – 90		
Kalbsbraten	70 – 90		
Lammbraten und Wildbraten	70 – 85		

Praktische Hinweise

Schlachttiere und Wild

- Garen bei niedrigen Temperaturen: Für die Zubereitung magerer, zarter Fleischstücke, die rosa oder auf den Punkt gebraten werden, wie Rinder- oder Schweinefilet, Kalbsbraten oder Lammrücken, eignet sich die Niedertemperatur-Garmethode (Niedrigtemperatur-Garen bzw. Sanftgaren).
  Das Fleisch wird zunächst in der Pfanne bei starker Hitze kurz, aber kräftig angebraten, damit sich die Poren schließen. Dann wird das Fleisch auf einem vorgewärmten Blech oder einer Fleischplatte im auf 120 °C vorgeheizten Backofen bei konstant 70–110 °C langsam fertig gegart. Große Bratenstücke werden auf dem gefetteten Rost mit darunter geschobener Fettpfanne 10–20 Minuten im vorgeheizten Backofen bei 220–250 °C angebraten. Dann wird die Temperatur auf 70–110 °C reduziert und der Braten je nach Größe 2 bis 5 Stunden langsam fertig gegart. Hierdurch wird das Fleisch zart, bleibt rosa und verliert weniger Saft.
  Die erforderlichen Garzeiten sind auf Grund der niedrigeren Temperaturen deutlich länger als beim herkömmlichen Braten. Das Fleisch kann so über längere Zeit servierbereit gehalten werden.
  Da sich beim langsamen Garen im Backofen keine Röststoffe mehr bilden, muss, wenn eine Soße gewünscht wird, diese separat, z. B. aus dem Bratensatz in der Pfanne, zubereitet werden.
- Fleisch von Schlachttieren und Wild kurz unter fließendem kalten Wasser abspülen, um Knochensplitter und kleine Fleischfasern zu entfernen. Mit Küchenpapier gut trocken tupfen.
- Keulen und Rücken von Hasen, Rehen, Wildschweinen vor der Zubereitung häuten. Dazu mit einem langen, scharfen, spitzen Messer die Haut alle 3 cm einritzen und mit dem Messerrücken die Hautstreifen abziehen.
- Durch das Einlegen in eine Buttermilch-, Essig- oder Rotweinmarinade, Rezepte Seite 263, kann Fleisch geschmacklich verändert werden. Das Gewebe wird gelockert und das Fleisch mürbe. Bei Wild wird der strenge Wildgeschmack gemildert.
- Große Stücke vor dem Braten oder Schmoren würzen und salzen. Gewürze müssen in das Fleisch eingerieben werden, da sie sonst nur an der Oberfläche haften.
- Sehr mageres Fleisch vor der Zubereitung bardieren oder spicken, siehe Seite 258, damit es nicht trocken wird.
- Kurz Gebratenes immer erst nach dem Garprozess salzen, damit der Fleischsaft nicht entzogen wird und das Fleisch saftig bleibt.
- Immer in sehr heißem Fett anbraten, damit das Eiweiß an der Oberfläche schnell gerinnt und der Fleischsaft erhalten bleibt.
- Zum Wenden nie mit einer Gabel in das Fleisch stechen. Die Fleischoberfläche wird dadurch verletzt und der Fleischsaft kann austreten.
- Garzustand mit einem Bratenwender prüfen. Gibt das Fleisch beim Aufdrücken nach, ist es noch nicht gar.
- Damit das Fleisch besonders zart wird, nach dem Bräunen 2–3 EL Rum oder Weinbrand zufügen, geschmacklich macht sich diese Zugabe kaum bemerkbar.
- Nach dem Garen den Braten in Aluminiumfolie wickeln und im ausgeschalteten Backofen ca. 10 Minuten ruhen lassen. Der Fleischsaft kann sich so gleichmäßig verteilen und beim Aufschneiden läuft nicht so viel heraus.
- Fleisch bis zum Anrichten warmhalten.
- Lammgerichte besonders heiß servieren, da schon bei 40 °C das Fett erstarrt und die Gerichte dann talgig schmecken.
- Roastbeef und Filet direkt nach der Ruhephase aufschneiden und servieren, da das Fleisch sonst grau wird.

Geflügel und Wildgeflügel

- Geflügel sorgfältig unter fließendem kalten Wasser waschen, mit Küchenkrepp trockentupfen.
- Da Geflügel Träger von Salmonellen sein kann, nach der Vorbereitung die Spüle, Arbeitsfläche und Hände gründlich mit heißem Wasser reinigen.
- Vor dem Grillen und Braten Geflügel von innen salzen und würzen. Von außen erst

kurz vor Garzeitende mit Salzwasser bestreichen, dadurch wird die Haut besonders kross.
- Füllungen nicht zu sehr stopfen, um ein Platzen des Geflügels zu vermeiden. Die Bauchöffnung nach dem Füllen mit Klammern schließen, zunähen oder mit Hölzchen und festem Garn verschließen, siehe Bilder Seite 265.
- Geflügel vor dem Garen dressieren, d.h. abstehende Teile wie z.B. Flügel am Körper befestigen, damit diese nicht vorzeitig braun werden oder gar verbrennen.
- Sehr mageres Geflügel vor der Zubereitung bardieren, siehe Seite 258, damit es nicht trocken wird.
- Geflügel durchgaren, d. h., es muss eine Kerntemperatur von 80–90 °C erreicht und mindestens 10 Minuten gehalten werden. Dadurch werden evtl. vorhandene Salmonellen zerstört.
- Geeignet für die Niedertemperatur-Garmethode ist Entenbrust (siehe links „Schlachttiere und Wild").
- Wenn sich das Fleisch am Beinknochen zurückzieht, ist das Geflügel gar. Beim Einstechen mit einer Gabel in Knochennähe muss der herauslaufende Fleischsaft eine helle Färbung haben.
- Nach dem Garende das Geflügel einige Minuten ruhen lassen, damit sich der Fleischsaft verteilen kann und beim Zerschneiden nicht ausläuft.
- Nach der Ruhephase das Geflügel tranchieren, siehe Seite 266.

Verfeinern, garnieren, abrunden

- Bratenscheiben auf einer vorgewärmten Fleischplatte fächerförmig anrichten, mit etwas Soße überziehen und mit Tomatenstücken und Petersilie garnieren.
- Fleischscheiben auf oder neben Gemüse auf einer Platte anrichten.
  Rückenfilets, z.B. vom Reh oder Hasen, in Scheiben schneiden und auf dem umgedrehten Knochengerüst anrichten.
- Fleisch und Wild mit Obst, z.B. Apfelscheiben, Ananasringen, Birnenhälften o. Ä., anrichten.
- Schnitzel mit Zitronenscheiben und Petersiliensträußchen garnieren.
- Pikante Buttermischungen runden den Geschmack von gegrilltem Fleisch oder kurz Gebratenem ab, Rezepte Seite 272.
- Die Zugabe von Fleischklößchen macht Frikassee und Ragout gehaltvoller.
- Verschiedene Fleisch-, Wild- und Geflügelgerichte werden durch eine Soße abgerundet, Soßenbereitung siehe Kapitel „Soßen" Seite 124.

Wenn etwas übrig bleibt

- Braten, Koteletts, Schnitzel, Kasseler, Geflügelteile und Hacksteaks können auch kalt serviert werden. Braten, in dünne Scheiben geschnitten, als Brotaufschnitt reichen.
- Fleisch oder Geflügelreste für einen Auflauf, Eintopf oder Salat weiterverwerten.
- Kalten Braten, Geflügelfleisch oder Frikadellen in 2–3 cm große Würfel schneiden. Mit Weintrauben, Mandarinen oder Mixed Pickles auf Holzspieße stecken und als Häppchen servieren.
- Zum Aufwärmen aufgeschnittene Bratenstücke in heißer Soße erwärmen.
- Kleine Mengen, vor allem Fleisch mit Soße, lassen sich gut in der Mikrowelle oder im Dampf-Gargerät erwärmen.

Schweinekeule mit Kruste

KD

1½ kg	**Schweinekeule**
	Salz · Pfeffer · Paprika
⅛ l	**Wasser**
1	**Zwiebel**
1	**Möhre**
1	**Tomate**
	Mehl

Fleisch waschen und abtrocknen. In die Schwarte kleine Vierecke einschneiden, mit Salz und Gewürzen einreiben, Wasser zufügen und braten, mit der Schwarte nach oben. Nach einer Stunde, wenn nötig, Fett abschöpfen und nach Bedarf heißes Wasser angießen.
Zwiebel schälen, halbieren. Möhre putzen, waschen und in kleine Würfel schneiden. Tomate überbrühen, abschrecken, abziehen und in Viertel schneiden. Zwiebel, Möhre und Tomate nach 40 Minuten Bratdauer zugeben.
Nach dem Braten: Bratenfond entfetten, **aufkochen**, mit angerührtem Mehl binden, abschmecken.

Offenes Gefäß auf dem Rost oder Fettpfanne

einsetzen:	Untere Einschubleiste	
braten:	190–210 °C	110–120 Minuten
	0	10– 15 Minuten

Tipp:
Für jedes weitere ½ kg Fleisch 20 Minuten längere Bratdauer rechnen. Eine Keule von 5 kg braucht 3½–4 Stunden Bratdauer.

Schweinefilet

KD

1 kg	**Schweinefilet**
	Salz
20 g	**Fett** oder Speckstreifen
1	**Zwiebel**
1	**Tomate**
	Mehl
	saure Sahne

Filet häuten, wenn nötig Fett abschneiden, Filet waschen, abtrocknen, mit Salz einreiben. Filet mit Fett bestreichen oder mit Speckstreifen belegen.
Zwiebel schälen und halbieren. Tomate überbrühen, abschrecken, abziehen, in Viertel schneiden und beides mit dem Fleisch braten.
Nach dem Braten: Bratenfond mit Wasser auffüllen, **aufkochen**, mit angerührtem Mehl binden, Sahne zugeben und abschmecken.

Geschlossenes Gefäß auf dem Rost

einsetzen:	Untere oder mittlere Einschubleiste	
braten:	220–240 °C	25–30 Minuten
	0	5–10 Minuten

Offenes Gefäß auf dem Rost

einsetzen:	Untere oder mittlere Einschubleiste	
braten:	210–230 °C	20–25 Minuten
	0	5–10 Minuten

Tipp:
Geeignet für Niedertemperatur-Garen: Auf der Kochstelle 5–7 Minuten anbraten, dann im vorgeheizten Backofen bei 80 °C 1½ Stunden fertig braten.

Kasseler Rippespeer

KD

1 kg	**Kasseler Rippespeer**
4–6 EL	**Wasser**
1	**Zwiebel**
1	**Tomate**
	Mehl
	saure Sahne
	oder Rotwein

Knochen auslösen, Fleisch waschen, abtrocknen. Ausgelöste Knochen und Wasser zufügen und braten. Zwiebel schälen und halbieren. Tomate überbrühen, abschrecken, abziehen, in Viertel schneiden und beides nach 15 Minuten Bratdauer zum Fleisch geben.
Nach dem Braten: Bratenfond mit Wasser auffüllen, **aufkochen**, mit angerührtem Mehl binden und mit Sahne abschmecken.

Geschlossenes Gefäß auf dem Rost

einsetzen:	Untere oder mittlere Einschubleiste	
braten:	200–220 °C	50–60 Minuten
	0	10–15 Minuten

Offenes Gefäß auf dem Rost

einsetzen:	Untere oder mittlere Einschubleiste	
braten:	180–200 °C	50–60 Minuten
	0	10–15 Minuten

Schweinerollbraten

KD

1 kg	**Schweinerücken** oder -nacken
	Salz · Pfeffer · Paprika
4–6 EL	**Wasser**
1	**Zwiebel**
1	**Tomate**
	Mehl

Knochen auslösen. Fleisch waschen, abtrocknen, mit Salz, Pfeffer und Paprika einreiben, aufrollen und zusammenschnüren. Ausgelöste Knochen und Wasser zugeben, braten.
Zwiebel schälen und halbieren. Tomate überbrühen, abschrecken, abziehen, in Viertel schneiden und beides nach 30 Minuten Bratdauer zum Fleisch geben. Nach Bedarf heißes Wasser angießen.
Nach dem Braten: Bratenfond **aufkochen**, mit angerührtem Mehl binden und abschmecken.

Geschlossenes Gefäß auf dem Rost

einsetzen:	Untere oder mittlere Einschubleiste	
braten:	210–230 °C	90–110 Minuten
	0	10–20 Minuten

Offenes Gefäß auf dem Rost

einsetzen:	Untere oder mittlere Einschubleiste	
braten:	190–210 °C	70–80 Minuten
	0	10–20 Minuten

Tipp:

Das Fleisch mit einer Mischung aus 1 EL Senf, 1 zerdrückten Knoblauchzehe, 2 EL Zwiebelwürfeln, Salz, Pfeffer und Thymian bestreichen und aufrollen.

Kasseler im Teigmantel

KD

300 g	**TK-Blätterteig** oder ½ Rezept Blätterteig, Seite 380
750 g	**Kasseler ohne Knochen**
1	**Eiweiß**
1	**Eigelb**
1 EL	**Wasser**

Blätterteig etwa ½ cm dick ausrollen, die Teigfläche muss etwas länger als das Fleischstück sein.
Backofen vorheizen.
Kasseler waschen und abtrocknen.
Fleisch auf den Teig legen, Teigränder mit Eiweiß bestreichen, Teig locker überschlagen, Ränder leicht andrücken.
Fettpfanne anfeuchten, Kasseler im Teigmantel darauf legen und backen.
Eigelb mit Wasser verrühren und Teig nach der Hälfte der Backdauer damit bestreichen.
Nach dem Backen: 10 Minuten ruhen lassen, dann vorsichtig in dicke Scheiben schneiden.
Beilage: Gemüsesalat und Blattsalat.

einsetzen:	Mittlere Einschubleiste	
backen:	200–210 °C	40–50 Minuten
	0	5 Minuten

Veränderung:

Schweinefilet im Teigmantel: Anstelle von Kasseler Schweinefilet verwenden. Filet häuten, waschen, abtrocknen und beliebig würzen. Schweinefilet benötigt eine ca. 10 Minuten kürzere Gardauer als Kasseler.

Rinderfilet im Teigmantel: 1 kg Rinderfilet häuten, waschen und abtrocknen. 1 EL Öl erhitzen und Fleisch von allen Seiten darin anbraten und abkühlen lassen. 100 g Champignons putzen, blättrig schneiden. Abgekühltes Rinderfilet auf den ausgerollten Teig legen, mit 2 EL Tomatenmark bestreichen, mit Salz, Zwiebelpulver und Paprika würzen und die Champignons darüber verteilen. Rinderfilet hat eine ca. 10 Minuten kürzere Gardauer als Kasseler.

Bardieren und Spicken

Damit sehr mageres Fleisch von Schlachttieren, Wild und Geflügel bei der Zubereitung nicht trocken wird – und auch zur Geschmacksabrundung –, kann es mit fettem oder durchwachsenem Speck bardiert oder gespickt werden. Da beim Spicken die Fleischfasern verletzt werden und Fleischsaft heraustreten kann, ist das Bardieren vorzuziehen.

Beim **Bardieren** wird das Fleisch mit Speckscheiben belegt oder umwickelt. Dazu gleichmäßig breite, nicht zu dicke Speckscheiben dicht aneinander auf das Fleisch legen oder es damit umwickeln. Zum besseren Halt kann der Speck mit Küchengarn festgebunden werden. Der Speck wird während oder nach dem Garvorgang entfernt und muss nicht mitverzehrt werden.

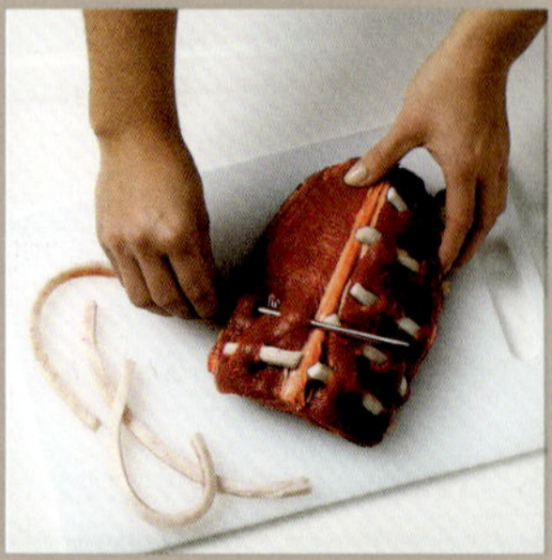

Beim **Spicken** wird das Fleisch mit Speckstreifen durchzogen. Dazu gleich lange und gleich dicke Speckstreifen schneiden und mit der Spicknadel quer zur Faser in das Fleisch einziehen. Die Speckstreifen sollten etwas dicker als der Durchmesser der Spicknadel sein, damit sie den Einstich ausfüllen und das Austreten des Fleischsaftes vermindern.

Schinken nach Prager Art

KD

1	**Schweineschinken** 5 – 6 kg, gepökelt und geräuchert

Knochen auslösen. Fleisch waschen, abtrocknen und zusammenschnüren.

Fettpfanne mit Wasser ausspülen, Fleisch mit der Schwarte nach unten hineinlegen, aber kein Wasser angießen. Der Schinken soll nicht bräunen, sondern bei niedriger Temperatur gar werden.

einsetzen:	In der Fettpfanne, untere Einschubleiste	
braten:	160 – 175 °C	4½ – 5 Stunden
	0	30 Minuten

Rinderfilet

KD

1 kg	**Rinderfilet**
	Salz · Pfeffer
50 g	**Butter**
1	**Zwiebel**
1	**Tomate** oder Pilze
	Mehl
	saure Sahne

Backofen vorheizen.
Filet häuten, Fett und den sehnigen Strang entfernen, waschen und abtrocknen. Kurz vor dem Braten mit Salz und Pfeffer einreiben, mit Butter bestreichen.
Zwiebel schälen und halbieren. Tomate überbrühen, abschrecken, abziehen, in Viertel schneiden. Beides zum Fleisch geben, braten.
Nach dem Braten: Bratenfond mit Wasser auffüllen, **aufkochen**, mit angerührtem Mehl binden, Sahne zufügen und abschmecken.

Offenes Gefäß auf dem Rost

einsetzen:	Untere oder mittlere Einschubleiste	
braten:	210–230 °C	25–35 Minuten
	0	5–10 Minuten

Tipp:

- Jedes weitere ½ kg Fleisch etwa 5 Minuten länger braten.
- Rinderfilet ist bei der angegebenen Bratdauer innen rosa bis rot. Wird das Filet durchgebraten gewünscht, längere Dauer rechnen.
- Geeignet für Niedertemperatur-Garen: Auf der Kochstelle 8–10 Minuten anbraten, dann im vorgeheizten Backofen bei 80 °C 2–2¼ Stunden fertig braten.

KD Zubereitung empfohlen im **Kombinations-Backofen mit Dampf** Das Fleischstück wird besonders saftig und knusprig.

Roastbeef

KD

1 kg	**Roastbeef**
	Salz · Pfeffer
1	**Zwiebel**
2–3 EL	**Wasser**
	Mehl
	saure Sahne

Backofen vorheizen.
Roastbeef waschen und abtrocknen. Kurz vor dem Braten die Haut einritzen, Roastbeef mit Salz und Pfeffer einreiben.
Fleisch mit der Fettschicht nach oben in den Bräter geben. Zwiebel schälen, halbieren, mit dem Wasser zugeben und braten.
Nach dem Braten: Bratenfond mit Wasser auffüllen, **aufkochen**, mit angerührtem Mehl binden und mit Sahne abschmecken.

Offenes Gefäß auf dem Rost

einsetzen:	Untere oder mittlere Einschubleiste	
braten:	210–230 °C	30–40 Minuten
	0	5–10 Minuten

Tipp:

- Für jedes weitere ½ kg Fleisch etwa 5 Minuten längere Bratdauer rechnen. Das Roastbeef ist bei der angegebenen Bratdauer innen rosa bis rot.
- Soll das Roastbeef kalt aufgeschnitten werden, brät man es bei geringer Temperatur, dafür aber länger; dann wird es besonders saftig.
- Nach dem Braten 5–10 Minuten auf die Fettseite legen, dann wird das Fleisch gleichmäßig rosa.
- Geeignet für Niedertemperatur-Garen: Auf der Kochstelle 15–20 Minuten anbraten, dann im vorgeheizten Backofen bei 80 °C 4–5 Stunden fertig braten.

Kalbsbraten

KD

1 kg	**Kalbskeule**
	Salz · Pfeffer
10 g	**Fett**
	Speckstreifen nach Belieben
4 – 6 EL	**Wasser**
1	**Zwiebel**
1	**Tomate**
1	**Möhre** oder Pilze
	Mehl
	saure Sahne

Fleisch häuten, waschen, abtrocknen und kurz vor dem Braten mit Salz und Pfeffer einreiben. Mit Fett bestreichen, nach Belieben Speckstreifen auflegen, Wasser zufügen und braten.
Zwiebel schälen und halbieren. Tomate überbrühen, abschrecken, abziehen, in Viertel schneiden. Möhre putzen, waschen und in kleine Würfel schneiden.
Gemüse nach 30 Minuten Bratdauer zum Fleisch geben und nach Bedarf heißes Wasser angießen.
Nach dem Braten: Bratenfond mit Wasser auffüllen, **aufkochen**, mit angerührtem Mehl binden, Sahne zufügen und abschmecken.

Geschlossenes Gefäß auf dem Rost

einsetzen:	Untere oder mittlere Einschubleiste	
braten:	200 – 220 °C	90 – 110 Minuten
	0	5 – 10 Minuten

Offenes Gefäß auf dem Rost

einsetzen:	Untere oder mittlere Einschubleiste	
braten:	180 – 200 °C	70 – 80 Minuten
	0	5 – 10 Minuten

Tipp:

- Für jedes weitere ½ kg Fleisch 10 Minuten längere Bratdauer rechnen. Ein Kalbsschlegel von 7½ kg benötigt 3 – 3½ Stunden Bratdauer.
- Geeignet für Niedertemperatur-Garen: Auf der Kochstelle 10 – 15 Minuten anbraten, dann im vorgeheizten Backofen bei 80 °C 2½ – 3 Stunden fertig braten .

Hackbraten

KD

2	**Brötchen**
1	**Zwiebel**
30 g	**Fett**
500 g	**Rinderhack**
250 g	**Schweinehack**
1 – 2	**Eier**
	abgeriebene Zitronenschale
1 TL	**Senf**
	Salz · Paprika · Pfeffer
	Majoran
1 Prise	**Muskat**
30 g	**Fett**
	Speckstreifen · Paniermehl
1	**Zwiebel**
1	**Tomate**
4 – 6 EL	**Wasser**
	Mehl
	saure Sahne

Brötchen in Wasser einweichen und ausdrücken. Zwiebel schälen und in kleine Würfel schneiden.
Fett **erhitzen**, Zwiebel darin **andünsten**. Brötchen, Zwiebel, Fleisch, Eier, Zitronenschale, Senf, Salz und Gewürze vermengen und abschmecken.
Mit nassen Händen die Masse länglich formen, mit Fett bestreichen, Speckstreifen eindrücken und mit Paniermehl bestreuen.
Zwiebel schälen, Tomate überbrühen, abschrecken, abziehen und beides in Viertel schneiden. Mit Wasser zum Fleisch geben und braten.
Nach dem Braten: Bratenfond mit Wasser auffüllen, **aufkochen**, mit angerührtem Mehl binden, Sahne zufügen und abschmecken.

Geschlossenes Gefäß auf dem Rost

einsetzen:	Untere oder mittlere Einschubleiste	
braten:	200 – 220 °C	45 – 50 Minuten
	0	5 – 10 Minuten

Offenes Gefäß auf dem Rost

einsetzen:	Untere oder mittlere Einschubleiste	
braten:	190 – 210 °C	45 – 50 Minuten
	0	5 – 10 Minuten

Lammkeule

Lammkeule

KD

1¼–	
1½ kg	**Lammkeule**
2	**Zwiebeln**
1 EL	**Senf**
1 EL	**Öl**
	Salz · Salbei · Pfeffer · Knoblauch
4–6 EL	**Wasser**
	Mehl
	saure Sahne

Lammkeule häuten, eventuell Fett entfernen, Lammkeule waschen und abtrocknen.

Zwiebeln schälen und in kleine Würfel schneiden. Mit Senf, Öl, Salz und Gewürzen zu einem Brei verrühren.

Fleisch damit bestreichen, Wasser zufügen und braten.

Nach dem Braten: Bratenfond mit Wasser auffüllen, **aufkochen**, mit angerührtem Mehl binden, Sahne zufügen und abschmecken.

Geschlossenes Gefäß auf dem Rost

einsetzen:	Untere oder mittlere Einschubleiste	
braten:	200–220 °C	120–140 Minuten
	0	5– 10 Minuten

Offenes Gefäß auf dem Rost

einsetzen:	Untere oder mittlere Einschubleiste	
braten:	190–210 °C	120–140 Minuten
	0	5– 10 Minuten

Tipp:

Geeignet für Niedertemperatur-Garen: Backofen auf 240 °C vorheizen. Lammkeule 15–20 Minuten anbraten, dann bei 75 °C 3–4 Stunden fertig braten.

Wildschweinbraten

KD

1 kg	**Wildschweinrücken**
	oder Wildschweinkeule
Beize:	
	Buttermilch · Thymian
	Wacholderbeeren
1	**Gewürzdosis**
	Salz · Pfeffer
30 g	**Fett**
50 g	**fetter Speck**
1	**Zwiebel**
	Mehl · Speisestärke
	saure Sahne
	Rotwein

Fleisch waschen. Für 3–4 Tage in eine Beize aus Buttermilch mit Gewürzen legen und Fleisch täglich wenden. Aus der Beize nehmen, abtrocknen, mit Salz und Pfeffer einreiben, mit Fett bestreichen, mit Speckscheiben belegen oder spicken. Fettpfanne oder Bräter mit Wasser ausspülen, dünne Speckstreifen hineinlegen, Wildschweinbraten darauf geben.
Zwiebel schälen, in Viertel schneiden, dazugeben und braten. Nach Bedarf Beize und Wasser zufügen.
Nach dem Braten: Bratenfond mit Wasser auffüllen, **aufkochen**, mit angerührtem Mehl und Speisestärke binden, Sahne zufügen und mit Rotwein abschmecken.

Geschlossenes Gefäß auf dem Rost

einsetzen:	Untere oder mittlere Einschubleiste	
braten:	200–225 °C	110–120 Minuten
	0	5 Minuten

Offenes Gefäß auf dem Rost oder Fettpfanne

einsetzen:	Untere oder mittlere Einschubleiste	
braten:	200 °C	90–120 Minuten
	0	5 Minuten

KD Zubereitung empfohlen im **Kombinations-Backofen mit Dampf** Das Fleischstück wird besonders saftig und knusprig.

Rehrücken

KD

6–8 Portionen	
2–3 kg	**Rehrücken**
	Salz · Pfeffer
	Wacholderbeeren
30 g	**Fett**
50 g	**fetter Speck**
	süße Sahne
	oder Crème fraîche
	Mehl
1–2 EL	**Preiselbeerkompott**

Rehfleisch waschen, abtrocknen, mit Salz, Pfeffer und zerstoßenen Wacholderbeeren einreiben, mit Fett bestreichen und mit dünnen Speckstreifen belegen oder spicken.
Zum Braten im geschlossenen Gefäß: Rehrücken von Anfang an mit der Oberseite nach oben in den Bräter legen, das Wenden erübrigt sich dann. Wasser erst zugießen, wenn der Bratensatz recht braun ist.
Zum Braten im offenen Gefäß: Bräter oder Fettpfanne mit Wasser ausspülen, Speckstreifen einlegen. Rehrücken mit der Oberseite nach unten auf die Speckstreifen legen und braten. Nach etwa 45 Minuten wenden und die Speckstreifen herunterstreifen, damit sie noch mitbraten, und Sahne über den Rehrücken gießen.
Nach dem Braten: Bratenfond mit Wasser auffüllen, **aufkochen**, mit angerührtem Mehl binden, Preiselbeerkompott zugeben und abschmecken.

Geschlossenes Gefäß auf dem Rost

einsetzen:	Untere oder mittlere Einschubleiste	
braten:	210–230 °C	70–90 Minuten
	0	10–20 Minuten

Offenes Gefäß auf dem Rost oder Fettpfanne

einsetzen:	Untere oder mittlere Einschubleiste	
braten:	200–220 °C	60–75 Minuten
	0	5–10 Minuten

Veränderung:
Rehkeule: 2 kg Rehkeule wie Rehrücken zubereiten. Im geschlossenen Gefäß 30–45 Minuten, im offenen Gefäß 40 – 55 Minuten länger als Rehrücken braten.

Marinade / Beize

Unter Beize versteht man eine Marinade zum Einlegen von Fleisch, Geflügel, Wild oder Fisch zur Geschmacksabwandlung, wie z.B. beim Sauerbraten, oder zur Milderung des häufig strengen Wildgeschmacks. Eine Marinade/Beize besteht aus einer Mischung aus Buttermilch, Essig, Zitronen- bzw. Orangensaft oder Wein und Öl mit verschiedenen Kräutern und Gewürzen sowie Zwiebeln.

Fleisch, Geflügel, Wild oder Fisch legt man in eine Marinade/Beize ein oder bestreicht das Lebensmittel damit, um es haltbar, vor allem aber würziger und zarter zu machen. Gerne wird Grillgut mariniert (gebeizt). Dafür eignen sich Öl-Gewürz-Kräuter-Mischungen. Durch das Öl wird das Fleisch oder der Fisch vor dem Austrocknen bewahrt. Fischstücke 60 bis 120 Minuten, Fleisch und Wild einige Stunden oder Tage in der Marinade liegen lassen, eventuell zwischendurch wenden. Größere Stücke, z.B. Braten, werden in eine größere Menge Marinade/Beize eingelegt. Die Menge ist abhängig von der Größe des Bratens und des Gefäßes, in das der Braten eingelegt werden soll. Einen Teil der Marinade/Beize nach dem Anbraten über das Fleisch gießen und für die Soßenherstellung verwenden.

Essigmarinade
⅜ l Essig, ⅜ l Wasser, 1 Gewürzdosis, Salz, 1 Möhre und 1 Stange Lauch – beides in Scheiben geschnitten – aufkochen und abkühlen lassen.
Geeignet für: Sauerbraten

Ölmarinade
2 – 4 EL Öl, Salz, Pfeffer, 1 kleines Lorbeerblatt, klein gehackte Petersilie und 1 klein gehackte Zwiebel mischen.
Geeignet für: Fisch

Wein-Öl-Marinade
1 Teil Weißwein, 2 Teile Öl, 1 Schuss Weinbrand und 1 Lorbeerblatt mischen.
Geeignet für: Wild

Buttermilchmarinade
½ l Buttermilch, 1 Lorbeerblatt, 3 – 4 schwarze Pfefferkörner und 3 – 4 Wacholderbeeren mischen.
Geeignet für: Wild, Hammel, Lamm, Rind

Rotweinmarinade
2 – 3 EL Öl, 1 EL Weinessig, 3 – 4 EL kräftigen oder milden Rotwein, Salz, Pfefferkörner, etwas Zucker und ½ Knoblauchzehe mischen.
Geeignet für: Fleisch jeglicher Art, auch Wildgeflügel

Hirschbraten

KD

2 kg	**Hirschrücken**
	oder Hirschkeule
	Salz · Pfeffer
	Wacholderbeeren
30 g	**Fett**
50 g	**fetter Speck**
	süße Sahne
	oder Crème fraîche
	Mehl
	nach Belieben:
	Johannisbeergelee
	Rotwein

Hirschfleisch waschen, abtrocknen, mit Salz, Pfeffer und zerstoßenen Wacholderbeeren einreiben, mit Fett bestreichen und mit Speckstreifen belegen oder spicken.

Zum Braten im geschlossenen Gefäß: Hirschbraten von Anfang an mit der Oberseite nach oben in den Bräter legen, das Wenden erübrigt sich dann. Wasser erst zugießen, wenn der Bratensatz recht braun ist.

Zum Braten im offenen Gefäß auf dem Rost oder in der Fettpfanne: Bräter oder Fettpfanne mit Wasser ausspülen und dünne Speckstreifen einlegen. Hirschbraten mit der Oberseite nach unten auf die Speckstreifen legen und braten. Nach etwa 45 Minuten wenden und die Speckstreifen herunterstreifen, damit sie noch mitbraten, und Sahne über den Hirschbraten gießen.

Nach dem Braten: Bratenfond mit Wasser auffüllen, **aufkochen**, mit angerührtem Mehl binden und abschmecken.

Nach Belieben Gelee und Rotwein an die Soße geben.

Geschlossenes Gefäß auf dem Rost

einsetzen:	Untere oder mittlere Einschubleiste	
braten:	220–240 °C	100–120 Minuten
	0	15 Minuten

Offenes Gefäß auf dem Rost oder Fettpfanne

einsetzen:	Untere oder mittlere Einschubleiste	
braten:	190–210 °C	110–125 Minuten
	0	10 Minuten

Tipp:

➧ Jedes ½ kg Fleisch mehr oder weniger etwa 15 Minuten länger oder kürzer braten.

Hasenrücken

KD

1	**Hasenrücken**
	Salz · Pfeffer
30 g	**Fett**
50 g	**fetter Speck**
1	**Lorbeerblatt**
4	**Wacholderbeeren**
	Mehl
	saure Sahne
	oder Crème fraîche

Hasenrücken häuten, waschen, abtrocknen und mit Salz einreiben. Um zu vermeiden, dass sich der Rücken beim Braten krümmt, die Wirbelsäule einknicken. Fleisch mit Fett bestreichen und mit Speckstreifen belegen. Fettpfanne oder Bräter mit Wasser ausspülen, Hasenrücken hineinlegen, Gewürze zugeben und braten.

Nach dem Braten: Bratenfond mit Wasser auffüllen, **aufkochen**, durch ein Sieb gießen, mit angerührtem Mehl binden, Sahne zufügen und abschmecken.

Fleisch vom Knochen lösen, in Scheiben schneiden und in der ursprünglichen Form auf dem Knochen anrichten.

Geschlossenes Gefäß auf dem Rost

einsetzen:	Mittlere Einschubleiste	
braten:	230–250 °C	40–50 Minuten
	0	5–10 Minuten

Offenes Gefäß auf dem Rost

einsetzen:	Mittlere Einschubleiste	
braten:	220–230 °C	35–40 Minuten
	0	5–10 Minuten

KD Zubereitung empfohlen im **Kombinations-Backofen mit Dampf** Das Fleischstück wird besonders saftig und knusprig.

Füllungen für Geflügel

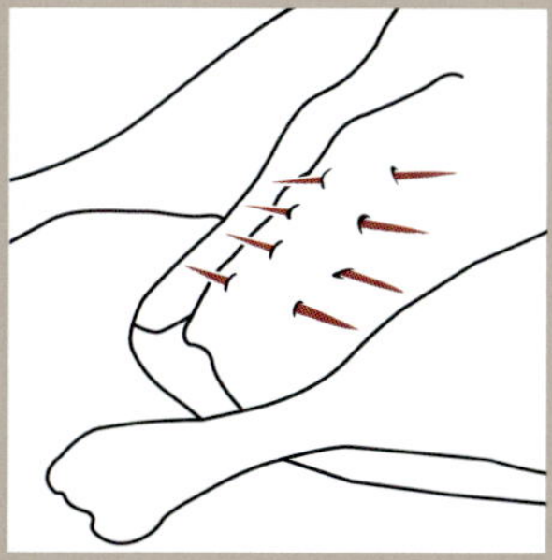

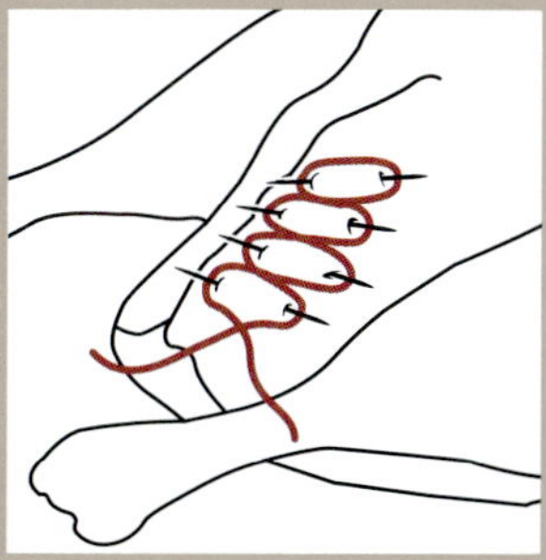

Unterschiedliche Füllungen geben Geflügel eine zusätzliche Geschmacksnote. Für jedes Geflügel eignet sich eine Füllung aus den zerkleinerten Innereien, Rezeptbeispiel: „Gefüllte Tauben" Seite 270. Besonders für Gans oder Ente eignen sich:

Apfelfüllung
1 kg ungeschälte säuerliche Äpfel waschen, Stiel und Blüte entfernen. Die Äpfel im Ganzen in das Geflügel geben. Nach Belieben 1 TL Majoran zugeben.

Kastanienfüllung
1 kg Eßkastanien kreuzweise einschneiden, im Backofen auf dem Backblech bei einer Temperatur von 200 °C ca. 10–15 Minuten rösten und schälen. 1 TL Butter oder Margarine mit 1 TL Zucker in einem Kochtopf unter Rühren bräunen, ⅛ l Brühe, Salz und Kastanien zugeben, ankochen und in der Nachwärme etwa 10 Minuten fertig garen. Masse abkühlen lassen und in das Geflügel geben.

Fleischfüllung
2 Zwiebeln schälen, in Würfel schneiden und in Fett andünsten. 500 g Hackfleisch, 1 eingeweichtes, ausgedrücktes Brötchen, 2 Eier und 2 EL Sherry zugeben und vermengen. Mit Salz, Pfeffer, Majoran und Beifuß abschmecken und in das Geflügel geben.

Obstfüllung
750 g Apfelscheiben und 250 g entsteinte Trockenpflaumen mit 3 EL Rum, abgeriebener Schale einer halben Zitrone und 4–5 EL geriebenem Schwarzbrot mischen. Mit Zucker abschmecken und in das Geflügel geben.

Gefüllte Geflügel mit Klammern schließen, mit Hölzchen und festem Garn zustecken oder zunähen. Gegebenenfalls dressieren, d. h. die Flügelenden unter dem Rücken und die Keulen am Rumpf festbinden. Das Geflügel wird dadurch gleichmäßiger gar und sieht optisch besser aus.

Tranchieren und Anrichten von Geflügel

Geflügel wird nach dem Garen tranchiert, d.h. in Stücke zerlegt. Dafür ein scharfes Messer und eine Geflügelschere verwenden.

Kleines Geflügel, wie Hähnchen, Stubenküken oder Tauben, wird halbiert oder geviertelt:
Das Geflügel entlang des Brustbeins mit der Geflügelschere aufschneiden. Danach das Rückgrat an beiden Seiten entlang der Wirbel ebenso durchtrennen. Die Hälften auf die Schnittfläche legen, die Keulen etwas anheben und mit einem Messer am Gelenk abtrennen. Flügel ebenso vom Rumpf trennen. Das Brustfleisch evtl. noch mit einem Messer vom Knochen lösen.

Hähnchen

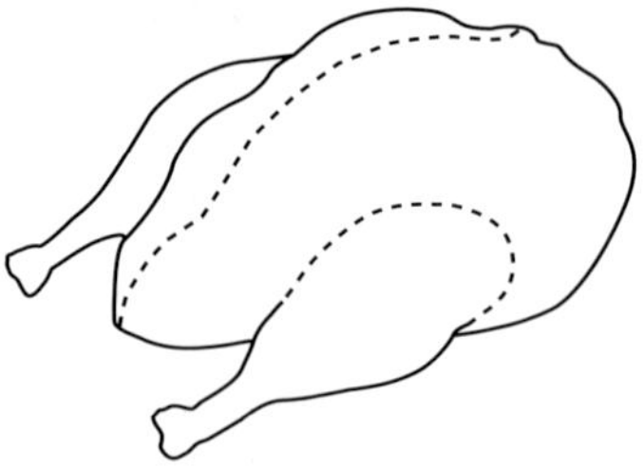

Ente

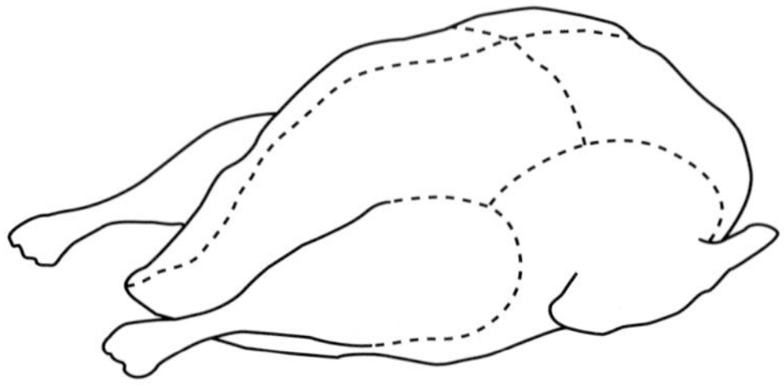

Gans oder Pute

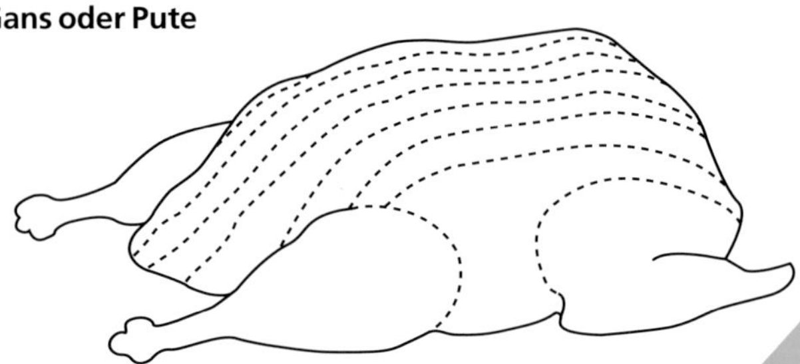

Bei **großem Geflügel,** wie Ente, Gans oder Pute, zuerst die Keulen und die Flügel abtrennen. Dazu das Fleisch um das Keulengelenk im Bogen mit einem scharfen Messer einschneiden, die Keule abbiegen und das Gelenk mit der Geflügelschere durchtrennen. Die Flügel auf die gleiche Weise entfernen. Das Fleisch von Brust und Rücken mit einem scharfen Messer halbieren, vierteln oder in Scheiben schneiden.

Das portionierte Geflügelfleisch nach dem Tranchieren wieder zusammenschieben und auf dem Knochengerüst anrichten. Geflügelkeulen mit Papiermanschetten dekorieren.

Kaninchenbraten

KD

1	**Kaninchen**
	Buttermilch
	Salz · Pfeffer · Paprika
	Wacholderbeeren
125 g	**fetter Speck in Streifen**
	Crème fraîche
	oder süße Sahne
	Mehl

Kaninchen waschen und häuten. Hals, Bauchlappen und Vorderläufe abtrennen, Rückenwirbel von unten etwas einknicken, damit das Kaninchen besser zerteilt werden kann. 2–3 Tage in Buttermilch einlegen, täglich wenden.

Kaninchen abtrocknen, mit Salz, Pfeffer und Paprika und zerstoßenen Wacholderbeeren einreiben und mit Speckstreifen belegen oder spicken. Speckscheiben um die Enden der Hinterläufe, das Schwanzende und den Halsansatz wickeln und festbinden.

Fettpfanne oder Bräter mit Wasser ausspülen, dünne Speckstreifen hineinlegen, Kaninchen darauf legen und braten. Nach Bedarf heißes Wasser angießen.

In den letzten 15–20 Minuten Crème fraîche über den Braten gießen.

Nach dem Braten: Bratenfond mit Wasser auffüllen, **aufkochen**, mit angerührtem Mehl binden und abschmecken.

Offenes Gefäß auf dem Rost oder Fettpfanne

einsetzen:	Mittlere Einschubleiste	
braten:	210–230 °C	45–50 Minuten
	0	10–15 Minuten

Veränderung:

Hasenbraten: Statt Kaninchen ungebeizten Hasen, ca. 2 kg , vorbereiten und im geschlossenen Gefäß oder der mit Alufolie abgedeckten Fettpfanne braten: 50–60 Minuten auf 200–225 °C und 5–10 Minuten auf 0.

Gänsebraten

KD

1	**Gans**
	etwa 4–5 kg
	Salz
	Beifuß nach Belieben
⅛–¼ l	**Wasser**
	Speisestärke

Gans waschen, abtrocknen und innen salzen, nach Belieben einen Stengel Beifuß hineinstecken. Gans mit der Brust nach unten in die Fettpfanne oder in den Bräter legen, Wasser zufügen und braten.

Gans nach einer Stunde wenden und mit einem Hölzchen an den Seiten und unterhalb der Keulen in die Haut stechen, damit das Fett heraustritt. Darauf achten, dass nur die Haut angestochen wird, nicht das Fleisch, da es sonst trocken wird.

Fett, wenn nötig, abschöpfen und nach Bedarf Wasser zugeben.

10 Minuten vor Ende der Gardauer Gans mit Salzwasser oder Bratenfond bestreichen und bei erhöhter Temperatur knusprig braten.

Nach dem Braten: Bratenfond entfetten, mit Wasser auffüllen, **aufkochen**, mit angerührter Speisestärke binden und abschmecken. Gans tranchieren und mit Soße anrichten.

Geschlossenes Gefäß auf dem Rost

einsetzen:	Untere Einschubleiste		
braten:	210–220 °C		150–180 Minuten
	240–250 °C	offen	10 Minuten

Offenes Gefäß auf dem Rost oder Fettpfanne

einsetzen:	Untere Einschubleiste	
braten:	180–200 °C	150–180 Minuten
	240–250 °C	10 Minuten

Veränderung:

Gefüllte Gans: In die vorbereitete Gans eine Füllung geben. Gans zustecken, zunähen oder mit Hölzchen und Garn verschließen, siehe „Füllungen", Seite 265, und braten. Nach dem Braten die Gans tranchieren und zusammen mit der Füllung servieren.

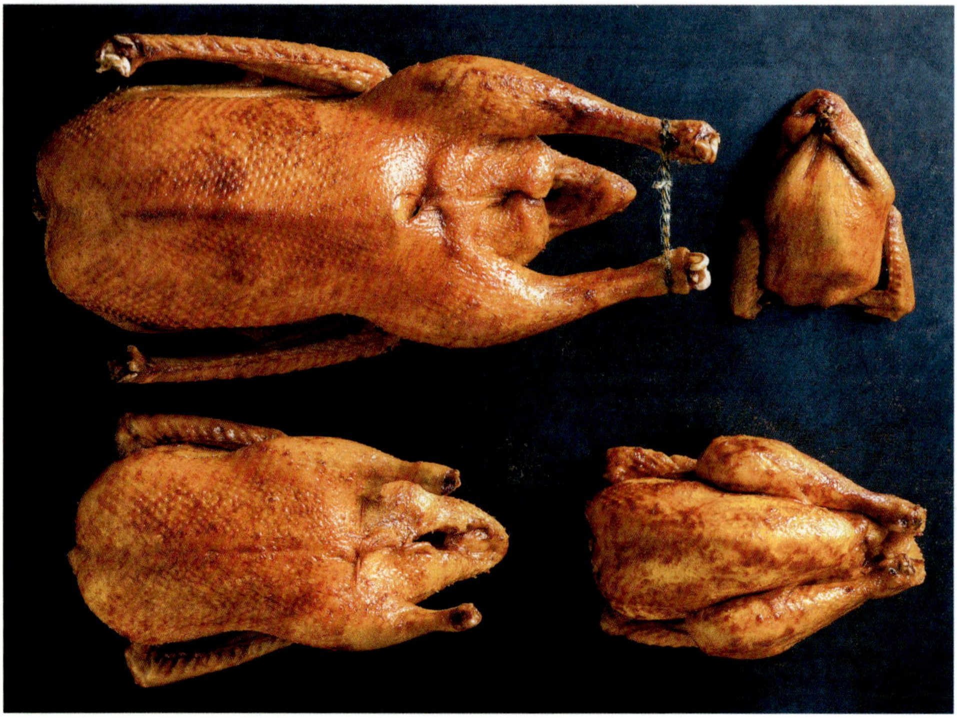

Krosse Haut durch Bestreichen mit Salzwasser: Gans, Taube, Ente und Hähnchen

Entenbraten

KD

1	**Ente** etwa 1½ – 2 kg **Salz** nach Belieben: **Apfelfüllung** oder Kastanienfüllung, Rezepte Seite 265
⅛ l	**Wasser** **Saft von 1 Orange** **Mehl**

Ente waschen, abtrocknen und innen salzen. Nach Belieben füllen und zustecken. Mit der Brustseite nach unten in die Fettpfanne oder in den Bräter geben, Wasser zufügen und braten. Ente nach 50 Minuten wenden. Wenn nötig Fett abschöpfen; nach Bedarf Wasser zugeben.

10 Minuten vor Ende der Gardauer Ente mit Salzwasser bestreichen und bei erhöhter Temperatur knusprig braten.

Nach dem Braten: Bratenfond, wenn nötig, entfetten, mit Wasser und Orangensaft auffüllen, **aufkochen**, mit angerührtem Mehl binden und abschmecken.

Ente tranchieren und mit Soße anrichten.

Geschlossenes Gefäß auf dem Rost

einsetzen:	Untere oder mittlere Einschubleiste		
braten:	200 – 220 °C		100 – 120 Minuten
	240 – 250 °C	offen	10 Minuten

Offenes Gefäß auf dem Rost oder Fettpfanne

einsetzen:	Untere oder mittlere Einschubleiste	
braten:	190 – 210 °C	80 – 90 Minuten
	240 – 250 °C	10 Minuten

Putenkeule California

KD

800 g	**Putenoberkeule**
	Salz · Pfeffer · Majoran
	Rosmarin
2 EL	**Orangenmarmelade**

Die Putenkeule waschen, trockentupfen und mit den Gewürzen einreiben.
Die gewürzte Putenkeule in eine feuerfeste Form legen und braten.
15 Minuten vor Ende der Bratdauer die Putenkeule mit Orangenmarmelade bestreichen.

einsetzen:	Auf dem Rost, untere Einschubleiste	
braten:	190 – 210 °C	90 Minuten

Putenrollbraten

KD

1 kg	**Putenrollbraten**
	Salz · Pfeffer · Paprika
100 g	**fetter Speck**
4 – 6 EL	**Wasser**
	Mehl
	saure Sahne oder Rotwein

Putenfleisch waschen, abtrocknen, mit Salz und Gewürzen einreiben, mit Speckscheiben belegen, in die Fettpfanne oder in den Bräter geben, Wasser zufügen und braten.
Nach dem Braten: Bratenfond mit Wasser auffüllen, **aufkochen**, mit angerührtem Mehl binden, Sahne zufügen und abschmecken.
Fleisch in Scheiben schneiden und mit Soße anrichten.

Geschlossenes Gefäß auf dem Rost

einsetzen:	Untere oder mittlere Einschubleiste		
braten:	220 – 240 °C		80 – 100 Minuten
	0	offen	5 – 10 Minuten

Offenes Gefäß auf dem Rost oder Fettpfanne

einsetzen:	Untere oder mittlere Einschubleiste	
braten:	200 – 220 °C	60 – 75 Minuten
	0	5 – 10 Minuten

Brathähnchen

1 – 2	**Hähnchen**
	etwa je 1 – 1,2 kg
	Salz · Pfeffer · Paprika
1 Bund	**Petersilie**
30 g	**Butter**
	Mehl
	saure Sahne

Hähnchen waschen, abtrocknen, innen mit Salz, Pfeffer und Paprika einreiben und Petersilie hineinstecken.
Fettpfanne oder Bräter mit Wasser ausspülen, Hähnchen mit Butter bestreichen und mit der Brustseite nach unten hineinlegen und braten.
Nach 30 Minuten wenden. Nach Bedarf Wasser angießen.
Nach dem Braten: Bratenfond mit Wasser auffüllen, **aufkochen**, mit angerührtem Mehl binden, Sahne zufügen und abschmecken.
Hähnchen tranchieren und mit Soße anrichten.

Geschlossenes Gefäß auf dem Rost

einsetzen:	Mittlere Einschubleiste		
braten:	220 – 240 °C		60 – 75 Minuten
	0	offen	10 – 15 Minuten

Offenes Gefäß auf dem Rost oder Fettpfanne

einsetzen:	Mittlere Einschubleiste	
braten:	200 – 220 °C	50 – 60 Minuten
	0	5 – 10 Minuten

KD Zubereitung empfohlen im **Kombinations-Backofen mit Dampf**
Das Fleischstück wird besonders saftig und knusprig.

Gefüllte Tauben

4	**junge Tauben**
	Salz
Füllung:	
2	**Brötchen**
1	**Zwiebel**
20 g	**Fett**
	Petersilie
1–2	**Eier**
	Magen · Herz · Leber
	der 4 Tauben
	Salz · Pfeffer
1 Prise	**Muskat**
1 Msp	**abgeriebene Zitronenschale**
30 g	**Butter**
	Mehl
	saure Sahne

Tauben waschen, abtrocknen, innen salzen.
Für die Füllung Brötchen in Wasser einweichen, ausdrücken, auseinander zupfen. Zwiebel schälen und in Würfel schneiden. Fett **erhitzen**, Zwiebel und zerkleinerte Petersilie darin **andünsten**, Brötchen dazugeben, in der **Nachwärme** abbrennen.
Die ausgekühlte Masse mit Ei, fein gehacktem Magen, Herz und Leber, Salz und Gewürzen vermengen, abschmecken.
Tauben damit füllen, zustecken oder zunähen und mit Butter bestreichen.
Fettpfanne oder Bräter mit Wasser ausspülen, Tauben hineinlegen und braten. Nach Bedarf Wasser angießen.
Nach dem Braten: Bratenfond mit Wasser auffüllen, **aufkochen**, mit angerührtem Mehl binden, Sahne zufügen und abschmecken.
Tauben tranchieren, mit Soße anrichten.

Geschlossenes Gefäß auf dem Rost

einsetzen:	Mittlere Einschubleiste		
braten:	210–230 °C		45–55 Minuten
	0	offen	5–10 Minuten

Offenes Gefäß auf dem Rost oder Fettpfanne

einsetzen:	Mittlere Einschubleiste	
braten:	230–240 °C	35–45 Minuten
	0	5–10 Minuten

Fasan

2–3	**junge Fasane**
	Salz
50 g	**Butter** oder Magerspeck
	in dünnen Scheiben
	süße Sahne
	oder Crème fraîche
	Mehl

Fasane waschen und abtrocknen. Salzen und mit Butter bestreichen. Fettpfanne oder Bräter mit Wasser ausspülen, Fasane hineinlegen und braten. Nach Bedarf Wasser angießen. 10 Minuten vor Ende der Gardauer Sahne übergießen und noch bräunen lassen.
Nach dem Braten: Bratenfond mit Wasser auffüllen, **aufkochen**, mit angerührtem Mehl binden und abschmecken.
Fasane tranchieren und mit Soße anrichten.

Geschlossenes Gefäß auf dem Rost

einsetzen:	Mittlere Einschubleiste		
braten:	210–230 °C		80–90 Minuten
	0	offen	5–10 Minuten

Offenes Gefäß auf dem Rost oder Fettpfanne

einsetzen:	Mittlere Einschubleiste	
braten:	200–220 °C	50–60 Minuten
	0	5–10 Minuten

Tipp:
- Fasane sind in der Zeit von August bis September am besten.
- Junge Tiere sind an grauen Füßen und der Elastizität der Brustknochenspitze zu erkennen.

Garnituren für kurz Gebratenes und Gegrilltes

Kleine Ananasscheiben in Butter andünsten; mit eingelegten roten und grünen Pepperoni garnieren.

Kräuterbutter, Rezept Seite 504, in Scheiben schneiden; mit frischen Kräutern garnieren.

Gegarte Köpfe von weißem und grünem Spargel in zerlassener Butter schwenken; mit kleinen Tomatenwürfeln garnieren.

Sojasprossen und Champignonscheiben mit Salz und Pfeffer würzen und mit Öl beträufeln oder kurz andünsten. Frische Kräuter zum Garnieren verwenden.

Schalotten längs halbieren und kurz mit dünnen Scheiben von durchwachsenem Speck in Butter braten. Mit Schnittlauchröllchen anrichten.

Eingelegten grünen Pfeffer im Bratenfond schwenken; mit Petersilie garnieren.

Rumpsteaks

S	
4	**Rumpsteaks**
	Pfeffer
	Fett zum Braten
	Salz

Fleisch trockentupfen, mit Pfeffer bestreuen. Fett **erhitzen**, Steaks einlegen, sofort wenden, **braten**, wenden und fertig **braten**. Bratdauer insgesamt etwa 8–10 Minuten.
Nach dem Wenden die gebratene Seite mit Salz bestreuen, später auch die andere Seite.

Tipp:

- Den Fettrand einschneiden, damit sich das Steak nicht wölbt, sondern gleichmäßig brät.
- Rumpsteaks können auch gegrillt werden.
- Die Gardauer richtet sich nach der Höhe der Steaks sowie dem gewünschten Garzustand.
- Geeignet für Niedertemperatur-Garen: Auf der Kochstelle 2 Minuten anbraten, dann im vorgeheizten Backofen bei 75 °C 30–40 Minuten fertig braten.

Filetsteaks

S	
4	**Filetsteaks**
	jeweils etwa 4 cm dick
	Pfeffer
	Öl
	Salz
	pikante Butter
	siehe Seite 504

Fleisch waschen und abtrocknen. Fett, Häute und Sehnen entfernen, Steaks flach drücken, mit Pfeffer bestreuen und mit Öl bestreichen. Auf dem Rost unter dem Grill, obere Einschubleiste, 12–20 Minuten grillen. Nach der Hälfte der Grilldauer wenden.
Mit Salz bestreuen.
Steaks mit Scheiben von pikanter Butter belegen.
Beilage: Kartoffelkroketten oder Pommes frites und feines Gemüse wie Spargel, Pilze, Prinzessbohnen, Erbsen und Karotten oder Salat.

Tipp:

- Die Filetsteaks können auch in der Pfanne gebraten werden.
- Die Gardauer richtet sich nach Art und Höhe der Filets sowie nach dem gewünschten Garzustand.
- Geeignet für Niedertemperatur-Garen: Auf der Kochstelle 1–2 Minuten scharf anbraten, dann im vorgeheizten Backofen bei 75 °C ca. 45 Minuten fertig braten.

Garzustand von Steaks

Die Gardauer in der Pfanne richtet sich nach Art und Höhe der Steaks sowie nach dem gewünschten Garzustand. Faustregel: pro Zentimeter Fleischdicke 1 Minute mehr oder weniger braten.

mit rotem Kern – rare – saignant
Das Steak hat eine braune Kruste, ist innen rosa und im Kern noch roh und blutig.
Bei 4 cm Dicke:
ca. 8 Minuten

rosa – medium – à point
Das Steak hat eine braune Kruste und ist innen rosa.
Bei 4 cm Dicke:
ca. 10 Minuten

durchgebraten – well done – bien cuit
Das Steak ist innen ganz durchgebraten.
Bei 4 cm Dicke:
ca. 12 Minuten

Frikadellen

S

1–2	**Brötchen**
1	**Zwiebel**
375 g	**Hackfleisch** halb und halb
1	**Ei**
	Salz · Paprika · Pfeffer
	nach Belieben:
	Mehl oder Mehl und Paniermehl
	Fett zum Braten

Brötchen in Wasser einweichen und ausdrücken. Zwiebel schälen und in feine Würfel schneiden.
Zwiebel mit Brötchen, Fleisch, Ei, Salz und Gewürzen vermengen. Gleichmäßige Klöße formen und auf einer bemehlten Arbeitsfläche flach drücken. Die Ränder glätten und die Oberseite mit dem Messerrücken leicht einkerben. Nach Belieben in Mehl wenden.
Fett **erhitzen**, Frikadellen einlegen, braun **braten**, wenden und fertig **braten**.

Tipp:

- Zwiebel in Fett andünsten.
- Frische, zerkleinerte Kräuter oder Paprikawürfel oder Maiskörner unter den Fleischteig mischen.
- Zwei- bis dreifache Menge in der gefetteten Fettpfanne im Backofen braten. Mittlere Einschubleiste, 200–210 °C, 30–35 Minuten, 5–10 Minuten 0.

Lammspieße auf Balkan-Art

500 g	**Lammfleisch**
	Petersilie · Pfefferminze
	Pfeffer · Salz · Öl
4	**Zwiebeln**
200 g	**geräucherter Magerspeck**
	Öl
	Curry

Fleisch waschen, abtrocknen, in 3–4 cm große Würfel schneiden.
Kräuter zerkleinern, mit Pfeffer, Salz und Öl zu einer Marinade verrühren, über das Fleisch geben, durchmischen und etwa 2 Stunden stehen lassen.
Zwiebeln schälen und in Viertel schneiden; Speck in 1 cm dicke und 3–4 cm große Stücke schneiden.
Fleisch, Zwiebeln und Speck abwechselnd auf 4 Spieße stecken, mit Öl bestreichen und auf dem Rost unter dem Grill, obere Einschubleiste, 6–8 Minuten grillen. Lammspieße nach der Hälfte der Gardauer wenden.
Mit Curry bestreuen.
Beilage: Reis und Balkangemüse oder Curryreis und Salat.

Schaschlik

S

500 g	**Filet**
	vom Schwein, Rind oder Lamm
	Pfeffer
4	**Zwiebeln**
1	**grüne Paprikaschote**
1	**rote Paprikaschote**
150 g	**geräucherter Magerspeck**
	Öl

Fleisch waschen, abtrocknen, in 3–4 cm große Würfel schneiden und mit Pfeffer bestreuen.
Zwiebeln schälen, in Viertel schneiden, Paprika putzen, waschen und abtropfen lassen. Paprika und Speck in 1 cm dicke und 3–4 cm große Stücke schneiden.
Fleisch, Gemüse und Speck abwechselnd auf 4 Spieße stecken, mit Öl bestreichen und auf dem Rost unter dem Grill, obere Einschubleiste, 8–10 Minuten grillen. Nach der Hälfte der Gardauer wenden.
Beilage: Reis und Salat

Grillhähnchen

1	**Hähnchen**
	Geflügelgewürz
	Öl nach Belieben
	Salz

Geflügel halbieren oder in Viertel schneiden, waschen und abtrocknen. Mit Gewürz einreiben, nach Belieben mit Öl bestreichen.
Auf dem Rost unter dem Grill, mittlere Einschubleiste, 25–30 Minuten grillen. Zuerst mit der Brustseite nach unten, nach der Hälfte der Grilldauer wenden. Mit Salz bestreuen.
Beilage: Pommes frites und gemischter Salat.

Tipp:
- Zum Grillen eignet sich nur junges Geflügel.
- Durch Umluftgrillen zubereiten: Das unzerteilte Geflügel innen würzen, mit der Brustseite nach unten auf den Rost legen. Die Fettpfanne auf die untere Einschubleiste, den Rost auf die mittlere Einschubleiste einsetzen, bei 200 °C 50 Minuten grillen. Geflügel nach der Hälfte der Grilldauer wenden, damit die Haut ringsherum knusprig wird.

Hähnchenbrustfilet Florida

S

4	**Hähnchenbrustfilets à 150 g**
	Salz · Pfeffer · Curry
4	**Pfirsichhälften**
4	**Käsescheiben** Gouda

Hähnchenfilets waschen, trockentupfen und mit Salz, Pfeffer und Curry einreiben. Pfirsichhälften in Spalten schneiden und fächerförmig auf die Hähnchenfilets legen, mit Käse abdecken.
Die vorbereiteten Hähnchenfilets umluftgrillen.

einsetzen:	Auf dem Rost, mittlere Einschubleiste	
umluftgrillen:	200–220 °C	15–20 Minuten

Entenbrust mit Orangensoße

2–3	**Entenbrustfilets**
1	**Orange** unbehandelt
2 EL	**Balsamicoessig**
4 EL	**Sherry**
2 EL	**Sojasoße**
1 TL	**Senf**
	Pfeffer
½ TL	**Ingwerpulver**
	Salz
20 g	**Fett zum Braten**
30 g	**Butter**
1	**Orange**

Entenbrust waschen.
Orange heiß abspülen, Schale abreiben, Saft auspressen. Abgeriebene Schale und Saft mit Essig, Sherry, Sojasoße, Senf, Pfeffer und Ingwerpulver verrühren, Entenbrust darin 1–2 Stunden marinieren.
Backofen auf 120 °C vorheizen.
Entenbrust aus der Marinade nehmen, trockentupfen, mit Salz einreiben und Haut rautenförmig einritzen.
Fett **erhitzen**, Entenbrust zuerst 3 Minuten auf der Fettseite, dann 1–2 Minuten auf der Fleischseite **anbraten**.
Auf einer vorgewärmten Platte im Backofen fertig garen.
Nach dem Braten: Marinade zum Bratensatz in die Pfanne geben, **ankochen** und 2–3 Minuten **fortkochen**.
Gefrorene Butterwürfel in die Soße einrühren, mit dem Schnellmixstab aufschäumen, abschmecken.
Orange schälen, filetieren, in kleine Würfel schneiden und in der Soße **erwärmen**.

einsetzen:	Auf dem Rost, mittlere Einschubleiste	
braten:	80 °C	60 Minuten

Schweineschmorbraten

KD

¾ – 1 kg	**Schweinefleisch** Nacken oder Vorderkeule
	Salz
30 g	**Fett**
1	**Zwiebel**
1	**Tomate**
	Paprika · Pfeffer
⅛ l	**Wasser**
	Mehl

Fleisch waschen, abtrocknen und mit Salz einreiben.
Fett **erhitzen**, Fleisch darin von allen Seiten **bräunen**.
Zwiebel schälen, Tomate überbrühen, abschrecken, abziehen. Beides in Viertel schneiden, zum Fleisch geben, ebenfalls **bräunen**. Gewürze zufügen und mit heißem Wasser angießen. Fleisch 1 – 1½ Stunden **schmoren**. Herausnehmen und warmhalten. Soßenfond mit Wasser auffüllen, **aufkochen**, mit angerührtem Mehl binden und abschmecken.

Veränderung:

Lammschmorbraten: Statt Schweinefleisch Lammfleisch aus Keule oder Blatt verwenden. 1 Knoblauchzehe schälen, halbieren, Bratentopf damit ausreiben. 50 g Speckwürfel auslassen und Fleisch darin von allen Seiten bräunen. Alles Weitere wie Schweineschmorbraten. Soße nach dem Binden mit Sahne verfeinern.

Tipp:

- Bei Schweinefleisch 4 Gewürzkörner, 1 Lorbeerblatt, 1 TL Kümmel, 1 Stengel Beifuß, 2 Nelken, etwas Rosmarin, Basilikum oder Majoran mitschmoren.

KD Zubereitung empfohlen im **Kombinations-Backofen mit Dampf** Das Fleischstück wird besonders saftig und knusprig.

Rinderschmorbraten

KD

¾ – 1 kg	**Rindfleisch** ohne Knochen
	Salz
30 g	**Fett**
50 g	**Speckwürfel**
1	**Zwiebel**
1	**Tomate**
	nach Belieben:
½	**Apfel** und
½	**Gewürzgurke**
1	**dunkle Brotscheibe**
	Pfeffer · Paprika
⅛ l	**Wasser**
	Mehl · saure Sahne oder Buttermilch

Fleisch waschen, abtrocknen, mit Salz einreiben. Fett **erhitzen**, Speckwürfel darin **auslassen**, Fleisch darin von allen Seiten **bräunen**. Zwiebel schälen, Tomate überbrühen, abschrecken, abziehen. Beides in Viertel schneiden, zum Fleisch geben, ebenfalls **bräunen**. Nach Belieben: Apfel waschen, schälen, Kerngehäuse entfernen, Apfel und Gewürzgurke in Würfel schneiden, mit dem Brot hinzufügen und **andünsten**.
Gewürze und Wasser zugeben. Fleisch 1½ – 2 Stunden **schmoren**. Herausnehmen und warmhalten.
Soßenfond mit Wasser auffüllen, **aufkochen**, mit angerührtem Mehl binden, Sahne zufügen und abschmecken.

Tipp:

- Um das Fleisch mürbe zu machen, es einen Tag vorher mit Senf bestreichen oder zwei Tage in Buttermilch legen.
- 150 – 250 g frische oder einige getrocknete, eingeweichte Steinpilze oder Pfifferlinge mitschmoren.

Kalbshaxe

KD

1–2	**Kalbshaxen**
	Salz
50 g	**Fett**
1	**Zwiebel**
1	**Tomate**
1	**Suppengrün**
⅛ l	**Wasser** oder Brühe
6	**Gewürzkörner**
2	**Lorbeerblätter**
	Mehl · Madeira nach Belieben
	Salz · Pfeffer

Die eingeschlagene Haxe waschen, abtrocknen und mit Salz einreiben.
Fett **erhitzen**, Fleisch darin von allen Seiten **bräunen**.
Zwiebel schälen, Tomate überbrühen, abschrecken, abziehen, beides in Viertel schneiden. Suppengrün putzen, waschen, zerkleinern. Alles zum Fleisch geben und ebenfalls **bräunen**.
Wasser angießen. Gewürze zufügen.
Fleisch 1–1¼ Stunden **schmoren**.
Herausnehmen und warmhalten.
Soßenfond mit Wasser auffüllen, **aufkochen**, mit angerührtem Mehl binden, nach Belieben mit Madeira abschmecken.

Veränderung:
Schweinshaxe: Statt Kalbshaxe Schweinshaxe verwenden.

Tipp:
Das Fleisch kann glaciert oder überglänzt werden. Es gibt 2 Möglichkeiten:

- 25 g Butter erhitzen, mit 3–4 EL Bratensaft verrühren, aufkochen und eindicken lassen. Fleisch auf eine Platte legen, mit dem Sud bestreichen und sofort im vorgeheizten Backofen auf der mittleren Einschubleiste 5–6 Minuten bei 250–275 °C glacieren oder bis zur gewünschten Bräunung unter den vorgeheizten Grill stellen. Zwischendurch nochmals mit der abgetropften Flüssigkeit bestreichen.
- 25 g Butter erhitzen, 50 g Zucker darin karamelisieren lassen und mit 4 EL Bratensaft ablöschen. Mit diesem Sud den Braten bestreichen und, wie vorher beschrieben, ebenfalls glacieren. Bei dieser Methode wirkt das Fleisch glänzender, und die Kruste bekommt einen lieblichen Geschmack.

Sauerbraten

¾–1 kg	**Rindfleisch** ohne Knochen
Marinade:	
⅜ l	**Essig**
⅜ l	**Wasser**
1	**Gewürzdosis**
1	**kleine Möhre**
1 Stg	**Lauch**
	Salz
30 g	**Fett**
50 g	**Speckwürfel**
1	**Zwiebel**
1	**Tomate**
⅛ l	**Wasser**
1	**dunkle Brotscheibe** nach Belieben
	Marinade oder Wasser
	Mehl
	Salz · Pfeffer · Prise Zucker

Fleisch waschen und in ein Gefäß legen.
Zutaten für die Marinade **aufkochen**, abkühlen lassen und über das Fleisch gießen. Das Fleisch ganz bedeckt 2–3 Tage darin liegen lassen. Vor der Zubereitung herausnehmen und abtrocknen.
Fett **erhitzen**, Speckwürfel darin **auslassen** und Fleisch darin von allen Seiten **bräunen**.
Zwiebel schälen, Tomate überbrühen, abschrecken, abziehen. Beides in Viertel schneiden, zum Fleisch geben, ebenfalls **bräunen**.
Wasser und nach Belieben Brot zugeben, Fleisch 1¼ – 1½ Stunden **schmoren**. Herausnehmen und warmhalten.
Soßenfond mit Marinade auffüllen, **aufkochen**, mit angerührtem Mehl binden und abschmecken.

Rouladen

	KD
4	**Rouladen**
	Salz · Pfeffer · Paprika · Senf
2	**Zwiebeln**
50 g	**Speckwürfel**
30 g	**Fett**
⅛ l	**Wasser**
	Mehl · saure Sahne
	oder Crème fraîche

Fleischscheiben waschen, abtrocknen, mit Salz, Pfeffer und Paprika bestreuen, mit Senf bestreichen.

Zwiebeln schälen und in Würfel schneiden. Speck **auslassen**, Zwiebeln darin **andünsten** oder beides roh verwenden. Fleischscheiben damit belegen, aufrollen, mit Rouladennadeln oder Holzspießchen zusammenstecken.

Fett **erhitzen**, Rouladen darin von allen Seiten **bräunen**, Wasser angießen und 50–70 Minuten **schmoren**. Rouladen herausnehmen und warmhalten.

Soßenfond mit Wasser auffüllen, **aufkochen**, mit angerührtem Mehl binden, Sahne zufügen und abschmecken.

Tipp:

- Zusätzliche Füllung: 1–2 Gewürzgurken in Streifen geschnitten oder Hackfleischmasse oder gedünstete Pilze.
- Eine größere Anzahl Rouladen günstiger in 2 Portionen anbraten, damit sie schneller braun werden.

Rouladen mit Zwiebeln und Speck belegen, aufrollen ...

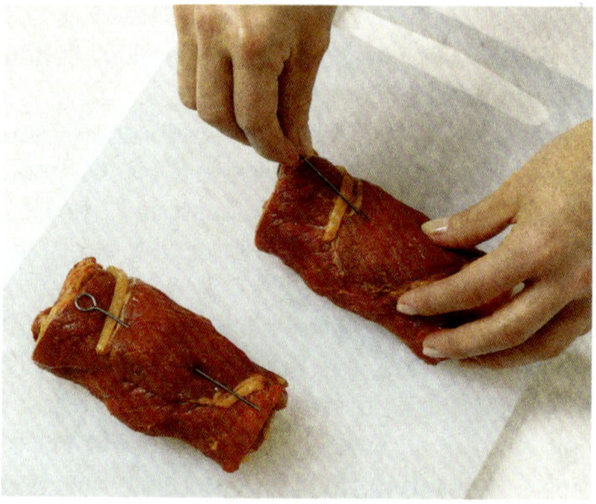

... und mit Rouladennadeln zusammenstecken.

Strom-Spar-Tipp

Bei Gerichten mit langer Gardauer Schnellkochtopf oder Dampf-Druckgargerät einsetzen

Gulasch

	KD	G

750 g	**Fleisch** Rind-, Schweine-, Kalb- oder Lammfleisch
30 g	**Fett**
500 g	**Zwiebeln**
2	**Tomaten** oder Tomatenmark
	Paprika · Salz · Pfeffer
1	**Paprikaschote** nach Belieben
¼ l	**Wasser**
	Mehl · saure Sahne

Fleisch waschen, abtrocknen und in Würfel schneiden.
Fett **erhitzen** und Fleisch darin von allen Seiten **bräunen**.
Zwiebel schälen, in Würfel schneiden. Tomaten überbrühen, abschrecken, abziehen, in Viertel schneiden; beides mit dem Fleisch **bräunen**. Paprika, Salz und Pfeffer, nach Belieben auch Paprikawürfel, zufügen. Wasser angießen und je nach Fleischart 60–80 Minuten **schmoren**. Mit Wasser auffüllen, **aufkochen**, mit angerührtem Mehl binden, Sahne zufügen und abschmecken.

Veränderung:

Gulasch mit Möhren: 500 g Möhren in Würfel schneiden und nach 40–60 Minuten hinzufügen. Mit angerührtem Mehl binden, Sahne zufügen und mit Salz, Pfeffer und Paprika abschmecken.

Debreziner Bohnengulasch: 375–500 g Schweinefleisch, 30 g Fett, 2 Zwiebeln vor- und zubereiten wie unter Gulasch angegeben. 1–2 TL Paprikapulver zufügen. 500 g grüne Bohnen waschen, abfädeln, in Stücke brechen und mit frischem oder getrocknetem Bohnenkraut nach 30 Minuten zum Fleisch geben. Alles aufkochen und weitere 30 Minuten schmoren.

Szegediner Gulasch: 500 g Schweinenacken in Würfel schneiden, in 2 EL Öl bräunen. 250 g Zwiebelwürfel zufügen, bräunen. 500 g Sauerkraut und 2 kleingeschnittene Äpfel darauf verteilen; Salz, 1 Prise Zucker, 1 TL Tomatenmark und Paprika zufügen, ¼ l Wasser angießen und 30–40 Minuten schmoren. Mit Weißwein und saurer Sahne abschmecken.

Tipp:

- Falls das Fleisch zu viel Saft zieht, abgießen und später zum Schmoren wieder angießen.
- Bei einer größeren Menge Gulasch ist es günstiger, in zwei Portionen anzubraten, da es dann schneller bräunt.
- 150–250 g frische oder einige getrocknete, eingeweichte Pilze mitschmoren.

Orientalisches Lammragout

KD

500 g	**Lammfleisch**
50 g	**durchwachsener Speck**
¼ l	**Wasser**
10 g	**Trockenpilze** oder 1 Dose Pilze, Abtropfgewicht etwa 250 g
	Salz
1	**Apfel**
1 EL	**Sultaninen**
1 TL	**Curry**
	Speisestärke

Fleisch waschen, abtrocknen und in Würfel schneiden. Speck in Würfel schneiden und **auslassen**. Fleisch darin von allen Seiten **bräunen**. Wasser, eingeweichte Trockenpilze und Salz zufügen, etwa 1 Stunde **schmoren**.
Apfel waschen, schälen. Kerngehäuse entfernen und Apfel in Scheiben schneiden. Apfel, Sultaninen und Curry zum Ragout geben, weitere 10 Minuten **schmoren**.
Speisestärke mit etwas Wasser verrühren. ½ Minute in der **Nachwärme** fertig garen und abschmecken.

KD Zubereitung empfohlen im **Kombinations-Backofen mit Dampf** Das Fleischstück wird besonders saftig und knusprig.

Wildgulasch Windsor

KD

750 g	**Wildfleisch** Hals, Blatt, Rippenstücke vom Rot- oder Damwild
30 g	**Fett**
⅛ l	**Rotwein**
¼ l	**Wasser**
	Salz
2	**Wacholderbeeren**
1	**Lorbeerblatt**
4	**Pfefferkörner**
	Thymian · Paprika
1 Prise	**Muskat**
2 EL	**Tomatenketchup**
	Worcestersoße
100 g	**kleine Champignons**
⅛ l	**süße Sahne**
2 EL	**Johannisbeergelee**
	Zitronensaft
	Mehl

Fleisch waschen, abtrocknen und in Würfel schneiden.

Fett **erhitzen**, Fleisch darin von allen Seiten **bräunen**.

Mit Rotwein und Wasser ablöschen, Salz, Gewürze, Tomatenketchup und Worcestersoße zugeben und je nach Wildart 60–90 Minuten **schmoren**.

Champignons putzen. Mit den restlichen Zutaten zugeben, kurze Zeit durchziehen lassen, **aufkochen**, mit angerührtem Mehl binden und abschmecken.

Wildgulasch Windsor

Geschnetzeltes

S KD G

50 g	**Fett**
500 g	**Geschnetzeltes**
40 g	**Mehl**
⅜ l	**Wasser**
	Salz · Pfeffer
	saure Sahne
	Weißwein oder Rotwein oder Fleischbrühe

Fett **erhitzen**, Geschnetzeltes darin von allen Seiten kurz **bräunen**.
Mehl überstäuben, **bräunen** lassen und mit Wasser unter Rühren ablöschen, **aufkochen**, Salz und Pfeffer überstreuen. Nur einige Minuten im geschlossenen Kochtopf in der **Nachwärme** fertig garen.
Mit Sahne und Wein abschmecken.

Tipp:

- Bei hellem Fleisch Weißwein, bei dunklem Fleisch Rotwein zugeben.
- Das Fleischstück wird besonders saftig und knusprig, wenn ein Kombinations-Backofen mit Dampf benutzt wird. Zeit und Temperatur sind den Herstellerangaben zu entnehmen.

Filet Stroganoff

S KD

500 g	**Rinderfilet**
30 g	**Butter**
1	**Gewürzgurke**
250 g	**Champignons**
125 g	**Zwiebelwürfel**
¼ l	**saure Sahne**
2 TL	**Speisestärke**
	Salz · Pfeffer · Zitronensaft oder Weinbrand

Filet waschen, abtrocknen und in 3 cm lange feine Scheibchen schneiden.
Butter **erhitzen**, Fleisch darin von allen Seiten **bräunen**, herausnehmen und warmhalten.
Gewürzgurke in kleine Würfel schneiden. Champignons putzen und halbieren oder vierteln.
Im Bratfett Zwiebel **anbraten**, Gurke und Champignons zugeben.
Speisestärke mit Sahne verrühren, zugeben und **aufkochen**.
Fleisch in der Soße **erwärmen**, mit Salz, Pfeffer und Zitronensaft abschmecken.

Saure Nieren

500 g	**Schweinenieren**
1	**Zwiebel**
50 g	**Fett** oder Speck
	Wasser oder Brühe
	Mehl
	Essig oder Wein
	saure Sahne
	Salz

Nieren halbieren, Haut und Röhren entfernen, einige Stunden wässern, abtrocknen und in Scheiben schneiden. Zwiebel schälen und in Würfel schneiden.
Fett **erhitzen**, Nieren und Zwiebel unter Wenden etwa 5 Minuten **bräunen**, nicht länger, da die Nieren sonst hart werden.
Mit Wasser auffüllen, **aufkochen**, mit angerührtem Mehl binden, Essig und Sahne zugeben, 5 Minuten in der **Nachwärme** fertig garen und abschmecken.

Veränderung:

Saure Nieren mit Pilzen: Auf 500 g Nieren 250–375 g Pilze zugeben. Nieren nach dem Bräunen herausnehmen, warmhalten und die vorbereiteten Pilze in dem Bratfett andünsten. Nieren wieder zugeben.

KD Zubereitung empfohlen im **Kombinations-Backofen mit Dampf** Das Fleischstück wird besonders saftig und knusprig.

Eier- und Mehlspeisen

Je nach Zusammenstellung der Zutaten können Eier- und Mehlspeisen serviert werden als Beilage zum Frühstück, als Zwischenmahlzeit, Hauptgericht, Nachspeise, Kinder- und Krankenkost und Abendessen.
Besonders beliebt sind die Eierspeisen, weil sie schnell, ohne großen Arbeitsaufwand, preiswert, aber dennoch abwechslungsreich und vielseitig herzustellen sind. Eierspeisen können allein aus Eiern bereitet werden, z. B. Spiegelei oder Rührei, oder werden aus Eiern, Mehl und weiteren Zutaten hergestellt, z. B. süße und pikante Pfannkuchen.
Eier haben vielfältige küchentechnische Verwendungsmöglichkeiten. Viele Speisen gelingen erst durch die Zugabe von Ei. Das Eigelb übernimmt vor allem die bindende Eigenschaft, das Eiklar dient in erster Linie als Lockerungsmittel.
Eier gehören zu den biologisch wertvollen Nahrungsmitteln, weil die biologische Wertigkeit des Eiproteins höher ist als die von Milch, Fleisch oder Fisch. Die Proteine des Eies besitzen eine gute Ergänzungswirkung zu Weizen- und Kartoffelproteinen. Deshalb können z. B. Kartoffeln in Kombination mit Ei eine gute Alternative zu Fleisch und Wurst sein.

Ein bisschen Warenkunde

Mit dem Begriff „Ei" ist im Handel und im Haushalt immer das Hühnerei gemeint. Andere Eier müssen als Zusatz den Namen des Geflügels tragen, von dem sie stammen, z.B. Gänse-, Puten- und Enteneier.
Eier sind reich an Mineralstoffen, z.B. Eisen, Phosphat und Calzium. Außerdem zählen sie zu den vitaminreichsten Lebensmitteln. Der Hauptbestandteil des Energie- und Nährstoffgehaltes der Eier entfällt auf den Eidotter. Fett ist im Eiklar nur in Spuren, im Eidotter dagegen in Verbindung mit den fettähnlichen Substanzen Lecithin und Cholesterin reichlich vorhanden. Cholesterin ist eine unentbehrliche Substanz im Körper, die für verschiedene Aufgaben wichtig ist, z.B. Bau der Zellen und Nervenbahnen sowie zur Fettverdauung.
Der menschliche Körper ist nicht auf die Zufuhr von Cholesterin durch die Nahrung angewiesen, er bildet selbständig größere Mengen. Ein erhöhter Cholesterinwert im Blut ist deshalb nicht nur auf die zugeführte Nahrung zurückzuführen. Beim gesunden Menschen reguliert der Körper den Cholesterinwert. Liegt eine Fettstoffwechselstörung vor, kommt es zu erhöhten Blutfettwerten.

Die heutigen Essgewohnheiten haben einen erhöhten Verzehr von versteckten Fetten zur Folge, z.B. Schokolade, Käse, Fleisch, Wurst, wodurch im erhöhten Maße Cholesterin aufgenommen wird. Um die Cholesterinaufnahme zu reduzieren, empfiehlt die Deutsche Gesellschaft für Ernährung (DGE), nicht mehr als drei Eier in der Woche zu verzehren.

Eine Verordnung legt die Vermarktungsnormen für Eier fest, die dem Schutz des Verbrauchers sowie der Vereinfachung im Handel dienen. Es dürfen innerhalb der Europäischen Union nur Eier verkauft werden, die diese Normen erfüllen.

Ein Kennzeichen für den Frischezustand des Eies ist die Höhe der Luftkammer. Mit zunehmendem Alter vergrößert sie sich, da während der Lagerung Wasser verdunstet (siehe Güteklassen). Die Höhe der Luftkammer kann mit einer Durchleuchtungslampe sichtbar gemacht werden.

Qualitätsmerkmale und Kennzeichnung für Eier

Güteklassen/Gewichtsklassen

Klasse „A" oder „frisch"

Die Schale ist unverletzt und sauber, die Luftkammer nicht über 6 mm hoch. Die Eier sind nicht gereinigt. Diese Güteklasse wird überwiegend im Handel angeboten. Diese Eier dürfen auf einer Banderole die Bezeichnung **„Extra"** tragen, wenn die Luftkammer zum Zeitpunkt der Verpackung kleiner als 4 mm hoch ist. Spätestens 7 Tage nach der Abpackung muss die Banderole entfernt werden.

Klasse „B"

Die Eier werden ausschließlich in der Nahrungsmittelindustrie verwendet. Im Handel werden nur Eier der Güteklasse „A" angeboten.

XL =	sehr groß	73 g und darüber
L =	groß	63 bis unter 73 g
M =	mittel	53 bis unter 63 g
S =	klein	unter 53 g

Mindesthaltbarkeitsdatum (MHD)

Das Mindesthaltbarkeitsdatum (MHD) darf 28 Tage nach dem Legen nicht überschreiten. Die Hühnereier-Verordnung schreibt vor, dass die Eier nur bis zum 21. Tag nach dem Legedatum verkauft werden dürfen.
Ab dem 18. Tag ist eine Kühllagerung bei 5–8 °C im Handel erforderlich.

1. Tag:	Legedatum
3. Tag:	letztes Verpackungsdatum
9. Tag:	bis zu diesem Tag ist die Banderole „Extra" erlaubt
18. Tag:	ab hier ist eine Kühlung im Handel erforderlich
21. Tag:	letztes Verkaufsdatum im Handel
28. Tag:	Ende des Mindesthaltbarkeitsdatums

Kennzeichnung

Auf der Verpackung:

Pflichtangaben sind:
Güteklasse, Angabe der Haltungsform, Gewichtsklasse, Mindesthaltbarkeitsdatum, Verbrauchshinweis: „bei Kühlschranktemperatur aufbewahren – nach Ablauf des Mindesthaltbarkeitsdatums durcherhitzen", Zahl der verpackten Eier, Name und Anschrift der Packstelle, Erläuterung des Codes auf den Eiern in der Verpackung.

Freiwillige Angaben sind:
z. B. Legedatum, empfohlenes Verkaufsdatum und regionale Herkunft der Eier.

Auf dem Ei:

Jedes Ei der Güteklasse „A" muss zudem mit einem Erzeugercode gestempelt sein, aus dem die Art der Legehennenhaltung und die Herkunft des Eies (Herkunftsland und Erzeugerbetrieb) ersichtlich werden.

Der 3-teilige Erzeugercode zeigt:
- Art der Legehennenhaltung:
  0 = ökologisches Erzeugnis
  1 = Freilandhaltung
  2 = Bodenhaltung
  3 = Käfighaltung
- Erzeugerland, z. B.
  DE = Deutschland
  NL = Niederlande
  FR = Frankreich
- Registrierte Nummer des Stalls

Beispiel: 0 – DE – 1234567 ist der Erzeugercode für ein ökologisches Erzeugnis aus Deutschland, aus dem Stall Nr. 1234567

Im Haushalt wird die Frische sichtbar, wenn das Ei auf einem Teller aufgeschlagen wird. Das Eiklar eines alten Eies umfließt flach den Eidotter. Bei dem frischen Ei sind Eidotter und Eiklar hochgewölbt.

Eier können mit Salmonellen behaftet sein. Die Salmonellen sind entweder in den Eierstöcken der Legehennen oder werden mit dem Kot der Hühner ausgeschieden. Über die verschmutzte Eischale dringen die Salmonellen in das Innere des Eies. Je frischer ein Ei ist, desto geringer ist die Möglichkeit, dass sich vorhandene Salmonellen vermehren. Um Salmonellen abzutöten, müssen die Eier gegart werden.

Das Vollei wird als Bindemittel für Eier- und Mehlspeisen sowie bei der Teigbereitung für Backwaren und Hackfleischteige verwendet. Mit Eigelb können Suppen, Soßen und Süßspeisen legiert sowie Mayonnaise hergestellt werden. Eiklar dient als Klärmittel für trüb gewordene Brühsuppen oder in Form von Eischnee als Lockerungsmittel in Mehl- und Süßspeisen sowie Backwaren.

Damit es leichter geht

Das **Rührwerkzeug** der Hand- oder Standküchenmaschine für die Zubereitung der Eierspeisen einsetzen, z.B. für das Verquirlen der Eier oder zum Mischen der Teige.

Im **Eierkocher** können Eier stromsparend gegart werden.

Eine **beschichtete Pfanne** eignet sich besonders gut für die Zubereitung der Eiergerichte. In dieser Pfanne wird weniger Fett benötigt, und die Gerichte haften nicht am Pfannenboden.

Praktische Hinweise

- Eier vor der Verwendung einzeln auf einem Teller aufschlagen, um alte oder faule zu erkennen.
- Alte Eier nicht roh verwenden, sondern nur gegart.
- Zum Schutz vor Salmonellen Rührei gut durcherhitzen, Spiegeleier von beiden Seiten braten und gekochte Eier mindestens 5 Minuten kochen.
- Im Dampf-Gargerät können Eier gleichzeitig mit anderen Menükomponenten Zeit und Energie sparend gegart werden, z.B. Spinat mit hart gekochten Eiern.

Verfeinern, garnieren, abrunden

- Pfannkuchen werden lockerer, wenn ein Teil der angegebenen Flüssigkeit durch kohlesäurehaltiges Mineralwasser ersetzt wird oder Eischnee, siehe „Eier trennen/Eischnee bereiten" auf der gegenüberliegenden Seite, untergehoben wird.

Wenn etwas übrig bleibt

- Hartgekochte Eier können für die Zubereitung von Mischsalaten verwendet werden.
- Ungesüßte Pfannkuchen eignen sich kleingeschnitten als Suppeneinlage.

Wie viel darf es sein?

Gericht	Hauptgericht pro Portion	Abendessen pro Portion	Nachspeise pro Portion
Rührei	2 Eier	1 Ei	—
Mehlpfannkuchen	2 Stück	1 Stück	½ Stück
Quarkplinsen	6 – 8 Stück	4 Stück	3 Stück

Eier trennen / Eischnee bereiten

Das Hühnerei besteht aus dem gelben Eidotter, der von dem klaren, dickflüssigen Eiklar umgeben ist. Der Eidotter wird auch Eigelb und das Eiklar auch Eiweiß genannt. Die Eischale schließt das Ei nach außen ab und schützt es vor Verunreinigungen.

Schritt für Schritt

1. Ei aufschlagen

- Das Ei an einer Kante aufschlagen und die Schale auseinander brechen.

2. Eigelb vom Eiklar trennen

- Eigelb von einer Eierschalenhälfte in die andere gleiten lassen und dabei das Eiklar in einem darunter stehenden Gefäß auffangen.
- Eidotter nicht verletzen, denn Spuren von Eigelb im Eiklar verhindern, dass Eiklar steif wird. Sollte trotz aller Sorgfalt etwas Eigelb hineingelangen, kann es am besten mit der Löffelkante herausgeholt werden.

Hinweis: Um zu verhindern, dass alte Eier die gesamte Masse verderben, die Eier einzeln nacheinander über einem gesonderten Gefäß trennen und prüfen, ob Eigelb und Eiklar frisch sind. Erst dann das getrennte Ei zu der übrigen Masse geben.

3. Eischnee bereiten

Beim Schlagen von Eiklar dringt Luft in die Zellräume, wodurch sich weißer Eischnee bildet. Je frischer und kälter das Eiklar ist, desto steifer wird der Eischnee. Eiklar erst kurz vor der Verwendung schlagen, da bei längerem Stehen die Luft aus dem Eischnee entweicht und der Eischnee zusammenfällt und flüssig wird.

- Eiklar in einem sauberen und fettfreien Gefäß mit den Rührwerkzeugen der Hand- oder Standküchenmaschine oder mit dem Schneebesen schlagen.
- Durch Zugabe von einigen Tropfen Zitronensaft oder 1 Prise Salz wird Eiklar schnell steif.
- Eischnee ist steif, wenn er schnittfest ist, d.h., wenn er mit einem Messer geschnitten werden kann, oder wenn er beim Umdrehen der Rührschüssel nicht herausrutscht.

4. Eischnee verwenden

- Eischnee nicht in die Speise unterrühren, sondern mit dem Schneebesen locker unterheben, damit die eingeschlagene Luft nicht entweicht.
- Zum Lockern von gekochten Süßspeisen Eischnee zügig unterheben, damit er in der Wärme der Speise sofort garen kann. So wird verhindert, dass sich Eiklar absetzt und die Speise verflüssigt.

Gekochte Eier

S ■■ D G

4	**Eier**
⅛ l	**Wasser**

Stumpfe Seite der Eier mit einem Pieker anstechen, um ein Platzen der Schale zu verhindern. Eier im Wasser **ankochen**, bis ein Dampffähnchen sichtbar wird, dann in der **Nachwärme** je nach gewünschtem Härtegrad fertig garen:

weich	2– 4 Minuten
mittelhart	5– 6 Minuten
hart	8–10 Minuten

Eier sofort herausnehmen und mit kaltem Wasser abschrecken, damit sie nicht nachgaren und sich besser pellen lassen.

Veränderung:

Eier mit kalter Soße: Gekochte, halbierte Eier auf geröstete Weißbrotscheiben legen. Eier mit Senf- oder Käsesoße, mit Mayonnaise oder Remouladensoße überziehen.

Eier mit warmer Soße: Gekochte, halbierte Eier noch warm mit heißer Kapern-, Kräuter-, Senf-, Speck- oder Tomatensoße übergießen.

Tipp:

- Eier können auch im Eierkocher oder Dampf-Gargerät nach Gebrauchsanweisung gekocht werden.

Eier mit 1/8 l Wasser im geschlossenen Kochtopf kochen.

Pochierte Eier

S

1 l	**Wasser**
1 EL	**Salz**
2 EL	**Essig**
4–6	**Eier**

Wasser mit Salz und Essig **ankochen**.
Eier einzeln in eine Tasse schlagen, vorsichtig in das Wasser gleiten lassen und 3–4 Minuten **stocken** lassen.
Mit dem Schaumlöffel herausnehmen und das anhängende gestockte Weiße des Eies gleichmäßig abschneiden.

Veränderung:

Überbackene Eier: Béchamelsoße, Rezept Seite 132, bereiten. Auflaufform einfetten, die Hälfte der Soße hineingeben, pochierte Eier einlegen, den Rest der Soße auffüllen. Geriebenen Käse überstreuen, Butterflöckchen darauf verteilen und auf der mittleren Einschubleiste bei 200–220 °C 15–20 Minuten überbacken.

Rühreier

S

4–8	**Eier**
4–8 EL	**Wasser** oder Milch
	Salz
	Butter oder Margarine oder Speck

Eier mit Wasser und Salz verquirlen.
Butter **erhitzen**. Eimasse hineingießen. Wenn der Rand fest zu werden beginnt, Kochstelle ausschalten. Die Masse strichweise vom Boden lösen und in der **Nachwärme** großflockig stocken lassen.

Tipp:

- Eimasse mit Schnittlauch, Schinken- oder Wurstwürfeln, entgrätetem Räucherfisch oder Krabben oder geriebenem Käse mischen.
- Die Masse in gefettete Förmchen oder Tassen füllen und im Wasserbad 12–15 Minuten stocken lassen.

Spiegeleier

S

	Butter oder Margarine
4–8	**Eier**
	Salz

Butter **erhitzen**, Eier aufschlagen, hineingeben, Salz überstreuen und **braten**.
Bei kleiner Menge genügt die Nachwärme.

Veränderung:

Diätspiegeleier: Für 2–3 Eier ohne Bräunung und Kruste die dünn mit Butter ausgestrichene Pfanne nur 2 Minuten erhitzen. Eier aufschlagen, hineingeben und 5–7 Minuten in der Nachwärme stocken lassen.

Omelett

S G

1–2 Portionen

3	**Eier**
1 Prise	**Salz**
1 EL	**Milch** oder Wasser
	Butter oder Öl

Eier, Salz und Milch verquirlen, aber nicht schaumig rühren.
Butter **erhitzen**, Teig einfüllen und in der **Nachwärme** stocken lassen.
Von beiden Seiten zur Mitte überschlagen.

Veränderung:

Käseomelett: 1 EL geriebenen Käse unter die Masse rühren.
Kräuteromelett: 1 EL zerkleinerte Petersilie, Schnittlauch oder Dill unterrühren.
Herzhaftes Omelett: Gedünstete Champignons oder Ragout fin auf das Omelett geben und übereinander schlagen.

Tipp:

- Das Omelett soll von unten lichtgelb und oben weich, jedoch trocken sein.

Schaumomelett

S

1–2 Portionen

3	**Eiweiß**
1 Prise	**Salz**
15 g	**Zucker**
	abgeriebene Zitronenschale
3	**Eigelb**
1 TL	**Zitronensaft**
	Butter oder Öl
	Puderzucker nach Belieben

Eiweiß mit Salz steif schlagen, unter Rühren Zucker und Zitronenschale einstreuen.
Eigelb mit Zitronensaft verrühren und unter den Eischnee ziehen.
Deckelpfanne dünn mit Butter ausstreichen. Pfanne **erhitzen**, bis der Deckel heiß ist. Kochstelle ausschalten, Teig einfüllen und glatt streichen. Omelett abgedeckt etwa 12 Minuten in der **Nachwärme** stocken lassen, nochmals 2 Minuten **erwärmen** und 2–3 Minuten wieder in der **Nachwärme** stocken lassen.
Die eine Hälfte über die andere schlagen und Omelett nach Belieben mit Puderzucker bestäuben.

Veränderung:

Süßes Schaumomelett: Omelett vor dem Zusammenschlagen mit Konfitüre bestreichen oder mit Obst belegen.
Pikantes Schaumomelett: Paprika statt Zucker und Zitronenschale unter den Teig rühren. Auf den eingefüllten Teig entweder Schinken-, Braten- oder Mortadellawürfel, eine Scheibe Schmelzkäse und gehackten Schnittlauch oder gedünstete Champignons oder Spargelstücke und Schinkenwürfel geben und backen.

Tipp:

- Eiweiß steif schlagen, 20 g Speisestärke übersieben und unter den Teig heben.
- Omeletteig darf nicht stehen.
- Pfannen mit gut wärmeleitendem Deckel verwenden.
- Das Omelett muss unten goldbraun und oben hell, aber trocken sein.

Eierkuchen

S

2	**Eier**
⅛ l	**Milch**
⅛ l	**Wasser**
1 Prise	**Salz**
100 g	**Mehl**
1 Msp	**Backpulver**
	Fett zum Backen

Eier mit etwas Flüssigkeit und Salz verrühren. Mehl mit Backpulver mischen, nach und nach mit dem Rest der Flüssigkeit zugeben.
Fett **erhitzen**, Teig einfüllen und dünne Eierkuchen von beiden Seiten goldbraun **backen** und aufrollen. Die Masse ergibt 4–5 Stück.

Veränderung:
Gefüllte Eierkuchen: Mit Konfitüre, Quarkspeise mit Früchten oder Rosinen, Frikassee oder gedünstetem Gemüse füllen.
Obsteierkuchen: Teig einfüllen, leicht anbacken lassen. 500 g vorbereitetes Obst – Heidelbeeren, Kirschen, Pflaumen – darauf legen und noch etwas Teig überfüllen. Die Eierkuchen von beiden Seiten backen, aber erst wenden, wenn sie obenauf trocken sind. Mit Zucker und Zimt bestreuen.

Tipp:
- Eierkuchen werden lockerer, wenn man dem Teig 1 EL Rum zugibt oder ihn nur mit kohlesäurehaltigem Wasser statt mit Milch und Wasser bereitet.

Mehlpfannkuchen

S

250 g	**Mehl**
1 TL	**Backpulver**
⅜ l	**Flüssigkeit**
	Milch oder Wasser
2–3	**Eier**
	Salz
	Fett zum Backen

Mehl mit Backpulver mischen, mit Flüssigkeit, Eiern und Salz glatt rühren.
Fett **erhitzen**, einen Schöpflöffel Teig gleichmäßig darin verteilen und zuerst auf der einen, danach unter Zugabe von etwas Fett auf der anderen Seite hellbraun **backen**. Je nach Pfannengröße ergibt die Masse 8–10 Pfannkuchen. Pfannkuchen zur Hälfte zusammenlegen.

Veränderung:
Gefüllte Mehlpfannkuchen: Pfannkuchen mit gedünstetem Gemüse oder Frikassee oder Konfitüre füllen.
Speckpfannkuchen: Als Bratfett Speckwürfel verwenden oder durchwachsenen Speck und Zwiebelringe andünsten, auf den Teig geben und mitbacken
Obstpfannkuchen: Teig einfüllen, 500 g vorbereitetes Obst – Blaubeeren, Apfelscheiben, Kirschen, Pflaumen – darauf verteilen und mitbacken. Mit Zucker bestreuen und übereinander schlagen.

Flädle

S

250 g	**Mehl**
½ l	**Milch**
1 TL	**Salz**
1 Prise	**Muskat**
2–3	**Eier**
	Fett zum Backen

Mehl, Milch, Salz, Muskat und Eier zu einem Teig verrühren.
Fett **erhitzen**, Teig einfüllen und sehr dünne Flädle von beiden Seiten goldbraun backen. Flädle aufrollen.

Veränderung:
Gefüllte Flädle: Mit gedünstetem Gemüse oder Frikassee füllen.

Tipp:
- Einen Teil der Milch durch Wasser ersetzen.
- In Streifen schneiden und als Suppeneinlage verwenden.

Süße und pikante Füllungen für Eierkuchen, Mehlpfannkuchen und Flädle: Obstsalat oder in Zucker angedünstete Weintrauben; eine Mischung aus Hackfleisch, durchwachsenem Speck und Tomatenwürfeln oder Hühnerfrikassee; gedünstetes Gemüse oder gegarter Spargel.

Hefepfannkuchen

Hefeteig:

250 g	**Mehl**
25 g	**Hefe**
½ l	**Milch**
50 g	**Zucker**
	abgeriebene Zitronenschale
	Salz
2	**Eier**
	Fett zum Backen
	Konfitüre

Aus den angegebenen Zutaten einen Hefeteig bereiten, siehe Seite 386, und gehen lassen.
Fett **erhitzen**, große Pfannkuchen oder kleine Plinsen von je 2–3 EL Teig darin von beiden Seiten goldbraun **backen**.
Mit Konfitüre bestreichen.

Veränderung:

Hefeapfelpfannkuchen: 500 g Äpfel waschen, schälen, Kerngehäuse entfernen, Äpfel in dünne Scheiben oder Spalten schneiden und unter den Teig mengen.
Fett erhitzen, Plinsen von je 1–2 EL Teig darin von beiden Seiten goldgelb backen.
Mit Zucker und Zimt bestreuen.

Quarkplinsen

S

50 g	**Butter** oder Margarine
20 g	**Zucker**
	abgeriebene Zitronenschale
1 Prise	**Salz**
2	**Eier**
500 g	**Quark**
150 g	**Mehl**
	Fett zum Backen
	Zucker · Zimt
	oder gedünstetes Obst

Fett, Zucker, Zitronenschale, Salz und Eier schaumig rühren. Quark und Mehl untermengen.
Fett **erhitzen**, Plinsen von je 1–2 EL Teig darin von beiden Seiten goldgelb **backen**.
Mit Zucker und Zimt bestreuen.

Buchweizenplinsen

Hefeteig:	
250 g	**Buchweizenmehl**
20 g	**Hefe**
½ l	**Milch**
2 EL	**Honig**
1 Prise	**Meersalz**
	abgeriebene Zitronenschale
2	**Eigelb**
30 g	**Butter**
	Fett zum Backen
	Ahornsirup · Zimt

Aus den angegebenen Zutaten einen Hefeteig bereiten, siehe Seite 386, und gehen lassen.
Fett **erhitzen**, Plinsen von je 1–2 EL Teig darin von beiden Seiten goldgelb **backen**.
Mit Ahornsirup übergießen und mit Zimt bestreuen.

Kaiserschmarren

S

4	**Eiweiß**
	Salz
250 g	**Mehl**
⅜ l	**Milch**
4	**Eigelb**
1 TL	**Zucker**
20 g	**Butter**
50–75 g	**Sultaninen**
	Fett zum Backen
	Zucker

Eiweiß mit Salz steif schlagen.
Mehl mit Milch, Eigelb und Zucker glatt rühren. Zerlassene, aber nicht heiße Butter und Sultaninen untermengen, Eischnee locker unterheben.
Fett **erhitzen**, Teig ½ cm hoch einfüllen und von beiden Seiten goldbraun **backen**. Mit zwei Gabeln zerteilen und die Stückchen weiter in der **Nachwärme** leicht rösten.
Mit Zucker bestreuen.

Veränderung:
Herzhafter Schmarren: Statt Zucker und Sultaninen Schinkenwürfel oder Bratenreste untermengen.

Arme Ritter

S

½ l	**Milch**
2	**Eier**
1 EL	**Zucker**
1 Prise	**Salz**
	abgeriebene Zitronenschale unbehandelt
12	**Weißbrotscheiben**
	Paniermehl
	Fett zum Backen
	Zucker · Zimt

Milch, Eier, Zucker, Salz und Zitronenschale verquirlen.

Weißbrot darin eintauchen und in Paniermehl wenden.
Fett **erhitzen**, Brot einlegen, von beiden Seiten goldgelb **backen**.
Mit Zucker und Zimt bestreuen.

Veränderung:
Gebackene Karthäuserklöße: Statt Weißbrotscheiben 6–8 Brötchen vom Vortag abreiben und halbieren. ⅜ l Milch mit übrigen Zutaten verquirlen, Brötchen darin einweichen und gut durchziehen lassen. Leicht ausdrücken, in Paniermehl wenden und backen.

Salzburger Nockerln

5	**Eiweiß**
1	**Prise Salz**
5	**Eigelb**
75 g	**Zucker**
1	**Vanillinzucker**
30 g	**Mehl**
30 g	**Butter**
2 EL	**Puderzucker**

Backofen vorheizen.
Eiweiß mit Salz steif schlagen. Eigelb mit Zucker und Vanillinzucker schaumig rühren, Mehl auf die Masse sieben, Eischnee zugeben und locker unterheben.
Butter in einer flachen, feuerfesten Form zerlassen. Von der Schaummasse mit einem Esslöffel 4 gleich große Portionen abstechen, in die Form setzen und sofort backen.
Mit Puderzucker bestreuen und sofort servieren.

einsetzen:	auf dem Rost, mittlere Einschubleiste	
braten:	180 °C	15 Minuten
	0	5–10 Minuten

Schinken-Käsesoufflé

4	**Eiweiß**
40 g	**Butter** oder Margarine
30 g	**Mehl**
¼ l	**Milch**
150 g	**Emmentaler**
150 g	**Kochschinken**
4	**Eigelb**
2 EL	**Milch**
	Salz · weißer Pfeffer · Muskat

Backofen vorheizen. Auflaufform nur am Boden fetten.
Eiweiß steif schlagen.
Butter **erhitzen**, Mehl zugeben und unter ständigem Rühren hellgelb **andünsten**. Mit Milch unter Rühren ablöschen, **aufkochen** und 5 Minuten in der **Nachwärme** quellen lassen.
Käse reiben, Schinken in Würfel schneiden und unterrühren.
Eigelb mit Milch verrühren und in die nicht mehr kochende Soße rühren. Mit Salz, Pfeffer und Muskat abschmecken. Eischnee locker unterheben.
Soufflémasse in die Form füllen und sofort backen.
Nach dem Backen sofort servieren, sonst fällt das Soufflé zusammen.
Beilage: Kräutersoße (Rezept Seite 133) oder Grüne Soße (Rezept Seite 138) und Salat.

einsetzen:	auf dem Rost, mittlere Einschubleiste	
braten:	170 – 190 °C	25 – 30 Minuten
	0	5 – 10 Minuten

Veränderung:
Krabbensoufflé: Statt Kochschinken 150 – 200 g Krabbenfleisch verwenden. Die Soße statt mit Muskat mit ½ TL Curry abschmecken.

Tipp:
Die Soufflémasse in 4–6 Portionsförmchen füllen und 20 Minuten backen. Als Vorspeise reichen.

Aufläufe

Aufläufe bestehen aus einer gehaltvollen Zusammensetzung pikanter oder süßer Zutaten, weshalb sie meist als Hauptgericht serviert werden.
Pikante Aufläufe werden auch heiß als Vorspeise oder als Beilage zu Braten gereicht, süße Aufläufe sind auch als sättigende Nachspeise sehr beliebt.
Es können nahezu alle Zutaten in verschiedenen Zusammensetzungen verarbeitet werden, so dass sehr vielfältige, anspruchsvolle oder einfache Aufläufe daraus entstehen.
Durch die Verwendung von vielen Gemüsesorten, Reis, Teigwaren, Kartoffeln, Fisch, Fleisch, Quark und Obst tragen Aufläufe zu einer ausgewogenen Ernährung bei.
Ein weiterer Vorzug: Aufläufe können rechtzeitig vorbereitet werden, sind meist unkompliziert in der Zubereitung und benötigen zum Servieren wenig Geschirr.
Spätestens während der Gardauer im Backofen, also vor dem Servieren, kann die Küche wieder aufgeräumt werden, so dass eine sehr rationelle Arbeitsweise möglich ist.

Kartoffelauflauf

D

750 g	**Pellkartoffeln**
1	**rote Paprikaschote**
1	**grüne Paprikaschote**
250 g	**Zucchini**
250 g	**Champignons**
250 g	**Fleischwurst**
2	**Eier**
200 ml	**süße Sahne**
1	**Knoblauchzehe**
	Salz · Pfeffer
½ TL	**Thymian** oder Oregano
50 g	**Emmentaler** oder mittelalter Gouda
½ Bd	**Petersilie**

Kartoffeln pellen, in Scheiben schneiden. Paprikaschoten halbieren, Kerne entfernen, Paprika waschen und in feine Streifen schneiden. Zucchini waschen und in Scheiben schneiden. Champignons putzen und in dünne Scheiben schneiden. Fleischwurst pellen und in Würfel schneiden.
Auflaufform fetten, Kartoffeln, Gemüse und Wurst einschichten, mit Kartoffeln abschließen. Eier mit Sahne verrühren. Knoblauchzehe schälen, in feine Würfel schneiden, zufügen. Eiersahne mit Salz, Pfeffer und Thymian würzen, über die Kartoffeln gießen, mit geriebenem Käse bestreuen und backen.
Mit zerkleinerter Petersilie bestreuen.

einsetzen:	Auf dem Rost, mittlere Einschubleiste	
braten:	180 – 200 °C	45 – 50 Minuten
	0	5 – 10 Minuten

Tipp:
Anstelle von Fleischwurst Kochschinken, rohen Schinken oder gegartes Kasseler verwenden.

D Zubereitung empfohlen im **Dampf-Gargerät** Das Gericht wird besonders nährstoffschonend zubereitet.

Bunter Nudelauflauf

1 l	**Wasser**
1 TL	**Salz**
1 TL	**Öl**
250 g	**bunte Nudeln**
1	**Zwiebel**
20 g	**Fett**
1	**Knoblauchzehe**
¼ l	**süße Sahne**
75 g	**geriebener Käse**
	Salz
	Pfeffer
300 g	**Tomaten**
150 g	**gekochter Schinken**
100 g	**durchwachsener Speck**
75 g	**geriebener Emmentaler**
	Thymian · Oregano

Wasser, Salz, Öl **ankochen**, Nudeln einlegen und umrühren, damit sie nicht aneinander kleben. Je nach Sorte und Geschmack 5 – 16 Minuten in der **Nachwärme** quellen lassen und abgießen.
Zwiebel schälen und in feine Würfel schneiden. Fett **erhitzen**, Zwiebeln darin **andünsten**. Knoblauch schälen, in feine Würfel schneiden, unterrühren und abkühlen lassen. Sahne zugießen, Käse unterrühren und mit Salz und Pfeffer abschmecken.
Tomaten überbrühen, abschrecken, abziehen und in Scheiben schneiden. Schinken und Speck in Würfel schneiden.
Flache Auflaufform einfetten.
Nudeln, Schinken, Speck, Tomaten und Käse abwechselnd einschichten. Sahne-Käsemasse darüber gießen und mit Thymian und Oregano bestreuen.

einsetzen:	Auf dem Rost, mittlere Einschubleiste	
backen:	180 °C	40 Minuten
	0	5 – 10 Minuten

Bunter Nudelauflauf

Reis-Gemüseauflauf mit Hackfleisch

D

250 g	**Langkornreis**
½ l	**Wasser**
	Salz
½ **EL**	**Olivenöl**
375 g	**gemischtes Hackfleisch**
1	**Zwiebel**
2	**Knoblauchzehen**
1	**Aubergine** ca. 250 g
1	**Zucchini** ca. 200 g
1	**rote Paprikaschote**
1 Dose	**geschälte Tomaten** etwa 480 g Abtropfgewicht
	Salz · Pfeffer
1 TL	**Paprika** edelsüß
1 TL	**Kräuter der Provence** oder Thymian oder Oregano
200 g	**Fetakäse**

Eier-Joghurt-Soße:

4	**Eier**
200 g	**Joghurt**
5 EL	**süße Sahne**
	Salz · Pfeffer

Reis, Wasser und Salz **ankochen** und 20 – 25 Minuten **quellen** lassen.
Öl **erhitzen**, Hackfleisch **anbraten**.
Zwiebel und Knoblauchzehe schälen, in Würfel schneiden, zugeben und **andünsten**.
Aubergine und Zucchini waschen, der Länge nach vierteln und in Scheiben schneiden. Paprikaschote halbieren, Kerne entfernen, Paprika waschen und in Streifen schneiden. Zerkleinertes Gemüse zum Hackfleisch geben und **andünsten**.
Tomaten abtropfen lassen, dabei den Saft auffangen, grob zerkleinern, mit etwas Tomatensaft zufügen, **erhitzen**. Mit Salz, Pfeffer, Paprika und Kräutern würzen.

Fetakäse in kleine Würfel schneiden.
Für die Soße Eier mit Joghurt und Sahne verrühren, mit Salz und Pfeffer würzen.
Auflaufform einfetten, Reis und Hackfleisch-Gemüsemasse schichtweise einfüllen, jede Schicht mit etwas Eier-Joghurt-Soße begießen und mit Käsewürfeln bestreuen, mit Soße enden.

einsetzen:	Auf dem Rost, mittlere Einschubleiste	
braten:	180–200 °C	45–50 Minuten
	0	5–10 Minuten

Zucchiniauflauf

1	**Gemüsezwiebel**
2 EL	**Öl**
500 g	**Hackfleisch** halb und halb
1 Dose	**Tomaten** Abtropfgewicht etwa 425 g
2 EL	**Tomatenmark**
	Salz · Pfeffer · Oregano Thymian
500 g	**Zucchini**
	Salz
Soße:	
20 g	**Butter** oder Margarine
20 g	**Mehl**
⅛ l	**Brühe**
⅛ l	**Milch**
200 g	**Schmelzkäse**
	Salz · Pfeffer
1 Prise	**Muskat**
Belag:	
5–6	**Käsescheiben**

Zwiebel schälen und in feine Würfel schneiden. Öl **erhitzen**, Zwiebel und Hackfleisch darin **anbraten**.
Tomaten mit Flüssigkeit, Tomatenmark, Salz und Gewürzen zugeben und so lange **dünsten**, bis die Flüssigkeit fast völlig verdampft ist.
Zucchini waschen, in ½ cm dicke Scheiben schneiden und mit Salz bestreuen.
Für die Soße Butter **erhitzen**, Mehl zugeben und unter ständigem Rühren **andünsten**. Mit Brühe und Milch unter Rühren ablöschen, **aufkochen**. Käse zugeben und schmelzen, mit Salz und Gewürzen abschmecken.
Auflaufform einfetten, mit der Hälfte der Zucchini auslegen, Hackmasse zugeben und restliche Zucchini darauf verteilen. Soße darüber füllen.
Käsescheiben in Streifen darauf legen und backen.

einsetzen:	Auf dem Rost, mittlere Einschubleiste	
backen:	180–200 °C	35–40 Minuten
	0	5–10 Minuten

Veränderung:
Auberginenauflauf: Statt Zucchini gebratene Auberginenscheiben verwenden.

Tomaten-Broccoli-Auflauf

D

1 l	**Wasser**
	Salz
1 TL	**Öl**
250 g	**grüne Bandnudeln**
100 g	**Salami**
300 g	**Broccoliröschen** frisch oder gefroren
	Salz
3–4 EL	**Wasser**
1 Dose	**Tomaten** Abtropfgewicht etwa 240 g
	Salz · Pfeffer
	Muskat · Thymian
100 g	**geriebener Käse**
5	**Eier**
¼ l	**süße Sahne**
	Salz · Pfeffer

Wasser, Salz und Öl **ankochen**, Nudeln einlegen und umrühren, damit sie nicht aneinander kleben. Je nach Sorte und Geschmack 5–16 Minuten in der **Nachwärme** quellen lassen und abgießen.
Auflaufform einfetten. Salami in kleine Würfel schneiden, unter die Nudeln mischen und in die Auflaufform geben.

Broccoliröschen waschen. Salz überstreuen, Wasser zugeben, **ankochen**, 5 Minuten **fortkochen**. Broccoli abtropfen lassen und auf den Nudeln verteilen.
Tomaten abtropfen lassen, Saft auffangen, Tomaten in Viertel schneiden und über den Broccoli geben. Gewürze und Käse überstreuen.
Eier, Sahne, Tomatensaft, Salz und Pfeffer verrühren, über den Auflauf gießen und backen.

einsetzen:	Auf dem Rost, mittlere Einschubleiste	
backen:	180 °C	40 Minuten
	0	5 – 10 Minuten

Lachsfilet waschen, abtrocknen, in 8 Stücke teilen, säuern und salzen.
Auflaufform fetten, Nudeln und Spinat je zur Hälfte einfüllen, Lachsstücke darauf legen, restliche Nudeln und Spinat darüber verteilen.
Mit Käse bestreuen und backen.

einsetzen:	Auf dem Rost, mittlere Einschubleiste	
braten:	180 – 200 °C	40 – 45 Minuten
	0	5 – 15 Minuten

Tipp:
- Anstelle von Lachsfilet Rotbarsch- oder Seelachsfilet verwenden.

Lachs-Spinat-Auflauf

1 l	**Wasser**
	Salz
1 TL	**Öl**
250 g	**Nudeln**
1 kg	**Spinat** oder 450 g gefrorener Blattspinat
100 ml	**Milch**
100 g	**Gorgonzola**
200 ml	**süße Sahne**
1	**Ei**
1	**Knoblauchzehe**
	Salz · Pfeffer · Muskat
500 g	**Lachsfilet**
	Zitronensaft
	Salz
50 g	**geriebener Käse**

Wasser, Salz und Öl **ankochen**, Nudeln einlegen, umrühren, je nach Sorte 5 – 10 Minuten in der **Nachwärme** quellen lassen und abgießen.
Spinat verlesen, waschen, ohne Wasserzugabe **ankochen**, in der Nachwärme zusammenfallen lassen, grob hacken.
Milch **erhitzen**, Gorgonzola in der heißen Milch **schmelzen** lassen. Sahne zufügen, dann Ei unterrühren. Knoblauchzehe schälen, in sehr feine Würfel schneiden, zufügen, mit Salz, Pfeffer und Muskat würzen.
Spinat und Soße mischen.

Gefüllter Blumenkohl

D

1	**Blumenkohl**
	Salz
¼ **l**	**Wasser**
1	**Brötchen**
375 g	**Hackfleisch**
1 EL	**Wasser**
	Salz · Pfeffer
	abgeriebene Zitronenschale unbehandelt
Soße:	
40 g	**Butter** oder Margarine
40 g	**Mehl**
⅜ **l**	**Flüssigkeit** Blumenkohlbrühe und Milch
2 EL	**geriebener Käse**
	Salz · Zitronensaft
1	**Eigelb**
1 EL	**Wasser**
1	**Eiweiß**
Belag:	
	geriebener Käse · Butter

Vom Blumenkohl Blätter entfernen und Blumenkohl in Salz- oder Essigwasser waschen. Salz überstreuen, Wasser angießen, **ankochen**, 10 – 15 Minuten **fortkochen** und 5 Minuten in der **Nachwärme** fertig garen.

Gefüllter Blumenkohl

Blumenkohl herausnehmen und Strunk kegelförmig herausschneiden, so dass die Röschen zusammenbleiben.

Brötchen in Wasser einweichen und ausdrücken. Mit Hackfleisch, Wasser, Salz, Pfeffer und Zitronenschale vermengen. Die Masse von allen Seiten in die Hohlräume zwischen den Röschen drücken.

Auflaufform einfetten und Blumenkohl hineinlegen.

Für die Soße Butter **erhitzen**, Mehl zugeben und unter ständigem Rühren **andünsten**. Mit Flüssigkeit unter Rühren ablöschen, **aufkochen**, mit Käse, Salz und Zitronensaft abschmecken.

Eigelb mit Wasser verrühren und in die nicht mehr kochende Soße rühren. Eiweiß steif schlagen und locker unterheben. Soße über den Blumenkohl füllen.

Käse überstreuen, Butterflöckchen darauf verteilen und backen.

Beilage: Salz- oder Pellkartoffeln.

einsetzen:	Auf dem Rost, mittlere Einschubleiste	
backen:	180 – 200 °C	40 – 45 Minuten
	0	5 – 10 Minuten

Tipp:

- Blumenkohl putzen und mit dem Strunk nach oben in starkes Salzwasser legen, um Ungeziefer zu entfernen.

Quarkauflauf mit Schinken und Pilzen

500 g	**Quark**
1½ EL	**Grieß**
2	**Eigelb**
200 g	**gekochter Schinken**
1 Dose	**Champignons** Abtropfgewicht etwa 250 g
1	**Zwiebel**
	Petersilie · Schnittlauch
	Salz · Pfeffer
2	**Eiweiß**
	Paniermehl · Butter

Quark mit Grieß und Eigelb glatt rühren.
Schinken in Würfel schneiden.
Champignons abtropfen lassen und blättrig schneiden. Zwiebel schälen und in Würfel schneiden. Schinken, Champignons und Zwiebel mit zerkleinerten Kräutern und der Quarkmasse vermengen, mit Salz und Pfeffer abschmecken.
Eiweiß steif schlagen und locker unterheben. Auflaufform einfetten, Masse einfüllen. Paniermehl überstreuen, Butterflöckchen darauf verteilen und backen.
Beilage: Salat.

einsetzen:	Auf dem Rost, mittlere Einschubleiste	
backen:	170 – 190 °C	40 – 50 Minuten
	0	5 – 10 Minuten

Tipp:
500 g frische Champignons putzen, blättrig schneiden und in 1 EL Öl dünsten, bis die Flüssigkeit fast verdampft ist.

D Zubereitung empfohlen im **Dampf-Gargerät**
Das Gericht wird besonders nährstoffschonend zubereitet.

Weißkohlauflauf mit Fleisch

D

1¼ kg	**Weißkohl**
40 g	**Butter** oder Schmalz
	Kümmel · Salz
⅛ l	**Wasser**
Füllung:	
1	**Brötchen**
1	**Zwiebel**
375 g	**Hackfleisch**
	Salz
1	**Ei**
1 TL	**Senf**
Belag:	
1–2	**Zwiebeln**
	Paniermehl · Butter

Weißkohl putzen, waschen, zerkleinern. Butter zugeben, Kümmel und Salz überstreuen, Wasser angießen, **ankochen** und 10 – 15 Minuten **fortkochen**. Weißkohl abtropfen lassen.
Für die Füllung Brötchen in Wasser einweichen und ausdrücken. Zwiebel schälen und in Würfel schneiden. Beides mit Hackfleisch, Salz, Ei und Senf vermengen.
Auflaufform einfetten, zuerst die Hälfte des Kohls hineingeben, dann die Fleischmasse und als Abschluss wieder Kohl.
Für den Belag Zwiebel schälen und in dünne Scheiben schneiden. Auf den Kohl Paniermehl streuen, Zwiebel darüber geben, Butterflöckchen darauf verteilen und backen.
Beilage: Kümmelkartoffeln

einsetzen:	Auf dem Rost, mittlere Einschubleiste	
backen:	180 – 200 °C	35 – 40 Minuten
	0	5 – 10 Minuten

Tipp:
Anstelle von Weißkohl Wirsing- oder Spitzkohl verwenden. Die Gardauer verkürzt sich auf 8 – 10 Minuten.

Quarkauflauf mit Äpfeln

3	**Eier**
80 g	**Zucker**
500 g	**Quark**
	abgeriebene Zitronenschale unbehandelt
1 Prise	**Salz**
75 g	**Grieß**
2 TL	**Backpulver**
500 g	**Äpfel**

Eier, Zucker, Quark, Zitronenschale, Salz, Grieß und Backpulver zu einer cremigen Masse verrühren.
Äpfel waschen, schälen, Kerngehäuse entfernen, Äpfel in feine Scheiben schneiden oder grob raspeln. Zur Quarkmasse geben und untermengen.
Auflaufform einfetten, Masse einfüllen und backen.
Mit Vanillesoße reichen.

einsetzen:	Auf dem Rost, untere Einschubleiste	
backen:	170 – 180 °C	40 – 50 Minuten
	0	5 – 10 Minuten

Veränderung:

Quarkauflauf mit Obst: Anstelle von Äpfeln eignen sich auch andere frische, eingefrorene oder eingemachte Obstarten. Eingefrorenes Obst angetaut, eingemachtes Obst abgetropft verwenden.

Vanille-Quarkauflauf mit Rosinen: Anstelle von Grieß 1 Päckchen Vanillepudding-Pulver verwenden, statt Obst 125 g Rosinen, evtl. in Rum getränkt, verwenden.

Strom-Spar-Tip

Backofentür nicht unnötig öffnen

Grießauflauf

1 l	**Milch**
1	**Vanillinzucker**
1 Prise	**Salz**
150 g	**Grieß**
2–3	**Eigelb**
60 g	**Zucker**
30 g	**gehackte Mandeln**
3–4	**Tropfen Bittermandelöl**
2–3	**Eiweiß**
750 g	**Obst** Äpfel, Aprikosen oder Pflaumen
	Zucker

Milch mit Vanillinzucker und Salz **ankochen**, Grieß unter Rühren einstreuen und 10–20 Minuten in der **Nachwärme** quellen lassen. Abkühlen lassen.
Eigelb und Zucker schaumig rühren, Mandeln und Mandelöl zugeben und Brei löffelweise unterrühren.
Eiweiß steif schlagen und locker unterheben.
Äpfel waschen, schälen, Kerngehäuse entfernen, Äpfel zerkleinern. Oder Aprikosen oder Pflaumen waschen, entsteinen. Obst einzuckern.
Auflaufform einfetten, die Hälfte des Breies einfüllen, darauf das abgetropfte Obst und wieder Grießbrei geben, dann backen.
Mit Vanillesoße reichen.

einsetzen:	Auf dem Rost, untere Einschubleiste	
backen:	180 – 200 °C	40 – 50 Minuten
	0	5 – 10 Minuten

Veränderung:

Hirseauflauf: Statt Grieß 150 g Hirse verwenden.

Reisauflauf: Statt Grieß 200 g Milchreis verwenden.

Tipp:

250 g getrocknete Aprikosen mit 3 EL Zucker in ½ l warmem Wasser einweichen, einige Stunden quellen lassen. Herausnehmen, zerkleinern und mit der Flüssigkeit anstelle von frischem Obst verwenden.

Obstmichl

5	**Brötchen**
⅜ l	**Milch**
60 g	**Butter** oder Margarine
50 g	**Zucker**
2	**Eigelb**
1 EL	**Mehl**
1 Msp	**Backpulver**
30 g	**geriebene Mandeln**
	abgeriebene Zitronenschale unbehandelt
1 Prise	**Salz**
2	**Eiweiß**
750 g	**Obst** Sauerkirschen, Aprikosen, Äpfel oder Pflaumen
	Paniermehl · Zucker · Butter

Brötchen grob zerkleinern und in Milch einweichen.
Weiche Butter, Zucker und Eigelb schaumig rühren. Mehl, Backpulver, Mandeln, Zitronenschale, Salz und Brötchenmasse zugeben.
Eiweiß steif schlagen und locker unterheben. Vorbereitetes Obst roh oder gedünstet abtropfen lassen und untermischen.
Auflaufform einfetten, Masse einfüllen.
Paniermehl und Zucker überstreuen, Butterflöckchen darauf verteilen und backen.
Mit Vanille- oder Weinschaumsoße oder flüssiger süßer Sahne reichen.

einsetzen:	Auf dem Rost, untere Einschubleiste	
backen:	180 – 200 °C	40 – 50 Minuten
	0	5 – 10 Minuten

Tipp:
Die Hälfte der Brötchenmasse in eine gefettete Auflaufform geben. Obst darauf verteilen, die restliche Brötchenmasse darüber füllen und glatt streichen. Belag darauf verteilen und backen.

Pflaumenauflauf mit Haferflockenkruste

½	**Vanilleschote**
75 g	**Butter**
3	**Eigelb**
70 g	**Honig**
250 g	**Magerquark**
100 g	**kernige Haferflocken**
75 g	**gemahlene Mandeln**
2 EL	**Speisestärke**
2 TL	**Backpulver**
3	**Eiweiß**
500 g	**Pflaumen** roh oder gedünstet
50 g	**Butter**
1 EL	**Honig**
50 g	**kernige Haferflocken**
25 g	**gemahlene Mandeln**

Vanilleschote längs halbieren und Mark herausschaben.
Butter, Eigelb und Honig schaumig rühren. Quark, Haferflocken, Mandeln, Speisestärke, Backpulver und Vanillemark unter den Teig rühren.
Eiweiß steif schlagen und locker unterheben. Auflaufform einfetten, Masse einfüllen.
Vorbereitete Pflaumen abtropfen lassen und auf den Teig geben.
Butter und Honig **schmelzen**, Haferflocken und Mandeln darin wenden, auf die Pflaumen geben und backen.

einsetzen:	Auf dem Rost, mittlere Einschubleiste	
backen:	170 – 190 °C	30 – 35 Minuten
	0	5 – 10 Minuten

Gefüllte Rohrnudeln

8 Portionen

Hefeteig:

1 kg	**Mehl**
40 g	**Hefe**
½ l	**Milch**
100 g	**Zucker**
1 Prise	**Salz**
2	**Eier**
	abgeriebene Zitronenschale unbehandelt oder Vanillinzucker
100 g	**Butter**
500–750 g	**Obst** Kirschen, Aprikosen oder Pflaumen
50 g	**Butter**
	Puderzucker

Aus den angegebenen Zutaten einen Hefeteig bereiten und gehen lassen, siehe Seite 386.

Obst waschen und entsteinen.

Teig zu einer Rolle formen und in etwa 16 gleichmäßig große Stücke schneiden.

Jedes Teigstück in der Hand flachdrücken, je 3–4 Kirschen, 1 Aprikosenhälfte oder 1 Pflaume in die Mitte geben, mit Teig umhüllen und einen Kloß formen.

Fettpfanne einfetten, Klöße nebeneinander einsetzen und mit weicher Butter bestreichen.

Im Backofen 5 Minuten bei 50 °C und 10–20 Minuten in der Nachwärme gehenlassen, dann backen.

Nach dem Backen: Rohrnudeln voneinander lösen und mit Puderzucker bestäuben.

Mit Vanillesoße reichen.

einsetzen:	Mittlere Einschubleiste	
backen:	170 – 190 °C	30 – 40 Minuten
	0	5 – 10 Minuten

Gefüllte Rohrnudeln

Tipp:

- Für 4 Portionen ist die Hälfte der Teigmasse ausreichend. Dann die Rohrnudeln in eine gefettete Auflaufform geben und backen: Auf dem Rost, untere Einschubleiste, bei 180–190 °C etwa 30 Minuten und 5–10 Minuten 0.
- Rohrnudeln mit etwas Konfitüre anstelle von Obst füllen.
- Rohrnudeln schmecken auch kalt anstelle von Kuchen.
- Rohrnudeln können eingefroren werden.

Gebackene Dampfnudeln

D

Hefeteig:

500 g	**Mehl**
40 g	**Hefe**
¼ l	**Milch**
75 g	**Zucker**
1 Prise	**Salz**
	abgeriebene Zitronenschale unbehandelt
1	**Ei**
100 g	**Butter** oder Margarine

Belag:

¼ l	**Milch**
25 g	**Zucker**
40 g	**Butter**

Aus den angegebenen Zutaten einen Hefeteig bereiten und gehen lassen, siehe Seite 386.
Auflaufform einfetten, Klöße formen, einen in die Mitte der Form, die anderen ringsherum legen. Im Backofen 5 Minuten bei 50 °C und 10–20 Minuten in der Nachwärme gehen lassen.
Milch **erwärmen**, mit Zucker und Butter verrühren, über die Klöße gießen und backen.
Warm mit Weinschaum- oder Vanillesoße oder Kompott servieren.

einsetzen:	Auf dem Rost, untere Einschubleiste	
backen:	170–190 °C	25–35 Minuten
	0	5–10 Minuten

Savarin

Hefeteig:

200 g	**Mehl**
20 g	**Hefe**
3 EL	**Milch**
2	**Eier**
1	**Eigelb**
1 Prise	**Salz**
50 g	**Zucker**
50 g	**Butter** oder Margarine
⅛ l	**Fruchtsaft** oder Wein
3–4 EL	**Rum** oder Kirschwasser oder Cointreau

Aus den angegebenen Zutaten einen Hefeteig bereiten und gehen lassen, siehe Seite 386.
Ringform einfetten und Teig einfüllen.
Im Backofen 10 Minuten bei 50 °C und 10–20 Minuten in der Nachwärme gehen lassen, dann backen.
Nach dem Backen: Savarin auf eine Servierplatte stürzen, mit einem Hölzchen mehrmals einstechen.
Mit Fruchtsaft und Alkohol tränken und etwas durchziehen lassen.
Innen mit Kompott füllen oder mit Weinschaumsoße warm servieren.

einsetzen:	Auf dem Rost, untere Einschubleiste	
backen:	160–180 °C	30–40 Minuten
	0	5–10 Minuten

Tipp:

- Der Savarin schmeckt auch kalt sehr gut.

D Zubereitung empfohlen im **Dampf-Gargerät**
Das Gericht wird besonders nährstoffschonend zubereitet.

Mal was Anderes

Gerne wird mit Freunden „mal was Anderes“ zubereitet.
Die Herstellung besonderer Spezialitäten wie Pasteten oder Terrinen ist eine Herausforderung in der Küche.
Besonders beliebt sind Gerichte aus dem Mittelmeerraum, Amerika und Asien. Es entstehen vielfältige, anspruchsvolle oder auch einfache Gerichte, die Abwechslung auf dem Speiseplan bringen.

Ein bisschen Warenkunde

Pastete

Abgeleitet von dem italienischen Wort „pasta" = Teig, Paste, Masse. Pastete ist ein Sammelbegriff für verschiedene Arten, z. B.:

Die **Küchenpastete** besteht aus einer Hülle aus Mürbe- oder Blätterteig, die mit einer Farce aus feinem, pikantem Fleisch gefüllt und meist in einer Pastetenform oder auf dem Backblech gebacken wird.

Die Küchenpastete wird ohne Form kalt oder warm meist als Hauptspeise, mit Salat als Beilage, serviert. Sie wird in Scheiben geschnitten angerichtet.

Die **Königinpastete**, eine Sonderform der Küchenpastete, besteht aus einer blind, d.h. leer gebackenen Blätterteighülse, die warm mit heißem Ragout gefüllt wird. Sie wird immer warm serviert, je nach Größe als Vorspeise oder Zwischenmahlzeit.

Die **Wurstpastete** trägt wegen ihrer Ähnlichkeit mit feinen Wurstwaren diese Bezeichnung. Sie besteht aus einer feinen, pastenähnlichen Masse aus Fleisch, Geflügel, Wild oder Gänseleber bester Qualität. Sie wird in einer kleinen Terrine oder in Steingutförmchen abgedeckt gebacken, da sie keine Bräunung oder Kruste bekommen soll, und immer kalt serviert.

Pie

Englische und amerikanische Bezeichnung für Schüsselpastete, bei der eine Pie-Schüssel oder Pie-Form mit einer süßen oder pikanten Farce gefüllt und mit Teig abgedeckt wird. Für manche Pies werden die Formen ganz mit Teig ausgelegt. Eine Pie wird in der Schüssel serviert. Pikante Pies werden heiß mit Salat als Beilage, süße Pies heiß oder kalt als Nachtisch oder zum Kaffee gereicht.

Terrine

Abgeleitet von dem Gefäß, einer Terrine, in dem sie zubereitet wird. Die Terrine wird entweder eingefettet oder mit dünnen, hellen Speckscheiben ausgelegt, mit einer Farce aus Fisch oder aus feinem Fleisch, z. B. von Wild oder Geflügel, gefüllt, abgedeckt und im Wasserbad im Backofen gegart. Sie erhält keine Bräunung oder Kruste. Die erkaltete Terrine wird meist gestürzt und in Scheiben geschnitten angerichtet. Sie kann als Vorspeise, Hauptgericht oder Zwischenmahlzeit, eventuell mit einer passenden Soße und mit einer Beilage wie Salat oder Brot serviert werden.

Für eine süße Terrine wird eine Terrinenform mit Frischhaltefolie ausgekleidet und ein Fruchtgelee eingefüllt. Nach dem Erstarren wird die Terrine gestürzt, in Scheiben geschnitten und mit einer süßen Soße (siehe Seite 143) oder einer Weinschaumsoße (siehe S. 141) serviert.

Pfannenrühren

Das Pfannenrühren oder Garen im Wok kommt aus China. Klein geschnittene Gemüse- und Fleisch- oder Fischstücke werden bei großer Hitze minutenschnell gegart. Die Wok-Gerichte werden mit vielen Gewürzen und asiatischen Soßen pikant abgeschmeckt.

Sushi
Sushi ist ein japanisches Gericht aus Reis und rohem Fisch. Verwendet wird hauptsächlich Thunfisch und Lachs. Die Fischfilets werden in dünne Streifen geschnitten und mit Wasabi (scharfer, grüner Meerrettich) bestrichen. Danach rollt man den gekochten Reis mit dem Fischfilet in Noriblätter (Rotalgenblätter) ein und schneidet diese in Rollen. Die Füllung kann auch aus Gemüse bestehen. Auch andere Formen sind möglich.

Wraps
Wraps kommen aus den USA und Mexiko.
Wraps sind Tortillas (Teigfladen) mit Salat, Gemüse, Fleisch oder Fisch und Soße gefüllt. Tortillas bestehen aus Weizen- oder Maismehl.

Pudding
Pudding besteht aus einer gehaltvollen Zusammensetzung pikanter oder süßer Zutaten mit einer pastenähnlichen oder gebäckartigen Konsistenz. Er wird immer in der Puddingform im Wasserbad gegart, gestürzt und warm serviert. Pudding kann aus verschiedenen Grundmassen zubereitet werden, z.B. aus Fleisch, Gemüse, stärkehaltigen Lebensmitteln, wie Grieß, Reis, Nudeln, aus Gebäck, wie Brot, Zwieback, Kuchenreste, und aus Teig, wie Hefeteig, Biskuitteig. Der besonders in England geschätzte Plumpudding ist eine Weihnachtsspezialität aus Rinderfett, Eiern, Korinthen, Sultaninen und Gewürzen, mit Rum begossen und flambiert.
Pudding wird als sättigendes Hauptgericht oder als sättigende Nachspeise serviert. Da bei der Zubereitung keine Röststoffe entstehen, ist Pudding leicht verdaulich und für Schonkost gut geeignet.

Wie viel darf es sein?

Form	Hauptgericht Anzahl der Stücke	Vorspeise, Nachspeise, Zwischenmahlzeit Anzahl der Stücke
Kastenform und Pastetenform	6–8	8–15
Terrine	6–8	12–16
Puddingform	4	6–8

Damit es leichter geht

Die Küchenmaschine mit ihren verschiedenen Arbeitswerkzeugen ist zu empfehlen:
Messereinsatz oder **Fleischwolf** zum Zerkleinern und Pürieren von Fleisch, Fisch, Gemüse
Knetwerkzeuge zur Bereitung von Teigen und Farcen
Rührwerkzeuge zur Herstellung von Eier-Sahne-Masse
Reibscheiben des Schnitzelwerks zum Reiben von Käse

Von den üblichen Backformen und Geschirren sind zu verwenden:
Auflaufformen, hochtemperaturbeständig und temperaturwechselbeständig. Sie können oval, rund, rechteckig sein und aus Porzellan, Keramik, Ton, Glas oder Glaskeramik bestehen.
Springformen, 24 cm ∅ bis 28 cm ∅
Kastenformen in verschiedenen Größen
Kranzform oder **Reisrandform**
Backblech, **Fettpfanne**

Spezialformen und -geschirre erleichtern die Herstellung und erzielen ein ansprechendes Ergebnis:
Pasteten-Form aus Metall, zum Öffnen, erleichtert das Herausnehmen der fertigen Pastete. Sie ist rechteckig oder oval.
Terrinen-Form aus Porzellan, Steingut oder emailliertem Gusseisen, oval, rechteckig oder rund, meist mit Deckel
Pudding-Form aus Aluminium, Weißblech oder Steingut, mit einem Zapfen in der Mitte und mit Deckel verschließbar

Praktische Hinweise

- Da sich kalter, harter Käse besser reiben lässt, diesen kurz vorher in das Gefriergerät legen.

Pastete
- Bei der Küchenpastete schützt der Teigmantel die Farce. Diese muss vollkommen vom Teig umgeben sein, damit kein Saft austritt. Deshalb die Nahtstellen mit Eigelb bepinseln und sorgfältig zusammendrücken.
- Damit bei Backen von Pasteten der Dampf entweichen kann, je nach Länge der Pastete mit einem Ausstecher ein bis drei Öffnungen aus dem Teig für die Decke ausstechen. Um zu verhindern, dass austretender Fleischsaft die Oberfläche unansehnlich macht, einen Kamin oder Zylinder aus Metall, Alufolie oder Butterbrotpapier in die ausgestochenen Öffnungen einstecken.

Pudding
- Vor dem Einfüllen der Puddingmasse die Puddingform, besonders den Zapfen sowie den Deckel sorgfältig einfetten und mit Paniermehl ausstreuen, damit sich der Pudding leicht stürzen lässt.
- Da die Puddingmasse während des Garens aufgeht, die Form nur bis zu drei Viertel füllen.
- Die Rezepte sind für eine Puddingform von 1 l Fassungsvermögen berechnet. Wird eine kleinere Form verwendet, die Rezeptmenge entsprechend verringern.

- Die Puddingmasse fest einfüllen, so dass keine Hohlräume innerhalb der Masse entstehen. Dazu die Form einige Male auf die Arbeitsfläche aufstoßen.
- Die Puddingform fest verschließen und zum gleichmäßigen Garen von allen Seiten in ein Wasserbad stellen. Vorsichtig so viel Wasser angießen, dass es etwa 2 cm unter dem Rand der Puddingform steht. Kochtopf mit Deckel verschließen. Ist die Puddingform höher als der Kochtopf, zum Verschließen einen zweiten Kochtopf umgedreht aufsetzen.
- Nach Ablauf der Gardauer die Puddingform aus dem Wasserbad herausnehmen und kurze Zeit stehen lassen, damit sich die Masse absetzen kann.
- Puddinge im Schnellkochtopf zubereiten spart Energie und Zeit.
- Im Dampf-Gargerät die Puddingform auf einen gelochten Garbehälter stellen und bei 100 °C garen.

Verfeinern, garnieren, abrunden

- Viele Spezialitäten erhalten einen besonderen Geschmack und ein ansprechendes Aussehen, wenn sie mit frischen Kräutern gewürzt und mit Kräuterzweigen garniert werden.
- Zum Garnieren eignen sich die in den Spezialitäten enthaltenen Lebensmittel.
- Pikante Puddinge werden mit einer pikanten Soße, Salat, Gemüse oder Kartoffeln gereicht.
- Süße Puddinge können mit gerösteten Mandelblättern bestreut und mit Puderzucker bestäubt werden. Kompott, Fruchtsaft, süße Soße oder Sahne passen gut dazu.
- Die in der Warenkunde jeweils erwähnten Soßen und Beilagen runden die übrigen Spezialitäten ab.

Wenn etwas übrig bleibt

- Viele Spezialitäten, außer Königinpastete, haben eine gute Gefriereigenschaft, so dass die doppelte Menge auf Vorrat zubereitet werden kann.

Kalbfleischpastete

Mürbeteig:

300 g	**Mehl**
	Salz
2	**Eigelb** oder 1 Ei
3 EL	**Wasser**
150 g	**Butter** oder Margarine

Einlage:

150 g	**Kalbsleber**
1 EL	**Schweineschmalz**
	Salz · Zwiebelpulver · Majoran
125 g	**gekochter Schinken**
1 EL	**Madeira** oder Weinbrand

Farce:

1	**Semmel**
1	**kleine Zwiebel**
400 g	**Kalbfleisch**
200 g	**Speck** oder Schweinebauch
1	**Ei**
½ TL	**Salz**
	Pfeffer
½ TL	**Majoran**
1 Msp	**abgeriebene Zitronenschale**
1 TL	**Zitronensaft**
2 EL	**Madeira** oder Weinbrand

Bestreichen:

1	**Eigelb**
1 EL	**Wasser**

Aus den angegebenen Zutaten einen Mürbeteig bereiten, siehe Seite 390, und kalt stellen. Für die Einlage Leber waschen, abtrocknen und in Würfel schneiden.
Schmalz **erhitzen**, Leber darin 2 Minuten unter Wenden **anbraten**, von der Kochstelle nehmen und mit Salz und Gewürzen bestreuen.
Schinken in Streifen schneiden, zur Leber geben, Madeira überträufeln und bis zur weiteren Verarbeitung abgedeckt stehen lassen.
Für die Farce Semmel in Wasser einweichen und ausdrücken. Zwiebel schälen und zusammen mit Semmel, Fleisch und Speck fein pürieren. Ei, Salz und Geschmackszutaten untermengen und abschmecken.
Auflaufform einfetten.
Mürbeteig ausrollen, zuerst eine Teigdecke für die Auflaufform ausschneiden, mit dem restlichen Teig Boden und Rand der Form auslegen. Abwechselnd Farce und Einlage einfüllen, aber nur bis 1 cm unter den Teigrand. Aus der Teigdecke vor dem Auflegen 2 Plätzchen von etwa 2 cm Durchmesser ausstechen. Je einen Streifen Butterbrotpapier oder Alufolie zu einem Zylinder von etwa 5 cm Höhe formen und in die Öffnung stecken, siehe Bild Seite 316, damit der Dampf aus der feuchten Masse entweichen kann, und backen.
Eigelb mit Wasser verrühren und nach der Hälfte der Backdauer die Teigdecke damit bestreichen.
Pastete in der Form erkalten lassen.
Mit Cumberlandsoße servieren.
Beilage: Blatt- oder Mischsalat

einsetzen:	Auf dem Rost, untere Einschubleiste	
backen:	170 – 180 °C	60 – 70 Minuten
	0	5 – 10 Minuten

Tipp:
Sind Hohlräume in der gebackenen Pastete entstanden, diese mit Aspik ausfüllen. Dazu 3 EL Brühe erhitzen, 1 Blatt weiße Gelatine nach Herstellerangabe darin auflösen, mit 1 Prise Salz und 1 – 2 EL Madeira abschmecken. Langsam in die Öffnungen füllen und im Kühlschrank erstarren lassen.

Königin-Pastete

600 g	**TK-Blätterteig** oder Blätterteig Seite 380
1	**Eiweiß**
1	**Eigelb**
1 EL	**Wasser**

Füllung:

	Ragout fin Seite 84

Einen Teil des Teiges ½ cm dick ausrollen und 8 – 12 runde Plätzchen von etwa 8 cm Durchmesser ausstechen.

Restlichen Teig 1 cm dick ausrollen, Plätzchen in gleicher Form, Größe und Anzahl ausstechen. Die dickeren Plätzchen in der Mitte nochmals ausstechen, so dass ein Ring und ein kleines rundes Stück entstehen, das Letztere ergibt den Pastetendeckel.
Die Ringe vorsichtig mit Eiweiß bestreichen und mit dieser bestrichenen Seite auf die runden Plätzchen legen, damit die Teile zusammenhalten.
Eigelb mit Wasser verrühren, Ringe und kleine Teigplätzchen damit bestreichen. Darauf achten, dass nichts am Rand herunterläuft, da die Pasteten dann nicht aufgehen.
Alle Teile auf ein mit Wasser angefeuchtetes Backblech setzen und backen.
Nach dem Backen: Die Pasteten mit heißem Ragout fin füllen, den kleinen Deckel obenauf legen, mit Zitronenachteln garnieren und heiß servieren.
Als Würze Zitronensaft und Worcestersauce bereitstellen.

einsetzen:	Mittlere Einschubleiste	
backen:	200–225 °C	20–30 Minuten
	0	5–10 Minuten

Tipp:

- Als Füllung eignen sich auch: Ragout für Pasteten Seite 285, Fischragout fin Seite 84 oder Edelfischragout in Limettensoße Seite 241.
- Sollten die Pasteten nicht genug Füllmasse aufnehmen, kann der Rest in einer Extraschüssel dazu gereicht werden.
- Aus Resten von Blätterteig Fleurons herstellen: Teigreste übereinander legen, 1 cm dick ausrollen und Halbmonde ausstechen. Mit verdünntem Eigelb bestreichen, auf ein mit Wasser angefeuchtetes Backblech legen und auf der mittleren Einschubleiste bei 225 °C etwa 10 Minuten backen. Eventuell einfrieren, bei Bedarf erwärmen und zu Ragout oder Suppe servieren.
- Bereits gebackene Pasteten sind im Handel erhältlich. Diese im Backofen erwärmen und danach füllen.
- Gefrorene Pasteten nach Herstellerangabe backen.

Kohlpudding

D

1 kg	**Weißkohl** oder Wirsing
1	**Brötchen**
1	**Zwiebel**
250 g	**Rinderhack**
125 g	**Schweinehack**
	Salz · Paprika oder Pfeffer

Kohlblätter ablösen und mit kochendem Wasser überbrühen. Oder Kohlblätter 5 Minuten vorkochen, damit sie geschmeidig werden. Abtropfen lassen, Kohlrippen flach schneiden.
Puddingform einfetten und mit großen Blättern auslegen. Restlichen Kohl zerkleinern.
Brötchen in Wasser einweichen und ausdrücken. Zwiebel schälen und in Würfel schneiden. Brötchen und Zwiebel mit zerkleinertem Kohl, Hackfleisch, Salz und Paprika vermengen und abschmecken.
Die Masse fest in die Puddingform einfüllen.
Im Wasserbad **ankochen**, 60 Minuten **fortkochen** und 15 Minuten in der **Nachwärme** fertig garen.
Pudding am Rand lösen und auf eine Servierplatte stürzen.
Mit Tomatensoße und Kartoffeln reichen.

Tipp:

- Kohl zieht viel Saft. Deshalb entweder der rohen Puddingmasse 1 EL trockenen Reis zufügen, der den Saft bindet, oder nach dem Garen den Saft, vor dem Stürzen des Puddings, abgießen und ihn zu einer Soße verwenden.

D Zubereitung empfohlen im **Dampf-Gargerät**
Das Gericht wird besonders nährstoffschonend zubereitet.

Lachsterrine

	D
300 g	**roher, roter Lachs** entgrätet, enthäutet, frisch oder gefroren
1	**Ei**
175 g	**geräuchertes Forellenfilet** entgrätet, enthäutet
150 g	**Crème fraîche**
¼ l	**süße Sahne**
	Salz
	Pfeffer
200 g	**Räucherlachs**
100 g	**Feldsalat mit Marinade** Rezept Seite 163

Lachs und Ei mit dem Universalmesser der Standküchenmaschine pürieren.
Forellenfilet, Crème fraîche, Sahne untermengen und mit Salz und Pfeffer abschmecken.

Reisrandform einfetten, Masse einfüllen und mit Alufolie abdecken.
Backofen vorheizen, Fettpfanne mit 2 l heißem Wasser füllen und Reisrandform im Wasserbad garen.
Nach dem Garen: Lachsterrine 2–3 Stunden im Kühlschrank erkalten lassen.
Am Rand lösen und auf eine Servierplatte stürzen.
Mit Räucherlachs belegen. Feldsalat mit Essigmarinade vermengen und in die Mitte der Terrine füllen.
Beilage: Feldsalat, Baguette

einsetzen:	Auf dem Rost, untere Einschubleiste		
garen:	200 °C	30	Minuten
	0	10–15	Minuten

Lachsterrine

Roastbeef-Pfanne

■ ■

750 g	**Kartoffeln**
1 Tasse	**Wasser**
	Salz
500 g	**kleine Zwiebeln**
3	**grüne Paprikaschoten**
2 EL	**Öl**
1 kg	**Roastbeef**
	Salz · Pfeffer
250 g	**kleine Tomaten**
150 g	**kleine Champignons**
1 Bd	**Petersilie**

Kartoffeln schälen, waschen und in Würfel schneiden, mit Wasser und Salz **ankochen**, 10 Minuten **fortkochen** und abgießen.
Zwiebeln schälen. Paprikaschoten halbieren, Kerne entfernen, Paprika waschen und würfeln.
Eine Fettpfanne mit Öl auspinseln. Ein Viertel der Fettpfanne mit Kartoffeln, ein Viertel mit Zwiebeln und ein Viertel mit Paprika auslegen.
Roastbeef waschen, abtrocknen, mit Salz und Pfeffer einreiben, Fettschicht einritzen und mit der Fettschicht nach oben auf den Rost legen.
Fettpfanne unter dem Rost in den Backofen schieben und braten.
Tomaten überbrühen, abschrecken und abziehen, Champignons putzen und 10 Minuten vor Bratzeitende auf das letzte Viertel der Fettpfanne geben.
Gehackte Petersilie überstreuen.

einsetzen:	Mittlere Einschubleiste	
braten:	200–220 °C	50–60 Minuten
	0	5–15 Minuten

Veränderung:
Kasseler Spezial: Roastbeef durch Kasselerbraten ohne Knochen ersetzen.

Tipp:
Damit das Roastbeef durch und durch rosa ist, vor dem Anschneiden 5–10 Minuten auf der Fettschicht ruhen lassen.

Saltimbocca alla romana

S ■ ■

8	**dünne Kalbschnitzel**
8	**frische Salbeiblätter**
8 Scheiben	**Parmaschinken**
4 EL	**Olivenöl raffiniert**
	Salz · Pfeffer
8 EL	**Weißwein**
3 EL	**Butter**

Kalbschnitzel waschen, abtrocknen, gleichmäßig flach drücken. Zuerst Salbeiblätter, dann Schinkenscheiben auf die Schnitzel legen, mit einem Holzspießchen feststecken.
Olivenöl **erhitzen** und Schnitzel von jeder Seite 2–3 Minuten **braten**. Mit Salz und Pfeffer würzen.
Weißwein über die Schnitzel träufeln, Schnitzel aus der Pfanne nehmen und warm stellen.
Eiskalte Butter im Bratenfond **schmelzen** lassen und mit dem Schnellmixstab aufschäumen.
Soße zu den Kalbschnitzeln reichen.

Tipp:
Das Gericht kann auch mit Schweinefilet oder Hähnchenbrust zubereitet werden

D
Zubereitung empfohlen im
Dampf-Gargerät
Das Gericht wird besonders nährstoffschonend zubereitet.

Nigiri Sushi

D

20–30 Sushi

1½ Tassen	**roher Sushi-Reis**
3 Tassen	**Wasser**
1 EL	**Zucker**
½ EL	**Salz**
2 EL	**Reisessig**
300 g	**Räucherfisch**
1 Tube	**Wasabi (grüner Meerrettich)**

Reis in einem Sieb unter fließendem Wasser waschen, bis das Wasser klar bleibt.
Reis mit Wasser **ankochen** und 20 Minuten in der **Nachwärme** quellen lassen. Ein Geschirrtuch über den Topf decken und 10–15 Minuten abkühlen lassen.
Noch warmen Reis in eine kalt ausgespülte Schüssel geben und mit Zucker, Salz und Essig würzen. Mit einem Löffel vorsichtig Furchen in den Reis ziehen, ohne den Reis dabei zu zerquetschen, der Reis muss rasch abkühlen.
Fisch in sushigroße, dünne Scheiben schneiden. Fischscheiben von einer Seite mit Wasabi sehr dünn bestreichen.
Finger in eine Essig-Wasser-Lösung tauchen. Mit der Hand eine Portion Reis (ca. 2 EL) zylindrisch formen, die Fischscheiben mit der bestrichenen Seite auf den Reis legen und mehrmals fest andrücken.

Kappamaki Sushi

12 Sushi

250 g	**Salatgurke**
	Salz
140 g	**fertiger Sushi-Reis**
1 Blatt	**Nori (Rotalgenblätter)**
1 Tube	**Wasabi (grüner Meerrettich)**

Salatgurke waschen und der Länge nach in 1 cm dicke Streifen schneiden. Gurke mit Salz bestreuen, einige Minuten ziehen lassen und abwaschen.

Kappamaki Sushi, Nigiri Sushi

Reis auf das Noriblatt streichen, Gurkenstreifen quer als dünne Linie darauf legen und mit wenig Wasabi bestreichen. Aufrollen und in Sushi von 5 cm Länge schneiden

Tipp:

Sushi essen: Sushi werden in ein Gemisch aus Sojasauce und wenig Wasabi (scharfer, grüner Meerrettich) getunkt. Gari (eingelegte Ingwerscheiben) können zum Neutralisieren zwischen den Happen gereicht werden.

Tempura

450 g	**Hähnchenbrust**
2–3 EL	**Sojasoße**
1–2 EL	**Sake**
1 Msp	**Ingwerpulver**
1	**rote Paprikaschote**
1	**grüne Paprikaschote**
1	**gelbe Paprikaschote**
500 g	**rohe Garnelenschwänze**
3	**Eiweiß**
½ TL	**Salz**
30 g	**Stärkemehl**
	Öl zum Frittieren
Dip 1:	
2	**Chilischoten**
2–3 EL	**Sojasoße**
Dip 2:	
100 ml	**Gemüsebrühe**
2–3 EL	**Mirin** (süßer Reiswein)
2–3 EL	**Bonitoflocken** (Thunfisch)

Hähnchenbrust waschen, abtrocknen, in 3 cm große Würfel schneiden. Sojasoße, Sake und Ingwerpulver verrühren und Hähnchenwürfel darin rund 30 Minuten marinieren.
Paprikaschoten halbieren, Kerne entfernen, Paprika waschen und in Würfel schneiden.
Garnelenschwänze bis zum Schwanzfächer schälen und von der Rückenseite her bis zum letzten Segment durchschneiden.
Eiweiß steif schlagen, Salz und Stärkemehl unterheben. Garnelenschwänze und abgetropfte Hähnchenwürfel darin wenden.

Im Wok reichlich Öl **erhitzen** und portionsweise Garnelenschwänze, Hähnchen- und Paprikawürfel **frittieren**.
Chilischoten halbieren, Kerne entfernen und Chili sehr fein würfeln. Mit Sojasoße verrühren und zu Hähnchenfleisch und Paprika reichen.
Gemüsebrühe, Mirin und Bonitoflocken **ankochen**, 3–5 Minuten **fortkochen**, durch ein Sieb streichen und zu den Garnelenschwänzen reichen.

Hähnchensaté mit Erdnuss-Soße

S ■■

500 g	**Hähnchenbrust**
	Nussöl oder Sesamöl
	Salz · Pfeffer
20 g	**Sesamkörner** geröstet
Erdnuss-Soße:	
150 g	**Erdnusskerne**
300 g	**Sahnejoghurt**
	Salz · Pfeffer

Hähnchenbrust waschen, abtrocknen, in lange, dünne Streifen schneiden und wellenförmig auf geölte Holzspieße stecken.
Fleisch mit Nussöl bepinseln, auf den Rost legen und unter dem Grill von jeder Seite 3–4 Minuten grillen.
Hähnchenspieße mit Salz und Pfeffer würzen und mit geröstetem Sesam bestreuen.
Für die Soße Erdnusskerne in einer Pfanne ohne Fett **rösten**, hacken und mit Sahnejoghurt, Salz und Pfeffer verrühren.

D Zubereitung empfohlen im **Dampf-Gargerät** Das Gericht wird besonders nährstoffschonend zubereitet.

Hähnchenbrust mit Pilzen

S

500 g	**Hähnchenbrust**
4 EL	**Sojasoße**
1 TL	**Chilisoße**
5 EL	**Sherry** trocken
1	**Knoblauchzehe**
2	**Zwiebeln**
1	**rote Paprikaschote**
1	**gelbe Paprikaschote**
200 g	**Shiitakepilze**
100 g	**Champignons**
4 EL	**Öl** zum Braten
1 TL	**Stärkemehl**
1–2 TL	**Balsamicoessig**
	Salz · Zucker
2–3 EL	**Fischsoße**
1–2 TL	**Sesamöl**

Hähnchenbrust waschen, abtrocknen, in 3 cm große Würfel schneiden. Sojasoße, Chilisoße, Sherry und zerdrückte Knoblauchzehe verrühren und Hähnchenwürfel darin rund 30 Minuten marinieren.
Zwiebeln schälen und in Scheiben schneiden. Paprikaschoten halbieren, Kerne entfernen, Paprika waschen und in Streifen schneiden. Pilze putzen und in Scheiben schneiden.
Öl im Wok **erhitzen** und gut abgetropfte Hähnchenwürfel darin unter Wenden 3–4 Minuten **braten** (pfannenrühren). Hähnchenwürfel herausnehmen und warm stellen. Zwiebel im Bratfett **anbraten**. Paprika zufügen und 3–4 Minuten unter Wenden **anbraten**, Pilze und Hähnchenwürfel zugeben und alles ca. 2 Minuten unter Wenden **anbraten**.
Marinade mit Stärkemehl verquirlen, in den Wok rühren und **aufkochen** lassen. Mit Essig, Salz, Fischsoße und Sesamöl abschmecken.

Asiatischer Fisch

S

500 g	**Rotbarschfilet**
2 EL	**Zitronensaft**
1 TL	**Sesamöl**
	Pfeffer
1 Bund	**Frühlingszwiebeln**
2	**rote Paprikaschoten**
1 Stück	**Ingwerwurzel** walnussgroß
2	**Knoblauchzehen**
1	**Ei**
2 EL	**Stärkemehl**
2 EL	**Erdnussöl**
5 EL	**Tomatenketchup**
	Salz
½ TL	**Palmzucker** oder brauner Zucker
2–3 EL	**Sojasoße**
2–3 EL	**Fischsoße**
300 ml	**Hühnerbrühe**
1 TL	**Stärkemehl**
6–8	**Kaffir-Limetten-Blätter**

Fischfilet waschen, abtrocknen und in Würfel schneiden. Zitronensaft mit Sesamöl und Pfeffer verrühren und Fischwürfel darin rund 1 Stunde im Kühlschrank durchziehen lassen.
Frühlingszwiebeln putzen, waschen und in Ringe schneiden. Paprikaschoten halbieren, Kerne entfernen, Paprika waschen und in Streifen schneiden. Ingwer und Knoblauchzehe schälen und in feine Würfel schneiden.
Fisch aus der Marinade nehmen und gut abtropfen lassen. Ei und Stärkemehl verquirlen und Fischwürfel darin wenden.
Erdnussöl im Wok **erhitzen** und Fischwürfel 3–4 Minuten unter Wenden **anbraten**, herausnehmen und warm stellen.
Frühlingszwiebeln, Paprika, Ingwer und Knoblauch in den Wok geben und 3–4 Minuten unter Wenden **anbraten**.
Mit Salz, Palmzucker, Sojasoße und Fischsoße würzen. Hühnerbrühe angießen. Marinade mit Stärkemehl verrühren, in den Wok rühren, Fischwürfel zugeben und **aufkochen**.
Gericht abschmecken und mit Kaffir-Limetten-Blättern bestreuen.

Puten Wraps

S

6 Portionen
Tortillateig:

375 g	**Weizen- oder Maismehl**
1 TL	**Salz**
3 EL	**Pflanzenöl**
150 ml	**Wasser**

Dip:

6 EL	**Mayonnaise**
6 EL	**süße Sahne**
2 EL	**süße Chilisauce**
1 EL	**Curry**
	Salz · Pfeffer

Füllung:

200 g	**Putenbrust**
1 EL	**Fett** zum Braten
150 g	**Champignons**
2	**kleine Tomaten**
2 Scheiben	**Ananas**
4–6	**Kopfsalatblätter**

Mehl, Salz und Öl vermischen, Wasser nach und nach zufügen, zu einem festen, nicht klebrigen Teig 5 Minuten verkneten und 2 Stunden kalt stellen.

Puten Wraps

Eine große Pfanne ohne Fett **erhitzen**. Teig in 6 Stücke teilen, auf einer bemehlten Arbeitsfläche sehr dünn zu Pfannengröße ausrollen und von jeder Seite so lange **braten**, bis sie Blasen werfen. Nicht zu hart werden lassen, damit sie sich gut aufrollen lassen.

Tortillafladen in ein feuchtes Geschirrtuch einschlagen und im Backofen bei 50 °C warm halten.

Für den Dip Mayonnaise, Sahne, Chilisauce und Gewürze verrühren.

Putenbrust waschen, abtrocknen und in Streifen schneiden.

Fett **erhitzen** und Fleischstreifen unter Wenden 4–6 Minuten **braten**.

Champignons putzen und in feine Scheiben schneiden. Tomaten überbrühen, abschrecken, abziehen, vierteln, entkernen und in Streifen schneiden. Ananas in Stücke schneiden. Kopfsalat waschen, gut abtropfen lassen und in Streifen schneiden.

Tortillafladen dünn mit Dip bestreichen. In der Mitte Champignons, Tomaten, Ananas und Salat verteilen, darauf die Fleischstreifen legen. Es sollte ein Rand von 3 cm frei bleiben. Teigränder über die Füllung geben und von unten mit leichtem Druck aufrollen.

Tipp:

- Tortillafladen fertig kaufen.
- Die Wraps mit Thunfisch und Salatgurke oder Paprikawürfeln und Oliven füllen.
- Die Wraps nicht mit dem Dip bestreichen, sondern mit Guacamole, siehe S. 138.

Süßspeisen und Getränke

Süßspeisen erfreuen sich als Dessert, dem krönenden Abschluss eines Menüs, großer Beliebtheit. Sie bereichern jede Mahlzeit, runden eine Speisenfolge geschmacklich ab und können den Eiweiß- und Vitamingehalt eines Menüs aufwerten.
Kalte Süßspeisen eignen sich auch als erfrischende Zwischenmahlzeit für den kleinen Hunger.
Kalte Getränke löschen den Durst und sind zu jeder Jahreszeit willkommen. Als Mischgetränke aus Frucht- und Gemüsesäften werden sie zu den Mahlzeiten, aus Milch auch zwischendurch gereicht. Sie sind eine gesunde Ergänzung der Ernährung.

Ein bisschen Warenkunde

Kalte Süßspeisen und Mischgetränke werden auf der Basis von Milch, Milcherzeugnissen, Früchten, Fruchtsaft oder Wein hergestellt.

Milch und Milcherzeugnisse

Es gibt kaum ein anderes Nahrungsmittel, das dem menschlichen Körper so viele lebenswichtige Inhaltsstoffe in optimaler, biologisch ausgewogener Zusammensetzung bietet, wie die **Milch**: hochwertiges Milcheiweiß, bekömmliches Milchfett, Milchzucker, Vitamine, Mineralstoffe und Spurenelemente. Milch ist für jedes Lebensalter ein wichtiger Energielieferant, um fit und gesund zu bleiben. Dem Verbraucher steht eine reichliche Auswahl sowohl frischer als auch haltbarer Milchsorten zur Verfügung.

Rohmilch ist unbehandelte Milch, die weder erhitzt noch in einer Molkerei bearbeitet wird. Sie hat einen unveränderten, naturbelassenen Fettgehalt von meist 3,8 % bis 4 %. Rohmilch darf vom Bauernhof als Milch-ab-Hof direkt an den Verbraucher abgegeben werden, wenn die Vorschriften der Milchverordnung eingehalten werden. In dieser Verordnung sind besonders strenge Anforderungen an die Milchqualität festgelegt.

Vorzugsmilch ist gereinigte und gekühlte Rohmilch. Sie ist nicht wärmebehandelt und hat einen unveränderten, naturbelassenen Fettgehalt von meist 3,8 % bis 4 %. Vorzugsmilch wird auf dem Bauernhof in verkaufsfertiger Verpackung abgepackt und in den Geschäften an den Verbraucher abgegeben. Sie muss im Handel bei einer Kühltemperatur von 6 °C bis 8 °C gelagert werden und innerhalb von 96 Stunden nach der Gewinnung verbraucht sein. Vorzugsmilch unterliegt eigenen Verordnungen mit strengen Vorschriften für Tiergesundheit, Personal, Stallung und Milchqualität. Deshalb können nur ausgesuchte, überwachte Bauernhöfe Vorzugsmilch liefern.

Wärmebehandlungsverfahren bei Milch

Milchangebot	Wärmebehandlungsverfahren	Erhitzen Temperatur/Dauer	Haltbarkeit/Lagerung in Handel/Haushalt
Frischmilch	Pasteurisieren	bei 72 – 75 °C 15 bis 30 Sekunden	4 bis 6 Tage bei Kühltemperatur (6 – 8 °C)
Hocherhitzte Milch ESL-Milch = Extended Shelf Life	Hocherhitzen	bei 125 – 127 °C 1 bis 2 Sekunden	15 – 21 Tage bei Kühltemperatur (6 – 8 °C)
H-Milch haltbare Milch	Ultrahocherhitzen	bei 135 – 150 °C mindestens 1 Sekunde	6 bis 8 Wochen bei Zimmertemperatur
Sterilmilch	Sterilisieren	bei 110 – 120 °C 10 bis 30 Minuten	mehrere Monate bei Zimmertemperatur

Konsummilch entsteht, wenn Rohmilch nach der Qualitätsuntersuchung in der Molkerei bearbeitet wird. Dazu gehören folgende Schritte: das Reinigen, das Trennen von Magermilch und Rahm, das Einstellen des Fettgehalts, die Wärmebehandlung, das Homogenisieren sowie das Kühlen, Abfüllen und Verpacken. Die Bearbeitung der Milch in der Molkerei erhöht die Haltbarkeit und ermöglicht eine Vielfalt an Milchsorten. Zahlreiche Prüfungen in der Molkerei sichern die Qualität.

Die Milch wird unterschieden nach:

Fettgehalt: Für Milch mit naturbelassenem Fettgehalt bleibt er unverändert. Um aber Milch mit unterschiedlichem Fettgehalt sowie Sahne und Butter zu bekommen, wird vom Milchfett etwas abgenommen, d.h., der Fettgehalt wird eingestellt.

Fettgehalt unterschiedlicher Milchsorten

Milchsorte	Fettgehalt
Vollmilch	naturbelassen, mindestens 3,5 % meist 3,7 % – 4 %
Vollmilch	eingestellt, mindestens 3,5 %
teilentrahmte oder fettarme Milch	eingestellt, mindestens 1,5 % höchstens 1,8 %
entrahmte oder Magermilch	eingestellt, höchstens 0,3 %

Wärmebehandlung: Durch Erhitzen der Milch werden krankheitserregende Keime abgetötet und die Haltbarkeit der Milch verlängert. Die amtlich anerkannten Wärmebehandlungsverfahren sind Pasteurisieren, Hocherhitzen, Ultrahocherhitzen und Sterilisieren; siehe Tabelle „Wärmebehandlungsverfahren bei Milch“.

Homogenisierung: Die Fettkügelchen der Milch werden mechanisch unter hohem Druck so fein zerkleinert, dass sie sich homogen, d.h. gleichmäßig, verteilen und nicht so schnell als Rahmschicht absetzen. Deshalb schmecken homogenisierte Milcherzeugnisse vollmundiger und sind leichter verdaulich.

- Vorzugsmilch wird in der Regel nicht homogenisiert, da sie in ihrer natürlichen Beschaffenheit erhalten bleiben und sich von anderen Milchsorten unterscheiden soll. Ferner wird damit ausgeschlossen, dass Vorzugsmilch länger als zulässig im Handel angeboten wird.
- Pasteurisierte und hocherhitzte Milch wird in der Regel homogenisiert, damit die Milch während der gesamten Lagerdauer eine gleichmäßige Geschmacksverteilung und optische Erscheinung behält.
- H-Milch und Sterilmilch müssen homogenisiert werden, da sich sonst die Rahmschicht während der langen Haltbarkeitsdauer sehr deutlich absetzt und die Milch unbrauchbar würde.

Die **Kennzeichnung** der **Milchverpackung** muss folgende Angaben umfassen:

- Milchsorte oder Verkehrsbezeichnung, z.B. Vollmilch, fettarme Milch, Magermilch, H-Milch
- Name, Anschrift und das Genusstauglichkeitskennzeichen der Molkerei
- Füllmenge in Volumeneinheit, z.B. „1 Liter" oder „0,5 Liter"
- Mindesthaltbarkeitsdatum, „mindestens haltbar bis ..." oder bei Rohmilch „verbrauchen bis ..."
- Fettgehalt, z.B. bei Vollmilch mit eingestelltem Fettgehalt „3,5 % Fett"
- Wärmebehandlungsart, z.B. „pasteurisiert", „hocherhitzt", „ultrahocherhitzt"
- Hinweis, ob es sich um homogenisierte Milch handelt.

Für die Zubereitung von Süßspeisen und Getränken werden vorwiegend gesäuerte Milcherzeugnisse, z.B. Joghurt, Kefir, Sauermilch und Buttermilch, sowie Sahneerzeugnisse und Speisequark bevorzugt.

Joghurt entsteht aus Milch unterschiedlicher Fettstufen oder aus Sahne. Unter Zugabe von besonderen Bakterienkulturen und unter Einwirkung von Wärme mit ca. 42 °C entsteht Milchsäure. Diese bewirkt, dass die Milcheiweißstoffe gerinnen und Milch oder Sahne dick werden. Für die Sorte „Joghurt mild" werden Bakterien verwendet, die nicht so stark nachsäuern, so dass der Joghurt milder schmeckt. Joghurt gibt es stichfest, gerührt oder trinkfähig und in unterschiedlichen Fettgehaltsstufen:

- Sahnejoghurt mind. 10 % Fett
- Joghurt mit naturbelassenem Fettgehalt mind. 3,5 % Fett
- fettarmer Joghurt mind. 1,5 % und höchstens 1,8 % Fett
- Joghurt aus entrahmter Milch höchstens 0,3 % Fett

Kefir ist ein erfrischendes Sauermilchgetränk, das ursprünglich aus dem Kaukasus stammt. Kefir entsteht durch das Zusammenwirken von Bakterien- und Hefekulturen, so dass neben der Milchsäuregärung auch eine alkoholische Gärung stattfindet. Da sich während des Reifevorganges Kohlensäure bildet, kann bei der Becherverpackung eine Deckelwölbung auftreten, die hier kein Kennzeichen von Verderb ist. Bei „Kefir mild" werden zur Herstellung andere Kulturen als bei „Kefir" verwendet, so dass der typische Geschmack weniger stark ausgeprägt ist. Beide Sorten gibt es wie Joghurt in vier Fettgehaltsstufen.

Sauermilch und **Dickmilch** werden nach demselben Verfahren hergestellt. Ihr Unterschied liegt nur in der Konsistenz. Sauermilch ist dicksämig, Dickmilch ist stichfest. Sauermilcherzeugnisse entstehen aus Milch oder Sahne unter Zusatz von besonderen Milchsäurebakterien, die im mittleren Temperaturbereich von 20 °C bis 30 °C wachsen. Die dabei entstandene Milchsäure bewirkt, dass die Milcheiweißstoffe gerinnen und Milch oder Sahne dick wird.

Buttermilch fällt automatisch beim Buttern an: Wenn Milchfett zu Butter geknetet wird, läuft reine Buttermilch ab. Sie enthält weniger als 1 % Fett. „Reine Buttermilch" enthält keine Zusätze, „Buttermilch" dagegen darf einen Fremdwassergehalt von höchstens 10 % oder einen Magermilchzusatz von höchstens 15 % aufweisen.

Sahne oder Rahm entsteht beim Zentrifugieren von Milch. Dabei wird der Milch so viel Fett entzogen, dass die zurückbleibende Magermilch nur noch höchstens 0,03 % Fett, die gewonnene Sahne mind. 10 % Fett enthält. Es gibt süße oder saure Sahneprodukte. Saure Sahne oder Sauerrahm ist frische, mit Milchsäurebakterien versetzte Sahne.
Süße Sahne wird mit unterschiedlichem Fettgehalt angeboten, z.B. „Schlagsahne" oder „Schlagrahm" mit ca. 30 % Fett oder „Crème double" als löffelfeste süße Sahne mit 42 % Fett.
Bei sauren Sahneprodukten liegt der Fettanteil zwischen 10 % und 30 %. „Crème fraîche" ist saure Sahne mit mind. 30 % Fett; sie ist ohne Zusatz – natur – oder schon gewürzt – mit Kräutern, Knoblauch oder Meerrettich – erhältlich. „Schmand" ist löffelfester Sauerrahm mit mind. 20 % Fett.

Speisequark ist ein Frischkäse aus entrahmter Milch, der zur Eiweißgerinnung besondere Milchsäurebakterien und etwas Lab zugesetzt werden. Durch anschließendes Zentrifugieren wird die Molke entfernt, das Produkt ist Quark. Quark darf höchstens 82 % Wasser enthalten, der Rest ist Trockenmasse. Wird dem Quark Rahm zugemischt, entstehen Speisequarksorten mit verschieden hohen Fettgehaltsstufen in der Trockenmasse („Fett i.Tr."): Magerstufe unter 10 %, Halbfettstufe mind. 20 % und Fettstufe mind. 40 %.

Mascarpone ist ein italienischer Doppelrahmfrischkäse mit einem hohen Fettgehalt von mind. 45 % bis 55 % Fett in der Trockenmasse. Er hat eine butterartige, cremige Konsistenz und einen feinen, delikaten, süßen Geschmack. Er gleicht eher frischem Rahm als Käse und ist nicht mit dem deutschen Doppelrahmfrischkäse zu verwechseln.

Obstkalender

Obstsorte/Obstart	Monat 1	2	3	4	5	6	7	8	9	10	11	12
Kernobst												
Äpfel	●	●	●	●	○	○	■ ○	■ ●	■ ●	■ ●	●	●
Birnen	○	○	○	○	○	○	○	■ ○	■ ●	■ ●	●	●
Quitten									■ ●	■ ●	■ ●	
Steinobst												
Aprikosen					○	●	■ ●	■ ●	○			
Kirschen, süß					○	■ ●	■ ●	○				
Kirschen, sauer						○	■ ●	■ ●	○			
Mirabellen						○	■ ●	■ ●	○			
Nektarinen				○	○	●	●	■ ●	■ ○	○	○	
Pflaumen						○	■ ●	■ ●	■ ●	○		
Pfirsiche				○	○	●	●	■ ●	■ ○	○	○	
Reineclauden						○	■ ●	■ ●	○			
Zwetschen						○	■ ●	■ ●	■ ●	○		
Beerenobst												
Brombeeren							○	■ ●	■ ●	○		
Erdbeeren			○	○	●	■ ●	■ ●	○			○	○
Heidelbeeren						○	■ ●	■ ●	○			
Himbeeren						■ ○	■ ●	■ ●	○			
Holunderbeeren								○	■ ●	○		
Johannisbeeren						■ ○	■ ●	■ ●				
Preiselbeeren					○	○	■ ○	■ ●	■ ●	●	○	
Stachelbeeren						■ ●	■ ●	■ ●				
Weintrauben	○	○	○	○	○	○	●	●	●	●	○	○
Südfrüchte												
Ananas	●	●	●	●	○	○	○	○	●	●	●	●
Avocados	●	●	●	●	○	○	○	○	○	●	●	●
Bananen	●	●	●	●	●	●	●	●	●	●	●	●
Kiwi	●	●	●	●	●	●	●	●	●	●	●	●
Zitrusfrüchte												
Apfelsinen	●	●	●	●	●	●	○	○	○	○	●	●
Clementinen	○	○	○							○	○	○
Grapefruits	●	●	●	●	○	○	○	○	○	●	●	●
Satsumas	○	○	○							○	○	○
Zitronen	●	●	●	●	●	●	●	●	●	●	●	●
Samen-/Schalenobst												
Haselnüsse	○	○							■ ●	■ ●	●	●
Walnüsse	●	○							■ ●	■ ●	●	●
Esskastanien	●	○							■ ●	■ ●	●	●

Diese Übersicht zeigt, in welchen Monaten des Jahres (1 – 12) Obst in reichhaltigen Mengen (●) oder in geringen Mengen (○) angeboten wird und wann Obst aus einheimischem Anbau (■) zu haben ist.

Obst

Als Obst werden die essbaren Früchte und Samen mehrjähriger Pflanzen bezeichnet. Obst ist ein wichtiger Vitamin- und Mineralstofflieferant. Wegen des hohen Gehalts an Wasser und Ballaststoffen ist es für die Ernährung von besonderer Bedeutung. Darüber hinaus enthält Obst viele unterschiedliche Geschmacks- und Aromastoffe, die den Appetit anregen. Mit Obst lässt sich der Speiseplan abwechslungsreich und gesund gestalten.
Der Gehalt an Vitaminen und Mineralstoffen von Obst wird nicht nur von der Sorte beeinflusst, sondern auch von den Lagerbedingungen, der Lagerdauer und der Zubereitungsart. Rohes, frisches Obst ist daher am besten geeignet. Es ist fast das ganze Jahr über erhältlich, vor allem Äpfel und die meisten Südfrüchte, siehe Übersicht „Obstkalender".

Kalte Süßspeisen

Flammeris sind gekochte, meist kalt gestürzte Süßspeisen. Sie werden aus Milch oder Fruchtsaft hergestellt und mit Speisestärke, Grieß, Reis oder Sago gebunden. Die Masse kann mit Eigelb legiert und mit Eischnee gelockert werden. Seit die Industrie für die Zubereitung von Flammeris „Puddingpulver" anbietet, hat sich in der Umgangssprache für diese Süßspeise fälschlicherweise der Name Pudding eingebürgert.

Flan

West- und südeuropäische Bezeichnung für eine feine Süßspeise. Ursprünglich zubereitet aus Milch, Eigelb, Zucker und Geschmacksstoffen. Ein Flan wird immer im Wasserbad gegart. Heute wird dem Dessert eine kleine Menge Stärkemehl oder Agar-Agar zum Binden zugesetzt.

Abgeschlagene Cremespeisen werden aus Milch, Fruchtsaft oder Wein hergestellt. Die Bindung erfolgt durch eine größere Menge Eigelb oder durch ganze Eier, wodurch die Süßspeise eine feine, lockere Beschaffenheit erhält. Damit das Eigelb nicht gerinnt, wird die Creme durch Abschlagen zubereitet. Abgeschlagene Cremespeisen werden meist mit Gelatine gebunden und mit Schlagsahne verfeinert.

Kalt gerührte Cremespeisen und **Gelees** werden auf kaltem Wege zubereitet und sind schnell servierfähig. Wenn sie mit Fruchtsaft, Früchten, Wein, Milch oder Joghurt hergestellt werden, erhalten Cremespeisen oder Gelees ihre Festigkeit vorwiegend durch Gelatine. Süßspeisen aus Quark oder Mascarpone benötigen meist keine Bindung.
Kalt gerührte Cremespeisen können mit einer größeren Menge Eigelb zubereitet, mit Eischnee gelockert und mit Schlagsahne verfeinert werden. Dabei ist darauf zu achten, dass nur sehr frische Eier verwendet werden und die Speise bis zum Verzehr kalt gestellt wird. In der

Gemeinschaftsverpflegung sollten rohe Eier generell gemieden, bzw. die gesetzlichen Bestimmungen beachtet werden.

Obstgrützen entstehen aus gekochten Früchten und Fruchtsaft und werden mit Speisestärke oder Sago gebunden. Geeignet sind frische oder gefrorene Beeren, z.B. Himbeeren, Johannisbeeren, Brombeeren sowie entsteinte, süße Kirschen und Rhabarber. Obstgrützen schmecken besonders gut, wenn verschiedene Obstsorten gemischt verwendet werden.

Kompotte entstehen aus gedünstetem Obst. Es bleibt in Stücken erhalten. Geeignet sind saftreiche Sorten, z.B. Beeren, Kirschen, Rhabarber, oder weniger saftreiche Sorten, z.B. Äpfel, Birnen, Aprikosen, Pflaumen.

Mus entsteht, wenn Früchte, meist Äpfel, musig gekocht und anschließend püriert oder passiert werden.
Da nicht alle Obstsorten, z.B. Rhabarber, für den Rohverzehr geeignet sind und manche erst durch die Wärmeeinwirkung leichter verdaulich werden, sind Kompott oder Mus eine Alternative zu frischem Obst. Sie werden nicht nur als erfrischende Nachspeise gereicht, sondern sind auch als Beigabe zu Wild- und Geflügelgerichten beliebt.

Obstsalate sind ein Gemisch aus mehreren Obstarten. Frisches Obst entsprechend der Jahreszeit eignet sich besonders gut, aber auch gefrorene und eingekochte Früchte können verwendet werden.

Eisspeisen

Cremeeis ist ein Speiseeis, das aus einer abgeschlagenen Vanillecreme besteht und durch Geschmackszutaten verändert werden kann. Gelatine begünstigt das schnelle Einfrieren. Seine cremige Beschaffenheit erhält es durch Umrühren während des Gefrierens.

Fruchteis ist ein Speiseeis, das aus pürierten Früchten besteht. Bei Safteis wird dieses Fruchtmark durch Fruchtsaft ersetzt. Gelatine begünstigt das schnelle und gleichmäßige Einfrieren. Durch Zugabe von Eischnee erhalten Frucht- und Safteis eine zarte, geschmeidige Beschaffenheit. Mit Schlagsahne kann das Eis verfeinert werden. Seine gleichmäßige Konsistenz entsteht durch Umrühren während des Gefrierens.

Parfait ist ein Speiseeis, bei dem schaumig geschlagenes Eigelb und Schlagsahne die cremige Grundmasse bilden, die mit Geschmackszutaten, Fruchtmark oder Fruchtsaft verändert werden kann. Nach der vorherrschenden Zutat erhält das Parfait seine Bezeichnung. Parfait wird in einer Kastenform ohne Umrühren eingefroren, als Halbgefrorenes gestürzt und in Scheiben geschnitten serviert.

Sorbet ist ein halbgefrorenes, wenig gesüßtes Eis aus Fruchtmus oder Fruchtsaft, das als Erfrischung zwischen zwei Menügängen oder als Dessert gereicht wird.
Sorbet kann auch als Eisgetränk serviert werden, wenn es mit kaltem Fruchtsaft, Sekt, Wein oder mit Sodawasser und einer zum Fruchtsaft passenden Spirituose aufgefüllt wird.

Granité ist ein Eisdessert aus trockenem Wein – und evtl. säuerlichen Früchten –; es ist nur schwach gesüßt, so dass die Masse beim Gefrieren kristallisiert und körnig wird.

Mischgetränke

Sie bestehen aus verschiedenen Flüssigkeiten und Geschmackszutaten und können ohne und mit Alkohol zubereitet werden.
Alkoholfreie Mischgetränke haben als Grundzutat meistens Obst- und Gemüsesaft. Bei Milch-Mischgetränken werden Milch, Kefir, Buttermilch mit Fruchtsaft oder Püree aus Obst und Gemüse gemixt.

Shakes (engl.: geschüttelte Mischgetränke) sind mit Speiseeis gemixte Milch-Mischgetränke.

Eiscremesoda ist ein Getränk, bei dem Speiseeis mit Soda- oder kohlesäurehaltigem Mineralwasser aufgefüllt wird.

Alkoholfreie Cocktails bestehen aus einer Mischung verschiedener Säfte, die mit Gewürzen und Kräutern abgeschmeckt wird. Sie können als „Longdrink" und im Sommer auch anstelle der Suppe als Vorspeise gereicht werden.

Bowlen sind ein Gemisch aus Wein und reifen, aromareichen, schwach gesüßten Früchten, das kurz vor dem Servieren mit gekühltem Sekt oder Mineralwasser aufgefüllt wird.

Wie viel darf es sein?

Süßspeisen- und Getränkeart	für 4 Portionen ausgehend von
Flammeri	½ l Flüssigkeit
Cremespeise	½ l Flüssigkeit
Gelee	½ l Flüssigkeit
Obstsalat	750 g Früchte
Kompott	500 – 750 g Früchte
Obstgrütze	½ l Flüssigkeit oder 500 g Früchte
Eisspeise	¼ l Flüssigkeit oder 500 g Früchte
Mischgetränk	1 l Flüssigkeit

Damit es leichter geht

Ein **hoher Kochtopf** ist für die Zubereitung von abgeschlagenen Cremespeisen und Flammeris empfehlenswert, da die Milch beim Abschlagen bzw. Ankochen hochsteigt.
Auf der **Kochstelle** lassen sich abgeschlagene Cremespeisen ohne Wasserbad problemlos herstellen, da die mittlere Wärmezufuhr genau eingestellt werden kann.
Im **Dampf-Gargerät** kann Obst nährstoffschonend und bequem als Kompott oder Mus zubereitet werden. Soll das Obst im eigenen Saft oder mit anderer Flüssigkeit zubereitet werden, sind ungelochte Behälter zu verwenden.
Die **Rührwerkzeuge** der Handküchenmaschine und Standküchenmaschine erleichtern das Herstellen von abgeschlagenen und kaltgerührten Cremespeisen, Eischnee, Schlagsahne sowie Mischgetränken.
Mit der **Reibscheibe** des Schnitzelwerks lassen sich Schokolade und Nüsse mühelos reiben.
Mixer, Schnellmixstab oder **Stabmixer** erleichtern die Herstellung von Mischgetränken; Obst wird gleichmäßig damit püriert.
Entsafter entsaften Obst und Gemüse, z. B. für den Sportlercocktail, schnell und ergiebig.
Mit einer **Zitruspresse** lassen sich Zitrusfrüchte, wie Zitronen und Orangen, für Cremespeisen oder Mischgetränke ergiebig, schnell und kraftsparend auspressen.
In einer **Eismaschine** lässt sich Speiseeis mühelos und mit gleichmäßiger Beschaffenheit zubereiten.
Mit einem **Sparschäler** können Früchte, z. B. Äpfel, Birnen und Quitten, mit wenig Abfall geschält werden.

Praktische Hinweise

- Süße Sahne zur Lockerung, Verfeinerung und Verzierung immer steif geschlagen verwenden. Damit eine formbeständige Schaummasse entsteht, sollte die Sahne frisch und sehr kalt sein. Deshalb Rührschüssel und -werkzeuge vor dem Schlagen kalt stellen. Die Sahne kurz und kräftig schlagen, denn durch zu langes Schlagen entsteht „Butter". Die geschlagene Sahne locker mit einem Schneebesen unter die kalte Speise heben und nicht unterrühren, damit sie nicht zusammenfällt.
- Eiklar und Sahne mit denselben Rührwerkzeugen nacheinander schlagen. Damit das Steifwerden von Eischnee nicht durch Fettanteile aus der Sahne verhindert wird, zuerst das Eiklar, dann die Sahne schlagen; siehe „Eischnee bereiten" Seite 291.
- Bindemittel entsprechend seiner Eigenschaft verwenden, siehe „Binden" Seite 130.
- Zitronen- oder Orangenschale nur von unbehandelten Früchten verwenden.

Flammeris
- Damit der Flammeri gestürzt werden kann, muss der Eischnee gegart werden. Dazu den steif geschlagenen Eischnee locker unter die noch kochend heiße Masse heben. Er kann sich dann nicht mehr absetzen.
- Soll der Flammeri gestürzt werden, Schüssel, Form oder Portionsschälchen vor dem Einfüllen der heißen Flammerimasse mit kaltem Wasser ausspülen.
- Die Servierplatte vor dem Stürzen mit kaltem Wasser abspülen, denn dann kann der Flammeri leichter in den Mittelpunkt der Platte bewegt werden.

Abgeschlagene Cremespeisen
- Nur Kochgeschirr aus Edelstahl oder emailliertem Stahl verwenden, damit keine Verfärbungen in der Süßspeise entstehen.
- Beim Abschlagen richtige Arbeitsweise beachten, siehe „Abschlagen" Seite 341.

Kalt gerührte Cremespeisen
- Gelatine entsprechend ihren Eigenschaften verwenden, siehe „Gelatine" Seite 348.

Kompott und Mus
- Saftreiches Obst, wie Beeren, Rhabarber und Kirschen, vor der Zubereitung mit Zucker überstreuen und kurze Zeit stehen lassen, bis sich etwas Saft gebildet hat. Im eigenen Saft dünsten. So bleiben Form, Farbe, Aroma und Geschmack der Früchte weitgehend erhalten.
- Weniger saftreiches Obst, das seine helle Farbe verliert, wie Äpfel, Birnen oder Pfirsiche, mit wenig Zuckerwasser dünsten. So wird ein Verfärben verhindert.
- Obst nicht sprudelnd kochen, da die Fruchtstücke sonst musig werden.

Obstsalate
- Obst im Ganzen waschen, um ein Auslaugen der Inhaltsstoffe so gering wie möglich zu halten.
- Das schnelle Braunwerden von Äpfeln, Birnen und Bananen durch übergeträufelten Zitronensaft verhindern.
- Soll die Haut z.B. von Pfirsichen oder Mandeln entfernt werden, Lebensmittel abwällen: mit siedendem Wasser überbrühen, nach ca. 2 Minuten das Wasser abgießen und Früchte mit kaltem Wasser abschrecken; dann lässt sich die Haut leicht abziehen.
- Zu aromatischen und saftreichen Früchten Zucker sparsam zugeben, denn er benötigt Flüssigkeit, um sich zu lösen und entzieht sie den Früchten; das kann ihr Aussehen und Aroma beeinträchtigen.

Eisspeisen

- Das Gefrieren der Eismasse ist von ihrem Zuckergehalt abhängig: Zu wenig Zucker ergibt eine grobkörnige, kristalline Eismasse, zuviel Zucker erschwert das Gefrieren. Deshalb die angegebene Zuckermenge genau einhalten.
- Zur Eisbereitung im Verdampferfach des Kühlschrankes vorher am Temperaturwähler die „kälteste" Einstellung einstellen, damit das Eis schnell gefriert.
- Das Speiseeis zwischendurch umrühren, damit es gleichmäßig einfriert. Speiseeis, das mit Sahne zubereitet wird, ist in ca. 2–3 Stunden gefroren, Fruchteis in ca. 3–4 Stunden.

Mischgetränke

- Mischgetränke gelingen am besten, wenn die einzelnen Zutaten schon vor dem Mischen gut gekühlt wurden.
- Bei Frucht-Milchgetränken sollte der Fruchtsaft unter ständigem Rühren der Milch zugegeben werden, damit die Milch nicht gerinnt.
- Milch-Mischgetränke sollten sofort serviert werden, da sie sich sonst absetzen oder grobflockig gerinnen.
- Für Bowle nur naturreine, leichte und trockene Weine verwenden.
- Damit die Bowle bekömmlich bleibt, mit Zucker sparsam umgehen und den Zuckergehalt der Früchte berücksichtigen.
  Fertige Bowle – falls nötig – nur mit Zuckerlösung nachsüßen. Für die Zuckerlösung 100 g Zucker mit 1/8 l Wasser aufkochen und rühren, bis der Zucker aufgelöst ist. Vor Zugabe zur Bowle erkalten lassen.
- Vollreife, tadellose und aromatische Früchte sind für Bowlen am besten geeignet.
- Die Bowle gelingt am besten, wenn das Obst rechtzeitig mit wenig Wein angesetzt und der gut gekühlte Sekt erst unmittelbar vor dem Servieren zugesetzt wird.

Verfeinern, garnieren, abrunden

- Süßspeisen können – je nach Art – mit kalten oder warmen süßen Soßen, siehe Kapitel „Soßen" S. 124, flüssiger oder geschlagener Sahne, Fruchtsaft oder Kompott, Waffeln, Hörnchen oder Kleingebäck gereicht werden.
- Zum Garnieren eignen sich die Zutaten, die in der Speise enthalten sind, oder Sahnetupfen, Schokoladenraspel, Nüsse und Krokant. Weitere Anregungen siehe „Zutaten zum Garnieren" Seite 409 und „Gespritzte Garnituren" Seite 418.

Übrigens

Warme Süßspeisen finden sich in verschiedenen anderen Kapiteln

- Süße Klöße, siehe „Klöße und Knödel" Seite 216.
- Omeletts und Pfannkuchen, siehe „Eierspeisen" Seite 286.
- Süße Aufläufe, siehe „Aufläufe" Seite 298.

Vanilleflammeri

S ■■ G

½	**Vanilleschote** oder 1 Vanillinzucker
½ l	**Milch**
2 EL	**Zucker**
1 Prise	**Salz**
40 g	**Speisestärke**
1	**Eigelb**
1	**Eiweiß** sehr frisch

Vanilleschote längs halbieren und Mark herausschaben.
Milch – etwas zum Anrühren der Speisestärke zurücklassen – mit Zucker, Salz, Vanillemark und -schote **ankochen**. Vanilleschote herausnehmen.
Speisestärke mit Milch und Eigelb verquirlen, einrühren und in der **Nachwärme** fertig garen, die Masse muss hochsteigen.
Eiweiß steif schlagen und locker unterheben. In eine Schüssel füllen und erkalten lassen.
Mit Fruchtsaft, Kompott oder Schokoladensoße reichen.

Veränderung:

Äpfel in Vanilleflammeri: Eine tiefe Servierplatte mit Keksen oder Biskuits auslegen. Kekse mit Rum beträufeln. 6–8 in Weißwein gedünstete abgetropfte Apfelhälften mit der Rundung nach oben auf die Kekse legen. Zwischenräume mit Vanilleflammeri auffüllen, die Äpfel sollen noch herausschauen. Nach dem Erkalten die Äpfel mit etwas Konfitüre garnieren.

Tipp:

Gezuckerte rohe oder gedünstete Früchte in eine Glasschüssel legen und den Flammeri vorsichtig darüber füllen. Bei Verwendung von gefrorenem Obst den Flammeri über die unaufgetauten Früchte füllen.

Strom-Spar-Tipp

Nachwärme ausnutzen

Schokoladenflammeri

S ■■

50 g	**Schokolade** oder 30 g Kakao
1 TL	**Pulverkaffee**
40–50 g	**Zucker**
1 Prise	**Salz**
2–3	**Tropfen Bittermandelöl**
1 EL	**gehackte Mandeln**
½ l	**Milch**
40 g	**Speisestärke**

Schokolade, Kaffee, Zucker, Salz, Mandelöl und Mandeln in einen Kochtopf geben. Milch – etwas zum Anrühren der Speisestärke zurücklassen – unter Rühren zugießen und **ankochen**.
Speisestärke mit Milch verquirlen, einrühren und in der **Nachwärme** fertig garen, die Masse muss hochsteigen.
In eine Schüssel füllen, erkalten lassen.
Mit Sahnetupfen garnieren oder mit Vanillesoße reichen.

Rhabarberflammeri

S ■■

500 g	**Rhabarber**
125 g	**Zucker** oder Apfeldicksaft
1 Stück	**Zitronenschale**
¼ l	**Wasser**
50 g	**Speisestärke**
¼ l	**Apfelwein** oder Apfelsaft
1	**Eigelb**
1	**Eiweiß** sehr frisch

Rhabarber waschen, beide Enden abschneiden, von dicken Stangen Haut abziehen, Rhabarber in Stücke schneiden.
Mit Zucker, Zitronenschale und Wasser **ankochen**, Zitronenschale herausnehmen.
Speisestärke mit Wein und Eigelb verquirlen, einrühren und in der **Nachwärme** fertig garen, die Masse muss hochsteigen.
Eiweiß steif schlagen und locker unterheben. In eine Schüssel füllen und kalt stellen.
Mit Vanillesoße oder gesüßter Milch reichen.

Grießflammeri

■ ■

½ l	**Milch**
2 EL	**Zucker**
	abgeriebene Zitronenschale unbehandelt
1 Prise	**Salz**
1 EL	**gehackte Mandeln**
2–3	**Tropfen Bittermandelöl**
50 g	**Grieß**
1	**Eigelb**
1 EL	**Wasser**
1	**Eiweiß** sehr frisch

Milch mit Zucker, Zitronenschale, Salz, Mandeln und Mandelöl **ankochen**, Grieß unter Rühren einstreuen und 5–10 Minuten in der **Nachwärme** quellen lassen.
Eigelb mit Wasser verrühren und unter den heißen Brei rühren.
Eiweiß steif schlagen und locker unterheben. In eine Schüssel füllen oder zum Stürzen in eine mit kaltem Wasser ausgespülte Form geben und erkalten lassen.
Mit Fruchtsaft, Kompott oder Schokoladensoße reichen.

Karamellflammeri

S ■ ■

60 g	**Zucker**
4 EL	**heißes Wasser**
½ l	**Milch**
40 g	**Zucker**
1 Prise	**Salz**
1	**Vanillinzucker**
40 g	**Speisestärke**
1	**Eigelb**
1	**Eiweiß** sehr frisch

Zucker in einen breiten Kochtopf streuen und unter Rühren **bräunen**. Topf von der Kochstelle ziehen und vorsichtig das heiße Wasser zugießen.
Milch – etwas zum Anrühren der Speisestärke zurücklassen – **ankochen**, mit Zucker, Salz und Vanillinzucker zu dem gebräunten Zucker geben, **aufkochen**.
Speisestärke mit Milch und Eigelb verquirlen, einrühren und in der **Nachwärme** fertig garen, die Masse muss hochsteigen.
Eiweiß steif schlagen und locker unterheben. In eine Schüssel füllen und erkalten lassen.
Mit Vanillesoße, ungeschlagener süßer Sahne oder Milch reichen.

Tipp:

- Der Zucker muss eine schöne braune Farbe haben. Wird er zu dunkel, schmeckt die Speise bitter, bleibt er zu hell, ist der Geschmack nicht kräftig genug.
- Wasser und Milch sehr vorsichtig zugießen, da sich viel Dampf entwickelt. Eventuell Topfdeckel schräg auflegen und Flüssigkeit durch den Spalt zugießen.

Spanischer Flan

■ ■ D

¼ l	**Milch**
¼ l	**süße Sahne**
3	**Eier**
30 g	**Zucker**
Karamell:	
10 g	**Zucker**
1 TL	**Wasser**

Milch und Sahne lauwarm **erwärmen**. Eier mit Zucker schaumig rühren, mit Milchsahne verrühren.
Zucker mit Wasser **aufkochen** und unter Rühren so lange **erhitzen**, bis der Karamell braun ist. Karamell in 4 feuerfeste Portionsförmchen gießen und Milchsahne darüber geben.
Förmchen in eine mit Wasser gefüllte Fettpfanne stellen und backen.
Flan gut auskühlen lassen. Auf Teller stürzen.

einsetzen:	untere Einschubleiste	
backen:	180–200 °C	35–40 Minuten
	0	5–10 Minuten

Bayrische Creme

■■

½	**Vanilleschote**
¼ l	**Milch**
2	**Eigelb**
50 g	**Puderzucker**
3 Blatt	**Gelatine** weiß
2	**Eiweiß** sehr frisch
¼ l	**süße Sahne**
300 g	**Himbeeren**
50 g	**Puderzucker**

Vanilleschote längs halbieren und Mark herausschaben.
Milch, Eigelb, Puderzucker und Vanillemark in einem hohen Kochtopf verrühren und **abschlagen**, bis die Masse dickflüssig und schaumig wird und hochsteigt. Den Kochtopf sofort von der Kochstelle nehmen.
Gelatine nach Herstellerangabe vorbereiten und unter schnellem Rühren in der heißen Creme auflösen. Masse kalt stellen.
Eiweiß und Sahne nacheinander steif schlagen. Wenn die Masse anfängt dicklich zu werden, zuerst Sahne, dann Eischnee locker unterheben. In eine Schüssel oder Portionsschälchen füllen und kalt stellen.
Himbeeren passieren und Puderzucker zugeben. Nach dem Erstarren der Creme Himbeermark darüber verteilen.

Welfencreme

Vanilleflammeri:	
½	**Vanilleschote**
½ l	**Milch**
2 EL	**Zucker**
1 Prise	**Salz**
40 g	**Speisestärke**
3	**Eiweiß** sehr frisch
Weinschaum:	
3	**Eigelb**
80 g	**Zucker**
¼ l	**Weißwein**
	abgeriebene Zitronenschale unbehandelt
1 EL	**Zitronensaft**
1 EL	**Speisestärke**

Für den Vanilleflammeri Vanilleschote längs halbieren und Mark herausschaben. Milch – etwas zum Anrühren der Speisestärke zurücklassen – Zucker, Salz, Vanillemark und -schote **ankochen**. Vanilleschote herausnehmen.
Speisestärke mit Milch verquirlen, einrühren, in der **Nachwärme** fertig garen, die Masse muss hochsteigen. Eiweiß steif schlagen und locker unterheben. Die heiße Masse in eine Glasschüssel oder Gläser füllen und kalt stellen.
Für den Weinschaum alle Zutaten in einem hohen Kochtopf verrühren und **abschlagen**, bis die Masse schaumig wird und hochsteigt. Kochtopf sofort von der Kochstelle nehmen, den Weinschaum abkühlen lassen, löffelweise auf den Vanilleflammeri füllen und kalt stellen.

Tipp:

- Die große Menge Eischnee schnell unter die heiße Masse heben und darin garen, da sonst der Vanilleflammeri nach längerem Stehen wieder flüssig wird.
- Den Weinschaum nicht auf den abgekühlten Vanilleflammeri gießen, sondern vorsichtig mit einem Löffel oder einer Kelle auffüllen, damit er sich nicht mit dem Vanilleflammeri vermengt.

Abschlagen

Feine, lockere Suppen, Soßen oder Cremespeisen erhalten ihre entsprechende Beschaffenheit durch eine größere Menge Eier. Das Binden dieser Speisen erfolgt entweder nur durch die Eier oder zusätzlich mit ein wenig Speisestärke. Damit das Eigelb nicht gerinnt, wird die Speise durch Abschlagen zubereitet, ein schonendes Garverfahren auf der Kochstelle, bei dem die Masse nicht kochen darf.

Dazu die rohen Zutaten in einem hohen Kochtopf verrühren und auf der Kochstelle bei mittlerer Wärmezufuhr unter ständigem Rühren abschlagen, bis eine dickflüssige, schaumige Masse entsteht.

Bei mit Eigelb gebundenen Speisen ist der Garvorgang damit beendet. Bei zusätzlich mit Speisestärke gebundenen Speisen muss noch das Hochsteigen der Masse abgewartet werden, erst jetzt ist die Speisestärke gar und verliert den Stärkegeschmack.
Damit die Masse nicht kocht und zusammenfällt, in jedem Fall den Kochtopf rechtzeitig von der Kochstelle nehmen.

Rumcreme

½ l	**Milch**
3	**Eier**
125 g	**Zucker**
4 Blatt	**Gelatine** weiß
⅛ l	**Rum**
¼ l	**süße Sahne**
	Sahnetupfen

Milch, Eier und Zucker in einem hohen Kochtopf verrühren und **abschlagen**, bis die Masse schaumig wird und hochsteigt. Kochtopf sofort von der Kochstelle nehmen.
Gelatine nach Herstellerangabe vorbereiten und unter schnellem Rühren in der heißen Creme auflösen. Rum unterrühren und Creme kalt stellen.
Sahne steif schlagen. Wenn die Masse anfängt, dicklich zu werden, Sahne locker unterheben. In eine Schüssel oder Portionsschälchen füllen und kalt stellen.
Nach dem Erstarren mit Sahne garnieren.

Abgeschlagene Weincreme

⅜ l	**Wasser**
⅛ l	**Weißwein**
	abgeriebene Zitronenschale unbehandelt
2 EL	**Zitronensaft**
4	**Eigelb**
100 g	**Zucker**
1 Prise	**Salz**
6 Blatt	**Gelatine** weiß
4	**Eiweiß** sehr frisch
	Makronen

Wasser und Wein mit Zitronenschale und -saft, Eigelb, Zucker und Salz in einem hohen Kochtopf verrühren und **abschlagen**, bis die Masse schaumig wird und hochsteigt. Kochtopf sofort von der Kochstelle nehmen.
Gelatine nach Herstellerangabe vorbereiten und unter schnellem Rühren in der heißen Creme auflösen. Ab und zu umrühren, bis die Creme etwas abgekühlt ist, dann kalt stellen. Wenn die Masse anfängt, dicklich zu werden, Eiweiß steif schlagen und locker unterheben. In vier Portionsschälchen oder eine große Schüssel füllen.
Nach dem Erstarren mit Makronen oder Sahnetupfen garnieren.

Veränderung:
Apfelsaftcreme: Statt Wasser und Wein ½ l Apfelsaft verwenden.

Abgeschlagene Orangencreme

6 EL	**Orangensaft**
2 EL	**Zitronensaft**
¼ l	**Weißwein** oder Traubensaft
3	**Eier**
150 g	**Zucker**
1 Prise	**Salz**
3 Blatt	**Gelatine** weiß
¼ l	**süße Sahne**
	Sahnetupfen
	Borkenschokolade

Orangensaft, Zitronensaft, Weißwein, Eier, Zucker und Salz in einem hohen Kochtopf verrühren und **abschlagen**, bis die Masse schaumig wird und hochsteigt. Kochtopf sofort von der Kochstelle nehmen.
Gelatine nach Herstellerangabe vorbereiten und unter schnellem Rühren in der heißen Creme auflösen. Masse kalt stellen.
Sahne steif schlagen. Wenn die Masse anfängt, dicklich zu werden, Sahne locker unterheben. In eine Schüssel oder Portionsschälchen füllen und kalt stellen.
Nach dem Erstarren mit Sahnetupfen und Borkenschokolade garnieren.

Veränderung:
Russische Creme: Statt 3 Blatt 4 Blatt Gelatine in der heißen Creme auflösen, danach 2–4 EL Rum zugeben, kalt stellen.

Schwarzwaldbecher

S

375 – 500 g	**entsteinte Sauerkirschen** aus dem Glas
4 EL	**Kirschwasser** nach Belieben
100 g	**Bitterschokolade**
500 g	**Quark**
⅛ – ¼ l	**Milch**
100 g	**Zucker**
1	**Vanillinzucker**
1 Prise	**Salz**
	Kirschen · Sahnetupfen

Kirschen abtropfen lassen, mit Kirschwasser beträufeln und durchziehen lassen.
Schokolade raspeln oder reiben.
Quark mit Milch, Zucker, Vanillinzucker und Salz schaumig rühren.

In Gläser oder eine Glasschüssel abwechselnd Quarkmasse, Kirschen und Schokolade einschichten und kalt stellen.
Mit Kirschen und Sahnetupfen garnieren.

Veränderung:

Westfälische Quarkspeise: Quarkmasse abwechselnd mit geriebenem Pumpernickel und Sauerkirschen einschichten.

Schwarzwaldbecher

Quarkspeise

S

375 g	**Quark**
1	**Vanillinzucker**
50 g	**Zucker**
	abgeriebene Zitronenschale unbehandelt
1 Prise	**Salz**
⅛ l	**Milch**
⅛ l	**süße Sahne**
	Früchte roh, gefroren oder gedünstet oder Rumfrüchte

Quark mit Vanillinzucker, Zucker, Zitronenschale, Salz und Milch schaumig rühren.
Sahne steif schlagen, locker unterheben. Vorbereitete Früchte abtropfen lassen, abwechselnd mit der Quarkmasse in eine Glasschüssel schichten und kalt stellen.
Mit Früchten garnieren, bald servieren.

Joghurt-Mousse mit Fruchtsoße

■ ■

150 g	**Joghurt**
150 g	**Crème fraîche**
3–4 EL	**Zitronensaft**
50 g	**Puderzucker**
3 Blatt	**Gelatine** weiß
2	**Eiweiß** sehr frisch
20 g	**Zucker**
⅛ l	**süße Sahne**
Fruchtsoße:	
300 g	**Aprikosen**
¼ l	**Orangensaft**
1–2 EL	**Zitronensaft**
	nach Belieben: **Zucker**
1–2	**Tropfen Bittermandelaroma**

Joghurt, Crème fraîche, Zitronensaft und Puderzucker verrühren.
Gelatine nach Herstellerangabe vorbereiten, auflösen, unter schnellem Rühren zugeben und kalt stellen.
Eiweiß steif schlagen, Zucker nach und nach unterrühren, bis der Eischnee cremig ist. Sahne steif schlagen. Wenn die Joghurtmasse anfängt, dicklich zu werden, zuerst Sahne, dann Eischnee locker unterheben. In eine Schüssel füllen und kalt stellen.
Für die Fruchtsoße Aprikosen pürieren, Orangensaft und Zitronensaft unterrühren. Nach Belieben mit Zucker und Bittermandelaroma abschmecken.
Mit zwei nassen Esslöffeln von der Joghurtmousse Klößchen abstechen und mit Fruchtsoße anrichten.

Tipp:

- Joghurtmousse kann auch in Portionsschälchen angerichtet werden.

Joghurtcreme

■ ■

2	**Eigelb** sehr frisch
2 EL	**warmes Wasser**
100 g	**Zucker**
1	**Vanillinzucker**
1 Prise	**Salz**
1	**Zitrone** unbehandelt
400 g	**Joghurt**
1	**Gelatinepulver** weiß
2	**Eiweiß** sehr frisch
	Krokant oder Obst

Eigelb mit Wasser, Zucker, Vanillinzucker und Salz schaumig rühren.
Schale der Zitrone abreiben, Saft auspressen, beides zugeben und Joghurt unterrühren, bis die Masse glatt ist.
Gelatine nach Herstellerangabe vorbereiten, auflösen, unter schnellem Rühren zugeben und kalt stellen.
Wenn die Masse anfängt, dicklich zu werden, Eiweiß steif schlagen und locker unterheben. In eine Schüssel füllen und kalt stellen.
Nach dem Erstarren mit Krokant bestreuen oder mit Obst garnieren.

Tipp:

- Für Cremespeisen nur ganz frische Eier verwenden und die fertige Speise bis zum Verzehr unbedingt kalt stellen!

Herrencreme

2	**Eigelb** sehr frisch
80 g	**Zucker**
1	**Vanillinzucker**
¼ l	**Sherry**
1	**Gelatinepulver** weiß
100 g	**Bitterschokolade**
50 g	**Nüsse**
2	**Eiweiß** sehr frisch
¼ l	**süße Sahne**
	Borkenschokolade

Eigelb mit Zucker und Vanillinzucker schaumig rühren, nach und nach Sherry unterrühren.
Gelatine nach Herstellerangabe vorbereiten, auflösen, unter schnellem Rühren zugeben und kalt stellen.
Schokolade und Nüsse fein reiben, unter die Masse rühren, wenn diese dicklich wird.
Zuerst Eiweiß, dann Sahne steif schlagen. Eischnee und die Hälfte der Sahne locker unterheben. In eine Schüssel füllen und kalt stellen. Nach dem Erstarren mit der restlichen Sahne und zerkleinerter Borkenschokolade garnieren.

Nusscreme

2	**Eigelb** sehr frisch
60 g	**Zucker**
1	**Vanillinzucker**
1 Prise	**Salz**
½ l	**Milch**
1	**Gelatinepulver** weiß
100 g	**geriebene Nüsse**
2	**Eiweiß** sehr frisch
¼ l	**süße Sahne**
	Nüsse

Eigelb mit Zucker, Vanillinzucker und Salz schaumig rühren, nach und nach die Milch unter Rühren zugeben.
Gelatine nach Herstellerangabe vorbereiten, auflösen, unter schnellem Rühren zugeben und kalt stellen.
Wenn die Masse anfängt, dicklich zu werden, Nüsse unterrühren.
Zuerst Eiweiß, dann Sahne steif schlagen. Eischnee und die Hälfte der Sahne locker unterheben. In eine Schüssel füllen und kalt stellen. Nach dem Erstarren mit der restlichen Sahne und Nüssen garnieren.

Tipp:

- Nüsse rösten und abgekühlt unter die Masse mischen, dadurch gewinnt die Creme an Geschmack.

Erdbeercreme

375 g	**Erdbeeren**
	Zucker
1	**Vanillinzucker**
2 Blatt	**Gelatine** weiß
2 Blatt	**Gelatine** rot
¼ l	**süße Sahne**

Beeren waschen, putzen und pürieren. Fruchtmasse mit Zucker und Vanillinzucker abschmecken.
Gelatine nach Herstellerangabe vorbereiten, auflösen, unter schnellem Rühren zugeben und kalt stellen.
Wenn die Masse anfängt, dicklich zu werden, Sahne steif schlagen und die Hälfte der Sahne locker unterheben. In eine Schüssel füllen und kalt stellen.
Nach dem Erstarren mit der restlichen Sahne und Beeren garnieren.

Veränderung:

Himbeercreme: Statt Erdbeeren 375 g Himbeeren verwenden.

Tipp:

- Statt frischer Beeren eingefrorene Früchte verwenden und diese angetaut pürieren.
- Wird die Creme innerhalb ½ Stunde nach der Zubereitung gegessen, kann die Gelatine entfallen.

Tirami su

250 g	**Mascarpone**
50 g	**Zucker**
⅛ l	**starker Kaffee** oder Espresso
2 – 3 TL	**Zucker**
2 EL	**Amaretto** oder Weinbrand oder brauner Rum
150 – 200 g	**Löffelbiskuits**
2 – 3 EL	**Kakao**

Mascarpone und Zucker verrühren.
Kaffee mit Zucker süßen, Amaretto zugeben und erkalten lassen.
Die Hälfte der Löffelbiskuits auf den Boden einer rechteckigen Form mit Rand legen, mit der Hälfte des Kaffees tränken und die Hälfte der Mascarponecreme darüber geben.
Restliche Löffelbiskuits einzeln kurz in den Kaffee tauchen und auf die Creme legen. Restliche Creme darüber verteilen und glatt streichen. Abdecken, mind. 2 – 3 Stunden kalt stellen und durchziehen lassen.
Vor dem Servieren mit Kakaopulver durch ein Teesieb dicht bestäuben.
In Portionen schneiden und je nach Festigkeit mit einem Tortenheber oder Löffel herausheben.
Dazu Espresso oder Cappuccino reichen.

Veränderung:

Tirami su mit Vollkorn-Biskuitboden: 3 Eier, 2 EL Honig, ½ TL Vanillinzucker, 1 Prise Meersalz, 2 EL Wasser, 100 g Weizen-Vollkornmehl, ½ TL Backpulver
Aus den angegebenen Zutaten einen Biskuitteig bereiten, siehe Seite 378, eine Biskuitplatte backen, siehe Biskuitrolle Seite 430, und statt Löffelbiskuits verwenden.

Tirami su

Tipp:

- Tirami su ist eine italienische Süßspeise und heißt übersetzt „Zieh mich hoch" oder „Richte mich auf". Das tut sie auch, denn sie wird aus starkem Kaffee und feinem Mascarpone hergestellt.
- Es empfiehlt sich, Tirami su am Tag vorher zuzubereiten. So ziehen die Biskuits über Nacht durch, die Süßspeise wird saftig und lässt sich besser schneiden.
- Statt Mascarpone können 150 g Sahnequark und 100 g Crème fraîche verwendet werden.
- Statt Löffelbiskuits eignen sich auch Biskuitböden, die je nach benutzter Form zugeschnitten werden.
- Wird Tirami su als Torte hergestellt, ist bei einer Biskuitbodengröße von 24 bis 26 cm Ø die doppelte Menge Mascarponecreme erforderlich. Dazu den Biskuitboden auf eine Kuchenplatte legen, Springformrand herumstellen und füllen. Springformrand erst kurz vor dem Servieren lösen und abheben.

Mousse au chocolat

100 g	**Zartbitterschokolade**
50 ml	**süße Sahne**
2	**Eigelb** sehr frisch
1 EL	**Puderzucker**
2	**Eiweiß** sehr frisch
1 EL	**Puderzucker**
200 ml	**süße Sahne**
	Sahnetupfen
	Schokoladenblättchen

Schokolade in Stücke brechen, in der Sahne **schmelzen** und abkühlen lassen.

Eigelb mit Puderzucker schaumig schlagen, flüssige Schokolade langsam unterrühren.

Eiweiß steif schlagen, Puderzucker unterrühren, bis der Eischnee cremig ist. Sahne steif schlagen. Zuerst Sahne, dann Eischnee locker unter die Schokoladenmasse heben. In eine Schüssel füllen und 2–3 Stunden kalt stellen.

Mit zwei nassen Esslöffeln von der Schokoladenmousse Klößchen abstechen und mit Sahnetupfen und Schokoladenblättchen garnieren.

Tipp:

- Nur ganz frische Eier verwenden und die fertige Mousse bis zum Verzehr kalt stellen.
- Schokoladenmousse kann auch in Portionsschälchen angerichtet werden.
- Anstelle von Zartbitterschokolade weiße Schokolade verwenden.

Gelatine

Das Festigen von bestimmten Speisen, z. B. Sülzen, vielen Süßspeisen und den meisten Tortenfüllungen, ist nur unter Zusatz eines Geliermittels möglich, denn dieses hat die Eigenschaft, Flüssigkeit zu binden, so dass eine gallertartige, steife Masse entsteht. Vielseitig und leicht zu verwenden ist Gelatine, ein eiweißhaltiges, farbloses und geschmacksneutrales Geliermittel, das aus hygienisch einwandfreien Tierknochen und -häuten gewonnen wird. Gelatine ist gemahlen als Pulver oder in Blättern, weiß (farblos) oder rot eingefärbt erhältlich. Sie muss fest verschlossen aufbewahrt werden, denn Feuchtigkeit beeinträchtigt ihre Gelierfähigkeit.
6 Blatt Gelatine entsprechen 1 Päckchen Gelatinepulver, also 10 g gemahlener Gelatine. Blattgelatine ist leichter zu portionieren, da sie abgezählt werden kann.

Die erforderliche Menge an Gelatine ist abhängig von der
- gewünschten Beschaffenheit der Masse
- verwendeten Eier- bzw. Flüssigkeitsmenge
- zur Verfügung stehenden Steifdauer der Speise.

Für ½ l Flüssigkeit bzw. 500 g einer Masse verwendet man:
3 – 6 Blatt Gelatine für nicht gestürzte Speisen
5 – 7 Blatt Gelatine für nicht gestürzte Speisen mit Früchten
6 – 10 Blatt Gelatine für gestürzte Speisen
3 – 10 Blatt Gelatine für Tortenfüllungen.

Gelatine hat folgende Eigenschaften:
- Sie quillt in kalter Flüssigkeit und wird dabei weich.
- Sie löst sich in heißer Flüssigkeit bei ca. 60 °C, wird also flüssig.
- Sie wird steif durch Abkühlen, bindet dabei die Flüssigkeit und bildet so eine Gallerte.
- Sie wird wieder flüssig, wenn sie mit einem eiweißspaltenden Enzym, das in einigen rohen Früchten, z. B. Kiwis, Ananas, Papayas, enthalten ist, zusammenkommt. Deshalb dürfen diese Früchte in Gelatinespeisen nur konserviert, gegart oder blanchiert verwendet werden, da dieses Enzym dann nicht mehr enthalten ist.

Schritt für Schritt

1 Gelatine einweichen und quellen lassen
Blattgelatine bedeckt mit kaltem Wasser 5 – 10 Minuten einweichen und quellen lassen.
Gelatinepulver mit kaltem Wasser – 5 bis 6 Esslöffel auf ein Päckchen – verrühren und quellen lassen.

2.1 Gelatine auflösen und in die kalte Masse rühren
a) Gequollene **Blattgelatine** aus dem Wasser nehmen und leicht ausdrücken, in einen kleinen Kochtopf geben und auf der Kochstelle bei niedriger Einstellung unter Rühren auflösen, bis sie flüssig ist,

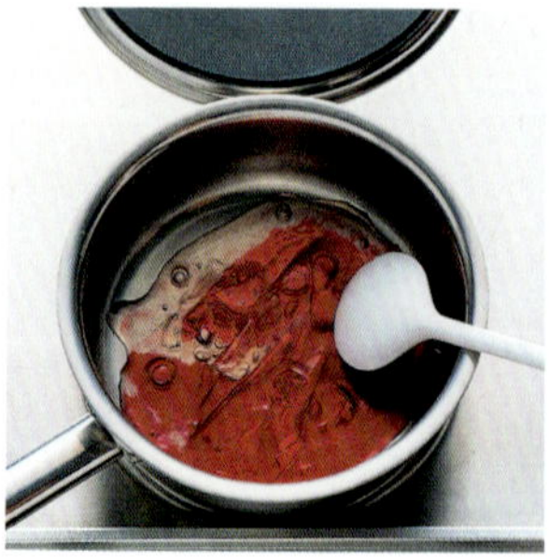

oder Gelatine im Mikrowellengerät auflösen, siehe Seite 56.

Gequollenes **Gelatinepulver** in einen kleinen Kochtopf geben und auf der Kochstelle bei niedriger Einstellung unter Rühren auflösen.

Wird Gelatine beim Auflösen zu stark erhitzt, verliert sie ihre Gelierkraft und ihren neutralen Geschmack.

b) Aufgelöste Gelatine mit 3 Esslöffel der kalten Flüssigkeit oder Masse vermischen, damit sie langsam abkühlt.

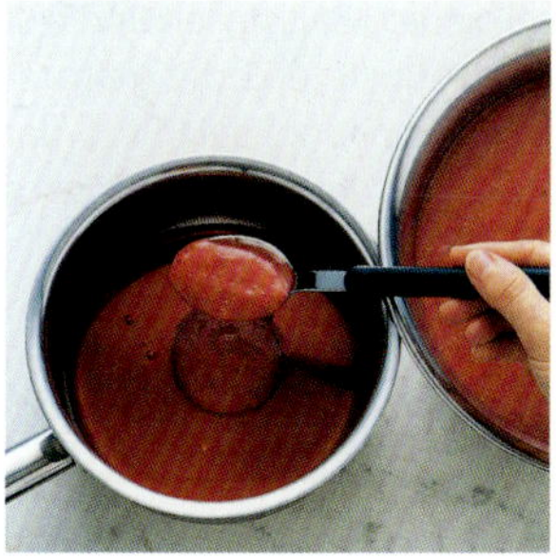

Wird die warme aufgelöste Gelatine sofort in die kalte Flüssigkeit oder Masse gerührt, kühlt sie zu plötzlich ab und bildet Fäden oder Klumpen. Deshalb ist vorher ein Temperaturausgleich erforderlich.

Gelatine unter schnellem Rühren in die Speise geben.

2.2 Gelatine in der heißen Masse auflösen

Hierbei erübrigt sich das vorherige Auflösen der Gelatine auf der Kochstelle oder im Mikrowellengerät.
Die eingeweichte, ausgedrückte **Blattgelatine** oder das gequollene **Gelatinepulver** unter schnellem Rühren direkt in die heiße Flüssigkeit oder Masse geben und so lange weiterrühren, bis sich die Gelatine vollständig aufgelöst und verteilt hat.

3 Gelatinespeisen gelieren lassen

- Gelatinespeisen zum Gelieren kalt stellen, denn bei Zimmertemperatur werden sie nicht fest.
- Rechtzeitig zubereiten, am besten am Tag vorher, da die Gelatinespeise zum Erstarren eine längere Dauer benötigt.
- Eischnee oder steif geschlagene Sahne erst dann unter die Gelatinespeise geben, wenn diese anfängt zu gelieren. Sonst setzt sich die lockere Masse aus Eischnee und Schlagsahne an der Oberfläche ab, und die feste Gelatinemasse sinkt nach unten. Die Gelatinespeise ist dann genug geliert, wenn sich mit dem Löffel eine „Spur" ziehen lässt.

- Gelatinespeisen erst garnieren, wenn sie vollständig fest geworden sind, damit die Garnitur nicht einsinkt.
- Soll die Gelatinespeise gestürzt werden, die Schüssel vor dem Stürzen kurz in heißes Wasser tauchen, damit sich die Speise von der Schüssel löst.

Weingelee

Weingelee

■ ■

⅛ l	**Wasser**
50 g	**Zucker**
	abgeriebene Zitronenschale unbehandelt
3 Blatt	**Gelatine** rot
4 Blatt	**Gelatine** weiß
⅜ l	**Wein**
1 – 2 EL	**Zitronensaft**

Wasser mit Zucker und Zitronenschale **ankochen**, Kochtopf von der Kochstelle nehmen. Gelatine nach Herstellerangabe vorbereiten und unter schnellem Rühren in der heißen Flüssigkeit auflösen. Wein und Zitronensaft zugeben, abschmecken, in eine Schüssel füllen und kalt stellen.
Nach dem Erstarren mit Vanillesoße oder gesüßter Sahne reichen.

Veränderung:
Weingelee mit Obst: Die Hälfte der Flüssigkeit in eine Glasschüssel gießen, kalt stellen und fest werden lassen. Mit gedünsteten oder gefrorenen Obststücken belegen und den Rest der Flüssigkeit übergießen. Ist der Rest der Flüssigkeit zum Gießen zu fest, ihn auf der Kochstelle bei geringer Einstellung unter Rühren nochmals verflüssigen.

Tipp:
- 375 g vorbereitete Äpfel grob raspeln und unter die abgeschmeckte Speise mischen.
- Wein durch Traubensaft ersetzen.

Buttermilchgelee

■ ■

½ l	**Buttermilch**
60 – 80 g	**Zucker**
1	**Vanillinzucker**
3 Blatt	**Gelatine** weiß
3 Blatt	**Gelatine** rot

Buttermilch, Zucker und Vanillinzucker verrühren, bis der Zucker aufgelöst ist.
Gelatine nach Herstellerangabe vorbereiten, auflösen und unter schnellem Rühren zugeben. In eine Schüssel oder Portionsschälchen füllen und kalt stellen.
Nach dem Erstarren mit Vanillesoße reichen.

Tipp:
- Statt rote Gelatine 6 Blatt weiße Gelatine verwenden und entweder 1 EL Rum zugeben oder mit Früchtemus aus Aprikosen, Erdbeeren oder Johannisbeeren servieren.

Kirschgrütze

■ ■ D

500 g	**Sauerkirschen**
¼ l	**Wasser**
80 g	**Zucker** oder Apfeldicksaft
	abgeriebene Zitronenschale unbehandelt oder Zimtstange
40 g	**Sago**

Obst waschen, entsteinen, mit Wasser, Zucker und Zitronenschale **ankochen**, Sago einstreuen, umrühren und etwa 20 Minuten **quellen** lassen, bis er glasig aussieht.
In eine Schüssel füllen, erkalten lassen.
Mit flüssiger süßer Sahne oder Vanillesoße reichen.

Veränderung:
Pflaumengrütze: Statt Sauerkirschen 500 g Pflaumen verwenden.

Rote Grütze von Saft

S ■ ■

½ l	**roter Obstsaft**
	Zucker · Zitronensaft
40 g	**Speisestärke**

Saft – etwas zum Anrühren der Speisestärke zurücklassen – nach Geschmack mit Zucker und Zitronensaft abschmecken und **ankochen**. Speisestärke mit Saft verquirlen, einrühren und in der **Nachwärme** fertig garen, die Masse muss hochsteigen.
In eine Schüssel füllen, erkalten lassen.
Mit Vanillesoße oder flüssiger süßer Sahne reichen.

Rhabarbergrütze

■ ■ D

500 g	**Rhabarber**
¼ l	**Wasser**
1	**Vanillinzucker**
100 g	**Zucker** oder Apfeldicksaft
40 g	**Sago**

Rhabarber waschen, beide Enden abschneiden, von dicken Stangen Haut abziehen, Rhabarber in Stücke schneiden.
Rhabarber mit Wasser, Vanillinzucker und Zucker **ankochen**, Sago einstreuen, umrühren und etwa 20 Minuten **quellen** lassen, bis er glasig aussieht.
In eine Schüssel füllen, erkalten lassen.
Mit Vanillesoße oder flüssiger süßer Sahne reichen.

Veränderung:
Stachelbeergrütze: Statt Rhabarber 500 g Stachelbeeren verwenden. Blüten und Stiele entfernen und Beeren waschen.

Tipp:
- Um den herben Geschmack des Rhabarbers zu mildern, eine in Scheiben geschnittene Banane oder 1–2 EL Erdbeeren mitkochen.
- 1 Eiweiß steif schlagen und unter die noch heiße Grütze rühren.

D Zubereitung empfohlen im **Dampf-Gargerät**
Das Gericht wird besonders nährstoffschonend zubereitet.

Birnenkompott

■■ D

500–750 g	**Birnen**
¼ l	**Wasser**
2–3 EL	**Zucker**
1 Stück	**Zitronenschale** unbehandelt oder Zimtstange

Birnen waschen, Stiel sowie Blüte entfernen und Birnen schälen. Erst kurz vor der Zubereitung halbieren oder vierteln und das Kerngehäuse entfernen.
Birnen mit Wasser, Zucker und Zitronenschale **ankochen** und je nach Birnensorte, Reifegrad und Stückgröße 10–20 Minuten **fortkochen** und 10 Minuten in der **Nachwärme** fertig garen. Zitronenschale herausnehmen.

Veränderung:
Apfelkompott: 500–700 g fest kochende Äpfel, z.B. junger Boskop, Ingrid Marie, Glockenapfel, in Scheiben schneiden. Mit ¼ l–⅜ l Wasser, 3–4 EL Zucker, 1 Stück Zitronenschale und 1–2 EL Sultaninen ankochen und 5–10 Minuten in der Nachwärme fertig garen. Zitronenschale herausnehmen und mit Weißwein oder Rum abschmecken.

Tipp:
- Falls größere Mengen zubereitet werden, die noch unzerteilten Birnen in schwaches Essigwasser legen – auf 1 l Wasser etwa 2 EL Essig –, dann behalten sie ihre helle Farbe.

Apfelmus

S ■■ D

¾–1 kg	**Äpfel**
¼ l	**Wasser** oder Apfelsaft
	abgeriebene Zitronenschale unbehandelt
	Zucker

Äpfel waschen, schälen, in Viertel schneiden, Kerngehäuse entfernen.
Äpfel mit Wasser und Zitronenschale **ankochen** und etwa 10 Minuten in der **Nachwärme** fertig garen.
Die musig gekochten Äpfel pürieren und mit Zucker abschmecken.

Veränderung:
Apfelschnee: 500 g Apfelmus mit Rum abschmecken. 2 Eiweiß steif schlagen und kurz vor dem Servieren locker unterheben.
Rohes Apfelmus: Vorbereitete Apfelstücke mit 4–5 EL Wasser und etwas Zitronensaft oder einer geschälten Apfelsine im Mixer pürieren; der Mixbecher darf nur zur Hälfte gefüllt werden. Apfelmus in eine Schüssel füllen, Zitronenschale und Zucker unterrühren und sofort servieren, da es sich schnell braun färbt.

Tipp:
- Mürbe Apfelsorten verwenden, die leicht zerkochen, z.B. Klarapfel, Boskop, Cox Orange.
- Äpfel nicht schälen und entkernen, wenn sie nach dem Kochen passiert werden.

Backobstkompott

■■ D

250 g	**Backobst**
½–¾ l	**Wasser**
1 Stück	**Zitronenschale** unbehandelt
	Zucker nach Belieben

Backobst waschen, in Wasser mit Zitronenschale mehrere Stunden einweichen, am besten über Nacht. Alles **ankochen** und etwa 10 Minuten in der **Nachwärme** fertig garen. Zitronenschale entfernen. Mit Zucker abschmecken.

Tipp:
- Geeignet sind getrocknete Pflaumen, Aprikosen, Äpfel oder Birnen, auch Mischungen daraus.
- Abgekühltes Backobstkompott mit Zitronensaft, Wein oder Rum abschmecken.

Rhabarberkompott

▪▪ D

1 kg	**Rhabarber**
150 g	**Zucker**

Rhabarberstangen waschen, beide Enden abschneiden. Dicke Stangen längs teilen, dann in Stücke schneiden.
In einen Kochtopf geben, mit Zucker bestreuen und durchschütteln.
Erst wenn sich etwas Saft gebildet hat, Rhabarber ohne oder mit etwa ⅛ l Wasser **ankochen** und 5 Minuten in der **Nachwärme** fertig garen.

Tipp:
- 1 Stück aufgeschnittene Vanilleschote, Zitronenschale oder Stangenzimt mitkochen.
- Da das Kompott trotz reichlicher Zuckerzugabe sehr herb ist – Rhabarber enthält viel Oxalsäure –, andere Früchte mitgaren. Geeignet sind: Eine in Scheiben geschnittene Banane, 2 EL Erdbeeren oder 1–2 Äpfel. Auch einige eingeweichte Trockenpflaumen oder 2 EL Sultaninen binden die Säure und mildern den Geschmack.

Preiselbeerkompott

S ▪▪ D G

500 g	**Preiselbeeren**
⅛ l	**Wasser**
150 g	**Zucker**
1	**Vanillinzucker**

Preiselbeeren verlesen, schnell waschen und abtropfen lassen.
Mit Wasser, Zucker und Vanillinzucker **ankochen** und 5–10 Minuten in der **Nachwärme** fertig garen.

Veränderung:
Preiselbeerkompott mit Äpfeln: 250 g Äpfel oder Birnen und 250 g Preiselbeeren verwenden, mit 75 g Zucker garen.

Pflaumenkompott

S ▪▪ D

500 – 750 g	**Pflaumen**
⅛ – ¼ l	**Wasser**
3 – 4 EL	**Zucker**

Früchte waschen, abtropfen lassen, je nach Größe halbieren und entsteinen.
Mit Wasser und Zucker **ankochen** und 5–10 Minuten in der **Nachwärme** fertig garen.

Veränderung:
Aprikosenkompott: 500–750 g Aprikosen statt Pflaumen verwenden.
Pfirsichkompott: Statt Pflaumen 500–750 g Pfirsiche verwenden.

Tipp:
- Sollen die Früchte ohne Haut gegart werden, Früchte mit kochend heißem Wasser überbrühen, etwa 2 Minuten darin liegen lassen und das Wasser abschütten. Dann die Früchte in einer Schüssel mit kaltem Wasser abschrecken, darin abkühlen lassen, abgießen und die Haut abziehen.
- Bei Pflaumenkompott 1 Stück Zimtstange mitkochen, bei Aprikosen und Pfirsichen 1 Stück Zitronenschale.

D — Zubereitung empfohlen im **Dampf-Gargerät**
Das Gericht wird besonders nährstoffschonend zubereitet.

Obstsalat

S

750 g	**vorbereitete Früchte** Orangen, Bananen, Äpfel, Früchte der Jahreszeit
	Honig oder Zucker
	Zitronensaft
	Nüsse
	süße Sahne nach Belieben

Früchte in Würfel oder Scheiben schneiden. Mit Honig mischen, mit Zitronensaft abschmecken. Nüsse grob zerkleinern, zugeben und Obstsalat abgedeckt im Kühlschrank durchziehen lassen. Nach Belieben geschlagene oder ungeschlagene Sahne dazu reichen.

Festlicher Obstsalat

■ ■

750 g	**gemischte, vorbereitete Früchte**
50 g	**Butter**
4	**Eigelb** sehr frisch
100 g	**Zucker**
3 EL	**Ananassaft**
	Zitronensaft
1 Prise	**Salz**
¼ l	**süße Sahne**
1	**Sahnefestiger**
65 g	**Nüsse**
1 – 2 EL	**Rum** nach Belieben

Früchte in Würfel oder Scheiben schneiden.
Butter **schmelzen**, mit Eigelb, Zucker, Saft und Salz **abschlagen**, bis die Masse hochsteigt. Unter gelegentlichem Umrühren abkühlen lassen und mit den Früchten vermischen.
Sahne mit Sahnefestiger steif schlagen, Nüsse zerkleinern, zufügen und unter die Früchte heben. Nach Belieben Rum zugeben und abschmecken. Mindestens 12 Stunden kalt stellen.
Mit einigen Früchten garnieren.

Exotischer Obstsalat

S

750 g	**vorbereitete Früchte** Kiwis, Mangos, Mandarinen, Bananen
100 g	**Lychees**
100 g	**blaue Trauben**
½	**Ananas**
2 EL	**Zitronensaft**
1	**Vanilleschote**
60 g	**Zucker**
8 EL	**Orangensaft**
4 EL	**Limettensaft**

Die vorbereiteten Früchte in Würfel oder Scheiben schneiden. Mit Zitronensaft mischen.
Vanilleschote längs halbieren und das Mark herausschaben.
Vanillemark, Zucker, Orangen- und Limettensaft **ankochen**, 5 Minuten **fortkochen**. Eingedickten Saft mit den Früchten vermischen. Abgedeckt im Kühlschrank durchziehen lassen.

Cremeeis Vanille

■ ■ G

½	**Vanilleschote**
¼ l	**Milch**
75 g	**Zucker**
2	**Eigelb**
1 Blatt	**Gelatine** weiß
¼ l	**süße Sahne**

Vanilleschote längs halbieren, Mark herausschaben, mit Milch, Zucker und Eigelb in einen hohen Kochtopf geben, verrühren und **abschlagen**, bis die Masse dickflüssig und schaumig wird.
Gelatine nach Herstellerangabe vorbereiten und unter schnellem Rühren in der heißen Creme auflösen. Creme kalt stellen.
Sahne steif schlagen und locker unterheben. In flache Schalen oder in eine mit Pergamentpapier ausgelegte Kuchenform füllen und in das Gefrierfach des Kühlschrankes oder in das Gefriergerät stellen.
Eismasse während des Gefrierens zwei- bis dreimal umrühren.

Veränderung:
Schokoladeneis: 100 g Zartbitterschokolade schmelzen und in die heiße Creme rühren.
Mokkaeis: 2 EL Pulverkaffee in die heiße Creme rühren.
Nusseis: 50 g geröstete, geriebene Haselnusskerne in die heiße Creme rühren.
Krokanteis: 1 TL Butter schmelzen, 2 EL gehackte Mandeln und Vanillinzucker dazugeben, hellbraun rösten und abkühlen lassen. Mit der Sahne unterheben.

Exotischer Obstsalat

Backen

Backen hat in unserer Zeit einen neuen Stellenwert bekommen. Was früher Arbeit war, ist heute zu einem Hobby geworden. Torten, Kleingebäck, Brot – süße und pikante Köstlichkeiten der Backkunst – werden zwar in fast unüberschaubarer Vielfalt angeboten, trotzdem ist die hausgemachte Bäckerei immer sehr beliebt. Dass Kuchen und Torten nicht zur täglichen Hausmannskost zählen, ist selbstverständlich. Aber Vollkornprodukte gehören bei gesunder Ernährung unbedingt jeden Tag in den Brotkorb.

Doch gibt es auch Tage, an denen wir uns und andere verwöhnen möchten. Ein liebevoll gedeckter Tisch mit einem selbstgebackenen Kuchen und einer duftenden Tasse Kaffee schafft Atmosphäre und lädt zum Verweilen und Plaudern ein. Der „Selbstgebackene" findet nicht nur wegen seiner Frische und seines individuellen Geschmacks so viel Beifall, es wird auch dankbar anerkannt, dass sich jemand Arbeit und ein bisschen Mühe gemacht hat, um Freude zu bereiten.

Ein bisschen Warenkunde

Backen von Teigen ist ein Garen unter Bräunung, vorwiegend in trockener Hitze im Backofen bei unterschiedlichen Temperaturen; je nach Gebäckart von 140 bis 250 °C. Bei der Herstellung von Gebäck werden Zutaten mit

- bindenden Eigenschaften, z. B. Mehl oder Eigelb, und
- lockernden Eigenschaften, z. B. Eiweiß, Fett, Flüssigkeit und Lockerungsmittel, verwendet.

Mehl

Mehl ist ein wesentlicher Bestandteil bei der Teigbereitung. Es enthält, je nach Sorte, mehr oder weniger der quellfähigen, kleberbildenden Eiweißstoffe Gliadin und Glutenin. Bei der Teigherstellung quellen diese Eiweißstoffe, auch Kleber genannt, durch Flüssigkeit und die mechanische Bearbeitung auf und bilden im Teig ein zusammenhängendes Netz aus vielen Eiweißfäden, das Klebernetz. Die Kleberquellung findet bei Temperaturen von 25 bis 50 °C statt. Je besser der Kleber gequollen ist, umso besser sind die Teigeigenschaften. Der Kleber gerinnt bei 70 °C, verliert die Elastizität und gibt die Quellungsflüssigkeit ab. Die Stärke nimmt diese Flüssigkeit auf, quillt und verkleistert. So bildet sich die Krume des Gebäcks. Nur bei ausreichendem Kleberanteil kann ein festes Gerüst aufgebaut werden.

Mehl wird aus verschiedenen **Getreidearten** gewonnen, siehe Bild Seite 455:
Weizen hat eine besonders gute Backfähigkeit durch seinen hohen Anteil der kleberbildenden Eiweißstoffe, die besonders im Hartweizen enthalten sind. Deshalb hat Weizenmehl auch die größte Bedeutung beim Backen.
Dinkel ist eine alte Kulturform des Weizens. Er enthält ebenfalls kleberbildende Eiweißstoffe und hat gute Backeigenschaften. Er ist in der Vollwertbäckerei sehr beliebt.
Roggen wird überwiegend zur Brotherstellung verwendet. Roggenmehl enthält zwar auch kleberbildende Eiweißstoffe, aber in geringerer Menge und anderem Wirkungsverhalten als Weizenmehl. Die Backfähigkeit erhält Roggenmehl durch Teigsäuerung.
Hafer wird im Handel als Grütze, Mehl oder Flocken angeboten. Der Vollwertigkeit wegen sollte Nackthafer bevorzugt werden. Reiner Hafer eignet sich zum Backen nicht besonders gut, das Gebäck wird schwer und feucht. Gemischt mit anderen Getreidearten ergibt sich allerdings ein gutes Backergebnis.
Gerste ist eiweißarm und deshalb nur in Verbindung mit anderen Getreidearten zum Backen geeignet.

Mais wird zu Maisstärke, -grieß oder -mehl verarbeitet. Durch die fehlenden kleberbildenden Eiweißstoffe ist Maismehl nur vermischt mit anderen Getreidearten backfähig.
Hirse wird zu Flocken, Grieß, Graupen, Grütze oder Mehl verarbeitet. Hirsemehl mit Weizenmehl gemischt ergibt ein besonders knuspriges Brot. Hirsemehl allein ist durch die fehlenden kleberbildenden Eiweißstoffe zum Backen nicht geeignet.
Buchweizen gehört nicht zum Getreide, er ist ein Knöterichgewächs mit mehlhaltigen Früchten. Buchweizen ist eiweißreich und zum Backen gut geeignet. Buchweizenmehl wird häufig mit Weizenmehl gemischt. Das Gebäck hat eine leicht graue Farbe.

Das **Getreidekorn** ist für unsere Ernährung der wichtigste Bestandteil der Getreidepflanze. Es besteht im Wesentlichen aus Frucht- und Samenschale, Keimling und Mehlkörper.
Der Mehlkörper besteht aus Stärkekörnern, die in eine Eiweißsubstanz eingebettet sind. Beim Weizen sind dies vor allem die kleberbildenden Eiweißstoffe, die beim Backen von Bedeutung sind. Der Keimling ist reich an Fett und Eiweiß sowie an Vitaminen und Mineralstoffen. Der Mehlkörper ist von der Aleuronschicht umgeben, deren Zellen hauptsächlich Eiweiß und Fett enthalten. Frucht- und Samenschale schützen das Korn vor mechanischen Beschädigungen. Sie bestehen aus zahlreichen Fasern, die in der menschlichen Ernährung als Ballaststoffe von Bedeutung sind. Außerdem enthält die Schale eine Vielzahl wichtiger Mineralstoffe.
Zur **Mehlgewinnung** werden die Getreidekörner nach der intensiven Oberflächenreinigung in mehreren Arbeitsgängen vermahlen. Je nach Feinheitsgrad (Mahlstufe) wird unterschieden:
- Schrot: grob bis fein zerkleinerte Kornstücke
- Grieß: grobes Mehl
- Dunst: auch Feingrieß genannt
- Mehl: feinste Mahlstufe

Der Feinheitsgrad sagt nichts über die Bestandteile und damit über den Nährstoffgehalt des Erzeugnisses aus. Erst der Ausmahlungsgrad gibt an, wie hoch der Gehalt an Eiweiß, Fett, Vitaminen, Mineral- und Ballaststoffen ist. Je höher der Ausmahlungsgrad eines Mehles ist, das heißt je mehr Mehl aus einer bestimmten Menge Getreide gewonnen wird, desto mehr Schalen- und Keimanteile gelangen ins Mehl. Das Mehl wird dadurch nicht nur dunkler, sondern enthält auch mehr Vitamine, Mineral- und Ballaststoffe. Ein niedrig ausgemahlenes Mehl enthält fast nur Bestandteile des Mehlkörpers. Auf der Verpackung wird der Ausmahlungsgrad durch die angegebene **Typenzahl/Mehltype** deutlich. Aus dieser Angabe lässt sich der Gehalt an Mineralstoffen in Milligramm, der beim Veraschen von 100 g Mehl zurückbleibt, ableiten. Da der Mineralstoffgehalt umso höher ist, je stärker ausgemahlen wurde, stehen Mehltype und Ausmahlungsgrad in direktem Verhältnis zueinander. Je höher der Ausmahlungsgrad, desto höher die Mehltype.
Im Lebensmittelhandel werden folgende Mehlsorten und -typen angeboten:
- Weizenbackschrot Type 1700, Weizenmehl Typen 1050, 550 und 405,
- Roggenbackschrot Type 1800, Roggenmehl Typen 1150 und 997.

Vollkornschrot und -mehl haben keine Typennummer, da sie sämtliche Bestandteile der gereinigten Körner enthalten.

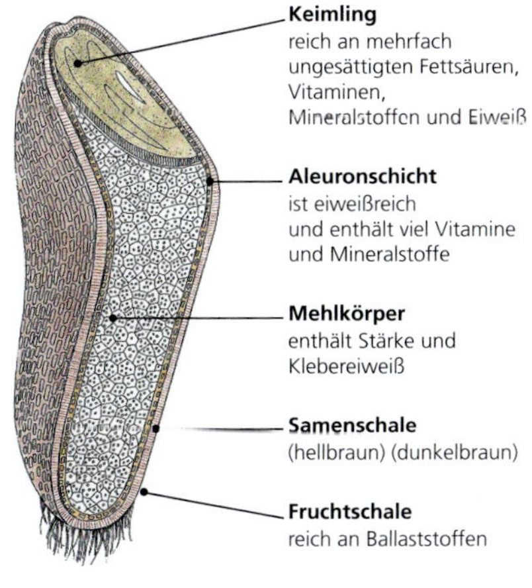

Längsschnitt durch ein Getreidekorn

Weizenmehl Type 405 wird zur Herstellung von Kuchenteigen bevorzugt. Es enthält die kleberbildenden Eiweißstoffe, nimmt Flüssigkeit schnell auf und hat eine kurze Quelldauer.

Weizenmehl Type 550 ist insbesondere für die Zubereitung von Brötchen, Hefegebäcken, Stollen und hellen Broten geeignet. Das Mehl ist besonders backstark – der Teig geht besonders gut auf.

Vollkornmehl benötigt mehr Flüssigkeit als Mehl der Type 405, da auch die kleiereichen Randschichten des Getreidekorns Flüssigkeit zum Aufquellen brauchen. Wird bei der Teigbereitung Mehl der Type 405 durch Vollkornmehl im gleichen Mengenverhältnis ausgetauscht, so muss die Flüssigkeitsmenge erhöht werden, da sonst nicht genügend Flüssigkeit zum Aufquellen der kleberbildenden Eiweißstoffe zur Verfügung steht. Andernfalls wird der Teig zu fest und das Gebäck trocken und krümelig.

Instant-Mehl ist Weizenmehl Type 405, das durch ein besonderes Herstellungsverfahren immer rieselfähig und locker ist. Es staubt und klumpt nicht und muss nicht gesiebt werden. Da die Stärke während der Teigbereitung stärker aufquillt als bei anderem Mehl, benötigt der Teig mit Instant-Mehl mehr Flüssigkeit.

Doppelgriffiges Mehl ist Weizenmehl Type 405 und hat einen Feinheitsgrad, der zwischen Grieß und Mehl liegt. Teige mit doppelgriffigem Mehl, z.B. für Spätzle oder Nudeln, müssen etwas weicher gehalten werden und brauchen längere Zeit zum Ausquellen.

Speisestärke wird aus den stärkereichen Getreidearten, besonders aus Weizen, Mais und Reis, durch Auswaschen, Trocknen und Vermahlen gewonnen. Sie kann nur in eierreichen Teigen das Weizenmehl teilweise ersetzen, da sie keine kleberbildenden Eiweißstoffe enthält. Das Gebäck wird durch den Zusatz von Speisestärke feinporig.

Selbstgemahlenes Vollkornmehl sollte nur bis zu vier Wochen aufbewahrt werden. Mehl, das vom Handel verpackt angeboten wird, ist bis zu einem Jahr haltbar. Das Mindesthaltbarkeitsdatum sollte beachtet werden. Einmal geöffnetes Mehl sollte aber schnell verbraucht werden. Mehl muss kühl und trocken aufbewahrt werden. Auch stark riechende Stoffe sind fern zu halten, da Mehl Fremdgerüche annimmt. Für die Lagerung von Speisestärke ist das gleiche wie für Mehl zu beachten.

Backfette

Fett trägt dazu bei, dass das Gebäck saftig und mürbe wird und sorgt dafür, dass die verschiedenen Aromastoffe richtig zur Geltung kommen. Außer für die Teigbereitung wird Fett zur Herstellung von Buttercreme, ferner als Fettbad zum Ausbacken von Teigen oder zum Einfetten von Backformen oder -blechen benötigt. Für die verschiedenen Anwendungen gibt es unterschiedliche Fettarten.

Butter besteht aus einer Emulsion mit mindestens 82 % Milchfett und höchstens 16 % Wasser. Butter hat eine begrenzte Haltbarkeitsdauer und sollte immer kühl aufbewahrt werden. Durch die Lagerung im Kühlschrank hat Butter eine feste Konsistenz, daher muss sie vor der Verarbeitung zuerst Zimmertemperatur annehmen, um geschmeidig gerührt werden zu können. Gebäck bekommt durch Butter einen besonders feinen Geschmack.

Halbfettbutter wird aus Rahm oder Butter hergestellt. Ihr Fettgehalt beträgt 40 %. Sie ist zum Backen nicht geeignet.

Butterschmalz wird aus Butter hergestellt, ist im Gegensatz zu dieser jedoch hoch erhitzbar. Deshalb ist es zum Frittieren zu verwenden.

Schweineschmalz ist für deftige Bäckereien, zum Beispiel für Hefeteig zum Zwiebelkuchen, geeignet. Durch den relativ hohen Rauchpunkt ist es auch zum Frittieren einsetzbar.

Margarine ist eine Emulsion mit ca. 80 % Fett und ca. 20 % Wasser. Margarine wird vorwiegend aus pflanzlichen Rohstoffen hergestellt. Jede Margarinesorte hat, bedingt durch ihre Fettzusammensetzung, ihre bestimmte Konsistenz und ihren eigenen Geschmack, ihren speziellen Verwendungsschwerpunkt. So enthält z.B. Pflanzenmargarine ausschließlich pflanzliche Fette und Diät-Margarine, die besonderen Ernährungserfordernissen dient, einen hohen Anteil an mehrfach ungesättigten Fettsäuren. Die Konsistenz ist sehr unterschiedlich. Würfel-

oder Stangenmargarine sind weniger streichfähig als im Becher abgepackte Sorten. Die streichfähige und geschmeidige Konsistenz bleibt auch bei der Lagerung im Kühlschrank erhalten, so dass Margarine bei Bedarf sofort für die Teigbereitung verwendet werden kann. Ob Margarine anstelle von Butter zum Backen eingesetzt wird, ist eine Geschmackssache. Das Backergebnis wird dadurch nicht beeinflusst.
Halbfettmargarine ist mit 40 % Fettgehalt zum Backen nicht geeignet.
Weiße Fette sind Pflanzenfette, die aus den gehärteten Ölen bestimmter Pflanzen oder ihrer Früchte hergestellt werden. Ein Pluspunkt dieser Fette ist ihre große Hitzestabilität. Durch den hohen Rauchpunkt sind sie zum Frittieren geeignet. Zur Herstellung von Kuchenglasuren kann geschmacksneutrales, weißes Kokosfett verwendet werden.
Pflanzenöl wird bei der Zubereitung von Quarkölteig oder teilweise auch von Hefeteig verwendet. Um den Geschmack der einzelnen Gebäcksorten nicht einseitig zu beeinflussen, ist es empfehlenswert, geschmacksneutrale Öle, wie z. B. Sonnenblumen-, Raps- oder Maiskeimöl, zu verwenden. Sehr häufig wird Öl zum Ausbacken von Fettgebäck eingesetzt.

Zucker

Zucker beeinflusst den Geschmack des Gebäcks und fördert die Bräunung der Gebäckkruste.
Noch vor rund 200 Jahren stand in unseren Breitengraden der Honig als einziges Süßungsmittel zur Verfügung. Zucker wurde erst erschwinglich, als es gegen 1800 gelang, ihn aus Zuckerrüben herzustellen. Bis dahin wurde Zucker nur aus Zuckerrohr gewonnen. Weltweit wird heute Zucker zu 60 % aus Zuckerrohr und zu 40 % aus Zuckerrüben gewonnen. Das geschieht, indem in der Zuckerfabrik durch Auslaugen der Zuckerrüben mit heißem Wasser der Rohsaft gewonnen wird. Der Saft enthält 12 bis 20 % Zucker und wird durch Verdampfen eingedickt. Es entsteht ein Gemisch aus Zuckerkristallen und Sirup (Melasse). Der Sirup wird in Zentrifugen abgetrennt, es verbleibt brauner Rohzucker. Beim nochmaligen Waschen in Zentrifugen und Abschleudern wird der restliche Sirup entfernt, und man erhält den Weißzucker, der als Grundsorte gehandelt wird. Wird die Grundsorte noch einmal aufgelöst und gereinigt, so erhält man eine klare und reine Zuckerlösung. Diese wird eingedickt und in Zentrifugen gewaschen und geschleudert. Der so gewonnene Zucker ist schneeweiß und wird als Raffinadezucker gehandelt. Er wird zu verschiedenen Sorten weiterverarbeitet.

Im Handel sind erhältlich:
Weißzucker (EG-Qualität II) oder Grundsorte ist die preiswerteste Zuckersorte. Er hat einen höheren Aschegehalt als Raffinade und ist nicht reinweiß.
Raffinade (EG-Qualität I) ist besonders reiner, weißer Zucker, der in verschiedenen Sorten (Körnigkeit) hergestellt wird. Damit sich der Zucker bei der Teigbereitung leichter löst, sind feinkörnige Sorten zu bevorzugen.
Puderzucker (Staubzucker) ist sehr fein vermahlener Zucker, bei dem die Kristallteilchen nicht mehr fühlbar sind. Er ist geeignet für die Herstellung von Zuckerglasuren und zur Teigbereitung.

Hagelzucker ist ein sehr grobkörniger Zucker, den man hauptsächlich zum Garnieren verwendet. Man kann ihn mitbacken, ohne dass er sich beim Backen auflöst.

Kandisfarin oder brauner Zucker ist ein Zwischenprodukt bei der Zuckerherstellung. Es ist der noch nicht gereinigte Rohzucker, der etwas malzig schmeckt. Er ist geeignet für alle dunklen Teige.

Rohrzucker wird weiß oder braun angeboten und ist aus Zuckerrohr hergestellt. Die chemische Zusammensetzung von Rohr- und Rübenzucker ist völlig gleich.

Sucanat (Vollrohrzucker) wird aus dem Zellsaft des Zuckerrohrs gewonnen und anschließend eingedickt. Der eingedickte Pflanzensaft wird getrocknet, dadurch bleiben wertvolle Mineralstoffe erhalten. Vollrohrzucker wird in der Vollwertbäckerei verwendet.

Rübensirup ist auch unter den Bezeichnungen Rübenkraut, Rübensaft oder Zuckerrübenkraut im Handel. Er ist keineswegs ein Abfallprodukt bei der Zuckerherstellung, darf also nicht mit Melasse verwechselt werden. Die gereinigten Zuckerrüben werden geschnitzelt und dann gekocht. Der entstandene Rübenbrei wird gepresst und der abfließende Klarsaft gereinigt. Der Klarsaft wird bei 60 bis 70 °C eingedampft. Der so entstandene Rübensirup hat einen Gesamtzuckergehalt von 62 %. Als Brotbelag, zum Bestreichen von Pfannkuchen oder zum Backen von dunklen Teigen findet Rübensirup in der Küche Anwendung.

Ahorn-Sirup ist das Produkt, das aus dem Saft des Ahorn-Baums gewonnen wird. Ahorn-Sirup wird in erster Linie in Kanada und den USA hergestellt. Durch Anbohren der Ahornbäume wird der Ahornsaft gewonnen, mit einem Zuckergehalt zwischen 2 und 12 %. Durch Verdampfen bei knapp über 100 °C wird daraus Ahorn-Sirup. Im Durchschnitt hat er einen Zuckergehalt von 67 %. Ahorn-Sirup wird vor allem zum Verfeinern von Süßspeisen und Sahnefüllungen für Torten eingesetzt.

Honig ist ein reines Naturprodukt und besteht zu ca. 70 % aus Invertzucker. Das ist ein Gemisch aus Frucht- und Traubenzucker. Der Wassergehalt beträgt bis zu 20 %. Darüber hinaus sind weitere Zuckerarten, Mineralstoffe, Enzyme, Säuren und andere organische Verbindungen enthalten. Die zahlreichen Aromastoffe verleihen dem Honig, je nach Sorte, einen charakteristischen Geschmack. Bei der Ernte ist der Honig klar und dickflüssig. Über kurz oder lang kristallisiert der Traubenzucker, der Honig „kandiert". Kandierter Honig wird wieder weich und flüssig, wenn man ihn im Wasserbad bis max. 40 °C erwärmt. Honig wird für die Honigkuchenbereitung oder Florentiner verwendet. Die Zuckerstoffe des Honigs sind leicht vergärbar. Ein Verderben durch Gären, Säuern oder Schimmeln vermeidet man durch eine kühle Aufbewahrung in geschlossenen Glas- oder Steingutgefäßen. Wird bei der Teigbereitung Zucker durch Honig ersetzt, so muss, wegen des hohen Wassergehaltes von Honig, die Flüssigkeitsmenge des Teiges reduziert werden, da die Teigkonsistenz sonst zu flüssig wird.

Fruchtdicksäfte sind schonend eingedickte Fruchtsäfte wie Birnen- bzw. Apfelsaft. 1,5 bis 2 Teelöffel Fruchtdicksaft entsprechen in etwa der Süßkraft von 1 Teelöffel Zucker.

Zuckeraustauschstoffe können, wie der Name sagt, im Austausch gegen Zucker oder Honig eingesetzt werden. Im Gegensatz zu Traubenzucker werden die Austauschstoffe langsamer vom Körper aufgenommen. Dadurch wird der Blutzuckerspiegel weniger belastet, und der Körper kann diese Stoffe ohne Insulin verwerten. Die wichtigsten Zuckeraustauschstoffe sind Fruchtzucker und Zuckeralkohole. Zuckeralkohole sind Sorbit, Xylit, Mannit, Isomalt und Maltit. Für die Verwendung im Haushalt werden Fruchtzucker und Sorbit angeboten. Die anderen Zuckeralkohole sind nur als Zusatz von industriell gefertigten Produkten im Handel.
Fruchtzucker ist ein Baustein des Rohr- oder Rübenzuckers. Das geruchlose, weiße, leicht wasserlösliche Pulver hat eine höhere Süßkraft als Haushaltszucker. Fruchtzucker ist koch- und backfest, verstärkt jedoch bei Backwaren die Bräunung deutlich.
Sorbit ist in vielen Früchten enthalten. Industriell wird es aus Maisstärke gewonnen. Seine Süßkraft ist nur halb so groß wie die von Haushaltszucker. Sorbit ist leicht wasserlöslich, hat einen angenehmen, süßen Geschmack und ist koch- und backfest.

Süßstoffe sind chemische Verbindungen mit einer Süßkraft, welche diejenige des Haushaltszuckers um das Zehn- bis etwa Fünfhundertfache überschreitet. Im Handel werden Süßstoffe flüssig, als Tabletten oder Pulver angeboten. Folgende Süßstoffe sind im Handel erhältlich: Saccharin, Cyclamat, Aspartam und Acesulfam. Sie sind zum Backen nur bedingt geeignet, da sich einige Inhaltsstoffe bei Wärme verändern.

Eier

Sie sind aus mehreren Gründen wichtig für die Gebäckherstellung. Das Eiweiß im Eiklar und Eigelb nimmt Wasser auf. Beim Gerinnen während des Backens wird dieses wieder abgegeben. Der entstehende Wasserdampf dient der Stärkeverkleisterung und der Teiglockerung. Eiklar bringt als Eischnee Luft in den Teig ein. Die Luft dehnt sich beim Backen aus, das Gebäck wird gelockert. Eier verbessern den Geschmack des Gebäcks und geben ihm eine angenehme, gelbliche Farbe. Durch Bestreichen der Oberfläche des Teiges mit Ei wird die Farbe des Gebäcks verbessert. Eigelb macht den Teig fettreicher. Das Gebäck bleibt länger frisch und trocknet weniger schnell aus. Eiklar macht den Teig eher trocken.
Die Größe der Eier beeinflusst die Teigbeschaffenheit. Entscheidend dabei ist das Gesamtgewicht der Eier. In den Rezepten wird von Eiern der Gewichtsklasse L ausgegangen, die von 63 bis unter 73 g wiegen. Finden wesentlich kleinere oder größere Eier Verwendung, muss die Stückzahl entsprechend verändert werden. Zum Beispiel: 4 Eier Klasse L = 252 bis 288 g oder 5 Eier Klasse M = 265 bis 310 g nehmen. Weitere Hinweise über Eier und ihre Verwendung siehe Kapitel „Eierspeisen", Seite 286, und „Eier trennen/Eischnee bereiten", Seite 291.

Flüssigkeit

Flüssigkeit ist bei der Teigbereitung unbedingt notwendig. Die kleberbildenden Eiweißstoffe des Mehls nehmen die Flüssigkeit auf und quellen. Während des Backvorgangs bildet sich die Krume des Gebäcks aus dem unter Flüssigkeitsabgabe gerinnenden Eiweiß und der unter Flüssigkeitsaufnahme verkleisternden Stärke. Durch den Wasserdampf wird das Gebäck gelockert. Zu viel Flüssigkeit kann von der Stärke nicht aufgenommen werden, es kann sich keine feste Krume ausbilden, und das Gebäck fällt zusammen. Bei zu wenig Flüssigkeit kann die Stärke nicht vollständig ausquellen, das Gebäck wird fest und trocken. Als Flüssigkeit eignen sich alle Milchsorten sowie Sahne, gesäuerte oder dicke Milch.

Teiglockerungsmittel

Durch den Zusatz von Teiglockerungsmitteln oder durch mechanische Teiglockerung will man, wie der Name bereits besagt, eine Lockerung der Krume erreichen. Gelockertes Gebäck kann bereits im Mund besser mit Speichel durchsetzt werden, und die Nährstoffe werden besser abgebaut. Durch Kneten, Rühren oder das Unterheben von Eischnee wird dem Teig Luft zugeführt. Luft dehnt sich durch die Erwärmung beim Backen aus und lockert so den Teig, z. B. Biskuitteig. Wasser geht beim Backen teilweise in Dampf über und lockert ebenfalls den Teig, z. B. Blätterteig. Teiglockerung erreicht man auch durch Zugabe von Treibmitteln. Feuchtigkeit und Wärme sind die idealen Voraussetzungen für die Wirkung der biologischen und chemischen Substanzen von Treibmitteln. Je nach Zusammensetzung der Treibmittel entwickeln sich unter Einfluss von Feuchtigkeit und Wärme Kohlensäure oder/und Alkohol. Es entstehen Millionen winzige Bläschen im Teig, die sich mit Luft füllen und den Teig hochtreiben.

Hefe ist ein biologisches Treibmittel. Sie besteht aus kleinen Sprosspilzen, die sich unter günstigen Bedingungen schnell vermehren. Die Sprosspilze benötigen Flüssigkeit wie Milch oder Wasser, süße oder stärkehaltige Stoffe, z. B. Zucker und Mehl, sowie Wärme von 35 °C, um sich zu vermehren. Bei Temperaturen über 55 °C sterben die Hefepilze ab, und die Treibkraft geht verloren. Im warmen Teig kommt es zur Gärung, es entstehen Kohlendioxyd und Alkohol, und der Teig geht auf. Hefe ist als Frischhefe in Würfelform erhältlich. Sie sollte von hellgrauer Farbe, angenehm säuerlich duftend und fest in der Konsistenz sein. Die Lagerfähigkeit ist begrenzt. Instanthefe kann man auf Vorrat kaufen. Auch nach Monaten verliert sie ihre Treibfähigkeit nicht. Die Treibwirkung ist aber etwas geringer als die von frischer Hefe. Für 500 g Mehl 40 g frische Hefe verwenden. Bei Zugabe von Instanthefe Herstellerangabe beachten.

Sauerteig, ebenfalls ein biologisches Treibmittel, ist das älteste Lockerungsmittel. Es handelt sich um einen hefepilzhaltigen Teig, der mit Milchsäurebakterien der Luft durchsetzt ist. Sie erzeugen aus Traubenzucker Milchsäure, die den Teig sauer, kräftig im Geschmack und haltbar macht. Die im Sauerteig vorhandenen Hefezellen lockern den Teig. Sauerteig kann man beim Bäcker kaufen oder selbst herstellen, Rezept Seite 384. Sauerteigextrakt ist als Trockenprodukt und als Flüssigsauerteig, eingeschweißt in Folie, im Handel erhältlich. Für 500 g Mehl 250 g Sauerteig verwenden. Bei Zugabe von Sauerteigextrakt Herstellerangabe beachten.

Backpulver besteht aus Natron und einer Säure (z. B. Weinstein, Weinsäure, phosphorsaures Salz) sowie etwa 10 % Stärke zum Haltbarmachen. Die chemischen Substanzen entwickeln bei Wärme und Feuchtigkeit im Teig Kohlensäurebläschen, die ihn aufgehen lassen und lockern. Backpulver muss kühl und trocken aufbewahrt werden, dann ist es mindestens 18 Monate haltbar. Für 500 g Mehl 18 g Backpulver, also 1 Päckchen, verwenden.

Hirschhornsalz (doppeltkohlensaures Ammonium oder Ammoniumbikarbonat) nur bei flachen würzigen Gebäcken einsetzen. Beim Backen zerfällt Hirschhornsalz in die Gase Kohlendioxyd und Ammoniak, sie treiben das Backwerk hoch. Für 500 g Mehl 5 g Hirschhornsalz, in Wasser gelöst, verwenden.

Pottasche (kohlensaures Kalium oder Kaliumkarbonat) treibt den Teig mehr in die Breite als in die Höhe. Wird fast nur für bestimmte Weihnachtsbäckereien (Leb- und Honigkuchen) verwendet. Pottasche wird durch Säure zersetzt, spaltet dann Kohlendioxyd ab und lockert den Teig. Für 500 g Mehl 5 – 7 g Pottasche, in Wasser gelöst, verwenden.

Weizenmehlteige können mit Hefe oder Backpulver als Lockerungsmittel zubereitet werden. Roggenmehl benötigt Sauerteig, damit das kleberbildende Eiweiß des Roggens aufquellen kann. Vollkornmehl oder Schrot werden ebenfalls am besten mit Sauerteig verarbeitet, da die Milchsäurebakterien eine Quellung und Lockerung der Cellulose bewirken. Wird Vollkornmehlteig mit Backpulver zubereitet, sollte die Backpulvermenge um 20 % erhöht werden, da der Kleieanteil den Teig sehr schwer macht.

Weitere Zutaten

Wenn Gebäck geheimnisvoll duftet, dann ist es das Werk von Gewürzen, Essenzen und Aromastoffen. Für Gewürze gilt: Weniger ist oft mehr. Zuviel verschiedene Gewürze in einem Teig können einander „erschlagen", und eine zu großzügige Menge vom selben Gewürz wirkt nicht mehr reizvoll, sondern penetrant. Von Anis bis Zimt können sehr viele Gewürze beim Backen verwendet werden. Hinweise siehe „Kräuter und Gewürze", Seite 554.

Backaromen und Backöle sind Konzentrate von Geschmacksträgern, die wegen der Haltbarkeit mit Öl vermischt sind. Sie werden zum Aromatisieren von Gebäcken genommen und werden in Kleinstfläschchen von 2 bis 3 ml angeboten. Hauptsächlich werden die Geschmacksrichtungen Rum, Vanille, Zitrone und Bittermandel angeboten. Man unterscheidet zwischen natürlichen und künstlichen „naturidentischen" Backaromen.
Auch Rum, Arrak, Cognac, alle Obstbrände und Liköre können Backwerk, Sahne oder Cremes ein unverwechselbares Aroma geben. Der Alkohol wirkt gleichzeitig teiglockernd.

Nüsse und Mandeln enthalten reichlich Fett. Deshalb sind sie nicht lange haltbar. Vor allem, wenn man sie warm lagert, werden sie schnell ranzig. Eine einzige verdorbene Nuss oder Mandel schmeckt man aus dem Kuchen heraus, deshalb Nüsse oder Mandeln immer frisch kaufen und möglichst unzerkleinert kühl und trocken lagern.

Angeboten werden Nüsse oder Mandeln mit und ohne Haut, im Ganzen, gehobelt, gehackt oder gemahlen. Am besten ist es, sie vor dem Gebrauch selbst zu zerkleinern oder im Folienbeutel vakuumverpackt zu kaufen, da sie sonst zu leicht austrocknen. Nüsse und Mandeln werden für einen dunklen Teig mit der dunklen Haut verwendet. Dazu die Nüsse und Mandeln vor dem Zerkleinern in einem Tuch abreiben, damit der Schmutz entfernt wird. Für helle Teige die Nüsse häuten.
Haselnüsse häuten: Haselnüsse in einer Pfanne trocken erhitzen, bis die Haut abplatzt. Die Haut lässt sich dann in einem Tuch leicht abreiben.
Mandeln häuten: Mandeln in kochendes Wasser geben, aufkochen, abgießen, mit kaltem Wasser abschrecken und auf einem Sieb abtropfen lassen. Die Haut lässt sich dann leicht abziehen. Danach die Mandeln in einem Tuch trockenreiben.
Pinienkerne sind sehr ölhaltig und von feinem harzigen Geschmack. Sie sind als Backzutat oder zum Bestreuen von Gebäck geeignet.
Pistazienkerne haben einen kräftig würzigen Geschmack und sind hellgrün und länglich. Sie werden roh, geröstet, gehackt und gehobelt für süße wie auch für herzhafte Speisen und Backwaren verwendet.

Kandierte Früchte, z.B. Kirschen, Ananas oder Erdbeeren, aber auch kandierte Wurzeln (Ingwer) können dem Teig einen besonderen geschmacklichen Reiz geben. Vor allem werden kandierte Früchte zum Verzieren von Gebäck genommen.
Zitronat oder Sukkade ist die kandierte Schale der Zedrazitrone. **Orangeat** ist die Schale der Bitterorange oder Pomeranze. Zitronat und Orangeat werden als Stücke oder gewürfelt im Handel angeboten und werden z.B. für Stollen oder Früchtebrot den Teigen beigemischt.
Korinthen, Rosinen, Sultaninen gehören zur großen „Rosinen-Familie". Die Beeren verschiedener Weinreben werden im Stadium der Vollreife gepflückt und entweder im Freien oder in Trockenöfen getrocknet.
Korinthen sind die kleinsten unter den Rosinen, schwarzblau, kernlos, mit zarter Schale. Sie

stammen ursprünglich aus der Gegend um Korinth, woher sie ihren Namen haben. Sie sind herb und kräftig und bleiben beim Backen fest. Schwefeln von Korinthen ist nicht zulässig.
Rosinen und Sultaninen entstehen aus großen, kernlosen, saftigen Trauben. Sie kommen in verschiedenen Größen und Qualitäten aus aller Welt zu uns. Rosinen werden fast immer geschwefelt, um sie vor Schädlingsbefall zu schützen. Sultaninen sind die getrockneten Früchte der kalifornischen und südafrikanischen Weinreben.
Trockenobst immer kühl und trocken aufbewahren.

Marzipan (Marzipan-Rohmasse) ist eine Mischung aus Mandeln, Zucker und Mandelöl und ist zum Backen als Marzipan-Rohmasse im Handel erhältlich. Vermengt man diese Rohmasse mit der gleichen Menge Puderzucker und einer Spur Rosenwasser, so erhält man Marzipan. Es lässt sich gut ausrollen und ist zum Verzieren und Umhüllen von Gebäck geeignet. Man nimmt es auch zum Füllen von Torten und Kleingebäck.
Nougatmasse ist eine fast wasserfreie, weiche bis schnittfeste Mischung aus gerösteten Haselnusskernen (Nussnougat) oder Mandeln (Mandelnougat), Zucker und Kakao. Nougat wird geschmolzen oder geschmeidig gerührt als Teigzusatz, für Torten- und Kuchenfüllungen und für Verzierungen verwendet.
Krokant wird aus Nüssen und Mandeln sowie karamelisiertem Zucker hergestellt. Man kann Krokant auch selber zubereiten, bekommt ihn aber auch in verschiedenen Ausführungen im Handel. Krokant wird überwiegend als Streusel zum Garnieren für Kuchen und Torten verwendet.

Kakao wird aus den Früchten des Kakaobaumes gewonnen. Die Kakaobohnen werden fermentiert, getrocknet, gereinigt, geröstet und durch Mahlen und Walzen zu Kakaomasse verarbeitet. Um Kakaopulver zu erhalten, wird die Kakaomasse entölt, das heißt vom größten Teil der Kakaobutter befreit und anschließend fein zerkleinert. Schwach entölte Kakaopulver enthalten mindestens 20 % Kakaobutter, stark entölte weniger als 20 %, aber mindestens 8 %. Kakao wird nicht nur für Füllungen und zum Garnieren verwendet, sondern auch Teigen beigemischt.
Schokolade ist ein Kakaoerzeugnis aus Kakaomasse, Zucker, Milch und Sahne. Sie enthält mindestens 35 % wasserfreie Kakaobestandteile. Schokolade gibt es in vielfältiger Form zum Garnieren von Torten und Kuchen: geraspelt, gehobelt, als Streusel, Späne, Blättchen und Röllchen. Blockschokolade enthält weder Milch noch andere Geschmackszutaten und ist deshalb zum Backen besonders gut zu verwenden. Zum Überziehen von Kuchen und Torten verwendet man sie in geschmolzener Form.
Kuvertüre ist eine Schokoladenüberzugsmasse mit erhöhtem Kakaobuttergehalt (mindestens 31 %) und unterschiedlichen Geschmacksnuancen. Sie ist zum Überziehen von Gebäck, auch als Zusatz für Teige, Füllungen und Cremes geeignet.
Kuchenglasuren werden mit verschiedenen Geschmacksrichtungen angeboten. Es gibt z. B. Nuss-, Mokka-, Zitronen- oder Schokoladenglasur. Zum Beispiel ist Schokoladenglasur eine Mischung aus Zucker, Speisefetten, Kakaobestandteilen und geschmacksgebenden Substanzen. Die fertige Kuchenglasur ist preiswerter und schneller anwendbar als Kuvertüre. Sie wird vorrangig zum Überziehen von Gebäck verwendet.

Wie viel darf es sein?

Backform	Kuchenart	Stücke
Backblech	Blechkuchen	20
40 x 32 cm	Biskuitrolle	14
Springform	Torte	16
ø 26 cm	Obstboden	12
Springform	Torte	20
ø 30 cm	Obstboden	16
Kranzform	Frankfurter Kranz	20
ø 26 cm		
Napfkuchenform	Rodonkuchen	20
Kastenform	Nusskuchen	15
30 cm		

Damit es leichter geht

Die **Standküchenmaschine** mit ihren Arbeitswerkzeugen ist für die Zubereitung von größeren Teigmengen zu bevorzugen, da die Rührschüssel bis zu 2500 g Mehl plus weitere Zutaten fasst und die Belastbarkeit des Motors größer ist als bei der Handküchenmaschine.
Die **Rührwerkzeuge** von Hand- und Standküchenmaschine werden zum Schaumigrühren oder -schlagen von leichten, fast flüssigen Teigen wie Biskuit- oder Rührteig verwendet und wenn Sahne oder Cremes geschlagen werden.
Die **Knetwerkzeuge** von Hand- und Standküchenmaschine werden zum Herstellen von festen Teigen wie Hefe-, Mürbe- und Brotteig benötigt.
Das **Universalmesser** der Standküchenmaschine oder die **Reib-** und **Raspelscheiben** des Schnitzelwerks der Hand- und Standküchenmaschine sind zum Zerkleinern von Nüssen, Mandeln und Schokolade geeignet.
Das **Frittiergerät** mit Thermostat und Überhitzungsschutz verhindert ein Überhitzen des Fettbades und erleichtert das gleichmäßige Ausbacken von Teigen. Ein Dunstfilter hält den typischen Fettdunst und Frittiergeruch zurück.
Das **Waffeleisen** mit Temperaturregler sorgt für eine gleich bleibende Backtemperatur und erleichtert das Backen verschiedener Teige. Durch die Beschichtung der Backflächen entfällt das Einfetten und die Reinigung wird erleichtert. Durch Wenden oder Auswechseln der Backflächen lassen sich einige Geräte von einem Waffeleisen in einen Kontaktgrill oder ein Sandwicheisen umbauen.
Das **Hörncheneisen** mit Temperaturregler erleichtert die Herstellung von Hörnchen durch die gleich bleibende Backtemperatur.
Weitere Backutensilien, siehe Bild Seite 395.

Backformen

Voraussetzung für ein gutes Backergebnis sind geeignete Backformen. Sie sollen:
- eine gute Wärmeleitung haben
- eine gleichmäßige Bräunung gewährleisten
- sich leicht vom Gebäck lösen
- einfach zu reinigen sein

Backformen werden in verschiedenen Ausführungen angeboten, s. Tabelle „Backformenmaterial – Anforderungen/Eignung", Seite 374.
Für Elektrobacköfen mit Ober- und Unterhitze (die überwiegend mit Strahlungswärme arbeiten) gelten folgende Erkenntnisse: Glänzende und helle Oberflächen reflektieren die Backofenwärme und geben sie nur langsam an das Backgut weiter. Matte und dunkle Oberflächen dagegen nehmen die Wärme schnell auf und leiten sie an das Backgut weiter, je nach Material schneller (Stahlblech) oder langsamer (Keramik). Bei Elektrobacköfen mit Umluft, die überwiegend mit Konvektionswärme arbeiten, hat die Oberfläche der Backformen nur eine untergeordnete Bedeutung.

Im Haushalt werden verschiedene Backformen eingesetzt. Hier die wichtigsten und ihre Verwendung:
Das **Backblech** eignet sich besonders für flache Kuchen, Brot, geformte Kuchen wie Zöpfe, Kränze und Stollen sowie für Brötchen und Kleingebäck.
Die **Fettpfanne** wird eingesetzt für flache Kuchen mit saftigem Belag wie Obst-, Quark-, Mohn- und Honigkuchen. Fettpfannen haben einen höheren Rand als Backbleche, dadurch kann Obstsaft oder Guss nicht in den Backofen tropfen.

Backformenmaterial – Anforderungen/Eignung

Material	Wärme-leitung	Bräunung	Lösen aus der Form	Reinigung	Bemerkungen
Weißblechformen verzinntes Stahlblech	befriedigend	befriedigend	befriedigend	befriedigend	Falzränder und Schnittkanten gut abtrocknen, da sie leicht rosten. Nicht widerstandsfähig gegen Säuren.
Aluminium	sehr gut	befriedigend	gut	gut	Bei längerer Benutzung färbt es sich dunkler. Die Patina ist positiv für die Bräunung.
Stahlblech schwarzgebrannt	gut	sehr gut	gut	gut	Gebrauchsanweisung beachten, speziell für die Reinigung.
Stahlblech antihaftbeschichtet, z. B. PTFE oder Silikon	gut	sehr gut	sehr gut	sehr gut	Besonders für Gebäck mit viel Zucker, Eiern oder Früchten geeignet. Nicht mit kratzenden Gegenständen bearbeiten, Schutzschicht kann zerstört werden.
Stahlblech emailliert	gut	sehr gut	gut	sehr gut	Aufgrund des Eigengewichts der Form kann sich die Backzeit je nach Rezept um bis zu 10 Minuten verlängern.
Kupfer mit Schutzlack überzogen	sehr gut	sehr gut	gut	sehr gut	Nicht mit kratzenden Gegenständen bearbeiten, bei längerer Benutzung löst sich der Schutzlack, dann muss die Form mit Spezialmittel poliert werden.
Glas	befriedigend	befriedigend	gut	sehr gut	
Keramik	befriedigend	befriedigend	gut	sehr gut	
Porzellan ofenfest	befriedigend	befriedigend	gut	sehr gut	
Silikon	gut	gut	sehr gut	sehr gut	Beim Backen flüssiger Teige empfiehlt es sich, die Form vor dem Befüllen auf den Rost zu stellen.

Die **Springform** mit glattem Boden und Kranzkucheneinsatz verwendet man für Tortenböden und Rührkuchen. Springformen mit einem Durchmesser von 26 cm sind für eine Teigmenge von 500 g Mehl geeignet.

Napf- oder **Rodonkuchenformen** gibt es mit verschiedenen Außenrippungen. In der Mitte der Form befindet sich ein „Schornstein", damit durch die Öffnung während des Backens die Wärme zirkulieren kann.

Kastenformen werden für Rühr- oder Hefekuchen gebraucht. Formen mit 30 cm Länge sind für Teigmengen von 500 g Mehl geeignet. Die kleineren Formen sind für Mehlmengen von 250 g ausreichend, und die größeren werden meistens zum Brotbacken verwendet und fassen Mehlmengen bis zu 1 kg.

Obsttortenformen gibt es mit glattem oder gezacktem Rand. Bei Formen mit gezacktem Rand entfällt das zusätzliche Ausformen des Teigrandes beim Obstboden. Obsttortenformen mit einem Durchmesser von 26 oder 30 cm sind für eine Teigmenge von 250 g Mehl geeignet.
Pie-Form aus Porzellan oder Steingut, rund mit gewelltem Rand oder rechteckig mit glattem Rand. Sie sieht aus wie eine flache Schüssel. Die Pie wird direkt darin serviert.
Pizza-Form aus Metall mit glattem Rand.
Quiche-Form aus Metall mit gewelltem Rand.

Praktische Hinweise

- Zitronen- oder Orangenschale nur von unbehandelten Früchten verwenden.
- Napfkuchen-, Spring- und Tortenformen mit gewelltem Boden und/oder Rand mit einem Pinsel mit weicher Margarine oder Butter gleichmäßig einfetten. Damit sich das Gebäck besser stürzen lässt, Form je nach Teigart evtl. mit Weizenmehl, Semmelbröseln, gemahlenen Nüssen oder Mandeln ausstreuen. Überschüssiges Mehl oder Semmelbrösel durch Klopfen auf die umgekippte Form abstoßen.
- Kastenformen mit Backpapier oder Butterbrotpapier auslegen, so ist ebenfalls ein unversehrtes Stürzen des Kuchens möglich. Dazu Umrisse der Form auf dem Papier nachziehen, ausschneiden und Papier glatt in die Form legen. Unebenheiten zeichnen sich sonst später auf der Gebäckkruste ab.
- Springform für Torten nur am Boden einfetten oder mit Backpapier auslegen. Ist der Rand eingefettet, rutscht der Teig am Metall herunter, und es entsteht eine Wölbung in der Mitte der Torte. Zum Auslegen mit Papier den Springformrand vom Boden lösen. Den Boden mit Papier belegen, Springformrand über Papier und Boden spannen und den Rand schließen. Überstehendes Papier dicht an der Form abschneiden.
- Backbleche oder Fettpfannen nur an den Stellen einfetten, wo das Gebäck liegt, das übrige Fett verbrennt sonst beim Backen.
- Sollen mehrere Partien Plätzchen gebacken werden, mehrere Stücke Backpapier in der Größe des Backblechs zuschneiden. Die Bögen mit den ausgestochenen oder geformten Plätzchen belegen und Plätzchen mit dem Papier über die flache Seite des Backblechs auf das Blech ziehen.
- Die Backformen nur zu drei Viertel füllen, da der Teig beim Backen aufgeht.
- Beim Ausrollen des Teiges die Arbeitsfläche und das Rollholz nur leicht bemehlen. Wird zu viel Mehl in den Teig eingearbeitet, wird er bröselig und das Gebäck trocken.
- Um zerbrechliche Teigplatten leichter auf das Backblech oder in die Springform bringen zu können, diese über das leicht bemehlte Rollholz wickeln und auf dem Backblech oder der Form wieder abrollen.
- In den Rezepten wird vom Einsetzen in den kalten Backofen ausgegangen. Nur in Ausnahmefällen, auf die in den Rezepten hingewiesen wird, ist das Einsetzen in den vorgeheizten Backofen zu empfehlen.
- Die Temperaturangaben, z.B. 200 bis 225 °C, tragen individuellen Anforderungen Rechnung. Grundsätzlich immer zunächst die geringere Temperatur einstellen. Falls die Bräunung nicht ausreichend erscheint, die höhere Temperatur wählen.
  Bei Backöfen mit Umluft die Temperatur ca. 30 °C niedriger als in den Rezepten angegeben einstellen.
- Bei der Wahl von Heizart und Temperatur sowie beim Einsetzen der Backformen und -bleche die **Herstellerangaben zu den Backöfen beachten.**
  Allgemein gilt:
  In Backöfen mit Umluft können mehrere Ebenen gleichzeitig beschickt werden.
  In Backöfen mit Ober- und Unterhitze immer nur ein Backblech in den Backofen schieben. Bei mehreren Backblechen würde das eine zu wenig Oberhitze und das andere zu wenig Unterhitze erhalten. Kuchen auf dem Backblech oder in der Fettpfanne auf die mittlere Einschubleiste des Backofens setzen. Kuchen in der Backform immer auf den Rost stellen und auf die untere Einschubleiste des Backofens schieben. Glänzende Backformen evtl. auf ein flaches emailliertes Backblech in die unterste Einschubebene setzen, um so eine

bessere Bräunung der Unterseite zu erzielen.
Mehrere Backformen zusammen auf den Rost stellen, das spart Zeit und Energie, siehe Kapitel „Gästebewirtung leicht gemacht", Seite 478.

- Die Backdauer ist mit einer Zeitspanne angegeben, z.B. 30 bis 40 Minuten. Grundsätzlich immer die geringere Backdauer annehmen. Die Backdauer kann sich etwas verändern, da die Größe der Eier, die Bindefähigkeit des Mehles sowie das Material und die Abmessung der Backformen unterschiedlich sind. Teigmengen, die entgegen der Rezeptangabe auf zwei Backformen verteilt werden, benötigen eine geringere Backdauer, da eine größere Oberfläche vorhanden ist.
- Am Ende der Backdauer die Garprobe machen. Dazu mit einem Holzstäbchen an der dicksten Stelle des Kuchens einstechen. Ist das Hölzchen trocken und haftet kein Teig mehr daran, ist das Gebäck gar. Den Backofen ausschalten und 5 bis 10 Minuten die Nachwärme nutzen.
  Biskuitplatten sind gar, wenn bei Fingerdruck keine Druckstelle auf der Oberfläche zurückbleibt, und Plätzchen, wenn sie eine gelblich bis goldbraune Oberfläche haben. Hefeplattenkuchen sind ausreichend gebacken, wenn die Unterseite leicht gebräunt und trocken ist. Um dies zu prüfen, den Kuchen vorsichtig mit einem Pfannenmesser hochheben.
- Kuchen in der Form nach dem Backen 5 bis 10 Minuten abkühlen lassen, den Rand vorsichtig mit einem Messer lösen, auf einen Kuchenrost stürzen und die Form abheben. Wenn vorhanden, Backpapier flach abziehen, damit das Gebäck schneller auskühlt. Gebäck immer auf einem Kuchenrost auskühlen lassen, da sonst das Gebäck schwitzt und der Boden feucht wird.
  Gebäck vor dem Anschneiden völlig erkalten lassen, da sonst das Gebäck beim Aufschneiden zusammengedrückt wird.
- Soll aus einem Biskuitboden eine Torte entstehen, den Kuchen am Tag vorher backen. Zu frischer Kuchen krümelt beim Aufschneiden und ergibt keine schönen gleichmäßigen Böden.
- Teige ohne Belag wie Brotteig mit Hefe und Sauerteig, Hefeteig, Quarkölteig, Mürbeteig, Strudelteig gehen besonders gut auf und erhalten eine glänzende, knusprige Oberfläche, wenn ein Kombinations-Backofen mit Dampf benutzt wird. Zeit und Temperatur sind den Herstellerangaben zu entnehmen.

Verfeinern, garnieren, abrunden

- Die einfachste und trotzdem wirkungsvolle Garnierung für ein Gebäck ist das sorgfältige Aufschneiden und Anrichten auf passender Platte. Vor dem Aufschneiden das Gebäck auskühlen lassen, damit es nicht krümelt. Beim Blechkuchen die trockenen Ränder abschneiden. Vor dem Aufschneiden den Blechkuchen ausmessen und gleichmäßig große Stücke markieren. Blechkuchen in Quadrate, Rechtecke oder Dreiecke schneiden. Stücke in Reihen auf eine Platte legen. Muss die Platte viel Gebäck aufnehmen, Stücke schuppenartig auflegen. Kasten- und Napfkuchen in gleichmäßig dicke Scheiben oder Stücke schneiden und immer schuppenartig legen. Gebäck aus der Kastenform auf länglicher, Napfkuchen auf runder Platte anrichten. Kleingebäck oder Plätzchen in Reihen anordnen, dabei bilden gleichartige Teile eine Reihe.
- Tipps zum Füllen und Garnieren einer Torte siehe Seite 414.
- Durch eine Füllung kann Gebäck, z.B. aus Rühr-, Biskuit-, Hefe- oder Brandteig, geschmacklich verändert werden. Sahne- und Cremefüllungen eignen sich auch zum Garnieren.
  Füllen mit Konfitüre: Konfitüre evtl. mit Alkohol aromatisieren oder mit frischen Früchten vermengen. In das Gebäck spritzen oder streichen, z.B. bei Berliner Pfannkuchen oder Biskuitrollen.
  Füllen mit Kompott: Früchte, z.B. Sauerkirschen oder Stachelbeeren, kurz andünsten, mit Speisestärke binden und nach dem Auskühlen zwischen die Gebäckschichten streichen, z.B. bei Torten.

Füllen mit Sahne: Steif geschlagene Sahne mit Zucker und aufgelöster Gelatine, siehe „Gelatine", Seite 348, vermengen (250 g Schlagsahne – 2 Blatt Gelatine) und evtl. Obst oder Konfitüre unterziehen. In oder/und auf das Gebäck spritzen oder streichen, z.B. bei Windbeuteln, Torten, Biskuitrollen.

Füllen mit Creme: Vanillecreme oder Buttercreme durch verschiedene Geschmackszutaten, wie z.B. Instantkaffee, geriebene Schokolade oder geriebene Nüsse, verändern. In oder/und auf das Gebäck spritzen oder streichen, z.B. bei Torten, Rührkuchen, Biskuitrollen.

– Durch Garnieren der Oberflächen wird jedes Gebäck verschönert. Dazu gibt es viele Möglichkeiten, siehe „Garnituren", Seite 409, und „Gespritzte Garnituren", Seite 418. Die Garnitur aber so auswählen, dass sie den arttypischen Geschmack des Gebäcks oder seiner Füllung unterstreicht und nicht zu überladen wirkt, z.B.:

Bestäuben mit Puderzucker oder Kakao: Gesamte Oberfläche des Kuchens gleichmäßig mit Puderzucker bestäuben oder aus Papier z.B. Blumen, Buchstaben, Tiere oder Sterne ausschneiden, jedes Kuchenstück damit belegen und dann mit Puderzucker oder Kakao bestäuben. Die Schablonen vorsichtig mit Hilfe einer Messerspitze abheben. Auf diese Weise lassen sich nicht nur trockene Kuchen, sondern auch Gebäcke, die mit Creme oder Glasur überzogen sind, verzieren.

Überziehen mit Zuckerglasur: Den Kuchen mit dickflüssiger weißer Glasur überglänzen. Die Oberfläche mit einem Spatel glatt streichen. Die Glasur etwas fest werden lassen, und evtl. zusätzlich etwas Puderzuckerglasur mit Lebensmittelfarbe oder Kakao färben und feine Linien oder Beschriftungen aufspritzen.

Umhüllen von Gebäck mit Marzipan: Marzipan-Rohmasse mit Puderzucker verkneten, dünn ausrollen und in der Größe des Gebäcks ausschneiden. Gebäckoberfläche mit verrührter Konfitüre dünn bestreichen und Gebäck mit Marzipan umhüllen.

Überziehen mit Kuvertüre oder Schokoladenglasur: Damit sich die Glasur auf dem Gebäck gleichmäßig verteilt, das erkaltete Gebäck zuerst mit verrührter Aprikosenkonfitüre bestreichen und kurz antrocknen lassen. Glasur in der Mitte des Gebäcks aufgießen und durch Schräghalten zum Rand ausfließen lassen. Glasur auf der Oberfläche einer Torte nie verstreichen, da sonst kein gleichmäßiger Überzug entsteht. Am Tortenrand die Glasur mit einem breiten Messer verstreichen.

Kuvertüre nicht überhitzen, da sie sonst nach dem Trocknen grau wird. Während des Schmelzens umrühren, damit sich die Kakaobutter gleichmäßig verteilt, sonst trocknet die Kuvertüre streifig.

Belegen mit Garnierungen: Den gesamten Kuchen oder die einzelnen Stücke mit im Handel erhältlichen Schokoladenformen wie Herzen, Blätter, Früchte oder Tiere, Zuckerrosen, -figuren, bunten Streuseln u.Ä. versehen. Oder dafür aus kandierten Früchten, z.B. Ananas- oder Orangenscheiben, Kirschen, Sukkade, Streifen, Rauten oder Hälften schneiden und zu Blütenmotiven zusammensetzen. Gebäck für besondere Anlässe mit selbst gefertigten Blüten oder Figuren aus Marzipan verschönern.

Biskuitteig ist ein eierreicher Teig, der fast immer ohne Fett hergestellt wird. Die Teiglockerung erfolgt durch die eingeschlagene Luft. Es entsteht ein Schaum, der sich beim sofortigen Abbacken noch weiter ausdehnt und beim Gerinnen des Eiweißes und bei der Verkleisterung der Stärke fest wird.
Biskuitteige finden Verwendung für Tortenböden, Rollen, Omeletts oder Soufflés.

Grundrezept Biskuitteig

2	**Eier**
50 g	**Zucker**
50 g	**Mehl**

Grundrezept Wasserbiskuitteig

1	**Ei**
1 EL	**Wasser**
50 g	**Zucker**
30 g	**Mehl**
20 g	**Speisestärke**
1 Msp	**Backpulver**

Für einen Tortenboden (Springform Ø 26 cm) wird Biskuitteig aus der dreifachen Zutatenmenge oder Wasserbiskuitteig aus der vierfachen Zutatenmenge bereitet.

Teigbereitung mit ganzen Eiern

- Ganze Eier – je nach Rezeptangabe ohne oder mit warmem Wasser – in eine Rührschüssel geben.
- Mit den Rührwerkzeugen der Hand- oder Standküchenmaschine schaumig rühren.
- Bei höchster Einstellung Zucker langsam einrieseln lassen. Die Masse so lange rühren, bis sie cremig und glänzend ist.
- Mehl, eventuell mit Backpulver und Speisestärke gemischt, auf die Masse sieben und bei niedrigster Einstellung kurz untermengen, bis der Teig glatt ist.
- Teig nach Rezeptangabe sofort weiterverarbeiten.

Teigbereitung mit getrennten Eiern

- Eiweiß ohne oder mit kaltem Wasser in eine Rührschüssel geben.
- Mit den Rührwerkzeugen der Hand- oder Standküchenmaschine steif schlagen.
- Zucker unter ständigem Schlagen einrieseln lassen. Die Masse so lange schlagen, bis sie cremig und glänzend ist.
- Eigelb mit einer Gabel verrühren und unter die Eiweißmasse heben.
- Mehl, eventuell mit Backpulver und Speisestärke gemischt, auf die Masse sieben und bei niedrigster Einstellung kurz untermengen, bis der Teig glatt ist.
- Biskuitteig nach Rezeptangabe sofort weiterverarbeiten.

Praktische Hinweise

- Nur max. die Hälfte der Gesamteimenge des Biskuitteiges durch Wasser ersetzen und die Lockerung des Teiges dann durch Zugabe von 1 Msp Backpulver pro ersetztem Ei unterstützen. Bei Wasserbiskuitteig ist eine Eireduzierung nicht mehr möglich.
- Feinkörnigen Zucker verwenden. Er löst sich schneller und trägt zu einer guten Schaumbildung bei.
- Mehl kann bis zur Hälfte durch Speisestärke ersetzt werden. Das Gebäck wird dadurch feinporig.
- Mehl kann in gleicher Menge durch fein gemahlene Nüsse oder Mandeln ersetzt werden. Bei grob gehackten Nüssen oder Mandeln kann das Eiweiß die Luft nicht halten, und der Teig fällt zusammen.
- Backform oder Backblech am Boden mit Butterbrot- oder Backpapier auslegen, damit das Gebäck nicht festklebt. Für die Biskuitrolle das Papier an der randlosen Seite des Backbleches vor dem Teig zur Falte knicken, damit der Teig nicht flach ausläuft und eine gleichmäßig hohe Teigplatte entsteht.
- Oberfläche des in die Form gegossenen Teiges mit einer Teigkarte glatt streichen, damit sie eben wird.
- Biskuitteig nach der Zubereitung sofort backen, da sonst die Luft entweicht und das Gebäck nicht locker wird. Für Rollen oder Schnitten den Teig in den vorgeheizten Backofen setzen, da nur so die kurze Backdauer eingehalten werden kann und das Gebäck nicht austrocknet.
- Gebäck aus Biskuitteig immer frisch verwenden. Torten mit Füllungen können jedoch ein bis zwei Tage im Kühlschrank aufbewahrt werden.

Blätterteig ist ein zuckerfreier, sehr fettreicher Teig. Er besteht aus einem Nudelteig, in den Fett (Butter oder feste Margarine) eingebettet wird. Durch die Touren – wiederholtes Ausrollen und Einschlagen des Teiges – entstehen lagenweise die Fettschichten. Diese trennen die einzelnen Teigschichten voneinander. Beim Backen schmilzt das Fett und wird von den Teigschichten aufgenommen. Der entstehende Wasserdampf und die Luft heben die einzelnen Teigschichten und bewirken so das Blättrigwerden des Gebäcks.

Blätterteig wird süß oder pikant verarbeitet, z.B. zu Kleingebäck, Garnierungen, Torten, Pasteten und pikanten Teigtaschen oder als Teigmantel für Braten verwendet.

Grundrezept

Buttermehlstück:

50 g	**Mehl**
250 g	**Butter**

Nudelteig:

200 g	**Mehl**
1	**Ei**
2 EL	**Wasser**
1 EL	**Essig**
1 Prise	**Salz**

Teigbereitung

1. Schritt: Buttermehlstück

- Mehl in eine Rührschüssel sieben.
- Feste, kalte Butter in dünne Scheiben schneiden und dazugeben.
- Mit den Knetwerkzeugen der Hand- oder Standküchenmaschine alles verkneten, zu einer kantigen quadratischen Platte formen und kalt stellen.

2. Schritt: Nudelteig

- Mehl, Ei, Wasser, Essig und Salz in eine Rührschüssel geben.
- Mit den Knetwerkzeugen der Hand- oder Standküchenmaschine die Zutaten zunächst auf kleiner Einstellung vermengen. Erst wenn das Mehl nicht mehr herausstäuben kann, auf hoher Einstellung so lange kneten, bis ein glatter Teig entstanden ist.
- Teig in Butterbrotpapier einwickeln, damit er nicht austrocknet; 30 Minuten kalt stellen.

3. Schritt: Blätterteig

- Nudelteig auf einer bemehlten kalten Arbeitsfläche rechtwinklig, etwas mehr als doppelt so groß wie das Buttermehlstück, ausrollen.
- Kaltes Buttermehlstück auf eine Hälfte der Teigplatte legen, die andere Teighälfte darüber schlagen und die Ränder andrücken.
- Teigblock zu einem Rechteck von 30 × 60 cm Größe ausrollen. Dabei das Rollholz immer wieder absetzen, denn der Teigblock darf nicht fest gedrückt oder stark geschoben werden, da sonst das Fett aus den Schichten weggedrückt wird. 20 cm der linken Teighälfte zur Mitte hin umklappen und die 20 cm der rechten Teighälfte darüber schlagen. Dieses Formen nennt der Fachmann die „einfache Tour". Teig in Butterbrotpapier wickeln und 20 Minuten kalt stellen.
- Teigblock erneut zu einem Rechteck von 30 × 60 cm Größe ausrollen. Von der Teigplatte den linken und den rechten äußeren Teil 15 cm nach innen schlagen, so dass sich die zusammengeschlagenen Teigenden fast in der Mitte berühren. Den Teig noch einmal falten, es entsteht ein Teigblock von 15 × 30 cm Größe. Dieses Formen heißt „doppelte Tour". Teig in Butterbrotpapier wickeln und 20 Minuten kalt stellen.
- Teig wieder zu einer Platte von 30 × 60 cm ausrollen, in der einfachen Tour zusammenschlagen, 20 Minuten kalt stellen.
- Teig erneut ausrollen, in der doppelten Tour zusammenschlagen, 20 Minuten kalt stellen.
- Teig nach Rezeptangabe weiterverarbeiten.

Praktische Hinweise

- Beim Ausrollen der Touren immer darauf achten, dass die Teigecken rechtwinklig bleiben. Die Schichten verschieben sich sonst an den Rändern und Ecken, und das Gebäck wird dann beim Backen schief.
- Zu starkes Mehlen beim Ausrollen hat zur Folge, dass sich beim Zusammenschlagen das Mehl isolierend zwischen die Teigschichten legt. Beim Backen fällt solches Gebäck auseinander.
- Zu warmes oder zu weiches Fett drückt sich beim Ausrollen heraus. Das kann auch bei einer zu warmen Teigbereitung geschehen. Das gewünschte blättrige Hochgehen beim Backen bleibt aus, das Gebäck wird flach.
- Werden zu wenig Touren ausgeführt, bleiben die Fettschichten zu dick und das Gebäck fällt in sich zusammen.
- Zwischen den Touren muss der Teig genügend Ruhezeit haben, dadurch entspannt sich der Teig. Wird die Ruhezeit nicht eingehalten, verliert das Gebäck seine Form, schrumpft zusammen und wird unansehnlich.
- Blätterteigreste dürfen nicht geknetet werden, dadurch werden die Fettschichten zerstört. Blätterteigreste übereinander legen und nochmals ausrollen. Dieser Teig ist nicht für Pasteten geeignet, da die Schichtung nicht mehr gleichmäßig ist.
- Geformte Teigstücke auf ein mit Wasser benetztes Backblech legen und vor dem Abbacken nochmals 20 bis 30 Minuten zur Entspannung des Teiges ruhen lassen.
- Wird die Teigoberfläche vor dem Backen mit verdünntem Eigelb bestrichen, so darf nichts über die Teigränder laufen; die Teigschichten verkleben an diesen Stellen, und der Blätterteig kann nicht aufgehen.

Brandteig ist ein eierreicher, ungesüßter, zäher Teig. Charakteristisch ist das „Abbrennen" der Zutaten Wasser, Fett und Mehl im Kochtopf zu einem Kloß. Schon beim Abbrennen verkleistert die Stärke des Mehles und das Klebereiweiß gerinnt, dadurch kann das Gebäck keine Krume bilden; es entsteht eine hautartige, dichte Kruste. Die Lockerung erfolgt durch die eingearbeitete Luft und die Feuchtigkeit des Teiges. Der beim Backen entstehende Wasserdampf treibt die Kruste, solange sie elastisch ist, stark in die Höhe. Es entstehen ein oder mehrere große Hohlräume im Gebäck.
Brandteig kann nicht nur im Backofen oder im Fettbad gebacken, sondern auch als Suppeneinlage in Brühe gegart werden.
Brandteig wird mitunter zur Lockerung anderer Teige diesen beigemischt.

Grundrezept

¼ l	**Wasser**
60 g	**Butter** oder Margarine
1 Prise	**Salz**
150 g	**Mehl**
4–5	**Eier**
1 TL	**Backpulver**

Teigbereitung

- Wasser, Butter und Salz in einen Kochtopf geben, ankochen, Kochstelle ausschalten, Kochtopf von der Kochstelle nehmen.
- Mehl auf einmal hineinschütten, sonst können Klümpchen entstehen. Mit den Knethaken eines Handrührgerätes alles zu einem glatten Teig verarbeiten.
- Kochtopf wieder auf die noch warme Kochstelle setzen und den Teig in der Nachwärme so lange rühren und abbrennen, bis sich die Masse als Kloß vom Topf löst und sich am Topfboden eine weiße Teighaut anlegt. Kochtopf von der Kochstelle nehmen.
- Ein Ei unter die heiße Masse rühren, und den Teig abkühlen lassen.
- Die übrigen Eier nacheinander einzeln unter den Teig rühren. Werden die Eier auf einmal dazugegeben, so verbinden sie sich nicht mit dem Teig.
- Ab dem viertem Ei die Konsistenz des Teiges prüfen. Wenn der Teig glänzt und so von den Knethaken abreißt, dass lange Teigspitzen hängen bleiben, wird kein weiteres Ei benötigt.
- Backpulver unterrühren.
- Teig nach Rezeptangabe weiterverarbeiten.

Praktische Hinweise

- Zutaten genau abmessen, da sonst die Mengenverhältnisse nicht stimmen und der Teig nicht die richtige Konsistenz bekommt.
- Eier sind im Brandteig als Binde- und Lockerungsmittel notwendig. Die Zahl der Eier hängt von der Konsistenz des Teiges ab. Bei zu weichem Teig fällt das Gebäck zusammen. Eine zu feste Masse treibt nicht genug hoch.
- Backpulver, zur Unterstützung der Teiglockerung, erst nach Zugabe der Eier unterrühren. Vorher ist der Teig noch zu warm, und die Lockerungswirkung des Backpulvers würde verloren gehen.
- Brandteig geht beim Backen sehr stark auf, deshalb auf dem Backblech genügend Raum zwischen den einzelnen Teigstücken lassen.
- Während des Backvorganges die Backofentür nicht öffnen, denn wenn die Kruste noch nicht fest ist, fällt das Gebäck zusammen.
- Gebäck sofort nach dem Backen vom Blech lösen und bei einigen Gebäcken, z.B. Windbeuteln, eine Öffnung schneiden, damit der Dampf entweichen kann und das Gebäck trocknet.
- Gebäcke aus Brandteig bekommen durch süße oder pikante Füllung ihren Geschmack. Gefülltes Gebäck sofort servieren, da Brandteig durch Feuchtigkeit weich wird.

Brotteig wird aus Mehl, Wasser und Teiglockerungsmittel zubereitet. Die Qualität des Brotes entscheidet sich bereits bei der Bearbeitung des Teiges. Je lockerer der Teig ist, umso besser ist das Backergebnis. Locker wird der Teig durch Rühren oder Kneten und durch Zugabe von Teiglockerungsmittel. Brotteig aus Weizenmehl wird mit Hefe zubereitet. Bei Verwendung von Roggenmehl ist Sauerteig für die Teigbereitung nötig, damit die kleberbildenden Eiweißstoffe aufquellen können.
Brotteig kann in einer Kastenform, zu einem runden Brot oder zu Brötchen geformt abgebacken werden.

Sauerteigbereitung

1. Stufe: Erster Tag
100 g Roggenmehl Type 1150, 100 ml warmes Wasser – etwa 37 °C – und 1 EL Dickmilch gut miteinander vermengen. In ein hohes Porzellangefäß geben, mit einem Tuch abdecken und 24 Stunden bei etwa 30 °C – der idealen Temperatur für Roggenteig – stehen lassen.

2. Stufe: Zweiter Tag
Sauerteigansatz umrühren, wieder abdecken, weitere 24 Stunden an einem warmen Ort stehen lassen.

3. Stufe: Dritter Tag
300 g Roggenmehl Type 1150 und 200 ml warmes Wasser – etwa 37 °C – mit dem Sauerteigansatz gut vermengen, abdecken und nochmals 24 Stunden an einem warmen Ort stehen lassen.

4. Stufe: Vierter Tag
Es stehen 700 g Vollsauerteig zum Backen zur Verfügung.

Wird nicht so viel Sauerteig benötigt, gibt man den Rest Sauerteig in ein Schraubglas und kann ihn so einige Tage im Kühlschrank aufbewahren. Oder man verknetet so viel Roggenmehl mit dem Sauerteig, dass ein krümeliger Teig entsteht. Dieser „Krümelsauer" ist im Kühlschrank etwa 1 Monat haltbar. Für die Weiterverarbeitung rührt man so viel Wasser unter den „Krümelsauer", bis er die gleiche Konsistenz des ursprünglichen Sauerteiges erreicht hat. Sauerteig kann auch für 2–3 Monate eingefroren werden.

Grundrezept

375 g	**Roggenvollkornschrot**
375 g	**Weizenvollkornschrot**
40 g	**Hefe**
1 TL	**Zucker**
3 EL	**Wasser**
1 EL	**Salz**
150 g	**Sauerteig**
½ l	**Wasser**

Teigbereitung

- Roggen- und Weizenvollkornschrot mischen, in eine Schüssel geben und in die Mitte eine faustgroße Vertiefung eindrücken.
- Hefe fein zerbröckelt in die Vertiefung geben.
- Zucker über die Hefe streuen und Wasser zugeben.
- Hefe mit Wasser und etwas Mehl mit den Knetwerkzeugen der Handküchenmaschine zu einem dicken Brei verrühren.
- Hefevorteig abgedeckt bei Raumtemperatur gehen lassen. Er ist dann ausreichend aufgegangen, wenn er sein doppeltes Volumen erreicht hat und porig aussieht.
- Salz auf dem Mehlrand verteilen.
- Sauerteig und Wasser dazugeben und alle Zutaten mit den Knetwerkzeugen der Hand- oder Standküchenmaschine zu einem glatten Teig vermengen. Anfangs auf kleinster Schaltstufe alles miteinander verarbeiten und erst später, wenn das Mehl nicht mehr herausstäuben kann, auf eine höhere Einstellung umschalten. Teig so lange durcharbeiten, bis er eine geschmeidige Beschaffenheit hat.
- Teig abgedeckt bei Raumtemperatur 50 bis 60 Minuten gehen lassen. Teig noch einmal durchkneten.
- Teig nach Rezeptangabe weiterverarbeiten.

Praktische Hinweise

- Teig mit einem hohen Roggenmehlanteil klebt sehr leicht, deshalb den Teig etwa 10 Minuten quellen lassen und dann so lange kneten, bis er geschmeidig ist. Der Teig sollte eine weiche Konsistenz haben, da während des Aufgehens das Mehl noch ausquillt. Vor dem Formen eventuell noch etwas Mehl hinzufügen.
- Nach dem Aufgehen den Brotteig sofort in den auf 250 °C vorgeheizten, mit „Schwaden" gefüllten Backofen setzen. Durch die hohe Temperatur wird das Breitlaufen des Brotes verhindert. Der „Schwaden" verzögert die Krustenbildung, und der Teig kann besser aufgehen. Nach etwa 15 Minuten Backdauer die Backtemperatur verringern und nach Rezeptangabe das Brot ausbacken. Roggenmehl- und Roggenmischbrot ohne Schwaden backen, damit eine starke Krustenbildung möglich ist.
- Schwaden wird im Backofen erzielt, indem man ein hitzebeständiges, flaches Gefäß mit ¼ Liter heißem Wasser füllt und während des Vorheizens und Backens in die unterste Einschubleiste stellt bzw. bei einem Backofen mit integriertem Dampfsystem die Dampfzuführung betätigt.
- Das Gebäck geht besonders gut auf und erhält eine schöne Bräunung, wenn ein Kombinations-Backofen mit Dampf eingesetzt wird. Zeit und Temperatur sind den Herstellerangaben zu entnehmen.
- Brot ist ausgebacken, wenn es eine Kerntemperatur von 95 °C hat – mit Speisenthermometer prüfen – oder wenn es beim Abklopfen mit den Fingerknöcheln an der Unter- und Oberseite hohl klingt.
- Sofort nach dem Backen das Brot mit einer Lösung aus 1 TL Speisestärke, in ¼ Liter Wasser aufgekocht, bestreichen. Das Brot bekommt dadurch einen kräftigen Glanz.

Hefeteig gehört zu den ältesten bekannten Teigarten. Er hat eine weiche, elastische Beschaffenheit. Seine Lockerung erfolgt durch Hefe.
Hefeteig kann als süßer oder pikanter Teig bereitet und vielseitig, z.B. zu Gugelhupf, Stollen, Hefezopf, Kuchen auf dem Blech, Pizza und Brot, weiterverarbeitet werden.

Grundrezept

500 g	**Mehl**
40 g	**Hefe** oder 1 Trockenhefe
⅛ – ¼ l	**Milch**
1	**Ei**
75 – 100 g	**Zucker**
1 Prise	**Salz**
100 g	**Butter** oder Margarine

Teigbereitung ohne Hefevorteig

Die Teigbereitung ohne Hefevorteig eignet sich insbesondere bei der Verwendung von Trockenhefe.

- Mehl in eine Rührschüssel geben.
- Hefe fein zerbröckeln und zum Mehl geben.
- Flüssigkeit, Eier, Zucker und Salz dazugeben.
- Weiches Fett zum Schluss hinzufügen.
- Alle Zutaten mit den Knetwerkzeugen der Hand- oder Standküchenmaschine zu einem glatten Teig vermengen. Anfangs auf kleinster Schaltstufe alles miteinander verarbeiten und erst später, wenn das Mehl nicht mehr herausstäuben kann, auf eine höhere Einstellung umschalten. Teig so lange kneten, bis er sich von der Schüsselwand löst.
- Hefeteig abgedeckt gehen lassen, entweder bei Raumtemperatur oder im Backofen. Dazu Schüssel mit dem Rost auf die untere Einschubleiste des Backofens setzen. Hefeteig im Backofen bei 50 °C 5–10 Minuten gehen lassen, Backofen ausschalten und den Teig weitere 10–20 Minuten in der Nachwärme gehen lassen. Er ist ausreichend aufgegangen, wenn er sein Volumen verdoppelt hat und porig aussieht.
- Teig nochmals durchkneten.
- Teig nach Rezeptangabe weiterverarbeiten.

Teigbereitung mit Hefevorteig

Die Teigbereitung mit Hefevorteig eignet sich insbesondere bei der Verwendung von frischer Hefe.

- Mehl in eine Schüssel geben und in die Mitte eine faustgroße Vertiefung eindrücken.
- Hefe fein zerbröckelt in die Vertiefung geben.
- 1 TL Zucker über die Hefe streuen, den Rest des Zuckers auf dem Mehlrand verteilen. Flüssigkeit in die Vertiefung gießen.
- Hefe mit Flüssigkeit und etwas Mehl mit den Knetwerkzeugen der Handküchenmaschine zu einem dicklichen Brei verrühren.
- Salz und Fett auf dem Mehlrand verteilen. Dabei darauf achten, dass diese Zutaten nicht mit der Hefe in Berührung kommen, sie würde sonst die Fähigkeit der Teigauflockerung verlieren.
- Hefevorteig abgedeckt bei Raumtemperatur so lange gehen lassen, bis er sein doppeltes Volumen erreicht hat und porig aussieht.
- Aufgegangenen Vorteig mit den restlichen Zutaten mit den Knetwerkzeugen der Handküchenmaschine vermengen und so lange kneten, bis sich der Teig glatt und glänzend von der Schüsselwand löst.
- Hefeteig abgedeckt gehen lassen, entweder bei Raumtemperatur oder im Backofen. Dazu Schüssel mit dem Rost auf die untere Einschubleiste des Backofens setzen. Hefeteig im Backofen bei 50 °C 5–10 Minuten gehen lassen, Backofen ausschalten und den Teig weitere 10–20 Minuten in der Nachwärme gehen lassen. Er ist ausreichend aufgegangen, wenn er sein Volumen verdoppelt hat und porig aussieht.
- Teig nochmals durchkneten.
- Teig nach Rezeptangabe weiterverarbeiten.

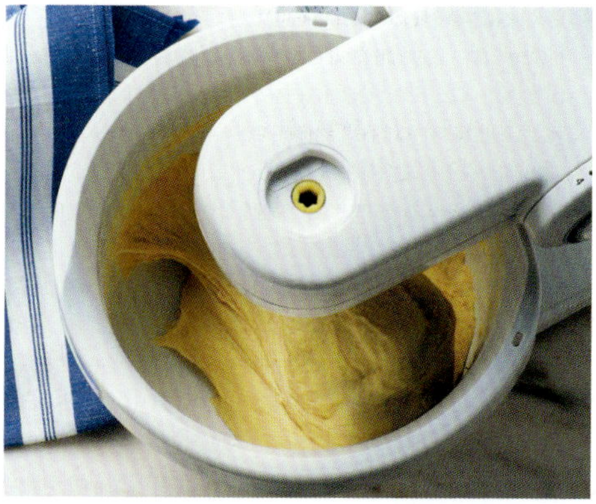

Praktische Hinweise

- Nur frische Hefe verwenden, Haltbarkeitsdatum beachten.
- Warme Flüssigkeit für die Teigherstellung verwenden. Wärme beschleunigt das Hefewachstum.
- Nicht zu viel Zucker zum Teig geben. Hefe benötigt zwar Zucker zur Vermehrung, aber zu viel Zucker entzieht der Hefe Wasser und zerstört sie.
- Fett nie direkt auf die Hefe geben. Fett legt sich als Hülle um die Hefe und hemmt so ihr Wachstum. Fettreiche Teige, z.B. für Stollen, Kranzkuchen oder Rosenkuchen, besser mit einem Vorteig bereiten.
- Bei der Teigbereitung in einer Kompaktküchenmaschine für die Flüssigkeitsmenge und -zugabe die Herstellerangabe beachten.
- Das ausreichende Aufgehen des Teiges evtl. prüfen. Hefeteig ist dann gut aufgegangen, wenn sich nach dem Eindrücken des Teiges mit der Fingerkuppe die Einbuchtung sofort wieder zurückbildet.
- Zutaten, wie Sultaninen, Korinthen, Zitronat, Orangeat, Belegkirschen, Mandeln und Nüsse, immer erst in den bereits gegangenen Teig geben und kurz untermengen, da die Zutaten sonst zerdrückt werden und den Teig unansehnlich färben.
- Hefegebäck schmeckt frisch zubereitet am besten. Durch die geringe Fettmenge trocknet das Gebäck schnell aus. Durch Erwärmen kann seine Frische wieder hergestellt werden.
- Das Gebäck geht besonders gut auf und erhält eine schöne Bräunung, wenn ein Kombinations-Backofen mit Dampf eingesetzt wird. Zeit und Temperatur sind den Herstellerangaben zu entnehmen.

Honig- und Sirupteig

Honig- und Sirupteig sind meist feste, gewürzreiche Teige, die durch die Zugabe von Honig oder Sirup ihre dunkle Farbe erhalten.
Sie sind für weihnachtliches Gebäck besonders beliebt und werden gern zu Figuren ausgestochen oder figürlich geformt.

Grundrezept

250 g	**Honig** oder Sirup
125 g	**Zucker**
50 g	**Schmalz**
⅛ l	**Milch**
500 g	**Mehl**
150 g	**Speisestärke**
1 TL	**Zimt**
1 Prise	**Nelken**
2	**Eier**
7 g	**Pottasche**
2 EL	**Wasser**

Teigbereitung

- Honig, Zucker, Fett und Flüssigkeit unter Rühren erwärmen, aber nicht kochen, bis der Zucker gelöst ist.
- Mehl, Speisestärke und Gewürze in eine Rührschüssel geben und mischen.
- Abgekühlte Honigmasse und Eier zufügen.
- Pottasche in Flüssigkeit auflösen und zugeben.
- Alle Zutaten mit den Knetwerkzeugen der Hand- oder Standküchenmaschine zu einem glatten Teig verarbeiten.
- Honig- und Sirupteig nach Rezeptangabe weiterverarbeiten.

Praktische Hinweise

- Honigmasse nur abgekühlt mit dem Mehl und den Eiern vermischen, da sonst das Mehl verkleistert. Je kühler die Honigmasse ist, desto weniger klebt der Teig.
- Als Lockerungsmittel dient häufig Pottasche oder Hirschhornsalz. Pottasche kann nur bei Teigen mit Bienenhonig verwendet werden, da die Lockerung durch Pottasche nur in Verbindung mit Säure möglich ist (Ameisensäure bei Honig), Hirschhornsalz nur für flaches Gebäck. Es wird bei Einwirkung von Wärme in Kohlendioxyd und Ammoniak umgewandelt. Nur bei geringer Teighöhe kann Ammoniak entweichen, und es kommt so zu keiner Geschmacksbeeinträchtigung des Gebäcks.
- Teige mit Hirschhornsalz oder Pottasche können einige Tage vor dem Backen zubereitet werden. In dieser Ruhezeit können die Gewürze des Teiges besser durchziehen.
- Honigteig bräunt wegen des hohen Zuckergehaltes sehr schnell, deshalb nur bei den angegebenen Temperaturen backen. Zu stark gebackener Honigteig wird hart und trocken.
- Honigteiggebäck nach dem Auskühlen in Dosen kühl lagern. Das Gebäck wird weich und aromatischer, wenn es mindestens 2 bis 4 Wochen vor dem Verzehr so aufbewahrt wird.

Quarkblätterteig

Da die Zubereitung von Blätterteig sehr zeitaufwändig ist, hat sich im Haushalt der Quarkblätterteig oder „Falscher Blätterteig" bewährt. Da das Fett nicht lagenweise in den Teig eingearbeitet wird, treibt er nicht gleichmäßig hoch und ist deshalb nicht für Pasteten geeignet.

Grundrezept

250 g	**Mehl**
1 Msp	**Backpulver**
250 g	**trockener Quark**
250 g	**Butter** oder Margarine
1 Prise	**Salz**

Teigbereitung

- Mehl mit Backpulver gemischt in eine Rührschüssel geben, Quark, weiche Butter und Salz darauf verteilen.
- Mit den Knetwerkzeugen der Hand- oder Standküchenmaschine die Zutaten zunächst auf kleiner Schaltstufe vermengen. Erst wenn das Mehl nicht mehr herausstäuben kann, alles auf hoher Schaltstufe zu einem glatten Teig verarbeiten und kalt stellen.
- Teig zu einem Rechteck von 30 × 60 cm Größe ausrollen. 20 cm der linken Teighälfte zur Mitte hin umklappen und die 20 cm der rechten Teighälfte darüber schlagen. Dieses Formen nennt der Fachmann die „einfache Tour". Teig in Butterbrotpapier wickeln und 20 Minuten kalt stellen.
- Diese so genannte „einfache Tour" dreimal wiederholen, zwischen den Touren den Teig kalt stellen.
- Quarkblätterteig nach Rezeptangabe weiterverarbeiten.

Praktische Hinweise

- Quarkblätterteig nach dem Ausrollen für mehrere Stunden in den Kühlschrank legen. Der gut gekühlte Teig geht besser auf.

Quarkölteig

Quarkölteig ist ein schnell herzustellender, mit Backpulver gelockerter Knetteig. Seine Konsistenz ist weich und elastisch.
Quarkölteig lässt sich süß oder pikant verarbeiten. Er kann in Formen, auf dem Blech oder zu Kränzen, Zöpfen, Kleingebäck geformt gebacken werden.

Grundrezept

300 g	**Mehl**
1	**Backpulver**
150 g	**Quark**
6 EL	**Milch**
6 EL	**Öl**
75 g	**Zucker**
1	**Vanillinzucker**

Teigbereitung

- Mehl mit Backpulver vermischt und übrige Zutaten in eine Rührschüssel geben.
- Mit den Knetwerkzeugen der Hand- oder Standküchenmaschine Zutaten zunächst auf kleiner Schaltstufe vermengen, und erst wenn das Mehl nicht mehr herausstäuben kann, alles kurz auf der höchsten Stufe zu einem glatten Teig verarbeiten.
- Teig nach Rezeptangabe weiterverarbeiten.

Praktische Hinweise

- Magerquark macht den Teig luftig und locker.
- Der Quark muss frisch sein, damit kein säuerlicher Geschmack entsteht. Feuchten Quark zuerst in einem Tuch ausdrücken und danach abwiegen. Feuchter Quark bewirkt kein gutes Backergebnis.
- Öl bestimmt zu einem erheblichen Teil die Konsistenz des Teiges. Jedes Speiseöl, das neutral im Geschmack ist, kann verwendet werden. Öl kann nicht durch eine andere (feste) Fettsorte ersetzt werden.
- Gebäck aus Quarkölteig trocknet schnell aus, deshalb schmeckt es frisch gebacken am besten.

Mürbeteig

Mürbeteig ist ein fettreicher, gekneteter Teig, der seine mürbe Beschaffenheit durch Fettart und -menge erhält.
Mürbeteig eignet sich für süßes und pikantes Gebäck, z.B. Obsttorten und -kuchen, sowie für Kleingebäck und Torteletts.

Grundrezept

250 g	**Mehl**
65 g	**Zucker**
1 Prise	**Salz**
1	**Ei**
125 g	**Butter** oder Margarine

Teigbereitung

- Mehl und Zucker in eine Rührschüssel geben.
- Salz, Ei und weiche Butter darauf verteilen.
- Mit den Knetwerkzeugen der Hand- oder Standküchenmaschine die Zutaten zunächst auf kleiner Schaltstufe vermengen. Erst wenn das Mehl nicht mehr herausstäuben kann, alles auf höchster Schaltstufe zu Bröseln verkneten.
- Brösel auf eine bemehlte Arbeitsfläche geben und mit bemehlten Händen zu einem glatten Teig verarbeiten.
- Teig in Butterbrotpapier wickeln und 20 bis 30 Minuten kalt stellen.
- Mürbeteig ausrollen und nach Rezeptangabe weiterverarbeiten.

Praktische Hinweise

- Das Fett rechtzeitig aus dem Kühlschrank nehmen, es muss weich sein, damit sich die Zutaten besser miteinander verbinden.
  Ausnahme: Wenn der Teig mit den Händen geknetet wird, kaltes Fett in kleinen Flöckchen unter die übrigen Zutaten arbeiten.
- Weizenmehl kann von Typ 405 bis zu Vollkornmehl in gleicher Menge zur Teigbereitung verwendet werden.
- Wird die Fettmenge auf die Hälfte reduziert, gibt man zur Unterstützung der Teiglockerung 1 TL Backpulver zum Mehl. Damit der Teig trotz der geringen Fettmenge geschmeidig wird, zwei Esslöffel Milch für den Teig verwenden.
- Zucker sollte sich im Teig schnell auflösen. Deshalb feinkörnigen Zucker oder Puderzucker verwenden. Zwischen Herstellung und Verarbeitung unbedingt die Ruhedauer von 20 bis 30 Minuten einhalten. In dieser Zeit können sich die Zuckerkristalle in dem wasserarmen Teig auflösen. Grobkörniger Zucker und eine zu schnelle Weiterverarbeitung ergeben ein breittreibendes, ungleichmäßig bräunendes Gebäck.
- Eier erleichtern die Verarbeitung des Teiges. Eigelb macht den Teig mürber. Durch Eiweiß wird das Gebäck knusperiger. Eifreier Mürbeteig bräunt sehr schwer.
- Den Teig so kurz wie möglich kneten, nur bis alle Zutaten vermischt sind. Durch langes Kneten des Teiges quillt das Mehl, der Teig wird brüchig, er reißt beim Ausrollen, und das Gebäck ist nach dem Backen hart und fest.
- Mürbeteig immer nur portionsweise ausrollen, um ihn nicht unnötig zu erwärmen.
- Damit der Teig nicht festklebt, Rollholz und Arbeitsfläche leicht mit Mehl bestäuben oder den Teig zwischen bemehlten Frischhaltefolien ausrollen.
- Nicht zu viel Mehl beim Ausrollen verwenden, da der Teig sonst bröselig und trocken wird.
- Rollholz nur leicht über den Teig führen, damit der Teig nicht festgedrückt wird.
- Mit einem dünnen großen Messer oder dem Pfannenmesser den Teig von der Arbeitsfläche abheben bzw. Folie abziehen.
- Mit Vollkornmehl bereiteten Mürbeteig sofort formen. Er lässt sich leichter verarbeiten, bevor die Kleie gequollen ist. Erst dann den Teig ruhen lassen.
- Teigboden mit einer Gabel mehrmals einstechen, damit die evtl. eingearbeitete Luft entweichen kann und keine Blasen beim Backen entstehen.
- Gebäck aus Mürbeteig lässt sich gut auf Vorrat backen. Kleingebäck bleibt wochenlang frisch, wenn es in Dosen luftdicht verpackt wird. Tortenböden können, in Alufolie verpackt, mehrere Wochen kühl und trocken gelagert werden.
- Das Gebäck geht besonders gut auf und erhält eine schöne Bräunung, wenn ein Kombinations-Backofen mit Dampf eingesetzt wird. Zeit und Temperatur sind den Herstellerangaben zu entnehmen.

Rührteig ist ein fett-, zucker- und eierreicher Teig, der durch eingerührte Luft und Backpulver gelockert wird.
Rührteig ist geeignet zum Backen von Kuchen in hohen Backformen, für Torten sowie für Kleingebäck oder Plätzchen.

Grundrezept

500 g	**Mehl**
1	**Backpulver**
200 g	**Zucker**
1 Prise	**Salz**
250 g	**Butter** oder Margarine
4	**Eier**
⅛ l	**Milch**

Teigbereitung

- Mehl, Backpulver und Zucker in eine Rührschüssel geben.
- Übrige Zutaten darüber geben.
- Mit den Rührwerkzeugen der Hand- oder Standküchenmaschine die Zutaten zunächst auf kleiner Schaltstufe vermengen. Erst wenn das Mehl nicht mehr herausstäuben kann, auf der höchsten Schaltstufe alles schnell zu einem glatten Teig verrühren.
- Teig nicht zu lange rühren, da er sonst zäh wird.
- Nach Rezeptangabe evtl. geschmacksgebende Zutaten untermischen und Rührteig weiterverarbeiten.

Praktische Hinweise

- Fettart und -menge beeinflussen den Geschmack und die Beschaffenheit des Gebäcks. Weiches, streichfähiges Fett erleichtert die Verarbeitung, deshalb das Fett rechtzeitig aus dem Kühlschrank nehmen.
- Feinkörnigen Zucker verwenden. Er löst sich schneller und verkürzt so die Rührdauer.
- Eier sind im Rührteig als Binde- und Lockerungsmittel notwendig. Je mehr Eier zugegeben werden, desto geringer kann die Backpulvermenge und die Flüssigkeitszugabe sein. Das Gebäck wird lockerer, wenn die Eier getrennt und das Eiweiß steif geschlagen zugegeben werden, siehe „Eier trennen/Eischnee bereiten", Seite 291.
- Als Mehl wird meist Weizenmehl Type 405 verwendet. Ein Teil der Mehlmenge kann durch Speisestärke ersetzt werden, das Gebäck wird dadurch feinporiger.
- Wird Vollkornmehl in gleicher Menge wie Mehl Type 405 verwendet, muss die Flüssigkeitsmenge erhöht werden. Durch den hohen Kleieanteil quillt der Teig und die Konsistenz des Teiges wird sonst zu fest. Auch die Backpulvermenge sollte um 20 % erhöht werden.
- Zucker kann durch die gleiche Menge Honig oder Ahornsirup ausgetauscht werden. Damit der Teig dann nicht zu weich wird, die Flüssigkeitsmenge verringern.
- Flüssigkeit, meist Milch, Buttermilch oder Sahne, immer kalt verwenden, da sonst das Backpulver seine Wirkung verliert. Nur so viel Flüssigkeit hinzufügen, dass der Teig schwer reißend von den Rührwerkzeugen fällt. Bei Zugabe von zu viel Flüssigkeit kann das Gebäck Wasserstreifen erhalten.
- Vorbereitete Früchte, Schokoladenstreusel oder ähnliche Zutaten zuletzt unter den Teig rühren. Durch zu langes Rühren werden sie sonst zerquetscht und färben den Teig unansehnlich.
- Einige Kuchen aus Rührteig entwickeln erst ihr volles Aroma nach 1 bis 2 Tagen Ruhezeit. Dazu gehören z. B. Früchtekuchen, Zitronen-, Nuss- und Mandelkuchen. Deshalb diese Kuchen rechtzeitig vor dem Verzehr backen.
- Kuchen aus Rührteig nach dem Auskühlen in Alufolie einpacken. So bleiben sie mindestens eine Woche lang frisch.
- Form nur maximal zu ⅔ mit Teig füllen, damit der Teig beim Aufgehen nicht überläuft.

Strudelteig ist ein zäher, glatter Knetteig. Der Teig ist durch den hohen Mehl- und den geringen Fettanteil sehr elastisch. Die Elastizität des Teiges wird vom Klebergehalt des Mehles bestimmt, deshalb wird er aus Weizenmehl Type 405 bereitet. Strudelteig wird dünn ausgerollt bzw. ausgezogen und mit Fleisch-, Fisch-, Obst- und Quarkmassen oder Gemüse gefüllt oder als Teigmantel für Braten verwendet.

Grundrezept

250 g	**Mehl**
1 Prise	**Salz**
20 g	**zerlassene Butter** oder Margarine
1	**Ei**
6–8 EL	**Wasser**
10 g	**zerlassene Butter**

Teigbereitung

- Mehl, Salz, Butter, Ei und Wasser in eine Rührschüssel geben.
- Mit den Knetwerkzeugen der Hand- oder Standküchenmaschine zunächst auf kleiner Einstellung vermengen. Erst wenn das Mehl nicht mehr herausstäuben kann, auf hoher Einstellung so lange kneten, bis ein glatter, geschmeidiger, glänzender Teig entstanden ist, der sich von der Schüsselwand löst.
- Teig zu einer glatten Kugel formen und mit zerlassener Butter bestreichen, damit die Oberfläche nicht austrocknet.
- Teig auf Butterbrotpapier in einen heißen, trockenen Topf legen, mit einem Deckel verschließen und 30 Minuten ruhen lassen.
- Teig auf einem bemehlten, großen Küchentuch ausrollen und dann dünn ausziehen: dabei mit den Händen unter den Teig fassen und ihn über den Handrücken von der Mitte aus dehnen.
- Teig zu einem länglichen Rechteck ausziehen, nach Rezeptangabe füllen und mit Hilfe des Tuches zu einer Rolle formen.

Praktische Hinweise

- Durch das Bestreichen mit zerlassenem Fett wird der Teig insgesamt gut formbar und elastisch.
- Die Ruhedauer des Teiges im heißen Topf vor der Weiterverarbeitung unbedingt einhalten, dadurch lässt die Spannung im Teigkloß nach. Der Teig wird noch elastischer und kann dünn ausgerollt oder ausgezogen werden.
- Der Topf bekommt die richtige Temperatur, indem er mit etwas Wasser gefüllt und dieses erhitzt wird. Heißes Wasser anschließend ausgießen, Topf gut austrocknen und Teig in den heißen Topf legen.
- Das Gebäck geht besonders gut auf und erhält eine schöne Bräunung, wenn ein Kombinations-Backofen mit Dampf eingesetzt wird. Zeit und Temperatur sind den Herstellerangaben zu entnehmen.
- Süße Strudel werden heiß oder kalt mit Schlagsahne, Vanillesoße oder Eis serviert. Pikante Strudel werden heiß mit passender Soße und Salat serviert.
- Strudel kann je nach Füllung ein bis zwei Tage im Kühlschrank gelagert werden, sollte aber vor dem Servieren noch einmal erwärmt werden.

Backutensilien

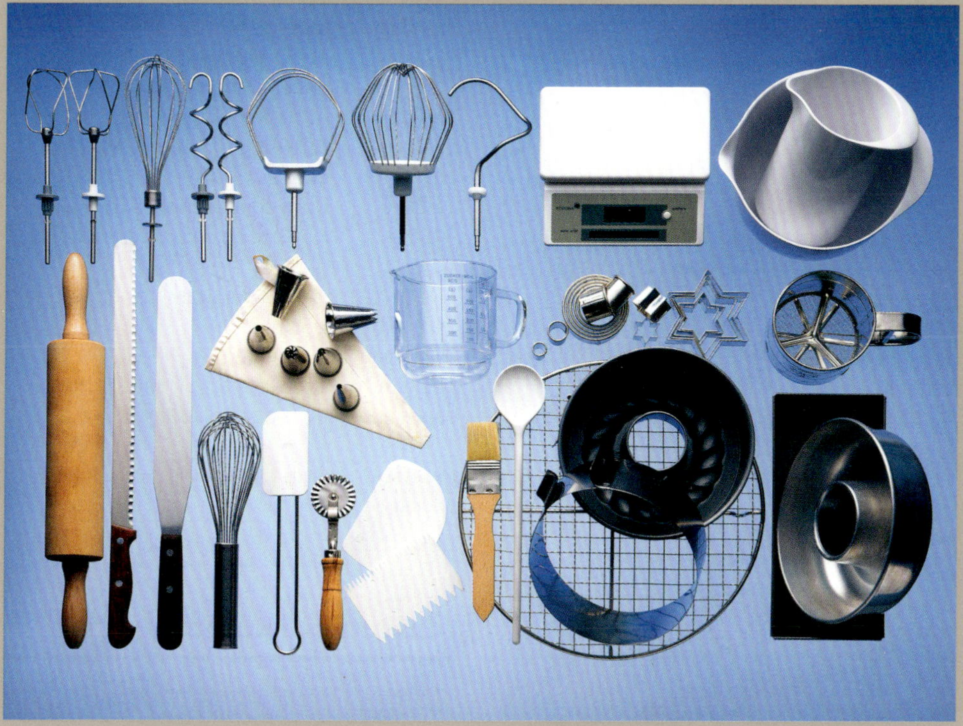

Rührwerkzeuge,
Schneebesen und
Knetwerkzeuge der
Handküchenmaschine;
Rührwerkzeug,
Schneebesen und
Knetwerkzeug der
Standküchenmaschine;
Haushaltswaage
Rührschüssel
Rührbecher

Rollholz
Tortenmesser
Palette
Spritzbeutel mit Tüllen
Litermaß
Ausstechformen
Schüttelsieb

Schneebesen
Gummispatel
Teigrädchen
Teigkarte (Spatel)
Garnierkamm
Backpinsel
Rührlöffel
Kuchengitter
Tortenring
Springform
Kastenform
Savarinform

Marmorkuchen

Rührteig:	
375 g	**Mehl**
125 g	**Speisestärke**
1	**Backpulver**
150 g	**Zucker**
1	**Vanillinzucker**
1 Prise	**Salz**
250 g	**Butter** oder Margarine
4	**Eier**
⅛ l	**Milch**
100 g	**Zucker**
30 g	**Kakao**
50 g	**geriebene Mandeln**
2 – 3 EL	**Milch**

Aus den angegebenen Zutaten einen Rührteig bereiten, siehe Seite 392.
Napfkuchenform einfetten und die Hälfte des Teiges einfüllen.
Den restlichen Teig mit Zucker, Kakao, Mandeln und Milch verrühren und auf den hellen Teig füllen.

Mit einer Gabel beide Teigschichten spiralförmig miteinander vermengen, um eine Marmorierung zu erzielen; backen.

einsetzen:	Auf dem Rost, untere Einschubleiste	
backen:	165 – 180 °C	60 – 70 Minuten
	0	5 – 10 Minuten

Königskuchen

300 g	**Mehl**
70 g	**Speisestärke**
½ TL	**Backpulver**
200 g	**Zucker**
1	**Vanillinzucker**
1 Prise	**Salz**
	abgeriebene Zitronenschale unbehandelt
50 g	**geriebene Mandeln**
250 g	**Butter** oder Margarine
4	**Eier**
2 EL	**Rum** oder Orangensaft
150 g	**Korinthen** zum Untermengen

Aus den angegebenen Zutaten einen Rührteig bereiten, siehe Seite 392.
Korinthen untermengen.
Kastenform mit Backpapier oder Butterbrotpapier auslegen, Teig einfüllen und sofort backen.

einsetzen:	Auf dem Rost, untere Einschubleiste	
backen:	160 – 180 °C	70 – 80 Minuten
	0	5 – 10 Minuten

Altdeutscher Kuchen

Rührteig:	
375 g	**Mehl**
2 TL	**Backpulver**
150 g	**Zucker**
1	**Vanillinzucker**
1 Prise	**Salz**
250 g	**Butter** oder Margarine
3	**Eigelb**
1 EL	**Rum**
5 EL	**Milch**
Füllung:	
200 g	**geriebene Mandeln**
150 g	**Zucker**
100 g	**Zitronat**
½ TL	**Zimt**
40 g	**Paniermehl**
2 EL	**Milch**
3	**Eiweiß** zum Untermengen

Aus den angegebenen Zutaten einen Rührteig bereiten, siehe Seite 392.

Für die Füllung alle Zutaten vermengen.

Kasten- oder Springform einfetten, die Hälfte des Kuchenteiges einfüllen, darauf die Hälfte der Füllung verteilen, den übrigen Teig darüber geben.

Eiweiß steif schlagen, mit der restlichen Füllmasse locker vermengen, auf den Teig streichen und backen.

einsetzen:	Auf dem Rost, untere Einschubleiste	
backen:	175 – 190 °C	60 – 70 Minuten
	0	5 – 10 Minuten

Sandkuchen

250 g	**Butter** oder Margarine
250 g	**Zucker**
1	**Vanillinzucker**
4	**Eier**
1 Prise	**Salz**
2 EL	**Rum** oder Orangensaft
200 g	**Mehl**
100 g	**Speisestärke**
½ TL	**Backpulver**

Butter mit Zucker und Vanillinzucker in eine Rührschüssel geben. Mit den Rührwerkzeugen der Hand- oder Standküchenmaschine zu einer geschmeidigen Masse verrühren. Eier, Salz und Rum nach und nach unterrühren. Mehl, Speisestärke und Backpulver mischen, sieben und ebenfalls unterrühren.

Kastenform mit Backpapier oder Butterbrotpapier auslegen, Teig einfüllen und sofort backen.

einsetzen:	Auf dem Rost, untere Einschubleiste	
backen:	165 – 175 °C	65 – 75 Minuten
	0	5 – 10 Minuten

Tipp:

- Teig nach Zugabe der Eier nicht zu lange rühren, sonst wird der Teig zäh und geht schlecht auf.

Veränderung:

Zitronen-Sandkuchen: Abgeriebene Schale einer unbehandelten Zitrone in den Teig geben.

Orangen-Sandkuchen: Anstelle von Zitronen die gleiche Menge Orangenschale und -saft verwenden.

Sandkuchentorte: Teig in eine nur am Boden gefettete Springform füllen. Auf dem Rost, untere Einschubleiste, bei 180 – 190 °C in 30 – 35 Minuten backen, 5 – 10 Minuten 0. Eventuell die noch warme Torte mit 200 g geschmolzener Kuvertüre bestreichen oder die abgekühlte Torte mit Puderzucker bestäuben.

Nusskuchen

250 g	**Mehl**
1 TL	**Backpulver**
175 g	**Zucker**
1 Prise	**Salz**
125 g	**gemahlene Haselnüsse**
175 g	**Butter** oder Margarine
4	**Eier**
100 ml	**Milch**
2 EL	**Rum** oder Orangensaft

Aus den angegebenen Zutaten einen Rührteig bereiten, siehe Seite 392.

Kastenform mit Backpapier auslegen, Teig einfüllen und backen.

einsetzen:	Auf dem Rost, untere Einschubleiste	
backen:	160 – 180 °C	50 – 60 Minuten
	0	5 – 10 Minuten

Strom-Spar-Tipp

Platz im Backofen sinnvoll nutzen

Napfkuchen mit Sultaninen und Korinthen

Napfkuchen mit Sultaninen und Korinthen

Rührteig:

500 g	**Mehl**
1	**Backpulver**
200 g	**Zucker**
1	**Vanillinzucker**
1 Prise	**Salz**
50 g	**geriebene Mandeln**
250 g	**Butter** oder Margarine
4	**Eier**
2–3 EL	**Rum**
⅛ l	**Milch**

Untermengen:

100 g	**Sultaninen**
100 g	**Korinthen**
100 g	**Zitronatwürfel**

Aus den angegebenen Zutaten einen Rührteig bereiten, siehe Seite 392.

Sultaninen, Korinthen und Zitronatwürfel untermengen.

Napfkuchenform einfetten, Teig einfüllen und backen.

einsetzen:	Auf dem Rost, untere Einschubleiste	
backen:	175 – 190 °C	50 – 60 Minuten
	0	5 – 10 Minuten

Veränderung:

Napfkuchen mit Mandeln: Anstelle von Sultaninen, Korinthen und Zitronat 150 g geriebene Mandeln untermengen. Den Napfkuchen mit Kakao-Zuckerglasur, siehe Seite 477, bestreichen.

Schokoladenkuchen: Anstelle von Sultaninen, Korinthen und Zitronat 75 g Kakao und ⅛ l Milch hinzufügen. Den Napfkuchen mit Zuckerglasur, siehe Seite 476, bestreichen.

Rotwein-Nusskuchen

Rührteig:

250 g	**Weizenvollkornmehl**
3 TL	**Backpulver**
200 g	**Honig**
100 g	**geraspelte Schokolade**
200 g	**geriebene Haselnüsse**
2 TL	**Zimt**
200 g	**Butter**
4	**Eigelb**
⅛ l	**Rotwein**
4	**Eiweiß**

Aus den angegebenen Zutaten einen Rührteig bereiten, siehe Seite 392.
Eiweiß steif schlagen und unterheben.
Kastenform mit Backpapier oder Butterbrotpapier auslegen, Teig einfüllen und backen.

einsetzen:	Auf dem Rost, untere Einschubleiste	
backen:	175 – 190 °C	50 – 60 Minuten
	0	5 – 10 Minuten

Aprikosentorte mit Nussteig

Rührteig:

100 g	**Mehl**
50 g	**Speisestärke**
2 TL	**Backpulver**
125 g	**Zucker**
1 TL	**abgeriebene Zitronenschale** unbehandelt
1 Prise	**Salz**
125 g	**Butter** oder Margarine
3	**Eier**
100 g	**geriebene Nüsse**

Belag:

1 Dose	**Aprikosen** Abtropfgewicht etwa 480 g

Aus den angegebenen Zutaten einen Rührteig bereiten, siehe Seite 392.
Springform nur am Boden einfetten und Teig einfüllen.
Für den Belag Aprikosen abtropfen lassen und mit der gewölbten Seite nach oben gleichmäßig verteilt auf den Teig legen und backen.

einsetzen:	Auf dem Rost, untere Einschubleiste	
backen:	180 – 200 °C	45 – 50 Minuten
	0	5 – 10 Minuten

Tipp:

Der Teig steigt beim Backen hoch, so dass die Aprikosen zum Teil bedeckt werden.

Kirsch-Krümelkuchen

Teig:

500 g	**Mehl**
1	**Backpulver**
250 g	**Zucker**
1 Prise	**Salz**
1	**Vanillinzucker**
2	**Eier**
150 g	**Butter** oder Margarine

Füllung:

500 – 750 g	**Kirschen** frisch oder gedünstet

Für den Teig alle Zutaten in eine Rührschüssel geben und mit den Knethaken einer Hand- oder Standküchenmaschine zu Streusel verarbeiten.
Springform einfetten. ⅔ der Streusel in die Springform krümeln und etwas andrücken.
Kirschen waschen und entsteinen oder gedünstete Kirschen abtropfen lassen. Auf die Streusel geben, restliche Streusel überkrümeln und backen.

einsetzen:	Auf dem Rost, untere Einschubleiste	
backen:	190 – 200 °C	35 – 40 Minuten
	0	5 – 10 Minuten

Tipp:

Anstelle von Kirschen können Aprikosen oder Stachelbeeren verwendet werden.

Apfel-Quarktorte

Rührteig:

125 g	**weiche Butter** oder Margarine
250 g	**Zucker**
3	**Eigelb**
1 Prise	**Salz**
1 kg	**Quark**
75 g	**Grieß**
1	**Vanille-Soßenpulver**
1 TL	**Backpulver**

Untermengen:

50 g	**Sultaninen**
3	**Eiweiß**
750 g	**Äpfel**

Zutaten in eine Rührschüssel geben und mit dem Rührbesen der Hand- oder Standküchenmaschine zu einem glatten Teig verrühren. Sultaninen unter den Teig geben. Eiweiß steif schlagen und locker unterheben. Äpfel waschen, schälen, in Viertel schneiden, Kerngehäuse entfernen, in feine Blättchen schneiden und unter den Teig geben.
Springform (∅ 28 cm) einfetten. Teig einfüllen, zur Mitte hin etwas höher streichen und backen.

einsetzen:	Auf dem Rost, untere Einschubleiste	
backen:	180 – 190 °C	55 – 65 Minuten
	0	5 – 10 Minuten

Veränderung:

Kirsch-Quarktorte: Anstelle von Äpfeln 500 g entsteinte, abgetropfte Kirschen verwenden.

Zitronenpie

Mürbeteig:

200 g	**Mehl**
½ TL	**Backpulver**
1 Prise	**Salz**
100 g	**Butter** oder Margarine
2 – 3 EL	**Wasser**

Zitronencreme:

4	**Eigelb**
100 g	**Zucker**
1 Prise	**Salz**
	abgeriebene Zitronenschale unbehandelt
	Saft von 2 Zitronen
¼ l	**Weißwein** oder Traubensaft
1	**Gelatinepulver** weiß
2	**Eiweiß**

Baisermasse:

2	**Eiweiß**
1 TL	**Zitronensaft**
100 g	**Zucker**

Bestreuen:

50 g	**gehackte Mandeln**

Aus den angegebenen Zutaten einen Mürbeteig bereiten, siehe Seite 390, und kalt stellen. Auflaufform einfetten.
Teig ausrollen, Boden und Rand einer Auflaufform damit auslegen und backen.
Für die Zitronencreme Eigelb mit Zucker, Salz, Zitronenschale und -saft, Weißwein schaumig schlagen.
Gelatine nach Herstellerangabe vorbereiten, auflösen, unter schnellem Rühren zugeben und die Creme kalt stellen.
Wenn die Creme dicklich wird, Eiweiß steif schlagen und locker unterheben. Creme auf den gebackenen Mürbeteig füllen und glatt streichen.
Für die Baisermasse Eiweiß mit Zitronensaft und Zucker steif schlagen, auf die Creme füllen, glatt streichen, mit der Gabel ein Muster ziehen und Pie mit Mandeln bestreuen. Im Backofen leicht trocknen.
Die Pie schmeckt warm und kalt.

Teigboden

einsetzen:	Auf dem Rost, untere Einschubleiste	
backen:	210 – 225 °C	15 – 25 Minuten
	0	5 Minuten

Baisermasse

einsetzen:	Mittlere Einschubleiste	
trocknen:	150 – 175 °C	12 – 15 Minuten

Rehrücken

Biskuitteig:

4	**Eier**
100 g	**Zucker**
1 Prise	**Salz**
75 g	**Speisestärke**
1 TL	**Backpulver**
75 g	**geriebene Mandeln**
100 g	**geriebene Schokolade**
1 TL	**Kakao**
100 g	**Butter** oder Margarine

Garnieren:

150 g	**Kuvertüre**
50 g	**Mandelstifte**

Rehrückenform einfetten.
Aus den angegebenen Zutaten einen Biskuitteig bereiten, siehe Seite 378.
Butter **schmelzen**, auf den Teig träufeln und unterheben.
Teig einfüllen und sofort backen.
Nach dem Backen: Kuchen erkalten lassen.
Kuvertüre **schmelzen**, den Kuchen damit überziehen und mit Mandeln spicken.

einsetzen:	Auf dem Rost, untere Einschubleiste	
backen:	175 – 190 °C	40 – 50 Minuten
	0	5 – 10 Minuten

Biskuit-Apfeltorte

Biskuitteig:

3	**Eier**
3 EL	**Wasser**
150 g	**Zucker**
1	**Vanillinzucker**
200 g	**Mehl**
2 TL	**Backpulver**

Belag:

750 g	**Äpfel**
	Puderzucker

Springform nur am Boden einfetten.
Aus den angegebenen Zutaten einen Biskuitteig bereiten, siehe Seite 378. Teig einfüllen.
Für den Belag Äpfel waschen, schälen, halbieren, Kerngehäuse entfernen.
Die gewölbte Seite in gleichmäßigen Abständen ½ cm tief einschneiden und diese Seite nach oben auf den Teig legen. Mit Puderzucker bestäuben und backen.

einsetzen:	Auf dem Rost, untere Einschubleiste	
backen:	175 – 190 °C	45 – 50 Minuten
	0	5 – 10 Minuten

Tipp:

- Beim Backen steigt der Teig hoch, so dass die Äpfel zum Teil damit bedeckt werden.
- Anstelle von Äpfeln eignen sich auch Aprikosen oder Kirschen.

Linzer Torte

■ ■ KD

Mürbeteig:

200 g	**Mehl**
100 g	**geriebene Mandeln**
3 – 4	**Tropfen Bittermandelöl**
100 g	**Zucker**
1 Prise	**Salz**
2 Msp	**Zimt**
1 Msp	**Nelkenpulver**
1	**Ei**
125 g	**Butter** oder Margarine

Belag:

380 g	**Johannisbeerkonfitüre** oder Preiselbeeren aus dem Glas
1	**Eigelb**
1 EL	**Wasser**
	Puderzucker

Aus den angegebenen Zutaten einen Mürbeteig bereiten, siehe Seite 390, und kalt stellen. Springform einfetten. Die Hälfte des Teiges in die Form drücken und einen kleinen Rand formen. Konfitüre aufstreichen. Vom Teigrest bleistiftdünne Rollen drehen und gitterförmig aufsetzen, auch eine Rolle als Einfassung um die Torte legen und etwas flachdrücken.
Eigelb mit Wasser verrühren. Gitter damit bestreichen und backen.
Nach dem Backen: Mit Puderzucker bestäuben.

einsetzen:	Auf dem Rost, untere Einschubleiste	
backen:	180 – 200 °C	30 – 35 Minuten
	0	5 – 10 Minuten

Rand formen beim Mürbeteig: Mit dem Löffelstiel ein Muster eindrücken oder mit dem Küchenmesser den Rand einschneiden und die Ecken umklappen, so dass ein Zackenrand entsteht, oder den Rand mit den Gabelzinken formen.

Apfeltorte mit Decke

■ ■ KD

Mürbeteig:

300 g	**Mehl**
1 Msp	**Backpulver**
100 g	**Zucker**
1	**Vanillinzucker**
1 Prise	**Salz**
1	**Ei**
150 g	**Butter** oder Margarine

Füllung:

1 – 1½ kg	**Äpfel**
4 – 6 EL	**Wasser** oder Weißwein
50 g	**Zucker**
100 g	**Sultaninen**
2 EL	**Rum**
50 g	**gehackte Mandeln**

Bestreichen:

1	**Eigelb**
1 EL	**Wasser**

Aus den angegebenen Zutaten einen Mürbeteig bereiten, siehe Seite 390, und mindestens 30 Minuten kalt stellen.
Für die Füllung Äpfel waschen, schälen und in Viertel schneiden, Kerngehäuse entfernen.
Äpfel mit Wasser, Zucker und Sultaninen **ankochen** und in der **Nachwärme** fertig garen. Die Apfelstücke müssen noch fest sein. Abtropfen und erkalten lassen.
Springform einfetten.
Die Hälfte des Teiges auf einer bemehlten Arbeitsfläche ausrollen. Teigdecke in der Größe der Springform ausschneiden, mit Butterbrotpapier aufrollen und kalt stellen.
Den restlichen Teig auf dem Springformboden ausrollen, Springformrand wieder aufsetzen. Teig mehrmals mit einer Gabel einstechen, vorbacken und erkalten lassen.
Vom Teigrest einen Rand formen. Apfelstücke mit Rum und Mandeln mischen, in der Form verteilen und Teigdecke darüber rollen.
Eigelb mit Wasser verrühren. Teigdecke damit bestreichen, mehrmals mit einer Gabel durchstechen, damit beim Backen die Feuchtigkeit entweichen kann, und backen.

einsetzen:	Auf dem Rost, untere Einschubleiste	
vorbacken:	200 °C	15 – 20 Minuten
backen:	180 – 190 °C	45 – 50 Minuten
	0	5 – 10 Minuten

Tipp:
Anstelle von Äpfeln eignen sich entsteinte Kirschen oder Pflaumen.

Makronentorte

■ ■

Mürbeteig:

250 g	**Mehl**
1 Msp	**Backpulver**
50 g	**Zucker**
1 Prise	**Salz**
1 – 2	**Eigelb**
125 g	**Butter** oder Margarine

Füllung:

	Gelee oder Konfitüre

Makronenmasse:

3	**Eiweiß**
1 TL	**Zitronensaft**
250 g	**Zucker**
250 g	**geriebene Mandeln** oder Kokosraspel

Aus den angegebenen Zutaten einen Mürbeteig bereiten, siehe Seite 390, und kalt stellen.
Springform einfetten. Teig in die Form drücken und einen niedrigen Rand formen.
Teig mehrmals mit einer Gabel einstechen und vorbacken.
Tortenboden erkalten lassen und mit Gelee bestreichen.
Für die Makronenmasse Eiweiß mit Zitronensaft steif schlagen, nach und nach Zucker unterrühren, bis die Masse cremig ist. Mandeln unterheben. Tortenboden mit der Masse bestreichen und backen.

einsetzen:	Auf dem Rost, untere Einschubleiste	
vorbacken:	200 °C	15 – 20 Minuten
backen:	180 – 190 °C	20 – 30 Minuten
	0	5 – 10 Minuten

Kirschtorte

Mürbeteig:

200 g	**Mehl**
1 Msp	**Backpulver**
50 g	**Zucker**
1	**Vanillinzucker**
1 Prise	**Salz**
1	**Ei**
100 g	**Butter** oder Margarine

Füllung:

1 Glas	**Sauerkirschen** entsteint und gedünstet, Abtropfgewicht 370 g

Rührteig:

100 g	**Mehl**
25 g	**Speisestärke**
½ TL	**Backpulver**
100 g	**Zucker**
100 g	**Butter** oder Margarine
2	**Eier**

Bestreuen:

50 g	**gehackte Mandeln**
	Zucker

Aus den angegebenen Zutaten einen Mürbeteig bereiten, siehe Seite 390, und kalt stellen. Springform einfetten.
Die Hälfte des Teiges auf einer bemehlten Arbeitsfläche ausrollen und elf 1 cm breite und, je nach Durchmesser der Springform, 24 – 26 cm lange Streifen ausrädern.
Den restlichen Teig ausrollen, einen Teigboden in Größe der Springform ausschneiden und Form damit auslegen. Vom Teigrest eine Rolle formen und als 3 cm hohen Rand andrücken.
Für die Füllung Sauerkirschen abtropfen lassen und auf dem Teigboden verteilen.
Aus den angegebenen Zutaten einen Rührteig bereiten, siehe Seite 392.
Rührteig über die Sauerkirschen füllen und glatt streichen.
8 Teigstreifen als Gitter und die 3 anderen als Rand auflegen.
In die entstandenen Quadrate Mandeln und Zucker streuen und backen.

einsetzen:	Auf dem Rost, untere Einschubleiste	
backen:	190 – 200 °C	55 – 60 Minuten
	0	5 – 10 Minuten

Quarktorte mit Gitter

Mürbeteig:

250 g	**Mehl**
1 Msp	**Backpulver**
65 g	**Zucker**
1 Prise	**Salz**
1	**Ei**
125 g	**Butter** oder Margarine

Belag:

1 kg	**Quark**
200 g	**Zucker**
1	**Vanillinzucker**
4	**Eier**
80 g	**Mehl**
1	**Eigelb**
1 EL	**Wasser**

Aus den angegebenen Zutaten einen Mürbeteig bereiten, siehe Seite 390, und kalt stellen. Springform einfetten.
Etwa ein Drittel des Teiges auf einer bemehlten Arbeitsfläche ausrollen und für das Gitter acht 1 cm breite und, je nach Durchmesser der Springform, 24 – 26 cm lange Streifen ausrädern oder schneiden.
Restlichen Teig ausrollen, Springform damit auslegen und einen Rand formen.
Für den Belag Quark, Zucker, Vanillinzucker, Eier und Mehl zu einer glatten Masse verrühren.
Auf den Teigboden streichen, Teigstreifen gitterförmig darüber legen und backen.
Eigelb mit Wasser verrühren und damit Teigstreifen 10 Minuten vor Ende der Backdauer bestreichen.

einsetzen:	Auf dem Rost, untere Einschubleiste	
backen:	190 – 200 °C	50 – 60 Minuten
	0	5 – 10 Minuten

Tipp:

Das Gitter gibt der Torte Halt, so dass sie nicht so leicht zusammenfällt.

Träubletorte

Mürbeteig:

250 g	**Mehl**
1 Msp	**Backpulver**
65 g	**Zucker**
1 Prise	**Salz**
1	**Ei**
125 g	**Butter** oder Margarine

Belag:

	geriebener Zwieback zum Bestreuen
500 g	**rote Johannisbeeren**
4 – 6	**Eiweiß**
250 g	**Zucker**
150 g	**geriebene Mandeln**

Aus den angegebenen Zutaten einen Mürbeteig bereiten, siehe Seite 390, und kalt stellen. Springform einfetten. Teig in die Form drücken und einen kleinen Rand formen. Mit Zwieback bestreuen.

Beeren waschen, abzupfen und abtropfen lassen.

Eiweiß steif schlagen, Zucker und Mandeln unterheben. Die Hälfte mit den Beeren leicht vermengen und auf den Teigboden streichen. Restliche Mandelmasse darüber verteilen und sofort backen.

einsetzen:	Auf dem Rost, untere Einschubleiste	
backen:	190 – 200 °C	45 – 55 Minuten
	0	5 – 10 Minuten

Tipp:

Anstelle von Johannisbeeren halbierte, entkernte Weintrauben verwenden.

Hefepflaumenkuchen mit Sahneguss

Hefeteig:

200 g	**Mehl**
20 g	**Hefe**
6 EL	**Milch**
50 g	**Zucker**
1 Prise	**Salz**
1	**Eigelb**
50 g	**Butter** oder Margarine

Belag:

2 EL	**Paniermehl** zum Bestreuen
750 g	**Pflaumen**

Guss:

2	**Eigelb**
75 g	**Zucker**
50 g	**Mehl**
¼ l	**saure Sahne**
2	**Eiweiß**

Aus den angegebenen Zutaten einen Hefeteig bereiten, siehe Seite 386, und gehen lassen. Springform einfetten.

Teig auf einer bemehlten Arbeitsfläche ausrollen und Springform damit auslegen. Einen 2 cm hohen Rand formen und Paniermehl auf den Teigboden streuen.

Pflaumen waschen, halbieren, entsteinen und schuppenförmig mit der Hautseite nach unten auf den Teig legen. Teig gehen lassen.

Für den Guss Eigelb und Zucker schaumig rühren, Mehl und Sahne zugeben. Eiweiß steif schlagen und locker unterheben. Sofort auf das Obst gießen und backen.

einsetzen:	Auf dem Rost, untere Einschubleiste	
backen:	190 – 200 °C	30 – 35 Minuten
	0	5 – 10 Minuten

Tipp:

Anstelle von Pflaumen können Stachelbeeren, Kirschen, Heidelbeeren oder Äpfel verwendet werden.

Rosenkuchen

Rosenkuchen

■ ■ KD

Hefeteig:	
500 g	**Mehl**
40 g	**Hefe**
¼ l	**Milch**
100 g	**Zucker**
1 Prise	**Salz**
	abgeriebene Zitronenschale
2	**Eier**
100 g	**Butter** oder Margarine
Füllung:	
50 g	**weiche Butter** zum Bestreichen
125 g	**Sultaninen**
125 g	**Korinthen**
100 g	**Zucker**
50 g	**Zitronat**
50 g	**gehackte Mandeln**
4 – 5 EL	**Milch**
Glasur:	
100 g	**Puderzucker**
1 EL	**Zitronensaft**
1 EL	**heißes Wasser**

Aus den angegebenen Zutaten einen Hefeteig bereiten und gehen lassen, siehe Seite 386.
Teig auf einer bemehlten Arbeitsfläche zu einem Rechteck etwa ½ cm dick ausrollen.
Für die Füllung Teig mit Butter bestreichen, übrige Zutaten vermengen und auf dem Teig verteilen. Teig von der längeren Seite her aufrollen und in 8 Stücke schneiden.
Springform am Boden einfetten. Teigstücke mit der Schnittfläche nach oben in die Form setzen, zwischen den Teigstücken bleiben Lücken. Teig gehen lassen und backen.
Nach dem Backen: Für die Glasur Puderzucker mit Zitronensaft und Wasser verrühren. Den warmen Kuchen damit bestreichen.

einsetzen:	Auf dem Rost, untere Einschubleiste	
backen:	190 – 200 °C	35 – 45 Minuten
	0	5 – 10 Minuten

Veränderung:
Rosenkuchen mit Vollkornmehl: Anstelle von Mehl und Zucker Weizen-Vollkornmehl und Honig verwenden.

Liegnitzer Bombe

Honigteig:

300 g	**Honig**
200 g	**Zucker**
125 g	**Butter** oder Margarine
6 EL	**Öl**
500 g	**Mehl**
1 TL	**Backpulver**
1 Prise	**Salz**
2 TL	**abgeriebene Orangenschale** unbehandelt
1 TL	**abgeriebene Zitronenschale** unbehandelt
100 g	**Zitronatwürfel**
125 g	**gehackte Mandeln**
5 g	**Zimt**
5 g	**Nelkenpulver**
2 g	**Kardamom**
6	**Eier**
4 EL	**Rum**

Füllung:

250 g	**Sultaninen**
200 g	**Marzipan**

Glasur:

250 g	**Kuvertüre**

Aus den angegebenen Zutaten einen Honigteig bereiten, siehe Seite 388.
Springform einfetten und mit Mehl bestreuen. Die Hälfte des Teiges einfüllen. Sultaninen und die in kleine Stückchen geteilte Marzipanmasse darauf verteilen, den restlichen Teig darüber geben und sofort backen.
Nach dem Backen: Für die Glasur Kuvertüre **schmelzen** und den Kuchen damit überziehen.

einsetzen:	Auf dem Rost, untere Einschubleiste	
backen:	160 – 180 °C	110 – 120 Minuten
	0	5 – 10 Minuten

Sirupkuchen

Teig:

1	**Ei**
200 g	**Zucker**
250 g	**Sirup**
¼ l	**Milch**
100 g	**gehackte Nüsse**
1 Prise	**Salz**
2 TL	**Zimt**
½ TL	**Anispulver**
½ TL	**abgeriebene Zitronenschale** unbehandelt
500 g	**Mehl**
1	**Backpulver**

Glasur:

150 g	**Puderzucker**
1 EL	**Rum**
1 EL	**heißes Wasser**

Für den Teig Ei mit Zucker verrühren, Sirup und Milch zugeben, Nüsse, Salz und Gewürze und zuletzt das mit Backpulver gemischte Mehl unterrühren.
Kastenform einfetten und mit Mehl bestreuen. Teig einfüllen und backen.
Nach dem Backen: Für die Glasur Puderzucker mit Rum und heißem Wasser verrühren und den Kuchen damit überziehen.

einsetzen:	Auf dem Rost, untere Einschubleiste	
backen:	160 – 180 °C	55 – 65 Minuten
	0	5 – 10 Minuten

KD

Zubereitung empfohlen im
Kombinations-Backofen mit Dampf
Das Gebäck geht besonders gut auf und erhält eine schöne Bräunung.

Quark-Sahnetorte mit Kirschen

Rührteig:

200 g	**Mehl**
1 TL	**Backpulver**
200 g	**Zucker**
1	**Vanillinzucker**
1 Prise	**Salz**
200 g	**Butter** oder Margarine
3	**Eier**

Füllung:

150 g	**Zucker**
2 – 3 EL	**Zitronensaft**
500 g	**Quark**
⅛ l	**Milch**
6 Blatt	**weiße Gelatine**
¼ l	**süße Sahne**
1 Glas	**Sauerkirschen,** entsteint und gedünstet, Abtropfgewicht 370 g

Bestäuben:

	Puderzucker

Aus den angegebenen Zutaten einen Rührteig bereiten, siehe Seite 392.
Springform nur am Boden einfetten oder mit Backpapier auslegen. Teig einfüllen und backen.
Nach dem Backen: Tortenboden erkalten lassen und einmal durchschneiden.
Für die Füllung Zucker, Zitronensaft, Quark und die Hälfte der Milch schaumig rühren.
Gelatine nach Herstellerangabe auflösen und mit restlicher Milch verrühren, nach und nach unter die Quarkmasse rühren.
Sahne steif schlagen und locker unterheben. Unteren Boden auf eine Tortenplatte legen. Tortenring darumsetzen.
Kirschen abtropfen lassen und darauf verteilen, darüber die Quarkmasse streichen. Zweiten Boden auflegen, Torte kalt stellen und Füllung fest werden lassen.
Den Rand mit einem Messer lösen. Vor dem Anschneiden mit Puderzucker bestäuben.

einsetzen:	Auf dem Rost, untere Einschubleiste	
backen:	180 – 190 °C	25 – 30 Minuten
	0	5 – 10 Minuten

Tipp:
Anstelle von Kirschen Ananasstückchen oder Mandarinen aus der Dose verwenden.

Schokoladen-Nusstorte

Rührteig:

250 g	**Mehl**
1 TL	**Backpulver**
200 g	**Zucker**
1	**Vanillinzucker**
1 Prise	**Salz**
200 g	**Butter** oder Margarine
4	**Eier**
2 – 3 EL	**Milch**
200 g	**geriebene Nüsse**
200 g	**geraspelte Schokolade**

Füllung:

¼ l	**süße Sahne**
1 TL	**Zucker**
1	**Sahnefestiger**

Glasur:

200 g	**Kuvertüre**
	Walnusshälften zum Garnieren

Aus den angegebenen Zutaten einen Rührteig bereiten, siehe Seite 392.
Zuletzt die Schokolade unterrühren.
Springform nur am Boden einfetten oder mit Backpapier auslegen, Teig einfüllen und backen.
Nach dem Backen: Tortenboden erkalten lassen und einmal durchschneiden.
Für die Füllung Sahne mit Zucker und Sahnefestiger steif schlagen. Unteren Boden mit Sahne bestreichen, oberen Boden aufsetzen.
Für die Glasur Kuvertüre **schmelzen**, die Torte damit überziehen und mit Nüssen garnieren.

einsetzen:	Auf dem Rost, untere Einschubleiste	
backen:	165 – 175 °C	60 – 70 Minuten
	0	5 – 10 Minuten

Zutaten zum Garnieren

Mit gekauften oder selbst hergestellten Garnituren lassen sich Torten, Kuchen, Kleingebäck und Süßspeisen auf vielfältige Art verschönern.

Der Kreativität sind keine Grenzen gesetzt. Empfehlenswert ist es aber, die Zutaten zum Garnieren nach dem arttypischen Geschmack des Gebäcks oder der Süßspeise auszuwählen und die Verzierung nicht zu üppig zu gestalten, damit sie nicht überladen wirkt.

Zum Dekorieren bieten sich an: Marzipanfiguren, wie z. B. Karotten oder Blüten; aus Schokolade Blätter, Blumen, Ornamente, Borkenschokolade, Streusel oder Kakao zum Bestäuben; kandierte Früchte oder Veilchen; aus Zucker Rosetten, Blüten, farbige oder silberne Perlen, bunte Streusel, Puderzucker sowie Krokant.

Der original Frankfurter Kranz

Sachertorte

150 g	**Schokolade**
150 g	**Butter** oder Margarine
1 Prise	**Salz**
150 g	**Zucker**
6	**Eigelb**
6	**Eiweiß**
30 g	**Puderzucker**
150 g	**Mehl**
1 Msp	**Backpulver**
250 g	**Aprikosenkonfitüre**
200 g	**Kuvertüre**

Schokolade zerkleinern und unter Rühren **schmelzen**. Schokolade, Butter und Salz schaumig rühren. Nach und nach Zucker und Eigelb zufügen.

Eiweiß mit Puderzucker steif schlagen, Mehl mit Backpulver sieben. Beides zu der Schokolade geben und locker unterheben.

Springform nur am Boden einfetten oder mit Backpapier auslegen. Teig einfüllen und backen.

Nach dem Backen: Tortenboden erkalten lassen und einmal durchschneiden.

Aprikosenkonfitüre verrühren und den unteren Boden damit bestreichen. Zweiten Tortenboden aufsetzen.

Kuvertüre **schmelzen** und Torte damit überziehen.

einsetzen:	Auf dem Rost, untere Einschubleiste	
backen:	175 – 190 °C	50 – 55 Minuten
	0	5 – 10 Minuten

Frankfurter Kranz

■ ■

Rührteig:

300 g	**Mehl**
100 g	**Speisestärke**
2 TL	**Backpulver**
200 g	**Zucker**
1 Prise	**Salz**
250 g	**Butter** oder Margarine
6	**Eier**
1 EL	**Zitronensaft**
2 EL	**Milch**

Füllung:

½ l	**Milch**
100 g	**Zucker**
1	**Vanillinzucker**
1 Prise	**Salz**
30 g	**Kokosfett**
1	**Vanille-Puddingpulver**
1	**Eigelb**
200 g	**Butter**
50 g	**Puderzucker**

Krokant:

30 g	**Butter**
50 g	**Zucker**
125 g	**Mandelblätter**

Garnieren:

⅛ l	**Sahne**
20	**Belegkirschen**

Aus den angegebenen Zutaten einen Rührteig bereiten, siehe Seite 392.
Kranzform (Ø 26 cm) einfetten, Teig einfüllen und backen.
Nach dem Backen: Kranz erkalten lassen und zweimal längs durchschneiden.
Für die Füllung Milch, etwas zum Anrühren des Puddingpulvers zurücklassen, mit Zucker, Vanillinzucker, Salz und Kokosfett **ankochen**. Puddingpulver mit Milch und Eigelb verquirlen, einrühren und in der **Nachwärme** fertig garen. Masse kalt stellen, dabei öfter umrühren, damit sich keine Haut bildet.
Weiche Butter mit Puderzucker sahnig rühren, Puddingmasse löffelweise unterrühren.
Für den Krokant Butter, Zucker und Mandeln unter ständigem Rühren goldbraun **rösten**. Erkalten lassen.
Den Kranz mit der Hälfte der Buttercreme füllen und mit der anderen Hälfte außen bestreichen. Mit Krokant bestreuen. Auf dem Kranz 20 Tortenstücke markieren und jedes Stück mit Sahnetupfen und Belegkirschen garnieren.

einsetzen:	Auf dem Rost, untere Einschubleiste	
backen:	150 – 170 °C	60 – 70 Minuten
	0	5 – 10 Minuten

Tipp:

- Der Kranz schmeckt am besten, wenn er 1 – 2 Tage vor dem Verzehr bereitet wird.

Tortenboden aus Rührteig

■ ■ G

Rührteig:

250 g	**Mehl**
3 TL	**Backpulver**
100 g	**Zucker**
1	**Vanillinzucker**
1 Prise	**Salz**
100 g	**Butter** oder Margarine
2	**Eier**
70 ml	**Milch**

Aus den angegebenen Zutaten einen Rührteig bereiten, siehe Seite 392. Obstbodenform (Ø 30 cm) einfetten, Teig einfüllen, glatt streichen und backen.

einsetzen:	Auf dem Rost, untere Einschubleiste	
backen:	160 – 170 °C	20 – 30 Minuten

Tipp:

- Belag siehe Seite 420 und 421.

Mokka-Buttercremetorte

Biskuitteig:

4	**Eier**
4 EL	**Wasser**
150 g	**Zucker**
1	**Vanillinzucker**
100 g	**Mehl**
100 g	**Speisestärke**
2 TL	**Backpulver**

Füllung:

¼ l	**Milch**
50 g	**Zucker**
1 Prise	**Salz**
20 g	**Kokosfett**
25 g	**Speisestärke** oder 5 TL Puddingpulver
1	**Eigelb**
100 g	**Butter**
25 g	**Puderzucker**
2 – 3 TL	**Instantkaffee**

Glasur:

200 g	**Puderzucker**
3 EL	**starker, heißer Kaffee**
	Mokkabohnen zum Garnieren

einsetzen:	Auf dem Rost, untere Einschubleiste	
backen:	160 – 170 °C	25 – 35 Minuten
	0	5 – 10 Minuten

Springform nur am Boden einfetten oder mit Backpapier auslegen.
Aus den angegebenen Zutaten einen Biskuitteig bereiten, siehe Seite 378.
Teig einfüllen und backen.
Nach dem Backen: Tortenboden erkalten lassen und zweimal längs durchschneiden.
Für die Füllung Milch, etwas zum Anrühren der Speisestärke zurücklassen, mit Zucker, Salz und Kokosfett **ankochen**.
Speisestärke mit Milch und Eigelb verquirlen, einrühren und in der **Nachwärme** fertig garen.
Masse kalt stellen, dabei öfter umrühren, damit sich keine Haut bildet.
Butter mit Puderzucker und Instantkaffee sahnig rühren. Masse löffelweise unterrühren.
Zwei Böden mit der Creme bestreichen, aufeinander setzen. Oberen Boden aufsetzen.
Für die Glasur Puderzucker mit Kaffee verrühren. Torte rundum damit überziehen und mit Mokkabohnen garnieren.

Spinnennetz-Garnitur: Auf die noch feuchte Tortenglasur eine andersfarbige Glasur schneckenförmig aufspritzen. Mit einem Messer Streifen ziehen: abwechselnd von der Tortenmitte nach außen, vom Tortenrand nach innen.

Sanddorntorte

■ ■

Biskuitteig:

4	**Eier**
4 EL	**Wasser**
130 g	**Honig**
125 g	**Weizenvollkornmehl**
50 g	**geriebene Nüsse**
1 TL	**Backpulver**
40 g	**Butter**

Füllung:

500 g	**Quark**
120 g	**Honig**
120 g	**Sanddorn-Saft**
	abgeriebene Orangenschale unbehandelt
⅛ l	**Orangensaft**
6 Blatt	**Gelatine** weiß
¼ l	**süße Sahne**

Belag:

25 g	**gehackte Pistazien**

Springform am Boden mit Backpapier oder Butterbrotpapier auslegen.
Aus den angegebenen Zutaten einen Biskuitteig bereiten, siehe Seite 378.
Butter **schmelzen**, auf den Teig träufeln und unterheben.
Teig einfüllen und sofort backen.
Nach dem Backen: Tortenboden erkalten lassen und einmal durchschneiden.
Für die Füllung Quark, Honig, Sanddorn, die Hälfte des Orangensaftes und Orangenschale verrühren.
Gelatine nach Herstellerangabe auflösen und mit restlichem Orangensaft verrühren, nach und nach unter die Quarkmasse rühren.
Sahne steif schlagen und locker unterheben. Boden auf eine Tortenplatte legen, Tortenring darumsetzen und Quarkmasse darauf verstreichen. Torte mindestens 2 Stunden kalt stellen. Danach mit Pistazien bestreuen.
Den Rand mit einem Messer lösen.

einsetzen:	Auf dem Rost, untere Einschubleiste	
backen:	160 – 170 °C	35 – 45 Minuten
	0	5 – 10 Minuten

Füllen und Garnieren einer Cremetorte

Erkalteten Tortenboden ein- oder zweimal teilen: Trennstellen mit scharfem Messer markieren, Zwirnsfaden in die Kerbe legen und über Kreuz zusammenziehen.

Abgetrennten Tortenboden mit Hilfe von Butterbrotpapier vorsichtig abheben, damit er nicht zerbricht.

Creme auf Oberfläche und Rand der Torte auftragen und mit der Palette glatt streichen.

Füllung – Creme, Konfitüre oder Obst – gleichmäßig verteilen. Nächsten Tortenboden exakt auflegen.

Tortenrand mit Garnierkamm verschönern.

Mit Hilfe von Palette oder Teigkarte den Rand mit Schokoladenstreusel oder Ähnlichem garnieren.

Torte mit Schokoladenblättern oder Ähnlichem dekorieren. Zutaten zum Garnieren siehe Seite 409.

Tortenstücke mit Tortenteiler oder langem Messer markieren und Garnitur aufspritzen. Muster siehe Seite 418.

Kirschtorte Schwarzwälder Art

Biskuitteig:

4	**Eier**
5 EL	**Wasser**
175 g	**Zucker**
1	**Vanillinzucker**
100 g	**Mehl**
100 g	**Speisestärke**
2 TL	**Backpulver**
30 g	**Kakao**

Füllung:

1 Glas	**Sauerkirschen,** entsteint und gedünstet; Abtropfgewicht 370 g
4 EL	**Kirschwasser** oder Weinbrand
½ l	**süße Sahne**
2 TL	**Zucker**
2	**Sahnefestiger**

Bestreuen:

	Schokoladenraspel
12	**Belegkirschen**

Springform nur am Boden einfetten oder mit Backpapier auslegen.
Aus den angegebenen Zutaten einen Biskuitteig bereiten, siehe Seite 378.
Teig einfüllen und backen.
Nach dem Backen: Tortenboden erkalten lassen und zweimal durchschneiden.
Für die Füllung Kirschen abtropfen lassen. Mit Alkohol beträufeln.
Sahne mit Zucker und Sahnefestiger steif schlagen.
Unteren Boden mit einem Viertel der Sahne bestreichen, Kirschen darauf verteilen. Zweiten Boden mit einem weiteren Viertel der Sahne bestreichen, auf den ersten Boden setzen. Dritten Boden daraufsetzen.
Torte rundum dünn mit Sahne bestreichen und Rand mit Schokoladenraspel bestreuen. Mit der restlichen Sahne Tupfen aufsetzen und mit Belegkirschen garnieren.

einsetzen:	Auf dem Rost, untere Einschubleiste	
backen:	170 – 180 °C	30 – 40 Minuten
	0	5 – 10 Minuten

Feine Schokoladen-Buttercremetorte

Biskuitteig:

6	**Eier**
150 g	**Zucker**
1	**Vanillinzucker**
150 g	**Mehl**

Füllung:

¼ l	**Kaffee**
100 g	**Zucker**
20 g	**Kakao**
200 g	**geriebene Schokolade**
1	**Vanillinzucker**
1 Prise	**Salz**
40 g	**Kokosfett**
¼ l	**Milch**
50 g	**Speisestärke**
2	**Eigelb**
200 g	**Butter**
25 g	**Puderzucker**
16	**Schokoladenblätter** zum Garnieren

Springform nur am Boden einfetten oder mit Backpapier auslegen.
Aus den angegebenen Zutaten einen Biskuitteig bereiten, siehe Seite 378.
Teig einfüllen und backen.
Für die Füllung Kaffee mit Zucker, Kakao, Schokolade, Vanillinzucker, Salz, Kokosfett und Milch, etwas zum Anrühren der Speisestärke zurücklassen, **ankochen**.
Speisestärke mit Milch und Eigelb verquirlen, einrühren und in der **Nachwärme** fertig garen.
Creme kalt stellen, dabei öfter umrühren, damit sich keine Haut bildet.
Butter mit Puderzucker sahnig rühren, Creme löffelweise unterrühren.
Nach dem Backen Torte nach Anweisung, Bilder Seite 414, fertig stellen. Die Schokoladenblätter zum Garnieren verwenden.

einsetzen:	Auf dem Rost, untere Einschubleiste	
backen:	175 – 190 °C	25 – 35 Minuten
	0	5 – 10 Minuten

Stachelbeer-Baisertorte

Mürbeteig:

250 g	**Mehl**
1 Msp	**Backpulver**
65 g	**Zucker**
1 Prise	**Salz**
2	**Eigelb**
125 g	**Butter** oder Margarine

Belag:

750 g	**Stachelbeeren** gedünstet

Baisermasse:

2	**Eiweiß**
1 TL	**Zitronensaft**
100 g	**Zucker**
1	**Vanillinzucker**

Aus den angegebenen Zutaten einen Mürbeteig bereiten, siehe Seite 390, und kalt stellen. Springform einfetten.
Teig auf einer bemehlten Arbeitsfläche ausrollen und Springform damit auslegen. Einen kleinen Rand formen und backen.
Nach dem Backen: Stachelbeeren abtropfen lassen und auf den Tortenboden geben.
Für die Baisermasse Eiweiß mit Zitronensaft steif schlagen, Zucker und Vanillinzucker nach und nach unterrühren, bis die Masse cremig ist. In einen Spritzbeutel füllen und Muster auf das Obst spritzen.
Torte nochmals in den Backofen setzen und die Baiserdecke hellgelb überbacken.

einsetzen:	Auf dem Rost, untere Einschubleiste	
backen:	210 – 225 °C	20 – 25 Minuten
	0	5 – 10 Minuten
überbacken:	150 – 175 °C	12 – 15 Minuten

Tipp:

- Unter den Eischnee nur die Hälfte des Zuckers rühren, den Rest mit 100 g geriebenen Mandeln mischen und unterheben. Masse aufstreichen und überbacken.

Strom-Spar-Tipp

Backofentür nicht unnötig öffnen

Französische Apfeltarte

Buttermehlstück:

50 g	**Mehl**
250 g	**Butter**

Nudelteig:

200 g	**Mehl**
1	**Ei**
2 EL	**Wasser**
2 EL	**Essig**
1 Prise	**Salz**

Belag:

4 – 5	**säuerliche Äpfel**
2 – 3 EL	**Aprikosenkonfitüre**
	Puderzucker

Aus den angegebenen Zutaten einen Blätterteig bereiten, siehe Seite 380, und kalt stellen. Teig nicht zu dünn ausrollen. 8 – 10 Streifen von 2 cm Breite und 26 cm Länge abschneiden. Mit dem übrigen Teig eine Springform auslegen und einen 2 cm hohen Rand formen.
Für den Belag Äpfel waschen, schälen, Kerngehäuse entfernen, Äpfel in dicke Scheiben schneiden, auf den Teig legen. Teigstreifen gitterförmig darüber legen und backen.
Nach dem Backen: Konfitüre **erwärmen**, Torte damit bestreichen und mit Puderzucker bestäuben.

einsetzen:	Auf dem Rost, untere Einschubleiste	
backen:	200 – 225 °C	20 – 30 Minuten
	0	5 – 10 Minuten

Tipp:

- 300 g TK-Blätterteig verwenden.

Gespritzte Garnituren

Torten, Gebäck und Süßspeisen werden durch gespritzte Garnituren zur Augenweide. Aber auch Pikantes lässt sich so hübsch dekorieren, wie z. B. Vorspeisen, Schnittchen, Steaks, Kartoffelbrei oder Dips.

Zum Spritzen eignen sich alle festen, cremigen Massen. Zu Süßem passen Buttercreme, Sahne, Zucker-, Schokoladen- und Eiweißglasur; für Pikantes verwendet man Buttermischungen, Mayonnaise, Senf oder pikante Cremes.

Spritzmassen lassen sich durch Beimischungen färben. Geeignet sind Kakao, Kaffee, Nougat; gekochtes, passiertes Fruchtmark, z. B. von Erdbeeren; farbintensiver Frucht- oder Gemüsesaft, z. B. von schwarzen Johannisbeeren, Karotten, Rote Bete oder Spinat. Im Handel erhältlich sind Pasten aus Pistazien, Tomaten, Paprika, Kräutern oder Lebensmittelfarbe.

Zum Spritzen verwendet man einen Spritzbeutel – am besten aus kochfestem Material –, zu dem es große und kleine Tüllen aus Metall oder Kunststoff gibt. Die verschiedenartig geformten Öffnungen der Tüllen ergeben die unterschiedlichen Muster: Lochtüllen führen zu glatten, runden Formen; mit Sterntüllen erreicht man gezackte Formen.

Oder die Spritzmasse wird in einen kleinen Kunststoffbeutel gefüllt, an dem nach dem Einfüllen eine winzige Ecke abgeschnitten wird; so können feine Linien gespritzt werden.

Einzelne Stücke lassen sich leicht garnieren, indem der Spritzbeutel einfach in Schlangenlinien oder S-förmig geführt wird. Feine Linien werden zu Ornamenten, Girlanden, Ziffern und Buchstaben; Rosetten, Tupfen und Muscheln bilden einzeln einen hübschen Blickfang oder sie werden zu attraktiven Bändern kombiniert. Aus glatten Tupfen, Rosetten und Linien entstehen klare, geometrische Formen.

Im Handel sind auch spezielle Dekortüllen wie z. B. eine gezackte Bandtülle oder eine glatte Blattülle erhältlich, mit denen Geübte Bänder, Blüten, Blätter u. Ä. spritzen können.

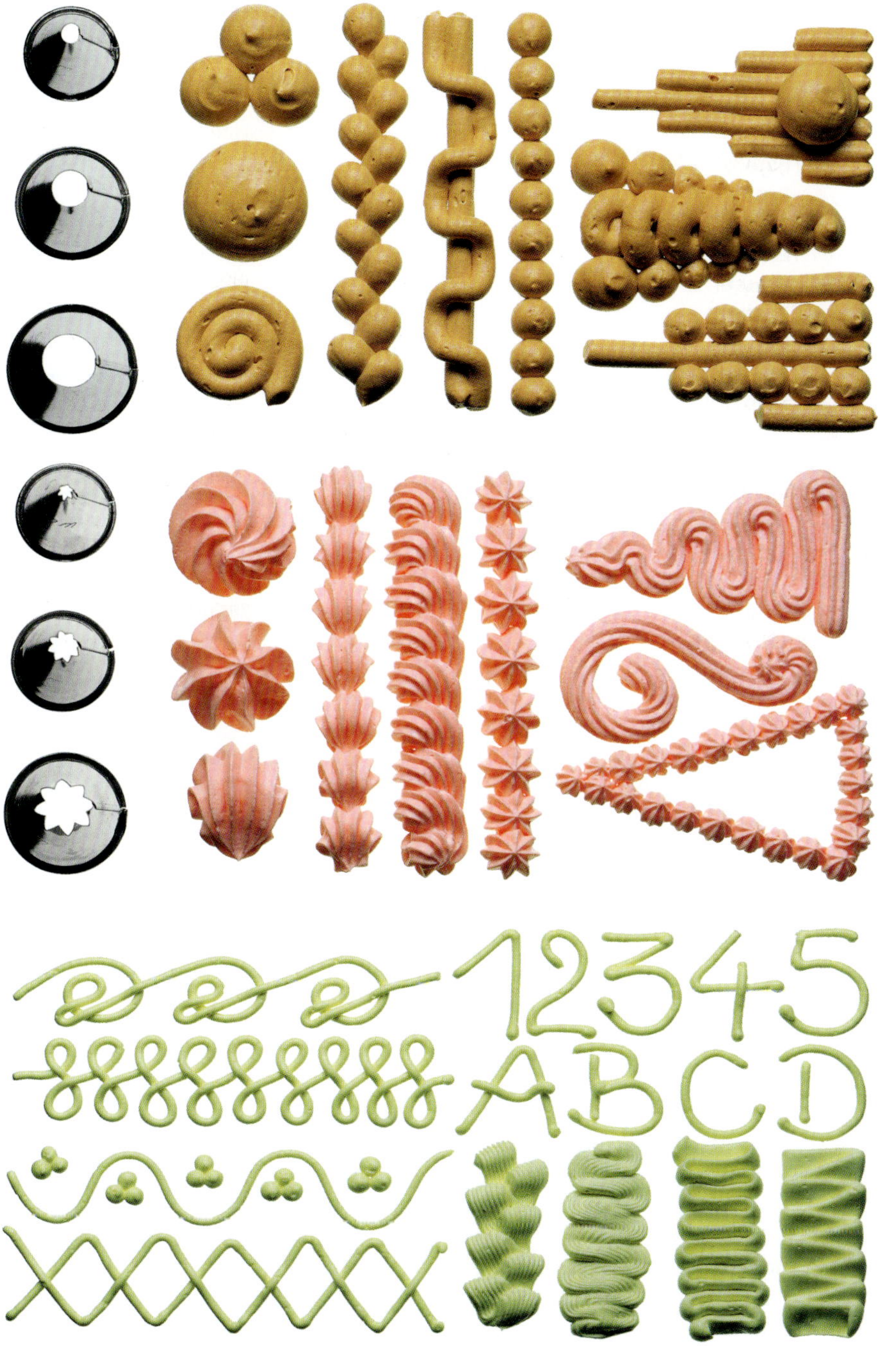
12345
ABCD

Köstliche Obsttorte

■ ■

Mürbeteig:	
100 g	**Mehl**
1 Msp	**Backpulver**
30 g	**Zucker**
1	**Vanillinzucker**
1 Prise	**Salz**
1	**Eigelb**
50 g	**Butter** oder Margarine
Biskuitteig:	
3	**Eier**
2 EL	**Wasser**
125 g	**Zucker**
50 g	**Mehl**
50 g	**Speisestärke**
1 TL	**Backpulver**
Belag:	
	Gelee oder Konfitüre
6 EL	**Obstsaft**
750 g	**gedünstetes Obst** Kirschen, Aprikosen, Pfirsiche oder Stachelbeeren
Guss:	
¼ l	**Obstsaft**
	Zucker
1	**Tortenguss**
Garnieren:	
100 g	**gehackte Mandeln** oder Mandelblätter

Aus den angegebenen Zutaten einen Mürbeteig bereiten, siehe Seite 390, und kalt stellen. Springform einfetten oder mit Backpapier auslegen. Teig gleichmäßig auf den Boden drücken und backen.
Aus den angegebenen Zutaten einen Biskuitteig bereiten, siehe Seite 378.
Springform nur am Boden einfetten oder mit Backpapier auslegen. Teig einfüllen und sofort backen.
Nach dem Backen: Die Böden erkalten lassen. Mürbeteigboden mit Gelee bestreichen und Biskuitboden aufsetzen. Mit Obstsaft beträufeln und mit abgetropften Früchten belegen. Für den Guss Tortenguss nach Herstellerangabe mit Obstsaft und Zucker bereiten und von der Mitte aus über das Obst füllen.
Nach dem Erkalten des Gusses den Rand der Torte mit Mandeln garnieren.

Mürbeteigboden

einsetzen:	Auf dem Rost, mittlere Einschubleiste	
backen:	210–225 °C	15–20 Minuten

Biskuitboden

einsetzen:	Auf dem Rost, mittlere Einschubleiste	
backen:	175–190 °C	20–25 Minuten

Mürbeteig-Obsttorte mit Schlagsahne

■ ■ KD

Mürbeteig:	
250 g	**Mehl**
1 Msp	**Backpulver**
65 g	**Zucker**
1 Prise	**Salz**
1	**Ei**
125 g	**Butter** oder Margarine
Belag:	
250 g	**Gelee**
500 g	**Kirschen**
Garnieren:	
¼ l	**süße Sahne**
1	**Vanillinzucker**
1	**Sahnefestiger**

Aus den angegebenen Zutaten einen Mürbeteig bereiten, siehe Seite 390, und kalt stellen. Springform einfetten.
⅔ des Teiges auf einer bemehlten Arbeitsfläche ausrollen und den Springformboden damit auslegen.
Aus dem restlichen Teig eine Rolle formen und daraus einen ca. 2 cm hohen Rand formen, siehe Bilder Seite 402.
Mit einer Gabel mehrmals in den Teigboden stechen, damit sich beim Backen keine Blasen bilden, und Teig backen.
Nach dem Backen: Tortenboden dünn mit Gelee bestreichen.
Kirschen waschen, entsteinen und etwa ½–1 Stunde vor dem Verzehr auflegen.

Obsttorten belegen: Rohe oder gedünstete Früchte zu hübschen Mustern arrangieren.

Restliches Gelee mit etwas Wasser verrühren, Kirschen damit überziehen.
Sahne mit Vanillinzucker und Sahnefestiger nach Herstellerangabe steif schlagen und die Torte damit garnieren.

einsetzen:	Auf dem Rost, untere Einschubleiste	
backen:	210–225 °C	20–25 Minuten
	0	5–10 Minuten

Tipp:

- Das Formen des Randes entfällt, wenn Tortenformen mit gewelltem Rand oder Tortelettförmchen verwendet werden. Besonders die Vertiefungen am Rand dieser Formen müssen sorgfältig eingefettet und mit Paniermehl ausgestreut werden, damit sich der Tortenboden gut aus der Form löst und sich ein gleichmäßig geformter Rand ergibt.
- Aprikosen, Pfirsiche, Kiwis oder Erdbeeren statt Kirschen verwenden.
- Gedünstetes, abgetropftes Obst statt frischer Früchte verwenden.

KD Zubereitung empfohlen im **Kombinations-Backofen mit Dampf**
Das Gebäck geht besonders gut auf und erhält eine schöne Bräunung.

Gedeckter Apfelblechkuchen

Mürbeteig:

500 g	**Mehl**
1 TL	**Backpulver**
150 g	**Zucker**
1	**Vanillinzucker**
1 Prise	**Salz**
2	**Eier**
250 g	**Butter** oder Margarine

Füllung:

50 g	**geriebene Mandeln** zum Bestreuen
1¾ kg	**Äpfel**
75 g	**Sultaninen**
½ TL	**Zimt**

Glasur:

200 g	**Puderzucker**
2 EL	**Rum**
1 – 2 EL	**heißes Wasser**

Aus den angegebenen Zutaten einen Mürbeteig bereiten, siehe Seite 390, und kalt stellen. Die Hälfte des Teiges auf einer bemehlten Arbeitsfläche in Größe der Fettpfanne ausrollen und leicht mit Mehl bestreuen. Backpapier oder Butterbrotpapier auflegen und Teig aufrollen. Fettpfanne einfetten.
Den restlichen Teig ausrollen und die Fettpfanne damit auslegen. Teigboden mit einer Gabel mehrmals einstechen.
Mit Mandeln bestreuen.
Äpfel waschen, schälen, in Viertel schneiden und Kerngehäuse entfernen. Teig dicht mit Äpfeln belegen, Sultaninen und Zimt überstreuen. Aufgerollte Teigdecke vorsichtig über dem Obstbelag ausrollen. Teigränder andrücken, mit einer Gabel den Teig mehrfach einstechen und backen.
Nach dem Backen: Für die Glasur Puderzucker mit Rum und Wasser verrühren und den noch warmen Kuchen damit bestreichen.

einsetzen:	Mittlere Einschubleiste	
backen:	200 – 210 °C	45 – 55 Minuten
	0	5 – 10 Minuten

Tipp:
- Das Obst darf nicht gezuckert werden, da es sonst zu stark saftet.
- Anstelle von Äpfeln, Sultaninen und Zimt 2 kg Kirschen oder Pflaumen verwenden.

Käsekuchen mit Mandarinen

Mürbeteig:

375 g	**Mehl**
3 TL	**Backpulver**
200 g	**Zucker**
1	**Vanillinzucker**
1 Prise	**Salz**
2	**Eier**
100 g	**Butter** oder Margarine

Belag:

1 kg	**Quark** Magerstufe
250 g	**Zucker**
4	**Eier**
1	**Vanillepuddingpulver**
⅛ l	**Sonnenblumenöl**
2 Dosen	**Mandarinorangen** Abtropfgewicht etwa 350 g

Guss:

1	**Tortenguss klar**

Aus den angegebenen Zutaten einen Mürbeteig bereiten, siehe Seite 390, und kalt stellen. Fettpfanne fetten. Teig auf einer bemehlten Arbeitsfläche in Größe der Fettpfanne ausrollen und Fettpfanne damit auslegen.
Für den Belag Quark, Zucker, Eier, Vanillepuddingpulver und Sonnenblumenöl schaumig rühren, gleichmäßig auf dem Teig verstreichen. Mandarinorangen abtropfen lassen, Saft auffangen. Mandarinorangen in Reihen gleichmäßig auf der Quarkmasse verteilen und backen.
Nach dem Backen einen Tortenguss nach Herstellerangabe aus dem aufgefangenen Saft bereiten und Kuchen damit bestreichen.

einsetzen:	Mittlere Einschubleiste	
backen:	180 – 190 °C	45 – 55 Minuten
	0	5 – 10 Minuten

Gedeckter Apfelblechkuchen

Weicher Blitzkuchen

Rührteig:	
250 g	**Mehl**
1 TL	**Backpulver**
200 g	**Zucker**
1	**Vanillinzucker**
1 Prise	**Salz**
250 g	**Butter** oder Margarine
5	**Eier**
Belag:	
50 g	**Zucker**
50 g	**Mandelstifte**
50 g	**Butter**

Aus den angegebenen Zutaten einen Rührteig bereiten, siehe Seite 392.

Backblech einfetten. Teig gleichmäßig darauf streichen, mit Zucker und Mandeln bestreuen, Butterflöckchen darauf verteilen und backen. Nach dem Backen: Den Kuchen noch warm in Stücke schneiden.

einsetzen:	Mittlere Einschubleiste	
backen:	180 – 190 °C	25 – 35 Minuten

Tipp:

- Teig gleichmäßig auf dem Backblech verteilen, damit er gleichmäßig braun wird.
- Blitzkuchen nicht zu scharf backen, da er sonst austrocknet und hart wird.

Sauerkirschschnitten

■ ■

Rührteig:

200 g	**Mehl**
125 g	**Speisestärke**
1 TL	**Backpulver**
200 g	**Zucker**
1	**Vanillinzucker**
1 Prise	**Salz**
	abgeriebene Zitronenschale unbehandelt
250 g	**Butter** oder Margarine
4	**Eier**

Belag:

1½ kg	**Sauerkirschen**
	Zucker zum Bestreuen

Aus den angegebenen Zutaten einen Rührteig bereiten, siehe Seite 392.
Fettpfanne einfetten, Teig gleichmäßig darauf verteilen.
Sauerkirschen waschen, entsteinen, auf dem Teig verteilen und backen.
Nach dem Backen: Kuchen gleich nach dem Herausnehmen mit Zucker bestreuen.

einsetzen:	Mittlere Einschubleiste	
backen:	200 – 210 °C	25 – 30 Minuten
	0	5 – 10 Minuten

Veränderung:

Obstschnitten: Anstelle von Sauerkirschen Aprikosen oder Rhabarber verwenden.

Tipp:

900 g gedünstete, abgetropfte Sauerkirschen auf dem Teig verteilen.

KD
Zubereitung empfohlen im
Kombinations-Backofen mit Dampf
Das Gebäck geht besonders gut auf und erhält eine schöne Bräunung.

Streuselkuchen

■ ■ KD

Hefeteig:

375 g	**Mehl**
30 g	**Hefe**
⅛ l	**Milch**
1	**Ei**
50 g	**Zucker**
1 Prise	**Salz**
1	**Vanillinzucker**
50 g	**Butter** oder Margarine

Bestreichen:

30 g	**Butter**

Streusel:

375 g	**Butter** oder Margarine
500 g	**Mehl**
250 g	**Zucker**
1 Msp	**Zimt**
50 g	**geriebene Mandeln**
1 Prise	**Salz**

Aus den angegebenen Zutaten einen Hefeteig bereiten und gehen lassen, siehe Seite 386.
Backblech einfetten, Teig gleichmäßig darauf verteilen.
Mit weicher Butter bestreichen.
Für die Streusel Fett **schmelzen**. Mehl und die übrigen Zutaten vermischen. Fett tropfenweise zugeben und mit den Knethaken der Hand- oder Standküchenmaschine vermengen, so dass Klümpchen entstehen. Streusel auf dem Teig verteilen, Teig gehen lassen und backen.

einsetzen:	Mittlere Einschubleiste	
backen:	210 – 225 °C	20 – 30 Minuten
	0	5 – 10 Minuten

Veränderung:

Mandelkuchen: 200 g gehackte Mandeln und 100 g Zucker vermengen und auf den Hefeteig streuen. 100 g Butter in Flöckchen darauf verteilen. Teig gehen lassen und backen.

Mandelkuchen mit Zuckerglasur: Nach dem Backen auf dem Mandelkuchen eine Zuckerglasur aus 125 g Puderzucker und 3–4 El Wasser mit dem Messer verstreichen.

Fladenkuchen: 2 Eiweiß verquirlen und auf den Hefeteig streichen. 200 g gehackte Mandeln oder Kokosraspel mit 100 g Zucker vermengen und darüber streuen. 100 g Butter in Flöckchen darauf verteilen. Teig gehen lassen und backen.

Butterkuchen: Mit den Fingern in kleinen Abständen Vertiefungen eindrücken und 150 g Butterflöckchen aufsetzen. 150 g Zucker darüber streuen.

Zuckerkuchen auf Hannoversche Art: 75 g Butter- und 75 g Schmalzflöckchen auf dem Hefeteig verteilen und 150 g Zucker darüber streuen. Teig gehen lassen und backen.

Strom-Spar-Tipp

Nachwärme ausnutzen

Thüringer Obstkuchen

Hefeteig:	
375 g	**Mehl**
30 g	**Hefe**
⅛ l	**Milch**
1	**Ei**
50 g	**Zucker**
1 Prise	**Salz**
1	**Vanillinzucker**
50 g	**Butter** oder Margarine
Quarkbelag:	
500 g	**Quark**
50 g	**Zucker**
	abgeriebene Zitronenschale unbehandelt
1 EL	**Speisestärke**
20 g	**gehackte Mandeln**
3	**Eier**
Belag:	
1 kg	**Äpfel,** Pflaumen oder Kirschen
Guss:	
¼ l	**süße Sahne** oder saure Sahne
2	**Eigelb**
2 EL	**Zucker**
	abgeriebene Zitronenschale unbehandelt
1 TL	**Speisestärke**
2	**Eiweiß**

Aus den angegebenen Zutaten einen Hefeteig bereiten und gehen lassen, siehe Seite 386.
Fettpfanne einfetten, Teig gleichmäßig darauf verteilen.
Für den Quarkbelag alle Zutaten verrühren und auf den Teig streichen.
Äpfel waschen, schälen, in Viertel schneiden, Kerngehäuse entfernen und in Scheiben schneiden. Auf den Quarkbelag legen.
Für den Guss Sahne mit Eigelb, Zucker, Zitronenschale und Speisestärke verrühren.
Eiweiß steif schlagen, locker unterheben und den Guss gleichmäßig auf den Äpfeln verstreichen. Teig gehen lassen und backen.

einsetzen:	Mittlere Einschubleiste	
backen:	210–225 °C	35–45 Minuten
	0	5–10 Minuten

Zwetschgenkuchen

Hefeteig:

375 g	**Mehl**
30 g	**Hefe**
⅛ l	**Milch**
1	**Ei**
50 g	**Zucker**
1 Prise	**Salz**
1	**Vanillinzucker**
50 g	**Butter** oder Margarine

Belag:

3 EL	**Paniermehl**
2 kg	**Zwetschgen**
	Zucker

Aus den angegebenen Zutaten einen Hefeteig bereiten und gehen lassen, siehe Seite 386.
Fettpfanne einfetten, Teig gleichmäßig darauf verteilen.
Paniermehl überstreuen.
Zwetschgen waschen, aufschneiden, entsteinen, gleichmäßig einschneiden und schuppenförmig auflegen. Teig gehen lassen und backen.
Nach dem Backen mit Zucker bestreuen.

einsetzen:	Mittlere Einschubleiste	
backen:	210 – 225 °C	35 – 45 Minuten
	0	5 – 10 Minuten

Veränderung:

Obstkuchen: Anstelle von Zwetschgen Äpfel oder Kirschen oder 1½ kg Heidelbeeren verwenden. Gedünstetes Obst ohne Saft verwenden.

Obstkuchen mit Streusel: Auf dem Obst Hälfte des Rezeptes Streusel, Seite 424, verteilen und mitbacken.

Strom-Spar-Tipp

Platz im Backofen sinnvoll nutzen

Bienenstich

Hefeteig:

375 g	**Mehl**
30 g	**Hefe**
⅛ l	**Milch**
1	**Ei**
50 g	**Zucker**
1 Prise	**Salz**
1	**Vanillinzucker**
50 g	**Butter** oder Margarine

Belag:

100 g	**Butter** oder Margarine
150 g	**Zucker**
2 EL	**Honig**
1	**Vanillinzucker**
200 g	**gehackte Mandeln**
5 – 6 EL	**Milch**

Aus den angegebenen Zutaten einen Hefeteig bereiten und gehen lassen, siehe Seite 386.
Fettpfanne einfetten, Teig gleichmäßig darauf verteilen.
Für den Belag Zutaten verrühren, **aufkochen** und so lange **fortkochen**, bis die Masse glasig und glänzend ist. Masse auskühlen lassen und auf den Teig streichen. Teig gehen lassen und backen.

einsetzen:	Mittlere Einschubleiste	
backen:	210 – 225 °C	20 – 30 Minuten
	0	5 – 10 Minuten

Veränderung:

Gefüllter Bienenstich: Erkalteten Kuchen in breite Längsstreifen schneiden. In der Höhe quer durchschneiden. Buttercreme, Rezept Seite 474, in doppelter Menge zubereiten. Kuchenstreifen damit füllen und in Portionsstücke schneiden.

Käsekuchen

Hefeteig:

375 g	**Mehl**
30 g	**Hefe**
⅛ l	**Milch**
1	**Ei**
50 g	**Zucker**
1 Prise	**Salz**
1	**Vanillinzucker**
50 g	**Butter** oder Margarine

Quarkbelag:

125 g	**Zucker**
3	**Eigelb**
	abgeriebene Zitronenschale unbehandelt
2 EL	**Speisestärke**
⅛ l	**süße Sahne**
1 kg	**Quark**
3	**Eiweiß**
100 g	**Sultaninen**

Streusel:

200 g	**Butter** oder Margarine
300 g	**Mehl**
200 g	**Zucker**

Aus den angegebenen Zutaten einen Hefeteig bereiten und gehen lassen, siehe Seite 386.
Fettpfanne einfetten, Teig gleichmäßig darauf verteilen.
Für den Quarkbelag Zucker und Eigelb verrühren. Zitronenschale, Speisestärke, Sahne und Quark unterrühren.
Eiweiß steif schlagen und mit den Sultaninen unterheben. Auf dem Teig verteilen. Für die Streusel Zutaten vermengen und auf dem Quark verteilen. Teig gehen lassen und backen.

einsetzen:	Mittlere Einschubleiste	
backen:	200 – 210 °C	30 – 40 Minuten
	0	5 – 10 Minuten

Veränderung:

Käsekuchen mit Vollkornmehl: Statt Mehl und Zucker Weizenvollkornmehl und Honig verwenden.

Thüringer Mohnkuchen

Hefeteig:

375 g	**Mehl**
30 g	**Hefe**
⅛ l	**Milch**
1	**Ei**
50 g	**Zucker**
1 Prise	**Salz**
1	**Vanillinzucker**
50 g	**Butter** oder Margarine

Belag:

1 l	**Milch**
150 g	**Zucker**
125 g	**Grieß**
375 g	**gemahlener blauer Mohn**
¼ l	**heiße Milch**
100 g	**geriebene Mandeln**
50 g	**Sultaninen**
	abgeriebene Zitronenschale unbehandelt
1 – 2 EL	**Rum**
2	**Eigelb**
2	**Eiweiß**
¼ l	**heiße Milch**
50 g	**Puderzucker**

Aus den angegebenen Zutaten einen Hefeteig bereiten und gehen lassen, siehe Seite 386.
Fettpfanne einfetten, Teig gleichmäßig darauf verteilen.
Milch mit Zucker **ankochen**, Grieß einrühren und 10 Minuten **quellen** lassen.
Mohn mit Milch überbrühen, die Hälfte des warmen Grießbreies dazugeben. Mandeln, Sultaninen, Zitronenschale und Rum unterrühren, alles auf dem Teig verstreichen.
Den restlichen Grießbrei mit Eigelb verrühren. Eiweiß steif schlagen und locker unterheben. Auf den Mohnbelag streichen, Teig gehen lassen und backen.
Nach dem Backen: Den Kuchen mit einem Hölzchen mehrmals einstechen. Milch darüber gießen und mit Puderzucker bestäuben.

einsetzen:	Mittlere Einschubleiste	
backen:	200 – 210 °C	35 – 45 Minuten
	0	5 – 10 Minuten

Vollkorn-Butterkuchen

■■ KD

Hefeteig:

375 g	**Weizenvollkornmehl**
30 g	**Hefe**
⅛ – ¼ l	**Milch**
1	**Ei**
50 g	**Honig**
1 Prise	**Meersalz**
50 g	**Butter**

Belag:

4 EL	**Honig**
100 g	**Butter**
1 EL	**Zimt**
150 g	**Mandelblätter**

Aus den angegebenen Zutaten einen Hefeteig bereiten und gehen lassen, siehe Seite 386.
Backblech einfetten und Teig gleichmäßig darauf verteilen.
Mit Honig bestreichen, Butterflöckchen darüber geben, mit Zimt bestreuen, Mandeln darauf verteilen. Teig gehen lassen und backen.

einsetzen:	Mittlere Einschubleiste	
backen:	210 – 225 °C	20 – 30 Minuten
	0	5 – 10 Minuten

Kirschkuchen mit Rahmguss

Quarkölteig:

300 g	**Weizenvollkornmehl**
1	**Backpulver**
150 g	**Quark**
6 EL	**Milch**
6 EL	**Öl**
3 EL	**Honig**

Belag:

2 EL	**Weizenschrot**
1 kg	**Sauerkirschen**

Guss:

3	**Eigelb**
3 EL	**Honig**
50 g	**Weizenvollkornmehl**
400 g	**saure Sahne**
3	**Eiweiß**

Aus den angegebenen Zutaten einen Quarkölteig bereiten, siehe Seite 389.
Fettpfanne einfetten, Teig gleichmäßig darauf verteilen.
Weizenschrot auf den Teig streuen. Kirschen waschen, entsteinen, auf dem Teig verteilen. Für den Guss Eigelb, Honig, Mehl und Sahne verrühren.

Eiweiß steif schlagen und locker unterheben. Guss auf den Kirschen verteilen und den Teig backen.

einsetzen:	Mittlere Einschubleiste	
backen:	190 – 200 °C	25 – 35 Minuten
	0	5 – 10 Minuten

Aprikosenkuchen

Quarkölteig:

300 g	**Weizenvollkornmehl**
1	**Backpulver**
150 g	**Quark**
6 EL	**Milch**
6 EL	**Öl**
3 EL	**Honig**

Belag:

1½ kg	**Aprikosen**

Guss:

5 EL	**Haselnussmus**
3 EL	**Aprikosenkonfitüre**
	Saft von 2 Zitronen
3	**Eier**
3 EL	**gehackte Haselnüsse**

Aus den angegebenen Zutaten einen Quarkölteig bereiten, siehe Seite 389.
Fettpfanne einfetten, Teig gleichmäßig darauf verteilen.
Aprikosen waschen, halbieren, entsteinen und auf dem Teig verteilen.
Für den Guss Haselnussmus, Konfitüre, Zitronensaft, Eier und Nüsse verrühren. Guss auf den Aprikosen verteilen und den Teig backen.

einsetzen:	Mittlere Einschubleiste	
backen:	190 – 200 °C	25 – 35 Minuten
	0	5 – 10 Minuten

Kirschkuchen aus Vollkornmehl mit Rahmguss

Feiner weicher Honigkuchen

Honigteig:

500 g	**Honig**
100 g	**Zucker**
500 g	**Mehl**
5 g	**Nelkenpulver**
5 g	**Zimt**
1 Prise	**Salz**
100 g	**Zitronatwürfel**
100 g	**gehackte Mandeln**
2	**Eier**
10 g	**Pottasche**
	in 1 EL Rum gelöst

Belag:

1	**Ei**
1 EL	**Wasser**
	ganze abgezogene Mandeln

Aus den angegebenen Zutaten einen Honigteig bereiten, siehe Seite 388, und 24 Stunden ruhen lassen.
Backblech oder Fettpfanne einfetten und mit Mehl bestreuen. Teig darauf ausrollen oder mit den Händen eindrücken.
Ei mit Wasser verrühren und den Teig damit bestreichen.
Form und Größe der Stücke durch leichtes Einschneiden andeuten. Jedes Stück mit 3 – 5 Mandeln belegen und backen.
Nach dem Backen: Honigkuchen noch warm in Stücke schneiden.

einsetzen:	Mittlere Einschubleiste	
backen:	160 – 180 °C	25 – 30 Minuten
	0	5 – 10 Minuten

KD Zubereitung empfohlen im
Kombinations-Backofen mit Dampf
Das Gebäck geht besonders gut auf und erhält eine schöne Bräunung.

Biskuitrolle

S

Biskuitteig:

4	**Eier**
4 EL	**Wasser**
150 g	**Zucker**
1	**Vanillinzucker**
75 g	**Mehl**
75 g	**Speisestärke**
1 TL	**Backpulver**

Füllung:

450 g	**Konfitüre**

Bestäuben:

	Puderzucker

Backofen vorheizen. Backblech mit Backpapier oder Butterbrotpapier auslegen.
Aus den angegebenen Zutaten einen Biskuitteig bereiten, siehe Seite 378.
Teig etwa 1 cm dick auftragen. In den Backofen setzen und sofort backen.
Nach dem Backen: Biskuitplatte sofort auf ein mit Zucker bestreutes Geschirrtuch stürzen, Papier mit kaltem Wasser bestreichen, abziehen.
Konfitüre verrühren, Biskuitplatte damit bestreichen und sofort von der Schmalseite her aufrollen. Dazu die Kante überschlagen, andrücken und die Platte durch Anheben des Tuches locker aufrollen.
Mit Puderzucker bestäuben.

einsetzen:	Mittlere Einschubleiste	
backen:	200 – 225 °C	10 – 12 Minuten

Tipp:

- Füllt die Teigmenge ein großes Backblech nicht ganz aus, das Papier unmittelbar vor dem Teig zur Falte knicken, so dass ein Rand entsteht. Der Teig kann dann nicht verlaufen.
- Backdauer nicht überschreiten, da der Rand sonst trocken wird und die Biskuitplatte beim Rollen zerbricht.

Biskuitplatte formen: Platte auf ein mit Zucker bestreutes Geschirrtuch stürzen, …

… das Papier mit kaltem Wasser bestreichen …

Schokoladen-Biskuitrolle mit Preiselbeersahne

Biskuitteig:	
4	**Eier**
5 EL	**Wasser**
150 g	**Zucker**
75 g	**Mehl**
75 g	**Speisestärke**
1 TL	**Backpulver**
20 – 30 g	**Kakao**
Füllung:	
3 EL	**Rum**
125 g	**Preiselbeeren** aus dem Glas
¼ l	**süße Sahne**
1	**Sahnefestiger**
1 TL	**Zucker**
Bestäuben:	
	Puderzucker

Backofen vorheizen. Backblech mit Backpapier oder Butterbrotpapier auslegen.
Aus den angegebenen Zutaten einen Biskuitteig bereiten, siehe Seite 378.
Teig etwa 1 cm dick auftragen, in den Backofen setzen und sofort backen.
Nach dem Backen: Biskuitplatte sofort auf ein mit Zucker bestreutes Geschirrtuch stürzen, Papier mit kaltem Wasser bestreichen, abziehen.
Papier wieder auflegen und den Biskuit sofort von der Schmalseite her durch Anheben des Tuches locker aufrollen. Rolle erkalten lassen. Biskuit vorsichtig zurückrollen, Papier entfernen. Rum über den Biskuit träufeln. Preiselbeeren verrühren und aufstreichen. Sahne mit Sahnefestiger und Zucker nach Herstellerangabe steif schlagen und darüber streichen.
Biskuit aufrollen. Dazu die untere Kante überschlagen, andrücken und Biskuit durch Anheben des Tuches aufrollen.
Mit Puderzucker bestäuben.

einsetzen:	Mittlere Einschubleiste	
backen:	200 – 225 °C	10 – 12 Minuten

Veränderung:

Wickeltorte: Doppelte Menge Sahne bereiten. Zwei Drittel davon auf die Preiselbeeren geben und glatt streichen. Biskuit in sechs gleichmäßig breite Streifen schneiden. Den ersten Streifen aufrollen und in die Mitte einer Tortenplatte setzen. Die weiteren Streifen um die erste Rolle wickeln. Torte auf der Oberseite mit der restlichen Sahne bestreichen und mit Schokoladenraspel bestreuen.

... und vorsichtig abziehen.

Die Biskuitplatte mit dem lose aufliegenden Papier durch Anheben des Tuches aufrollen.

Biskuitrolle mit Erdbeerquark

Biskuitteig:

4	**Eier**
4 EL	**Wasser**
125 g	**Honig**
150 g	**Weizenvollkornmehl**
1 TL	**Backpulver**

Füllung:

500 g	**Erdbeeren**
4 EL	**Ahornsirup**
¼ l	**süße Sahne**
1	**Sahnefestiger**
250 g	**Quark**
3 EL	**Orangensaft**

Backofen vorheizen. Backblech mit Backpapier oder Butterbrotpapier auslegen.
Aus den angegebenen Zutaten einen Biskuitteig bereiten, siehe Seite 378.
Teig etwa 1 cm dick auftragen, in den Backofen setzen und sofort backen.
Nach dem Backen: Biskuitplatte sofort auf ein mit Zucker bestreutes Geschirrtuch stürzen. Papier mit kaltem Wasser bestreichen und abziehen. Das abgezogene Backpapier auf die Teigplatte legen und mit einrollen.
Für die Füllung Erdbeeren waschen, entstielen, in Stücke schneiden und mit Sirup beträufeln. Sahne mit Sahnefestiger steif schlagen.
Quark und Orangensaft verrühren, Sahne und Erdbeeren unterheben.
Die kalte Rolle vorsichtig zurückrollen, Papier entfernen, Biskuit mit der Füllung bestreichen und wieder aufrollen.

einsetzen:	Mittlere Einschubleiste	
backen:	200 – 225 °C	10 – 12 Minuten

Biskuitrolle mit Buttercremefüllung

■ ■

Biskuitteig:

4	**Eier**
100 g	**Zucker**
100 g	**Mehl**

Füllung:

250 g	**Butter**
250 g	**Puderzucker**
1 Prise	**Salz**
1 – 2	**Eigelb**
	abgeriebene Zitronenschale unbehandelt
2 – 3 EL	**Zitronensaft**

Bestäuben:

	Puderzucker

Backofen vorheizen. Backblech mit Backpapier oder Butterbrotpapier auslegen.
Aus den angegebenen Zutaten einen Biskuitteig bereiten, siehe Seite 378.
Teig etwa 1 cm dick auftragen. In den Backofen setzen und sofort backen.
Nach dem Backen: Biskuitplatte sofort auf ein mit Zucker bestreutes Geschirrtuch stürzen, Papier mit kaltem Wasser bestreichen, abziehen. Papier wieder auflegen und den Biskuit sofort von der Schmalseite her durch Anheben des Tuches locker aufrollen. Rolle erkalten lassen.
Für die Füllung weiche Butter sahnig rühren, Puderzucker nach und nach unterrühren. Salz, Eigelb, Zitronenschale und -saft hinzufügen.
Biskuit vorsichtig zurückrollen. Papier entfernen, Buttercreme gleichmäßig aufstreichen. Biskuit aufrollen, dabei die untere Kante überschlagen, andrücken und Biskuit durch Anheben des Tuches aufrollen.
Mit Puderzucker bestäuben.

einsetzen:	Mittlere Einschubleiste	
backen:	200 – 225 °C	10 – 12 Minuten

KD

Zubereitung empfohlen im
Kombinations-Backofen mit Dampf
Das Gebäck geht besonders gut auf und erhält eine schöne Bräunung.

Kranz mit Marzipanfüllung

■■ KD

Quarkölteig:

300 g	**Mehl**
1	**Backpulver**
150 g	**Quark**
6 EL	**Milch**
6 EL	**Öl**
75 g	**Zucker**
1	**Vanillinzucker**

Füllung:

200 g	**Marzipanrohmasse**
⅛ l	**Milch**
2 EL	**Rum**
200 g	**Sultaninen**
100 g	**Korinthen**
200 g	**gehackte Haselnüsse**

Bestreichen:

1	**Eigelb**
2 EL	**Wasser**

Glasur:

200 g	**Puderzucker**
2–3 EL	**Zitronensaft**
1 EL	**heißes Wasser**

Aus den angegebenen Zutaten einen Quarkölteig bereiten, siehe Seite 389.
Teig auf einer bemehlten Arbeitsfläche zu einem Rechteck ausrollen.
Für die Füllung Marzipan mit Milch und Rum cremig rühren und auf den Teig streichen.
Sultaninen, Korinthen und Nüsse gleichmäßig darüber streuen. Teig von der längeren Seite her aufrollen und zu einem Kranz formen.
Eigelb mit Wasser verrühren und den Kranz damit bestreichen.
Backblech in der Größe des Teigkranzes einfetten, Kranz auflegen und backen.
Nach dem Backen: Für die Glasur Puderzucker mit Zitronensaft und Wasser verrühren und den warmen Kranz damit bestreichen.

einsetzen:	Mittlere Einschubleiste	
backen:	190–200 °C	25–30 Minuten
	0	5–10 Minuten

Nusskranz

■■ KD

Hefeteig:

500 g	**Mehl**
40 g	**Hefe**
⅛–¼ l	**Milch**
1	**Ei**
75 g	**Zucker**
1 Prise	**Salz**
	abgeriebene Zitronenschale unbehandelt
75 g	**Butter** oder Margarine

Füllung:

3	**Eiweiß**
150 g	**Zucker**
1	**Vanillinzucker**
	Saft von 1 Zitrone
150 g	**geriebene Haselnüsse** oder geriebene Mandeln

Glasur:

2 EL	**Aprikosenkonfitüre**
200 g	**Puderzucker**
2–3 EL	**Rum**
1 EL	**heißes Wasser**

Aus den angegebenen Zutaten einen Hefeteig bereiten und gehen lassen, siehe Seite 386.
Für die Füllung Eiweiß steif schlagen, Zucker und Vanillinzucker einrieseln lassen und so lange schlagen, bis der Zucker gelöst ist. Zitronensaft zufügen und Nüsse unterheben.
Teig auf einer bemehlten Arbeitsfläche zu einem Rechteck ausrollen. Die Füllung darauf verstreichen. Teig von der längeren Seite her aufrollen und zu einem Kranz formen.
Backblech in der Größe des Teigkranzes einfetten. Kranz auflegen und mit einer Gabel mehrmals einstechen. Teig gehen lassen und backen.
Nach dem Backen: Für die Glasur Konfitüre erwärmen und den Kranz damit bestreichen.
Puderzucker mit Rum und Wasser verrühren. Ebenfalls das warme Gebäck damit bestreichen.

einsetzen:	Mittlere Einschubleiste	
backen:	190–210 °C	25–35 Minuten
	0	5–10 Minuten

Dresdner Stollen

■ ■ KD

Hefeteig:

1 kg	**Mehl**
80 g	**Hefe**
¼ l	**Milch**
125 g	**Zucker**
1 Prise	**Salz**
2	**Vanillinzucker**
	abgeriebene Zitronenschale unbehandelt
1 Msp	**Kardamom**
500 g	**Butter**

Untermengen:

500 g	**Sultaninen**
125 g	**Korinthen**
150 g	**Zitronat**
125 g	**gehackte Mandeln**

Belag:

125 g	**weiche Butter**
50 g	**feiner Zucker**
3 EL	**Puderzucker**

Aus den angegebenen Zutaten einen Hefeteig bereiten und gehen lassen, siehe Seite 386.
Sultaninen, Korinthen, Zitronat und Mandeln untermengen. Dem Teig die Länge des Stollens geben.
Backblech mit Backpapier oder Alufolie auslegen, Teig auflegen und abgedeckt gehen lassen. Den Stollen formen. Mit der bemehlten Hand der Länge nach in der Mitte eine Mulde eindrücken. Die eine Seite zu drei Viertel über die andere schlagen und nach innen einrollen, so dass der Stollen an dieser Seite hoch wird und dadurch die charakteristische Form erhält. Den geformten Stollen gehen lassen.
Backofen auf 250 °C vorheizen, Stollen einsetzen, Temperatur zurückstellen und backen. Nach dem Backen: Stollen mit weicher Butter bestreichen, mit Zucker bestreuen und mit Puderzucker bestäuben.

einsetzen:	Mittlere Einschubleiste	
backen:	150 – 170 °C	90 – 100 Minuten

Tipp:

- Damit der Stollen beim Backen seine typische Form behält, ihn über Nacht oder wenigstens für mehrere Stunden im Kühlschrank ruhen lassen. Erst ½ – 1 Stunde vor dem Einsetzen in den Backofen herausnehmen.
- Der Stollen kann gleich auf der Alufolie gebacken werden, sie dient nach dem Auskühlen zum Verpacken. So kann der Stollen in der Raumtemperatur nicht austrocknen. Für die längerfristige Aufbewahrung wird er in der Folienumhüllung eingefroren.
- Den Stollen vor dem Anschneiden mindestens 8 – 14 Tage ruhen lassen.

Mandelstollen

■ ■ KD

Hefeteig:

1 kg	**Mehl**
60 g	**Hefe**
¼ l	**Milch**
125 g	**Zucker**
1 Prise	**Salz**
	abgeriebene Zitronenschale unbehandelt
200 g	**Butter**
250 g	**geriebene Mandeln**
100 g	**Zitronat**
250 g	**Sultaninen**

Belag:

125 g	**weiche Butter**
50 g	**feiner Zucker**
3 EL	**Puderzucker**

Aus den angegebenen Zutaten einen Hefeteig bereiten und gehen lassen, siehe Seite 386.
Stollen formen, siehe Rezept Dresdner Stollen, und gehen lassen.
Backofen auf 250 °C vorheizen. Stollen einsetzen, Temperatur zurückstellen und backen. Nach dem Backen: Stollen mit Butter bestreichen, mit Zucker bestreuen und mit Puderzucker bestäuben.

einsetzen:	Mittlere Einschubleiste	
backen:	180 – 200 °C	45 – 55 Minuten

Mohnstriezel

■ ■ KD

Hefeteig:

375 g	**Mehl**
30 g	**Hefe**
⅛ l	**Milch**
1	**Ei**
50 g	**Zucker**
1 Prise	**Salz**
1	**Vanillinzucker**
50 g	**Butter** oder Margarine

Füllung:

¼ l	**Milch**
375 g	**gemahlener blauer Mohn**
100 g	**geriebene Mandeln**
100 g	**Zucker**
1	**Vanillinzucker**
2	**Eier**
50 g	**Sultaninen**
3–4 EL	**Rum**

Begießen:

⅛ l	**heiße Milch**

Glasur:

125 g	**Puderzucker**
1–2 EL	**Rum**
1 EL	**heißes Wasser**

Aus den angegebenen Zutaten einen Hefeteig bereiten und gehen lassen, siehe Seite 386.

Für die Füllung Milch **ankochen**, Mohn, Mandeln, Zucker und Vanillinzucker dazugeben. Die Masse abkühlen lassen und Eier, Sultaninen und Rum unterrühren.

Backpapier in der Größe des Backbleches zuschneiden. Teig auf dem Backpapier ausrollen und Füllung gleichmäßig darauf verteilen. Teig mit Hilfe des Backpapiers von der längeren Seite her aufrollen und mit dem Backpapier auf das Backblech legen. Teig mit einer Gabel mehrmals einstechen. Teigrolle gehen lassen und backen.

Nach dem Backen: Das warme Gebäck mit einem Holzstäbchen mehrmals einstechen und mit heißer Milch begießen.

Für die Glasur Puderzucker mit Rum und Wasser verrühren. Das warme Gebäck damit bestreichen.

einsetzen:	Mittlere Einschubleiste	
backen:	180–190 °C	45–55 Minuten
	0	5–10 Minuten

Dresdner Stollen

Quarkstrudel

■ ■ KD

Strudelteig:

250 g	**Mehl**
	Salz
20 g	**zerlassene Butter** oder Margarine
1	**Ei**
6–8 EL	**Wasser** lauwarm
10 g	**zerlassene Butter** oder Margarine zum Bestreichen

Füllung:

500 g	**Quark**
2	**Eigelb**
60 g	**Zucker**
1 Prise	**Salz**
	abgeriebene Zitronenschale unbehandelt
50 g	**Sultaninen**

Bestreichen:

60 g	**zerlassene Butter** oder Margarine

Aus den angegebenen Zutaten einen Strudelteig bereiten, siehe Seite 394; dünn ausziehen. Für die Füllung Quark mit Eigelb, Zucker, Salz, Zitronenschale und Sultaninen verrühren.
Strudelteig mit Butter bestreichen. Eine Teighälfte mit Füllung bestreichen. Teig so aufrollen, dass die ungefüllte Teighälfte zuletzt aufgerollt wird.
Backblech oder Fettpfanne nur in der Mitte einfetten. Strudel auflegen, mit Butter bestreichen und sofort backen.

einsetzen:	Mittlere Einschubleiste	
backen:	200–225 °C	35–40 Minuten
	0	5–10 Minuten

Apfelstrudel

■ ■ KD

Strudelteig:

250 g	**Mehl**
	Salz
20 g	**zerlassene Butter** oder Margarine
1	**Ei**
6–8 EL	**Wasser** lauwarm
10 g	**zerlassene Butter** oder Margarine zum Bestreichen

Füllung:

1–1 ½ kg	**mürbe Äpfel**
80 g	**Zucker**
½ TL	**Zimt**
50 g	**gehackte Mandeln**
100 g	**Sultaninen**
50 g	**Butter** oder Margarine
50 g	**Paniermehl**

Bestreichen:

	zerlassene Butter oder Margarine

Aus den angegebenen Zutaten einen Strudelteig bereiten, siehe Seite 394; dünn ausziehen. Für die Füllung Äpfel waschen, schälen, Kerngehäuse entfernen, Äpfel in dünne Scheiben schneiden oder grob raspeln. Zucker, Zimt, Mandeln und Sultaninen untermischen und 15 Minuten durchziehen lassen.
Butter **erhitzen**, Paniermehl darin **rösten**. Paniermehl auf den Strudelteig streuen, Äpfel darüber verteilen und den Teig aufrollen.
Backblech oder Fettpfanne nur in der Mitte einfetten. Strudel auflegen, mit Butter bestreichen und sofort backen.

einsetzen:	Mittlere Einschubleiste	
backen:	190–210 °C	55–65 Minuten
	0	5–10 Minuten

Strudel aufrollen: Teigränder an den Seiten über die Füllung schlagen, damit sie nicht herausrutscht. Durch Anheben des Tuches Strudel aufrollen.

Muffins

Belag:	
200 g	**Heidelbeeren**
Rührteig:	
100 g	**Mehl**
100 g	**Weizenvollkornmehl**
2 EL	**feine Haferflocken**
2 TL	**Backpulver**
2	**Eier**
120 g	**brauner Zucker**
100 g	**zerlassene Butter**
200 g	**saure Sahne**
50 ml	**Milch**

Heidelbeeren waschen, verlesen und abtropfen lassen.
Mehl, Weizenvollkornmehl, Haferflocken und Backpulver in einer Schüssel mischen.
Eier verquirlen. Nacheinander Zucker, zerlassene Butter, saure Sahne und Milch unterrühren. Masse unter die Mehlmischung rühren. Muffinblech einfetten oder Papierförmchen hineinsetzen. Muffinmulden zu etwa zwei Drittel mit Teig füllen. Beeren darauf verteilen und backen.

einsetzen:	Mittlere Einschubleiste	
backen:	170 – 190 °C	20 – 30 Minuten
	0	5 – 10 Minuten

Muffins

Amerikaner

Rührteig:

500 g	**Mehl**
3 TL	**Backpulver**
175 g	**Zucker**
3	**Eier**
	abgeriebene Zitronenschale unbehandelt
1 Prise	**Salz**
125 g	**Butter** oder Margarine
⅛ l	**Milch**
1 EL	**Rum**

Glasur:

250 g	**Puderzucker**
1 EL	**Rum**
3 – 4 EL	**Zitronensaft**

Aus den angegebenen Zutaten einen Rührteig bereiten, siehe Seite 392.

Backblech einfetten oder mit Backpapier auslegen. Mit einem Esslöffel Teighäufchen aufsetzen und backen.

Nach dem Backen: Für die Glasur Puderzucker mit Rum und Zitronensaft verrühren. Die Unterseite der Amerikaner dick damit bestreichen.

einsetzen:	Mittlere Einschubleiste	
backen:	200 – 210 °C	20 – 25 Minuten
	0	5 – 10 Minuten

Tipp:

Teighäufchen nicht zu dicht nebeneinander setzen, da sie beim Backen breitlaufen. Teigmenge am besten auf zwei Bleche verteilen und nacheinander oder gleichzeitig mit Umluft (Herstellerangaben beachten) backen.

Amerikaner und Schnecken aus Hefeteig

Äpfel im Schlafrock

Mürbeteig:

250 g	**Mehl**
1 Msp	**Backpulver**
65 g	**Zucker**
1 Prise	**Salz**
1	**Ei**
125 g	**Butter** oder Margarine

Füllung:

6 – 8	**kleine Äpfel**
	Konfitüre oder Sultaninen und gehackte Mandeln
1	**Eiweiß**

Glasur:

200 g	**Puderzucker**
2 EL	**Rum**
1 – 2 EL	**heißes Wasser**

Aus den angegebenen Zutaten einen Mürbeteig bereiten, siehe Seite 390, und kalt stellen.
Äpfel waschen, Kerngehäuse ausstechen. Äpfel schälen und mit Konfitüre füllen.
Teig auf einer bemehlten Arbeitsfläche dünn ausrollen und Quadrate, passend zu der Größe der Äpfel, ausrädern. Je einen Apfel in die Mitte des Teiges setzen und die Ränder mit Eiweiß bestreichen. Ecken über dem Apfel zusammenfassen und auch die Seiten aneinander drücken. Obenauf ein kleines rundes ausgestochenes Teigplätzchen legen.
Backblech einfetten oder mit Backpapier auslegen. Äpfel aufsetzen und backen.
Nach dem Backen: Für die Glasur Puderzucker mit Rum und Wasser verrühren. Das noch warme Gebäck damit bestreichen.

einsetzen:	Mittlere Einschubleiste	
backen:	200 – 210 °C	20 – 25 Minuten
	0	5 – 10 Minuten

Schnecken aus Hefeteig

KD

Hefeteig:

500 g	**Mehl**
40 g	**Hefe**
¼ l	**Milch**
40 g	**Zucker**
1	**Ei**
1 Prise	**Salz**
40 g	**Butter** oder Margarine

Bestreichen:

75 g	**Butter**

Füllung:

50 g	**Butter**
50 g	**Zucker**
75 g	**Korinthen**
75 g	**Sultaninen**
50 g	**gehackte Mandeln**
50 g	**Zitronatwürfel**

Aus den angegebenen Zutaten einen Hefeteig bereiten, siehe Seite 386, und gehen lassen.
Teig auf einer bemehlten Arbeitsfläche zu einem Rechteck ausrollen, mit weicher Butter bestreichen und die übrigen Zutaten der Füllung gleichmäßig darauf verteilen.
Teig zu einer großen Rolle formen und davon 1 cm dicke Scheiben abschneiden.
Backblech einfetten oder mit Backpapier auslegen. Teigscheiben nicht zu dicht nebeneinander auf das Backblech setzen, gehen lassen und backen.

einsetzen:	Mittlere Einschubleiste	
backen:	210 – 225 °C	20 – 25 Minuten

Veränderung:

Zimtschnecken: Anstelle der o. g. Füllung 150 g braunen Zucker mit 1 EL Zimt vermischen und diese Mischung auf den mit Butter bestrichenen Teig streuen.

KD Zubereitung empfohlen im
Kombinations-Backofen mit Dampf
Das Gebäck geht besonders gut auf und erhält eine schöne Bräunung.

Kleingebäck formen

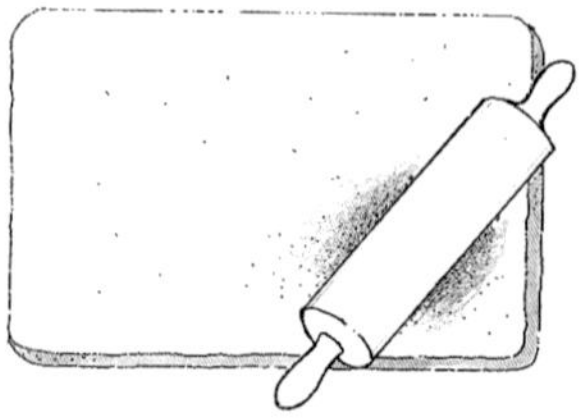

Taschen

Teig ½ cm dick ausrollen.

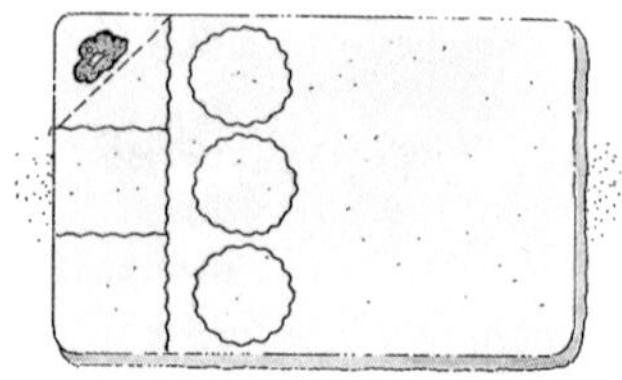

Quadrate oder Kreise (ø 11 cm) ausrädern oder ausstechen und Füllung darauf geben.

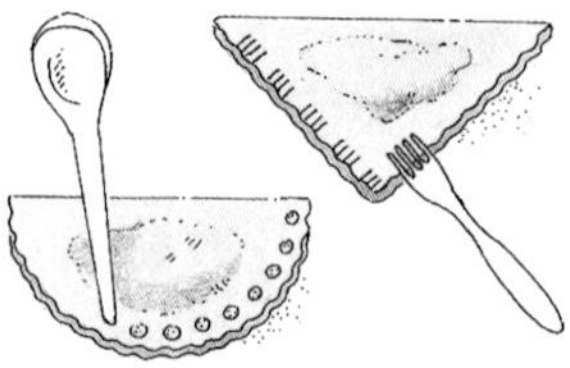

Rand mit Eiweiß bestreichen; zusammenklappen. Rand mit Kochlöffelstiel oder Gabelzinken andrücken.

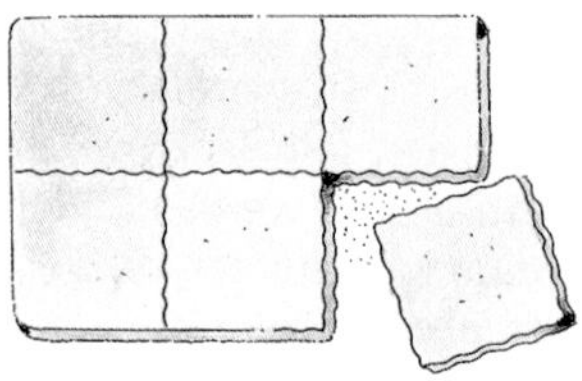

Hahnenkämme

Teig ½ cm dick ausrollen, Quadrate von 10 × 10 cm ausrädern.

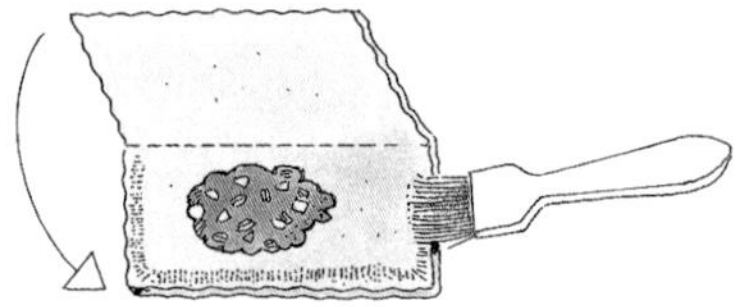

Füllung darauf geben, Ränder mit Eiweiß bestreichen; überklappen und Rand andrücken.

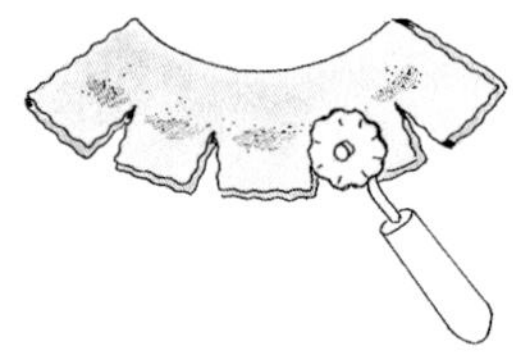

Rand 3 – 4-mal einschneiden und beim Auflegen auf das Backblech auseinander ziehen.

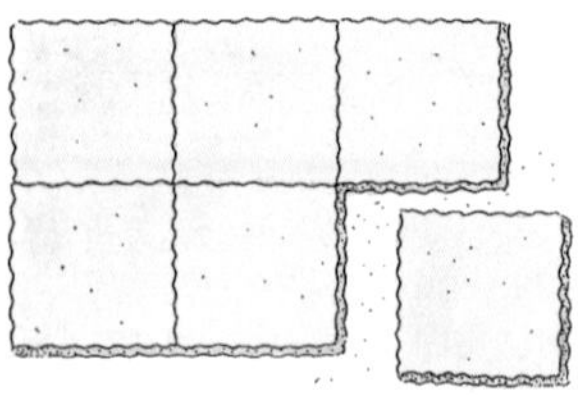

Windmühlen

Teig ½ cm dick ausrollen, Quadrate von 10 × 10 cm ausrädern.

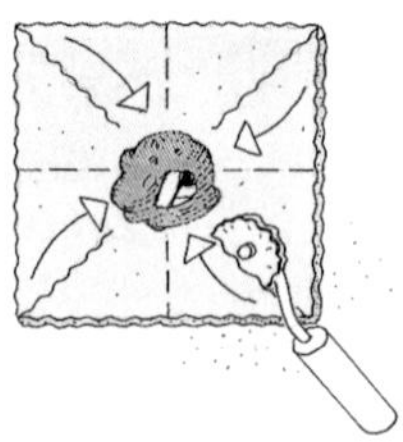

Füllung darauf geben; Teig von den Ecken nicht ganz bis zur Mitte einschneiden.

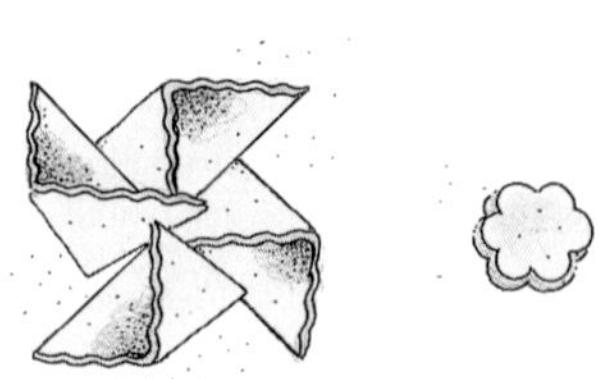

Eine Ecke auf die Füllung klappen, Zipfel mit Eiweiß bestreichen, nächste Ecke liegen lassen; folgende Ecke überklappen, bestreichen, nächste liegen lassen usw.

Hefekleingebäck mit Mandelfüllung

KD

Hefeteig:

500 g	**Mehl**
40 g	**Hefe**
¼ l	**Milch**
100 g	**Zucker**
1 Prise	**Salz**
100 g	**Butter** oder Margarine

Füllung:

3	**Eiweiß**
1 TL	**Zitronensaft**
200 g	**Zucker**
250 g	**geriebene Mandeln** oder Haselnüsse
1	**Eiweiß** zum Bestreichen

Bestreichen:

1	**Eigelb**
1 EL	**Wasser**

Aus den angegebenen Zutaten einen Hefeteig bereiten, siehe Seite 386, und gehen lassen.
Für die Füllung Eiweiß mit Zitronensaft steif schlagen, Zucker nach und nach unterrühren, Mandeln unterheben.
Teig auf einer bemehlten Arbeitsfläche ausrollen, runde oder rechteckige Formen ausstechen oder -schneiden.
Füllung in die Mitte geben, Ränder mit verschlagenem Eiweiß bestreichen, überklappen und fest andrücken.
Backblech einfetten oder mit Backpapier auslegen und Teigteile auflegen.
Eigelb mit Wasser verrühren, Teile bestreichen, gehen lassen und backen.

einsetzen:	Mittlere Einschubleiste	
backen:	200–210 °C	15–25 Minuten

Tipp:

- Gebäck mit Quarkfüllung, Rezept Seite 475, statt mit Mandelfüllung bereiten.

Nusshörnchen

KD

Hefeteig:

300 g	**Mehl**
20 g	**Hefe**
5 EL	**Milch**
50 g	**Zucker**
1	**Ei**
1 Prise	**Salz**
100 g	**Butter** oder Margarine

Füllung:

20 g	**Butter**
75 g	**Zucker**
1	**Vanillinzucker**
1 Prise	**Salz**
100 g	**geriebene Haselnüsse**
30 g	**Sultaninen**
3 EL	**Milch**

Bestreichen:

1	**Eigelb**
1 EL	**Wasser**

Aus den angegebenen Zutaten einen Hefeteig bereiten, siehe Seite 386, und gehen lassen.
Teig auf einer bemehlten Arbeitsfläche ausrollen. Mit einer Tortenform eine Platte ausstechen und diese in 8–12 „Tortenstücke" schneiden.
Für die Füllung weiche Butter und Zucker sahnig rühren, Vanillinzucker, Salz, Nüsse, Sultaninen und Milch zufügen und verrühren.
Auf das breite Teigende etwas Füllung geben und Hörnchen formen.
Backblech einfetten oder mit Backpapier auslegen und Teighörnchen auflegen.
Eigelb mit Wasser verrühren. Teighörnchen damit bestreichen, gehen lassen und backen.

einsetzen:	Mittlere Einschubleiste	
backen:	200–225 °C	15–20 Minuten

KD Zubereitung empfohlen im
Kombinations-Backofen mit Dampf
Das Gebäck geht besonders gut auf und erhält eine schöne Bräunung.

Windbeutel mit verschiedenen Füllungen

Windbeutel

Brandteig:	
¼ l	**Wasser**
60 g	**Butter** oder Margarine
1 Prise	**Salz**
150 g	**Mehl**
4–5	**Eier**
1 TL	**Backpulver**
Füllung:	
⅜ l	**süße Sahne**
1 TL	**Zucker**
Bestäuben:	
	Puderzucker

Aus den angegebenen Zutaten einen Brandteig bereiten, siehe Seite 382.
Backblech anfeuchten oder mit Backpapier auslegen und anfeuchten.
Mit zwei Teelöffeln in genügendem Abstand 12–15 gleichmäßige Teighäufchen aufsetzen und backen.
Nach dem Backen: Warme Windbeutel mit einer Schere aufschneiden und erkalten lassen.

Für die Füllung Sahne mit Zucker steif schlagen und untere Hälfte der Windbeutel damit füllen. Obere Hälfte aufsetzen und mit Puderzucker bestäuben.

einsetzen:	Mittlere Einschubleiste	
backen:	200–225 °C	35–40 Minuten
	0	5–10 Minuten

Veränderung:

Windbeutel mit Zimt-Sahne-Füllung: Anstelle von Mehl Weizen-Vollkornmehl verwenden. Die Sahne mit 1 EL Honig und 1 TL Zimt mischen.

Windbeutel mit Obst: Gedünstete, abgetropfte Sauerkirschen, Mandarinen oder frische Erdbeeren unter die Sahne geben oder als untere Schicht in die Windbeutel füllen.

Tipp:

Während des Backvorgangs die Backofentür nicht öffnen, da die Windbeutel leicht zusammenfallen.

Eclairs

Brandteig:

¼ l	**Wasser**
60 g	**Butter** oder Margarine
1 Prise	**Salz**
150 g	**Mehl**
4 – 5	**Eier**
1 TL	**Backpulver**

Füllung:

200 g	**Butter**
200 g	**Puderzucker**
1	**Eigelb**
2 – 3 TL	**Pulverkaffee**

Glasur:

150 g	**Puderzucker**
2 – 4 EL	**starker heißer Kaffee**

Aus den angegebenen Zutaten einen Brandteig bereiten, siehe Seite 382.
Backblech anfeuchten oder mit Backpapier auslegen und anfeuchten.
Teig in einen Spritzbeutel mit weiter Tülle füllen. Fingerlange Stangen, immer zwei dicht nebeneinander und eine dritte obenauf, auf das Backblech spritzen und backen.
Nach dem Backen: Warme Eclairs mit einer Schere aufschneiden und erkalten lassen.
Für die Füllung weiche Butter verrühren, nach und nach Puderzucker, Eigelb und Pulverkaffee zufügen.
Die untere Hälfte der Eclairs mit der Creme füllen, obere Hälfte aufsetzen.
Für die Glasur Puderzucker mit Kaffee verrühren und Eclairs damit bestreichen.

einsetzen:	Mittlere Einschubleiste	
backen:	200 – 225 °C	30 – 45 Minuten
	0	5 – 10 Minuten

Tipp:

- Während des Backvorgangs die Backofentür nicht öffnen, da Eclairs leicht zusammenfallen.

KD Zubereitung empfohlen im
Kombinations-Backofen mit Dampf
Das Gebäck geht besonders gut auf und erhält eine schöne Bräunung.

Gefülltes Blätterteig-Kleingebäck

■ ■ KD

Quarkblätterteig:

250 g	**Mehl**
1 Msp	**Backpulver**
250 g	**trockener Quark**
250 g	**Butter** oder Margarine
1 Prise	**Salz**

Füllung:

	Konfitüre oder Früchte
1	**Eiweiß**

Bestreichen:

1	**Eigelb**
1 EL	**Wasser**

Bestäuben:

	Puderzucker

Aus den angegebenen Zutaten einen Quarkblätterteig bereiten, siehe Seite 389, und kalt stellen.
Backofen vorheizen.
Teig auf einer bemehlten Arbeitsfläche ausrollen, Teigstücke ausrädeln und auf jedes Teil etwas Konfitüre geben. Die frei bleibenden Ränder dünn mit Eiweiß bestreichen, übereinander schlagen und zusammendrücken. Die Teigteile formen, z.B. zu Taschen, Hahnenkämmen, Hörnchen, Halbmonden oder Windmühlen, siehe auch „Kleingebäck formen", Seite 440.
Backblech anfeuchten oder mit Backpapier auslegen und anfeuchten. Teigteile auflegen.
Eigelb mit Wasser verrühren. Teigteile damit bestreichen und backen.
Nach dem Backen: Mit Puderzucker bestäuben.

einsetzen:	Mittlere Einschubleiste	
backen:	200 – 225 °C	15 – 20 Minuten

Tipp:

- Beim Bestreichen mit Eigelb vorsichtig arbeiten, damit nichts am Rand herunterläuft, weil der Teig sonst an dieser Stelle nicht aufgeht.
- Gebäck mit Mandel- oder Quarkfüllung, Rezepte Seite 475, füllen.

Mandelkränze

S ■ ■

Rührteig:

500 g	**Mehl**
2 TL	**Backpulver**
200 g	**Zucker**
1	**Vanillinzucker**
1 Prise	**Salz**
150 g	**Butter** oder Margarine
4	**Eier**
200 g	**geriebene Mandeln**

Bestreichen:

2	**Eigelb**
2 EL	**Wasser**

Aus den angegebenen Zutaten einen Rührteig bereiten, siehe Seite 392.
Backblech einfetten oder mit Backpapier auslegen.
Weichen Teig durch die Teigspritze oder den Fleischwolf mit Spritzgebäck-Vorsatz drücken. Von den Teigstreifen gleichmäßige Teile schneiden, zu Kränzen formen und auf das Backblech legen. Eigelb mit Wasser verrühren, Kränze damit bestreichen und backen.

einsetzen:	Mittlere Einschubleiste	
backen:	170 – 190 °C	15 – 20 Minuten

Hosenknöpfchen

S ■ ■

125 g	**Mehl**
40 g	**Zucker**
1	**Vanillinzucker**
1 Prise	**Salz**
75 g	**Butter** oder Margarine
2	**Eiweiß**

Aus den angegebenen Zutaten einen Rührteig bereiten, siehe Seite 392.
Backblech einfetten oder mit Backpapier auslegen. Teig in einen Spritzbeutel mit weiter Tülle füllen, walnussgroße Tupfen auf das Backblech spritzen und backen.

einsetzen:	Mittlere Einschubleiste	
backen:	160 – 180 °C	15 – 20 Minuten

Veränderung:

Gefüllte Hosenknöpfe: Zwischen zwei gebackene Hosenknöpfchen eine Nougatmasse streichen.

Tipp:

Hosenknöpfchen nicht zu dicht nebeneinander setzen, da sie beim Backen breitlaufen.

Haferflocken-Nussgebäck

S ■ ■

150 g	**kernige Haferflocken**
50 g	**Weizenvollkornmehl**
1 TL	**Backpulver**
75 g	**Honig**
1	**Vanillinzucker**
1 Prise	**Salz**
125 g	**Butter**
1	**Ei**
100 g	**geriebene Nüsse**

Aus den angegebenen Zutaten einen Rührteig bereiten, siehe Seite 392, und kalt stellen.
Aus dem Teig kleine Kugeln formen.
Backblech einfetten oder mit Backpapier auslegen. Kugeln aufsetzen, flach drücken, backen.

einsetzen:	Mittlere Einschubleiste	
backen:	160 – 180 °C	10 – 15 Minuten

Heidesand

■ ■

250 g	**Butter**
250 g	**Zucker**
1	**Vanillinzucker**
1 Prise	**Salz**
1 EL	**Milch**
375 g	**Mehl**

Butter gut **bräunen** und kalt stellen.
Butter sahnig rühren, nach und nach Zucker, Vanillinzucker, Salz und Milch zugeben, danach esslöffelweise das Mehl unterkneten.
Aus dem Teig 2 Rollen von etwa 4 cm Durchmesser formen, in Butterbrotpapier wickeln und kalt stellen.
Backblech einfetten oder mit Backpapier auslegen. Teig in ½ cm dicke Scheiben schneiden, auf das Blech legen und hellgelb backen.

einsetzen:	Mittlere Einschubleiste	
backen:	160–180 °C	15–20 Minuten

Tipp:

- Rollen nach dem Kaltstellen mit Wasser bestreichen, in Zucker wälzen und nochmal kalt stellen. In Scheiben schneiden und backen.

S-Gebäck

S ■ ■

Rührteig:

375 g	**Mehl**
1 Msp	**Backpulver**
150 g	**Zucker**
1	**Vanillinzucker**
1 Prise	**Salz**
250 g	**Butter** oder Margarine
1	**Ei**
1	**Eigelb**

Glasur:

100–150 g	**Kuvertüre**

Aus den angegebenen Zutaten einen Rührteig bereiten, siehe Seite 392, und kalt stellen.
Backblech einfetten oder mit Backpapier auslegen.
Teig durch den Fleischwolf mit Spritzgebäck-Vorsatz oder durch eine Teigspritze mit Sterntülle drücken. Kleine Teile abschneiden, zu „S" drehen, auf das Backblech legen und backen.
Nach dem Backen: Für die Glasur Kuvertüre **schmelzen**. Eine Gebäckhälfte eintauchen.

einsetzen:	Mittlere Einschubleiste	
backen:	170–190 °C	15–20 Minuten

Veränderung:

Nuss-Spritzgebäck: Unter die Hälfte des Teiges 40–50 g geriebene Nüsse mengen, kleine Kränze formen. Teig durch eine flache Vorsatzscheibe geben und etwa 5 cm lange Teile schräg abschneiden.

Bewag-Sterne

■ ■ KD

500 g	**Mehl**
1 TL	**Backpulver**
200 g	**Zucker**
1	**Vanillinzucker**
1 Prise	**Salz**
3	**Eier**
250 g	**Butter** oder Margarine
	Konfitüre
2	**Eigelb**
2 EL	**Wasser**

Aus den angegebenen Zutaten einen Mürbeteig bereiten, siehe Seite 390, und kalt stellen.
Teig auf einer bemehlten Arbeitsfläche dünn ausrollen und fünfzackige mittelgroße Sterne ausstechen. In die Mitte etwas Konfitüre setzen, einen zweiten Stern auflegen, und zwar so, dass seine Zacken zwischen denen des ersten Sternes liegen. Etwas zusammendrücken, damit keine Konfitüre herausläuft.
Backblech einfetten oder mit Backpapier auslegen. Teigteile auflegen.
Eigelb mit Wasser verrühren, Sterne damit bestreichen und backen.

einsetzen:	Mittlere Einschubleiste	
backen:	160–180 °C	10–15 Minuten

KD Zubereitung empfohlen im
Kombinations-Backofen mit Dampf
Das Gebäck geht besonders gut auf und erhält eine schöne Bräunung.

Orangentäschchen

■ ■ KD

Mürbeteig:

200 g	**Mehl**
75 g	**Speisestärke**
1 TL	**Backpulver**
1 Prise	**Salz**
1	**Vanillinzucker**
1	**Ei**
150 g	**Butter** oder Margarine

Füllung:

125 g	**geriebene Mandeln**
100 g	**Zucker**
	abgeriebene Schale einer Orange unbehandelt
	Saft einer Orange

Glasur:

100 g	**Puderzucker**
1 EL	**Orangensaft**
1 EL	**Zitronensaft**

Aus den angegebenen Zutaten einen Mürbeteig bereiten, siehe Seite 390, und kalt stellen.
Für die Füllung Mandeln mit Zucker, Orangenschale und -saft verrühren. Die Masse muss streichfähig sein.
Teig auf einer bemehlten Arbeitsfläche 3 mm dick ausrollen, Plätzchen von 5–6 cm Durchmesser ausstechen. Auf die eine Plätzchenhälfte etwas Füllung streichen, die andere Hälfte darüber klappen, andrücken und mit der Gabel kleine Vertiefungen in den Rand drücken.
Backblech einfetten oder mit Backpapier auslegen, Teigtäschchen auflegen und backen.
Nach dem Backen: Für die Glasur Puderzucker mit Saft verrühren und die noch warmen Plätzchen damit bestreichen.

einsetzen:	Mittlere Einschubleiste	
backen:	160 – 180 °C	20 – 25 Minuten

Haselnuss-Dreispitze

■ ■ KD

Mürbeteig:

250 g	**Mehl**
1 Msp	**Backpulver**
100 g	**Zucker**
1 Prise	**Salz**
	abgeriebene Zitronenschale unbehandelt
2	**Eigelb**
1	**Eiweiß**
125 g	**Butter** oder Margarine

Füllung:

1	**Eiweiß**
40 g	**Zucker**
1	**Vanillinzucker**
80 g	**geriebene Haselnüsse**
1	**Eiweiß** zum Bestreichen

Bestreichen:

1	**Eigelb**
1 EL	**Wasser**

Aus den angegebenen Zutaten einen Mürbeteig bereiten, siehe Seite 390, und kalt stellen.
Für die Füllung Eiweiß steif schlagen, Zucker nach und nach unterrühren und Nüsse unterheben.
Teig auf einer bemehlten Arbeitsfläche messerrückendick ausrollen und mit einem gezackten Ring nicht zu kleine Plätzchen ausstechen. Auf die Mitte einen Teelöffel Füllung geben. Den Rand mit Eiweiß dünn bestreichen und ihn an drei Stellen fassen, zur Mitte hin zusammendrücken, so dass ein Dreispitz entsteht, der auch wie ein Hut aussieht.
Backblech einfetten oder mit Backpapier auslegen und Teighütchen darauf setzen. Eigelb mit Wasser verrühren, Teighütchen damit bestreichen und backen.

einsetzen:	Mittlere Einschubleiste	
backen:	160 – 180 °C	20 – 25 Minuten

KD Zubereitung empfohlen im
Kombinations-Backofen mit Dampf
Das Gebäck geht besonders gut auf und erhält eine schöne Bräunung.

Bayerisches Buttergebäck

■ ■ KD

Mürbeteig:

500 g	**Mehl**
1 TL	**Backpulver**
200 g	**Zucker**
2	**Vanillinzucker**
1 Prise	**Salz**
3 EL	**Rum**
2	**Eier**
250 g	**Butterschmalz**

Belag:

2	**Eigelb**
2 EL	**Wasser**
	Hagelzucker

Aus den angegebenen Zutaten einen Mürbeteig bereiten, siehe Seite 390, und kalt stellen. Backblech einfetten oder mit Backpapier auslegen. Teig auf einer bemehlten Arbeitsfläche ausrollen, Plätzchen ausstechen und auflegen. Eigelb mit Wasser verrühren. Plätzchen damit bestreichen, mit Zucker bestreuen und backen.

einsetzen:	Mittlere Einschubleiste	
backen:	170 – 190 °C	15 – 20 Minuten

Schokoladenbrezeln

■ ■ KD

Mürbeteig:

225 g	**Mehl**
2 TL	**Backpulver**
25 g	**Kakao**
65 g	**Zucker**
1	**Vanillinzucker**
1 Prise	**Salz**
1	**Ei**
2 EL	**Milch**
125 g	**Butter** oder Margarine

Glasur:

150 g	**Kuvertüre**

Aus den angegebenen Zutaten einen Mürbeteig bereiten, siehe Seite 390, und kalt stellen. Teig zu bleistiftdicken Rollen formen, in Stücke schneiden, zu Brezeln schlingen. Backblech einfetten oder mit Backpapier auslegen. Teigbrezeln auflegen und backen.
Nach dem Backen: Für die Glasur Kuvertüre **schmelzen**. Eine Brezelhälfte darin eintauchen.

einsetzen:	Mittlere Einschubleiste	
backen:	160 – 180 °C	15 – 20 Minuten

Haselnuss-Dreispitze, „S"-Gebäck (Rezept Seite 445) und Schokoladenbrezeln

Vanillekipferl

■ ■ KD

Mürbeteig:

280 g	**Mehl**
70 g	**geriebene Mandeln**
70 g	**Zucker**
210 g	**Butter** oder Margarine
1	**Vanillinzucker**
Belag:	
2–3 EL	**Puderzucker**

Aus den angegebenen Zutaten einen Mürbeteig bereiten, siehe Seite 390, und kalt stellen. Aus dem Teig daumendicke Rollen formen und etwa 2 cm breite Stücke abschneiden. Jedes Stück erneut so rollen, dass es 5 cm lang und an den Enden dünner ist.
Backblech einfetten oder mit Backpapier auslegen. Teigrollen in Hörnchenform auflegen und nur hellgelb backen.
Nach dem Backen: Warme Kipferl sofort mit Puderzucker bestäuben.

einsetzen:	Mittlere Einschubleiste	
backen:	160–180 °C	15–20 Minuten

Husarenkrapfen

■ ■ KD

Mürbeteig:

400 g	**Mehl**
50 g	**Zwiebackbrösel**
150 g	**Zucker**
	abgeriebene Zitronenschale unbehandelt
1 Prise	**Salz**
4	**Eigelb**
250 g	**Butter**
Belag:	
	Eiweiß · geriebene Mandeln
	Konfitüre

Aus den angegebenen Zutaten einen Mürbeteig bereiten, siehe Seite 390, und kalt stellen. Teig zu einer Rolle von 3 cm Durchmesser formen, davon gleichmäßige Stücke abschneiden. Zu Kugeln drehen, in Eiweiß tauchen und in Mandeln wälzen.
Backblech einfetten oder mit Backpapier auslegen. Teigkugeln aufsetzen, in die Mitte der Kugeln eine Vertiefung drücken, etwas Konfitüre hineingeben und backen.

einsetzen:	Mittlere Einschubleiste	
backen:	170–190 °C	15–20 Minuten

Mürbe Schnitten

■ ■

Mürbeteig:

200 g	**Mehl**
100 g	**Speisestärke**
1 TL	**Backpulver**
100 g	**Zucker**
2	**Eigelb**
125 g	**Butter** oder Margarine
Belag:	
2	**Eiweiß**
	Hagelzucker
150 g	**gehackte Mandeln**

Aus den angegebenen Zutaten einen Mürbeteig bereiten, siehe Seite 390, und kalt stellen. Backblech einfetten. Teig darauf ausrollen, mit verschlagenem Eiweiß bestreichen, Hagelzucker und Mandeln überstreuen und goldgelb backen.
Nach dem Backen: Gebäck sofort in Stücke schneiden, da es später dabei bricht.

einsetzen:	Mittlere Einschubleiste	
backen:	160–180 °C	20–25 Minuten

KD Zubereitung empfohlen im
Kombinations-Backofen mit Dampf
Das Gebäck geht besonders gut auf und erhält eine schöne Bräunung.

Haselnusskugeln

■ ■ KD

Mürbeteig:

300 g	**Mehl**
200 g	**geriebene Haselnüsse**
200 g	**Zucker**
1	**Vanillinzucker**
1 Prise	**Salz**
1	**Ei**
200 g	**Butter** oder Margarine

Garnieren:

	Haselnüsse
1	**Eiweiß**

Aus den angegebenen Zutaten einen Mürbeteig bereiten, siehe Seite 390, und kalt stellen. Aus dem Teig eine Rolle von 3 cm Durchmesser formen, davon gleichmäßige Stücke abschneiden und zu Kugeln drehen.
Backblech einfetten oder mit Backpapier auslegen. Teigkugeln aufsetzen. Je eine Nuss in Eiweiß tauchen, in die Kugeln drücken und backen.

einsetzen:	Mittlere Einschubleiste	
backen:	170 – 190 °C	15 – 20 Minuten

Spekulatius

■ ■ KD

500 g	**Mehl**
2 TL	**Backpulver**
200 g	**Zucker**
1 Prise	**Salz**
100 g	**geriebene Mandeln**
je 2 Msp	**Kardamom · Nelkenpulver**
1 TL	**Zimt**
	abgeriebene Zitronenschale unbehandelt
2	**Eier**
250 g	**Butter** oder Margarine

Aus den angegebenen Zutaten einen Mürbeteig bereiten, siehe Seite 390, und kalt stellen.
Backblech einfetten oder mit Backpapier auslegen.
Teig portionsweise auf einer bemehlten Arbeitsfläche messerrückendick ausrollen und mit Spekulatius-Model oder anderen Formen Plätzchen ausstechen.
Teigteile auflegen und backen.

einsetzen:	Mittlere Einschubleiste	
backen:	170 – 190 °C	15 – 20 Minuten

Makronen

■ ■

2	**Eiweiß**
1 TL	**Zitronensaft**
160 g	**Zucker**
160 g	**geriebene Mandeln**

Eiweiß mit Zitronensaft steif schlagen. Zucker nach und nach unterrühren, bis die Masse cremig ist. Zum Schluss Mandeln unterheben.
Backblech mit runden Oblaten oder Backpapier belegen, mit zwei Teelöffeln kleine Teighäufchen aufsetzen. Bis zum nächsten Tag stehen lassen, dann mehr trocknen als backen.

einsetzen:	Mittlere Einschubleiste	
backen:	110 – 130 °C	30 – 40 Minuten

Veränderung:

Gewürzmakronen: Abgeriebene Zitronenschale, 1 Messerspitze Zimt, 1 Prise Nelkenpulver, je 25 g klein geschnittenes Orangeat und Zitronat zufügen.
Haselnussmakronen: Die Hälfte der Mandeln durch geriebene Haselnüsse ersetzen.
Schokoladenmakronen: Aus 2 Eiweiß, 1 TL Zitronensaft, 100 g Zucker, 1 Vanillinzucker, 125 g ungeschälten, geriebenen Mandeln und 50 g geriebener Schokolade den Teig bereiten.
Suppenmakronen: Aus 1 Eiweiß, 80 g Zucker, 60 g geriebenen Mandeln und 1 EL Paniermehl den Teig bereiten. Nur kleine, haselnussgroße Teighäufchen auf ein mit Backpapier ausgelegtes Backblech setzen. Sie benötigen zum Trocknen eine kürzere Dauer.

Elisenlebkuchen

Teig:

5	**Eier**
500 g	**Zucker**
1 Prise	**Muskat**
2 TL	**Zimt**
1 Prise	**Salz**
2	**Orangen** unbehandelt
2	**Zitronen** unbehandelt
500 g	**geriebene Mandeln**

Rosa Glasur:

100 g	**Puderzucker**
1 – 2 EL	**heißer roter Saft**

Weiße Glasur:

100 g	**Puderzucker**
1 EL	**Zitronensaft**
1 EL	**heißes Wasser**

Eier und Zucker schaumig rühren, je schaumiger, umso besser wird das Gebäck. Gewürze und Salz untermengen.
Orangen und Zitronen dünn abschälen. Schalen fein hacken und mit den Mandeln unterheben.
Backblech mit Oblaten oder Backpapier auslegen. Mit zwei Teelöffeln kleine Teighäufchen aufsetzen und mehr trocknen als backen.
Nach dem Backen: Für die Glasuren jeweils Puderzucker mit Flüssigkeit verrühren.
Die noch warmen Lebkuchen mit rosa und mit weißer Glasur bestreichen.

einsetzen:	Mittlere Einschubleiste	
backen:	160 – 175 °C	15 – 20 Minuten

Tipp:

- Elisenlebkuchen dürfen nicht zu lange gebacken werden, sie werden sonst trocken und hart und verlieren den Wohlgeschmack.
- Die Backdauer ist je nach Höhe der Plätzchen verschieden, eventuell einzelne Plätzchen vorab vom Blech nehmen.

Nürnberger Lebkuchen auf Oblaten

Teig:

3	**Eier**
200 g	**Zucker**
100 g	**Zitronatwürfel**
150 g	**gehackte Mandeln**
250 g	**Mehl**
	abgeriebene Zitronenschale unbehandelt
1 Prise	**Nelken**
1 Prise	**Kardamom**
1 TL	**Zimt**
1 Prise	**Salz**

Glasur:

200 g	**Puderzucker**
2 EL	**Zitronensaft**
1 – 2 EL	**heißes Wasser**

Eier und Zucker schaumig rühren. Zitronat und Mandeln hinzufügen. Mehl sieben, mit Gewürzen nach und nach in die schaumige Eimasse geben.
Auf einem Backblech runde Oblaten von 6 cm Durchmesser auslegen, mit 2 Teelöffeln kleine Teighäufchen aufsetzen und goldgelb backen.
Nach dem Backen: Für die Glasur Puderzucker mit Zitronensaft und Wasser verrühren. Die warmen Plätzchen dünn damit bestreichen.

einsetzen:	Mittlere Einschubleiste	
backen:	160 – 180 °C	15 – 20 Minuten

Anisplätzchen

3	kleine Eier
250 g	Zucker
1 Prise	Salz
250 g	Mehl
1 TL	Anispulver

Eier, Zucker und Salz schaumig rühren. Mehl auf die Schaummasse sieben, Anis zugeben und unterheben.
Backblech einfetten oder mit Backpapier belegen. Mit zwei Teelöffeln kleine Teighäufchen aufsetzen und über Nacht an einen warmen Ort stellen, bis sich oben ein Häutchen gebildet hat, dann backen.

einsetzen:	Mittlere Einschubleiste	
backen:	150 – 160 °C	25 – 30 Minuten

Tipp:
Beim Backen entstehen zwei Schichten, unten das so genannte „Füßchen", oben die getrocknete Schaummasse.

Zimtsterne

3	Eiweiß
2 EL	Zitronensaft
1 Prise	Salz
375 g	Puderzucker
1 EL	Zimt
500 g	ungeschälte geriebene Mandeln

Eiweiß mit Zitronensaft und Salz steif schlagen, nach und nach Zucker unterrühren, bis die Masse cremig ist. Drei Esslöffel davon abnehmen und kalt stellen.
Zimt und Mandeln kurz unter die übrige Masse mengen.
Teig ½–¾ cm dick auf einer mit Puderzucker bestreuten Arbeitsfläche ausrollen. Sterne ausstechen, mit einem Tupfen der zurückgelassenen Baisermasse garnieren oder dünn damit bestreichen.
Backblech einfetten oder mit Backpapier auslegen. Sterne auflegen und sofort backen.

einsetzen:	Mittlere Einschubleiste	
backen:	150 – 175 °C	15 – 20 Minuten

Elisenlebkuchen, Haselnusskugeln, Springerle, Mürbe Schnitten, Honigkuchenhäufchen, Husarenkrapfen, Zimtsterne und Vanillekipferl, Rezepte Seite 448 bis 453

Springerle

4	**Eier**
500 g	**Zucker**
1	**Vanillinzucker**
1 Prise	**Salz**
500 g	**Mehl**
1 Msp	**Hirschhornsalz** in 1 TL Rum gelöst
1–2 EL	**Anissamen**

Eier, Zucker, Vanillinzucker und Salz schaumig rühren. ⅔ der Mehlmenge sieben, mit Hirschhornsalz vermengen und nach und nach unterrühren. Restliches Mehl unterkneten. Teig abdecken und kalt stellen.
Teig portionsweise etwa ¾ cm dick ausrollen, in den mit Mehl bestäubten Springerlemodel pressen, diesen wenden und mit dem Teig fest auf die Arbeitsfläche drücken, damit das Muster gut herauskommt. Model abheben, Stücke auseinander schneiden.
Backblech mit Anis bestreuen, Springerle auflegen und 12–20 Stunden zum Trocknen an einen mäßig warmen Ort stellen. Dann mehr trocknen als backen.

einsetzen:	Mittlere Einschubleiste	
backen:	110–130 °C	40–50 Minuten

Tipp:
- Beim Backen entstehen zwei Schichten: unten das so genannte „Füßchen", oben die getrocknete Schaummasse, die weiß aussieht.

Meringen

2	**Eiweiß**
1 TL	**Zitronensaft**
160 g	**Zucker**
1	**Vanillinzucker**

Eiweiß mit Zitronensaft steif schlagen. Zucker und Vanillinzucker nach und nach unterrühren, bis die Masse cremig ist.
Backblech mit Backpapier belegen, mit zwei Teelöffeln oder dem Spritzbeutel kleine Teighäufchen aufsetzen und backen.

einsetzen:	Mittlere Einschubleiste	
backen:	100–125 °C	100–120 Minuten
	0	20–30 Minuten

Tipp:
- Frische, kalte Eier und feinkörnigen Zucker verwenden.
- Durch Zusatz von Zitronensaft wird das Festwerden der Baisermasse beschleunigt, da Eiweiß durch Säure quillt.
- Baisers müssen mehr trocknen als backen. Die Oberfläche soll weiß bis gelblich aussehen.

Sirup-Printen

Honigteig:

500 g	**Sirup**
150 g	**Zucker**
600 g	**Mehl**
5 g	**Kardamom**
5 g	**Nelkenpulver**
2 g	**Ingwerpulver**
1 Prise	**Salz**
	abgeriebene Zitronenschale unbehandelt
200 g	**gehackte Nüsse** oder Mandeln
1 TL	**Hirschhornsalz** in 1 EL Rosenwasser gelöst

Glasur:

200 g	**Puderzucker**
2–3 EL	**heißes Wasser**

Aus den angegebenen Zutaten einen Honigteig bereiten, siehe Seite 388, und 1–2 Tage an einem warmen Ort ruhen lassen.
Teig auf einer bemehlten Arbeitsfläche messerrückendick ausrollen und in Streifen schneiden.
Backblech einfetten und mit Mehl bestreuen oder mit Backpapier auslegen. Teigstreifen auflegen und backen.
Nach dem Backen: Puderzucker mit Wasser zu

einer dünnflüssigen Glasur verrühren und die Printen damit bestreichen.

einsetzen:	Mittlere Einschubleiste	
backen:	160 – 180 °C	15 – 20 Minuten

Honigkuchenhäufchen

Honigteig:

250 g	**Honig**
200 g	**Zucker**
50 g	**Butter** oder Margarine
450 g	**Mehl**
125 g	**Sultaninen**
100 g	**Zitronatwürfel**
100 g	**Orangeatwürfel**
150 g	**gehackte Mandeln**
	abgeriebene Zitronenschale unbehandelt
1 TL	**Zimt**
½ TL	**Nelkenpulver**
je 1 Msp	**Kardamom · Ingwerpulver**
1 Prise	**Salz**

Untermengen:

2 EL	**Kakao**
⅛ l	**heißes Wasser**
1	**Ei**
50 g	**Mehl**
2 TL	**Backpulver**

Glasur:

200 g	**Puderzucker**
2 EL	**Rum**
1 EL	**heißes Wasser**
	bunter Zucker zum Bestreuen

Aus den angegebenen Zutaten einen Honigteig bereiten, siehe Seite 388.
Kakao im Wasser auflösen, abkühlen lassen, mit Ei verquirlen und an den Teig gießen.
Mehl mit Backpulver mischen, zugeben und untermengen.
Backblech einfetten und mit Mehl bestreuen oder mit Backpapier auslegen. Mit zwei Teelöffeln kleine Teighäufchen aufsetzen und backen.
Nach dem Backen: Für die Glasur Puderzucker mit Rum und Wasser verrühren. Das warme Gebäck damit bestreichen und sofort mit buntem Zucker bestreuen.

einsetzen:	Mittlere Einschubleiste	
backen:	160 – 180 °C	25 – 30 Minuten

Tipp:
Teighäufchen nicht zu dicht nebeneinander setzen, da sie beim Backen breitlaufen.

Pfefferkuchenplätzchen

Honigteig:

500 g	**Honig**
250 g	**Zucker**
750 g	**Mehl**
200 g	**gehackte Mandeln**
150 g	**Zitronatwürfel**
1 Prise	**Salz**
	abgeriebene Zitronenschale unbehandelt
1 Msp	**weißer Pfeffer**
5 g	**Nelkenpulver**
3 g	**Ingwerpulver**
2	**Eier**
5 g	**Hirschhornsalz**
5 g	**Pottasche** zusammen in 3 EL Rosenwasser gelöst

Belag:

2	**Eigelb**
2 EL	**Wasser**
	ganze abgezogene Mandeln

Aus den angegebenen Zutaten einen Honigteig bereiten, siehe Seite 388, und einen Tag ruhen lassen.
Teig auf einer bemehlten Arbeitsfläche gleichmäßig ausrollen und Plätzchen ausstechen.
Backblech einfetten und mit Mehl bestreuen oder mit Backpapier auslegen. Teigteile auflegen.
Eigelb mit Wasser verrühren. Plätzchen damit bestreichen, mit Mandeln belegen und backen.

einsetzen:	Mittlere Einschubleiste	
backen:	160 – 180 °C	15 – 20 Minuten

Weizenschrotbrot

■ ■ KD

500 g	**Weizen** grob geschrotet
500 g	**Weizen** fein gemahlen
40 g	**Hefe**
⅛ l	**Milch**
⅜ l	**Wasser**
1–2 EL	**Salz**
1 EL	**Koriander**

Aus den angegebenen Zutaten einen Hefeteig bereiten und gehen lassen, siehe Seite 386.
Backblech mit Backpapier auslegen.
Teig durchkneten, zu einem länglichen Brot formen, auf das Backblech legen und abgedeckt 30–40 Minuten gehen lassen.
Brot mit Wasser bestreichen, mit einer Gabel mehrfach einstechen, in den vorgeheizten Backofen setzen und backen.

einsetzen:	Mittlere Einschubleiste	
backen:*	225–250 °C	10–15 Minuten
backen:	200–220 °C	40–50 Minuten
	0	5–10 Minuten

* mit Schwaden

Zwiebelbrot

■ ■ KD

400 g	**Weizenmehl** Type 550
100 g	**Roggenmehl** Type 1150
40 g	**Hefe**
¼ l	**Wasser**
1 TL	**Zucker**
1 TL	**Salz**
50 g	**Butter** oder Margarine
4	**Zwiebeln**
40 g	**Butter** oder Margarine
1	**Eigelb**
1 EL	**Wasser**

Aus Mehl, Hefe, Wasser, Zucker, Salz und Butter einen Hefeteig bereiten und gehen lassen, siehe Seite 386.

Zwiebeln schälen und in Würfel schneiden. Butter **erhitzen**, Zwiebeln darin hellgelb **dünsten** und abkühlen lassen.
Teig durchkneten, Zwiebeln untermengen und Teig zu einem runden Brot formen.
Backblech mit Backpapier belegen und Brot auflegen.
Eigelb mit Wasser verrühren. Brot damit bestreichen und mit einer Gabel mehrmals einstechen. Brot abgedeckt 30 Minuten gehen lassen. In den vorgeheizten Backofen setzen und backen.

einsetzen:	Mittlere Einschubleiste	
backen:*	210–225 °C	15–20 Minuten
backen:	180–200 °C	20–25 Minuten
	0	5–10 Minuten

* mit Schwaden

Leinsamenbrot

■ ■ KD

250 g	**Weizen** grob geschrotet
400 g	**Weizen** fein gemahlen
100 g	**Leinsamen**
100 g	**Sesam**
60 g	**Hefe**
½ l	**Wasser**
1 EL	**Salz**

Aus den angegebenen Zutaten einen Hefeteig bereiten und gehen lassen, siehe Seite 386.
Backblech in der Größe des Brotes einfetten und mit Mehl bestäuben.
Teig durchkneten, zu einem länglichen Brot formen, auf das Backblech legen und abgedeckt 30–40 Minuten gehen lassen.
Brot mit Wasser bestreichen, mit einer Gabel mehrfach einstechen, in den vorgeheizten Backofen setzen und backen.

einsetzen:	Mittlere Einschubleiste	
backen:*	225–250 °C	10–15 Minuten
backen:	200–220 °C	40–50 Minuten
	0	5–10 Minuten

* mit Schwaden

Getreidesorten, Mehltypen und Feinheitsgrade

Weizen	Roggen	Weizenbackschrot	Roggenback-schrot	Schrot
Gerste	Buchweizen	Type 1700	Type 1800	Grieß
Dinkel	Mais	Weizenmehl	Roggenmehl	Mehl
Hirse		Type 1050	Type 997	
		Type 405		

Mohnbrot

■ ■ KD

375 g	**Weizenmehl** Type 550
30 g	**Hefe**
⅛ l	**Wasser**
½ TL	**Zucker**
1 TL	**Salz**
50 g	**Butter** oder Margarine
2 EL	**Mohn** oder Sesam zum Bestreuen

Aus den angegebenen Zutaten einen Hefeteig bereiten und gehen lassen, siehe Seite 386.
Backblech mit Backpapier belegen.
Teig durchkneten und einen länglichen Laib formen. Auf das Backblech legen und 30 Minuten abgedeckt gehen lassen.
Brot mit Wasser bestreichen und mit Mohn bestreuen. Mit einem Messer die Oberfläche dreimal schräg einschneiden.
In den vorgeheizten Backofen setzen und backen.

einsetzen:	Mittlere Einschubleiste	
backen:	210 – 225 °C	10 – 15 Minuten
	180 – 200 °C	25 – 35 Minuten
	0	5 – 10 Minuten

Mischbrot mit Hefe

■ ■ KD

750 g	**Roggenmehl** Type 1150
750 g	**Weizenmehl** Type 550
60 g	**Hefe**
¾ l	**Wasser**
2 EL	**Salz**
2 EL	**Wasser**
3 EL	**Kümmel**

Am Vorabend des Backens Mehl in eine Schüssel geben. In die Mitte eine Mulde eindrücken, zerbröckelte Hefe hineingeben und mit Wasser verrühren. Abgedeckt gehen lassen.
Am nächsten Tag Salz mit Wasser verrühren, mit dem Kümmel zum Teig geben und verkneten. Abgedeckt 1 Stunde gehen lassen.
Backblech mit Backpapier belegen. Teig durchkneten, zu einem länglichen Brot formen, auf das Backblech legen und abgedeckt 30 – 40 Minuten gehen lassen.
Brot mit Wasser bestreichen, mit einer Gabel mehrfach einstechen, in den vorgeheizten Backofen setzen und backen.

einsetzen:	Mittlere Einschubleiste	
backen:*	225 – 250 °C	10 – 15 Minuten
backen:	180 – 200 °C	40 – 50 Minuten
	0	5 – 10 Minuten

* mit Schwaden

Mischbrot mit Sauerteig

■ ■ KD

Vorteig:

750 g	**Roggenbackschrot** Type 1800
375 g	**Sauerteig**
¾ l	**Wasser** 35 °C

Restteig:

750 g	**Weizenbackschrot** Type 1700
2 EL	**Salz**

Am Vorabend des Backens Roggenbackschrot mit Sauerteig und Wasser vermengen. Vorteig abdecken und 12 Stunden ruhen lassen.
Am nächsten Tag Weizenbackschrot und Salz dazugeben und verkneten, Teig abgedeckt 1 Stunde gehen lassen.
Backblech mit Backpapier belegen.
Teig durchkneten, zu einem länglichen Brot formen, auf das Backblech legen und abgedeckt 1 Stunde gehen lassen.
Brot mit Wasser bestreichen, mit einer Gabel mehrfach einstechen, in den vorgeheizten Backofen setzen und backen.

einsetzen:	Mittlere Einschubleiste	
backen:*	225 – 250 °C	10 – 15 Minuten
backen:	180 – 200 °C	40 – 50 Minuten
	0	5 – 10 Minuten

* mit Schwaden

Partybrot, Rezept Seite 458

Gewürzbrot

■ ■ KD

Vorteig:

250 g	**Sauerteig**
3/8 l	**Wasser** 35 °C
300 g	**Roggenmehl** Type 1150

Restteig:

300 g	**Roggenmehl** Type 1150
300 g	**Weizenbackschrot** Type 1700
1/4 l	**Wasser** 35 °C
1–2 EL	**Salz**
1–2 EL	**Kümmel**
1 EL	**grob gemahlener Fenchel**
1 EL	**Koriander**

Am Vorabend des Backens Sauerteig, Wasser und Roggenmehl verrühren. Diesen Vorteig abdecken und 12 Stunden ruhen lassen.

Am nächsten Tag Roggenmehl, Weizenbackschrot, Wasser, Salz, Gewürze mit dem Vorteig verkneten. Teig abdecken und 1 Stunde ruhen lassen.

Backblech mit Backpapier belegen.

Teig durchkneten, zu einem runden Brot formen, auf das Backblech legen und abgedeckt 1 Stunde ruhen lassen.

Brot mit Wasser bestreichen. Mit einem Messer das Brot mehrmals schräg einschneiden. In den vorgeheizten Backofen setzen und backen.

einsetzen:	Mittlere Einschubleiste	
backen:*	225–250 °C	10–15 Minuten
backen:	180–200 °C	40–50 Minuten
	0	5–10 Minuten

* mit Schwaden

KD

Zubereitung empfohlen im
Kombinations-Backofen mit Dampf
Das Gebäck geht besonders gut auf und erhält eine schöne Bräunung.

Fladenbrot

■ ■ KD

Hefeteig:	
500 g	**Mehl**
40 g	**Hefe**
1 TL	**Salz**
350 ml	**Wasser** lauwarm
Belag:	
3 EL	**Olivenöl**
1 EL	**Rosmarin**
2 EL	**Pinienkerne**
	Meersalz

Aus den angegebenen Zutaten einen Hefeteig bereiten und gehen lassen, siehe Seite 386. Fettpfanne einfetten. Teig zu einem Fladen von ca. 1,5 cm Höhe in der Fettpfanne ausbreiten. Backofen vorheizen. Teig nochmals ca. 15 Minuten gehen lassen.
Fladenbrot mit Olivenöl beträufeln und mit Rosmarin, Pinienkernen und Meersalz bestreuen. In den Backofen setzen und backen.

einsetzen:	Mittlere Einschubleiste	
backen*:	225 – 300 °C	10 – 20 Minuten

* mit Schwaden

Tipp:

Das Fladenbrot gelingt bei hohen Temperaturen besonders gut. Je nach Backofenausführung auf die höchste mögliche Temperatur vorheizen. Je höher die gewählte Temperatur, desto kürzer die Backzeit.

Berliner Schusterjungs

■ ■ KD

350 g	**Roggenmehl** Type 1800
150 g	**Weizenmehl** Type 550
40 g	**Hefe**
⅜ l	**Wasser**
2 TL	**Salz**

Aus den angegebenen Zutaten einen Hefeteig bereiten und gehen lassen, siehe Seite 386.

Teig durchkneten, zu einer Rolle formen und in 16 Stücke schneiden. Mit bemehlten Händen zu runden Brötchen formen und mit Roggenmehl bestäuben.
Backblech einfetten, Brötchen darauf legen und der Länge nach einschneiden. Brötchen abgedeckt 30 Minuten gehen lassen. In den vorgeheizten Backofen setzen und backen.

einsetzen:	Mittlere Einschubleiste	
backen:	210 – 225 °C	20 – 30 Minuten
	0	5 – 10 Minuten

Partybrot

■ ■ KD

Hefeteig:	
400 g	**Weizenmehl** Type 550
400 g	**Roggenmehl** Type 1150
80 g	**Hefe**
½ l	**Buttermilch**
250 g	**Quark**
1 EL	**Salz**
Belag:	
	Buttermilch
	Mohn · Sesam · Kümmel

Aus den angegebenen Zutaten einen Hefeteig bereiten und gehen lassen, siehe Seite 386.
Backblech mit Backpapier belegen.
Teig durchkneten und zu Rollen formen. Rollen in 19 gleich große Stücke teilen. Mit bemehlten Händen Teigstücke zu runden Brötchen formen. Ein Teigstück in die Mitte des Backbleches setzen, die anderen Teigstücke in zwei Reihen kreisförmig darum verteilen. Teigstücke mit Buttermilch bestreichen, abwechselnd mit Mohn, Sesam und Kümmel bestreuen.
Teig abgedeckt 30 Minuten gehen lassen. In den vorgeheizten Backofen setzen und backen.

einsetzen:	Mittlere Einschubleiste	
backen:*	200 – 225 °C	12 – 15 Minuten
backen:	180 – 200 °C	10 – 15 Minuten
	0	5 – 10 Minuten

* mit Schwaden

Dampfbrötchen

■ ■ KD

250 g	**Weizenmehl** Type 550
20 g	**Hefe**
5 EL	**Milch**
5 EL	**Wasser**
½ TL	**Salz**
20 g	**Butter** oder Margarine
20 g	**Butter** oder Margarine zum Bestreichen

Aus den angegebenen Zutaten einen Hefeteig bereiten und gehen lassen, siehe Seite 386.
Teig durchkneten, zu einer Rolle formen und in 8 Stücke schneiden. Mit bemehlten Händen zu runden länglichen Brötchen formen. Mit einem Holzstiel in der Mitte längs tief eindrücken, umdrehen und das Eindrücken wiederholen.
Backblech mit Backpapier auslegen und Brötchen darauf legen. Butter **erwärmen**, Brötchen damit bepinseln und abgedeckt 30 Minuten gehen lassen. In den vorgeheizten Backofen setzen und backen.

einsetzen:	Mittlere Einschubleiste	
backen:*	225 – 240 °C	15 – 20 Minuten
	0	5 – 10 Minuten

* mit Schwaden

Rosinenbrötchen

■ ■ KD

Hefeteig:

250 g	**Weizenmehl** Type 405
20 g	**Hefe**
⅛ l	**Milch**
30 g	**Zucker**
1 Prise	**Salz**
50 g	**Butter** oder Margarine
50 g	**Rosinen**
	Milch

Aus den angegebenen Zutaten einen Hefeteig bereiten und gehen lassen, siehe Seite 386.
Teig durchkneten und Rosinen untermengen. Teig zu einer Rolle formen, in 8 Stücke teilen und diese mit bemehlten Händen rund formen. Backblech einfetten. Teigstücke auflegen, mit Milch bestreichen und 30 Minuten abgedeckt gehen lassen. In den vorgeheizten Backofen setzen und backen.

einsetzen:	Mittlere Einschubleiste	
backen:	210 – 225 °C	20 – 30 Minuten
	0	5 – 10 Minuten

Stuten

■ ■ KD

Hefeteig:

1 kg	**Weizenmehl** Type 405
60 g	**Hefe**
½ l	**Milch**
125 g	**Zucker**
1 Prise	**Salz**
	abgeriebene Zitronenschale
200 g	**Butter** oder Margarine
250 g	**Sultaninen**
	Milch

Aus den angegebenen Zutaten einen Hefeteig bereiten und gehen lassen, siehe Seite 386.
Teig durchkneten, Sultaninen untermengen. Eine große Kastenform (Stutenform) einfetten, Teig einfüllen und mit Milch bestreichen. Teig abgedeckt gehen lassen und backen.

einsetzen:	Auf dem Rost, untere Einschubleiste	
backen:	200 – 210 °C	30 – 40 Minuten
	0	5 – 10 Minuten

KD Zubereitung empfohlen im
Kombinations-Backofen mit Dampf
Das Gebäck geht besonders gut auf und erhält eine schöne Bräunung.

Pizza „Vier Jahreszeiten"

Pizza

Hefeteig:

300 g	**Mehl**
20 g	**Hefe**
1 Prise	**Zucker**
⅛ l	**Wasser**
½ TL	**Salz**
3 EL	**Öl**

Belag:

200 g	**Salami** in Scheiben
500 g	**Tomaten** oder 1 Dose Tomaten Abtropfgewicht 480 g
2 TL	**Oregano**
	Salz · Pfeffer
200 g	**geriebener Käse** Gouda oder Emmentaler

Aus den angegebenen Zutaten einen Hefeteig bereiten und gehen lassen, siehe Seite 386.
Backofen auf 250 °C vorheizen. Fettpfanne einfetten, Teig gleichmäßig darauf verteilen.
Für den Belag Salami auf dem Teig verteilen. Tomaten waschen, in Scheiben schneiden und darauf verteilen. Mit Oregano, Salz und Pfeffer bestreuen und Käse darüber geben. In den Backofen setzen und backen.

einsetzen:	Mittlere Einschubleiste	
backen:	250 °C	15 – 20 Minuten

Veränderung:

Pizza Parma: 500 g pürierte Tomaten mit 2 TL Oregano mischen und auf dem Teig verteilen, mit 200 g Mozzarella, gerieben oder in Scheiben, belegen und backen. Nach dem Backen 150 g in Streifen geschnittenen Parmaschinken und 100 g Rucola, gewaschen und geputzt, auf der Pizza verteilen.

Pizza „Vier Jahreszeiten": 2 EL Tomatenmark, 2 EL Ketchup, Oregano und Basilikum verrühren und auf dem Teig verteilen. Teig belegen: ein Viertel mit 6 Scheiben Salami und Streifen einer grünen Paprika, ein Viertel mit 1 Dose Thunfisch, ein Viertel mit 2 Scheiben gekochtem Schinken und Scheiben von 2 Tomaten, ein Viertel mit 100 g Champignons und Scheiben einer Gemüsezwiebel. Alles mit 375 g geriebenem Käse überstreuen.

Quiche Lorraine

Mürbeteig:

175 g	**Mehl**
1 TL	**Backpulver**
100 g	**Fett**
125 g	**Magerquark**
½ TL	**Salz**

Belag:

375 g	**saure Sahne** 20 % Fett oder 300 g saure Sahne 10 % Fett und 100 g Crème fraîche
4	**Eier**
	Salz
	Pfeffer
200 g	**durchwachsener Speck**
300 g	**geriebener Emmentaler**
1 EL	**gehackte Petersilie**

Aus den angegebenen Zutaten einen Mürbeteig bereiten, siehe Seite 390, und kalt stellen.
Springform 26 cm Ø oder Quicheform 28 cm Ø einfetten.
Boden und Rand der Form mit Teig auslegen, Teigboden mehrmals mit der Gabel einstechen, kalt stellen.
Für den Belag Sahne, Eier, Salz und Pfeffer verquirlen. Speck in Würfel schneiden und zugeben. Emmentaler und Petersilie unterheben. Belag auf den Teigboden verteilen und backen.

einsetzen:	Auf dem Rost, untere Einschubleiste	
backen:	200 °C	40 – 50 Minuten
	0	10 – 15 Minuten

Tipp:

- Teig nicht zu lange kneten, da er sonst klebt.
- Statt durchwachsenem Speck eignen sich auch Schinkenspeck oder Frühstücksspeck.

Schweizer Käsewähe

Mürbeteig:

250 g	**Mehl**
1 TL	**Backpulver**
100 g	**Butter**
1 TL	**Salz**
1 TL	**Essig**
100 ml	**Wasser**

Belag:

500 g	**geriebener Emmentaler**
3	**Eier**
300 ml	**süße Sahne**
100 ml	**Wasser**
1 TL	**Salz**
1 EL	**Speisestärke**

Aus den angegebenen Zutaten einen Mürbeteig bereiten, siehe Seite 390, und kalt stellen.
Springform 26 cm Ø einfetten.
Boden und Rand der Form mit Teig auslegen, Teigboden mehrmals mit der Gabel einstechen, kalt stellen.
Emmentaler auf den Teig geben. Eier, Sahne, Wasser, Salz und Speisestärke verquirlen, über den Käse gießen und backen.

einsetzen:	Auf dem Rost, untere Einschubleiste	
backen:	200 °C	40 – 50 Minuten
	0	10 – 15 Minuten

Zwiebelkuchen

Hefeteig:	
200 g	**Mehl**
20 g	**Hefe**
8 EL	**Milch**
1 TL	**Salz**
50 g	**Butter** oder Margarine
Belag:	
500 g	**Zwiebeln**
175 g	**durchwachsener Speck**
30 g	**Butter** oder Margarine
3	**Eier**
250 g	**saure Sahne**
½ TL	**Salz**
1 EL	**Paniermehl** zum Bestreuen

Aus den angegebenen Zutaten einen Hefeteig bereiten und gehen lassen, siehe Seite 386.
Für den Belag Zwiebeln schälen, vierteln und in Scheiben schneiden. Speck in kleine Würfel schneiden.
Butter **erhitzen**, Zwiebeln und Speck darin **andünsten**, 10 Minuten **dünsten** und abkühlen lassen. Eier, Sahne und Salz verquirlen und unterrühren.
Springform Ø 26 cm einfetten, Teig hineindrücken und einen 2 cm hohen Rand formen. Teigboden mit Paniermehl bestreuen und die Zwiebelmasse darauf verteilen. Teig gehen lassen und backen.

einsetzen:	Auf dem Rost, untere Einschubleiste	
backen:	190 – 200 °C	35 – 45 Minuten
	0	5 – 10 Minuten

Kasseler Pirogge

Hefeteig:	
250 g	**Mehl**
25 g	**Hefe**
⅛ l	**Milch**
	Salz
1 Prise	**Zucker**
1	**Ei**
60 g	**Butter** oder Margarine
Füllung:	
1	**Semmel**
1	**Zwiebel**
500 g	**Kasseler ohne Knochen**
	Salz · Paprika
Guss:	
¼ l	**Buttermilch**
2	**Eier**
	Salz · Paprika · Petersilie

Aus den angegebenen Zutaten einen Hefeteig bereiten und gehen lassen, siehe Seite 386.
Auflaufform einfetten.
Teig ausrollen, eine Decke in Größe der Auflaufform ausschneiden, mit dem restlichen Teig Boden und Rand der Form auslegen.
Semmel in Wasser einweichen und ausdrücken. Zwiebel schälen. Beides zusammen mit dem Fleisch pürieren, würzen, abschmecken.
Auf den Teig streichen, Teigdecke auflegen und mit einer Gabel mehrmals einstechen.
Für den Guss Buttermilch mit Eiern, Salz, Paprika und zerkleinerter Petersilie verrühren, über die Pirogge gießen und backen.
Heiß in der Form servieren.
Beilage: Salat

einsetzen:	Auf dem Rost, untere Einschubleiste	
backen:	200 – 225 °C	35 – 45 Minuten
	0	5 – 10 Minuten

Tipp:
Kasseler Pirogge in Portionsformen backen und einfrieren. Dazu eignen sich kleine Aluschalen mit Deckel. Auftauen und Erwärmen im Backofen: Auf dem Rost, mittlere Einschubleiste, 200 – 225 °C etwa 30 Minuten und 5 – 10 Minuten auf 0.

Fleisch-Gemüse-Pie

■ ■

Mürbeteig:	
250 g	**Mehl**
½ TL	**Backpulver**
125 g	**Butter** oder Margarine
1	**Ei**
1 Prise	**Salz**
Füllung:	
1	**kleine Zwiebel**
250 g	**gegartes Fleisch**
125 g	**Schweinehack**
	Salz · Paprika
500 g	**gegartes Gemüse**
	Bratensoße nach Belieben

Aus den angegebenen Zutaten einen Mürbeteig bereiten, siehe Seite 390, und kalt stellen.
Auflaufform einfetten.
Teig ausrollen, zuerst eine Decke in der Größe der Auflaufform ausschneiden, mit dem restlichen Teig Boden und Rand der Form auslegen.
Für die Füllung Zwiebel schälen, Zwiebel und Fleisch in Würfel schneiden. Beides mit Hackfleisch, Salz und Paprika vermengen und abschmecken.
Abgetropftes Gemüse abwechselnd mit Fleisch auf dem Teigboden verteilen, nach Belieben etwas Bratensoße übergießen. Teigdecke auflegen und mit einem Hölzchen mehrmals einstechen, damit die Feuchtigkeit entweichen kann, und backen.
Warm servieren.
Beilage: Blatt- oder Mischsalat

einsetzen:	Auf dem Rost, untere Einschubleiste	
backen:	210 – 225 °C	35 – 45 Minuten
	0	5 – 10 Minuten

Tipp:

- Verschiedene Gemüsesorten mischen, z.B. Blumenkohl, Spargel, Erbsen, Bohnen, Pilze, Paprikaschoten, Broccoli, Möhren oder Gemüsereste verwenden.

Würstchen im Blätterteig

■ ■ KD

Quarkblätterteig:	
250 g	**Mehl**
1 Msp	**Backpulver**
250 g	**trockener Quark**
250 g	**Butter**
1 Prise	**Salz**
Füllung:	
6 – 8	**Würstchen**
1	**Eiweiß**
Bestreichen:	
1	**Eigelb**
1 EL	**Wasser**

Aus den angegebenen Zutaten einen Quarkblätterteig bereiten, siehe Seite 389, und kalt stellen.
Backofen vorheizen.
Teig auf einer bemehlten Arbeitsfläche dünn ausrollen und Rechtecke in der Größe der Würstchen schneiden. Teigrand dünn mit Eiweiß bestreichen, Würstchen auflegen, die eine Teighälfte über die andere klappen und die Ränder leicht aufeinander drücken, damit der Teig beim Backen zusammenhält.
Backblech anfeuchten oder mit Backpapier auslegen und anfeuchten. Teigteile auflegen.
Eigelb mit Wasser verrühren. Teigteile damit bestreichen und backen.

einsetzen:	Mittlere Einschubleiste.	
backen:	200 – 225 °C	20 – 25 Minuten
	0	5 – 10 Minuten

Veränderung:

Käse im Blätterteig: 250 g Schnitt- bzw. Schmelzkäse, z.B. Chesterkäse, in etwa 1 cm dicke und 8 cm lange Streifen schneiden und auf die Rechtecke legen.
Blätterteigtaschen mit Pilzfüllung: 2 Zwiebeln in Würfel schneiden und in 20 g Butter andünsten. 500 g frische Champignons in Scheiben zufügen und 10 Minuten dünsten. Salz, Pfeffer und 2 Bund zerkleinerte Petersilie zufügen und Masse abkühlen lassen. Runde Teigstücke von 11 cm Durchmesser ausstechen und füllen, siehe „Kleingebäck formen" Seite 440.

Schinkenhörnchen

Schinkenhörnchen: 30 g Butter sahnig rühren. Mit 250 g gekochtem Schinken in Würfeln, 1 geriebenen Zwiebel, 3 – 4 EL Sahne und zerkleinerter Petersilie verrühren. Aus dem Teig mit einer Tortenform eine Platte ausstechen und diese in 8 – 12 „Tortenstücke" schneiden. Auf das breite Ende etwas Füllung geben, Teigränder mit Eiweiß bestreichen und Teig von der breiten Seite her zu gleichmäßig geformten Hörnchen aufrollen.

Specktäschchen

KD

Hefeteig:

250 g	**Mehl**
20 g	**Hefe**
4 EL	**Milch**
1 TL	**Zucker**
1 Prise	**Salz**
50 g	**Butter** oder Margarine

Füllung:

250 g	**Schinkenspeckwürfel**
1	**Eiweiß**

Bestreichen:

1	**Eigelb**
1 EL	**Wasser**

Aus den angegebenen Zutaten einen Hefeteig bereiten, siehe Seite 386, und gehen lassen.
Teig auf einer bemehlten Arbeitsfläche nicht zu dünn ausrollen und runde Plätzchen von etwa 8 cm Durchmesser ausstechen. In die Mitte etwas Schinkenspeck geben. Eine Hälfte des Teigplätzchens am Rand dünn mit Eiweiß be-

KD Zubereitung empfohlen im **Kombinations-Backofen mit Dampf** Das Gebäck geht besonders gut auf und erhält eine schöne Bräunung.

streichen, die andere Hälfte darüber klappen und Rand auf Rand leicht andrücken.
Backblech einfetten oder mit Backpapier auslegen und Teigtäschchen auflegen. Eigelb mit Wasser verrühren. Teigtäschchen damit bestreichen, gehen lassen und backen.

einsetzen:	Mittlere Einschubleiste	
backen:	200 – 210 °C	25 – 30 Minuten

Käsewindbeutel

Brandteig:

⅛ l	**Wasser**
30 g	**Butter** oder Margarine
1 Prise	**Salz**
75 g	**Mehl**
3 – 4	**Eier**
½ TL	**Backpulver**
2 EL	**geriebener Käse**

Füllung:

¼ l	**süße Sahne**
1 Prise	**Salz**
	Paprikapulver · Petersilie
40 g	**geriebener Käse**

Backofen vorheizen. Aus den angegebenen Zutaten einen Brandteig bereiten, s. Seite 382.
Zum Schluss den geriebenen Käse unterrühren und in einen Spritzbeutel füllen.

Backblech anfeuchten oder mit Backpapier auslegen und anfeuchten.
Mit dem Spritzbeutel etwa 12 Teighäufchen darauf spritzen und backen.
Nach dem Backen: Warme Windbeutel mit einer Schere aufschneiden und erkalten lassen.
Für die Füllung Sahne steif schlagen und mit Salz, Paprika, zerkleinerter Petersilie und Käse vermengen. Die Windbeutel damit füllen.

einsetzen:	Mittlere Einschubleiste	
backen:	200 – 225 °C	15 – 20 Minuten

Tipp:
Als Vorspeise oder als Beilage zu Gemüse reichen.

Käseknusperchen

150 g	**Haferflocken**
50 g	**Mehl**
1 TL	**Backpulver**
50 g	**geriebener Käse**
je 1 Prise	**Salz · Paprika**
1	**Ei**
4 EL	**Wasser**
150 g	**Butter** oder Margarine

Haferflocken mit Mehl, Backpulver, Käse, Salz und Paprika mischen.
Ei mit Wasser verquirlen, unterrühren.
Butter **schmelzen** und lauwarm unter die Masse mengen. Den Teig durchkneten und kalt stellen. Backblech einfetten oder mit Backpapier auslegen.
Aus dem Teig kleine Kugeln formen, flach drücken, auf das Blech legen und backen.

einsetzen:	Mittlere Einschubleiste	
backen:	210 – 225 °C	12 – 15 Minuten

Käseplätzchen

■ ■ KD

125 g	**Mehl**
125 g	**geriebener Schweizer Käse**
1 Msp	**Backpulver**
125 g	**Butter** oder Margarine
1	**Eigelb**
1 EL	**Wasser**

Aus Mehl, Käse, Backpulver und Butter einen Mürbeteig bereiten, siehe Seite 390, kalt stellen.
Teig auf einer bemehlten Arbeitsfläche dünn ausrollen, Streifen ausrädern oder zierliche Formen ausstechen.
Backblech einfetten oder mit Backpapier auslegen und Teigteile auflegen.
Eigelb mit Wasser verrühren. Teigteile damit bestreichen und backen.

einsetzen:	Mittlere Einschubleiste	
backen:	200 – 210 °C	10 – 12 Minuten

Roggenplätzchen

■ ■ KD

125 g	**Butter** oder Margarine
500 g	**Roggenmehl**
⅛ l	**Milch**
1 TL	**Salz**
½ TL	**Kümmel**

Butter sahnig rühren, Mehl, Milch, Salz und Kümmel zugeben und durchkneten, bis der Teig glänzend aussieht.
Teig auf einer bemehlten Arbeitsfläche dünn ausrollen, in Streifen von 1 × 6 cm schneiden.
Backblech einfetten oder mit Backpapier auslegen. Teigstreifen auflegen und backen.

einsetzen:	Mittlere Einschubleiste	
backen:	210 – 225 °C	8 – 10 Minuten

Kümmelstangen

■ ■ KD

100 g	**Butter** oder Margarine
280 g	**Mehl**
1 TL	**Backpulver**
7 EL	**Milch**
1 Prise	**Salz**
1	**Eigelb**
1 EL	**Wasser**
	Kümmel oder Salz

Butter sahnig rühren, Mehl, Backpulver, Milch und Salz zugeben, durchkneten und kalt stellen.
Teig auf einer bemehlten Arbeitsfläche ausrollen, in Streifen schneiden oder ausrädern und von den Enden aus in die entgegengesetzte Richtung zu einer Spirale drehen.
Eigelb mit Wasser verrühren. Teigstangen damit bestreichen und mit Kümmel bestreuen.
Backblech einfetten oder mit Backpapier auslegen. Stangen auflegen und backen.

einsetzen:	Mittlere Einschubleiste	
backen:	210 – 220 °C	10 – 12 Minuten

KD Zubereitung empfohlen im
Kombinations-Backofen mit Dampf
Das Gebäck geht besonders gut auf und erhält eine schöne Bräunung.

Vanillewaffeln

S

300 g	**Mehl**
2 TL	**Backpulver**
50 g	**Zucker**
2	**Vanillinzucker**
1 Prise	**Salz**
200 g	**Butter** oder Margarine
6	**Eier**
1 EL	**Rum**
⅛ l	**Milch**
	Puderzucker zum Bestäuben

Aus den angegebenen Zutaten einen Rührteig bereiten, siehe Seite 392.
Waffeleisen nach Gebrauchsanweisung vorheizen. Den Teig einfüllen und 2–3 Minuten backen. Waffeln mit einer Gebäckzange oder zwei Gabeln herausheben und auf einem Kuchenrost abdampfen lassen.

Die Waffeln mit Puderzucker bestäuben und warm oder kalt servieren.

Tipp:

Teige, die mit Milch angerührt sind, bräunen stärker, deshalb bei der ersten Backfüllung prüfen, ob das Gebäck innen gar ist.

Vanillewaffeln mit Beerenmus und Sahne

Apfelwaffeln

200 g	**Mehl**
1 TL	**Backpulver**
50 g	**Zucker**
1 Prise	**Salz**
½ TL	**Zimt**
1 Msp	**Nelkenpulver**
50 g	**gehackte Mandeln**
200 g	**Butter** oder Margarine
3	**Eier**
⅛ l	**lauwarmes Wasser**
1 EL	**Rum**
250 g	**Äpfel** zum Untermengen
	Puderzucker zum Bestäuben

Aus den angegebenen Zutaten einen Rührteig bereiten, siehe Seite 392.
Äpfel waschen, schälen, Kerngehäuse entfernen. Äpfel in kleine Würfel schneiden und unter den Teig ziehen.
Teig im Waffeleisen nach Gebrauchsanweisung goldbraun backen.
Mit Puderzucker bestäuben, warm servieren.

Sandwaffeln

S

200 g	**Mehl**
½ TL	**Backpulver**
100 g	**Zucker**
1 Prise	**Salz**
1	**Vanillinzucker**
200 g	**Butter** oder Margarine
4	**Eier**
1 EL	**Rum**

Aus den angegebenen Zutaten einen Rührteig bereiten, siehe Seite 392.
Teig im Waffeleisen nach Gebrauchsanweisung goldbraun backen.
Warm oder kalt servieren.

Sesamwaffeln

125 g	**Weizen-Vollkornmehl**
¼ l	**Milch**
1 EL	**Honig**
4	**Eigelb**
100 g	**Crème fraîche**
65 g	**Butter**
6 EL	**Sesam**

Mehl mit Milch und Honig verrühren und 60 Minuten quellen lassen.
Eigelb und Crème fraîche unterrühren. Butter **schmelzen** und zufügen.
Waffeleisen vorheizen, untere Backfläche mit Sesam bestreuen, Teig einfüllen, Sesam darüber streuen und Teig goldbraun backen.

Pikante Schinkenwaffeln

S

Rührteig:	
250 g	**Mehl**
2 TL	**Backpulver**
1 Prise	**Salz**
125 g	**Butter** oder Margarine
4	**Eier**
⅛ l	**lauwarmes Wasser**
Untermengen:	
1	**Zwiebel**
125 g	**gekochter Schinken** oder Schinkenspeck
je 1 Prise	**Salz · Zucker · Paprika Piment · Pfeffer**

Aus den angegebenen Zutaten einen Rührteig bereiten, siehe Seite 392.
Zwiebel schälen. Schinken und Zwiebel in feine Würfel schneiden, hinzufügen und den Teig mit den Gewürzen abschmecken.
Teig im Waffeleisen nach Gebrauchsanweisung goldbraun backen.
Noch warm servieren.

Frisch gebackene Waffeln auf einem Kuchengitter abdampfen lassen und dann mit Puderzucker bestäuben.

Käsewaffeln

S ■ ■

200 g	**Mehl**
½ TL	**Backpulver**
1 Prise	**Salz**
200 g	**Butter** oder Margarine
4	**Eier**
4 EL	**lauwarmes Wasser**
3 EL	**geriebener Käse** Schweizer oder Parmesan
	Paprika

Aus den angegebenen Zutaten einen Rührteig bereiten, siehe Seite 392.
Zuletzt den Käse hinzufügen und mit Paprika abschmecken.
Teig im Waffeleisen nach Gebrauchsanweisung goldbraun backen.
Warm oder kalt servieren.

Tipp:
Geeignet als Beilage zu Wein, Bier oder gebundenen Suppen.

Zimthörnchen

■ ■

350 g	**Mehl**
1 TL	**Backpulver**
150 g	**Zucker**
1 TL	**Zimt**
150 g	**Butter** oder Margarine
2	**Eier**
¼ l	**Wasser**

Aus den angegebenen Zutaten einen Rührteig bereiten, siehe Seite 392.
Hörncheneisen nach Gebrauchsanweisung vorheizen. Teig einfüllen und goldbraun backen.
Nach dem Backen: Hörnchen sofort auf der Backfläche oder auf einer Arbeitsfläche formen, da das Gebäck sonst zu hart dazu wird.
Gebäck mit der Hand oder einem Kochlöffelstiel zu einem Röllchen formen oder das Geback in einen Trichter setzen, so entsteht eine Gebäcktüte.

Spritzkuchen

Brandteig:	
¼ l	**Wasser**
60 g	**Butter** oder Margarine
1 Prise	**Salz**
1	**Vanillinzucker**
150 g	**Mehl**
4	**Eier**
1 TL	**Backpulver**
	Fett zum Backen
Glasur:	
200 g	**Puderzucker**
2–3 EL	**heißes Wasser**
1 EL	**Zitronensaft** oder Rum

Aus den angegebenen Zutaten einen Brandteig bereiten, siehe Seite 382.
Fett **erhitzen**. Ein Stück Butterbrotpapier in der Größe des Topfes ausschneiden, in das heiße Backfett tauchen und auf eine Platte legen.
Teig in einen Spritzbeutel mit weiter Tülle füllen und je Topffüllung 3–5 Kränze von 1 ½ bis 2 cm Höhe auf das Papier spritzen. Mit dem Papier in das heiße Fett gleiten lassen, dabei das Papier an einer Ecke festhalten, bis die Kränze abgleiten, dann herausziehen.
Kränze am Anfang hin und her bewegen, damit das Fett über den Teig fließt, dann gehen die Spritzkuchen besser auf.
Gebäck im Fettbad von beiden Seiten goldbraun **backen**.
Nach dem Backen: Auf einem mit Küchenpapier belegten Kuchengitter abtropfen lassen.
Für die Glasur Puderzucker mit Flüssigkeit verrühren. Die Oberseite der Spritzkuchen damit bestreichen.

Tipp:

- Spritzkuchen schmecken am besten frisch.

Räderkuchen

500 g	**Mehl**
1	**Backpulver**
100 g	**weiche Butter** oder Margarine
100 g	**Zucker**
1 Prise	**Salz**
2 EL	**Rum**
3	**Eier**
3 EL	**Milch**
3 EL	**Wasser**
	Fett zum Backen
	Zucker als Belag

Für den Teig Zutaten mit den Knetwerkzeugen einer Hand- oder Standküchenmaschine zu einem glatten Teig verkneten und kalt stellen. Teig portionsweise auf einer bemehlten Arbeitsfläche ausrollen.
Teigstreifen von 8–9 cm Länge und 3 cm Breite schneiden oder ausrädern.
An einem Ende, etwa ½ cm vom Rand entfernt, in den Streifen einen Schlitz schneiden und das lange Ende durchziehen.
Fett **erhitzen**, Teigteile einlegen und im Fettbad von beiden Seiten goldbraun **backen**.
Nach dem Backen: Auf einem mit Küchenpapier belegten Kuchengitter abtropfen lassen.
Noch warm in Zucker wälzen.

Tipp:

- Räderkuchen halten sich einige Tage frisch, wenn sie in einem geschlossenen Behälter aufbewahrt werden.

Strom-Spar-Tipp
Kochgeschirr passend zur Kochstellengröße wählen

Berliner Pfannkuchen

500 g	**Mehl**
40 g	**Hefe**
⅛ l	**Milch**
100 g	**Zucker**
1 Prise	**Salz**
2	**Eier**
2 EL	**Rum**
100 g	**Butter** oder Margarine
	Pflaumenmus oder Konfitüre
	Fett zum Backen
	Zucker oder Zuckerglasur

Aus Mehl, Hefe, Milch, Zucker, Salz, Eier, Rum und Butter einen Hefeteig bereiten, siehe Seite 392, und gehen lassen.
Aus dem Teig eine Rolle formen und in 22 bis 24 Teile schneiden. In die linke Hand ein Teigstück nehmen, eine Vertiefung eindrücken, etwas Mus einfüllen und den Teig zusammendrehen, dass er wieder glatt wird. Teigbällchen mit der gedrehten Seite nach unten auf eine bemehlte Arbeitsfläche legen und gehen lassen. Fett **erhitzen**, Teigbällchen mit der Oberseite einlegen und im Fettbad **backen**. Sobald die eine Seite braun ist, den Pfannkuchen wenden.

Berliner Pfannkuchen

Nach dem Backen: Auf einem mit Küchenpapier belegten Kuchengitter abtropfen lassen. Pfannkuchen in Zucker wälzen oder mit Zuckerglasur überziehen.

Tipp:
Den gegangenen Hefeteig 2 cm dick ausrollen und runde Teigstücke von etwa 6 cm Durchmesser ausstechen. Auf eine bemehlte Arbeitsfläche legen, gehen lassen und im Fettbad backen.
Nach dem Backen Pfannkuchen abtropfen lassen. Pflaumenmus glatt rühren, in einen Spritzbeutel mit langer Tülle füllen und in die Pfannkuchen spritzen. Pfannkuchen in Zucker wälzen oder mit Zuckerglasur überziehen.

Rheinische Mutzen

500 g	**Mehl**
25 g	**Zucker**
4	**Eier**
2 EL	**Milch**
2 EL	**Rum**
1 Prise	**Salz**
	Fett zum Backen
	Puderzucker zum Bestäuben

Aus den angegebenen Zutaten einen Nudelteig bereiten, siehe Seite 206.
Teig sehr dünn ausrollen und etwa 20 Minuten ruhen lassen.
Teig in schräge Rechtecke (Rhomben) von 4 × 5 cm schneiden und mit einer Gabel mehrfach einstechen.
Fett **erhitzen**, Teigteile einlegen und im Fettbad hellbraun **backen**.
Nach dem Backen: Auf einem mit Küchenpapier belegten Kuchengitter abtropfen lassen. Mit Puderzucker dick bestäuben.

Tipp:
Die Rechtecke biegen sich beim Ausbacken unterschiedlich. Dadurch sieht das Gebäck sehr dekorativ aus.

Preiselbeer-Sahnefüllung

S

2–3 EL	**Rum**
250 g	**Preiselbeeren** gedünstet
¼ l	**süße Sahne**
	Zucker
1	**Sahnefestiger**

Gebäck mit Rum beträufeln. Preiselbeeren abtropfen lassen und darauf verteilen.
Sahne und Zucker mit Sahnefestiger nach Herstellerangabe steif schlagen und über die Preiselbeeren streichen.
Geeignet zum Füllen z.B. von Windbeuteln, Biskuitrollen oder Torten.

Nusscremefüllung mit Sahne

S

¼ l	**süße Sahne**
2–3 EL	**Zucker**
125 g	**geriebene Walnüsse** oder Haselnüsse
2 Blatt	**Gelatine** weiß

Sahne steif schlagen, Zucker und Nüsse unterrühren.
Damit die Füllung länger fest bleibt, Gelatine nach Herstellerangabe auflösen und tropfenweise zusetzen.
Geeignet zum Füllen z.B. von Torten und Biskuitrollen.

Erdbeer-Sahnefüllung

S

250–375 g	**Erdbeeren**
¼–⅜ l	**süße Sahne**
1 EL	**Zucker**
1	**Sahnefestiger**

Erdbeeren waschen, putzen und in Viertel schneiden. Evtl. einige Früchte zum Garnieren zurücklassen.
Sahne und Sahnefestiger mit Zucker nach Herstellerangabe steif schlagen.
Früchte vorsichtig unterheben.
Geeignet zum Füllen z.B. von Windbeuteln, Biskuitrollen oder Torten.

Tipp:
Anstelle von Erdbeeren eignen sich Himbeeren, Ananas- oder Pfirsichstücke oder Mandarinen aus der Dose.

Strom-Spar-Tipp
Kochgeschirr passend zur Kochstellengröße wählen

Zitronen-Sahnefüllung

S

⅛ l	**Wasser**
⅛ l	**Zitronensaft**
1 TL	**abgeriebene Zitronenschale** unbehandelt
125 g	**Zucker**
4 Blatt	**Gelatine** weiß
¼ l	**süße Sahne**
1	**Vanillinzucker**

Wasser, Zitronensaft, Zitronenschale und Zucker verrühren, bis der Zucker aufgelöst ist.
Gelatine nach Herstellerangabe auflösen und unterrühren.
Masse so lange kalt stellen, bis sie anfängt steif zu werden.
Sahne mit Vanillinzucker steif schlagen und locker unterheben.
Geeignet zum Füllen und Garnieren z.B. von Biskuitrollen oder Torten.

Schokoladen-Biskuitrolle mit Preiselbeersahne, Rezept Seite 431

Weincremefüllung

¼ l	**Weißwein**
100 g	**Zucker**
2 TL	**abgeriebene Orangenschale** unbehandelt
	Saft einer ½ Zitrone
2	**Eigelb**
15 g	**Speisestärke**
3 Blatt	**Gelatine** weiß
2	**Eiweiß**

Wein, Zucker, Orangenschale, Zitronensaft, Eigelb und Speisestärke in einen hohen Kochtopf geben, verrühren und **abschlagen**, bis die Masse hochsteigt, sofort von der Kochstelle nehmen.
Gelatine nach Herstellerangabe in der heißen Creme auflösen.
Eiweiß steif schlagen, locker unterheben und Creme kalt stellen.
Bevor die Creme ganz steif geworden ist, weiterverwenden.
Geeignet zum Füllen und Garnieren von z.B. Biskuitrollen, Torten und Kleingebäck.

Cremefüllung

G

½ l	**Milch**
60 g	**Zucker**
1 Prise	**Salz**
50 g	**Butter**
30 g	**Speisestärke**
2	**Eigelb**
2 Blatt	**Gelatine** weiß

Milch, etwas zum Anrühren der Speisestärke zurücklassen, mit Zucker, Salz und Butter **ankochen**.
Speisestärke mit Milch und Eigelb verquirlen, einrühren und in der **Nachwärme** fertig garen. Topf von der Kochstelle nehmen.
Gelatine nach Herstellerangabe in der heißen Creme auflösen.
Creme kalt stellen, dabei öfter umrühren, damit sich keine Haut bildet.
Geeignet zum Füllen und Garnieren von z.B. Biskuitrollen, Torten und Kleingebäck.

Tipp:
- Geschmackszutat zufügen, siehe Veränderung Buttercreme Seite 474.

Einfache Buttercreme

¼ l	**Milch**
50 g	**Zucker**
1 Prise	**Salz**
20 g	**Kokosfett**
25 g	**Speisestärke** oder 5 TL Puddingpulver
1	**Eigelb**
100 g	**Butter**
25 g	**Puderzucker**

Milch, etwas zum Anrühren der Speisestärke zurücklassen, mit Zucker, Salz und Kokosfett **ankochen**.
Speisestärke mit Milch und Eigelb verquirlen, einrühren und in der **Nachwärme** fertig garen.
Kalt stellen, dabei öfter umrühren, damit sich keine Haut bildet.
Weiche Butter mit Puderzucker sahnig rühren, Creme löffelweise unterrühren.
Geeignet zum Füllen und Garnieren von z.B. Torten, Biskuitrollen und Kleingebäck.

Tipp:

- Butter und Creme müssen ungefähr die gleiche Temperatur haben, damit die Creme nicht gerinnt. Geronnene Buttercreme lässt sich im warmen Wasserbad oder durch Zugabe von geschmolzenem, warmem Pflanzenfett wieder glatt rühren.
- Geschmackszutat zufügen, siehe Veränderung Buttercreme.

Buttercreme

G

250 g	**Butter**
250 g	**Puderzucker**
1 Prise	**Salz**
1 – 2	**Eigelb**
	Geschmackszutat

Weiche Butter sahnig rühren, nach und nach Puderzucker und zuletzt Salz, Eigelb und Geschmackszutat unterrühren.
Geeignet zum Füllen und Garnieren von z.B. Torten, Biskuitrollen und Kleingebäck.

Veränderung:

Vanille-Buttercreme: Herausgeschabtes Mark einer Vanilleschote oder 1 Päckchen Vanillinzucker zugeben.

Zitronen-Buttercreme: 1 TL abgeriebene, unbehandelte Zitronenschale und 2 – 3 EL Zitronensaft zugeben.

Orangen-Buttercreme: 1 TL abgeriebene, unbehandelte Orangenschale und 3 – 4 EL Orangensaft zugeben.

Mokka-Buttercreme: 2 – 3 EL Pulverkaffee und 1 EL Weinbrand unterrühren.

Schokoladen-Buttercreme: 1 – 2 EL Kakaopulver und/oder 1 – 2 EL Schokoladenraspel unterrühren.

Rum-Buttercreme: 2 – 3 EL Rum zugeben.

Nuss-Buttercreme: 100 g geriebene Hasel- oder Walnüsse und 1 EL Rum unterrühren.

Tipp:

- Buttercreme erhält Festigkeit und Glanz durch Zugabe von 20 g gehärtetem Pflanzenfett, z.B. Kokosfett, das geschmolzen untergerührt wird.

Mandelfüllung

S

3	**Eiweiß**
1 TL	**Zitronensaft**
150 g	**Zucker**
250 g	**geriebene Mandeln** oder Nüsse oder Kokosraspel

Eiweiß mit Zitronensaft steif schlagen, Zucker nach und nach unterrühren, bis die Masse cremig ist. Mandeln unterheben.
Kleingebäck damit füllen und backen.

Tipp:
80 – 100 g Mandeln können durch geriebenen Zwieback oder Paniermehl ersetzt werden.

Quarkfüllung

S

1	**Eigelb**
40 g	**Zucker**
1	**Vanillinzucker**
	abgeriebene Zitronenschale unbehandelt
250 g	**Quark**
25 g	**Korinthen**

Zutaten verrühren, zuletzt Korinthen unter die Füllung heben.
Kleingebäck damit füllen und backen.

Schinkenfüllung

S

250 g	**gekochter Schinken**
30 g	**Butter**
1	**geriebene Zwiebel**
3 – 4 EL	**Sahne**
	Petersilie

Schinken in Würfel schneiden.
Butter sahnig rühren, Schinken, Zwiebel, Sahne und zerkleinerte Petersilie zugeben und verrühren.
Kleingebäck damit füllen und backen.

Pilzfüllung

S

2	**Zwiebeln**
500 g	**Champignons**
20 g	**Butter**
	Pfeffer · Salz
2 Bund	**Petersilie**

Zwiebeln schälen und in Würfel schneiden. Champignons putzen und in Scheiben schneiden.
Butter **erhitzen**, Zwiebeln darin **andünsten**, Champignons zufügen und 10 Minuten **dünsten**. Salz, Pfeffer und zerkleinerte Petersilie zufügen.
Kleingebäck damit füllen und backen.

Käsefüllung

S

¼ l	**süße Sahne**
1 Prise	**Salz**
	Paprikapulver · Petersilie
40 g	**geriebener Käse**

Sahne steif schlagen und mit Salz, Paprika, zerkleinerter Petersilie und Käse vermengen.
Windbeutel damit füllen.

Zuckerglasur

S			G

200 g	**Puderzucker**
2 – 3 EL	**heiße Flüssigkeit** Wasser oder Milch

Puderzucker nach und nach mit der heißen Flüssigkeit glatt rühren.
Sofort auf das Gebäck streichen oder das Gebäck damit überziehen.

Veränderung:
Puderzucker mit folgenden Flüssigkeiten glatt rühren:
Rote Zuckerglasur: 2 – 3 EL heißer roter Fruchtsaft oder in der heißen Flüssigkeit zusätzlich 1 Messerspitze rotes Gelatinepulver gequollen auflösen
Zitronen-Zuckerglasur: 1 – 2 EL Zitronensaft und 1 EL heißes Wasser
Frucht-Zuckerglasur: 2 – 3 EL heißer klarer oder roter Fruchtsaft
Kaffee-Zuckerglasur: 2 – 3 EL heißer starker Kaffee
Kakao-Zuckerglasur: 3 – 4 EL heiße Milch und zusätzlich 30 g Kakao
Rum-Zuckerglasur: 1 – 2 EL Rum und 1 EL heißes Wasser

Tipp:
- Für Kleingebäck genügt meist die Hälfte der Menge, die Glasur kann dazu etwas flüssiger sein.

Eiweiß-Zuckerglasur

S			

1	**Eiweiß**
1 – 2 EL	**Zitronensaft**
100 g	**Puderzucker**

Eiweiß mit Zitronensaft steif schlagen, nach und nach Puderzucker unterrühren, bis die Masse cremig und glänzend ist.
Mit einem Messer sofort auf das Gebäck streichen und im Backofen trocknen.

einsetzen:	Auf dem Blech, mittlere Einschubleiste	
trocknen:	50 °C	5 – 10 Minuten

Tipp:
- Nur an der Luft getrocknet, verliert die Glasur ihren Glanz.

Schokoladen-Zuckerglasur mit Fett

S			

150 g	**Zucker**
15 g	**Kakao**
4 – 5 EL	**Wasser**
75 g	**zerkleinerte Schokolade**
10 g	**Butter**

Zucker und Kakao mischen, mit Wasser verrühren und **ankochen**. Schokolade und Butter zufügen und **fortkochen**, bis sich oben eine Haut bildet.
Sofort auf das Gebäck streichen.

Eiweiß-Spritzglasur

S			

200 g	**Puderzucker**
1	**Eiweiß**
1 EL	**Zitronensaft**

Puderzucker und Eiweiß schaumig und glänzend rühren, Saft zugeben.
In den Spritzbeutel füllen und damit Gebäck garnieren.

Tipp:
- Reste mit Rosenwasser oder Zitronensaft verdünnen und zum Aufstreichen verwenden.
- Die Glasur eignet sich besonders für Honigkuchengebäck.

Kakao-Zuckerglasur mit Fett

S

200 g	**Puderzucker**
30 g	**Kakao**
3 EL	**heiße Milch**
25 g	**geschmolzene Butter** oder Kokosfett

Puderzucker mit Kakao sieben und mit Milch und Butter glatt rühren.
Sofort auf das Gebäck streichen.

Sahneguss

S

2	**Eigelb**
75 g	**Zucker**
50 g	**Mehl**
¼ l	**saure Sahne**
	abgeriebene Zitronenschale
2	**Eiweiß**

Eigelb und Zucker schaumig rühren. Abwechselnd Mehl und Sahne, zuletzt Zitronenschale zufügen.
Eiweiß steif schlagen und unterheben.
Guss sofort auf Gebäck mit Obstbelag geben und von Anfang an mitbacken.

Biskuitguss

S

2	**Eiweiß**
1 EL	**Wasser**
50 g	**Zucker**
1	**Vanillinzucker**
2	**Eigelb**
40 g	**Mehl**

Eiweiß mit Wasser sehr steif schlagen. Zucker nach und nach unterrühren, bis die Masse cremig ist. Vanillinzucker unterrühren.
Eigelb unterrühren, Mehl darüber sieben und unterheben.
Guss sofort auf Gebäck mit Obstbelag geben und von Anfang an mitbacken.

Grießguss

S

¼ l	**Milch**
½ TL	**abgeriebene Zitronenschale**
1 Prise	**Salz**
25 g	**Zucker**
20 g	**Grieß**
1 – 2	**Eigelb**
4 EL	**saure Sahne**
1 – 2	**Eiweiß**

Milch, Zitrone, Salz und Zucker **ankochen**. Grieß unter Rühren einstreuen und 3 – 5 Minuten **quellen** lassen.
Eigelb mit Sahne verquirlen und unter den Grießbrei rühren.
Eiweiß steif schlagen und unterheben.
Guss auf Gebäck mit Obstbelag geben und von Anfang an mitbacken.

Mandelguss

S

3	**Eiweiß**
80 g	**Zucker**
60 g	**geriebene Mandeln**
1 EL	**Rum**

Eiweiß steif schlagen, langsam Zucker ein rieseln lassen und weiterschlagen.
Mandeln unterheben und Rum zufügen.
Guss vorsichtig auf Gebäck mit Obstbelag streichen und im Backofen oder unter dem Grill leicht überbräunen.

einsetzen:	Auf dem Rost, mittlere Einschubleiste	
überbräunen:	200 – 225 °C	10 – 15 Minuten
einsetzen:	Auf dem Rost, untere oder mittlere Einschubleiste	
überbräunen:	Grill	4 – 5 Minuten

Gästebewirtung leicht gemacht

Sich mit netten Menschen in lockerer Atmosphäre oder auch zu offiziellen Anlässen zu treffen, ist heute beliebter denn je. Viele verwöhnen ihre Gäste dabei mit „Selbstgemachtem", denn das gibt der Feier eine besondere persönliche Note. Anlässe zum Feiern gibt es viele: Einladungen zu Hochzeiten, Jubiläen oder Einweihungen, aber auch die kleinen oder größeren Familienfeste oder gesellige Runden mit Freunden oder Kollegen. Art und Gestaltung der Feier werden bestimmt von: Anlass, Tageszeit, der Überlegung, ob drinnen oder draußen gefeiert wird, wer eingeladen wird und ob der Rahmen ungezwungen, rustikal oder festlich ist. Die Voraussetzung für ein gutes Gelingen ist die sorgfältige Planung und Vorbereitung, ganz gleich, um welche Art der Einladung es sich handelt. Durch gute Organisation läuft nicht nur die Bewirtung stressfrei ab, der Gastgeber hat auch genügend Zeit für seine Gäste. Dazu will dieses Kapitel beitragen. Es gibt grundlegende Anregungen und Tipps sowie Rezeptvorschläge zur Bewirtung mehrerer Personen. Es zeigt auch, wie die Zubereitung der Speisen durch den Einsatz von Elektrogeräten erleichtert und dabei noch Strom gespart wird. Die Rezeptvorschläge können durch eine Vielzahl weiterer bewährter Rezepte aus diesem Kochbuch ergänzt werden.

Ein bisschen Warenkunde

Ob Fest, Party oder Empfang, der Gastgeber entscheidet, ob die Speisen serviert werden oder ob sich die Gäste selbst bedienen sollen. Die Alternativen sind klar: Menü oder Buffet?

Menü ist eine Mahlzeit, die aus mehreren Gängen besteht. Die einzelnen Gänge werden am Tisch serviert.

Das **3-Gänge Menü** ist die einfachste Speisenfolge; es besteht aus:

Suppe
Hauptgericht
Nachspeise

Statt einer klaren oder gebundenen Suppe kann auch eine kalte oder warme Vorspeise gereicht werden. Als Hauptgericht wird Fleisch oder Fisch mit Beilagen serviert, nach Belieben auch ein vegetarisches Gericht. Als Nachspeise kommen alle Süßspeisen in Frage. Käse kann vor, nach oder anstatt der Süßspeise angeboten werden.

Durch zusätzliche Vorspeisen oder Zwischengerichte wird das Menü erweitert. Dabei ist zu beachten, dass kalte Vorspeisen vor der Suppe und warme Vorspeisen nach der Suppe serviert werden. Zwischengerichte werden in kleinen Portionen zwischen zwei Menügängen serviert, meist zwischen Suppe und Hauptgericht. Als Erfrischung zwischen zwei Menügängen kann auch ein Sorbet gereicht werden, z.B. zwischen Zwischen- und Hauptgericht.

Für das **5-Gänge Menü** nachfolgend zwei Beispiele für die Speisenfolge:

Variante 1:	**Variante 2:**
Suppe	Kalte Vorspeise
Warme Vorspeise	Suppe
Hauptgericht	Zwischengericht
Nachspeise	Hauptgericht
Käse	Nachspeise

Bei der Auswahl des Menüs sollten Anlass und Rahmen der Gästebewirtung berücksichtigt werden. Der Gastgeber hat die Wahl zwischen einem einfachen oder festlichen, einem schnellen oder aufwändigen und einem leichten oder üppigen Menü.

Buffet ist eine Auswahl kalter und warmer Speisen, die auf einer oder mehreren Flächen zur Selbstbedienung dekorativ präsentiert sind. Durch dieses vielfältige Speisenangebot ist ein Buffet zwar aufwändiger als ein dreigängiges Menü, es hat aber unschätzbare Vorteile. Die Zubereitung der Speisen kann nach und nach erledigt werden, bevor die Gäste eintreffen. Der Gastgeber kann sich seinen Gästen widmen, ohne viel Zeit in der Küche verbringen zu müssen. Es können mehr Gäste eingeladen werden, als am Esstisch Platz finden. Durch verstreute Sitzgruppen und die zwanglose Essensfolge entsteht eine lockere Atmosphäre. Jeder kann sich selbst bedienen und das auswählen, was er bevorzugt. Das Buffet eignet sich für fast jede Gelegenheit. Das Speisenangebot kann, abgestimmt auf den gewählten Rahmen, einfach oder aufwändig, rustikal oder festlich, klassisch oder exotisch, italienisch oder auch vegetarisch sein. Besonders attraktiv ist es, wenn das Buffet unter einem bestimmten Motto steht. Häufig wird diese Bewirtungsform für den Abend bevorzugt.

Wird diese lockere Bewirtungsform für eine andere Tageszeit gewählt, eignen sich „Verwandte" des Buffets:
Brunch ist eine Bezeichnung, die aus den amerikanischen Begriffen **Br**eakfast (Frühstück) und L**unch** (Mittagessen) entsteht. Es ist das beliebte Sonntagsfrühstück im Familien- oder Freundeskreis, bei dem diese zwei Mahlzeiten, Frühstück und Mittagessen, zusammengelegt werden. Der Brunch beginnt zwischen 11 und 12 Uhr und dauert ca. 2–3 Stunden. Für jeden Geschmack ist etwas dabei, denn klassische Frühstückselemente werden kombiniert mit der warmen und kalten Küche, so dass das Mittagessen überflüssig wird.

Sektfrühstück ist der feine Bruder des Brunch, bei dem Sekt serviert wird. Bei wenig Sitzplätzen kann dieses Frühstück zum Sektempfang umfunktioniert werden. Es werden dafür Speisen ausgewählt, die auch im Stehen verzehrt werden können.

Was, wann, wo?

Richtig planen – Schritt für Schritt

Anlass: Was wird gefeiert und in welchem Rahmen? Ist es ein runder Geburtstag oder trifft man sich zur Silvesterparty? Soll es eine Familienfeier, ein Straßenfest mit Nachbarn oder ein offizielles Abendessen sein? Soll die Einladung im zwanglosen, rustikalen oder festlichen Stil ablaufen?

Gäste: Welche und wie viele Gäste werden erwartet? Sind es junge oder ältere Erwachsene oder Kinder?

Motto: Steht die Einladung unter einem bestimmten Motto? Welches Motto wird gewählt? Soll es z.B. eine „Nudelfete" werden oder ein „Spanischer Abend"?

Zeitpunkt: Wann wird gefeiert; vormittags, mittags oder abends? Zu welcher Jahreszeit findet die Einladung statt?

Räumlichkeiten: Wo wird gefeiert? In der Wohnung oder im Freien? Sollen die Gäste sitzen? Reichen die vorhandenen Tische und Stühle aus oder muss weitere Ausstattung ausgeliehen werden, z.B. beim Getränkehändler oder Partyservice?

Ablauf: Erscheinen die Gäste gleichzeitig oder treffen sie zu unterschiedlichen Zeiten ein? Welcher Arbeitsablauf ist notwendig, damit sich der Gastgeber zeitliche Freiräume für die Betreuung der Gäste schafft?

Hilfen: Wer steht für die Vor- und Zubereitung, für die Bedienung der Gäste und für den „Küchendienst" zur Verfügung?

Bewirtungsform: Wie soll die Bewirtung gestaltet werden? Ist ein Menü geeignet oder empfiehlt sich ein Buffet?

Budget: Wie viel Geld steht für die Bewirtung zur Verfügung? Ist ein bestimmter finanzieller Rahmen einzuhalten und wo kann gespart werden?

Speisen, Getränke: Womit sollen die Gäste verwöhnt werden? Welche Gerichte eignen sich für den Anlass? Welche Rezeptkombinationen passen zusammen? Werden erprobte Rezepte bevorzugt oder überwiegen Mut und Spaß an neuen Rezepten? Welche Getränke werden angeboten? Wie werden Speisen und Getränke gekühlt oder warmgehalten?

Zubereitung: Welche Rezepte sollen vorher ausprobiert werden? Reicht die verfügbare Zeit zur Zubereitung aus? Welche Gerichte lassen sich gut vorbereiten oder im Voraus zubereiten und einfrieren? Welche Elektrogeräte stehen zur Verfügung und wie können sie sinnvoll eingesetzt werden?

Einkauf: Welche Lebensmittel werden benötigt? Welche können längere Zeit im Voraus oder erst kurzfristig besorgt werden? Welche Bevorratungsmöglichkeiten stehen zur Verfügung?

Geschirr, Besteck, Gläser: Welches Ess- und Serviergeschirr, welches Vorlege- und Essbesteck und welche Gläser sind erforderlich? Reicht die vorhandene Ausstattung aus oder muss etwas ausgeliehen werden? Z.B. vom Partyservice, Getränkehändler, Haushaltswarengeschäft oder bei Nachbarn.

Außerdem: Diese Liste kann beliebig erweitert werden z.B.: Einladung, Tischwäsche, Tischdekoration, Sitzordnung, Tischkarten, Menükarten, Platz für Garderobe, Gästebuch, Geschenketisch, Blumenvasen, Fotoapparat, Rahmenprogramm, Musik usw.

Speisen, Getränke kaltstellen!

Ausstattung, Motto

Menüfolge festlege

Einladungen verschicken

Einkaufsliste schreiben

Wie viel darf es sein?

Gericht/Getränk		Vorspeise/Beilage oder Buffet-Element pro Portion	Hauptgang pro Portion
Suppe klar oder gebunden		125 – 250 ml	
Blattsalat vorbereitet		50 – 90 g	
Mischsalat		100 – 200 g	
Fisch, Krebs- und Schalentiere		50 – 100 g	250 g
Fleisch		50 – 80 g	150 g
Gemüse vorbereitet		200 g	300 – 350 g
Kartoffeln vorbereitet		150 – 200 g	250 – 300 g
Reis, Teigwaren		60 – 80 g	60 – 125 g
Soße		50 – 100 ml	
Brot, Brötchen		100 – 200 g	
Süßspeise		100 – 150 g bzw. 125 ml	
Käse		50 – 100 g	
Obst frisch		150 – 200 g	
Sekt zur Begrüßung 1 Glas ≙ 0,1 l		1 – 2 Gläser	
Wein		0,2 – 0,4 l	
Bier		0,5 – 1 l	
Wasser, Fruchtsäfte, Softdrinks		1 – 2 l	
Kaffee		1 – 2 Tassen	
Gebäck süß			
- 1 runde Form	ergibt	12 – 16 Stücke	6 – 8 Stücke
- 1 Backblech/Fettpfanne	ergibt	20 Stücke	8 – 10 Stücke
Spezialitäten Pizza, Quiche, Auflauf pikant, etc.			
- 1 runde Form	ergibt	8 – 16 Stücke	4 – 6 Stücke
- 1 Backblech/Fettpfanne	ergibt	20 – 24 Stücke	4 – 8 Stücke

Diese Richtwerte pro Portion beziehen sich auf ein mehrgängiges Menü oder auf ein Buffet. Grundsätzlich gilt: je mehr Gänge ein Menü hat, desto kleiner werden die einzelnen Portionen bemessen. Und je umfangreicher ein Buffet ist, desto kleiner darf die Menge der einzelnen Bestandteile sein. Doppelte Personenzahl bedeutet nicht unbedingt doppelte Menge, sie kann für die einzelnen Gerichte etwas kleiner gehalten werden.

Damit es leichter geht

Einen rationellen Arbeitsablauf, Arbeitserleichterung, Zeitersparnis, wenig Überwachungsaufwand und ein gutes Ergebnis, das wünscht sich der Gastgeber bei der Zubereitung eines Menüs oder Buffets. Dazu sind die unterschiedlichen, vielseitig einsetzbaren Elektrogeräte unentbehrliche Helfer.

Der **Elektroherd** ist der „heiße" Mittelpunkt in der Küche bei der Zubereitung der Speisen für die Gästebewirtung. Mit seiner vielseitigen technischen Ausstattung bringt er beste Ergebnisse, Entlastung und Sicherheit, siehe Kapitel „Elektroherd" Seite 36.

Der **Backofen** eignet sich bei der Gästebewirtung besonders gut für das

- Garen größerer Mengen einer Speise
- gleichzeitige Backen mehrerer Kuchen oder Backen und Garen von Kuchen und Speisen
- Garen von Menükomponenten.

Bei diesen rationellen Anwendungen wird der Backofen stromsparend eingesetzt, da der Innenraum vollständig, z.T. sogar auf mehreren Ebenen, ausgenutzt wird. Setzt der Gastgeber bei dieser „Vollraumnutzung" die Zeitschaltautomatik ein, kann er sich zeitlich unabhängig machen und gedanklich entlasten, denn sie übernimmt das Einschalten des Backofens zu einer vorgegebenen Zeit sowie das Ausschalten nach beendetem Garverfahren.

Garen größerer Mengen einer Speise

Während beim Garen mit Ober- und Unterhitze aufgrund der Beheizungsart in der Regel nur eine Ebene beschickt wird, können beim Garen mit Umluft auf mehreren Ebenen Bleche, Fettpfanne und Rost gleichzeitig eingeschoben werden. Umluft ist daher besonders vorteilhaft für das Garen größerer Mengen, z.B. wenn die doppelte oder dreifache Menge eines Rezepts zubereitet werden soll.

Verschiedene Speisen aus diesem Buch lassen sich in größeren Mengen sehr gut im Backofen zubereiten, z.B.: Spargel, Bratkartoffeln, Frikadellen, Bratäpfel.

Gleichzeitiges Backen mehrerer Kuchen oder Backen und Garen von Kuchen und Speisen

Viele Gerichte für ein Menü oder ein Buffet lassen sich zeitsparend herstellen, indem sie auf einmal im Backofen zubereitet werden. Außerdem können pikante und süße Speisen, z.B. ein Fischgericht und ein süßer Auflauf oder ein Kompott als Nachspeise, gleichzeitig im Backofen zubereitet werden. Die Geschmacksstoffe werden nämlich beim Garen in trockener heißer Luft nicht übertragen.

Wird im Backofen die Ober- und Unterhitze gewählt, können bis zu drei Kuchen in der Form oder mehrere Aufläufe oder Kuchen und pikante Speisen gleichzeitig auf einer Ebene nebeneinander gesetzt und zubereitet werden. Dazu wird der Rost auf die untere Einschubleiste gegeben. Wird die Umluft gewählt, können Kuchen und Gerichte wahlweise auf Blechen oder in Formen gleichzeitig auf mehreren Ebenen gebacken und gegart werden.

Garen von Menükomponenten

Für die Zubereitung von Menükomponenten im Backofen eignet sich besonders die Umluft, da die Kochgeschirre und Bleche auf mehreren Ebenen gleichzeitig eingesetzt werden können. Das Einsetzen des Kochgeschirrs erfolgt dabei nach Herstellerangaben. Einzelne Menükomponenten können im Backofen auch mit Ober- und Unterhitze gegart werden, und zwar je nach Menge zwei oder mehrere Gerichte nebeneinander auf einer Ebene.

Das **Dampf-Gargerät** als Solo- oder Kombinationsgerät stellt die ideale Unterstützung bei der Gästebewirtung da. Werden Gerichte oder einzelne Menükomponenten, wie Gemüse, Beilagen oder Fleisch, in größerer Menge benötigt, bietet es sich an, diese vorzugaren, kühl zu lagern und zu gegebener Zeit zu regenerieren. Zeit und Temperatur sind den Herstellerangaben zu entnehmen.

Für die „Vollraumnutzung" des Backofens kann das im Haushalt vorhandene **Kochgeschirr** verwendet werden:

- Geschirr aus Stahlemail, Keramik, Porzellan und hitzebeständigem Glas ist besonders geeignet.
- Kochgeschirr und Griffe müssen bis zu 300 °C hitzebeständig sein.
- Geschirr so wählen, dass es zusammen im Backofen Platz hat.
- Möglichst Geschirr wählen, in dem das Gericht serviert werden kann. Dadurch wird Zeit und Arbeit gespart, weil weniger Geschirr gespült werden muss und die Speisen länger warm bleiben.
- Für das Garen größerer Mengen eignen sich Backbleche und Fettpfannen.
- Für das Garen mit Umluft können Backbleche, Kochgeschirr, Rost, Fettpfanne und spezielle, tiefe Auflaufformen gleichzeitig genutzt werden.

Werden im Backofen mehrere Gerichte gleichzeitig zubereitet, ist bei der Zusammenstellung der Speisen darauf zu achten, dass sie annähernd die gleiche Temperatur zum Garen benötigen. Die **Temperaturwahl** richtet sich nach dem Gericht, das die höchste Temperatur verlangt, z.B. beim Garen mit Ober- und Unterhitze für Fleisch und Geflügel 225 °C, für Fisch oder Menükomponenten ohne Fleisch 200 °C. Beim Garen mit Umluft muss die in den Rezepten für Ober- und Unterhitze angegebene Temperatur um ca. 30 °C reduziert werden.
Speisen und Kuchen, die gleichzeitig im Backofen gegart werden, sollten weitgehend die gleiche **Gardauer** haben. Unterschiede in der Gardauer können ausgeglichen werden, indem die Speise mit der längsten zuerst, die Speisen mit der kürzeren Gardauer entsprechend später in den Backofen eingesetzt werden, so dass alle Speisen zur gleichen Zeit herausgenommen werden können. Die unterschiedliche Gardauer von gleichzeitig eingesetzten Speisen kann bedingt durch grobes oder feines Zerkleinern der Zutaten angeglichen werden.

Kühl- und Gefriergeräte sind für die Vorratshaltung und für die Lagerung der frühzeitig vor- oder zubereiteten Speisen unentbehrlich. Deshalb sollte vorher in den Geräten genügend Platz frei gemacht werden, um die Speisen unterbringen zu können.
Die **Werkzeuge und Zusatzgeräte von Küchenmaschinen** erleichtern die verschiedenen Tätigkeiten bei der Vor- und Zubereitung der Speisen, siehe dazu Tabelle S. 66.

Das **Elektromesser** macht das gleichmäßige Aufschneiden von Fleisch, Pasteten, Kuchen etc. leicht.
Mit dem **elektrischen Allesschneider** gelingt das gleichmäßige Schneiden von Brot, Braten und auch von Gemüse selbst in sehr dünne Scheiben.
Mit dem **Mikrowellengerät** können portionsweise einzelne Gerichte des Buffets, z.B. Suppen in Tassen, von jedem Gast selbst erwärmt werden.
Der **Toaster** ermöglicht jedem Gast am Buffet Toastbrot, z.B. für Vorspeisen, frisch zu toasten.
Ein **Sandwichmaker** erleichtert die Zubereitung heißer Sandwiches beim Brunch.
Warmhalteplatten und **Kochstellen** sind unentbehrlich zum Warmhalten von Speisen eines Menüs oder Buffets.
Auch ein **elektrisches Fonduegerät, Raclettegerät,** ein **Wok** oder ein ausgeklappter **Kontaktgrill** können zum Warmhalten der Speisen eingesetzt werden.
Mit der **Zitruspresse** kann bei einem Brunch oder Buffet jeder Gast Zitrusfrüchte, wie Orangen oder Pampelmusen, selber nach Bedarf frisch auspressen.

Mit der **Saftzentrifuge** können die Gäste, z.B. bei einer Gartenparty oder bei einem vegetarischen Buffet, frische Säfte aus Gemüse, Kräutern und Obst der Saison herstellen.
Kaffeemaschine und **Espressomaschine** erleichtern die Zubereitung der beliebten „Muntermacher" nach dem Essen. Ob Kaffee, Espresso, Mocca oder Cappuccino, jeder Gast kann sich nach Bedarf und Geschmack bedienen.
Die **Geschirrspülmaschine** ist, vor allem wenn man Gäste hat, ein unentbehrlicher Helfer. Das benutzte Geschirr kann sofort eingeräumt werden, so dass in der Küche wieder Platz frei wird. Der Geschirrspüler übernimmt auch das Spülen zwischendurch, damit schnell wieder sauberes Geschirr verfügbar ist. Damit ist der Gastgeber entlastet und kann sich weiterhin um seine Gäste kümmern. Besonders geschätzt ist die Geschirrspülmaschine bei der Bewältigung der Geschirrberge, wenn alle Gäste gegangen sind.

Kalt-warmes Buffet:
Obstschale, Käseplatte,
verschiedene Brotsorten,
Himbeerbecher, Seite 511,
Gefüllte Putenbrustfilets
mit Pikanten Maisplätzchen und
Griechischen Tomaten, Seite 516,
Forellenmousse auf
Pumpernickel, Seite 498,
Blumenkohl mit
Quarkmayonnaise, Seite 501,
Lachs in Blätterteigtäschchen, Seite 498,
Grünes Kressesüppchen, Seite 499,
Rohkostplatte mit Dips, Seite 165.

Praktische Hinweise

- Ob Menü oder Buffet, vor der endgültigen Entscheidung und bei allen Überlegungen unbedingt beachten, was und wie viel in der zur Verfügung stehenden Zeit bewältigt werden kann. Dazu den Arbeitsaufwand für die einzelnen Gerichte festhalten und die erforderliche Zeit richtig einschätzen. Wird bei größerer Gästezahl das Speisenangebot erweitert oder werden Rezepte vervielfacht, auf jeden Fall mehr Zeit für Einkauf, Vorbereitung und Zubereitung einkalkulieren. So werden z.B. zum Schälen von 2,5 kg Kartoffeln ca. 30 Minuten benötigt, dagegen für 500 g Kartoffeln nur ca. 5 Minuten.
- Damit bei der Gästebewirtung weder Panik noch Hektik entstehen, den Aufwand lieber reduzieren, d.h.:
  - weniger Gerichte und Menügänge anbieten, denn drei gelungene Gänge werden mehr Anklang finden, als fünf missglückte
  - weniger aufwändige Gerichte auswählen
  - Gerichte wählen, die frühzeitig vorbereitet oder eingefroren werden können, denn das bringt Entlastung am Tag der Bewirtung
  - Arbeiten vorverlegen, evtl. delegieren
  - personelle Unterstützung einplanen
- Außerdem bedenken, dass erprobte Rezepte natürlich leichter von der Hand gehen, bei der Gästebewirtung Sicherheit geben und den Gastgeber vor möglichen unliebsamen Überraschungen bewahren.
- Die Gerichte so auswählen, dass sie dem Stil der Bewirtung und dem Geschmack der Gäste entsprechen.
- Anhand der Rezepte die erforderlichen Mengen für Lebensmittelzutaten und Getränke festlegen und in eine übersichtlich nach Produktgruppen gegliederte Einkaufsliste eintragen. Sie gibt Sicherheit, dass nichts vergessen wird. Die Besorgungen können zielgerichtet und somit zeitsparend erledigt werden. Haltbare Lebensmittel sowie Getränke frühzeitig besorgen und bevorraten.
- Die einzelnen Arbeitsschritte für die Vor- und Zubereitung mit entsprechenden Zeitangaben festlegen. So wird deutlich, was am Vortag, was am Morgen und was 2 oder 1 Stunde im Voraus zu tun ist. Darin liegt das Geheimnis einer guten Organisation: **So viel wie möglich so früh wie möglich erledigen!**
- Für die Zusammenstellung eines Menüs und eines Buffets gibt es keine festen Vorschriften. Generell gilt: erlaubt ist, was schmeckt. Dennoch ist es ratsam, die nachfolgenden Empfehlungen zu beachten.

Menü

- Egal wie viel Gänge gewählt werden, die **Reihenfolge der Menükomponenten** aufeinander abstimmen. So ist generell zu beachten: Kaltes vor Warmem, Leichtes vor Schwerem, zarte feine Gerichte vor intensiv gewürzten, Fisch vor Fleisch, helle Fisch- oder Fleischgerichte vor dunklen.
- Die Gänge sollten **geschmacklich verschieden** sein. Wird als Vorspeise ein Fischteller gewählt, als Hauptgericht nicht erneut Fisch servieren. Abwechslung im Geschmack kann auch durch unterschiedliche Gewürze erreicht werden. z.B. scharf und mild, süßsauer und pikant etc.

- Das Auge isst mit! Deshalb sollten sich die Gänge **optisch unterscheiden** in ihren Farben, Formen und in der Art des Anrichtens. Vielfältigkeit macht den Reiz der Speisenfolge aus. Deshalb z.B. Vorspeisen und Nachspeisen nicht gleichermaßen in Dessertschälchen reichen oder zu Klößchen formen. Oder wenn es als Hauptgericht ein dunkles Lebensmittel wie z.B. Rinderbraten gibt, eine helle Nachspeise z.B. Joghurt-Mousse statt Mousse au chocolat servieren. Wenn das Zwischengericht aus Salat besteht, als Beilage zum Hauptgericht Gemüse statt Salat wählen. Auch zwei Aufläufe in einer Speisenfolge, z.B. als Hauptgericht und als Nachspeise, sind nicht empfehlenswert. Als Kräuterdekoration eignet sich nicht nur Petersilie sondern z.B. auch Dill, Minze oder Kresse.
- Die Gänge sollten sich ergänzen, damit sie den Gästen gut bekommen. Drei Fischgerichte oder viele Käsegerichte können zu Beschwerden führen. Eine **ausgewogene Speisenfolge** erreicht man, wenn Schwerverdauliches und Fettes mit leichten Speisen kombiniert und mit unterschiedlichen Garverfahren zubereitet wird. Enthält z.B. das Haupt- oder Zwischengericht eine Sahnesoße, ist als Suppe eine Brühe empfehlenswert. Wird eine frittierte Beilage, z.B. Kroketten, gereicht, als Nachspeise z.B. statt frittierten Apfelringen oder frittierter Banane ein Kompott wählen.
- Wünschenswert ist es, wenn die frischen Zutaten des Menüs zur Jahreszeit passen. So eignen sich Spargel und Erdbeeren im Frühjahr und nicht zur Weihnachtszeit. **Saisonale Zutaten** haben die gewünschte Qualität und den niedrigsten Preis; siehe „Gemüsekalender" Seite 172 und „Obstkalender" Seite 332.
- Bei der Auswahl der Gerichte beachten, dass sie mit der **vorhandenen Küchenausstattung** durchführbar sind. Dabei besonderes Augenmerk auf das Kochgeschirr und den optimalen Einsatz des Elektroherdes legen, damit keine Engpässe auf den Kochstellen oder im Backofen entstehen.
- Damit die Speisen, die zusammen serviert werden sollen, gleichzeitig fertig sind, die unterschiedliche **Vorbereitungs- und Gardauer** beachten. Deshalb mit den Gerichten starten, die eine lange Gardauer haben.
- Zum Zeitpunkt der eigentlichen Bewirtung fallen viele Tätigkeiten gleichzeitig an, denn die Speisen für jeden Menügang müssen zeitgleich angerichtet und serviert werden. **Personelle Unterstützung** kann hier zur Entlastung des Gastgebers beitragen.
- Die einzelnen Gänge nicht zu schnell hintereinander servieren, sondern dazwischen jeweils 10 bis 15 Minuten **Pause** einplanen. Da die Gänge somit im Abstand von 20 bis 30 Minuten folgen, das Ende der Gardauer darauf abstimmen.
- **Servier- und Essgeschirr** im Backofen oder auf Warmhalteplatten vorwärmen, damit die Speisen nicht durch das Servieren in oder auf kaltem Geschirr an Qualität verlieren.

Buffet

- Häufig besteht ein Buffet aus kalten Platten mit Bratenfleisch, Geflügel, Wild oder Fisch. Große Stücke in Scheiben schneiden oder in Portionen zerteilt anrichten. Sehr beliebt sind Spezialitäten mit pikanten Füllungen, z.B. Pasteten, Terrinen, Quiches, die warm oder kalt serviert werden können. Diese entweder in der Form auftischen oder z.B. zu zwei Drittel aufschneiden. Dazu passende Soßen reichen. Für ein **kaltes Buffet** eignen sich außerdem garnierte Aufschnittplatten, pikante Häppchen und Kanapees, pikantes Kleingebäck, verschiedene Salate, eine Käseauswahl, Früchte und diverse Süßspeisen.

- Für ein **warmes Buffet** eignen sich Suppen, warme Braten, Ragout, Geschnetzeltes, Fisch, Gemüse, Folienkartoffeln, Nudeln, Reis, Aufläufe, Gratins etc.
- Die Speisen so auswählen, dass sie einen großen **optischen Anreiz** bieten, damit die Gäste sich beim Anblick des gesamten Arrangements auf die zu erwartenden kulinarischen Genüsse freuen. Außerdem die Platten niemals überladen anrichten, damit die Speisen zur Geltung kommen.
- Speisen mit unterschiedlicher **Geschmacksrichtung trennen** und nicht z. B. Fisch und Fleisch oder Süßes und Pikantes zusammen anrichten.
- Kalte Gerichte **rechtzeitig anrichten** und abgedeckt kalt stellen.
- Auch während der Gästebewirtung, z. B. bei einem Sommerbuffet im Freien, ist das **Kühlhalten** vor allem empfindlicher Speisen wichtig. Dazu Kühlelemente mit Alufolie verkleiden und unter die Platten und Schüsseln legen. Ferner Dessertschüsseln in größere Schüsseln setzen und den Zwischenraum mit Eiswürfeln füllen.
- **Brot** ist die neutralste Beilage zu allen Gerichten, deshalb immer dazureichen. Empfehlenswert ist eine ausgewogene Mischung von verschiedenen Brotsorten wie Baguette, Brot aus Vollkorn oder mit Samen sowie Spezialitäten, z. B. Laugenbrötchen oder Croissants. Vor allem zu Käse sind herzhafte Brotsorten beliebt. Das Brot nur teilweise aufschneiden, damit es nicht austrocknet. Am besten ein Holzbrett und ein Brotmesser neben den Brotkorb legen, so dass sich jeder nach Bedarf bedienen kann. Praktisch und dekorativ sind die kleineren Brötchen in Partygröße.
- „Käse schließt den Magen". Deshalb gehört die Käseplatte zu einem klassischen Buffet einfach dazu. Ob eine größere **Käseauswahl** oder eine kleinere Käseplatte angeboten wird, grundsätzlich gilt: lieber wenige Käsesorten in größeren Stücken als viele Sorten in kleinen Stücken anbieten. Kleine Käsestückchen trocknen leicht aus und wirken dann unansehnlich. Klassische Käsesorten anbieten: Hartkäse, z. B. Emmentaler oder Greyerzer; Schnittkäse, z. B. Gouda oder Edamer; Weichkäse, z. B. Brie oder Camembert, sowie Edelpilzkäse, z. B. Roquefort, Gorgonzola oder Bavaria Blue. Die einzelnen Käsestücke auf einem Holzbrett, einem Spiegel oder einer Marmorplatte, auf denen auch geschnitten werden kann, anrichten. Käsemesser und Käsehobel liegen als Werkzeuge dabei.
- Der **Obstkorb** ist nicht nur ein dekorativer Blickfang für ein Buffet, er ist auch eine gute Ergänzung und eine stille Dessertreserve, wenn z. B. unerwartet mehr Gäste kommen als geplant. Für Obstsorten wie Äpfel, Birnen, Bananen, Mandarinen und Orangen, die zerteilt oder geschält werden müssen, Obstmesser bereitlegen. Praktisch sind auch kleine oder zerkleinerte Früchte, die bequem aus der Hand gegessen werden können, wie Erdbeeren, Weintrauben, Pflaumen, Aprikosen, Ananasstücke, Kiwischeiben und Melonenschiffchen.
- Nichts ist trauriger als ein abgegessenes Buffet. Deshalb **während der Feier** stets dafür sorgen, dass leere Platten und Schüsseln abgeräumt oder neu aufgefüllt werden. Auch Reste sehen auf kleineren Platten oder in kleineren Gefäßen wieder ansprechend aus. Flecken auf Buffetflächen wenn möglich entfernen oder mit Servietten abdecken.

Aufbau eines Buffets

- Da bei einem Buffet sämtliche Gerichte möglichst gleichzeitig präsentiert werden, ist eine ausreichende Buffetfläche erforderlich. Alle Gerichte sollen richtig zur Geltung kommen, und die Gäste sollen sich ohne lange Wartezeiten bequem bedienen können.
- Die erforderliche Fläche wird nicht nur bestimmt von der Anzahl der Gerichte. Zusätzlich ist an Platz für Tellerstapel, Besteck und Servietten zu denken. Gläser und Getränke können auf einem gesonderten Tisch aufgestellt werden. Von Geschirr, Besteck und Gläsern sollte immer mehr bereitgehalten werden, als Gäste eingeladen sind, um ständiges Spülen zwischendurch einzuschränken.
- Als Buffetflächen eignen sich lange Tische, auch Garten-, Bier-, Tapeziertische oder andere stabile Gestelle, z.B. Platten mit festgeschraubten Böcken. Diese Flächen mit Tischdecken abdecken. Hübsch sehen auch weich fallende Stoffe, z.B. Bettlaken, Meterware (Resteverkauf), Krepppapier mit Abdeckfolie, Bambusmatten, farbige Lackfolie oder ähnliches aus. Besonders wirkungsvoll ist es, wenn die Materialien zum Motto passend ausgewählt werden.
- Für den Aufbau eines Buffets bietet sich sehr gut die Küche an, vor allem, wenn es sich um eine offene Küche zum Wohnraum handelt. Die Arbeitsfläche kann als Buffetfläche genutzt werden, die Kochstellen können zum Warmhalten bestimmter Speisen in die Anrichtefläche integriert werden, und für den Einsatz von Kleingeräten sind genügend Steckdosen vorhanden. Reservegeschirr steht griffbereit in den Schränken, und die Geschirrspülmaschine kann jederzeit benutztes Geschirr aufnehmen.
- Vor allem bei einem umfangreichen Buffet ist die Präsentation der Gerichte auf verschiedenen Ebenen empfehlenswert. Die Speisen kommen besser zur Geltung und sind für die Gäste leichter zugänglich. Kleine Podeste entstehen durch Dosen, Kartons, Holzkisten oder Bücherstapel, die ebenfalls mit weich fallenden Stoffen oder Ähnlichem abgedeckt werden. Bei einem einseitig zugänglichen Buffet sollten die höheren Etagen oder Schüsseln in die hintere Reihe gestellt, bei einem von allen Seiten zugänglichen Buffet in der Mitte aufgebaut werden. Ist das Buffet von allen Seiten erreichbar, können sich die Gäste schneller bedienen.
- Beim Arrangieren der Gerichte auf dem Buffet sollte sich der Gastgeber an der üblichen Speisenfolge orientieren. Folgende Reihenfolge ist sinnvoll: Suppe, Eintopf, Vorspeisen, Salate, Brot, Butter, Fisch, Fleisch, Beilagen, Süßes, Käse usw.

Dekoration

- Je nach Jahreszeit und Motto Esstisch und Buffetaufbau z.B. mit Blumen, Muscheln, Steinen, Blättern, Herbstlaub, Zierkürbissen, Tannenzweigen, Kerzen, Papierschmuck, Tortenspitze, Stoffbändern dekorieren.
- Gestecke sollen nicht zu hoch sein, damit der Blickkontakt zum Gegenüber am Esstisch nicht gestört wird. Kerzen dürfen nicht blenden.
- Die Dekorationen sollten farblich harmonieren, deshalb z.B. Tischdecken, Servietten und Blumenschmuck aufeinander abstimmen.
- Rustikales Buffet mit Salzgebäck z.B. Laugenbrezeln, Salzstangen o.Ä. dekorieren.
- Obst, z.B. helle und dunkle Trauben, Melonen, Feigen, Ananas, Zitrusfrüchte, Walnüsse sowie Salatblätter, Kräuter, und Gemüse, z.B. Tomaten, Gurken, Radieschen, Oliven, zur Dekoration verwenden.

Garnituren für Menüs und Buffets

Obst und Gemüse, aber auch Aspik mit seinen bunten Farben ist zum Garnieren hervorragend geeignet. Mit ein bisschen Phantasie, ein paar Handgriffen und wenigen Arbeitsgeräten lassen sich daraus kleine Kunstwerke zaubern.
Nur wenige Arbeitsgeräte sind dazu nötig:

Küchenmesser für glatte Schnitte, zum Teilen und in Scheiben Schneiden.
Sparschäler zum Schneiden dünner, breiter Streifen aus rohem oder blanchiertem Gemüse, z.B. Zucchini und Karotten.
Kanneliermesser zum Ziehen von Kerben (kannelieren) in Schalen von Zitrusfrüchten oder rohem Gemüse, wie z.B. Gurken, Zucchini, Radieschen und Pilzen. Geschältes hartes Gemüse, z.B. Karotten, muss vorher blanchiert werden.
Kugelausstecher für Kugeln aus Gemüse, z.B. Gurken, Zucchini, Karotten oder Sellerie sowie Obst, z.B. Melonen und Äpfeln. Kugeln aus hartem Gemüse sollten gegart werden; sie sehen frischer aus.
Zestenreißer für Zesten (Fäden) aus Schalen von Zitrusfrüchten oder Gemüse, z.B. Zucchini.
Ausstecher in vielerlei For-

men und Größen für Figuren aus weichem rohem Gemüse, wie Zucchini und Paprika, oder hartem gegartem Gemüse, z.B. Karotten und Sellerie. Auch Obst, Aspik, Käse und gekochtes Eiweiß eignen sich.
Lineal als Hilfe zum Schneiden gleichmäßiger Rauten oder Dreiecke aus Aspik, Käse oder Gemüse. Durch **Legen** und **Kombinieren** der Einzelteilchen, wie in den Fotos, entstehen vielfältige Dekorationen.

Tipp:

- Nur knackfrische Zutaten verwenden. Schlaffe Rohprodukte lassen sich schlecht verarbeiten und die Garnituren verlieren schon nach kurzer Zeit ihre Form.
- Hartes Gemüse zur besseren Bearbeitung vorher blanchieren.
- Vorgefertigte Einzelteile, z.B. Streifen von festem Gemüse, blanchieren. Sie werden elastischer und lassen sich dadurch besser z.B. zu Krawatten formen.
- Bananen, Äpfel, Birnen u.Ä. mit Zitronensaft bestreichen, damit sie ihre helle Farbe behalten.
- Teilchen, z.B. Zwiebelringe, die in zerkleinerte Petersilie, Paprikapulver o.Ä. getaucht werden, vorher dünn anfeuchten

Aspik eignet sich zum Schneiden und Ausstechen von Figuren, zum Bepinseln von Dekorationen, die leicht trocken werden, sowie zum Gießen eines Spiegels auf die Servierplatte, bevor diese belegt wird. Dazu in ½ l heißer Flüssigkeit 8 –10 Blatt Gelatine auflösen, siehe Seite 348. Je nach beabsichtigter Farbe und Geschmacksrichtung Rot- oder Weißwein, entfettete klare Fleischbrühe oder Obstsaft verwenden, jeweils beliebig würzen. Fein zerkleinerte Kräuter, z.B. Dill, die kurz vor dem Erstarren in die erkaltete Flüssigkeit eingerührt werden, beleben den Aspik.

Jetzt geht's los!

Grundsätzliches für die Planung und Durchführung einer Gästebewirtung steht am Kapitelanfang. Für die praktische Umsetzung folgen auf den nächsten Seiten jeweils exemplarische Beispiele und Rezepte, die als Anregung und Orientierungshilfe dienen.

Der Gastgeber erhält für die Bewirtung seiner Gäste:

- Vorschläge für je ein Menü mit drei und fünf Gängen, einen Brunch und ein Abendbuffet, siehe Seiten 495, 513 und 521. Die einzelnen Elemente sind beliebig austauschbar – z.B. gegen Rezepte aus anderen Kapiteln – oder können durch eigene Ideen individuell verändert werden.
- Arbeitspläne, in denen der sinnvolle Arbeitsablauf für jeden Vorschlag übersichtlich festgehalten ist, siehe Seiten 496, 497, 514 und 522. Der Gastgeber kann sich genau orientieren, welche Arbeiten wann am besten zu erledigen sind. Dieses Prinzip der Planung für eine rationelle Arbeitsgestaltung ist übertragbar, unabhängig davon, welche Gerichte in welchen Mengen für welche Gelegenheit zubereitet werden.
- Fünf Rezeptvorschläge für das gleichzeitige Garen von Menükomponenten im Backofen mit Umluft. Unter dem Motto „Gemeinsam gegart – Zeit gespart", siehe Seite 516, geben sie Anregungen, wie durch optimale Ausnutzung des Backofens Zeit und Energie gespart werden können. Auch hier können selbstverständlich die Rezepte ausgetauscht werden.
- Eine Zusammenstellung schmackhafter Rezepte für größere Mengen, nämlich für 10 Portionen. Die Rezeptauswahl „Gleich ein bisschen mehr", siehe Seite 498, vervollständigt die Beispiele für die Bewirtung mehrerer Personen. Die Gerichte sind so ausgewählt, dass sie ganz oder teilweise schon am Vortag oder mehrere Stunden vor dem Servieren vor- bzw. zubereitet werden können.

Viel Spaß beim Planen und Ausprobieren und gutes Gelingen Ihrer Feier.

3-Gänge-Menü
SUPPE
Grünes Kressesüppchen
HAUPTGERICHT
Schweinefilet-Apfel-Kasserolle
Bunter Reis aus dem Backofen
Eisberg-Möhren-Salat
NACHSPEISE
Himbeerbecher
5-GÄNGE-MENÜ
Kalte Vorspeise
Kirschtomaten auf
Schnittlauchschmand
Suppe
Rinderbrühe mit Eierstich
Zwischengericht
Grüne Nudeln
mit Steinpilzsoße
Hauptgericht
Fischfilet mit Speck und Kräutern
Backofengemüse
Nachspeise
Aprikosenbäckchen

Arbeitsplan 3-Gänge-Menü für 10 Portionen

Gericht/Rezept	Seite	Menge	frühzeitig einfrieren	1–2 Tage vorher	einige Stunden vorher	im letzten Augenblick	Tipp
Suppe							
Grünes Kressesüppchen	499	1 x		zubereiten		Suppe erhitzen, Kräuter zufügen, mit Schinken bestreuen	
Hauptgericht							
Schweinefilet-Apfel-Kasserolle	518	1 x		am Vortag backofenfertig vorbereiten	garen		beide Gerichte zusammen im Backofen mit Umluft garen
Bunter Reis aus dem Backofen	518	1 x			zubereiten		
Eisberg-Möhren-Salat	500	1 x		Marinade zubereiten	Salat und Gemüse putzen und zerkleinern	fertig stellen	
Nachspeise							
Himbeerbecher	511	1 x		Haferflocken rösten	Himbeeren mit Zucker mischen, Sahnecreme zubereiten	fertig stellen	

Die vor- und zubereiteten Speisen abdecken. Empfindliche Speisen kalt stellen.
Speisen nach dem Fertigstellen anrichten und garnieren.
Speisen auf der Kochstelle, der elektrischen Warmhalteplatte oder im Backofen warm halten.

Arbeitsplan 5-Gänge-Menü für 4 Portionen

Gericht/Rezept	Seite	Menge	frühzeitig einfrieren	1–2 Tage vorher	einige Stunden vorher	im letzten Augenblick	Tipp
Kalte Vorspeise							
Kirschtomaten auf Schnittlauchschmand	498	½ x		Tomaten waschen, Soße zubereiten	fertig stellen		
Suppe							
Rinderbrühe mit Eierstich	100 121	1 x 1 x	Brühe, zubereitet	Eierstich zubereiten	Brühe auftauen	Brühe erhitzen, Eierstich in die heiße Suppe geben	½ l Brühe kann für die Steinpilzsoße verwendet werden
Zwischengericht							
Grüne Nudeln mit Steinpilzsoße	507	½ x			Soße zubereiten	Nudeln garen, Soße erwärmen	
Hauptgericht							
Fischfilet mit Speck und Kräutern	520	1 x			max. 2 Stunden vorher backofenfertig vorbereiten, garen		Hauptgericht mit Nachspeise zusammen im Backofen mit Umluft garen; Einschubzeiten beachten
Backofengemüse	520	1 x			backofenfertig vorbereiten, garen		
Nachspeise							
Aprikosenbäckchen	520	1 x			backofenfertig vorbereiten, backen		

Die vor- und zubereiteten Speisen abdecken. Empfindliche Speisen kalt stellen.

Speisen nach dem Fertigstellen anrichten und garnieren.

Speisen auf der Kochstelle, der elektrischen Warmhalteplatte oder im Backofen warm halten.

Kirschtomaten auf Schnittlauchschmand

S ■■

10 Portionen

750 g	**Kirschtomaten**
Soße:	
500 g	**Schmand**
4 EL	**Zitronensaft**
	Salz · Pfeffer · Zucker
4 EL	**Schnittlauch** zerkleinert
	Kresse
5	**Weizenvollkornbrotscheiben** mit Sonnenblumenkernen

Tomaten waschen.
Aus den angegebenen Zutaten eine Soße bereiten und abschmecken. Soße auf flache Teller gießen, ca. 5 Tomaten pro Teller darauf setzen und mit Kresse garnieren.
Brotscheiben diagonal durchschneiden und je eine Hälfte dazureichen.

Forellenmousse auf Pumpernickel

S ■■

10 Portionen

2	**kleine Schalotten**
4	**Forellenfilets** geräuchert
2 EL	**Crème fraîche**
8 EL	**Sahne**
	Pfeffer weiß
30	**Pumpernickeltaler** oder Kräcker
1 Bd	**Dill**

Schalotten schälen und in feine Würfel schneiden. Forellenfilets, Zwiebelwürfel, Crème fraîche und Sahne pürieren, mit Pfeffer abschmecken. Masse in einen Spritzbeutel füllen und auf die Pumpernickeltaler spritzen. Mit frischem Dill garnieren.

Lachs in Blätterteigtäschchen

■■ KD

10 Portionen

4 Pck	**TK-Blätterteig** je 300 g
600 g	**Lachsfilet**
	Saft von 1 Zitrone
	Salz · Pfeffer
2	**Eiweiß**
100 g	**geriebener Meerrettich**
1 Bd	**Dill**
2	**Eigelb**
2 EL	**Wasser**

Blätterteigplatten nebeneinander legen und auftauen lassen. Rechteckige Teigplatten in gleich große Quadrate teilen. Lachs mit Zitronensaft beträufeln, kurz stehen lassen, mit Salz und Pfeffer bestreuen.
Teigränder mit Eiweiß bestreichen und Lachs gleichmäßig auf den Teigplatten verteilen.
Meerrettich dünn auf den Lachs streichen. Dill zerkleinern und überstreuen.
Teigplatten zu Dreiecken zusammenklappen, Ränder mit einer Gabel fest andrücken.
Eigelb mit Wasser verrühren und Taschen damit bestreichen.
Zwei Backbleche mit Backpapier auslegen, Blätterteigtaschen auflegen und backen.

mit Umluft

einsetzen:*	Untere und mittlere Einschubleiste	
backen:	180 °C	25 – 35 Minuten
	0	5 – 10 Minuten

* Herstellerangabe beachten

Tipp:
Erst kurz vor dem Servieren backen, da Blätterteig frisch zubereitet am besten schmeckt.

KD Zubereitung empfohlen im **Kombinations-Backofen mit Dampf**
Das Gebäck geht besonders gut auf und erhält eine schöne Bräunung.

Überbackene Brötchen

S

10 Portionen

100 g	**roher Schinken**
200 g	**gekochter Schinken**
200 g	**geriebener Gouda**
100 g	**geschmolzene Butter**
⅛ l	**Sahne**
10	**halbe Brötchen**

Den Schinken in kleine Würfel schneiden und mit Käse, Butter und Sahne mischen. Die Masse auf die Brötchenhälften verteilen, Brötchen auf ein Backblech setzen und backen.

einsetzen:	Mittlere Einschubleiste	
backen:	200 °C	15 Minuten
	0	5 Minuten

Grünes Kressesüppchen

S ■ ■

10 Portionen

150 g	**Butter**
100 g	**Weizenvollkornmehl**
1 l	**Milch**
1 l	**Fleischbrühe**
¼ l	**Weißwein**
	Salz · Pfeffer · Zucker
¼ l	**Sahne**
4 Bd	**Petersilie**
2 Pck	**frische Kresse**
200 g	**gekochter Schinken**

Butter **erhitzen**, Mehl zugeben und unter ständigem Rühren **andünsten**.
Mit Milch, Fleischbrühe und Wein unter Rühren ablöschen, **aufkochen** und 5 Minuten in der **Nachwärme** quellen lassen. Mit Salz, Pfeffer und Zucker abschmecken, Sahne unterrühren.
Petersilie und Kresse waschen, zerkleinern und in die Suppe rühren. Nicht mehr kochen lassen.
Schinken in kleine Würfel schneiden.
Suppe in Suppentassen füllen und mit Schinkenwürfeln bestreuen.

Brasilianische Geflügelcremesuppe

S ■ ■

10 Portionen

500 g	**Hähnchenbrustfilet**
50 g	**Fett**
100 g	**Butter**
100 g	**Mehl**
2 l	**Hühnerbrühe**
½ l	**süße Sahne**
½ l	**Weißwein**
	Salz
1 TL	**Muskat**
2 TL	**Curry**
100 g	**gegarter Langkornreis**
40 g	**Butter** oder Margarine
100 g	**Mandelblätter**

Fleisch waschen, abtrocknen und in Würfel schneiden. Fett **erhitzen**, Fleisch darin **anbraten**.
Butter **erhitzen**, Mehl zugeben und unter ständigem Rühren **andünsten**, mit Brühe unter Rühren ablöschen, **aufkochen** und 5 Minuten in der **Nachwärme** quellen lassen. Sahne und Weißwein zugießen, mit Salz, Muskat und Curry abschmecken.
Reis und Fleisch hineingeben und in der Suppe 5 – 10 Minuten **erwärmen**.
Butter **erhitzen**, Mandeln darin leicht **rösten**.
Suppe in Suppentassen verteilen und mit Mandelblättchen bestreuen.

Schichtsalat

■ ■ D

10 Portionen

230 g	**gegarter Sellerie**
1 Dose	**Mais** Abtropfgewicht ca. 285 g
1 Dose	**Ananas** Abtropfgewicht ca. 140 g
200 g	**gekochter Schinken**
5	**Eier**
3	**Äpfel**
3 Stg	**Lauch**
500 g	**Salatmayonnaise** fettarm
400 g	**geriebener Käse**

Sellerie in feine Streifen schneiden, Mais abtropfen lassen. Ananas abtropfen lassen und in kleine Stücke, Schinken in feine Streifen schneiden. Eier hart kochen, pellen, auskühlen lassen und in Scheiben schneiden. Äpfel waschen, schälen, in Viertel schneiden. Kerngehäuse entfernen und Äpfel in kleine Stücke schneiden. Lauch putzen, waschen und in feine Ringe schneiden. Alles schichtweise in eine Schüssel füllen, Salatmayonnaise darüber geben und mit Käse bestreuen.
Der Salat sollte 12–24 Stunden durchziehen.

Eisberg-Möhren-Salat

S

10 Portionen

500 g	**Möhren**
1	**Kohlrabi**
1	**Eisbergsalat**
1 Dose	**Mais** Abtropfgewicht ca. 285 g
1 Bd	**Radieschen**
4	**Frühlingszwiebeln**
	Marinade 3-faches Rezept Seite 163

Möhren und Kohlrabi schälen, waschen und grob raspeln.
Vom Eisbergsalat äußere Blätter entfernen, übrige Blätter vom Strunk lösen, verlesen, waschen, abtropfen lassen und zerkleinern.
Mais in ein Sieb geben und abtropfen lassen. Radieschen putzen, waschen und in Scheiben schneiden. Frühlingszwiebeln putzen, waschen und in Ringe schneiden.
Salatzutaten mit der Marinade vermengen und abschmecken.

Tipp:
Salatzutaten je nach Saison variieren. Nach Belieben Gurken, Paprika, Tomaten, Chinakohl, Äpfel, Orangen, Ananas verwenden.

Kartoffel-Linsen-Salat

■ ■ D

10 Portionen

250 g	**kleine Linsen**
	Berglinsen oder Champagnerlinsen
$\frac{3}{8}$ l	**Brühe**
1 Dose	**Ananas**
	Abtropfgewicht etwa 490 g
1 Bd	**Frühlingszwiebeln**
2 kg	**Pellkartoffeln**
Marinade:	
600 g	**Magerjoghurt**
150 g	**Mayonnaise**
1 EL	**Senf** mittelscharf
3 EL	**Zitronensaft**
6 EL	**Ananassaft**
	Salz · Pfeffer · Curry

Linsen mit Brühe **ankochen** und 20 Minuten in der **Nachwärme** quellen lassen.
Linsen abgießen und abkühlen lassen. Ananas abtropfen lassen und in kleine Stücke schneiden. Frühlingszwiebeln putzen, waschen und in feine Ringe schneiden.
Kartoffeln pellen, abkühlen lassen und in Scheiben schneiden.
Für die Marinade Joghurt, Mayonnaise, Senf, Zitronensaft, Ananassaft und Gewürze vermischen.
Salatzutaten mit der Marinade vermengen und einige Stunden durchziehen lassen.

D Zubereitung empfohlen im **Dampf-Gargerät**
Das Gericht wird besonders nährstoffschonend zubereitet.

Blumenkohl mit Quarkmayonnaise

■ ■ D

10 Portionen

2	**Blumenkohl**
$\frac{1}{4}$ l	**Wasser**
	Salz
4 l	**Wasser**
	Salz · Zucker · Essig
400 g	**Mayonnaise**
	Rezept Seite 137
250 g	**Magerquark**
2 Bd	**Schnittlauch**
2 Bd	**Petersilie**
	einige Salatblätter
4 – 6	**Tomaten**
2 Bd	**Petersilie**

Vom Blumenkohl grüne Blätter und harten Strunk entfernen, Blumenkohl in reichlich Salzwasser kurz liegen lassen und waschen. In zwei Töpfen Wasser und Salz **ankochen**, je einen Blumenkohl hineinlegen, 15–20 Minuten **dämpfen** und 5 Minuten in der **Nachwärme** fertig garen. Wasser mit Salz, Zucker und Essig kräftig abschmecken und Blumenkohl darin erkalten lassen.
Mayonnaise herstellen, Quark unterrühren und mit zerkleinerten Kräutern mischen.
Salatblätter waschen, abtropfen lassen und auf zwei Platten legen. Abgetropften Blumenkohl auf die Salatblätter legen, mit Quarkmayonnaise übergießen, mit Tomatenvierteln und Petersiliensträußchen rundum garnieren.

Tipp:
➧ Blumenkohl nicht zu weich garen, da er sonst auseinander fällt.

Champignons auf Spinat

D

10 Portionen

600 g	**Spinat**
	Salz · Pfeffer · Zucker
10	**große Champignons**
5	**Knoblauchzehen**
250 g	**geriebener Käse**
	Gouda oder Emmentaler
3 EL	**Butter**
	Salz · Pfeffer
	Zitronenscheiben

Spinat verlesen, waschen, tropfnaß **erhitzen** und zusammenfallen lassen. Mit den Gewürzen abschmecken.
Champignons putzen, Stiele herausdrehen. Champignonstiele in sehr feine Würfel schneiden. Knoblauchzehen schälen und sehr fein hacken.
Champignonköpfe mit Spinat füllen und mit der Hälfte des Käses bestreuen. Restlichen Spinat zur Seite stellen.
Butter **erhitzen**, Knoblauch und Pilzwürfel darin glasig **dünsten**, mit Salz und Pfeffer würzen. Restlichen Käse dazugeben und in der **Nachwärme** schmelzen lassen.
Auflaufform einfetten, mit restlichem Spinat auslegen, Pilzmasse gleichmäßig darauf verteilen, gefüllte Champignonköpfe darauf setzen und backen.
Spinat und Champignons auf Tellern verteilen und mit Zitronenscheiben garnieren.

einsetzen:	Auf dem Rost, mittlere Einschubleiste	
backen:	175 °C	25 – 30 Minuten
	0	5 – 10 Minuten

Tipp:
Anstelle von frischem Spinat TK-Blattspinat verwenden.

Broccoli-Pilz-Pfanne

10 Portionen

900 g	**Broccoli**
900 g	**Champignons**
1,5 kg	**Kartoffeln**
	mehlig kochend
400 g	**Crème fraîche**
¼ l	**Sahne**
30 g	**Speisestärke**
3 TL	**Salz**
½ TL	**Pfeffer**
450 g	**geriebener Gouda**

Broccoli putzen, waschen und in Röschen teilen. Champignons putzen, Kartoffeln schälen und waschen. Champignons und Kartoffeln in dünne Scheiben schneiden. Crème fraîche, Sahne, Speisestärke, Salz, Pfeffer und etwa ⅓ der Käsemenge verrühren.
Fettpfanne einfetten. Gemüse und Kartoffeln in die Fettpfanne geben, Sahnemischung darüber gießen, alles gut vermengen und gleichmäßig in der Fettpfanne verteilen.
Mit dem restlichen Käse bestreuen und goldgelb backen.

einsetzen:	Mittlere Einschubleiste	
backen:	200 °C	60 Minuten
	0	10 Minuten

Tipp:
Anstelle von frischem Broccoli TK-Broccoli verwenden.

D

Zubereitung empfohlen im
Dampf-Gargerät
Das Gericht wird besonders nährstoffschonend zubereitet.

Füllen, umwickeln, einschichten

Um Champignons, z.B. für Rezept „Champignons auf Spinat", Seite 502, zu füllen, werden die Stiele herausgedreht. Andere Gemüse wie Tomaten, Gurken, Zucchini, Auberginen, Kohlrabi usw. lassen sich gut mit einem Teelöffel oder Kugelausstecher aushöhlen. Bei Gemüse mit natürlichem Hohlraum, wie Paprika, genügt es, die Kerne zu entfernen.

Cremige Massen lassen sich am besten mit dem Spritzbeutel einfüllen, z.B. in „Cannelloni mit Basilikum-Pesto", Rezept Seite 507. Dazu eine große loch- oder sternförmige Tülle verwenden, damit auch etwas festere Füllungen leicht und schnell eingespritzt werden können.

Fisch, Fleisch oder Gemüse werden mit dünnen Magerspeckscheiben umwickelt, um ihnen eine besondere Geschmacksrichtung zu geben oder sie bei bestimmten Zubereitungen vor dem Trockenwerden zu bewahren, z.B. „Fischfilet mit Speck und Kräutern", Rezept Seite 520.

Speisen garen gleichmäßiger, wenn sie eine einheitliche Höhe haben. Gewährleistet wird das z.B. durch dachziegelartiges Einschichten von Gemüsescheiben in eine Auflaufform. Außerdem sieht dies hübscher aus, wie hier bei „Kartoffel-Zucchini-Gratin", Rezept Seite 506.

Pikante Buttermischungen

Butter verfeinert durch ihr Aroma den Geschmack vieler Speisen. Pikante Buttermischungen passen besonders gut zu gegrilltem Fleisch, Fisch oder zu Kurzgebratenem.

Buttermischungen lassen sich leicht und schnell mit den Rührwerkzeugen einer Handküchenmaschine selbst herstellen und einfach formen.

Buttermischung auf eine Kunststofffolie geben, zu einer Rolle von etwa 3 cm Durchmesser formen und im Kühlschrank fest werden lassen. Kurz vor dem Anrichten Folie abziehen und Butter mit dem Buntmesser in Scheiben schneiden.

Buttermischung zu einem Block formen und fest werden lassen. Mit einem in warmes Wasser getauchten Former Locken abstreifen und in Eiswasser legen. Damit sie ihre Form behalten, erst kurz vor dem Servieren herausnehmen.

Buttermischung in einen Spritzbeutel mit Sterntülle füllen und Rosetten auf ein mit Kunststofffolie belegtes Brett spritzen. Bis zum Anrichten kalt stellen.

Kräuterbutter
125 g weiche Butter sahnig rühren. 1 zerdrückte Knoblauchzehe, 2 EL zerkleinerte Kräuter – z. B. Petersilie, Schnittlauch oder Kräuter der Provence – Salz, Pfeffer, Paprika und Zitronensaft unterrühren. Mit einigen Spritzern Worcestersauce und Angostura abschmecken.

Meerrettichbutter
125 g weiche Butter sahnig rühren. 1 EL frischen geriebenen Meerrettich oder 1–2 EL Meerrettich aus dem Glas unterrühren und mit 1 Prise Zucker und Zitronensaft abschmecken.

Senfbutter
125 g weiche Butter sahnig rühren. 1 EL Senf unterrühren, mit Zitronensaft und Zucker abschmecken.

Paprikabutter
125 g weiche Butter sahnig rühren. Paprika und nach Belieben 1 EL Tomatenketchup unterrühren und mit Worcestersauce abschmecken.

Kartoffel-Zucchini-Gratin

D

10 Portionen

1 kg	**Pellkartoffeln**
750 g	**Zucchini**
	Salz · Pfeffer
¼ l	**süße Sahne**
2	**Eier**
150 g	**geriebener Käse**
	Butter
	Petersilie

Kartoffeln pellen und abkühlen lassen, Zucchini waschen. Kartoffeln und Zucchini in Scheiben schneiden.
Auflaufform einfetten, Kartoffeln und Zucchini dachziegelartig übereinander einschichten. Mit Salz und Pfeffer bestreuen.
Sahne und Eier verquirlen und darüber gießen. Käse überstreuen, Butterflöckchen darauf verteilen und backen.
Mit zerkleinerter Petersilie bestreuen.

einsetzen:	Auf dem Rost, mittlere Einschubleiste	
backen:	225 °C	35 Minuten
	0	10 Minuten

Folienkartoffeln

D

10 Portionen

10	**große Kartoffeln**
	mehlig kochend
	Salz · Kümmel
4 EL	**zerkleinerte Kräuter**
	Petersilie · Dill · Schnittlauch
750 g	**Kräuter-Crème fraîche**

Kartoffeln waschen und längs etwa ½ cm tief einkerben. Gewürze und Kräuter in die Kerbe streuen, Kartoffeln einzeln in Alufolie einwickeln, auf den Rost legen und backen.
Vor dem Servieren die Alufolie öffnen und 1 EL Crème fraîche auf jede Kartoffel geben. Restliche Crème fraîche dazureichen.

einsetzen:	Untere Einschubleiste	
backen:	180 – 200 °C	50 Minuten
	0	5 – 10 Minuten

D Zubereitung empfohlen im
Dampf-Gargerät
Das Gericht wird besonders nährstoffschonend zubereitet.

Cannelloni mit Basilikum-Pesto

■ ■

10 Portionen

Basilikum-Pesto:

6 EL	**Basilikum** zerkleinert oder 50 g TK-Basilikum
6 EL	**Petersilie** zerkleinert
80 g	**Pinienkerne** gehackt
100 ml	**Traubenkernöl** oder Olivenöl
2 EL	**Zitronensaft**
	Salz · weißer Pfeffer
1 kg	**Quark**
4	**Eier**
300 g	**Cannelloni** ohne Vorkochen

Soße:

3	**Zwiebeln**
150 g	**Schinkenspeck**
120 g	**Butter**
120 g	**Mehl**
⅜ l	**Gemüsebrühe**
½ l	**Milch**
250 g	**Parmesankäse**
	Salz · weißer Pfeffer

Für das Pesto Basilikum, Petersilie, Pinienkerne, Öl, Zitronensaft und Gewürze vermischen.
Quark mit Eiern und Pesto verrühren, pikant abschmecken und mit dem Spritzbeutel in die Cannelloni füllen.
Fettpfanne einfetten und Cannelloni nebeneinander einlegen.
Für die Soße Zwiebeln schälen, Schinkenspeck und Zwiebeln in Würfel schneiden. Fett **erhitzen**, Zwiebeln und Schinkenspeck darin **andünsten**. Mehl zugeben und unter ständigem Rühren hellgelb **andünsten**. Mit Brühe und Milch unter Rühren ablöschen.
Die Hälfte vom Käse zugeben, **aufkochen** und 5 Minuten in der **Nachwärme** fertig garen.
Mit Salz und Pfeffer abschmecken.
Soße über die Cannelloni verteilen, restlichen Käse überstreuen und backen.

einsetzen:	Mittlere Einschubleiste	
backen:	200 °C	50 Minuten
	0	10 Minuten

Grüne Nudeln mit Steinpilzsoße

S

10 Portionen

2 l	**Wasser**
2 TL	**Salz**
2 TL	**Öl**
500 g	**grüne Bandnudeln**

Soße:

2	**Zwiebeln**
30 g	**Butter**
400 g	**Steinpilze**
1 l	**Rinderfond**
¼ l	**süße Sahne**
	Salz · Pfeffer

nach Belieben:

80 g	**Mehl**
6 EL	**Wasser**

Wasser mit Salz und Öl **ankochen**, Nudeln einlegen, umrühren und etwa 10 Minuten in der **Nachwärme** quellen lassen, abgießen und abtropfen lassen.
Für die Soße Zwiebeln schälen und in Würfel schneiden. Butter **erhitzen**, Zwiebeln darin glasig **andünsten**.
Steinpilze putzen, in Scheiben schneiden, zu den Zwiebeln geben und **andünsten**.
Mit Rinderfond und Sahne ablöschen, **aufkochen** und **fortkochen**, bis die Soße sämig ist.
Soße mit Salz und Pfeffer abschmecken, nach Belieben binden. Dazu Mehl mit Wasser anrühren, in die kochende Soße einrühren und 5 Minuten in der **Nachwärme** quellen lassen.
Nudeln auf Tellern anrichten und die Soße darauf verteilen.

Tipp:

- Statt 400 g frische 160 g getrocknete Steinpilze verwenden.

Paella

10 Portionen	
500 g	**Hähnchenbrustfilet**
5	**Zwiebeln**
5	**Knoblauchzehen**
⅛ l	**Olivenöl**
2	**rote Paprikaschoten**
500 g	**Langkornreis**
300 g	**Erbsen** gefroren
6 EL	**Tomatenmark**
1¾ l	**Brühe**
	Salz · Pfeffer
1 EL	**Paprika** edelsüß
1 TL	**Safran** gemahlen
3 Gläser	**Miesmuschelfleisch** Abtropfgewicht 750 g
500 g	**Tintenfischringe** gefroren
500 g	**Shrimps** gefroren

Hähnchenbrustfilet waschen, trockentupfen und in 1–2 cm große Würfel schneiden.

Zwiebeln und Knoblauchzehen schälen und in feine Würfel schneiden.

Öl in einem großen Bräter **erhitzen**. Hähnchenfleisch, Zwiebeln und Knoblauch darin **andünsten**.

Paprika halbieren, Kerne entfernen, Paprika waschen und in Streifen schneiden.

Paprika, Reis, Erbsen, Tomatenmark und Brühe in den Bräter geben.

Mit Salz, Pfeffer, Paprika und Safran würzen und im Backofen garen.

Muscheln abtropfen lassen, Tintenfischringe und Shrimps waschen.

Nach 40 Minuten Gardauer Muscheln, Tintenfischringe und Shrimps dazugeben alles gut miteinander vermengen und fertig garen.

einsetzen:	Auf dem Rost, mittlere Einschubleiste	
garen:	200 °C	60 Minuten
	0	10 Minuten

Lachs-Broccoli-Quiche

D

10 Portionen

Hefeteig:

500 g	**Weizenvollkornmehl**
40 g	**Hefe**
¼ l	**Wasser**
1 TL	**Salz**
4 EL	**Öl**

Belag:

600 g	**Broccoliröschen**
	Salz
⅛ l	**Wasser**
250 g	**Krabben**
300 g	**Räucherlachs**
600 g	**saure Sahne**
2	**Eier**
	Salz · weißer Pfeffer
2 EL	**Zitronensaft**
1 Bd	**Dill**
200 g	**geriebener Gouda**

Aus den angegebenen Zutaten einen Hefeteig bereiten und gehenlassen, siehe Seite 386.
Fettpfanne einfetten, Teig ausrollen und Fettpfanne damit auslegen.
Für den Belag Broccoli putzen und waschen, Salz überstreuen, Wasser angießen, **ankochen**, 3 Minuten **dünsten** und abtropfen lassen.
Krabben abtropfen lassen, Lachs in Streifen schneiden.
Krabben, Lachs und Broccoli auf den Teig verteilen.
Saure Sahne mit Eiern, Gewürzen, Zitronensaft und zerkleinertem Dill verrühren. Über den Belag gießen, mit Käse bestreuen und sofort backen.

einsetzen:	Mittlere Einschubleiste	
backen:	200 °C	40 Minuten
	0	5 – 10 Minuten

Tipp:

Dazu einen frischen Salat reichen, siehe Rezepte Seite 151–153.

Fischfilet mit Ingwer und Sprossen

D

10 Portionen

10	**Fischfilets** je etwa 200 g Seelachs oder Kabeljau
⅛ l	**Sojasoße**
3 EL	**Öl**
100 g	**getrocknete Morcheln**
1 Bd	**Frühlingszwiebeln**
5	**Möhren**
4	**Chilischoten**
4	**Zucchini**
40 g	**Ingwerwurzel**
2	**Knoblauchzehen**
3 EL	**Öl**
300 g	**Sojasprossen**
	Koriander · Curry · Salz

Fischfilets säubern, mit Sojasoße bestreichen und 30 Minuten stehen lassen. Fettpfanne mit Öl bestreichen und Fisch hineinlegen.
Morcheln 30 Minuten in heißem Wasser einweichen, abgießen.
Zwiebeln putzen und waschen. Pilze und Zwiebeln in Streifen schneiden. Möhren schälen und waschen. Chilischoten längs halbieren, Kerne entfernen, Chilischoten waschen. Zucchini waschen. Möhren, Chili und Zucchini in dünne Scheiben schneiden. Ingwer und Knoblauch schälen und fein zerkleinern. Öl **erhitzen**, Ingwer und Knoblauch darin **andünsten**. Gemüse zugeben und 10 Minuten **dünsten**.
Sprossen waschen, abtropfen lassen und ebenfalls zugeben.
Gemüse mit Koriander, Curry und Salz abschmecken.
Gemüsemischung über die Fischfilets verteilen und im Backofen dünsten.

einsetzen:	Mittlere Einschubleiste	
dünsten:	200 °C	25 – 35 Minuten
	0	5 – 10 Minuten

Asiatische Hühnerbrustfilets mit buntem Gemüse

10 Portionen

10	**Hühnerbrustfilets**
⅛ l	**Sojasoße**
3 EL	**Öl**
2 Stg	**Lauch**
2	**rote Paprika**
2	**gelbe Paprika**
1 Dose	**Bambussprossen** Abtropfgewicht etwa 300 g
400 g	**kleine Champignons**
1 Dose	**Ananas** Abtropfgewicht etwa 340 g
	Curry · Salz · Pfeffer Chinagewürz
2 EL	**Mango Chutney**
4 EL	**Öl**
1 Dose	**ungesüßte Kokosmilch** etwa 300 ml

Hühnerbrustfilets waschen, trockentupfen, mit Sojasoße und Öl bestreichen und 30 Minuten stehen lassen.
Lauch putzen, waschen und in Ringe schneiden. Paprika halbieren, Kerne entfernen, waschen und in Streifen schneiden. Bambussprossen abgießen und in Streifen schneiden. Champignons putzen und im Ganzen lassen. Ananas abtropfen lassen und in kleine Stücke schneiden. Gemüse und Ananas mit den Gewürzen und Mango Chutney herzhaft abschmecken, mit Öl vermischen und auf zwei Bleche verteilen. Hühnerbrustfilets darauf legen und im Backofen dünsten.
Nach 15 Minuten Gardauer die Kokosmilch zugeben.

mit Umluft

einsetzen:*	Untere und mittlere Einschubleiste	
dünsten:	190 °C	30–40 Minuten
	0	5–10 Minuten

* Herstellerangabe beachten

Bratäpfel

D

10 Portionen

10	**säuerliche Äpfel** z. B. Boskop
100 g	**Marzipanrohmasse**
100 g	**Sultaninen**
100 g	**grob gehackte Walnüsse** oder Haselnüsse
1 TL	**Zimt**
100 g	**Butter**
¼ l	**Weißwein** oder Orangensaft

Äpfel waschen, Kerngehäuse ausstechen.
Marzipan, Sultaninen, Nüsse und Zimt verkneten und in die Äpfel füllen.
Butterflöckchen darauf verteilen.
Äpfel in die Fettpfanne setzen, Wein zugießen und im Backofen dünsten.
Nach Belieben Vanillesoße dazureichen.

einsetzen:	Mittlere Einschubleiste	
dünsten:	200 °C	30–40 Minuten
	0	5–10 Minuten

Veränderung:

Bratäpfel mit Kiwisoße: Für die Soße 8 Kiwis schälen, in Würfel schneiden und mit 8 EL trockenem Weißwein und 1 TL Zimt pürieren. Bratäpfel nach dem Dünsten mit Kiwisoße übergießen und 100 g Mandelstifte überstreuen.

Tipp:

Die Gardauer der Bratäpfel ist abhängig von der Apfelsorte und dem Reifegrad. Wenn die Äpfel oben aufbrechen, sind sie gar.

D Zubereitung empfohlen im **Dampf-Gargerät**
Das Gericht wird besonders nährstoffschonend zubereitet.

Rote Grütze

10 Portionen

1 kg	**Obst** frisch oder gefroren: Sauerkirschen, Himbeeren, Johannisbeeren, Erdbeeren, Brombeeren
½ l	**Johannisbeersaft**
160 g	**Zucker**
2	**Vanillinzucker**
4 EL	**Zitronensaft**
	abgeriebene Zitronenschale
2 Msp	**Nelkenpulver**
2 Prisen	**Zimt**
80 g	**Speisestärke**
¼ l	**Wasser** oder Rotwein

Obst waschen und putzen. Mit Johannisbeersaft, Zucker, Vanillinzucker, Zitronensaft, Zitronenschale und Gewürzen **ankochen**.
Speisestärke mit etwas Wasser verquirlen, einrühren und in der **Nachwärme** fertig garen. In Schüsseln oder Portionsschalen füllen, erkalten lassen.
Mit flüssiger Sahne oder Vanillesoße reichen.

Himbeerbecher

10 Portionen

750 g	**Himbeeren**
150 g	**Zucker**
100 g	**kernige Haferflocken**
3 EL	**Zucker**
¾ l	**süße Sahne**
3 Pck	**Vanillinzucker**
250 g	**saure Sahne**

Himbeeren mit Zucker mischen und eine Stunde stehen lassen.
Haferflocken goldbraun **rösten** und Zucker untermischen.
Sahne mit Vanillinzucker steif schlagen und saure Sahne vorsichtig unterrühren.
Himbeeren, Sahnecreme und Haferflocken schichtweise in hohe Gläser füllen und mit einigen Himbeeren garnieren.

Tipp:
Je nach Saison Himbeeren gegen Erdbeeren oder Waldfrüchte austauschen.

Obstdekorationen passen sowohl für Süßes als auch Pikantes. Attraktiv sind der Feigen-Igel und die Kiwi-Krone, in verschiedenen Kombinationen gelegte Früchte oder die gefüllte Ananas.

Besonders wirkungsvoll ist das Apfelschiffchen. Dazu aus einem entkernten Apfelviertel von der Schalenseite her vorsichtig einen dicken Keil und aus diesem immer kleinere herausschneiden. Keile versetzt wieder auflegen.

Platten anrichten

Fisch, Käse, Wurst, Kanapees u.Ä. werden auf Platten appetitlich präsentiert. Jede Platte sollte ein „Gesicht" haben, d.h., sie wird nach einer bestimmten Ordnung belegt.

Dabei ist es ratsam, einen Schwerpunkt mit besonderer Dekoration zu bilden: in der Mitte, auf der Ecke oder an der Seite der Platte.

Von hier aus können dann Scheiben, Stücke, Röllchen, Bällchen etc. kreisförmig oder oval, im Halbkreis, in geraden oder V-förmigen Linien oder im Zackenmuster gelegt werden. Die Ränder können mit Obst-, Gemüse-

und Kräuterdekorationen vielfältig gestaltet werden.

Außer Fleisch- und Kuchenplatten aus Glas, Porzellan, Keramik oder Edelstahl bieten sich auch Bretter, Spiegel oder Tabletts als Unterlage an.

BRUNCH
BREAKFAST · ELEMENTE
Partybrot, Stuten, Schnittbrot
Butter, Konfitüre, Gelee
Aufschnitt, Schinken und Käse
Müsli, Cornflakes
Quarkspeise
LUNCH · ELEMENTE
Pariser Käsecremesuppe
Lachsterrine
Kalter Putenrollbraten
Curry-Mandarinen-Soße
Remouladensoße
Kräuteromelett
NACHSPEISEN
Abgeschlagene Orangencreme
Mousse au chocolat
GEBÄCK
Aprikosentorte mit Nussteig
GETRÄNKE
Fruchtsaft, Kaffee, Tee, Frischmilch

Arbeitsplan Brunch für 10 Portionen

Gericht/Rezept	Seite	Menge	frühzeitig einfrieren	1–2 Tage vorher	einige Stunden vorher	im letzten Augenblick	Tipp
Breakfast-Elemente							
Partybrot	458	1 x	hell gebacken			gefroren aufbacken	Partybrot und Stuten gemeinsam im Backofen, mit Umluft bei 170 °C, ca. 10 Minuten aufbacken
Stuten	459	1 x	hell gebacken			gefroren aufbacken	
Brot, 2–3 Sorten Toastbrot		je 300 – 500 g				aufschneiden	
Butter		3 x 250 g				aus dem Kühlschrank nehmen	
Konfitüre/Gelee, 2–3 Sorten		je ca. 250 g			in Gefäße füllen		
Aufschnitt, Schinken		ca. 100 g/ Portion			anrichten		
Käse, 4–5 Sorten		ca. 100 g/ Portion			anrichten		milde und herzhafte Sorten wählen
Radieschen, Gurken, Cocktailtomaten, blaue und grüne Trauben					waschen und vorbereiten		Dekoration für Braten-, Wurst- und Käseplatten, s. Seite 492, 493, 512
Müsli, Cornflakes		je ca. 250 g			in Gefäße füllen		
Quarkspeise	344	1 x			zubereiten	mit Früchten der Saison belegen	zu Cornflakes oder Müsli reichen
Lunch-Elemente							
Pariser Käsecremesuppe	106	2 x		zubereiten		erhitzen	
Lachsterrine	320	1 x		zubereiten	stürzen, mit Räucherlachs belegen, Feldsalat vorbereiten, Marinade herstellen	Feldsalat mit Marinade vermengen, Terrine fertig stellen	

Gericht/Rezept	Seite	Menge	frühzeitig einfrieren	1–2 Tage vorher	einige Stunden vorher	im letzten Augenblick	Tipp
Putenrollbraten, kalt	269	2 x	gebraten	am Vortag auftauen	aufschneiden		2 Braten à 1 kg sind zweckmäßiger bei der Zubereitung
Curry-Mandarinen-Soße	138	1 x		am Vortag zubereiten	umfüllen		
Remouladensoße	137	2 x		am Vortag zubereiten	umfüllen		die Hälfte der Mayonnaise durch Joghurt ersetzen
Kräuteromelett	293	4 x			Teig vorbereiten	backen	
Nachspeisen							
Abgeschlagene Orangencreme	342	2 x		am Vortag zubereiten	Sahnetupfen aufspritzen		1 Blatt Gelatine weglassen, damit Creme nicht zu fest wird
Mousse au chocolat	347	2 x		am Vortag zubereiten	mit Schokoladenblättchen belegen		in Portionsschalen anrichten
Gebäck							
Aprikosentorte mit Nussteig	399	1 x	gebacken		auftauen	aufschneiden	
Getränke							
Saft, frische Milch		je 1–2 l			in Karaffen füllen		
Kaffee, Tee						zubereiten	

Die vor- und zubereiteten Speisen abdecken. Empfindliche Speisen kalt stellen.

Speisen nach dem Fertigstellen anrichten und garnieren.

Speisen auf der Kochstelle, der elektrischen Warmhalteplatte und Kaffee in der Warmhaltekanne der Kaffeemaschine warm halten.

Die Suppe kann auch portionsweise im Mikrowellengerät wieder erwärmt werden.

Gefüllte Putenschnitzel mit Basilikum

4	dicke Putenschnitzel
100 g	Mozzarella
1 Bd	Basilikum
	Salz
	Paprika
	Öl

In die Schnitzel eine Tasche schneiden, Mozzarella in Scheiben schneiden, Basilikum waschen und Blätter abzupfen. Schnitzel mit Käse und Basilikum füllen, mit Holzspießchen zustecken und salzen. Paprika und Öl verrühren und die Schnitzel damit bestreichen. In eine flache Auflaufform legen.

Pikante Maisplätzchen

½ l	Milch
	Salz
200 g	Maisgrieß
40 g	Butter
70 g	geriebener Parmesankäse
	Muskat · Pfeffer
2	Eigelb

Milch und Salz **ankochen**, den Maisgrieß unter Rühren zugeben, 5 Minuten **fortkochen** und 5 Minuten in der **Nachwärme** quellen lassen. Butter, Käse und Gewürze unterrühren, Masse abkühlen lassen, Eigelb unterrühren und abschmecken.
Eine Rolle formen, in 1 – 2 cm dicke Scheiben schneiden. Runde, flache Plätzchen formen und auf ein Blech mit Backtrennpapier legen.

Griechische Tomaten

4	große Tomaten
1 – 2	Knoblauchzehen
	Salz · Pfeffer
1 Bd	Basilikum
100 g	Schafskäse

Tomaten waschen, halbieren, Knoblauchzehen schälen, zerdrücken, auf den Tomaten verteilen, mit Salz und Pfeffer würzen.
Basilikum zerkleinern, Schafskäse in Scheiben schneiden und beides über die Tomaten geben.
In eine gefettete Auflaufform setzen.

nur mit Umluft möglich, da gleichzeitig mehrere Ebenen beschickt werden

	Gefüllte Putenschnitzel	Pikante Maisplätzchen	Griechische Tomaten
einsetzen:*	Unten	Oben	Unten
Temperatur:	170 – 180 °C	170 – 180 °C	170 – 180 °C
Gardauer:	50 – 60 Minuten	25 – 35 Minuten	25 –35 Minuten

* Herstellerangabe beachten

Elsässer Kartoffelgericht

1 kg	**Kartoffeln**
40 g	**Fett**
40 g	**Mehl**
⅛ l	**Weißwein**
⅛ l	**Milch**
¼ l	**Fleischbrühe**
	Salz · Pfeffer
	Muskat
100 g	**geriebener Käse**
	zerkleinerte Kräuter
	Petersilie
	Schnittlauch
	Basilikum

Kartoffeln schälen, in dünne Scheiben schneiden und in eine gefettete Auflaufform einschichten.

Fett **erhitzen**, Mehl zugeben und unter ständigem Rühren hellgelb **andünsten**. Mit Flüssigkeit unter Rühren ablöschen, **aufkochen** und 5 Minuten in der **Nachwärme** fertig garen.

Mit den Gewürzen abschmecken, Käse unterrühren und die Kräuter dazugeben. Die Soße über die Kartoffeln gießen.

Marinierte Lammkoteletts

⅛ l	**Öl**
2 EL	**Zitronensaft**
	Salz · Pfeffer
1 – 2	**Knoblauchzehen**
	zerkleinerte Kräuter
	Dill · Kerbel
	Estragon
	Thymian · Majoran
6 – 8	**Lammkoteletts**

Die Zutaten verrühren, zerdrückte Knoblauchzehen und die zerkleinerten Kräuter dazugeben und abschmecken. Lammkoteletts 1 – 2 Stunden darin marinieren. Anschließend auf ein Blech legen.

Apfelgratin mit Walnüssen

4	**Äpfel**
6 EL	**Orangensaft**
4 EL	**Zitronensaft**
50 g	**Honig**
50 g	**zerkleinerte Walnüsse**
100 g	**Weizenschrot**
50 g	**brauner Zucker**
75 g	**Butter**

Äpfel schälen, in Viertel schneiden, Kerngehäuse entfernen. In dünne Spalten schneiden, fächerartig in eine gefettete Auflaufform setzen. Orangensaft, Zitronensaft und Honig verrühren und über die Äpfel geben. Walnüsse darüber streuen.

Schrot, Zucker, Butter miteinander verkneten, Streusel herstellen und darüber verteilen.

nur mit Umluft möglich, da gleichzeitig mehrere Ebenen beschickt werden

einsetzen:*	Unten	Oben	Unten
Temperatur:	170 – 180 °C	170 – 180 °C	170 – 180 °C
Gardauer:	65 – 70 Minuten	30 – 35 Minuten	50 – 65 Minuten

* Herstellerangabe beachten

Marinierte Lammkoteletts, Rezept Seite 517

Schweinefilet-Apfel-Kasserolle

10 Portionen

2 kg	**Schweinefilet**
3 EL	**Butterschmalz**
4	**Äpfel**
½ l	**Sahne**
3 EL	**Tomatenmark**
4 TL	**Curry**
1 TL	**Salz**
100 g	**geriebener Käse**

Schweinefilet waschen, abtrocknen und in 2 cm dicke Scheiben schneiden.
Fett in der Pfanne **erhitzen**, Filetscheiben portionsweise einlegen und **anbraten**.

Äpfel waschen, schälen, in Viertel schneiden, Kerngehäuse entfernen und Äpfel in Scheiben schneiden. Auflaufform einfetten, Äpfel und Fleisch abwechselnd in die Form füllen.
Sahne und Tomatenmark verrühren, mit Curry und Salz abschmecken und über Äpfel und Fleisch füllen.
Käse darüber streuen.

Tipp:

Gericht am Vortag backofenfertig vorbereiten, und abgedeckt kaltstellen.

Bunter Reis aus dem Backofen

D

10 Portionen

300 g	**Erbsen** gefroren
500 g	**Wildreis**
1 l	**Wasser**
1 TL	**Salz**

Erbsen und Reis mit Wasser und Salz in eine Auflaufform füllen und abdecken.

nur mit Umluft möglich, da gleichzeitig mehrere Ebenen beschickt werden

einsetzen:*	Unten	Oben
Temperatur:	180 °C	180 °C
Gardauer:	60 Minuten	60 Minuten

* Herstellerangabe beachten

Kräutereierkuchen mit Linsenfüllung

■ ■ D

60 g	**Mehl**
⅛ l	**Milch**
4	**Eier**
30 g	**Butter**
1 Prise	**Salz**
1Bd	**Schnittlauch**
	Fett zum Braten
Füllung:	
1 Stg	**Lauch**
2	**Möhren**
100 g	**Staudensellerie**
2 EL	**Öl**
100 g	**kleine Linsen**
⅜ l	**Brühe**
1	**Tomate**
	Salz · Pfeffer
	Thymian
1 El	**Sojasoße**
150 g	**Crème fraîche**
200 g	**geriebener Käse** Gouda

Mehl, Milch, Eier verrühren. Butter **schmelzen** und mit Salz und zerkleinertem Schnittlauch zu der Masse geben.

Fett **erhitzen**, Teig einfüllen, acht Eierkuchen von beiden Seiten goldbraun **backen** und beiseite stellen.

Für die Füllung Lauch putzen, waschen und in feine Ringe schneiden. Möhren schälen, waschen und in Würfel schneiden.

Sellerie waschen und in Würfel schneiden.

Öl **erhitzen**, Gemüse darin **andünsten** und die Linsen zugeben. Mit der Brühe auffüllen, **aufkochen** und 20 Minuten in der **Nachwärme** quellen lassen.

Tomaten überbrühen, abschrecken, abziehen, in Würfel schneiden und zugeben. Mit Salz, Pfeffer, Thymian und Sojasoße abschmecken. Crème fraîche unterrühren.

Die Linsenmasse auf die Eierkuchen streichen, Eierkuchen aufrollen, in eine flache Auflaufform legen und mit Käse bestreuen.

Beeren-Quark-Gratin

1	**Vanilleschote**
500 g	**Sahnequark**
4	**Eigelb**
100 g	**Puderzucker**
50 g	**Speisestärke**
4	**Eiweiß**
600 g	**gemischte Beerenfrüchte** frisch oder gefroren
2 EL	**Mandelblätter**

Vanilleschote längs halbieren und Mark herausschaben. Quark, Eigelb, Puderzucker, Speisestärke und das Mark der Vanilleschote verrühren. Eiweiß steif schlagen und unter die Quarkmasse heben. Eine flache Auflaufform einfetten.

Die Hälfte der vorbereiteten Früchte hineingeben, die Quarkmasse darüber verteilen, die restlichen Beeren darauf geben und Mandelblätter überstreuen.

nur mit Umluft möglich, da gleichzeitig mehrere Ebenen beschickt werden

einsetzen:*	Unten	Oben
Temperatur:	180 °C	180 °C
Gardauer:	30 – 40 Minuten	30 – 40 Minuten

* Herstellerangabe beachten

Fischfilet mit Speck und Kräutern

D

800 g	**Fischfilet** Kabeljau, Rotbarsch oder Seelachs
	Saft von 1 Zitrone
	Salz · Pfeffer
8	**dünne Scheiben Magerspeck**
	Rosmarin
	Thymian
8	**Lorbeerblätter**

Fischfilet säubern, säuern, mit Salz und Pfeffer bestreuen. In acht Stücke teilen und jeweils mit einer Scheibe Magerspeck umwickeln.

Mit Rosmarin und Thymian bestreuen, Lorbeerblätter unter den Speck stecken.

Fisch in eine Auflaufform legen.

Backofengemüse

D

800 g	**Kartoffeln**
1	**rote Paprikaschote**
1	**gelbe Paprikaschote**
1 Stg	**Lauch**
8	**Champignons**
	Salz · Pfeffer
	Thymian
⅛ l	**Öl**

Kartoffeln schälen, waschen und in Viertel schneiden. Paprika halbieren, Kerne entfernen, Paprika waschen. Lauch putzen und waschen, Paprika und Lauch in Stücke schneiden. Champignons putzen. Alles mit Salz, Pfeffer, Thymian bestreuen.

Öl in eine Auflaufform geben, Kartoffeln und Gemüse darauf gleichmäßig verteilen.

Aprikosenbäckchen

300 g	**TK-Blätterteig**
1 Dose	**Aprikosen** Abtropfgewicht etwa 475 g
1	**Eiweiß**
1	**Eigelb**
1 EL	**Wasser**
200 g	**Puderzucker**
5 EL	**Zitronensaft**

Blätterteigplatten nebeneinander legen und auftauen lassen. Aprikosen abtropfen lassen.

Teigplatten halbieren, mit Eiweiß bestreichen und auf ein gefettetes Backblech legen. Auf jedes Teigquadrat eine halbe Aprikose mit der Schnittfläche nach unten legen. Eigelb mit Wasser verrühren, Teigecken damit bestreichen und backen.

Puderzucker und Zitronensaft verrühren und das warme Gebäck damit überziehen.

nur mit Umluft möglich, da gleichzeitig mehrere Ebenen beschickt werden

	Fischfilet mit Speck und Kräutern	Backofengemüse	Aprikosenbäckchen
einsetzen:*	Unten	Unten	Oben
Temperatur:	170 – 180 °C	170 – 180 °C	170 – 180 °C
Gardauer:	40 – 50 Minuten	40 – 50 Minuten	20 – 30 Minuten

* Herstellerangabe beachten

Abendbuffet

Kalte und warme Vorspeisen

Geflügelcocktail
Geräucherter Lachs auf Frisée-Salat mit Sahnemeerrettich
Forellenmousse auf Pumpernickel
Hühnerbrühe mit Grießklößchen

Salate

Blumenkohl mit Quarkmayonnaise
Blattsalat mit Marinade und Salatsoße mit Joghurt
Fisch-Obst-Salat

Hauptgericht-Elemente

Kartoffel-Zucchini-Gratin
Grünkerntaler
Schweinekeule mit Kruste

Beiwerk

Baguette, Kräuterbutter

Nachspeisen

Tiramisu
Weingelee mit Obst und Vanillesoße
Käse

Arbeitsplan Abendbuffet für 10 Portionen

Gericht/Rezept	Seite	Menge	frühzeitig einfrieren	1–2 Tage vorher	einige Stunden vorher	im letzten Augenblick	Tipp
Kalte und warme Vorspeisen							
Geflügelcocktail	92	2 x	gekochtes Hühnerfleisch, in Streifen geschnitten		Hühnerfleisch auftauen, Zutaten vorbereiten	zubereiten	
Geräucherter Lachs auf Frisée-Salat mit Sahnemeerrettich	139	100 g/Portion 1 Kopf 2 x	Sahnemeerrettich zubereitet		Salat putzen, waschen, abtropfen lassen, Lachs auf den Salat legen	Sahnemeerrettich auftauen, getrennt zum Lachs reichen	
Forellenmousse auf Pumpernickel	498	1 x		am Vortag Mousse zubereiten und gleich in einen Spritzbeutel füllen	Taler fertig stellen		
Hühnerbrühe mit Grießklößchen	101 122	2 x 2 x	Brühe und Klößchen getrennt		Brühe auftauen	Brühe erhitzen, Klößchen gefroren in die Brühe geben	Fleisch für Geflügelcocktail verwenden
Salate							
Blumenkohl mit Quarkmayonnaise	501	1 x		Blumenkohl dämpfen, Quarkmayonnaise zubereiten	fertig stellen		
Blattsalat mit Marinade und Salatsoße mit Joghurt	151 163 164	2 x 2 x 2 x		Marinade und Salatsoße zubereiten	Salat vorbereiten	Salat in Schüsseln, Marinade und Salatsoße in Karaffen füllen	
Fisch-Obst-Salat	161	2 x		Fisch dünsten, Mayonnaise zubereiten		fertig stellen	

Gericht/Rezept	Seite	Menge	frühzeitig einfrieren	1–2 Tage vorher	einige Stunden vorher	im letzten Augenblick	Tipp
Hauptgericht-Elemente							
Kartoffel-Zucchini-Gratin	506	1 x		Kartoffeln kochen	backofenfertig vorbereiten	backen	Gratin kann auch im Mikrowellengerät gegart werden: In 2 Auflaufformen nacheinander je 15 Minuten mit 800 Watt
Grünkerntaler	213	1–2 x	geformt		antauen	braten	
Schweinekeule mit Kruste	256	1 x			braten	Soße zubereiten, Fleisch aufschneiden	
Beiwerk							
Baguette		3 Stück à 500 g				evtl. kurz aufbacken: bei 200 °C ca. 10 Minuten	
Kräuterbutter	504	3 x	als Rolle geformt		auftauen, in Scheiben schneiden		
Nachspeisen							
Tirami su	346	2 x		zubereiten		mit Kakao bestäuben	
Weingelee mit Obst	350	1–2 x		zubereiten		Soße umfüllen	
und Vanillesoße	143	2 x					
Käse, 3–5 Sorten		ca. 100 g/ Portion			anrichten		unterschiedliche, milde und herzhafte Sorten wählen, z.B. Schnitt-, Weich-, Edelpilz-, Frischkäse

Die vor- und zubereiteten Speisen abdecken. Empfindliche Speisen kalt stellen.
Speisen nach dem Fertigstellen anrichten und garnieren.
Speisen auf der Kochstelle, der elektrischen Warmhalteplatte oder im Backofen warm halten oder portionsweise im Mikrowellengerät wieder erwärmen.

Haltbarmachen von Lebensmitteln

Ursprünglich ging es beim Haltbarmachen von Lebensmitteln nur darum, Vorräte für den Winter zu schaffen. Heute sind es andere Aspekte, die dafür sprechen, denn ein umfangreiches Marktangebot an frischer Ware steht das ganze Jahr zur Verfügung. Dies können wirtschaftliche Beweggründe sein, z.B. das Ausnutzen saisonaler Angebotsschwemmen, besonders von Obst und Gemüse. Auch gesundheitliche Aspekte spielen eine Rolle, z.B. das Anlegen von Vorräten an natürlich gewachsenen, voll ausgereiften Früchten ohne Zusatzstoffe aus dem eigenen Garten; möglicherweise unter Berücksichtigung spezieller Diätverordnungen.
Ganz entscheidend sind aber wohl auch kulinarische Beweggründe, wie individuelles Aromatisieren und Herstellen von konservierten Leckerbissen nach eigenen Rezepten.
Haltbarmachen nicht als Pflichtübung, sondern weil es Freude macht. Übrigens, phantasievolle Kreationen von haltbar gemachten Früchten und Gemüse – süß oder pikant und liebevoll in Glas oder Flasche verpackt – sind ein jederzeit willkommenes Mitbringsel oder kleines Geschenk.

Haltbarkeit hat, können die Früchte natürlich auch ganz ohne Zucker eingekocht und erst später bei der Verwendung gesüßt werden. Empfehlungen zur benötigten Zuckermenge für die einzelnen Fruchtarten sind der Tabelle „Zuckermenge zum Haltbarmachen von Früchten" auf Seite 536 zu entnehmen. Da die Zuckerzugabe Geschmackssache ist, notiert man sich am besten in der Tabelle die verwendete Menge.
Für die **Zuckerlösung** werden Zucker und Wasser zum Kochen gebracht. Als Menge rechnet man etwa ¼ bis ⅓ des Glasinhaltes, wenn das Obst bedeckt sein soll, d.h. auf sechs 1-l-Gläser 1½ bis 2 l Zuckerlösung. Bei saftreichem Obst, wie Kirschen oder Pflaumen, wird das Glas nur zur Hälfte mit der Zuckerlösung aufgefüllt. Obst, das sich leicht verfärbt, wie Pfirsiche, Aprikosen, helle Pflaumensorten, Äpfel oder Birnen, wird mit der heißen Flüssigkeit bedeckt. Bei anderen Früchten, z.B. Kirschen, wird die erkaltete Zuckerlösung darüber gegeben.
Streuzucker, bevorzugt verwendet bei saftreichem Beerenobst, wird abwechselnd mit den Früchten in das Glas gegeben. Das Obst fällt bei Verwendung von Streuzucker stärker zusammen als bei der Zugabe von Zuckerlösung, so dass eine größere Fruchtmenge eingefüllt werden kann.

Gemüse wird gründlich gewaschen, geputzt, nochmals gewaschen und entsprechend zerkleinert. Gemüse wird in der Regel roh in das vorbereitete Glas gefüllt und mit abgekochtem, ungesalzenem Wasser bedeckt.
Für die meisten Gemüsesorten genügt ein einmaliges Einkochen. Bei stickstoffreichen Arten, z.B. den grünen Bohnen, muss der Einkochvorgang nach 48 Stunden wiederholt werden, um die erneut aus Sporen gebildeten Bakterien ebenfalls mit Sicherheit zu vernichten. Für diesen zweiten Einkochvorgang wird nur die Hälfte der Einkochdauer gerechnet.

Fleisch von Schlachttieren, Geflügel und von Wild, das in Gläser eingekocht wird, muss vor dem Einkochen geschmort, gebraten oder gekocht werden. Welche Zubereitungsart gewählt wird, hängt von der späteren Verwendung ab. Das Fleisch darf dabei nicht zu weich werden, weil es sonst durch die anschließende Erhitzung beim Haltbarmachen im Glas leicht zu weich oder zu faserig und trocken wird. Zur besseren Ausnutzung der Gläser empfiehlt es sich, die Knochen vom Fleisch auszulösen. Zum Auffüllen verwendet man die Brühe, in der das Fleisch gekocht wurde, oder das mit Wasser aufgefüllte Bratfett. Um Platz zu sparen, ist es empfehlenswert, die Brühe als Extrakt zu verwenden. Mehl darf nicht zugegeben werden, da dadurch der Inhalt der Gläser während der Lagerung sauer und ungenießbar wird. Erst bei der späteren Verwendung wird die Brühe mit Flüssigkeit aufgefüllt und eine Soße durch Zugabe eines Bindemittels hergestellt.
Zwiebeln dürfen nie roh, sondern nur gut durchgekocht zugegeben werden, sie verursachen sonst den Verderb des Einkochgutes. Empfehlenswert ist es, Wurstmasse herzhaft zu würzen, da die Gewürze nach dem Einkochen in den Gläsern leicht an Geschmack verlieren und die fertige Wurst beim späteren Verzehr sonst fad schmeckt.

Auswahl und Vorbereitung der Arbeitsmittel

Zum Einkochen werden folgende Arbeitsmittel benötigt:
Als klassische **Einkochgläser** gelten **Rillen-** oder **Massivrandgläser**. Der Verschluss dieser Gläser ist ein gewölbter Deckel, unter dem sich ein so genannter Kopfraum ergibt. Dort bleibt beim Einkochen Luftsauerstoff zurück, der durch Oxidation die oberen Schichten des Einkochgutes zwar nicht ungenießbar macht, aber die Farbe, den Geschmack und den Vitamingehalt des Einkochgutes beeinträchtigt. Diese Veränderungen werden durch den Verschluss des **Rundrandglases** vermieden. Der Deckel ist nicht wie bei den bisherigen Gläsern gewölbt, sondern vertieft, er hat keinen Kopfraum, in dem Luftsauerstoff zurückbleiben kann. Deshalb werden Rundrandgläser, im Gegensatz zu den bisherigen Gläsern, bis unter den Rand gefüllt und damit ihr Raum voll ausgenutzt; der Inhalt der Gläser bleibt von oben

Kühl und trocken lagern: Einkochgut

bis unten in Farbe, Geschmack und Vitamingehalt gleich.
Damit beim Einfüllen von Einmachgut und Aufgussflüssigkeit der Glasrand nicht verschmiert wird, ist ein **Einfülltrichter** aus lebensmittelgerechtem Kunststoff zur Arbeitserleichterung zu benutzen.
Zum luftdichten Verschließen der Einkochgläser mit Deckeln werden die dazu **passenden Einkochringe** (Gummiringe) verwendet. Sie haben – technisch gesagt – die Funktion eines Dichtungsringes. Einkochringe sollten trocken und, damit sie sich nicht verziehen, liegend aufbewahrt werden.
Für den Verschluss des Glases während des Einkochvorgangs sollen **Klammern** aus rostfreiem Edelstahl verwendet werden, die eine gleich bleibend starke Federkraft besitzen.

Voraussetzung für ein sicheres Gelingen ist **einwandfreies Einkochgeschirr**, **Sauberkeit** und **Sorgfalt bei der Vorbereitung**.
Vor dem Gebrauch sind Einkochgläser und Deckel genau zu kontrollieren. Beschädigte Teile und poröse Gummiringe werden aussortiert; Klammern sowie Federn müssen auf ausreichende Elastizität hin überprüft werden. Es dürfen nur genau zueinander passende Teile verwendet werden. Gläser und Deckel werden in der Geschirrspülmaschine oder in heißem Spülwasser gereinigt und in heißem, klaren Wasser nachgespült. Die Gläser werden nicht abgetrocknet, da dabei leicht Fasern des Tuches haften bleiben, sondern zum Trocknen auf ein sauberes Tuch gestülpt. Die Gummiringe sollen vor jedem Gebrauch in Wasser aufgekocht werden und bis zum Gebrauch im Wasser liegen bleiben, um sie weitgehend keimfrei zu halten.
Beim Einfüllen des Einkochgutes in die Gläser ist die maximale **Einfüllhöhe** zu **beachten**. Hier besteht ein Unterschied zwischen den Rundrandgläsern und Rillen- und Massivrandgläsern.

Für die Rillen- und Massivrandgläser gilt:
- Das Einkochgut und die Flüssigkeit, auch die Aufgussflüssigkeit, nur bis zu 2 cm unter den Glasrand einfüllen, da der im gewölbten Deckel verbleibende Luftsauerstoff das Einkochgut an den oberen Randschichten verändern würde.
- Breiartiges Einkochgut, z.B. Apfelmus, oder nachquellendes Einkochgut, z.B. Wurstmasse, nur bis ¾ der Glashöhe einfüllen, da es beim Einkochvorgang hochsteigt.

Für die Rundrandgläser gilt:

- Das Einkochgut und die Flüssigkeit, auch die Aufgussflüssigkeit, bis zur Unterkante des Randes einfüllen.
- Breiartiges Einkochgut, z.B. Apfelmus, oder nachquellendes Einkochgut, z.B. Wurstmasse, nur bis zu ¾ der Glashöhe einfüllen, da es beim Einkochvorgang hochsteigt.

Nach dem Einfüllen des Einkochgutes ist der **Glasrand** mit einem sauberen Tuch und heißem Wasser gründlich zu **reinigen**. Setzen sich Fett- oder Zuckerreste zwischen Ring und Einkochglas fest, sind derartige Gläser zwar anfangs oft verschlossen; es liegt aber ein so genannter Scheinverschluss vor, weil der Ring auf dem Glasrand nur klebt. Sobald sich die zwischen Ring und Glasrand befindlichen Fett- oder Zuckerreste auflösen oder sich durch die von außen einwirkenden Einflüsse zersetzen, löst sich der Verschluss, d.h., der Glasdeckel liegt lose auf dem Glas, die Luft dringt ein, und der Glasinhalt verdirbt.

Nach dem Reinigen des Glasrandes den Gummiring aus dem Wasser nehmen, abtropfen lassen und nass auf den Glasrand auflegen. Danach den Deckel auflegen und darauf achten, dass sich der Gummiring nicht verschiebt. Bei den Rundrandgläsern wird der Ring nicht am Glas, sondern am Deckelrand angelegt, was schon vorbereitet werden kann. Der Deckel mit aufgelegtem Ring bleibt in heißem Wasser liegen, bis man beides zusammen auf das Glas legt. Bei diesem Verschluss kann sich weder der Ring auf dem Deckel noch der Deckel auf dem Glas so weit verschieben, dass ein Fehlverschluss zu befürchten ist. Der Deckel wird mit einer Klammer gehalten. Ein zu straffes Spannen ist zu vermeiden, damit der Glasdeckel nicht springt.

Einkochmethoden

Beim Einkochen gibt es verschiedene Möglichkeiten der Wärmeübertragung:

Durch Wasser

- im Einkochtopf auf der Kochstelle
- im direkt beheizten Einkochtopf
- im Kochtopf
- im Schnellkochtopf
- im Dampf-Gargerät

Durch heiße Luft

- im Backofen mit Ober- und Unterhitze
- im Backofen mit Umluft

Im Wasserbad

Für den Einkochvorgang im Wasserbad sollten die vorbereiteten Gläser möglichst von gleicher Größe und mit gleichem Inhalt gefüllt sein.

Die Ausgangstemperatur des Wasserbades muss immer etwa der Temperatur des Gläserinhaltes entsprechen. Keinesfalls darf z.B. bei Gläsern mit kaltem Inhalt heißes Wasser verwendet werden, damit Glasinhalt und Wasserbad zum gleichen Zeitpunkt die erforderliche Einkochtemperatur erreichen. Nur so ist gewährleistet, dass alle Bakterien, auch im Innern des Glases, inaktiviert werden.

Nach Beendigung der Einkochdauer werden die Gläser aus dem Wasserbad herausgenommen. Die Einkochgläser sollen nicht im Wasserbad erkalten, weil dadurch die Gardauer verlängert wird und das Einkochgut zu weich und unansehnlich – Wurstmasse sogar „umkippen", d.h. sauer – werden kann.

Große Mengen lassen sich schnell im **Einkochtopf** auf der Kochstelle einkochen. Damit die Gläser beim Einkochen vom Wasser gut unterspült werden, stellt man sie auf den mitgelieferten Einsatz. In den Topf wird so viel Wasser gefüllt, dass die Gläser bis zu ¾ ihrer Höhe davon umgeben sind. Wenn zwei oder mehr Gläserreihen übereinander oder niedrige Gläser neben hohen stehen, richtet sich die Höhe des Wasserbades stets nach dem oberen bzw. dem höchsten Glas. Die unteren bzw. niedrigen Gläser können unbedenklich ganz unter Wasser sein, da der Deckel durch die aufgesetzte Klammer angedrückt wird und deshalb kein Wasser von außen in das Glas eindringen kann. Das Thermometer wird durch die Öffnung im Deckel des Einkochtopfes eingeschoben. Dabei ist darauf zu achten, dass das Thermometer genügend tief ins Wasser reicht, denn nur dann kann es die Wassertemperatur exakt anzeigen. Damit die Einkochtemperatur schnell erreicht und konstant gehalten wird, müssen der Durchmesser von Kochstelle und Einkochtopf übereinstimmen. Nach Erreichen der Einkochtemperatur auf höchster Einstellung wird die Kochstelle auf eine niedrigere Einstellung umgeschaltet. Das Einhalten der Einkochtemperatur ist während der Einkochdauer zu überwachen. Richtwerte für Einkochtemperatur und -dauer für das unterschiedliche Einkochgut sind der Tabelle „Temperatur und Dauer beim Einkochen" Seite 532 zu entnehmen.

Ohne Überwachung und unabhängig vom Elektroherd können größere Mengen im **direkt beheizten Einkochtopf** eingekocht werden. Der eingebaute Temperaturregler sorgt für die selbsttätige Temperaturüberwachung während des Einkochvorgangs. Ein zusätzlich eingebauter Zeitschalter schaltet die Beheizung des Einkochtopfes nach Ablauf der Einkochdauer ab. Nach Beendigung des Einkochvorgangs müssen die Gläser herausgenommen werden. Hinweise des Herstellers sind zu beachten.

Kleinere Mengen, ein oder zwei Gläser, können im **Kochtopf** auf der Kochstelle eingekocht werden. Bei Verwendung von hohen Gläsern kann zum Verschließen des Kochtopfes statt des Topfdeckels ein zweiter Kochtopf oder eine Schüssel umgedreht aufgesetzt werden. Das vorbereitete Glas wird auf einen Untersatz oder ein Tuch in einen Kochtopf gestellt und so viel Wasser aufgefüllt, bis der Wasserstand der Höhe des Glasinhaltes entspricht. Das Wasser wird bei höchster Einstellung zum Kochen gebracht. Danach wird die Kochstelle ausgeschaltet und Obst 20 Minuten in der Nachwärme eingekocht. Einkochgläser mit Gemüse müssen nach dem Ankochen 60 bis 90 Minuten kochen und daran anschließend weitere 20 Minuten in der Nachwärme einkochen.

Für Einkochgut mit längerer Einkochdauer, wie z.B. Gemüse und Fleisch, kann der **Schnellkochtopf** oder das **Dampf-Gargerät** zeit- und energiesparend eingesetzt werden. Hinweise des Herstellers sind dabei zu beachten.

In heißer Luft

Durch die vorteilhafte Größe des Backofens können sechs bis acht 1-l-Gläser auf einmal eingekocht werden. Dazu wird die Fettpfanne auf den Backofenboden oder in die untere Einschubleiste gegeben, 1 cm hoch mit Wasser (1 bis 1½ l) gefüllt, die vorbereiteten Gläser werden hineingesetzt und der Backofen auf 175 °C aufgeheizt.

Die Einkochdauer beginnt, wenn es in den Gläsern perlt, d.h., wenn in den Gläsern stetig Bläschen aufsteigen. Bis zum Perlen dauert es bei sechs 1-l-Gläsern im **Backofen mit Ober- und Unterhitze** etwa 80 Minuten, und für jedes fehlende Glas verkürzt sich diese Dauer um 5 Minuten. Beim Einsetzen der Gläser in den vorgeheizten Backofen verkürzt sich die Dauer bis zum Perlen um 10 Minuten. Sobald es in den Gläsern mit Obst perlt, wird der Backofen ausgeschaltet und das Obst in der Nachwärme eingekocht. Gemüse und Fleisch benötigen eine längere Einkochdauer. Dabei wird, sobald es in den Gläsern perlt, der Backofen mit Ober- und Unterhitze für 60 bis 90 Minuten auf 125 bis 150 °C zurückgeschaltet und dann 25 bis 30 Minuten die Nachwärme ausgenutzt.

Temperatur und Dauer beim Einkochen

Einkochgut	Gläser im Backofen mit Ober- und Unterhitze			Gläser im Wasserbad	
	Temperatur in °C	vom Perlen an Dauer in Minuten	Nachwärme Dauer in Minuten	Temperatur in °C	Dauer in Minuten
Beerenobst					
Brombeeren	175	abschalten	25	75	20
Erdbeeren	175	abschalten	25	75	20
Heidelbeeren	175	abschalten	30	80	20
Himbeeren	175	abschalten	30	75	20
Johannisbeeren	175	abschalten	25	90	20
Preiselbeeren	175	abschalten	25	90	20
Stachelbeeren	175	abschalten	30	75 – 90	30
Steinobst					
Aprikosen	175	abschalten	30	75	30 – 35
Kirschen	175	abschalten	30	80	35
Mirabellen	175	abschalten	30	75	30
Pfirsiche	175	abschalten	30	75	30 – 35
Pflaumen	175	abschalten	35	90	30 – 35
Reineclauden	175	abschalten	30	75	30
Kernobst					
Äpfel	175	abschalten	25	80	25 – 30
Apfelmus	175	abschalten	35	90	35
Birnen	175	abschalten	35	90	30 – 45
Quitten	175	abschalten	30	90	30
Gemüse					
Blumenkohl	175	80	30	98	110
Bohnen	175	80	30	98	110
Dicke Bohnen	175	60	30	98	90
Erbsen	175	90	30	98	120
Gurken	175	abschalten	25	75	25
Karotten	175	60 – 90	30	98	90 – 120
Kohlrabi	175	80	30	98	110
Pilze	175	80	30	98	110
Rosenkohl	175	70	30	98	100 – 110
Sellerie	175	80	30	98	110
Spargel	175	90	30	98	110
Spinat	175	80	30	98	110
Tomaten / Tomatenmark	175	abschalten	30	90	30
Rotkohl	175	80	30	98	110
Fleisch					
Fleisch, vorgekocht oder gebraten	175	60	30	98	90
Fleischbrühe	175	30	30	98	60
Wurst und Pasteten	175	60	30	98	90
Verschiedenes					
Rharbarber	175	abschalten	25	80	25
Mark und Mus	175	abschalten	35	90	35
Saft	175	abschalten	25	75	20

Die Einkochdauer für unterschiedliches Einkochgut ist der Tabelle „Temperatur und Dauer beim Einkochen", Seite 532, zu entnehmen.

Im **Backofen mit Umluft** empfiehlt es sich, nach der Gebrauchsanweisung des Herstellers zu arbeiten: das Einsetzen der Gläser, die Temperatureinstellung und die Dauer zum Einkochen variieren je nach Konstruktion der Backöfen.

Aufbewahrung und Verwendung

Die Gläser mit dem Einkochgut werden mit Etiketten versehen, auf denen Inhalt, Menge bzw. Gewicht und Zubereitungsdatum vermerkt sind. Sie werden am besten in einem kühlen, belüftbaren, trockenen Raum aufbewahrt; regelmäßig kontrollieren, ob sie noch geschlossen sind. Ist ein Glas aufgegangen, haben die Gase, die durch Schimmel und Fäulnis entstanden sind, den Deckel losgedrückt. Der Inhalt ist ungenießbar und muss unbedingt weggeschüttet werden! Verdorbenes Einkochgut kann an folgenden Kriterien erkannt werden: übler Geruch, Trübung der Flüssigkeit, Selbstöffnen der Gläser.

Bei der Haltbarmachung durch Einkochen werden die Lebensmittel gleichzeitig gegart. Das bringt den Vorteil, dass Eingekochtes jederzeit, also von einer Minute zur anderen, verzehrt werden kann. Hausgemachte Spezialitäten sind ein beliebtes und willkommenes Geschenk.
Werden Früchte ohne Zucker eingekocht, lassen sie sich auch bei späterer Verwendung noch süßen, entweder mit Zucker oder für Diabetiker mit Süßstoff. Der Zucker wird im Fruchtsaft aus dem Glas aufgelöst und der Saft über die Früchte gegossen. Die Früchte sollen etwa 2 Stunden durchziehen.

Entsaften

Saft aus Früchten kann **mechanisch**, z.B. durch Auspressen in einer Obst- bzw. Beerenpresse, durch Ausschleudern in einem Entsafter oder durch **Wärmezufuhr** durch Kochen der Früchte im Topf bzw. in einem Dampfentsafter gewonnen werden.
In der **Obst- bzw. Beerenpresse** wird das Obst so stark zusammengepresst, dass die Früchte platzen und der Saft austritt.
In einem **Entsafter** wird das Obst bei sehr hoher Geschwindigkeit von einer Reibscheibe zerfasert und durch die Zentrifugalkraft an den Siebkorb geschleudert und ausgepresst.
In einem **Kochtopf** werden die Früchte nur mit wenig Wasser weich gekocht und durch die Wärme zum Platzen gebracht. Von den gekochten Früchten lässt man den Saft durch ein feines Sieb ablaufen.
In einem **Dampfentsafter** oder **Dampf-Gargerät** werden die Früchte durch die Wärme zum Platzen gebracht und der Saft durch die über 100 °C heiße Dampfeinwirkung zugleich keimfrei und haltbar gemacht.

Geeignete Lebensmittel

Zur Saftgewinnung eignen sich **saftreiche Obstsorten**, z.B. Beerenobst wie Johannisbeeren, Erdbeeren, Holunderbeeren oder Brombeeren; Kernobst wie Äpfel, Birnen oder Quitten; Steinobst wie Kirschen, Pflaumen, Pfirsiche oder Aprikosen. Auch **gefrorene Früchte** können zu Saft verarbeitet werden.
Auch aus **Gemüse**, wie z.B. Möhren, Gurken, Rote Rüben, Sellerie oder Tomaten, lassen sich Säfte gewinnen.
Überreifes oder zu weiches Einmachgut, welches zum Einkochen nicht mehr verarbeitet werden kann, ist zur Saftgewinnung noch geeignet. Je reifer das Einmachgut ist, desto ergiebiger und aromatischer wird der Saft. Es empfiehlt sich zur Geschmacksabrundung, milde Früchte mit herben zu mischen, z.B. Erdbeeren mit Johannisbeeren oder Rhabarber, Äpfel und Birnen mit Holunderbeeren. Bei Gemüsesäften kann der Geschmack durch Zugabe von Kräutern intensiviert werden.

Vorbereitung von Entsaftungsgut und Arbeitsmitteln

Obst muss kurz, aber gründlich gewaschen werden und auf einem Sieb abtropfen. Erst dann sind Schalen, Stiele, Kerne oder Steine zu entfernen. Bei Beerenobst ist das Entstielen – bis auf Holunderbeeren und Johannisbeeren – nicht unbedingt nötig. Bei Kernobst sollen fleckige Stellen sauber ausgeschnitten und das Obst ungeschält in kleine Stücke geschnitten werden. **Gemüse** wird gewaschen, geputzt, nochmals gewaschen und entsprechend zerkleinert.

Zucker, der beim Entsaften durch Wärmezufuhr zugegeben wird, erhöht aufgrund seiner wasseranziehenden Eigenschaft die Saftmenge und verbessert das Aroma. Noch größere Mengen Saft erhält man, wenn das mit Zucker gemischte Obst vor dem Entsaften einige Stunden ziehen kann. Empfehlungen zur benötigten Zuckermenge für die einzelnen Fruchtarten sind der Tabelle „Zuckermenge zum Haltbarmachen von Früchten" auf Seite 536 zu entnehmen. Fruchtsäfte, die zu Gelee weiterverarbeitet werden sollen, werden ohne Zuckerzugabe entsaftet.

Die **Saftflaschen** werden in der Geschirrspülmaschine oder in heißem Spülwasser gereinigt und in heißem Wasser nachgespült. Sie sollten nicht abgetrocknet werden, da dabei leicht Fasern des Tuches haften bleiben können, sondern zum Trocknen auf ein sauberes Tuch gestülpt werden. Die **Gummikappen** oder spezielle Schraubdeckel sollen vor jedem Gebrauch in Wasser aufgekocht und bis zum Gebrauch im Wasser liegen bleiben, um sie weitgehend keimfrei zu halten.

Entsaftungs- und Haltbarmachungsmethoden

Die drei Methoden, Säfte selbst herzustellen und haltbar zu machen, sind:
- im Dampfentsafter
- im Dampf-Gargerät
- im Kochtopf
- im Schnellkochtopf

Die einfachste und gebräuchlichste Methode im Haushalt ist das Dampfentsaften, bei dem Saftgewinnung und Haltbarmachung in einem Arbeitsgang erfolgen. Es geschieht am besten in einem Spezialtopf, dem **Dampfentsafter**, der auf die Kochstelle gesetzt wird. Für den im Haushalt bereits vorhandenen Einkochtopf für die Kochstelle oder den direkt beheizten Einkochtopf gibt es als Zubehör den Dampfentsafter-Einsatz, der aus zwei Teilen besteht, dem Safttopf und dem Fruchtkorb.

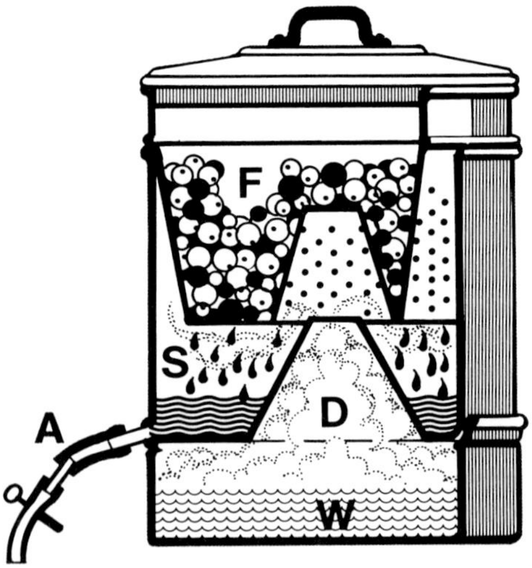

F = Früchte
S = Saft
D = Dampf
W = Wasser
A = Ablaufschlauch

Schema Dampfentsafter

In jedem Fall wird zunächst der Wassertopf mit Wasser gefüllt und der Safttopf zur Aufnahme des auslaufenden Saftes aufgesetzt. Darüber kommt der gelochte Fruchtkorb, in den das vorbereitete Gut gegeben wird. Der Topf wird mit dem Deckel geschlossen. Das Wasser wird erhitzt, bis der aufsteigende Wasserdampf durch den gelochten Fruchtkorb an das Gut gelangt, die Zellwände aufweicht und schließlich zum Platzen bringt, so dass der Saft ausläuft und sich im Safttopf sammelt.
Die Entsaftungsdauer beträgt vom Dampfen an für:

weiche Früchte, z.B. Beeren	45 Minuten
mittelharte Früchte, z.B. Äpfel	60 Minuten
harte Früchte, z.B. Quitten	75 Minuten
Gemüse	60 Minuten.

Steht ein **Dampf-Gargerät** zur Verfügung, wird das Obst oder Gemüse in einen gelochten Garbehälter gegeben. Ein entsprechend großer, ungelochter Garbehälter wird untergeschoben und der Obst- oder Gemüsesaft aufgefangen. Nach Herstellerangaben die Temperatur von 100 oder 120 °C zum Entsaften wählen. Bei 100 °C entsprechen die Entsaftungszeiten denen des Dampfentsafters.

Zur Saftgewinnung im **Kochtopf** wird das vorbereitete Gut knapp mit Wasser bedeckt und weich gekocht. Die gekochten Früchte schüttet man in ein feines Sieb. Damit der Saft klar bleibt, lässt man ihn ohne zu pressen ablaufen. Für diese Art der Saftgewinnung eignen sich besonders Äpfel und Quitten.
Beeren- und Steinobst, die beim Erhitzen aufplatzen und schnell ihren Saft verlieren, werden ohne Wasser oder mit geringer Wassermenge langsam erhitzt und zum Kochen gebracht. Anschließend lässt man den Saft durch ein feines Sieb ablaufen.

Für die Zubereitung kleinerer Saftmengen ist der **Schnellkochtopf** geeignet. Es empfiehlt sich, nach der Gebrauchsanweisung des Herstellers zu arbeiten.

Zur Haltbarmachung wird der Saft aus dem Dampfentsafter kochend heiß in vorher vorgewärmte Flaschen randvoll abgefüllt. Das Vorwärmen der Flaschen verhindert ihr eventuelles Platzen. Bei der Saftgewinnung im Kochtopf und im Schnellkochtopf muss der Saft vor dem Abfüllen in die Flaschen noch einmal aufgekocht werden. Damit der Saft haltbar bleibt, also kein Sauerstoff und keine Mikroorganismen eindringen können, werden die Flaschen mit Gummikappen oder speziellen Schraubdeckeln verschlossen.

Aufbewahrung und Verwendung

Die Flaschen werden mit Etiketten versehen, auf denen Inhalt und Zubereitungsdatum vermerkt sind. Sie werden am besten stehend in einem kühlen, belüftbaren Raum aufbewahrt. Der gewonnene Saft kann vielseitig verwendet werden, z.B. als Getränk, zur Geleezubereitung, zum Mixen von Cocktails und zur Verfeinerung von Süßspeisen; Gemüsesäfte auch zum Würzen von Suppen und Soßen.

Lecker und gesund:
Selbstgemachte Obst- und Gemüsesäfte

Zuckermenge zum Haltbarmachen von Früchten

Fruchtart	**Früchte einkochen** mit Zuckerlösung Zuckermenge auf 1 l Wasser in g	**Früchte einkochen** mit Streuzucker Zuckermenge auf 1 kg Früchte in g	**Fruchtsaft** durch Dampfentsaften Zuckermenge auf 1 kg Früchte in g
Beerenobst			
Brombeeren	500–600	200–350	100–250
Erdbeeren	400–600	150–250	200–300
Heidelbeeren	400–500	250–350	100–175
Himbeeren	500–600	150–200	150–200
Holunderbeeren	—	—	100–200
Johannisbeeren, rot	750	500–750	200–250
Johannisbeeren, weiß	600	300–500	100–250
Johannisbeeren, schwarz	500–600	300–400	100–200
Preiselbeeren	600–750	—	200–250
Stachelbeeren, unreif	500–750	—	—
Stachelbeeren, reif	—	400–500	150–200
Steinobst			
Aprikosen	200–400	—	—
Kirschen, süß	200–300	100–200	—
Kirschen, sauer	300–500	250–350	150–250
Mirabellen	250–400	—	—
Pfirsiche	250–500	—	100–200
Pflaumen	500–600	350– 500	—
Reineclauden	400–500	—	—
Zwetschen	400–600	300–500	150–200
Kernobst			
Äpfel	250–350	—	100–200
Apfelmus	—	100–250	—
Birnen	250–500	—	50–100
Quitten	500–600	—	100–250
Sonstige Früchte oder Fruchtgemüse			
Berberitzen	—	—	100–300
Hagebutten	—	—	100–250
Kürbis	—	—	—
Orangen	—	—	—
Rhabarber	500–750	250–300	150–250
Schlehen	—	—	200–300
Zitronen	—	—	—

Gelee von rohem oder gekochtem Saft Zuckermenge auf 1 l Fruchtsaft in g	**Konfitüre oder Marmelade** von zerkleinerten oder pürierten Früchten Zuckermenge auf 1 kg Fruchtmasse in g	**Konfitüre** von ganzen Früchten Zuckermenge auf 1 kg Früchte in g	**Mus** von zerkleinerten Früchten Zuckermenge auf 1 kg Fruchtmasse in g
900–1000	600–750	750–1000	—
—	600–750	1000	—
—	—	—	—
1000	600–750	1000	—
1000	600–750	—	ohne
900–1000	500	900	—
—	—	—	—
500	400	—	—
900–1000	500	—	—
—	—	—	—
900–1000	600–750	750–1000	—
—	600–750	1000	—
—	—	—	—
—	600–750	750–1000	—
—	600–750	750–1000	—
—	—	750–1000	—
—	500–600	—	—
—	500–600	750–1000	—
—	500–600	—	50–75
1000	—	—	—
—	500–600	—	50–75
—	—	—	ohne
1000	600–750	—	ohne
—	—	—	—
—	600–700	—	—
—	500–600	—	50–100
1000	600–750	—	—
—	—	—	—
—	—	—	—
1000	600–750	—	—

Herstellen von Konfitüre, Marmelade, Gelee, Mus

Konfitüre besteht aus ganzen, zerkleinerten oder passierten Früchten einer oder mehrerer Fruchtarten und Zucker.

Marmelade nennt man aufgrund eines EG-Beschlusses und der Konfitürenverordnung nur die Produkte, die aus Zitrusfrüchten, wie z.B. Zitronen, Orangen, Grapefruits, und Zucker hergestellt sind.

Gelee wird aus reinen Säften einer oder mehrerer Fruchtarten und Zucker bereitet.

Mus entsteht aus zerkleinerten Pflaumen, denen kein oder nur wenig Zucker zugesetzt wird und die stark eingedickt werden.

Chutney und **Relish** benötigen zu ihrer Herstellung Obst, Gemüse, Essig, Zucker und Gewürze.

Bei der Herstellung von Konfitüre, Marmelade, Gelee, Mus, Chutney und Relish werden Früchte oder Fruchtsäfte durch Zufuhr von **Wärme** und Zugabe von **Zucker** eingedickt und haltbar gemacht. **Pektin** und **Fruchtsäure** unterstützen den Geliervorgang. Sie sind entweder in den Früchten in ausreichender Menge enthalten oder müssen zugegeben werden.

Früchte bzw. Fruchtsäfte können sowohl frisch als auch gefroren verwendet werden – geeignet sind fast alle Fruchtsorten. Nur ohne Zucker eingefrorenes Obst oder Saft verwenden, da die Zuckermenge je nach Fruchtart bzw. Rezept höher oder niedriger sein kann.

Zucker macht die Früchte haltbar. Bei einer bestimmten Konzentration, und zwar bei 66 %, wirkt Zucker konservierend. Diese hohe Zuckerkonzentration verhindert das Wachstum von Mikroorganismen und beugt so einer möglichen Gärung und Schimmelbildung vor. Außerdem dient der Zucker zur Unterstützung des fruchteigenen Aromas und zur Stabilisierung der Fruchtfarbe. Alle Zuckersorten können zum Einkochen verwendet werden. Damit die Produkte lange haltbar bleiben, muss die Zuckermenge ausreichend sein.
Empfehlungen zur benötigten Zuckermenge für die einzelnen Fruchtarten sind der Tabelle „Zuckermenge zum Haltbarmachen von Früchten" auf Seite 536 zu entnehmen. Bei Verwendung von Diabetikerzucker sind die Angaben des Herstellers genau zu beachten.

Bei verringerter Zuckermenge, z.B. bei Mus oder Chutney, wird die Haltbarkeit durch längeres Kochen erreicht. Dabei wird dem Fruchtbrei durch Verdampfen mehr Wasser und den Mikroorganismen somit diese Lebensbedingung entzogen. Während des Eindickens entstehen eine dunkle Färbung und die gewünschte Geschmacksveränderung; zudem verringern sich Fruchtmasse, Nährstoff- und Vitamingehalt.

Pektin ist ein pflanzliches Geliermittel, das in der Natur in fast allen Früchten vorkommt, allerdings in unterschiedlicher Menge. Es stützt das Zellgewebe und bewirkt die Festigkeit der Früchte. Pektin ist stark quellfähig und hat ein sehr hohes Wasserbindungsvermögen.

Saures und nicht zu stark ausgereiftes Obst enthält viel Pektin. So haben Johannisbeeren, unreife Äpfel und Quitten reichlich Pektin, während Kirschen, Erd- und Himbeeren nur wenig davon besitzen. Es ist daher günstig, pektinarme Früchte mit pektinreichen Früchten zu mischen. Da die günstigste Gelierfähigkeit von Pektin im stark sauren Bereich erzielt wird, kann die Gelierwirkung durch Zugabe von Zitronensaft oder -säure unterstützt werden.

Wurden früher Früchte so lange eingekocht, bis eine breiige oder eine halb gelierte Konsistenz erreicht war, kann durch Zugabe von Pektin das Gelieren des Fruchtbreis beschleunigt und somit die Kochzeit wesentlich verkürzt werden.

Als Rohstoff zur Gewinnung von Pektin wird hauptsächlich Apfel- und Zitrustrester verwendet. Pektin gibt es als **flüssiges Geliermittel** und **Gelierpulver**. **Gelierzucker** ist nicht nur eine Gelierhilfe, sondern enthält außer Pektin hauptsächlich Zucker und wird somit gleichzeitig als Zucker und Geliermittel verwendet.

Bei Verwendung von Geliermitteln ist die Herstellerangabe zu beachten. Zu langes Kochen zerstört die Geliermittel und beeinträchtigt das Aroma.

Beim Kochen von Konfitüre, Marmelade und Gelee ohne Gelierhilfe muss nach ca. 30 Minuten Kochdauer die erste **Gelierprobe** gemacht werden. Dazu lässt man auf einen kalten Teller etwas heiße Flüssigkeit tropfen. Wenn diese nach dem Erkalten erstarrt ist, ist der Gelierpunkt erreicht.

Vorbereitung von Früchten und Arbeitsmitteln

Bei der Herstellung von Konfitüre, Mus oder Gelee gilt die Regel: Nur so viel Obst ernten oder kaufen, wie man an einem Tag verarbeiten kann. Die Früchte werden gewaschen und zum Abtropfen in ein Sieb gegeben. Erst dann werden Blüten, Stiele und evtl. die Steine entfernt. Das Zerkleinern der Früchte wird durch Elektrogeräte erleichtert. Zum Zerkleinern weicher Früchte, z.B. Erdbeeren, eignet sich der Stampfer, der Mixaufsatz der Küchenmaschine oder die Kompaktküchenmaschine; für hartschalige Früchte, z.B. Quitten, der Fleischwolf und für kleine Mengen der Schnellmixstab oder der Stabmixer. Zur Zubereitung von Saft ist der Abschnitt „Entsaftungsmethoden", Seite 533 zu beachten. Sollen bei einer Konfitüre Fruchtstückchen erhalten bleiben, werden die Früchte nur grob zerkleinert.

Alle Arbeitsmittel, wie z.B. Topf, Schüssel, Gläser sowie Deckel, müssen vorher sorgfältig gereinigt werden. Damit keine Fasern vom Tuch auf die gespülten Gläser gelangen, werden diese nie abgetrocknet, sondern zum Abtropfen auf ein Geschirrtuch gestülpt.

Zubereitungsmethoden

Für die Zubereitung von Konfitüre, Marmelade, Gelee und Mus gibt es zwei Methoden:
- auf der Kochstelle
- im Backofen

Der Fruchtbrei oder der Saft wird mit dem Zucker unter ständigem Rühren in einem hohen Kochtopf auf der **Kochstelle** zum Kochen gebracht und bis zur Gelierprobe sprudelnd gekocht.

Pflaumenmus kann mühelos im **Backofen** zubereitet werden. Die Fruchtmasse wird ohne oder mit Zucker in den Bräter oder in die Fettpfanne gefüllt und in den Backofen geschoben. Bei einer Temperatur von 250 °C wird die Masse zum Kochen gebracht. Sobald die Fruchtmasse kocht, wird der Temperaturwähler auf 175 bis 200 °C zurückgeschaltet und die Backofentür zum Abziehen des Dampfes einen Spalt offengelassen. Dazu kann ein Löffelstiel zwischen Tür und Rahmen eingeklemmt werden. Die Masse muss ständig leicht kochen, ab und zu umgerührt und vom Topf- oder Pfannenrand gelöst werden. Für 5 kg Fruchtmasse rechnet man 3 bis 5 Stunden Kochdauer.
Das Muskochen kann auch ohne Aufsicht im Backofen über Nacht geschehen. Dafür stellt man von vornherein die Temperatur auf 150 °C ein. Damit der Dampf entweichen kann, muss die Backofentür einen Spalt geöffnet sein. Bei der Zubereitung von Mus im Umluftbackofen ist genau nach der Gebrauchsanweisung des Herstellers zu verfahren.

Orangen-Zitronen-Marmelade (Rezept Seite 545)

Einfüllen des Fruchtbreis und Verschließen der Gläser

Fruchtbrei, Gelee und Mus werden kochend heiß in vorbereitete Einmach- oder Schraubgläser randvoll gefüllt. Die vorgewärmten Gläser müssen auf einem feuchten Tuch stehen, damit sie beim Füllen nicht platzen. Sie werden sofort nach dem Füllen mit dem Schraubdeckel verschlossen oder mit einem angefeuchteten Einmach-Cellophan überspannt, das mit einem Gummiring befestigt wird. Alle Gläser werden mit Etiketten versehen, auf denen Inhalt, Menge bzw. Gewicht und Zubereitungsdatum vermerkt sind.

Aufbewahrung und Verwendung

Damit die Farbe und das Aroma der Produkte während der Lagerdauer erhalten bleiben, sollen die Gläser in einem dunklen, kühlen und trockenen Vorratsraum gelagert werden. Angebrochene Gläser sollen im Kühlschrank aufbewahrt werden. Selbsthergestellte Konfitüre, Marmelade und Gelee sind ein sofort verwendbarer Vorrat im Haushalt und ein immer willkommenes Geschenk.

Trocknen

Das Trocknen und Dörren ist eine sehr alte und wieder neu entdeckte Methode, Lebensmittel haltbar zu machen. Beim Trocknen wird den Lebensmitteln so viel **Wasser entzogen**, dass Fäulnisbakterien oder Schimmelpilze keine ausreichende Lebensgrundlage mehr haben. Bei einem Wassergehalt unter 14 % können sich Keime nicht mehr vermehren, und die getrockneten Lebensmittel sind viele Monate haltbar.

Geeignete Lebensmittel

Geeignet sind **Früchte**, wie Äpfel, Birnen, Pflaumen oder Aprikosen. Doch auch für **Pilze** und **Kräuter** eignet sich dieses Konservierungsverfahren.

Vorbereitung der Lebensmittel

Das **Obst** wird gewaschen, zerkleinert, Äpfel z.B. geschält, vom Kerngehäuse befreit, in möglichst gleich große und gleich dicke Stücke oder Scheiben geschnitten. **Pilze** werden gründlich geputzt, nicht gewaschen und in Scheiben geschnitten. **Kräuter** werden vor der Blüte gepflückt, gewaschen und trocken getupft.

Trocknungsmethoden

Es kann auf verschiedene Art getrocknet werden:
- an der Luft
- im Backofen
- im Dörrgerät

Um die Farbe des Trocknungsgutes zu erhalten, sollte die **Lufttrocknung** ohne starke Sonnenbestrahlung und bei Luftbewegung erfolgen. Die Luftbewegung beschleunigt den Trocknungsvorgang. Zum Trocknen werden die Lebensmittel auf Baumwollgarn aufgefädelt und aufgehängt. Damit die Feuchtigkeit von allen Seiten schnell entweichen kann, darf sich das Gut nicht berühren. Kräuter werden an den Stielen gebündelt und an einem warmen, schattigen Ort aufgehängt. Die Trocknungsdauer für Lebensmittel und auch für Kräuter beträgt mindestens 2 Tage.

Zum Trocknen besonders geeignet sind Früchte und Pilze, z.B. Feigen, Birnen, Äpfel, Aprikosen, Pflaumen und Pilze

Schneller als das Trocknen in der Luft ist das Trocknen von Obst, Pilzen und Kräutern **im Backofen** möglich. Im Backofen kann gleichzeitig auf maximal zwei Ebenen getrocknet werden. Damit die Lebensmittel nicht herunterfallen, werden sie auf mit Pergamentpapier oder Mull bespannte Roste verteilt. Um ein schnelles Entweichen der Feuchtigkeit zu erzielen, sollten die Lebensmittel möglichst nicht übereinander liegen. Die Temperatur wird beim Backofen mit Ober- und Unterhitze auf 75 °C eingestellt, im Umluftbackofen nach Gebrauchsanweisung des Herstellers. Damit die Feuchtigkeit abziehen kann, sollte die Backofentür etwas geöffnet bleiben. In einem Vorgang können, je nach Sorte, Mengen von 1 bis 2 kg getrocknet werden. Die Trocknungsdauer beträgt 3 bis 10 Stunden, je nach Art des Gutes.

Bei häufiger Nutzung und unabhängig vom Elektroherd kann auch ein **Dörrgerät** zum Trocknen eingesetzt werden. Es empfiehlt sich, nach der Gebrauchsanweisung des Herstellers zu arbeiten.

Aufbewahrung und Verwendung

Getrocknete Lebensmittel müssen zwar trocken, aber noch biegsam sein und sollen beim Durchbrechen keinen Saft zeigen. Sie werden in Dosen oder in Gläsern verpackt aufbewahrt. Luftdurchlässige Stoffbeutel sind nicht geeignet, da das Trockengut die Luftfeuchtigkeit aufnehmen kann.
Trockenobst kann roh verzehrt werden. Wird das Obst zum Kochen verwendet, wird es vorher etwa 2 Stunden eingeweicht. Pilze werden vor dem Einweichen gründlich gewaschen, 1½ Stunden eingeweicht und mit dem Einweichwasser gegart.

Süß-saure Gurken

2 kg	**kleine Gurken**
1 Stg	**Meerrettich**
20	**Schalotten**
1 Bd	**Dilldolden**
2 Pck	**Gurkengewürz**
1 l	**Wasser**
1 l	**Weinessig** 5 % Säure
750 g	**Zucker**
2 TL	**Salz**

Gurken in leicht gesalzenes Wasser legen und über Nacht stehen lassen.
Gurken gründlich bürsten und abtrocknen. Meerrettich schälen und in Stücke schneiden. Schalotten schälen, Dill waschen. Gurken abwechselnd mit Meerrettich, Schalotten, Dill und Gurkengewürz in vorbereitete Einkochgläser füllen.
Wasser mit Essig, Zucker und Salz **aufkochen** und über die Gurken gießen. Gläser mit Ring und Deckel verschließen und 20 bis 25 Minuten bei 75 °C einkochen.

Aziagurken

2 kg	**reife gelbe Gurken**
½ l	**Essig**
1 l	**Wasser**
½ l	**Weinessig** 5 % Säure
¼ l	**Wasser**
750 g	**Zucker**
1 – 2 TL	**Salz**
1	**Zitrone** unbehandelt
1 Stück	**Ingwerwurzel**
2	**Zimtstangen**
5	**Nelken**

Gurken waschen, schälen, halbieren und Kerne auskratzen. Fruchtfleisch in Stücke schneiden.
Essig mit Wasser **aufkochen**, über die Gurken gießen und die Gurken 24 Stunden zugedeckt stehen lassen.
Gurken abtropfen lassen.
Weinessig mit Wasser, Zucker, Salz, abgeschälter Zitronenschale und -saft, Ingwer, Zimtstangen und Nelken **ankochen**, Gurken portionsweise darin **fortkochen**, bis sie glasig sind. In vorbereitete Gläser oder Steinguttöpfe geben. Sud etwas einkochen lassen, über die Gurken gießen und Gefäße sofort verschließen.

Apfel-Pflaumen-Chutney

150 g	**Zwiebeln**
150 g	**Backpflaumen** ohne Steine
30 g	**Ingwerwurzel**
150 g	**Rosinen**
1 TL	**Senfkörner**
1 TL	**Salz**
1 TL	**Cayennepfeffer**
600 g	**brauner Kandis**
¼ l	**Rotweinessig**
1 kg	**Äpfel**

Zwiebeln schälen. Zwiebeln und Backpflaumen in feine Würfel schneiden.
Ingwerwurzel schälen, erst in Scheiben, dann in feine Würfel schneiden.
Alle Zutaten, außer Äpfel, in einem offenen Kochtopf **ankochen**.
Äpfel waschen, schälen, in Viertel schneiden und Kerngehäuse entfernen. Apfelviertel quer in dünne Scheiben schneiden, in den Sud geben, **aufkochen** und 40 Minuten **fortkochen**.
In den letzten Minuten häufiger umrühren, damit nichts ansetzt. Heiß in vorbereitete Gläser füllen und diese sofort verschließen.

Tipp:
- Die Zutaten ergeben 1,2 Liter.
- Passt als Beilage zu Wild und besonders gut zu Schweinebraten, als Würze zu Rotkohl oder Sauerkraut.

Tomaten-Chutney

1 kg	**Tomaten**
250 g	**Zwiebeln**
30 g	**Ingwerwurzel** oder 1 TL Pulver
¼ l	**Rotweinessig**
2	**Chilischoten**
1	**Zimtstange**
6	**Nelken**
200 g	**brauner Zucker**
2 EL	**Tomatenmark**
⅛ l	**Öl**

Tomaten überbrühen, abschrecken, abziehen, halbieren, entkernen und in nicht zu kleine Würfel schneiden. Zwiebeln und Ingwer schälen und in feine Würfel schneiden.

Alle Zutaten, außer Tomaten, Zwiebeln und Öl im offenen Kochtopf **ankochen**.

Tomaten und Zwiebeln zugeben und **aufkochen**, im offenen Kochtopf 30 Minuten **fortkochen**. Nach 15 Minuten Gardauer Öl hinzugeben.

Chutney sofort heiß in vorbereitete Gläser geben und diese sofort verschließen.

Tipp:

- Die Zutaten ergeben 0,7 Liter.
- Passt als Beilage zu Fisch, Geflügel und kurz Gebratenem.

Zwiebelrelish mit Curry

750 g	**Zwiebeln**
30 g	**Fett**
25 g	**Ingwerwurzel** oder 1 TL Pulver
4 TL	**Curry**
60 g	**weißer Kandis**
⅛ l	**Weißwein**
6 EL	**Weißweinessig**
	Salz

Zwiebeln schälen, in feine Würfel schneiden. Fett **erhitzen**, Zwiebeln hinzufügen und im geschlossenen Topf 10 Minuten **dünsten**.

Ingwer schälen und in feine Würfel schneiden, mit Curry und Kandis zu den Zwiebeln geben und kurz **andünsten**.

Mit Wein und Essig ablöschen und unter Rühren 30 Minuten **fortkochen**.

Mit Salz abschmecken. Heiß in vorbereitete Gläser füllen und diese sofort verschließen.

Tomaten-Paprika-Relish

250 g	**Tomaten**
250 g	**grüne Paprikaschoten**
250 g	**rote Paprikaschoten**
125 g	**Zwiebeln**
250 g	**Zucker**
	Salz
1 Msp	**Ingwerpulver**
1 TL	**Cayennepfeffer**
1 Msp	**Nelkenpulver**
1 TL	**Paprika** edelsüß
10	**Pfefferkörner**
⅛ l	**Rotweinessig**
1 Pck	**Einmach-Hilfe**

Tomaten überbrühen, abschrecken und abziehen.

Paprikaschoten halbieren, Kerne entfernen und waschen.

Zwiebeln schälen, Tomaten, Paprika und Zwiebeln grob zerkleinern.

Alle Zutaten, bis auf die Einmach-Hilfe, **ankochen** und 45 Minuten **fortkochen**. Portionsweise mit dem Schnellmixstab pürieren.

Einmach-Hilfe untermischen, in vorbereitete Gläser geben und diese sofort verschließen.

Erdbeer-Rhabarber-Konfitüre

S ■ ■

500 g	**Erdbeeren**
500 g	**Rhabarber**
1	**Zitrone** unbehandelt
500 g	**Gelierzucker**

Erdbeeren waschen, Blütenstiele entfernen und klein schneiden.
Rhabarber waschen, beide Enden abschneiden, von dicken Stangen Haut abziehen und in 1 cm lange Stücke schneiden.
Früchte mit Saft und abgeriebener Schale der Zitrone und Gelierzucker vermischen.
Im hohen Kochtopf unter Rühren **ankochen** und 3 Minuten unter Rühren **fortkochen**, abschäumen. Heiß in vorbereitete Gläser füllen und diese sofort verschließen.

Pfarrhauskonfitüre

■ ■

500 g	**Äpfel**
3/8 l	**Wasser**
1	**Zimtstange**
1 TL	**grob zerstoßene Pimentkörner**
2 kg	**unreife Stachelbeeren**
2 kg	**Zucker**
1 Fl	**Geliermittel** flüssig

Äpfel waschen, schälen, Kerngehäuse entfernen, Äpfel grob zerkleinern. Äpfel mit Wasser, Zimtstange und Piment **ankochen** und unter Rühren 10 Minuten **fortkochen**.
Apfelmus auf ein Sieb gießen und abtropfen lassen. Saft auffangen und 1/4 l abmessen.
Stachelbeeren waschen, Blüten und Stiele entfernen. Früchte im Mixer zerkleinern, mit Apfelsaft und Zucker mischen, unter Rühren **ankochen** und 10 Minuten **fortkochen**.
Geliermittel hinzufügen und kurz **aufkochen**, abschäumen.
Heiß in vorbereitete Gläser füllen und diese sofort verschließen.

Tipp:

Statt Äpfel 1/4 l Apfelsaft verwenden und mit Pimentkörnern und Zimtstange aufkochen. Saft durch ein Sieb gießen.

Kirschkonfitüre

■ ■

700 g	**Sauerkirschen**
300 g	**Süßkirschen**
4 EL	**Zitronensaft**
1 kg	**Gelierzucker**

Kirschen waschen, entsteinen und im Mixer grob zerkleinern.
Zitronensaft und 500 g Gelierzucker hinzufügen und 12 Stunden zugedeckt ziehen lassen.
Kirschmasse im hohen Kochtopf unter Rühren **ankochen**, restlichen Gelierzucker hinzufügen und unter Rühren erneut **aufkochen** und 3 Minuten **fortkochen**, abschäumen. Heiß in vorbereitete Gläser füllen und diese sofort verschließen.

Aprikosenkonfitüre

■ ■

1 kg	**Aprikosen** entsteint gewogen
1 kg	**Gelierzucker**
5 EL	**Apricot Brandy** oder Aprikosenlikör

Früchte waschen, abtrocknen, halbieren, entsteinen und in kleine Stücke schneiden. Früchte mit Gelierzucker vermischen und zugedeckt 3–4 Stunden ziehen lassen.
Im hohen Kochtopf unter Rühren **ankochen** und 4 Minuten **fortkochen**, abschäumen. Likör einrühren, heiß in vorbereitete Gläser füllen und diese sofort verschließen.

Willkommene Mitbringsel: Süße und pikante Kreationen haltbar gemachter Früchte und Gemüse.

Kumquat-Grapefruit-Marmelade

500 g	**Kumquats**
2	**rosa Grapefruits**
1	**Orange**
1 kg	**Gelierzucker**

Kumquats waschen, in dünne Scheiben schneiden, dabei die Kerne entfernen.
Grapefruits und die Orange wie einen Apfel schälen, die weiße Haut ebenfalls entfernen und Früchte filetieren.
Die Früchte mit dem Gelierzucker vermischen, 24 Stunden abgedeckt ziehen lassen. Im hohen Kochtopf unter Rühren **ankochen**, 3 Minuten unter Rühren **fortkochen**, abschäumen. Heiß in vorbereitete Gläser füllen und diese sofort verschließen.

Orangen-Zitronen-Marmelade

6–8	**Orangen** davon 3 unbehandelt
2	**Zitronen** unbehandelt
20 g	**Gelfix**
1 kg	**Zucker**
50 ml	**Cointreau**

Orangen waschen, abtrocknen. Von den unbehandelten Orangen die Schale abreiben.
Die übrigen Orangen schälen, weiße Haut von allen Orangen entfernen, Orangenfilets (mit Trennhäuten) in Stücke schneiden, wiegen (700 g).
Zitronen waschen, abtrocknen, dünn schälen, die weiße Haut entfernen, die Schale in feine Streifen schneiden, Zitronen auspressen, Saft abmessen (150 ml).

Von der Zuckermenge 2 EL abnehmen, mit Gelfix mischen, mit den Früchten, Orangen- und Zitronenschale und Zitronensaft im hohen Kochtopf unter Rühren **ankochen**, restlichen Zucker hinzufügen und 1 Minute unter Rühren **fortkochen**, abschäumen.
Cointreau unterrühren, heiß in vorbereitete Gläser füllen und diese sofort verschließen.

Birnengelee mit Himbeeren

¾ l	**Birnensaft** ungesüßt
	Saft von 1 Zitrone
100 g	**Himbeeren**
1 kg	**Gelierzucker**

Himbeeren waschen, Blütenstiele entfernen. Mit Birnen- und Zitronensaft und der Hälfte des Gelierzuckers im hohen Kochtopf unter Rühren **ankochen**. Restlichen Gelierzucker hinzufügen, unter Rühren **aufkochen** und 3 Minuten **fortkochen**, abschäumen. Heiß in vorbereitete Gläser füllen und diese sofort verschließen.

Quittengelee

1 l	**Quittensaft** ungesüßt
1	**Zitrone** unbehandelt
½	**Vanilleschote**
1 kg	**Gelierzucker**

Saft mit der Hälfte des Gelierzuckers, dünn abgeschälter Zitronenschale und Vanilleschote im hohen Kochtopf unter Rühren **ankochen**, restlichen Gelierzucker hinzufügen, unter Rühren **aufkochen** und 3 Minuten **fortkochen**, abschäumen. Vanilleschote und Zitronenschale entfernen. Gelee heiß in vorbereitete Gläser füllen und diese sofort verschließen.

Johannisbeergelee mit Cassis

½ l	**Johannisbeersaft** rot, ungesüßt
½ l	**Johannisbeersaft** schwarz, ungesüßt
1 kg	**Gelierzucker**
2 EL	**Cassis**

Saft mit Gelierzucker in einem hohen Kochtopf unter Rühren **aufkochen**, 2 Minuten **fortkochen**, abschäumen.
Cassis hinzufügen, heiß in vorbereitete Gläser füllen und diese sofort verschließen.

Pflaumenmus

5 kg	**Pflaumen**
100 g	**Zucker**
1 Stg	**Zimt**
1	**Nelke**

Pflaumen waschen, entsteinen und portionsweise im Mixer zerkleinern.
Mit Zucker und Gewürzen mischen, in die Fettpfanne, einen Bräter oder in große Kochtöpfe füllen. Backofen auf 250 °C vorheizen.
Bräter oder Kochtöpfe ohne Deckel direkt auf den Backofenboden stellen, Fettpfanne in die untere Einschubleiste schieben.
Die Fruchtmasse bei 250 °C ankochen, zum Einkochen auf 175 bis 200 °C zurückschalten und die Backofentür etwas offen lassen, damit der Dampf entweichen kann.
Das Mus muss immer leicht am Kochen bleiben.
Ab und zu umrühren und die Masse am Topf- oder Fettpfannenrand lösen.
Für 5 kg Fruchtmasse rechnet man ca. 3–5 Stunden Kochdauer.

Tipp:

Falls die Backofentür keine Arretierung hat, Bratenwender zwischen Tür und Rahmen klemmen, damit die Backofentür etwas geöffnet bleibt.

Anhang

Auf den nachfolgenden Seiten sind kapitelübergreifende Informationen zusammengestellt.

Umrechnungstabelle

1 kg	=	1000 g	≙	1 Liter	=	1000 ml	=	100 cl = 10 dl
¾ kg	=	750 g	≙	¾ Liter	=	750 ml		
½ kg	=	500 g*)	≙	½ Liter	=	500 ml		
¼ kg	=	250 g	≙	¼ Liter	=	250 ml		
⅛ kg	=	125 g	≙	⅛ Liter	=	125 ml	≙	8 EL ≙ 1 Tasse randvoll
⅒ kg	=	100 g	≙	⅒ Liter	=	100 ml	≙	Inhalt einer Sektschale
						50 ml	≙	Inhalt eines Cocktailglases
						20 ml	≙	Inhalt eines Schnapsglases
						15 ml	≙	Inhalt eines Esslöffels
						5 ml	≙	Inhalt eines Teelöffels

*) oder 1 Pfund (gebräuchliche, aber nicht genormte Mengenangabe für 0,5 kg)

Löffelmaße

Produkt	Esslöffel gestrichen	Gewicht gerundet	Teelöffel gestrichen	Gewicht gerundet
Backpulver	1 EL	10 g	1 TL	3 g
Fett fest	1 EL	15 g	1 TL	5 g
Gelatine gemahlen	1 EL	10 g	1 TL	3 g
Grieß	1 EL	12 g	1 TL	3 g
Haferflocken	1 EL	8 g	1 TL	2 g
Kaffee gemahlen	1 EL	6 g	1 TL	2 g
Kakao	1 EL	6 g	1 TL	2 g
Mayonnaise	1 EL	15 g	1 TL	5 g
Mehl	1 EL	10 g	1 TL	3 g
Milchpulver	1 EL	8 g	1 TL	2 g
Öl	1 EL	12 g	1 TL	3 g
Paniermehl	1 EL	8 g	1 TL	2 g
Puderzucker	1 EL	10 g	1 TL	3 g
Reis	1 EL	15 g	1 TL	5 g
Salz	1 EL	15 g	1 TL	5 g
Speisestärke	1 EL	9 g	1 TL	3 g
Tee	1 EL	6 g	1 TL	2 g
Zucker	1 EL	15 g	1 TL	5 g

A

Abbrennen
Rühren von Mehl- oder Grießbrei in der Nachwärme, bis sich die Masse als Kloß vom Boden des Kochtopfes löst.
Beispiel: Brandteig, Grießklößchen

Ablöschen
Zugießen von heißer oder kalter Flüssigkeit.
Beispiel: Mehlschwitze, Bratenfond, Karamellsoße; siehe Karamellisieren

Abschlagen
Rühren von rohen Zutaten bei mittlerer Wärmezufuhr, bis eine dickflüssige, schaumige Masse entsteht.
Beispiel: Cremes, Soßen

Abschrecken
Übergießen gegarter, heißer Lebensmittel mit kaltem Wasser.
Beispiel: Eier, Teigwaren

Abwällen (Überbrühen, Abbrühen)
Kurzfristiges Erwärmen roher Lebensmittel durch Übergießen mit siedender Flüssigkeit.
Beispiel: Tomaten, Pfirsiche, Mandeln

Die rot herausgehobenen Garverfahren finden Sie in den Rezepten und in der Einstellungstabelle Ausklappseite 552 a wieder.

Auslassen
Ausbraten von überwiegend fetthaltigen, zerkleinerten Lebensmitteln.
Beispiel: Flomen, Speck

B

Backen
Garen und Bräunen von Teigen
- im Backofen in heißer Luft bei Temperaturen von 140 °C bis 225 °C
  Beispiel: Gebäck
- auf der Kochstelle in der Pfanne in heißem Fett bei Temperaturen von 180 °C
  Beispiel: Pfannkuchen, Eierkuchen
- auf der Kochstelle oder in der Fritteuse im Fettbad bei Temperaturen von 160 °C bis 200 °C
  Beispiel: Berliner Pfannkuchen; siehe Frittieren

Binden
Andicken einer kochenden Flüssigkeit durch Zugabe von Bindemittel.
Beispiel: Suppen, Soßen, Süßspeisen

Blanchieren
- kurzes Kochen roher Nahrungsmittel in reichlich siedendem Wasser (1 bis 4 Minuten).
  Beispiel: Gemüse für Gefrierlagerung
- kurzes Erhitzen roher Lebensmittel im Siebeinsatz über Wasserdampf oder im Dampf-Gargerät.
  Beispiel: Gemüse für Gefrierlagerung

Bräunen
Braun werden lassen in heißem Fett im offenen Gefäß.
Beispiel: Mehl für dunkle Grundsuppe und -soße, Zwiebel, Fleisch, Kartoffelbällchen

Braten
Bräunen und Garen im eigenen Fett oder mit wenig heißem Fett
- auf der Kochstelle in der Pfanne oder im Bratgeschirr bei Temperaturen von 180 °C
- im Backofen in heißer Luft bei Temperaturen von 160 °C bis 250 °C
  - im Bratgeschirr, offen oder geschlossen
  - in der Fettpfanne
  - auf dem Rost über der Fettpfanne

Beispiel: Fleisch, Fisch, Kartoffeln

Abkürzungen

EL	=	gestrichener Esslöffel
TL	=	gestrichener Teelöffel
kg	=	Kilogramm
g	=	Gramm
mg	=	Milligramm
µg	=	Mikrogramm
l	=	Liter
ml	=	Milliliter
cm	=	Zentimeter
kJ	=	Kilojoule
kcal	=	Kilokalorie
°C	=	Grad Celsius
%	=	Prozent
≙	=	entspricht
Std.	=	Stunde
Bd	=	Bund
Fl	=	Flasche
Msp	=	gehäufte Messerspitze
Pck	=	Päckchen
Stg	=	Stange
TK	=	Tiefkühlkost
1 Prise	=	Menge, die zwischen Daumen und Zeigefinger gefasst werden kann.

Zur Benutzung des Buches

s.	siehe
s.S.	siehe Seite
f.	Seite ... und folgende Seite
ff.	Seite ... und folgende Seiten

Symbole

S

„Schnelle Küche"
Das fertige Gericht kann innerhalb von 30 Minuten serviert werden.

■ ■

„Lässt sich vorbereiten"
Das Gericht oder Teile davon lassen sich schon am Tag vorher zubereiten.

D/KD

Verwendung von Dampf-Gargeräten
Dieses Gericht oder einzelne Komponenten können im Dampf-Gargerät „D" nährstoffschonend zubereitet werden oder werden im Kombinations-Backofen mit Dampf „KD" besonders saftig, knusprig und gut gebräunt.

G

Grundrezept
Dieses Rezept vermittelt Grundlegendes für die Zubereitung. Es lässt sich leicht nach Geschmack und Bedarf abwandeln.

Einstellungsempfehlungen zu den in den Rezepten angegebenen Garverfahren

In den Rezepten sind die Garverfahren, z.B. Kochen, Dünsten, Braten, optisch hervorgehoben. Sie sind in der Übersicht „Kochtechnische Begriffe", Seite 550 kurz erklärt. Eine ausführliche Beschreibung kann im Kapitel „Garverfahren", Seite 68 ff. nachgelesen werden. Die empfohlene Einstellung für die unterschiedlichen Garverfahren kann der nebenstehenden Tabelle entnommen werden.
Für die Zubereitung der Gerichte kann sowohl die Normal- und die Blitz-Kochstelle als auch die Automatik-Kochstelle, siehe Kapitel „Elektroherd" Seite 36, eingesetzt werden.

Einsatz der Normal- und der Blitz-Kochstelle
Die Normal- und die Blitz-Kochstelle werden je nach Herdtyp über einen Schalterknebel mit Merkzahlen bis 3, bis 9 oder bis 12 in Betrieb genommen. Für „ankochen/erhitzen" wird zunächst die höchste Einstellung gewählt und für „fortkochen/weitergaren" von Hand auf eine niedrigere Einstellung zurückgeschaltet.

Einsatz der Automatik-Kochstelle
Die Automatik-Kochstelle wird je nach Herdtyp über einen Schalterknebel mit Merkzahlen bis 9 oder bis 12 in Betrieb genommen. Das Umschalten von „ankochen/erhitzen" auf „fortkochen/weitergaren" geschieht bei dieser Kochstelle selbsttätig, und zwar durch die so genannte Ankochautomatik.

Anwendungsbeispiel

Rezept:
Linsensuppe, Seite 109
Zubereitungsangabe:
Suppe **ankochen** und 20–30 Minuten **fortkochen**.

Einstellung der Automatik-Kochstelle auf:
3–4 bei Kennzeichnung mit 9 Merkzahlen und Ankochautomatik;
4–6 bei Kennzeichnung mit 12 Merkzahlen und Ankochautomatik

Zu Beginn des Garverfahrens wird nur die Einstellung für „fortkochen/weitergaren" und die Ankochautomatik gewählt. Damit ist für eine bestimmte Dauer die hohe Heizleistung für „ankochen/erhitzen" eingeschaltet. Nach Ablauf dieser Dauer wird automatisch die niedrige Einstellung für „fortkochen/weitergaren" wirksam.
Die Ankochautomatik wird je nach Herdtyp auf unterschiedliche Weise in Betrieb gesetzt, deshalb die Gebrauchsanweisung des Herstellers beachten.
Der Einsatz der Automatik-Kochstelle bedeutet für den Benutzer:
- gedankliche Entlastung, denn das Garen muss nicht beaufsichtigt werden.
- Stromersparnis, denn das Herunterschalten geschieht rechtzeitig.

Wird auf die Ankochautomatik verzichtet, kann die Automatik-Kochstelle wie die Normal- und die Blitz-Kochstelle genutzt werden.

Einstellungsempfehlungen

Garverfahren	Einstellbereiche				
	Normal-/Blitz-Kochstelle			Automatik-Kochstelle	
				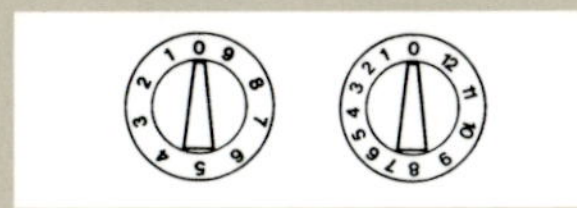	
ankochen erhitzen aufkochen blanchieren	3	9	12	Bei Nutzung der Ankochautomatik entfällt die Einstellung „9" bzw. „12" für „ankochen" bzw. „erhitzen" 9	12
anbraten andünsten auslassen bräunen rösten frittieren karamellisieren	2½	6 – 8	9 – 11	6 – 8	9 – 11
braten backen	2	5 – 7	8 – 10	5 – 7	8 – 10
abschlagen	2	3 – 5	5 – 7	3 – 5	5 – 7
fortkochen dämpfen dünsten schmoren	1	3 – 4	4 – 6	3 – 4	4 – 6
große Mengen:	1½	4 – 5	6 – 7	4 – 5	6 – 7
quellen garziehen erwärmen stocken schmelzen	½	1 – 2	1 – 3	1 – 2	1 – 3
Nachwärme	0	0	0	0	0

• Die angegebenen Einstellbereiche sind Mittelwerte. Die Gebrauchsanweisung zum jeweiligen Elektroherd ist zu beachten. • Grundsätzlich reicht für empfindliche Speisen, kleine Mengen und gutes Kochgeschirr eine niedrige Einstellung im angegebenen Bereich aus.

Einstellungsempfehlungen zu den in den Rezepten angegebenen Garverfahren

Dieses Blatt bitte
parallel zu jedem
Rezept ausklappen.

Das **Anbraten** ist ein kurzes Bräunen zu Beginn des Garvorganges bei höheren Temperaturen.

Dämpfen
Garen in Wasserdampf im geschlossenen Gefäß bei einer Temperatur von 80 °C bis 100 °C oder im Dampf-Gargerät, mit und ohne Dampfdruck, bei Temperaturen von 75 °C bis 120 °C
– im Siebeinsatz
Beispiel: Gemüse, Kartoffeln, Fisch

Dünsten
Garen im geschlossenen Gefäß oder Dampf-Gargerät bei einer Temperatur von 80 °C bis 100 °C
– im eigenen Saft
– in wenig Flüssigkeit
– im gelochten Garbehälter
meist unter Zugabe von wenig Fett.
Beispiel: Fisch, Gemüse, Obst
Das **Andünsten** ist ein kurzes Dünsten zu Beginn des Garvorganges bei höheren Temperaturen.

Druckgaren
Garen im Spezialgefäß (Schnellkochtopf oder -bratpfanne, Dampf-Druckgargerät) bei einem erhöhten Betriebsdruck und einer Temperatur bis zu 120 °C
Beispiel: Brühsuppen, Hülsenfrüchte, Gemüse, Kartoffeln, Gulasch, Rouladen

Einkochen (Sterilisieren)
Erhitzen von Lebensmitteln in Gläsern, Flaschen oder Blechdosen auf Temperaturen von ca. 100 °C über einen bestimmten Zeitraum im
– Einkochkessel
– Kochtopf auf der Kochstelle
– Schnellkochtopf
– Dampf-Gargerät
– Backofen
Beispiel: Obst, Gemüse, Fleisch

Erhitzen
Heißmachen von Lebensmitteln.
Beispiel: Fett, Flüssigkeiten

Erwärmen
Erneutes Warmmachen von fertig gegarten Speisen bei niedrigen Temperaturen.
Beispiel: Suppen, Eintöpfe, Gemüse in Soße

Flambieren
Übergießen von Speisen mit kleinen Mengen hochprozentigem evtl. erwärmtem Alkohol, anzünden und abbrennen lassen oder brennend auftragen.
Beispiel: Fleisch, Obst, Eisspeisen, Plumpudding

Frittieren
Garen und Bräunen in viel heißem Fett, je nach Fettart bei einer Temperatur von 160 °C bis 200 °C
– auf der Kochstelle im Kochtopf
– in der Fritteuse
Beispiel: Fleisch-, Fisch-, Gemüse-, Kartoffel-, Obst-, Teigstücke, Pommes frites, Kroketten

Garziehen
Langsames Garen in viel Flüssigkeit unterhalb des Siedepunktes bei Temperaturen von 75 °C bis 95 °C nach dem Einlegen der Lebensmittel in kochende Flüssigkeit.
Beispiel: Klöße, Fisch, pochierte Eier

Glacieren
Überziehen von Speisen
– mit eigenem Saft, meist unter Zusatz von Geliermitteln.
  Beispiel: Fleisch, Fisch, Gemüse, Eier, Früchte
– mit Zuckerglasur
  Beispiel: Gebäck, Früchte

Grillen
Bräunen und Garen ohne oder mit wenig Fett durch
– intensive Wärmestrahlung
  – im Backofen
  – im Tischgrill
  Beispiel: Steaks, Würstchen, Leber, Fisch, Früchte, Geflügel im Ganzen, Rollbraten

– Wärmeleitung im Kontaktgrill
Beispiel: Fleisch- und Fischscheiben, Würstchen

Umluftgrillen ist ein Bräunen und Garen durch kombinierte Wärmestrahlung und Wärmeströmung.

Karamellisieren
Schmelzen und Bräunen von Zucker unter ständigem Rühren, bei gewünschtem Bräunungsgrad mit heißer Flüssigkeit ablöschen.
Beispiel: Karamellsoße, Karamellflammeri

Kochen
Garen in viel Flüssigkeit im geschlossenen Gefäß bei einer Temperatur von etwa 100 °C.
Beispiel: Suppen
Der Garvorgang Kochen ist unterteilt in **Ankochen** bei hoher Temperatur und **Fortkochen** bei niedriger Temperatur. **Aufkochen** ist ein erneutes Ankochen.

Legieren
Verfeinern gegarter, nicht mehr kochender Speisen
- durch Einrühren von Sahne oder Butter
- durch Einrühren von Eigelb, verrührt mit Sahne oder anderer Flüssigkeit.

Beispiel: Suppen, Soßen, Süßspeisen

Niedertemperatur-Garen
(Niedrigtemperatur-Garen)
Bratgut wird bei hohen Temperaturen angebraten und bei niedrigen Temperaturen (70 bis 110 °C) im Backofen weiter gegart.

Pfannenrühren
Garen von stark zerkleinerten Lebensmitteln im Wok unter ständigem Rühren.
Beispiel: Fleisch oder Fisch mit Gemüse

Quellen
Garen in reichlich Flüssigkeit unter Wasseraufnahme und Volumenzunahme des Garguts bei einer Temperatur von 70 °C bis 95 °C.
Beispiel: Reis, Grieß, Sago, Teigwaren, Hülsenfrüchte

Reduzieren (Eindicken)
Entziehen von Flüssigkeit aus Speisen durch längeres Erhitzen im offenen Kochgeschirr.
Beispiel: Mus, Bratenfond

Rösten
Bräunen mit und ohne Fett
- in der offenen Pfanne
  Beispiel: Paniermehl, Semmelbröckchen, Mandeln
- im Backofen auf dem Rost oder Backblech
  Beispiel: Brotscheiben, Esskastanien
- im Toaster
  Beispiel: Brotscheiben

Schmelzen
Verflüssigen von festen Lebensmitteln bei niedrigen Temperaturen.
Beispiel: Fett, Schokolade

Schmoren
Kombiniertes Garverfahren: Anbraten in wenig heißem Fett im offenen Gefäß bei einer Temperatur von etwa 180 °C und anschließendem Weitergaren im geschlossenen Gefäß unter Zugabe von wenig heißer Flüssigkeit bei einer Temperatur von 80 °C bis 100 °C auf der Kochstelle oder im Backofen.
Beispiel: Gulasch, Rouladen, Sauerbraten

Stocken
Garen von Eiern oder Eimasse mit und ohne Fett in der Pfanne bei einer Temperatur von etwa 120 °C oder in Förmchen im Wasserbad.
Beispiel: Eierspeisen, Eierstich

Überbacken (Gratinieren)
Bräunen von Speisen evtl. bis zur Krustenbildung an der Oberfläche
- im Backofen bei Temperaturen von 225 °C bis 275 °C
- unter der Grillbeheizung

Beispiel: Toast, Ragout fin

Für Ihre Notizen:

Kräuter und Gewürze geben allen Gerichten das gewisse Etwas an Geschmack und Geruch und tragen damit zum Vergnügen am Essen bei.
Beide enthalten Stoffe, die heilsam wirken und den Organismus günstig beeinflussen. Kräuter, wie Basilikum, Dill, Kerbel, Petersilie und Schnittlauch, ergänzen z.B. die Speisen mit Vitaminen und Mineralstoffen und steigern das Wohlbefinden. Bei den Gewürzen wirken Anis, Fenchel, Kümmel und Majoran wohltuend und beruhigend auf den Magen. Durchblutungsfördernd sind Ingwer, Paprika und Pfeffer. Senf unterstützt das Verdauen fettreicher Speisen.
Am Duft von Kräutern und Gewürzen können die Speisen auch bestimmten Ländern zugeordnet werden. Während in Frankreich gern Knoblauch, Lavendel und Thymian verwendet wird, gehören zur italienischen Küche Salbei und Basilikum. Aus England ist der Minzgeruch, aus Indien Curry und aus Skandinavien z.B. Dill bekannt.
Wer Speisen abwechslungsreich abschmecken möchte, kann heutzutage aus einer breiten Palette auswählen.
Kräuter sind frische Pflanzenteile, die tiefgefroren oder getrocknet, gerebelt oder gemahlen im Angebot sind.
Gewürze sind naturbelassene, im Allgemeinen getrocknete Pflanzenteile, wie Blüten, Blätter, Wurzeln oder Rinde.
Kräuter und Gewürze sollen den Geschmack der Speisen nur unterstützen, verfeinern und abrunden, jedoch nicht überdecken.
Wie stark gewürzt wird, ist natürlich eine Frage des persönlichen Geschmacks. Bei der Verwendung von ausgewählten Kräutern und Gewürzen kann aber die Zugabe von Kochsalz reduziert werden. Deshalb empfiehlt es sich, die Gerichte mit Kräutern und Gewürzen zuzubereiten und danach erst nachzusalzen, da sich Kochsalz schnell in den Speisen verteilt.

Kräutertipps

- Frische Kräuter erst kurz vor dem Gebrauch zerkleinern, um Duft, Geschmack, Aussehen, Vitamine und Mineralstoffe zu erhalten.
- Da sich das Aroma während des Kochens verflüchtigt, sollten feine frische Kräuter, wie Basilikum, Kerbel, Petersilie und Schnittlauch, erst zum Schluss zu den Speisen zugegeben werden.
- Frische Kräuter zum Garnieren von Speisen verwenden.
- Kräftig schmeckende Kräuter, wie Bohnenkraut, Rosmarin und Thymian, mit Stielen mit den Speisen mitgaren und nach der Gardauer entfernen.
- Tiefgefrorene Kräuter in das fertige Gericht geben, in dem sie dann auftauen.
- In einen Stoffbeutel eingebunden können Kräuter in Flüssigkeiten, wie Suppen, gehängt und mühelos wieder herausgezogen werden.
- Zum Trocknen werden frische Kräuter bündelweise aufgehängt und im Backofen bei 50 – 100 °C oder im Mikrowellengerät getrocknet.
- Da sich das Aroma leicht verflüchtigt, getrocknete Kräuter in luft- und lichtdichten Behältern fest verschlossen aufbewahren.
- In Essig und Öl eingelegt, sind Kräuter kühl und dunkel aufbewahrt lange haltbar.

Basilikum
Die frischen oder getrockneten Blätter, auch als Pulver erhältlich, haben ein leicht nelkenartiges, frischwürziges Aroma und sind aus der mediterranen Küche nicht wegzudenken. Für Fisch- und Tomatengerichte sowie Pesto für Nudeln ist das Kraut unentbehrlich, aber auch Hammel- und Schweinefleischgerichte, Gurken und Eintöpfe können damit verfeinert werden. Bei der Verwendung von Kräuteressig, z.B. für Marinade, wird diese Geschmacksrichtung ebenfalls an die Speisen gegeben.

Beifuß
Die frischen oder getrockneten Blütenrispen und -knospen, mit einem leicht würzigen, bitteren Geschmack sind für Gemüse- und Fleischbrühen sowie Gänse- und Entenbraten geeignet.

Bohnenkraut
Die frischen oder getrockneten Blätter und Stängel, mit einem würzigen, pfeffrigen Aroma, geben Bohnengerichten, Gemüsesuppen, herzhaften Salaten, aber auch Geflügel- und Wurstgerichten einen kräftigen, kräuterigen Geschmack.

Borretsch
Die frischen Blätter und Blüten sind mit dem gurkenähnlichen Geschmack besonders für Salate, Marinaden, Kräutersoßen und Kartoffelgerichte geeignet.

Dill
Die frischen oder getrockneten Blattspitzen haben ein leicht herbes Aroma und passen am besten zu Gurken, sauer Eingelegtem, Tomaten und hellen Soßen, aber auch bei Fisch- und Eiergerichten runden sie den Geschmack ab.

Estragon
Die frischen und getrockneten Triebe des leicht pfeffrigen und aromatischen Krautes sollten vorsichtig dosiert zum Verfeinern von Salaten, Nudelspezialitäten, aber auch Kalbfleisch, Ragouts, Soßen und der Vinaigrette verwendet werden.

Kerbel
Die frischen oder auch getrockneten und gemahlenen Blättchen schmecken leicht nach Anis und Fenchel. Sie passen zu Blatt- und Tomatensalat, zu Kräutersoßen, Rührei, Omelette und Cremesuppen.

Kresse
Die scharfen, fast senfähnlich schmeckenden Blätter der Garten- oder Brunnenkresse werden frisch ganz oder geschnitten verwendet. Kresse kann für Salate, Suppen, Soßen, Kurzbratgerichte oder auch als Beilage zu kalten Fleisch- und Eiergerichten verwendet werden.

Liebstöckel
Die Blätter und Stängel, frisch oder getrocknet, schmecken bitter süßlich und intensiv nach Sellerie. Sparsame Verwendung ist empfohlen zu Suppen, Fleisch-, Fisch- und Gemüsebrühen, Eintöpfen sowie Kräutersoßen.

Majoran
Die Blätter und Stängel können frisch, getrocknet und gerebelt oder gemahlen verwendet werden und geben dem Gericht ein stark würziges, leicht bitteres Aroma. Mit Majoran würzt man Tomatensoße, Kartoffelsuppe, Enten- und Gänsebraten sowie Hackfleisch- und Lebergerichte.

Minze
Die jungen frischen Blätter der Pfefferminze, mit dem vom Pfefferminztee bekannten Aroma, eignen sich für eine Minzsoße zu Lammfleisch oder zum Garnieren von Süßspeisen.

Oregano
Oregano ist ein wild wachsender Majoran, er schmeckt etwas schärfer als dieser. Das Kraut entwickelt seinen Geschmack erst richtig beim Garen. Die frischen Blättchen, auch getrocknet, gerebelt oder gemahlen, werden für Pizza, pikante Soßen, Auberginen, Tomaten und Zucchini verwendet.

Petersilie
Es werden die krausen oder glatten Blätter der Petersilie und die Wurzeln verwendet. Dieses meistverwendete Küchenkraut gibt es frisch, getrocknet und gerebelt im Angebot.
Die Blattpetersilie hat einen herzhaften Geschmack, während die Wurzel kräftig, fast sellerieartig schmeckt.
Blattpetersilie wird frisch für Gemüse, Eintöpfe, Kartoffel-, Fisch- und Geflügelgerichte, Salate, Marinaden, Kräutersuppen und -soßen und Eierspeisen zur Geschmacksverfeinerung verwendet und passt als Garnierung zu vielen Speisen. Die Petersilienwurzel dient beim Mitgaren in Brühen zur Geschmackskräftigung.

Pimpinelle
Die frischen Blättchen der Würzpflanze werden mitgekocht in Eierspeisen, Kräutersuppen und -soßen.

Rosmarin
Die frischen oder getrockneten, gerebelten oder gemahlenen Laubblätter sind würzig, leicht harzig schmeckend und sollten mäßig dosiert zu deftigen Braten von Schwein, Lamm, Wild, aber auch zu Pilz- und Kartoffelgerichten gegeben werden.

Salbei
Die frischen oder getrockneten Blätter, auch gerebelt oder gemahlen, sind stark aromatisch und leicht bitter. Das Kraut ist nur sparsam zu verwenden für Leber, Kalbsschnitzel, Lamm- und Schweinekoteletts sowie Nudelgerichte, Kräutersoßen, Salate.

Sauerampfer
Das Kraut lässt sich nur frisch verwenden. Es schmeckt sauer, leicht bitter. Es ist geeignet für Suppen, Soßen und als Salat.

Schnittlauch
Die frischen gehackten oder geschnittenen röhrenförmigen Blätter mit dem milden Zwiebelaroma passen zu Gerichten, die auch mit Zwiebeln gewürzt werden können, wie Pilze, Salate, Marinaden, Eier- und Fischgerichten.

Thymian
Die frischen oder getrockneten Blätter, gerebelt oder gemahlen, haben ein intensives, leicht pfeffriges Aroma und sind für Braten von Schwein und Lamm, Hackfleisch-, Kartoffel- und Pilzgerichte, Innereien und Geflügel geeignet.

Zitronenmelisse
Die frischen und getrockneten Blätter der Zitronenmelisse schmecken, wie der Name schon sagt, leicht säuerlich zitronenähnlich. Mit den frischen Blättern lassen sich Blatt- und Rohkostsalate, Kräutersoßen, Tomatengerichte, Lammbraten abschmecken, und sie sind zum Garnieren von Süßspeisen geeignet. Getrocknet dienen sie für Melissentee, als Erfrischungsgetränk oder Sorbet.

Gewürztipps

- Da sich das Aroma leicht verflüchtigt, Gewürze in luft- und lichtdichten Behältern fest verschlossen aufbewahren.
- Gewürze erst unmittelbar vor der Verwendung zerkleinern, z.B. in Pfeffermühle, mit Muskatreibe oder Mörser, damit die Geschmacks- und Aromastoffe erhalten bleiben.
- Gemahlene Gewürze nur in kleinen Mengen einkaufen.
- Gewürze, die in Beuteln oder Tüten im Handel sind, sollten nach dem Öffnen ebenfalls in luft- und lichtdichte Behälter umgefüllt werden.

Anis

Die getrockneten Samenkörner, auch gemahlen, mit leicht süßlichem Geschmack, sind für Backwerk, Obstkompott, Grog und Punsch geeignet.

Cayennepfeffer

Die getrockneten und gemahlenen, sehr scharfen Chilischoten sind für Tomatensuppe und Fleischgerichte geeignet, sie passen zu zahlreichen Speisen der spanischen, indischen, chinesischen und lateinamerikanischen Küche.

Curry

Die indische Gewürzmischung besteht aus Kurkuma, Kardamom, Pfeffer, Ingwer, Piment, Zimt, Nelken, Muskat und Koriander. Das aromatische, harmonisch schmeckende Currypulver passt gut zu Geflügel- und Fischgerichten, Reis und pikanten Soßen.

Ingwer

Die Wurzeln der Ingwerpflanze werden frisch, getrocknet und gemahlen, kandiert oder eingelegt verwendet. Frischer oder gemahlener Ingwer passt zu Geflügelgerichten, eingelegter oder kandierter Ingwer zu Backwerk oder Kompott.

Kapern
Die eingelegten Blütenknospen mit dem würzig herben Geschmack sind für pikante Suppen und Soßen, Frikassees und Ragouts, Fischgerichte und zum Garnieren geeignet.

Kardamom
Die getrockneten, auch gemahlenen Samenkörner sind aromatisch, würzig und unentbehrlich für die Weihnachtsbäckerei, z.B. Lebkuchen und Gewürzplätzchen. Obstspeisen und herzhaften Lammgerichten gibt eine Prise Kardamom eine besondere Geschmacksrichtung.

Knoblauch
Der Geschmacksstoff kann durch frische „Zehen", auch getrocknet und gemahlen als Knoblauchpulver oder -salz vermittelt werden. Das würzige, unverkennbare zwiebelartige Aroma ist für herzhafte Fleischgerichte, wie Lamm, ebenso geeignet wie für Salate, Marinaden und Gemüsekombinationen der mediterranen Küche.

Koriander
Die Samenkörner, ganz oder gemahlen, mit dem würzig, leicht süßlichen Geschmack, finden Verwendung für Lebkuchen- und Gewürzgebäck, Schweinefleisch und für das Würzen von Brot.

Kümmel
Die ganzen oder gemahlenen Samenkörner sind stark würzig und für Brot, Kohlgerichte, Rote Bete und Fleischgerichte geeignet. Es macht die Gerichte bekömmlicher.

Lorbeer
Die getrockneten Blätter, ganz oder gebrochen, mit einem bitteren, dominierenden Geschmack, sind für Fleischbrühen, Sauerkraut, Sauerbraten, Fisch und Marinaden geeignet und werden mitgegart.

Meerrettich
Als Wurzel, gerieben und als Pulver ist das scharfe Gewürz erhältlich. Zu Rindfleisch, Fischgerichten, hellen Soßen, Marinaden und als Beilage wie Sahnemeerrettich wird es gereicht.

Muskat
Die getrockneten Samenkerne der Nuss, auch gemahlen erhältlich, haben ein starkes, leicht bitteres Aroma und sollten nur in kleinen Mengen zu Cremesuppen und Soßen, Fleischbrühen, Blumenkohl und Spinat gegeben werden. Die Muskatblüte, getrocknet und gemahlen, ist für Fleischbrühen, Fleischgerichte und bei der Weihnachtsbäckerei als Geschmacksstoff einzusetzen.

Nelken

Die getrockneten Blütenknospen können ganz oder gemahlen verwendet werden. Gewürznelken duften süßlich und schmecken bitter. Da sie stark würzen, genügen ein oder zwei Stück bei Rotkohl, Fleisch- und Hühnerbrühe, Wildgerichten, Fischsud. Gemahlen eignen sie sich zu Glühwein, dunklen Soßen und Kompott.

Paprika

Das Gewürz wird aus den Schoten der reifen Gewürzpaprika hergestellt, getrocknet und gemahlen. Man unterscheidet 5 Schärfegrade: Delikatesspaprika – sehr mild, Edelsüßpaprika – mild, Halbsüßpaprika – scharf, Rosenpaprika – sehr scharf, Scharfpaprika – beißend. Es eignet sich zum Würzen von Suppen, Soßen, Fleisch-, Fisch-, Geflügelgerichten, Gulasch und Pizza.

Piment

Die getrockneten oder gemahlenen Beeren werden auch als Nelkenpfeffer oder Gewürzkörner bezeichnet, weil sie die Schärfe des Pfeffers und das Aroma von Nelken, Zimt und Muskat in sich vereinen. Er ist für dunkle Soßen, Suppen und Ragouts geeignet, aber auch Kompott und Weihnachtsgebäck werden damit gewürzt.

Pfeffer

Die Beerenfrüchte werden in verschiedenen Geschmacksrichtungen angeboten:
schwarz: ungeschälte, unreife Beeren, würzig scharf
weiß: Kern der reifen Beeren, scharfer feiner Geschmack
grün: unreife Beeren, konserviert, milder aromatischer Geschmack
Weißen und schwarzen Pfeffer bekommt man ganz, geschrotet oder gemahlen; grünen Pfeffer gibt es konserviert. Ganze Pfefferkörner kocht man mit, gemahlenen oder zerstoßenen Pfeffer gibt man in die fertige Speise. Soll etwas kräftiger gewürzt werden, verwendet man schwarzen Pfeffer. Zu hellem Fleisch, Saucen, Suppen, Gemüsen oder Fisch passt besser weißer Pfeffer. Grüner Pfeffer schmeckt gut zu Steaks und pikanten Salaten.

Safran

Die Blütennarben der Safranpflanze sind sehr klein, so ist es nicht verwunderlich, dass Safran das teuerste Gewürz ist. Allerdings genügt auch eine Prise zum Würzen oder um eine Speise gelb zu färben.
Safranfäden oder Safranpulver werden in Wasser aufgelöst, bevor sie in die Speisen gegeben werden. Die Würzwirkung ist schwach, die Farbwirkung hingegen groß. Safran wird zum Gelbfärben

von Reisgerichten, Saucen, Brühen, Süßspeisen oder Gebäck verwendet.

Senfkörner
Die Samen der Krautpflanze werden getrocknet als Samenkörner oder gemahlen als Senfpulver angeboten. Aus Senfpulver wird auch Speisesenf hergestellt.
Senfkörner schmecken würzig scharf. Sie eignen sich als Gewürz für eingelegtes Gemüse, Gurken und Fleisch- und Fischmarinaden.

Vanille
Die heute am häufigsten angebotene Vanillesorte ist die Bourbonvanille. Verwendet wird das ausgekratzte Mark der Schote oder die ganze Schote zerkleinert. Bei Zugabe echter Vanille sind kleine dunkle Pünktchen (Vanillemark) in der Speise sichtbar. Dies ist bei Verwendung von sog. Vanillinzucker nicht der Fall, da es sich dabei um eine Mischung von synthetischem Vanillegeschmacksstoff und Zucker handelt. Vanillinzucker ist nicht so geschmacksintensiv. Vanille eignet sich für süße Soßen, Suppen, Flammeris, Nachspeisen, Aufläufe, Kompott und Backwerk.

Wacholder
Die kräftig würzigen, süßlichen und leicht harzigen Beerenzapfen werden mitgegart. Sie können für Sauerbraten, Wildgerichte, Gulasch und Sauerkraut verwendet werden.

Zimt
Das Innere der getrockneten Rinde des Zimtbaumes, als Stangen oder gemahlen im Handel, hat ein kräftig würziges, leicht bitteres Aroma. Es ist für süße Suppen und Soßen, Kompott, Milchreis oder Geflügelbrühe sowie Weihnachtsgebäck einzusetzen.

Zitrusfrüchteschalen
Die frisch abgeriebene oder getrocknete Schale von unbehandelten Orangen und Zitronen, kandiert als Orangeat und Zitronat bezeichnet, findet Verwendung bei süßen Soßen und Suppen, Nachspeisen und Backwerk.

Zwiebeln
Das vielseitige Angebot reicht von frisch, geröstet, getrocknet, als Zwiebelpulver oder -salz bis zu Zwiebelflocken. Der Einsatzbereich ist ebenso groß und geht von Suppen, Soßen, Fleisch-, Fisch- und Wildgerichten bis hin zu Geflügel, Gemüse, Salaten, Kartoffeln und Eierspeisen.

„Alligatorbirnen

Ribiseln

Regionale Bezeichnungen für Lebensmittel

Früchte

Aprikosen
Marillen
Avocados
Alligatorbirnen
Blaubeeren
Heidelbeeren, Waldbeeren, Bickbeeren, Besinge, Schwarzbeeren
Holunderbeeren
Fliederbeeren, Holler
Kiwis
Chinesische Stachelbeeren
Litschis
Lyschees, Litschipflaumen, Chinesische Haselnüsse
Papayas
Baummelonen, Kressenfeigen
Physalis
Kap-Stachelbeere
Preiselbeeren
Kronsbeeren, Moosbeeren, Steinbeeren
Rote Johannisbeeren
Träub(e)le, Ribiseln
Schwarze Johannisbeeren
Ahlbeeren, Gichtbeeren
Sauerkirschen
Weichseln, Schattenmorellen
Zwetschgen
Zwetschen, Bauernpflaumen

Eieräpfel

Gemüse, Kartoffeln

Auberginen
Eierfrüchte, Eieräpfel, Melanzane, Melanganen
Blumenkohl
Karfiol
Broccoli
Spargelkohl
Chicorée
Salatzichorien, Bleichzichorien, Witloof
Chinakohl
Chinesischer Kohl, Pekingkohl, Selleriekohl
Couscous
Kuskus
Dicke Bohnen
Saubohnen, Puffbohnen, Pferdebohnen, große Bohnen
Endiviensalat
Eskariol
Feldsalat
Ackersalat, Rebkresse, Schafsmaul, Mausohr, Rapünzchen, Rapunzelsalat, Vogerlsalat
Fenchel
Knollenfenchel, Speisefenchel, Bologneser Fenchel
Grünkohl
Braunkohl, Blattkohl, Winterkohl, Krauskohl
Junge Erbsen
Brockele, Schoten
Kartoffeln
Aapern, Erdäpfel, Erdäppl
Kartoffelbrei
Kartoffelmus, Aapernmauke
Kartoffelpuffer
Reibekuchen, Kartoffelpfannkuchen, Reiberdatschi, Riewekauken, Fratzen, Klitscher
Kohlrabi
Oberrübe, Oberkohlrabi, Rübkohl
Lauch
Porree, Breitlauch
Mais
Kukuruz, Welschkorn, türkischer Weizen
Meerrettich
Kren
Mohrrüben
Möhren, Wurzeln, gelbe Rüben, Karotten
Pilze
Schwämme, Schwammerln
Radieschen
Radies, Monatsrettich
Rettich
Radi
Rosenkohl
Sprossenkohl, Kohlsprossen
Rote Rüben
Rote Bete, Rahne, Rohne, Salatrübe
Rotkohl
Rotkraut, Blaukraut
Rucola
Rauke, Ruccola
Schwarzwurzeln
Winterspargel, Falsche Haferwurzeln
Stangensellerie
Stielsellerie, Staudensellerie, Bleichsellerie
Steckrüben
Kohlrüben, Erdrüben, Wruken, Erdkohlrabi, Räben
Tomaten
Paradiesäpfel, Paradeiser
Weißkohl
Kraut, Weißkraut, Kappes
Wirsingkohl
Wirsing, Welschkohl, -kraut, Savoyer-Kohl
Zucchini
Zuchetti, Gurkenkürbis, Gourgetten

Schafsmaul

“

Obers

Fleisch

Durchwachsener Speck
Dörrfleisch, geräucherter Magerspeck, geräuchertes Bauchläppchen

Frikadelle
Bulette, Deutsches Beefsteak, Bratklops, Brisolette, Hacksteak, Hamburger, Gewiegtes, gewiegtes Brotel

Gehacktes
Hackfleisch, Faschiertes

Grützwurst
Finsel, Fülling

Hackbraten
Falscher Hase, Wiener Braten, Wiegebraten, Faschierter Braten

Kasseler Rippespeer
Kasseler

Klops
Fleischknödel, Fleischkloß

Mett
Hackepeter, Brät

Schweinsrippchen
Schälrippchen, Leiterchen, Spareribs

Selchfleisch
Geselchtes

Tatar
Schabefleisch, Beefsteak-Tatar

Fisch

Bückling
Bücking, Pökling

Flunder
Butt

Hecht
Schnöck, Hengste

Kabeljau
Dorsch

Karpfen
Karpe

Plötze
Rotauge, Weißfisch

Rotbarsch
Goldbarsch, Seebarsch, Rotbars, Goldbars

Schleie
Schlei, Schleihe, Schuster

Scholle
Goldbutt, Rotzunge

Zander
Schiel, Schill, Fogosch

Milchprodukte

Schlagsahne
süße Sahne, Rahm, Schmand, Schmetten, Obers

Dickmilch
Saure Milch, Gestockte, Setzmilch

Saure Sahne
Sauerrahm, Schmand, Crème fraîche

Quark
Topfen, Glumse, Weißkäse

Verschiedenes

Brötchen
Semmeln, Weck, Wecken, Schrippen, Schlesinger

Eierkuchen
Flädle, Fridatten, Pfannkuchen, Plinsen, Palatschinken

Eigelb
Gelbei, Eidotter

Einbrenne
Mehlschwitze, Buttermehl

Eiweiß
Weißei, Eiklar

Hefe
Bärme, Germ, Gest

Klöße
Knödel

Mürbeteig
Knetteig

Napfkuchen
Rodonkuchen, Gugelhupf, Topfkuchen, Bäbe

Paniermehl
Semmelbrösel, Semmelmehl, Weckmehl, geriebene Semmel

In diesem Gesamtverzeichnis finden Sie alle Rezepttitel sowie die Sachworte. Grundrezepte sind mit **G**, Mikrowellenrezepte mit **M**, für das Dampfgaren geeignete Rezepte sind mit **D** (Dampf-Gargerät) bzw. **KD** (Kombinations-Backofen mit Dampf) gekennzeichnet.

A

B

H

I

J

K

L

Für Ihre Notizen:

M

N

Für Ihre Notizen:

Für Ihre Notizen:

Für Ihre Notizen:

T

Für Ihre Notizen:

Verzeichnis der Grauen Info-Seiten

Impressum

Texte
HEA-Arbeitskreis „Das elektrische Kochen"

Wissenswertes über die richtige Ernährung:
Deutsche Gesellschaft für Ernährung e.V. – DGE, Bonn

Fotos
Wolfgang Usbeck, Frankfurt am Main

Längsschnitt durch ein Getreidekorn (S. 365), Rand formen beim Mürbeteig (S. 402), Kleingebäck formen (S. 440):
Kochen und Backen – ernährungsbewusst und kreativ. Verlag Dr. Max Gehlen, Bad Homburg 1996

Spätzle schaben (S. 208):
Fotostudio Teubner, Füssen

Buffet (S. 521):
digitalvision

Brunch (S. 513):
stockbyte

Grafische Gestaltung
Peter Zilliken, Offenbach

Redaktion
Claudia Oberascher, Berlin

Herstellung
Gabriele C. Jungekrüger, Frankfurt am Main

Satz
Satz-Rechen-Zentrum, Berlin

Druck
Saarländische Druckerei & Verlag GmbH, Saarwellingen

Verarbeitung
Buchbinderei Schaumann, Darmstadt

53. Auflage,
aktualisierter Nachdruck 2010

Herausgeber
HEA – Fachgemeinschaft für effiziente Energieanwendung e.V., Berlin
www.hea.de

Verlag
EW Medien und Kongresse GmbH
Kleyerstr. 88
60326 Frankfurt am Main
www.ew-online.de

ISBN 978-3-8022-1053-2

4
3
6
7
8
9
10
11
12
1